安徽省装备制造产业发展战略研究

安徽省机械工程学会　编著

合肥工业大学出版社

图书在版编目(CIP)数据

安徽省装备制造产业发展战略研究/安徽省机械工程学会编著.—合肥：合肥工业大学出版社，2022.3
ISBN 978-7-5650-5849-3

Ⅰ.①安… Ⅱ.①安… Ⅲ.①装备制造业—产业发展—发展战略—研究—安徽 Ⅳ.①F426.4

中国版本图书馆 CIP 数据核字（2022）第 039845 号

安徽省装备制造产业发展战略研究

安徽省机械工程学会 编著   责任编辑 马成勋

出　版	合肥工业大学出版社	版　次	2022年3月第1版
地　址	合肥市屯溪路193号	印　次	2022年3月第1次印刷
邮　编	230009	开　本	889毫米×1194毫米　1/16
电　话	理工图书出版中心：0551-62903018	印　张	34.25
	营销与储运管理中心：0551-62903198	字　数	1084千字
网　址	www.hfutpress.com.cn	印　刷	安徽联众印刷有限公司
E-mail	hfutpress@163.com	发　行	全国新华书店

ISBN 978-7-5650-5849-3   定价：498.00元

如果有影响阅读的印装质量问题，请与出版社营销与储运管理中心联系调换。

编写组（以姓氏笔画为序）

丁大政	于学习	于跃平	马庆丰	丰书生	王玉山
王正雨	王进	王其东	王星	王淑旺	王喆
艾志斌	龙辉	冯皖东	邢苗苗	朱辛璇	刘正勇
刘成刚	刘宝莹	刘海波	江慧丰	孙智勇	李永凯
李华	李更	李贵闪	李鲲	杨文江	吴文涛
邹雪华	汪兵	张学武	张弦	张炳力	张晓安
张晓瑞	张德友	陈永东	陈炜	范剑雄	林茂先
岳正波	金建国	周冬	赵全筠	祖磊	姚瑶
聂美琴	钱则刚	钱钧	钱森	徐双庆	徐斌
徐鹏	高立新	郭晓璐	黄开先	黄明亚	戚少波
龚瑞	康维奇	彭书传	葛宁倩	程玉成	訾斌
蔡兴莉	翟华	潘轶山	薛白	薛胜雄	戴茂方

习近平总书记在党的十九大报告中提出："要加快建设制造强国，加快发展先进制造业。"2020年8月，习近平总书记在安徽考察时进一步强调："要深刻把握发展的阶段性新特征新要求，坚持把做实做强做优实体经济作为主攻方向，一手抓传统产业转型升级，一手抓战略性新兴产业发展壮大，推动制造业加速向数字化、网络化、智能化发展，提高产业链供应链稳定性和现代化水平。"

制造业是实体经济的主体，是技术创新的主战场。装备制造业是安徽省的支柱产业之一。目前，安徽省已形成了以汽车、工业机器人、新能源装备、工程机械、电工电器、农业机械等为主的装备制造业体系，部分领域在国内外已处于较高水平，如新能源汽车（电动汽车）、石化通用机械（压力容器）等。尽管发展态势良好，但大多产业与国际先进水平相比仍有较大差距，如现代农机、医疗器械等；同时存在产业基础相对薄弱、核心技术短板较明显，整体产业规模较小、创新型企业数量有限等问题。在当前国内外形势下，实施产业基础再造工程，提高装备制造产业水平，对我国建设制造强国和安徽建设制造强省十分必要且意义重大。

2018年以来，由中国机械工业集团有限公司（简称：国机集团）合肥通用机械研究院有限公司陈学东院士牵头，依托中国工程院院地合作战略咨询项目（中国工程科技发展战略安徽研究院重大咨询项目）"安徽省装备制造产业发展战略研究"，组织安徽省机械工程学会20余家会员单位的100多位院士、教授与工程师联合开展研究，通过调研分析工业机器人及智能装备、高档数控机床、智能物流及输送装备、新能源汽车及新能源装备、智慧城市与美好环境装备、现代农机、医疗器械、工程机械、石化通用机械、电工电器、工业四基等11个领域的装备制造业国内外发展现状及安徽省特点，系统梳理了国外、国内和安徽省装备制造业的发展现状、趋势和特点，深度剖析了安徽省乃至全国装备制造业的优势和不足，提出了发展思路与目标、技术路线图、政策建议和重点任务。项目研究认为，应当"立足安徽、面向全国"，建议制定分类施策的总体策略，有所为有所不为：对于属于安徽所长，也是国家所需、安徽所要的产业（如工业机器人、新能源汽车等），要继续大力发展；对于安徽短板，也是全国所短的产业（如现代农机、医疗器械等），要立即大力支持，下好"先手棋"，抢占国内领先地位、缩小与工业发达国家的差距；对于安徽短板，但在长三角或国内他省份所长的产业（如智慧城市与美好环境装备等），政府可主要交由市场决策。项目研究形成《院士建议》一份，建议安徽省委省政府支持建设重大装备产业基础研究院，以中央企业在皖转制院所为龙头，产学研深度融合形成创新联合体，围绕"工业五基"补短板、强长项，在安徽打造装备制造业产业基础原创技术"策源地"，推进产业链上中下游大中小企业融通创新。《院士建议》得到了安徽省政府主要领导的认可与批示，"国机集团安徽省重大装备产业基础研究院"已在筹建之中，国机集团将为安徽的装备制造业发展贡献央企之力。

愿本书的出版，能为我国制造强国建设、安徽制造强省建设发挥积极作用，促进我国装备制造业加快实现质量效益提高和产业结构升级，提升安徽省装备制造业的核心竞争力。

2022 年 3 月

上　卷

安徽省装备制造产业发展战略研究

（简版）

第 1 篇
项 目 简 述

习近平总书记在十九届五中全会上强调：坚持把发展经济着力点放在实体经济上；制造业是实体经济的主体，是立国之本、兴国之器、强国之基；发展实体经济，重点在制造业，难点也在制造业。2020年8月，习近平总书记在安徽考察时指出："要深刻把握发展的阶段性新特征新要求，坚持把做实做强做优实体经济作为主攻方向，一手抓传统产业转型升级，一手抓战略性新兴产业发展壮大，推动制造业加速向数字化、网络化、智能化发展，提高产业链供应链稳定性和现代化水平，是应对挑战的关键之举，更是把握主动的必然选择。"装备制造业是安徽省工业支柱产业之一。在当前国内外发展形势下，提升安徽省装备制造业核心竞争力，促进重大技术装备向高端化、智能化和绿色化发展具有紧迫性，对安徽省制造强省与我国制造强国建设至关重要。本项目面向安徽省重点装备制造产业升级的重大需求，聚焦工业机器人及智能装备、高档数控机床、智能制造物料输送装备、新能源汽车及新能源装备、智慧城市与美好环境装备、现代农机、医疗器械、工程机械、石化通用机械、电工电器、工业四基等11个领域，调研重点装备制造业的国内外发展现状及安徽省发展特点，梳理存在的不足及原因，提出发展战略思路、发展目标与技术路线图、以及政策建议与重点任务，并形成安徽省装备制造产业发展战略研究报告。

目前，我国是全球制造大国，但大而不强，与美国、日本、德国等装备制造业先进国家相比，仍存在较大差距，总体上处在全球产业链的中低端环节。安徽省装备制造业部分领域达到国际先进或国内领先水平，但很多领域仍处于落后状态，存在的不足体现在：（1）工业机器人及智能装备：经济规模不大、产业集中度低，高技术高附加值产品少，关键零部件研发滞后，配套能力不强。（2）高档数控机床：产业集中度低，优势规模企业少，产品过度"轻型化"，缺少重型及成套设备，高技术高附加值产品少，关键零部件发展滞后。（3）智能制造物料输送装备：整机设计、部分高端核心零部件等产品创新能力不足；产品可靠性差，存在使用周期短、动力不足等现象。（4）新能源汽车及新能源装备：插电式混合动力汽车和燃料电池汽车基础薄弱；充电桩、加氢站等基础设施配套不足，车桩互联能力有待提升；智能网联汽车核心技术需要突破，试验场和示范区建设需要加快推进。（5）智慧城市与美好环境装备：环保装备低端同质化竞争严重，行业集中度不高；智慧环保监测数据不充足，未录入所有企业基础数据和环保业务等数据。（6）现代农机：大型农业机械占农机具总量比例低，农机具配套比例失调，主机多、配套农具少。（7）医疗器械：基础性技术研发不足，高端产品更加信赖于传统国际巨头产品，服务体系配套不足。（8）工程机械：中低端产品产能过剩，大型与超大型土方机械等高端产品竞争力不足；产品可靠性、耐久性差，关键核心零部件短缺，具有自主知识产权的产品比重较低。（9）石化通用机械：压力容器、压缩机、风机、泵、阀等通用机械普遍在基础研究方面存在短板，产品以中低端为主，高参数装备依赖于国外。（10）电工电器：以中小企业居多，生产规模和制造实力不够强，技术水平不高。（11）工业四基：总体实力弱、企业规模小、高端产品偏少，与经济发达省份比，差距较为明显；高端基础零部件落后，先进基础工艺投入不足，关键基础材料处于中低位置，产业技术基础薄弱。

影响当前安徽省装备制造业发展的主要原因包括：（1）缺乏顶层设计和系统规划，制造产业发展推动迟缓：早期我国包括安徽省在内制造业发展缺少规划，对产业基础研究重视不足，产业链发展不协调；

在制造业发展过程中逐步制定了相关规划，明确了要"做什么"，但还缺少顶层设计和系统规划，尚未明确要"怎么做"。（2）企业创新能力不足、核心技术积累不够，创新效率低下：企业技术创新能力"先天不足"，投入少、资源少，创新不持续，企业共性技术研究条件薄弱，技术积累不能满足产业发展需要；企业创新技术创新动力"后天失调"，企业在国家科技创新资源配置中话语权缺失。（3）系统创新重要环节的缺失弱化，协同创新能力弱：具有几十年制造业行业技术创新积累的"转制院所"自负盈亏进入市场后，原来承担的产品技术转化功能缺失，无力从事关键共性技术研究，科技界与产业界无法有效衔接，导致创新环节的缺失与弱化。（4）企业创新主体作用发挥不够，技术研发低水平重复：企业研发投入少，自主创新能力薄弱，多数企业尚未形成自己的核心技术能力。大型企业主体创新作用发挥不够，不能引领行业创新，无法带动中小企业融入创新体系，研发陷入低水平重复。（5）高校对科技经济融合、企业创新能力提升支撑不足：高校在技术研究到产品产业化过程中发挥着创新源头作用，但存在评价标准一刀切、基础研究重复急躁、应用研究虚化弱化、重数量轻质量、成果转化率偏低、重短期轻长远，考核评估频繁等问题。（6）产品与技术创新缺少市场迭代，创新机制不完善：国内企业研发的装备制造业整机及核心零部件的高端产品缺少市场迭代机会，使装备整机及零部件产业难以升级。（7）人才培养和梯队建设机制不健全：转型中的国内企业普遍重生产、轻科研，技术人员得不到应有尊重，技术职称待遇、薪酬待遇普遍偏低，难以吸引和聚集高端技术人才；企业缺乏优秀企业家、卓越工程师和工匠型高技能人才。

安徽省装备制造产业发展战略思路：（1）加强基础研究投入、提升科技转化能力，突破制约发展的关键共性技术，实现核心装备与系统的自主研发，全面促进技术装备水平向高端化发展。（2）大力推进新装备、新材料、新技术的研发应用，促进装备绿色化。绿色制造既是响应生态文明建设的需要，也是促进制造业转型升级、可持续发展的需要。如何改进工艺装备技术，生产兼具安全、节能、环保的高品质产品，是装备制造业绿色发展需要解决的问题。（3）大力推进传统技术与现代传感、工业物联网、大数据、云计算、人工智能等新一代信息技术的深度融合，推进实现制造过程的装备智能化，推动制造业智能化发展，提升安徽省装备制造产业的核心竞争力。发展目标：围绕安徽省制造强省、科技强省战略，规划各领域发展技术路线图，瞄准高端制造、绿色制造、智能制造方向，实现安徽省重点装备制造产业的高端化、绿色化和智能化发展。

根据选择的重点装备产业发展现状分析及战略目标，提出了安徽省装备制造业发展的政策建议、重点任务及相关措施建议。政策建议包括：（1）制订装备制造业分类施策的总体策略：针对不同发展情况的装备制造产业，采取分类施策的策略。对于是安徽所长，也是国家所需、安徽所需的产业（如：工业机器人及智能装备、新能源汽车及新能源装备、工程机械、电工电器），要继续大力发展；对于是安徽短板，但是国家所需、安徽所需、他省所长的产业（如：智能制造物料输送装备、智慧城市与美好环境装备、石化通用机械），可以通过招商引资等方式引进来重建发展；对于是安徽短板，也是全国短板的产业（如：高档数控机床、现代农机、医疗器械、工业四基），建议省里给予大力支持。（2）制定安徽省重点装备制造产业"十四五"及中长期发展专项规划：规划与制定安徽省重点装备从技术创新到产业化全过程的"十四五"及中长期发展专项，重视工业基础，根据实际发展情况制定装备制造业推进计划、发展目录、技术路线图。（3）设立安徽省重点装备制造产业振兴专项：加强前沿技术研究，支持优势项目发展，扶持企业科技创新，设立产业发展科技创新专项与创业投资引导基金，组建产业技术创新联盟。设立多种类型的科研或开发资助项目，增强对装备制造业等相关课题的支持力度。（4）建立共性技术研发机制，推动企业为主体的协同创新体系建设：建议政府出台政策落实中央财经委第五次会议精神，择优选择转制科研院所作为行业共性技术研发平台，推动转制院所回归初心，着力开展产业基础共性技术研究；加强机器人及智能装备、现代农机、医疗器械、工程机械等创新基础设施建设，支持企业建设国家重点实验室、国家工程技术研究中心等；制定以大型企业为创新主体，联合中小企业的协同创新相关政策；鼓励产业链上下游企业、相关科研机构组成围绕专业方向进行研究的组织。（5）健全企业经营业绩考核制度：建议制订符合创新规律的科技型企业的考核制度和管理办法，加大技术创新在考核中的所占比重，对研发投入和产出进行分类考核。（6）建立企业家及创新人才激励机制：激发企业家的创新动力，降低企业家创新活动风险；加强专业人才队伍建设，吸引和留住高端人才，保障企业创新人才团队稳定。（7）完善政策扶持体系，推进技术进步和产业化：对于重点装备研发平台建设，请发改委和科技部门负责，特别是重大的平台可以申请列入合肥综合性国家科学中心；对于重点科技攻关任务突破，请科技部门认领支持，特别重大的"卡脖子"攻关申请列入合肥综合性国家科学中心项目库；对于重点装备制造产业集聚发展，请发改委认领支持；对于传统装备制造产业升级，请经信厅认领支持；对于制造业相关学科建设和培养，请教育部门认领支持；对于战略性科技人才和领军人才培养，请组织部门认领支持。（8）加强国外技术引进，促进国际化运营和并购整合：明确国外技术引进策略，制定合理的具体实施方式；鼓励立足安徽，面对全球，对在海外开设生产、销售基地的企业，予以实质支持。（9）健全知识产业保护等相关法律法规，保护创新成果：健全安徽省装备制造业领域知识产权保护相关法律、知识产权审判工作机制、以及商业秘密保护法律制度、侵权查处机制；加大知识产权保护的执法力度，进一步完善国内重大产业技术创新成果扩散转移机制。

重点任务包括：（1）工业机器人及智能装备：工业机器人及智能装备整机、核心零部件与系统集成技术及应用；下一代工业机器人及智能装备关键技术研究与应用；工业机器人及智能装备行业"产学研用"协同创新自由探索研究；工业机器人及智能装备研发与应用重大科技产业专项。（2）高档数控机床：复合材料结构件高档数控成形液压机共性关键技术；智能高强钢间接热冲压生产线关键技术研究及产业化；动梁式高速精密五轴联动复合加工中心研发与产业化；金属切削机床关键技术；多轴联动数控系统等关键零部件开发技术；高档数控机床互联网数据信息维护系统。（3）智能制造物料输送装备：工业车辆关键技术、重大产品及工程示范；智能物流装备系统集成技术；智能物流装备基础部件；智能物流装备制造过程中应用先进工艺。（4）新能源汽车及新能源装备：基于5G的智能网联汽车整车、关键零部件研发及测试示范；燃料电池汽车及关键部件研发及产业化；车规级芯片和车载操作系统技术；精密铸造结构件设计制造技术及产业化；充电设备的回收技术；高端光伏组件生产装备及逆变器等光伏产品；储能系统集成与智能控制技术及储能装备；光热、生物质能、地热能及空气能新技术。（5）智慧城市与美好环境装备：环境质量在线监测智能化设备；多尺度监测需求的高精度、小型化、自动化在线监测仪器设备；固体废物全过程管理的城市固体废物运移处置监控平台；基于5G的通信网络标准化环境监测设备；智慧环保大数据挖掘及应用技术装备。（6）现代农机：全程全面机械化生产技术；深耕深松、水稻机械化种植、高效植保和秸秆综合利用等机械化作业服务；丘陵山区特色优势农产品生产机械化；新型农产品光电分选设备；现代农机推广示范体系；皖北地区规模化无人机植保技术与新服务模式。（7）医疗器械：新型成像前沿技术、质控和检验标准化技术；探测器、特种光源/球管、CAD自主创新与集成、图像处理核心算法等关键技术；数字诊疗装备、医用光学设备、系统康复设备、生物医用材料及植（介）入器械、体外诊断设备与试剂等关键技术；基于5G新型网络架构的智慧医疗技术。（8）工程机械：重型工业搬运车辆、挖掘机械、起重机械、筑路机械与路面机械、混凝土机械等重点工程机械产品开发；柱塞型液压马达、液压泵、整体式多路液压阀、专用柴油机、回转支撑、密封件、大功率液力变矩器等工程机械关键零部件研发；工程机械再制造关键技术。（9）石化通用机械：炼油装备、乙烯及深加工装备、芳烃装备、煤化工装备、油气储运装备、制氢储氢装备等高端装备研发；重型压力容器轻量化技术、高能耗设备能效评估与系统匹配技术、基于泄漏率控制的密封技术等绿色装备与技术研发；材料基因组与增材制造、智能感知、实时检测与远程运维技术、大数据驱动的智慧决策与管理、全生命周期足迹监控与溯源等智能制造技术等研发。（10）电工电器：大规格、大容量的电工电器；水电、火电设备；风电、核电设备。（11）工业四基：轨道交通装备、机器人、数控机床、新能源汽车等领域核心基础零部件（元器件）、关键基础材料、先进基础工艺、产业技术基础开发。

相关措施建议包括：（1）建设国家重大装备关键基础零部件创新中心：建议整合转制院所和长三角优势创新资源，建设"国家重大装备关键基础零部件创新中心"，充分发挥转制院所产业基础共性技术供给、行业引领带动的作用，聚焦产业基础薄弱环节和关键核心问题，推进我国和安徽省重大装备制造业高质量发展。（2）建立先进装备制造业领导小组，实行目录化管理：成立安徽省先进装备产业发展工作领导小组，负责统筹指导和推进装备制造产业发展及推广应用工作，避免低端同质同类产品的重复建设和盲目建设；针对安徽省具有一定基础或特色优势的装备主机或零部件产品，对其实行目录化管理。（3）打造安徽省重点装备制造产业集群：营造服务环境优、要素成本低、尊重企业家的良好氛围，围绕龙头企业和核心产品打造产业集群，鼓励和支持中小配套企业做专做精，为行业龙头企业配套，形成产业链条，发挥集聚优势。（4）开展应用示范，加大国产智能制造装备推广力度：拓宽应用领域，培育应用市场，拉动市场需求，推动国产智能装备在汽车、钢铁、电力、有色、家电、纺织等主导产业的系统集成应用示范。（5）加强项目策划和招商引资：整合利用优势资源，推进产业国际化，积极引进国内外装备制造产业龙头企业，吸引一批整机及关键零部件项目落户安徽。（6）建立动态评估系统，加强督促检查：建立健全动态评估机制，对政府重点示范项目实施跟踪监测、科学评估和督促检查，定期对相关战略目标、计划执行等情况进行科学评估评价，及时协调解决实施过程中遇到的问题；对相关弄虚作假、骗取补贴等行为予以追责。（7）加强行业内交流与合作：搭建安徽省先进装备制造业产业联盟，依托骨干龙头企业，促进大型企业和中小型企业优势互补，合作共赢。促进零部件企业与主机企业建立战略合作关系，并邀请相关大学、科研院所加盟，建立协同创新战略同盟；推进技术国际化，鼓励与境外企业及科研机构开展多种形式的研究合作。

第 2 篇
工业机器人及智能装备篇

　　工业机器人是面向工业领域的多关节机械手或多自由度的机器装置，集机械、电子、控制、计算机、传感器、人工智能等多学科先进技术于一体的现代制造业自动化装备，根据在不同行业的应用大体可分为工业机械臂、移动机器人、焊接机器人、激光加工机器人、真空机器人、洁净机器人、3D 打印机器人等。智能装备是一种计算机控制、具有特定功能的复杂机电系统，能够感知环境，具有自主分析和逻辑推理的能力，自适应完成相应的功能，是在装备数控化基础上提出的一种更先进、更能提高生产效率和制造精度的装备类型。经过多年的发展，工业机器人及智能装备已经在汽车、电子、食品、化工、物流等多个行业广泛应用并日渐成熟。发展工业机器人及智能装备产业对于加快制造业转型升级，提升生产效率、技术水平和产品质量，降低能源资源消耗，实现制造过程的智能化和绿色化发展具有重要意义。

　　国内外工业机器人及智能装备发展水平差异表现为：（1）我国高端装备对外依存度高，高端工业机器人核心零部件方面主要依赖进口，关键技术自给率低，主要体现在缺乏先进的传感器等基础部件、精密测量技术、智能控制技术、智能化嵌入式软件等。（2）智能装备关键支撑技术及核心基础部件主要依赖进口，几乎所有高端装备的核心控制技术（包括软件和硬件）严重依赖进口。（3）"工业化与信息化"融合程度低，应用于各类复杂产品设计和企业管理的智能化高端软件产品缺失，信息技术和相关软件产品与制造工艺技术融合不够。

　　安徽省工业机器人及智能装备发展现状及存在问题主要体现为：（1）虽然安徽省工业机器人及智能装备产业发展呈现良好势头，但是相关产业仍存在总体分布不均，各领域发展不均衡，部分领域技术领先但规模不大，相关技术人才不足，关键零部件和核心基础部件缺乏，现有智能装备研发创新平台效能不高等缺点。（2）总体经济规模不大、产业集中度低，高技术高附加值产品少，关键零部件发展滞后、配套能力不强。（3）产学研联动机制尚未有效发挥、创新能力有待提高，新产品标准体系尚未健全；（4）市场竞争压力增大，融资难度大。

　　影响当前工业机器人及智能装备发展的主要原因包括：（1）经济规模不大、产业集中度低：安徽省工业机器人及智能装备产业发展在逐步加快，但是从产业、产值和营利方面与沿海地区企业均存在较大的差距；安徽省现有机器人生产、集成和零部件企业 150 余家，机器人研究院 6 家，但产业基础较为薄弱，除少数骨干企业外，大部分是中小企业、初创型企业。（2）创新能力有待提高：安徽省工业机器人及智能装备创新能力薄弱，尤其在人工智能，大数据，云计算、物联网等新技术不断融合的背景下，面临着与国内外品牌差距进一步拉大的严峻挑战。（3）高技术高附加值产品少：安徽省工业机器人产业起步较晚，工业基础薄弱、创新能力不足，像高性能协作机器人、轻量化机器人等高技术高附加值产品严重依赖进口，导致安徽省工业机器人的国内外竞争能力明显不足。（4）关键零部件发展滞后、配套能力不强：减速器、伺服电机、控制器这三大关键零部件是工业机器人产业的利润中心和技术核心，也是安徽省工业机器人发展的瓶颈。（5）市场竞争压力增大、融资难度大：本土自主品牌相对较少，机器人本体和系统集成上的业务与国外知名品牌相比，不占有绝对的竞争优势，品牌认可度低，自主产品很难打入高端市场，市场竞争压力不断增大；在当前产业快速扩张的形势下，资金供给紧张的问题日益显露，企业融资难度大。（6）产学研联动机制尚未有效发挥：安徽省机器人企业在我国机器人产业创新活动中的主体地位尚未充分突出；安徽省机器人及智能装备技术基本停留在实验室阶段，高校和研究所承担了大部分研发工作，技术成果并未有效地向企业转移。

安徽省工业机器人及智能装备发展战略思路为：（1）建立产学研用紧密结合的技术创新体系，加强工业机器人及智能装备基础技术、共性关键技术研究，加强机器人及智能装备领域的人才培养，突破工业机器人本体、关键零部件及系统集成技术并实现产业化。（2）推进重大标志性产品率先突破，推进工业机器人及智能装备向中高端迈进，促进服务机器人向更广领域发展。（3）大力发展机器人及智能装备关键零部件，全面提升关键零部件的质量稳定性和批量生产能力，突破技术壁垒，打破长期依赖进口的局面。（4）强化产业创新能力，积极跟踪机器人未来发展趋势，提早布局新一代机器人技术的研究，建立健全机器人创新平台，重点聚焦前沿技术、共性关键技术研究。（5）加强机器人及智能装备标准体系建设，开展机器人及智能装备标准体系的顶层设计，构建和完善机器人产业标准体系，支持机器人评价标准的研究和验证，积极参与国际标准的制修订。（6）为满足国家战略和民生重大需求，积极开展机器人的应用示范；加快培育龙头企业，打造知名度高、综合竞争力强、产品附加值高的机器人国际知名品牌。发展目标为：（1）形成完善的机器人及智能装备产业体系；（2）自主创新能力明显增强；（3）本地化集成应用成效显著；（4）完善政策法规，推动机器人及智能装备应用；（5）加速推进机器人及智能装备创新中心建设；（6）加快前沿创新的方式方法研究，推动信息化升级与智能化建设。

根据工业机器人及智能装备发展的现状分析及战略目标，提出安徽省工业机器人及智能装备发展的政策建议和重点任务。政策建议包括：（1）支持技术产品突破，提升研发能力、完善服务平台。（2）支持产业壮大，补齐产业链条。（3）支持机器人推广，加强推广应用、打造发展高地。（4）强化要素支撑，强化土地和税收支持、强化人才培养和引进、强化财政和金融支持。重点任务包括：（1）加强专利技术的产业化，充分利用现有创新资源要素，聚焦机器人及智能装备产业创新发展的重大技术需求，重点突破前沿性技术和关键共性技术，建立健全安徽省机器人及智能装备产业创新体系，加强机器人技术标准体系建设，增强核心竞争力。（2）以大数据分析为手段建立专利预警体系，根据我国国内工业机器人及智能装备的发展现状，从专利、法律和市场三个角度出发，建立起科学的工业机器人及智能装备专利预警体系，从而有效地避免利益纠纷。（3）瞄准工业机器人及智能装备关键零部件领域进行专利布局，及时地靠近和掌握行业发展动态，在研究的过程中提取关键部件核心技术成分，构建严密的专利布局网络，有意识地保护专利成果。（4）对工业机器人及智能装备未来应用领域进行超前布局，着眼于未来的应用领域并进行超前布局，支持和推动机器人企业积极开展商业模式创新，促进企业品牌化提升、专业化增强、区域化整合、标准化管理，加快转型升级跨越发展步伐，积极争取引进和落地一批新企业、新项目。（5）建立并完善工业机器人及智能装备产业政策，政府要积极鼓励并推动企业与各个高校以及科研机构达成战略合作，初步形成工业机器人及智能装备生产企业、高校与科研机构的产业联盟，加大对工业机器人及智能装备的研发力度，不断创新发展相关技术，推动联盟成员的创新合作，开拓本土品牌市场，并提升竞争力。（6）强化人才培养和引进，支持安徽省高等院校开设机器人及智能装备相关专业，培养复合型高水平与高技能人才；引进机器人及智能装备领军人才和科研团队携技术项目创新创业；支持重点高校组建机器人及智能装备省级重点实验室，培养高端研发人才，承担重大项目，研究相关前沿科技。

第 3 篇
高档数控机床篇

机床是制造机器的机器，也称为"工作母机"。数控机床是装有程序控制系统的机床。高档数控机床是具有高速、精密、智能、复合、多轴联动、网络通信等功能的数控机床。

高档数控机床是国家装备制造业的重要组成部分，可以为国民经济各行业提供技术装备的战略性产业，具有产业关联度高、吸纳就业能力强、技术资金密集等特点，是各行业产业升级、技术进步的重要保障和国家综合实力的集中体现，其发展是衡量一个国家装备制造业开展水平和产品质量的重要标志。大力发展高档数控机床产业对提升地区制造业核心竞争力、带动产业结构优化升级具有重要战略意义。

安徽省"十三五"规划实施以来，省委省政府、各级主管部门及相关企业高度重视高档数控机床产业发展，坚持走安徽特色新型工业化道路，充分发挥比较优势，着力推进传统产业新型化和新兴产业规模化，加快形成结构优化、技术先进、清洁安全、附加值高、吸纳就业能力强的现代产业体系。安徽省合锻智能、池州家机、安徽新诺精工（原黄山皖南机床有限公司）等骨干企业在原有优势高档数控机床产品制造基础上，不断改造提升传统产业，按照规模化、集群化、信息化、智能化的导向发展高档数控机床产业，积极开发高端产品和高附加值产品，增强产业核心竞争力，拓展产业发展新空间，积极开展企业技术改造和自主创新，提升品牌创建能力。

近年来，安徽省企业和高校、研究院所经产学研紧密合作，在齿轮数控系统开发技术、大型液压机数字化设计及制造、汽车覆盖件柔性生产线、液压机精密位置控制、剪板折弯机床同步控制、航空航天复杂结构件精密矫正、新能源汽车高强钢热成形装备、机械压力机设计开发、复合材料成形装备开发等多项关键共性技术取得突破，在国内具有领先优势，已成功服务于国家探月、航空、航天等重大工程项目，以及新能源汽车、智慧家电等重大国计民生领域。

安徽省高档数控机床制造从数控系统、元器件、零部件等关键件，再到整机、成套装备的完整产业链、生态链逐渐健全，协同发展势头强劲，在国内形成具有安徽特色优势产品，并积极融入国内外市场竞争，实现产业并购、优势互补和产业对接，部分产品技术水平达到国际同类产品水平。2019 年，安徽省高档数控机床制造产业年销售额已突破 100 亿元，部分产品出口到欧美等发达国家，在国际市场占比较大。随着长三角地区产业转移，行业不断发展和资金投入态势稳步增长，积极吸纳人才带动就业，培养聚集一批高端人才，预计 2030 年，安徽省可挤入国内机床制造业领域前五名，逐渐形成安徽省装备制造产业新的增长极。

为加快高档数控机床制造产业，进一步培育壮大具有国际竞争力的龙头企业，安徽省高档数控机床产业应以合肥、芜湖、马鞍山三市为基地，立足已有优势高档数控机床产业基础、龙头企业、市场潜力、政策环境等条件，紧紧围绕"一带一路"战略实施和国际国内市场需求，服务于安徽省芯片、新能源汽车、家电产业快速发展，深层次应用两化融合、"互联网＋"、智能制造等新技术，积极实施高档数控机床补贴政策，制定良好的市场竞争机制，克服"最低价中标"等恶性竞争对产品技术进步的困扰，不断开拓高档数控机床新产品市场领域，持续壮大新产品研发、关键零部件生产与质量检测等环节人才队伍，提升招商引资引智力度，实现安徽省高档数控机床行业跨越式发展，着力推进五大发展行动计划，全面建成小康社会和现代化五大发展美好安徽建设取得新的重大进展。

第 4 篇
智能物流与输送装备篇

　　智能物流是工业4.0的重要组成部分，其三个核心要素分别是智能单元化物流技术、自动化物流装备以及智能物流信息系统。智能物流产业链可分为上游、中游、下游三个部分。上游为智能物流装备和物流软件行业；中游是智能物流系统集成商；下游是应用智能物流系统的各个行业。整个行业发展目前处于初期阶段。物流及输送装备包括自动化仓库系统、自动化搬运与输送系统、自动化分拣与拣选系统、自动信息处理与控制系统等。相关设备主要有工业车辆、自动导引车（AGV）、穿梭车（RGV）、堆垛机、输送机、自动分拣设备等。

　　国内外智能物流与输送装备发展水平差异表现为：（1）欧美产品载重能力较强，技术复杂。日本生产的AGV结合简单应用场合，多用来搬运，不太强调自动装卸功能，在导引方面多采用磁导引方式。在工业车辆领域，丰田、林德（凯傲）、永恒力集团、小松等公司实力强劲。（2）国内具有代表性的企业主要有生产工业车辆为主的安徽合力、杭州叉车，以生产系统集成产品为主的沈阳新松、昆船物流、天奇股份、三丰智能、东杰智能、今天国际、北京起重院、北自所等。优势产品质量已达到或接近国际先进水平，但国内企业在技术、规模、经验等方面存在一定差距，市场较分散。除工业车辆外，在机器人领域国外产品占主流情况下，AGV的国产化性价比高，市场占有率高。AGV驱动控制器系统及导航传感器等核心部件上，依然以国外品牌为主。

　　安徽省智能物流与输送装备产业发展现状为：（1）按国际上对于工业车辆的分类标准，安徽可生产制造所有门类的工业车辆产品，涵盖0.2～46吨内燃叉车、电动叉车、自动化仓储设备、以及集装箱处理设备等。全省有十余家公司生产主机，配套体系基本健全，包括发动机、变速箱、驱动桥、转向桥、泵阀、油缸、变矩器、属具等核心零部件全部可做到国产化，主要在省内解决。安徽叉车集团，主要生产搬运车辆，目前是中国规模最大、产业链条最完整的工业车辆研发、制造和出口基地。（2）安徽合力的内燃叉车、电动平衡重叉车等优势产品性能指标目前处于世界先进水平。多年来，在合力的产业链下，安徽聚集了一大批零部件供应商。安徽省除合力多年位居行业第一外，仅江淮银联2019年达到了万台实际产量。（3）物流系统集成公司中有代表性的如合肥井松、欣奕华、泰禾等，在立体仓库及物料输送软硬件系统的研发、设计、安装实施与技术服务企业等细分行业中排名靠前。存在的不足：（1）除龙头企业外，省内大部分企业系统设计缺少核心研发，在产品性能、安全系数及舒适性方面有较大差距，山寨产品众多。部分高端核心零部件如高性能发动机、电控系统、液压系统、传动系统等，均受制于人。能提供智能物料搬运系统成套解决方案的企业很少，大多数企业只提供某一类简单产品。（2）环保要求偏低，场内车辆便宜，细分市场不够，如车载式叉车、汽车搬运器、履带式叉车、AGV、三节臂伸缩臂叉车、重型电动叉车等较少。（3）产品总体可靠性相对国际一流品牌依然有较大差距。（4）与国际发达国家相比，我国工业车辆污染排放技术标准大约滞后30年。

　　影响当前智能物流与输送装备发展的主要原因：（1）重点工业车辆、AGV、关键零部件及系统集成技术中，除工业车辆是30多年前引进和消化日本技术外，大多缺乏原创。省内多家主机企业是追随者，产品在中低端市场竞争，产品雷同，缺乏完整产业链，高端产品（如四向穿梭车）缺乏。除高端输送系统的控制器外，工业车辆产业链基本完整，且多分布在省内合肥、蚌埠、安庆、滁州、六安等地。（2）在发展电动工业车辆、仓储设备、细分市场、适应绿色环保法规等方面，配套商、技术、产业政策、财政、政府管控等缺乏支持与配合。（3）先进的微电子技术、电力电子技术、光缆技术、液压技术、模糊控制技术等与机械驱动和控制系统的结合不够，物流设备的智能化水平不高。

安徽省智能物流与输送装备发展战略思路为：立足国内市场，以提升质量效益为核心，以产业结构优化为手段，以绿色发展为引领，以自主创新为动力，不断增强国际竞争实力，打造国内一流。国际知名的产业板块。其中的工业车辆制造培育成具有世界领先水平的创新型产业。（1）总体目标：在2025—2030年，形成在国内有影响力的智能输送与物流装备产业集群；建成创新能力强、质量效益好、可持续发展潜力大、结构优化的工业车辆制造体系，成为世界工业车辆制造中心；完成从工业车辆制造大国向制造强国的转变，部分优势产品达到国际领先水平。（2）具体目标：到2030年，工业车辆销售总量占全球销售总量的15％；出口量占销量比重达到35％；物流装备占到全国市场8％以上。单位工业增加值能耗物耗降低15％；污染物排放降低20％。全员劳动生产率提高50％；工业车辆产品技术保持国内领先水平，部分国际先进，新能源产品占比达到60％。前三家企业市场集中度≥60％；骨干企业制造服务业收入比例≥25％；骨干集成商服务业收入比例≥35％。

根据上述分析，提升安徽省智能物流与输送装备发展的政策建议和重点任务。政策建议包括：（1）协调推进智能输送系统在安徽省汽车、电子、家电、新型显示、生物医药、高端装备、汽车及零部件等优势先进制造业产业集群的应用。支持基础理论与共性技术研究，重点突破一批关键智能制造共性技术、核心智能部件。（2）加快新型基础设施能力建设。实现核心技术突破，支持研制具有自感知、自决策、自执行功能的高端智能仓储与物流装备，并实现在重点行业规模化应用。深入推动工业强基工作，遴选一批"卡脖子"关键零部件，持续实施重点领域补短板行动；形成一批面向特定工业场景和行业具有深度学习技术的工业软件。（3）加强智能物流装备的集成应用，培育示范应用标杆。支持行业内主要生产企业率先完成自身智能输送的样板车间改造升级，形成示范。争创一批两化融合示范企业，发掘一批行业内领先的系统解决方案供应商。形成代表安徽实力的企业集群，参与国内外市场竞争。（4）建立系统解决方案供应商名录，推荐列入名录的供应商参与安徽企业智能化建设改造。支持供应商拓展市场、加快全球化布局，通过技术、资本联合等方式发展成为行业内龙头企业。（5）注重研发、生产等环节的投入。政府补贴向系统采购和租赁等终端环节倾斜，在一定程度上推广了应用与市场需求，而生产企业在研发、生产等环节的庞大资金需求并没有得到缓解。重点任务包括：（1）强化优势特色产品：氢能源技术、能量回收技术、燃气动力产品、大吨位电动叉车、智能搬运车、重装LNG系列产品，油电混合动力、液化天然气叉车示范工程。（2）壮大系统集成能力：加强物流系统规划设计、控制系统设计、物流输送装备、现场实施、运维服务能力建设。（3）加强基础部件研发：开发热敏、磁敏、图像、称重、光电、温度、气敏等传感器。开发控制系统，包括硬件设计、底层软件技术、上层功能应用软件等。开发重载工业车辆关键零部件，如发动机、变速箱、驱动桥、泵阀等液压件。（4）装备制造过程中应用先进工艺：研究虚拟制造技术、先进工艺装备应用、优化关键零部件流程、自动化关键工艺技术在量产及柔性制造中的应用。

第 5 篇
新能源汽车篇

在新一轮科技革命和产业变革背景下，新能源汽车和智能网联汽车已成为全球汽车产业发展的战略方向。新能源汽车是指采用非常规的车用燃料作为动力来源（或使用常规的车用燃料、采用新型车载动力装置），综合车辆的动力控制和驱动方面的先进技术，形成的技术原理先进、具有新技术、新结构的汽车，主要包括纯电动汽车、插电式混合动力汽车和燃料电池汽车。智能网联汽车是车联网与智能车的有机联合，是搭载先进的车载传感器、控制器、执行器等装置，并融合现代通信与网络技术，实现车与人、车、路、后台等智能信息交换共享，实现安全、舒适、节能、高效行驶，并最终可替代人来操作的新一代汽车，将成为新一轮产业转型升级的重要标志和依托。

国内外新能源汽车产业发展水平差异表现为：（1）我国在电动汽车市场推广方面全球领先。2021年产销突破350万辆，消费方式呈现多元化；燃料电池汽车产销量逐年增加，但充电桩、加氢站基础设施建设还亟待加强。（2）我国在技术创新方面进步巨大。纯电动汽车整车设计和电机驱动技术趋于成熟，新型轮毂电机受到重视；动力锂电池处于国际领先，废旧电池已开始回收；燃料电池电堆和储氢装备技术水平显著提升，但和国外差距仍然较大；5G处于国际领先，智能网联技术和国外差距不大；插电式混合动力技术未取得明显优势。（3）我国新能源汽车产品竞争激烈。自主品牌百花齐放，造车新势力面临挑战，特斯拉国产化影响深远，竞争加剧，将引发车企兼并、重组或倒闭，自主品牌进步显著。（4）我国新能源汽车方向坚定不移，进入政策驱动让位市场驱动时期。电动化、智能化和网联化融合发展成为趋势。补贴政策逐步退坡，双积分政策已经实施。

安徽省新能源汽车产业发展现状表现在：（1）新能源汽车产业起步早，纯电动汽车基础好，大众汽车、蔚来汽车和比亚迪汽车的到来将会快速推进安徽新能源汽车产业再上新台阶；合肥成为我国新能源汽车中部中心，为合肥打造"新能源汽车之都奠定基础"。（2）安徽省具备氢燃料电池汽车储供氢系统关键型式试验能力，但燃料电池及整车基础薄弱，示范运营车辆少，省内城市没有进入国家首批燃料电池示范城市群。（3）新能源汽车产业发展政策环境好。安徽省高度重视新能源汽车产业发展，先后出台多项政策支持新能源汽车发展，2016年在"重大工程和重大专项"中批准了"合肥智能汽车专项"，2018年省发改委专门设立了"安徽省新能源汽车暨智能网联汽车产业技术创新工程项目"，省科技厅、省经信厅在项目立项时向智能新能源汽车倾斜。（4）新能源汽车技术研发力量雄厚。安徽是我国汽车工业自主品牌的代表省份，拥有江淮、奇瑞、蔚来、安凯、合肥长安、华菱等自主品牌整车企业；合肥聚集了合肥工业大学（以汽车类工业而闻名）、中国科学技术大学（全国重点科研类高校）、安徽大学、中科院物质研究院等一大批高层次的大学和科研单位，是中部地区研发机构最为密集的省份之一。（5）资源优势明显，产业链全。安徽电力资源富足，拥有丰富的磁铁矿和有色金属矿资源，有国内知名的江淮、奇瑞、蔚来、大众安徽、安凯、合肥长安、华菱等生产新能源汽车整车厂，有国轩电池、巨一电机、阳光电源、华霆动力、明天氢能等知名的新能源汽车关键零部件企业，新能源汽车产业链健全。

安徽省新能源汽车产业政策层面存在的问题体现在：（1）规划性政策具有指导性，而新能源汽车"十三五"目标定得偏高（2020年新能源汽车产量30万辆），并没有实现预计目标。（2）普惠性政策覆盖面广，但政策宣传还不够。（3）专项性政策导向性强，但政府需要瞄准产业发展痛点精准发力，快速推进。（4）政策制定逻辑清晰，但需要认真梳理政策效果，有利于更加精准施策。

安徽省新能源汽车产业和技术层面存在的问题体现在：（1）插电式混合动力汽车和燃料电池汽车基础薄弱。（2）新能源汽车研发经费不足，奇瑞、江淮和安凯技术研发和高级管理人才流失严重。（3）充电桩、加氢站等基础设施配套不足且车桩互联能力亟待提升。（4）智能网联汽车核心技术需要突破，试验场和示范区需要加快推进。

安徽省新能源汽车产业发展战略思路：（1）深化结构调整，布局智能网联。（2）实施创新驱动，占据科技前沿。（3）坚持质量领先，打造优质品牌。（4）扩大开放合作，参与国际竞争。（5）深化内部改革，提升产业优势。（6）支持服务民生，构建智慧出行。（7）明确发展定位，聚焦重点突破。

安徽省新能源汽车产业发展目标：巩固新能源汽车产业先导地位，坚持纯电驱动战略取向，重点发展纯电动汽车和插电式混合动力汽车；整合资源发展燃料电池汽车，尽快推进燃料电池汽车及关键部件研发和产业化；大力发展智能网联汽车，加快基于5G的智能网联汽车研发，构建智能网联汽车产业生态；解决卡脖子问题，快速突破车规级芯片和车载操作系统技术，实现产业化；改进制造工艺，提高生产效率，加快精密铸造结构件产业化；推行绿色制造，实现资源综合利用，抓紧开展充电设备的回收；以合肥、芜湖为中心，着力打造新能源汽车产业和智能网联汽车产业集群，产销位列全国第一阵营。

到 2025 年，安徽省新能源汽车年销量占各类汽车总销量超 35% 以上；乘用车驱动电机功率密度达到 5.0kW/kg，控制器功率密度达到 40kW/L；纯电动汽车用能量型高端锂电池能量密度达到 400Wh/kg，系统比能量达到 300Wh/kg，寿命大于 1500 次/12 年，成本低于 0.5 元/Wh，在国内新能源汽车动力电池市场份额超过 20%。持续提升车辆管理系统（VMS）、发动机控制系统（EMS）、动力电池管理系统（BMS）电控技术，形成专有、独特的竞争优势。实现具备 L2 级及以上自动驾驶功能的智能网联汽车占年销量 50% 以上，L4 级自动驾驶功能的智能网联汽车示范运行，并开始进入市场；实现 C－V2X 终端新车装配率达 50%，"人－车－路－云"达到高度协同；建成合肥智能网联汽车封闭试验场；全省城市及高速公路测试道路达到 500 公里，智能网联汽车开放道路示范区达到 500 平方公里。实现安徽新能源汽车产业规模全国 GDP 占比达 15%。

到 2035 年，安徽省新能源汽车年销量占安徽省各类汽车总销量的 50%，安徽省 L3 级及以上自动驾驶汽车年销量占安徽省各类汽车总销量 30%。

安徽省新能源汽车产业发展政策建议：（1）尽快出台支持智能网联汽车产业发展的专项政策；（2）推进新能源汽车产业发展和推广应用；（3）加快推进新能源汽车产业服务平台建设，特别是国家级新能源汽车质检中心、新能源汽车远程检测与数据服务中心建设；（4）加强汽车产业人才队伍建设；（5）支持企业深化体制和机制改革。

安徽省新能源汽车产业重点任务：（1）加快基于5G的智能网联汽车研发，构建智能网联汽车产业生态。加大资金支持力度，依托合肥工业大学和安徽省智能汽车工程实验室等在皖高校和科研机构联合江淮汽车、奇瑞汽车、蔚来汽车等车企突破核心技术，加快智能网联汽车整车和关键零部件研发；加快推进包河区智能网联汽车封闭测试场和开放式道路无人驾驶测试示范线，建设合肥中央公园和空港小镇无人驾驶示范区；加大招商引资力度，面向全球吸引智能网联关键零部件企业和技术研发公司在皖投资兴业。（2）加快推进燃料电池汽车及关键部件研发和产业化。江淮、安凯、奇瑞、华菱等整车企业和明天氢能、全柴和合肥威尔等零部件企业联合合肥工业大学等高校和科研机构，加快燃料电池及电堆等关键部件的研发，率先在客车、重卡、城市物流车领域实现燃料电池汽车产业化；以合肥通用机械研究院有限公司、合肥工业大学、中盐红四方为主攻克氢燃料制备、氢能储运、加氢站建设、车载储氢等燃料电池汽车应用的支撑技术；以合肥通用机械研究院有限公司为主攻克燃料电池空压机设计技术和高速转子动力学匹配技术；推进氢能安全实验室、研发中心、检测中心建设，建设氢能及燃料电池汽车产业园。合肥应尽快开展燃料电池汽车示范运营，为燃料电池汽车产业化可靠性试验验证和评估提供保障。（3）快速突破车规级芯片和车载操作系统技术。车规级芯片和车载操作系统是新能源汽车和智能网联汽车的核心技术产品；但目前国内车企主要采用国外芯片和操作系统，是国内的短板，属于卡脖子工程。安徽应抢抓机遇，解决卡脖子问题。鼓励整车及零部件、互联网、电子信息、通信等领域企业组成联盟，形成开放共享，协同演进的良好生态；出台政策，支持中国科学技术大学、合肥工业大学、安徽大学和位于合肥高新区及"合肥声谷"的企业共同开展车规级芯片和车载操作系统技术的研发和产业化。（4）加快精密铸造结构件产业化。依托合肥工业大学智能制造技术研究院精密铸造制造业创新中心，加快大型精密铸造结构件及零部件生产线设计、研制，进行节能与新能源汽车结构件及零部件设计、研发、测试、制造等装备的研发，建立大型、复杂、薄壁合金精密铸造工艺与质量控制标准，以满足高性能汽车结构件大批量生产的要求；同时延伸产业链，积极推进其他工业行业所需精铸件的研制生产。（5）抓紧开展充电设备的回收。汽车充电设备在废弃淘汰后，大部分核心部件仍具有重用价值，且部分元器件（电解电容、开关触点等）含有电解液、镉等有毒有害材料，如采用一般废弃机电产品的回收工艺，直接破碎后回收材料，容易产生二次污染，且回收附加值很低。目前充电设备只能进行人工精细拆解，劳动强度大、生产效率很低，拆下的零部件也缺少专用的检测技术与设备，因此迫切需要依托合肥工业大学等研发高值零部件的自动精细拆解、精准检测的成套技术与装备。

第 6 篇
新能源装备篇

新能源产业已经成为新一代能源技术的战略制高点和经济发展的重要新领域。基于安徽的资源禀赋及新能源产业发展实际情况，需重点关注太阳能、生物质能、地热能等重点领域的新能源装备产业。

新能源装备产业国外发展现状：（1）太阳能等一大批新能源技术改变传统能源格局，全球新能源产业体系逐渐完备，企业向更大规模、更集约方向发展。（2）全球科技和产业革命加速兴起，主要发达国家都集中人力、物力和财力来培育新能源装备等战略性新兴产业，并由此不断创造新的经济增长点，新一轮科技革命和产业革命正加速到来。（3）随着全球竞争格局战略转型，围绕新能源装备产业科技有关的市场、资源、人才、技术、标准等方面的竞争日趋激烈。

新能源装备产业国内发展现状：（1）我国新能源产业发展全面布局，扩大了支持新能源发展的资金规模，完善了资金征收和发放管理流程。建立完善了新能源标准体系，产品检测和认证能力不断增强，新能源设备质量稳步提高，有效促进了各类新能源发展。（2）区域新能源产业竞争日益激烈，随着长三角区域一体化上升为国家发展战略，安徽既面临难得的历史机遇，又将在新能源产业的招商引资、项目建设等方面承受较大区域竞争压力。新能源装备产业发展趋势：我国进入全面融入全球能源发展潮流的初级阶段、以绿色发展全面统领能源发展的重要阶段、以及实现以市场配置能源资源为主的攻坚阶段。

安徽省新能源装备产业发展现状：（1）光伏制造企业情况：安徽省已形成硅锭—硅片—电池片—光伏组件—逆变器—储能电池—光伏辅材—系统集成—应用维护等较为完整的光伏产业链，集聚了大批国内外重点光伏企业。（2）储能制造企业情况：安徽省已经集聚了不同规模等级的近 50 家储能企业，形成了主要由电池、电池管理系统、储能换流器、能量管理系统、配件等组成的较为完善的储能产业链。部分骨干拥有成熟产品和先进的研发能力，在国内储能领域处于领先水平。（3）生物质能制造企业情况：安徽省根据垃圾处理量进行合理布局，逐渐由地级市向县区延伸，承建企业主体多样化；发展生物质能综合利用新技术、新模式，着力发展秸秆固化生物质成型燃料，涌现出德博能源公司为代表的秸秆气化高值化综合利用装备制造企业。（4）氢能制造企业情况：与江沪浙相比，安徽在上游制氢、中游储运与下游应用上均有一定的优势；超过 10 个地级市有氢能项目，涉及产业链各个环节，但十分零散；拥有安徽明天氢能科技股份有限公司、奇瑞汽车股份有限公司等一批基础好、有发展潜力的氢能重点企业。（5）空气能、地热能、光热制造企业情况：安徽空气能产业虽正处于起步期，但发展势头良好，已经涌现了以合肥荣事达太阳能科技有限公司、科希曼电器有限公司等为代表的空气能制造企业。地热能制造企业主要包括中机意园工程科技股份有限公司、安徽煤田地源热泵空调公司等一批地热能制造企业等，在地热能、空气能利用上拥有一批自主研发技术，积累了较丰富经验。由于前期的过快增长，2015 年安徽光热产业进入调整期，主要表现为优化产业结构和淘汰落后产能，大多企业纷纷转型，现存光热企业主要依靠外省企业贴牌生产，而且规模偏小。

安徽省新能源装备产业发展特点：（1）光伏产业具有国际竞争力；（2）储能产业在国内形成较强竞争力；（3）形成分工合理、特色鲜明、功能互补的产业布局。

安徽省新能源装备发展战略思路：安徽发展新能源装备产业要坚持自己的定位，走"差异化、特色化、高精尖"发展道路，重点推动目前安徽省新能源装备产业中"有基础、有体量、有特色、有前景"的光伏、储能、生物质能、氢能等高质量发展。（1）思路协同：深化与江苏、浙江的产业交流与互动互补，加快推进上海—合肥双城合作战略实施，深度对接中国（上海）自由贸易试验区临港新片区，将安徽打造成为长三角新能源先进制造业的创新高地，进而成为中国新能源装备产业发展格局中联通并带动中西部的重要枢纽。（2）产业协同：立足长三角三省一市各自新能源装备产业的特点和基础，尽快形成区域间新能源装备产业协同发展和上下游联动机制，建立优势互补、配套协调的产业分工体系。（3）创新协同：推进创新资源共享共建；共同培育企业创新主体；加强创新人才培养引进。

安徽省新能源装备发展目标：第一步，未来 5 年，新能源装备产业要成为安徽省又一支柱产业，整体实力和并网规模位居全国前列；第二步，到 2030 年，新能源装备产业支撑体系全面建立，重点企业全面实现智能转型，安徽省成为中国新能源装备产业协同发展、集群发展先行区和创新发展新高地。

安徽省新能源装备发展存着的不足：（1）产业发展布局不均衡化；（2）产业核心竞争力不足；（3）产业智能化水平不高；（4）产业规模化发展进展较慢；（5）产业应用环境协调性不够。

安徽省新能源装备政策建议：（1）优化产业规划，加强产业协作，提升竞争能力。（2）构建科创平台，突破核心技术，提升创新能力。（3）完善体制机制，加快成果转化，培育创新企业。（4）推进应用示范，发挥政府导向，提升智能水平。（5）设立发展基金，探索市场支持，提供融资保障。

安徽省新能源装备产业发展重点任务：（1）优化提升光伏支柱产业：夯实光伏产品制造产业体系，加快关键技术研发及产业化。（2）着力发展储能集聚产业：促进储能技术装备研发与应用示范；加快储能系统集成与智能控制技术，重点推动电化学储能装备产业全面发展。（3）加快布局其他特色装备产业：如光热产业、生物质能产业、地热能产业、空气能产业、氢能产业。

安徽省新能源装备发展保障措施：（1）建立统筹机制：成立领导机构，提高管理效能。（2）加大支持政策：包括上级支持、财税支持、金融支持、用地支持和招商支持。（3）完善保障体系：包括知识产权、公共服务和合作交流。（4）打造人才队伍：包括人才引进、人才培养和人才激励。（5）加强督促检查。（6）大力营造氛围。（7）扩大对外交流。

第 7 篇
智慧城市与美好环境装备篇

　　智慧城市是未来城市的发展方向。美好环境装备是智慧环保装备的核心组成部分，是良好环境的重要技术基础，是实现绿色发展的重要保障。近年来，环境装备制造业规模迅速扩大，发展模式不断创新，服务领域不断拓宽，技术水平大幅提升，部分装备达到国际领先。美好环境装备包含环境污染防治设备、环境监测专用仪器及综合分析装置、防治污染的专用材料和资源综合利用设备，主要是大气污染防治装备、水污染防治装备、固体废物处理处置装备等。

　　国内外环保装备发展水平差异表现为：（1）国外经较长探索和发展历程，从经验模式到智能自控模式的转变，重点注重企业自身数据采集、分析和应用，包括实现硬件的优化布局等。我国智慧水务行业发展起步较晚，尚处于成长探索阶段，智能水务装备创新能力相对薄弱，尤其在人工智能、物联网等新技术不断融合的背景下，面临着与国内外品牌差距进一步拉大的严峻挑战。许多水务企业信息化的基础建设在为地理信息系统以及水力模型等信息化做努力，行业保持稳定增长势头。（2）国外工业化国家的固废设备行业发展迅速，规模宏大，产品方向差异大，涉足领域众多，研发技术成熟多样，多种处理设备都取得优异效果。我国固体废弃物污染控制起步较晚，处理设施建设不足；随着行业快速投入，固废处理设备前景十分广阔。目前国内处理方式发生转变，焚烧方式逐渐增长，但多依靠国外进口设备；同时国内加大力度频频出台新政策，重视垃圾分类，对固废处理提出高要求严标准，鼓励国产固废设备自主创新多样化。（3）随着监测体系和企业排放标准的不断完善、设备的更新换代以及国内企业技术革新带来的进口替代，我国大气监测行业正经历快速发展。国产大气监测仪器制造商与世界领先制造商的技术差距进一步缩小，部分空气监测设备已达领先水平。（4）我国环保装备制造业整体规模较小，产业集中度偏低，环境基础信息获取与共享能力相对薄弱。环境监测评价表征技术亟须深入研究，环境监测和科研仪器设备创新能力和研发能力相对落后，产品低端同质化竞争严重，先进技术装备应用推广困难等问题依然突出，与当前绿色发展的要求仍有差距。

　　安徽省环保装备产业发展现状的存在问题和主要原因：（1）安徽省环保装备企业主要是中小型民营企业，与国内外先进企业合作不多，基本上没有具有核心竞争力、系统集成和工程总承包能力的龙头企业，未能形成示范带动效应。企业应乘着"一带一路"的政策东风，积极寻求海内外市场机遇，通过海外并购，当地合作等多种方式进行合作。（2）安徽省设备品种与江浙广等发达地区相比较少，具有现代化水平的机、电、仪一体化装备较少或处于起步阶段。江苏及浙江、广东等省是我国环保装备制造业最为集中的区域，其产值占全国的半数左右。（3）安徽省环保装备制造业在关键技术和关键设备方面仍存在薄弱环节，环保装备技术创新机制不健全，产学研用有机结合的技术创新体系建设进展迟缓。由于环保装备制造业的发展过于受政策导向影响，技术更新一直处于被动局面，技术储备能力不足，创新始终存在较长的空窗期。（4）监管平台不够灵活，监测数据不充足，未来需要录入所有企业基础数据和环保业务等数据，需要适时动态更新，要将企业数据和在线监测数据纳入平台；建立相关环境数据分析和决策模型，定期提供数据分析报告，为环境决策提供有效科学依据。

　　安徽省环保装备产业发展战略思路为：（1）发挥政府主导作用推进全环保装备产业的发展。政府发挥在机制设置、政策及标准制定、资金保障等方面的全面推动作用，将成为环保产业发展的重要动力。
（2）利用市场机制作用优化产业结构。应积极推动企业技术研发与创新，培育真正具有市场竞争力的龙头企业，充分利用市场机制推进产业结构的调整与优化，加速中小企业的优胜劣汰。（3）把握发展需求培育新增长点，扶持省内环保企业走出去；针对外省环境治理市场的需求，对接安徽省的环境治理经验及环保技术与装备供给。（4）加强内外合作，积极引进国内外的先进技术装备与管理经验。

发展目标为：（1）到 2025 年基本形成环保装备技术、制造、产品、服务的全产业链发展体系，环保装备及其相关服务产业快速发展，质量效益显著提升。（2）大气污染物协同治理、废水处理、固体废弃物处理处置等领域技术装备水平和服务能力达到先进水平。（3）全省环保装备及其相关服务产业产值有突破，成为环保的核心产业，也是全省经济发展的支柱产业之一。

根据环保装备产业发展的现状分析及战略目标，提出安徽省环保装备发展的政策建议和重点任务。政策建议包括：（1）制定并实施《安徽省环保装备制造业"十四五"发展规划》。（2）加快引进国际国内高端环保装备制造企业和项目。（3）建立环保装备制造业高新技术研发中心和技术转化平台。（4）健全和完善已公布的相关支持政策。

重点任务包括：（1）调整环保装备制造产业的结构。环保市场需求的萎缩直接影响到装备制造领域，环保产业的发展重点已开始从新设施建设逐步转向现有设施的运营管理、设备的更新换代、新技术的开发等领域，新技术新材料新装备的市场规模已日渐上升。（2）提高环保装备产业的集中度。随着市场需求的变化，环保企业，尤其是装备制造领域的企业数量及整个产业结构也在随之发生调整。（3）扩大绿色功能产品市场规模，环保功能型产品的市场需求持续增长，拉动了相关市场的发展。（4）稳步发展再生资源利用领域，生活废弃物和工业废弃物的回收利用领域，要建立完整的回收与资源化体系，完善环保产业。（5）环保装备与智能化紧密结合，如单元设备的智能化设计、整体设备的智能化系统以及实时控制、远程监控系统，实现设备的智能一体化装配，以达到设备的最优运行和最低耗运行。

第 8 篇
现代农机篇

农业机械化是用机器装备代替人力、畜力进行工业生产的技术改造和经济发展的过程。农机是农业机械化的重要载体。现代农机相对传统农机，产品结构优化，作业条件改善，农机社会化服务领域拓展，使用效率和范围进一步提升。农业机械化和农机是转变农业发展方式、提高农村生产力的重要基础，是实施乡村振兴战略的重要支撑。

国内外现代农机发展水平差异表现为：（1）产品结构单一，产品有效供给不足。（2）制造技术和装备水平落后，产品质量和可靠度不高。（3）产业集中度低，科研开发能力与国际水平差距大。（4）农机农艺结合不够紧密。（5）农机作业需要的高标农田建设滞后。

安徽省现代农机产业发展现状及存在问题主要体现为：（1）农业机械装备结构不合理，农业机械化总体水平不高。（2）总体产业规模有待进一步提升。（3）高标准农田建设有待进一步加强。（4）农机服务组织化程度低。（5）创新能力不足，缺乏产品核心竞争力。（6）创新人才缺乏。

安徽省现代农机发展战略思路为：（1）在资金投入、政策引导、招商力度、人才聚集、产学研合作等方面继续大力加强安徽省现代农机发展。（2）引进有品牌、有实力、有市场的农业产业化龙头企业。（3）重点发展绿色农产品加工，以皖北小麦、皖南水稻、茶叶和草莓等典型农作物生产为引导，以土壤测定、精准播种、肥料配方、精准施肥、田间管理、无人施药、收割打捆、烘干仓储等一体化全过程为服务目标，建立现代农机开发、销售、补贴、使用、服务、租赁等"互联网＋"示范体系。

2025 年发展目标为：（1）建成协调有效的农机工业自主创新平台，在众多重点领域、关键技术和重点产品取得重要突破。（2）重点农机产品品牌优势进一步凸显，农机产业迈入高质量发展阶段。（3）全省农机总动力超过 7200 万千瓦，农机结构基本合理，农机通行和作业条件显著改善，农机社会化服务实现乡镇全覆盖，农机使用效率显著提升，农业机械化进入全程全面高质高效发展阶段。（4）全省农作物耕种收综合机械化率达到 83％，油菜等作物薄弱环节机械化和农产品初加工机械化取得显著进展。（5）实现销售收入 500 亿元，充分带动农村人口就业，服务于乡村振兴战略规划。

影响当前现代农机发展的主要原因包括：（1）市场信息不畅通导致农业机械化总体水平不高。（2）总体投入不足。（3）高标准农田建设意识需要加强。（4）农机服务制度需要进一步完善。（5）短期行为导致企业忽视产品创新。（6）产学研合作需要进一步加强。

根据现代农机产业发展的现状分析及战略目标，提出安徽省现代农机发展的政策建议和重点任务。政策建议包括：（1）加强适合农机作业的高标准农田基础设施建设。（2）改善农机作业配套设施条件。（3）实施科学合理的农机购置补贴政策。（4）拓展财政支持农机化的领域与范围。（5）完善农机金融保险政策。（6）大力支持农机化科技创新与推广。（7）推进组织现代农机战略联盟。（8）培育重点龙头企业，构建产业支撑体系。重点任务包括：（1）成立专门的现代农机创新研究和设计中心。（2）聚焦丘陵地区水稻种收、油菜种植、花生和薯类收获、灌排、植保、秸秆处理、烘干、杂粮油料高品质色选等薄弱环节"卡脖子"技术，设立省重大科技专项支持攻关。（3）继续推进建设芜湖三山经开区进行现代农机产业集聚发展基地，打造合肥光电色选产业集群，安庆、黄山、六安建设现代茶叶机械生产基地；阜阳、蚌埠建设现代拖拉机及多用途农机具生产基地。（4）鼓励搭建现代农机电子商务平台。

第 9 篇

医疗器械篇

医疗器械涉及声、光、电、磁、图像、材料等行业，是国际公认的高新技术产业之一，具有高新技术应用密集、学科交叉广泛、技术集成融合等特点，代表着一个国家高新技术的综合实力，对多学科高新技术领域的发展有着极强的牵引和推动作用。不少发达国家都已将医疗器械列为重点扶持和优先发展的战略性产业。我国自"十三五"以来，一直将高性能医疗器械确定为重点突破领域之一。

国内外医疗器械发展水平差异表现为：（1）我国医疗器械行业产品研发投入占销售收入比重低，企业规模小。（2）我国医疗器械产品创新不足，多还集中在中、低端水平，高端产品仍以进口为主。（3）强大的专业人才队伍是整个医疗器械行业中资源争夺的焦点。

安徽省医疗器械产业发展现状及存在问题主要体现为：（1）安徽省医疗器械产业行业产品高端医疗器械产品匮乏，与发达省份相比，规模差距较大，全国市场份额占比较小。（2）基础性技术支撑平台不足，高端研发技术人才和注册人才匮乏，技术创新、科研活动缺乏必需的基础条件支撑，实验条件、科研条件及相关设备等亟须改善和加强。（3）产业配套落后，安徽省对一些优势项目配套政策的扶持力度存在不足。（4）市场购买动力不足，三甲医院更信赖传统国际巨头产品，国产医疗器械在三甲医院关键科室的市场份额仍然较小。（5）医疗器械服务体系配套不足，未能形成医疗器械检测、临床评价、计量与评估、产业化共性技术共享等若干机制合理、运行高效、资源密集的医疗器械配套服务体系。

安徽省医疗器械产业发展战略思路为：（1）坚持以政策支持为引导，在产业培育、技术创新、专业人才培养与激励、省内医疗机构需求引导、高端品牌支持等方面出台一系列的扶持政策，积极支持相关企业做强做大。（2）坚持以市场需求为导向，推动安徽省医疗器械产业的蓬勃发展。（3）坚持以技术创新为驱动，围绕疾病预防、促进健康、早期诊断、微创技术等技术发展趋势，重点研究微创诊疗设备、导航定位辅助、动态高分辨影像、生物医学材料、精密制造、神经信号检测与分析、急救设备对特种环境的适应性等一批核心关键技术，抢占未来医学发展前沿，改变安徽省新型产品发展缓慢的局面。（4）坚持以骨干企业为龙头，建立医疗器械产业联盟。

发展目标为：（1）扩大产业规模，力争 2025 年医疗器械主营业务收入达到 800 亿元；到 2035 年，安徽省产业年均增长 15％以上，主营业务收入突破 3000 亿元。（2）增强自主创新能力，实现重点企业研发投入超过销售收入的 5％以上。（3）优化升级产品结构，"十四五"期间力争打造 15 个以上 1 亿级具有较强竞争力的高端医疗器械产品。（4）加强高端医疗器械研制，快速形成产业化新板块。（5）按照智慧医疗基础体系、应用体系、产业体系建设步伐，积极推进健康医疗大数据产业化。

根据医疗器械产业发展的现状分析及战略目标，提出安徽省医疗器械发展的政策建议和重点任务。政策建议包括：（1）加大对医疗器械技术创新扶持力度。（2）大力发展安徽特色医疗器械产业，并发展产业集聚基地。（3）优化医疗器械监管及审评流程，加快创新产品上市进程。（4）建设公共检测平台与临床基地，并不断丰富其功能。（5）协助企业培养人才，推进企业技术进步。（6）通过"互联网＋"医疗的模式，引导医疗器械产业向"数字化、网络化、智能化"发展。重点任务包括：（1）结合"宽带中国"战略全面开进，开展基于 5G 新型网络架构的智慧医疗技术研发，建设 5G 智慧医疗示范网，积极鼓励医疗器械技术创新。（2）政府积极培育国产医疗器械知名品牌，同时鼓励公立医疗机构优先采购国产知名品牌。（3）加强区域布局，积极推进相关优势区域建立医疗器械产业基地。（4）搭建医疗器械电商平台，整合医疗器械上下游资源，提高行业的交易效率。（5）构建医疗器械物流中心，提高医疗器械物流管理的信息化、自动化程度。

第 10 篇
工程机械装备篇

凡土方工程、石方工程、流动式起重装卸工程和各种建筑工程，综合机械化施工以及同上述工程相关的工业生产过程的机械化作业所必须的机械设备，统称为工程机械；可划分为 20 大类，其中主机 19 大类、109 组、450 种型式、1090 多种系列产品，还有配套件。目前全球主要工程机械产品年销售量近 300 万台，市场近 3000 亿美元；市场分布在北美、欧洲、日本等发达地区及中国、印度、巴西等新兴发展中地区；产品集中在土方机械（挖掘机械、铲土运输机械），占整个市场的 2/3 左右；技术集中在基础材料、技术与新产品研发。我国工程机械目前销量最高的为挖掘机，其次为装载机；2019 年行业主要产品销售总量约 50 万台。2020 年，我国多家企业进入全球工程机械行业 50 强，其中徐工第四、三一第五、中联重科第十（日本日立建机第七）。国内工程机械行业龙头公司竞争优势突出，形成规模经济优势；产品线延伸扩展成长空间；关键零部件配套体系逐步完善。

国内外工程机械发展水平差异表现为：（1）规模与出口：2019 年行业总体出口占比约为 28％。而韩国总体出口量占到总产量 70％以上，日本占比近 60％，出口存在巨大提升空间。（2）产业结构：核心配套件差距主要在液压产品、发动机、双变系统、行星式回转减速器、驱动桥及悬挂系统、回转支承、"四轮一带"等。低端产能过剩、中高端产品竞争力不足。具有完全自主知识产权的核心技术不多，"克隆"产品占据较大比重。大型土石方施工机械、工程用大型架桥机、高等级公路大型沥青混凝土再生成套设备等领域，主要依靠国外直接进口或合作生产。（3）劳动生产率：平均人均营业收入、利润、资产只有世界水平的 30％、50％和 5％。企业平均盈利水平约为世界平均水平的 25～30％。（4）产品质量水平大部分在国际市场上处于二流地位。

安徽省工程机械产业发展现状：（1）安徽曾是中国工程机械六大产业基地之一；近年湖南、江苏、山东等地快速发展，安徽地位相对下滑，2019 年占到全国同行业总量的 7～8％；其中日立建机从行业第二变成第十。（2）骨干企业的数控设备、加工中心和工业机器人等高端设备占比达到 70％－80％。数字化智能化设计、制造、管理已初具规模。（3）智能化产品的开发与应用取得较大进展，智能化技术应用的深度、广度，产品的可靠性和环境适应性等明显改善。通过调结构、转方式，推进转型升级，持续创新驱动和加快国际化步伐，使产业规模、品质、品牌影响力、企业管理水平、价值链的综合能力以及承担社会责任等诸多方面取得了显著成效。（4）省内企业牵头制定行业基础标准 10 余项，产品、方法、安全等标准 40 余项。存在的问题：（1）中低端产能过剩，大型与超大型机械产品竞争力不足，绿色、宜人、智能化产品缺乏。（2）原创机制和创新能力弱，产品大多在全球产业链中处于中、末端位置，核心技术缺乏，附加值低，原始创新供给不足，具有自主知识产权的产品比重较低，国际竞争乏力。（3）产品可靠性耐久性有差距，关键核心零部件短缺，制造＋服务模式待完善。

安徽省工程机械发展战略思路为：重点发展重型工程机械装备、液压挖掘机、工程起重机和混凝土装备、核心关键零部件等产品，适度发展农用工程机械。加强产学研结合，增强以企业为主体的开放式自主创新能力，通过实施一批重大项目，力争突破部分重大工程机械制造的核心技术和关键技术，推动工程机械制造业实现高起点、高标准、跨越式发展。争取用 5 至 10 年时间，把安徽工程机械业打造成国际有较大影响力，国内先进的工程机械制造强省。发展目标：（1）2025－2030 年，产业规模居全国前列，形成行业总产值 800－1000 亿元，占全国的比重约 10～12％。具有成熟健全的现代产业体系，具有若干在国际上知名、国内领先，各具特色和权威的产业集群区、制造中心和技术中心。重型工业车辆全球领先；液压挖掘机、工程起重机重返全国第一方阵；路面机械、混凝土机械成为行业有力竞争者；关键零部件进入国内外主要工程机械企业核心配套体系。（2）大幅度提高中小配套企业综合素质和核心竞争力，形成产业集聚。关键零部件自制率达 70％以上。国产化率达 90％以上。在我国工程机械制造企业 30 强排行榜上占有 3～5 个名额。（3）能制订具有国家先进水平的技术标准和法规体系，并在一些重要技术领域引领制定或修改国内外行业标准。新创国家级研究中心 2 个，省级企业技术中心 5～10 个，高新技术产值率达到 50％，大中型企业研发费用占销售收入比例达 5％。（4）具有强大的自主开发能力和技术创新能力，拥有大批具有知识产权的重要产品和国内外领先的制造技术。引进和培养行业发展所需人才。造就一批企业家队伍。节能环保及绿色化水平达到国内一流，智能制造、信息化居行业前列。

影响当前工程机械装备发展的主要原因包括：（1）竞争要素升级没有跟上。资金、人力投入不够，同时受到劳动力成本提升、西部更低成本地区的同行出现等因素挤压以及国外与省外先进企业的技术挤压，原先的生产要素优势逐渐削弱。生产要素要通过大量的资金、人力投入形成，依托智能制造和信息化技术，体现为人的能力、技能以及对相关知识（理论）、技术诀窍（制造工艺）、方法（软件）、专利等的掌握，形成高端产品能力。（2）安徽现有工程机械企业大多规模小，融资能力差，科研经费投入不足，自主知识产权产品少。整个行业投入比重近年有所下降，这可能是国民经济结构优化的表现，也可能会加速产业结构"早熟"，不利长远发展。湖南、江苏、浙江等地已有较大动作；安徽应积极研制趋势。（3）缺乏领军企业。缺少工程机械大省三一、徐工集团、山推集团之类的"航母型"大企业集团，缺乏带动作用和品牌效应，同时配套企业加工能力也较弱，技术水平偏低。（4）行业布局缺乏全省统一规划，企业在不同的地区分散交错布点，信息流不畅，技术水平不高，产业分工和专业化不明显，现有的一些特定产品优势不能充分发挥。

安徽省工程机械发展的政策建议包括：（1）依靠创新驱动。创新管理模式，完善战略计划，转变研发观念，加强创新基础设施建设，加强人才引进和人才培育，建设创新群体。（2）保证质量为先。建立产品可靠性体系，支持质量技术创新，推行数字化和智能化制造。（3）鼓励绿色发展。推广再制造工程，提高产品全寿命周期的节能减排水平，推进生产过程的绿色化。（4）实现结构优化。夯实产业基础，加快国际化运营，强化并购整合，优化供应链管理，行融资租赁，挖掘增值服务。重点任务包括：（1）工业搬运车辆：依托安徽叉车、江淮银联等企业，壮大产业链，重点发展具有自主知识产权的重装叉车、集装箱堆高机、正面吊车以及机场牵引车等专用的工程机械。同时发展国内外领先的电动叉车、内燃叉车、大吨位叉车，扩大规模和份额。（2）挖掘机械：依托日立建机、合肥合矿公司等企业，重点发展各种型号的液压挖掘机，研发小吨位的液压挖掘机，满足市场需求。（3）起重机械：依托安徽柳工等企业，重点发展工程起重机等产品，增加品种规格，同时开发履带起重机等大型高端产品。（4）筑路机械与路面机械：依托合力重装事业部、合肥永安绿地、安徽劲旅等企业，发展高端装载机、压路机，形成批量生产，扩大市场份额，同时，建议研发垂直振荡压路机、高端智能道路养护机械等市政工程机械产品。（5）混凝土机械：支持华菱星马发展高空混凝土泵送装备及其他混凝土输送用工程机械，形成批量生产，提升安徽产品的市场份额。（6）重型工程机械：考虑利用沿江水陆交通运输便利的产业开发区，引进国内外重装企业，形成如隧道掘进装备、复杂道桥千吨级工程施工成套装备、大型矿山成套装备等产品的一定研发生产能力。（7）新农村建设工程机械：安徽是农业大省，国土资源整治工程量也很大，目前芜湖、合肥有部分产品，建议考虑在皖北布局或引进企业研发量产，形成产业链。（8）智能、灵巧、新能源驱动、多功能工程机械：建议考虑在合肥、芜湖、蚌埠、滁州等地布局或引进研发智能、灵巧、新能源驱动、多功能工程机械的企业。（9）柱塞型液压马达、液压泵：关键传动部件；整体式多路液压阀；工程机械专用柴油机。（10）关键零部件：回转支撑；密封件；大功率液力变矩器；四轮一带；数字化及高压油缸；"专精特新"配套件。材料成型；热处理；电镀等技术提升。动力换挡变速器；湿式制动驱动桥。（11）再制造工程：建议建设集整机、结构件、液压元件、发动机和智能升级、交易为一体的工程机械再制造产业基地。

第 11 篇
石化通用机械装备篇

　　石化工业在国民经济发展中具有重要作用，是我国重要支柱产业部门、能源主要供应者之一。石化通用机械是应用于石油、化工及上下游相关领域的重要能源动力装备，具有通用性强、用途广泛的特点，涵盖了压力容器、泵、风机、压缩机、阀门、气体分离设备、分离机械等设备。目前，欧美、日本等的通用机械制造业比较发达，在压力容器、压缩机、风机等各子行业中市场占有率和集中度较高，尤其在中高端领域有较大优势。随着产业结构调整和技术攻关深入，我国石化工业已拥有世界先进水平的石油化工主体技术，包括在材料开发、设计制造、检验检测、运行维护、标准体系等方面取得了丰硕成果和发展优势；我国通用机械行业在技术水平上与发达国家的差距逐步缩小，但市场构成呈现出两极分化现象，即低端供给过剩和高端供给不足。

　　国内外石化通用机械发展水平差异表现为：（1）我国压力容器制造在结构设计、新材料研发、焊接、无损检测等方面具有一定优势，但关键装备、先进材料、系统工艺包等方面落后于国外。（2）我国压缩机制造门类齐全、具有相当规模和水平；但高端市场由国外把持。（3）我国风机行业相对于国外，中高端产品并行与领跑共存；高端产品以跟跑为主，关键基础件、驱动机及高精度加工测试设备等对国外依赖度高。（4）欧美等发达国家在泵设计制造方面拥有自主数据库和设计模型，其泵的性能、可靠性、低噪声及控制水平较高；而国内泵行业同质化竞争严重，重大工程及装备的高参数泵依赖进口。（5）在阀门领域，我国产品技术、加工质量和效率、检测手段、标准体系等方面已较成熟和完善；但在高端阀门方面，与发达国家相比还有差距。（6）我国过滤与分离机械技术与国外先进水平差距逐渐缩小，但在高参数、新型机型方面仍有欠缺。（7）我国密封产业品种规格齐全，以中低端产品为主，基本满足国内需求；高端产品不能满足发展需求，部分重大领域和特殊用途的关键机械密封产品完全依赖进口。

　　安徽省石化通用机械产业发展现状及存在问题主要体现为：（1）安徽省石化通用机械行业的整体研发和制造实力与江苏、浙江、山东等省份相比尚存在一定差距，在政策支持、研发投入、产业布局等方面仍需要持续推进和优化。（2）与东北、陕西等的老牌大型国企、以及北京、上海等城市的压缩机企业相比，安徽省内的压缩机企业，在企业规模、核心技术竞争力等方面尚有一定差距。（3）安徽省风机行业在研发方面具有一定研究基础，但在制造方面落后于国内其他制造企业，如沈鼓集团、陕鼓集团等。（4）泵行业技术短板主要体现在无法满足高端产品、极端环境条件或高参数工况以及高可靠性的要求。（5）安徽省整体行业规模处于国内中下游水平，相关制造企业落后于苏州纽威阀门、吴忠仪表有限公司等国内领先企业。（6）安徽省从事过滤与分离机械生产制造的企业大多为中小型企业，技术力量较为薄弱，产品竞争力不强，整个行业规模占全国约 3～5％；（7）机械密封件及密封材料制造企业以中小企业为主，部分规模较大企业的产品主要与汽车产业相关，应用于石化领域极端环境的产品较少。

　　影响当前石化通用机械装备发展的主要原因包括：（1）发展石化工业基础缺少顶层设计：由于缺少顶层设计，石化工业基础研究重视不足，产业链发展不协调，整机、系统、成套设备与工业基础发展严重脱节。（2）产业共性技术研究不够、科技与经济融合不足：技术创新过程的中间阶段被弱化，导致出现"死亡之谷"，基础研究成果"胎死腹中"，进而出现科技经济"两张皮"现象。（3）企业技术创新能力不强、尚未成为技术创新主体：企业技术创新能力先天不足、企业技术创新动力后天失调、国有企业考核评价体系弊端制约技术创新、企业核心技术与知识产权保护欠缺、偏低的企业技术人员待遇难以聚集高层次人才。

安徽省石化通用机械发展战略思路为：（1）加强基础研究投入、提升科技转化能力，突破制约发展的关键共性技术，实现核心装备与系统的自主研发，全面促进技术装备水平向高端化发展。（2）大力推进新装备、新材料、新技术的研发应用，促进装备绿色化。如何改进工艺装备技术，生产兼具安全、节能、环保的高品质产品，是石化通用机械装备绿色发展需要解决的问题。（3）大力推进传统技术与现代传感、工业物联网、大数据、云计算、人工智能等新一代信息技术的深度融合，推进实现制造过程的装备智能化、石化工业智能化发展。发展目标为：（1）实现高端装备创新；（2）促进装备绿色化发展；（3）支持智能制造技术和系统创新。最终实现安徽省石化通用机械产业核心竞争力的不断提升。

根据石化通用机械产业发展的现状分析及战略目标，提出安徽省石化通用机械发展的政策建议和重点任务。政策建议包括：（1）政府引导和市场主导相结合；（2）当前急需与长远发展兼顾；（3）独立自主和开放合作相协调；（4）重视创新人才队伍建设；（5）加强知识产权保护；（6）加强对中小企业的支持。重点任务包括：（1）重大科学问题研究：新兴工艺复杂环境下承压设备失效模式、损伤机理及失效防控理论；高紧凑度、复杂结构等特殊条件下的高效换热原理、强化传热设计理论；超高压往复压缩机气流脉动机理及气固液多场耦合压缩热力学动力学特性。（2）高端装备与技术：油气勘探装备、炼油装备、乙烯及深加工装备、芳烃装备、煤化工装备、油气储运装备、制氢储氢装备、高参数材料及焊接热处理工艺、高端通用机械设计分析及成套设计软件、极端压力容器缺陷检测及评价技术等关键装备及技术开发。（3）绿色装备、工艺与技术：重型压力容器轻量化技术；余热综合利用、能效评估与系统匹配等节能技术；密封技术及高效洁净排放技术。（4）智能制造技术：材料基因组与增材制造；智能感知、实时检测与远程运维技术；基于新一代人工智能的智能化平台；承压设备网络协同制造与智能工厂关键技术。

第 12 篇
电工电器篇

电工电器包括发电机、电动机、变压器、电气开关、电线电缆、蓄电池、电表、电气元件等，是电能产生、转换、输送的装备，在国民经济发展中具有十分重要的作用。有了电工电器，电力才能成为国民经济的先行官；有了电工电器，人民生活才能实现电气化；有了电工电器，才能做到"以电代油"、"以电代气"，有利于环境保护和绿色发展。

国内外电工电器发展水平差异表现为：（1）我国电工电器在结构设计、新产品开发、产品质量和水平有一定优势，但是在关键设备、先进材料、系统工艺等方面还落后于国外先进企业。（2）我国电工电器门类比较齐全，部分企业具有一定规模和水平，但相比国外知名企业如 ABB、西门子等在生产规模、技术水平方面还相差甚远，一些高端市场仍由国外把持；（3）在电工电器有关先进技术如智能制造、可视化等方面，我国虽在逐步进入，但没有国外先进企业成熟，技术水平相差较大。（4）国外一些先进企业的产品在我国占有很大市场，国内一些重点工程采购电工电器非国外名牌产品莫入。

安徽省电工电器发展现状及存在问题主要体现为：（1）安徽省电工电器生产规模和制造实力还不够强，2019 年销售收入居全国第 7 位，前 6 位是江苏、山东、浙江、广东、河南、江西。（2）电工电器的技术水平还不高，据国家电网提出的高压电缆专用水平三年（2019—2022）提升计划，提出打造 5 个国际一流（北京、上海、天津、南京、杭州），10 个国内一流（重庆、济南、武汉、成都、西安、青岛、苏州、无锡、宁波、沈阳），但没有安徽。（3）安徽电工电器以中小企业居多，研发能力不强，经济效益不高，技术改造力度不大，发展后劲不足。

安徽省电工电器发展战略思路是：（1）贯彻新发展理念，大力发展节能减排、智能化产品。传统的电工电器一般都存在耗能高、效率低、易造成环境污染等问题。安徽的电工电器要占领市场，提高竞争能力，就要新发展理念特别是创新、绿色发展理念，大力发展节能减排、智能化产品。（2）认真解决电工电器制造中的技术难题。围绕提高产品质量和产品水平，解决电工电器在制造过程中的"卡脖子"技术难题，如电机的钳线技术、变压器的浸油技术、电线电缆的铜线、铝合金加工技术、电力开关的绝缘技术、锅炉的燃烧及试验技术，努力赶超世界先进水平。同时大力采用新技术新工艺，促进电工电器产品的转型升级。（3）积极承接产业转移，推动大规格、大容量产品落户安徽。由于历史原因，我国大规格、大容量的电工电器生产企业大多在东北、西部地区。而我国东部、中部水力、火力（煤炭）资源丰富。安徽属于中国东部，安徽的电工电器又缺"大"少"重"，承接电工电器产业特别是大规格、大容量电工电器非常必要。安徽要利用长三角一体化、资源优势较强的条件，积极承接东北、西部电工电器的产业转移，或加盟国内大企业（企业集团），发展大规格、大容量电工电器的生产，既能满足华东、中部地区的需求，又能提高安徽电工电器的生产能力和制造水平。（4）大力发展新兴产业、清洁能源装备。安徽的光伏产业发展较好，要因势利导，进一步做大做强光伏装备，逐步扩大生产能力。发展风电安徽也有有利条件，安徽地处华东中部，有山脉、丘陵，适合风力发电。安徽目前使用的风电设备都是从外省、外国购进，安徽可以组织相关企业自主生产风电设备；也可以对核电装备进行研究，与国内有关单位合作，争取开发成功。（5）努力扩大产品出口。安徽的电工电器以中小型为主，适合国际市场特别是发展中国家的市场，一些企业如皖南电机公司、天威保变（合肥）变压器公司的产品已经出口多个国家。要抓住"一带一路"的机遇，组织更多的产品出口。一是组织企业单机出口，销往发展中国家。二是与我国对外承包工程配套，实行随机成套出口。三是选择有条件的国家和地区办厂，就地生产，就地销售。四是应对国际市场特别是美国的政策变化，实施正确的对策，促进出口。发展目标：（1）大力发展高端产品，特别是大型发电设备、大型节能电机、变压器，特种电缆、可视性电气开关。（2）积极发展新兴产业、清洁能源装备。如进一步增加光伏设备品种，扩大规模；试制风电、核电装备，并小批量投放市场。（3）提高生产能力，到2025年全省电工电器销售收入达到4500亿元，到2030年达到6500亿元。

影响当前电工电器发展的主要原因：（1）发展电工电器的顶层设计不足，电工电器基础研究不够，产业链发展不够协调。（2）产业共性技术研究不够，生产企业基本是各自为战，省里缺少电工电器的专业研究机构。（3）新兴领域的装备如风电、核电没有涉及，安徽这方面的装备还是空白；光伏设备发展也不够快。

根据电工电器发展的现状分析及战略目标，安徽省电工电器发展的政策建议是：（1）政府引导与市场主导相结合。政府及部门根据电工电器发展趋势提出安徽省电工电器的发展方向和重点产品，企业参照产业发展方向及市场需要调整产品结构，加快发展。（2）与安徽电力部门结成产业联盟。经过多年的发展，安徽电工电器已具有较好基础，一些产品如变压器、电机、电线电缆具有较高水平。安徽电力部门就地就近采用本省电工电器产品，能够降低物流成本，方便维修服务。因此，安徽的电工电器生产企业可与本省电力部门结成产业联盟，经常沟通产需情况，对接需求，优势互补，这样对双方都有益处。（3）电工电器的更新改造特别是采用新产品对用户的节能、环保关系极大。为做好节能、环保，政府可下发有关要求用户更新改造老旧电工电器、采取新产品的文件，对使用节能、环保电工电器的用户实行鼓励政策；对生产节能环保电工电器的企业经过认定给予适当奖励。（4）鉴于电工电器企业技术人才不足。政府主管部门要重视引进和培养相关专业人才，指导有关高校设置电工电器专业，加快人才培养。重点任务包括：（1）加强重大科学和基础技术的研究。通过企业自主研发和产学研结合，推进电工电器的关键技术研究、新兴产业的产品试制和技术攻关。（2）加大企业特别是重点企业的技术改造，提高产品水平和制造能力，打造若干个在全国有影响力的电工电器企业。（3）切实加强企业管理和技术创新，实施"三品"战略（提品质、创品牌、造精品），增强产品的市场竞争能力。（4）抓好现在电工电器企业的转型升级，培育更多的专精特新中小企业，发展产业集群，扩大全省电工电器生产规模。

第 13 篇
工业四基篇

  装备制造业是一个国家工业现代化的基础，为国民经济各行各业发展提供所需的必要装备，而坚实的工业基础是支撑装备制造业发展的必要条件。工业基础是工业领域中以核心基础零部件（元器件）、先进基础工艺、关键基础材料和产业技术基础（简称"四基"）等方面组成的综合能力。

  随着经济快速发展，我国工业基础体系基本建立，自主创新能力和关键技术突破能力得到提高，基本能满足装备制造业的一般性需求。与经济发达国家相比，我国的"四基"高端能力不足依然严峻，"四基"产业的高端产品和服务仍然大量依赖进口。同样，我国装备制造业"四基"产业薄弱问题也非常突出。据统计，目前我国高端加工中心控制系统90％以上、高端汽车电子产品75％以上、高端发动机电子控制系统90％以上、高端工业机器人核心零部件90％以上、工程机械的高压大排量柱塞液压泵等关键部件90％以上、高铁列车的车轮车轴和轮对95％以上、高端精密轴承90％以上等装备制造业急需的高端基础零部件产品仍要大量进口，这就严重制约了装备制造业产业向高端发展转型的战略目标实现。

  安徽省装备制造业是全省国民经济支柱产业，已形成较完整的装备制造业生产体系。2018年机械行业工业总产值列全国同行业11位，但从整体上看仍然存在着总体实力弱、企业规模小、高端技术和产品偏少等问题，特别是安徽省装备制造业"四基"产业与经济发达省份比，差距较为明显，主要问题包括"四基"产业领军企业少、核心企业号召力和凝聚力不强、总体技术水平低等。为了促进安徽省装备制造产业高速发展，就必须下大力气夯实装备制造业"四基"产业基础。

  依据安徽省装备制造业"四基"产业战略规划，为促进"四基"产业快速发展，必须立足于安徽省实际状况和国内外发展态势，充分利用"四基"产业比较优势和良好的区域环境；坚持有所为和有所不为原则，重点推进优势及重点产业的"四基"技术升级和快速发展，做到强化领先、壮大先进、培育新苗、循序渐进。力争到2025年，轨道交通装备、工程机械及农业装备、新能源汽车（含节能汽车及轻量化）和智能装备、数控机床、工业机器人、电工电器、海洋工程装备及船舶等产业70％急需的核心基础零部件（元器件）和关键基础材料实现自主保障、80种标志性的先进制造工艺得到推广应用。努力建成较为完善的产业技术基础服务体系，逐步形成装备制造业整机引领和"四基"产业基础支撑、协调互动的产业转型升级、创新发展新格局。

  为实现装备制造业"四基"产业发展的战略目标，提出政策建议：

  一是重点支持"四基"产业在国内外同行业技术水平高、有竞争优势的企业和产品，如航天航空、汽车和工程机械等高端铸钢铸铁件、工业机器人及关键零部件、轨道交通关键部件、动力电池系统及电堆、高端及节能柴油发动机、内燃机配件、汽车空调电磁离合器、新型汽车燃油箱、汽车三滤、汽车和工程机械仪表、石油化工特种泵、特种耐腐蚀工业泵、深冷屏蔽泵、电力变压器、中小功率电动机、回转支承、重型联轴器、轧钢导卫装置、精密齿轮、橡胶密封件、工业链条、特种电缆、紧固件等，使其保持行业领先优势，壮大规模引领产业发展。

  二是重点扶持"四基"产业在国内同行业有一定比较优势的省内骨干企业和产品，如低温余热锅炉、带式管式板式输送机、液压矿井支架、机床精密丝杠、液压齿轮泵和多路阀、特种流体压缩机、液压油缸、高压液压泵、中高压阀门、冲压及挤塑模具等，扶持其做大做强，进入行业领先行列。

三是政引导"四基"产业园建设，促进"四基"产业集聚和构建完整产业链同步走，如含山铸造产业园、无为高沟特种电缆产业园、天长仪器仪表产业园等，实现多企业集聚与全产业链协同发展，增强了产业园的凝聚力，产业园才能越做越大越强，才有持续发展的能力。

四是人才引进和培育。一方面大力引进"四基"产业及相关领域发展紧缺急需的高层次人才来安徽省创业，另一方面加强高技能人才培养和创新团队建设，大力发展职业教育和技术培训，培养一批技术技能与复合型人才，优化产业人才结构。同时健全各类人才信息库和统筹规划分类指导，完善人才培养、引进、使用、流动机制；加大住房、薪酬、医疗、子女就学、生活性服务及其他社会福利等方面优惠待遇的力度，招才和留才同步；政策和资金支持企业"四基"产业创新团队建设，每年评选和表彰产业创新团队以及团队带头人，形成一批高水平研发团队和科技成果。

五是政策和资金支持。政策鼓励高层次科技人才和团队到"四基"产业基层创业，加大"四基"产业企业科研人员股权配置和分红激励力度，提高"四基"产业科研人员科技成果转化的收益比例；建议重大"四基"产业项目建设用地在省级预留用地指标中优先安排解决；政策支持"四基"产业企业兼并重组，大力发展民营经济和混合所有制经济。财政资金支持和鼓励多层次资本投资"四基"产业，优惠政策鼓励融资租赁、商业保理、互联网金融、要素交易平台等新兴金融行业投资我省"四基"产业；扶持私募股权投资、风险投资基金、创业基金等投向"四基"产业项目建设。

下　卷

安徽省装备制造产业发展战略研究

（详版）

第 1 篇

综合报告

第 1 章
项 目 背 景

习近平总书记在十九大报告中指出：建设现代化经济体系，必须把发展经济的着力点放在实体经济上，加快建设制造强国，加快发展先进制造业，促进我国产业迈向全球价值链中高端，培育若干世界级先进制造业集群。《中国制造 2025》中计划到 2035 年，我国制造业整体达到世界制造强国阵营中等水平；创新能力大幅提升，重点领域发展取得重大突破，整体竞争力明显增强，优势行业形成全球创新引领能力，全面实现工业化。十九届五中全会上总书记又一次明确："坚持把发展经济着力点放在实体经济上。"制造业是实体经济的主体，是立国之本、兴国之器、强国之基；发展实体经济，重点在制造业，难点也在制造业。2020 年 8 月，习近平总书记在安徽考察时强调："要深刻把握发展的阶段性新特征新要求，坚持把做实做强做优实体经济作为主攻方向，一手抓传统产业转型升级，一手抓战略性新兴产业发展壮大，推动制造业加速向数字化、网络化、智能化发展，提高产业链供应链稳定性和现代化水平，是应对挑战的关键之举，更是把握主动的必然选择。"

制造业是实体经济的主体，是技术创新的主战场。我国是全球制造大国，但大而不强。近年来，欧美、日本等国家纷纷实施"再工业化"和"制造业回归"战略；印度、越南等发展中国家也加快布局先进制造领域；我国制造业面临着"双向挤压"的严峻挑战。尤其中美贸易摩擦、新冠疫情暴发以来，逆全球化趋势加剧，美国欲与我国全面"脱钩"；产业链纵向分工上趋于缩短，横向分工上趋于区域化集聚，供应链的核心技术将成为发达国家竞争的焦点。我国制造业产业链面临着严重的"断链""短链"风险，亟需建立以国内循环为主、国际国内互促的安全可控产业链双循环体系。我国制造业提质升级任务日益紧迫，必须着眼解决深层次矛盾和问题，深化供给侧结构性改革，推动制造业加快实现质量效益提高和产业结构升级。

装备制造业是安徽省工业支柱产业之一，形成了以汽车、工业机器人、新能源装备、工程机械、电工电器、农业机械等为主的制造业体系。提高装备制造业发展水平对安徽省建设制造强省至关重要。在《中国制造 2025》发布后，安徽省相继提出《中国制造 2025 安徽篇》《安徽省"十三五"装备制造业发展规划》《支持制造强省建设若干政策》《安徽省制造强省建设实施方案（2017—2021）》《大规模实施新一轮技术改造推进方案》《安徽省智能制造工程实施方案（2017—2020 年）》《安徽省智能工厂和数字化车间认定管理暂行办法》《中共安徽省委安徽省人民政府关于促进经济高质量发展的若干意见》《支持首台套重大技术装备首批次新材料首版次软件发展若干政策》等系列政策文件，对装备制造业进行了具体规划，提出了系列支持政策。《安徽省"十三五"装备制造业发展规划》明确提出，要增强基础配套能力。装备制造业所需的关键配套系统与设备、关键零部件与基础件制造能力显著提高，其性能和质量达到国内先进水平，智能技术及核心装置得到普遍推广应用，高端装备重点产业智能化率超过 30％。《支持制造强省建设若干政策》《安徽省制造强省建设实施方案（2017—2021）》系列政策文件，通过 5 条发展路径推动制造强省建设，重点在高端、智能、绿色、精品和服务型"五大制造"等 10 个方面给予支持。《大规模实施新一轮技术改造推进方案》《安徽省智能制造工程实施方案（2017—2020 年）》《安徽省智能工厂和数字化车间认定管理暂行办法》推进大规模实施新一轮技术改造，着力培育高端制造业，改造提升传统优势产业，加快推进制造业向高端化、智能化、绿色化和服务化方向转型升级。《中共安徽省委安徽省人民政府关于促进经济高质量发展的若干意见》提出，要坚持推进"三重一创"，支持 24 个重大新兴产业基地建设。在当前国内外发展形势下，针对安徽省装备制造业的特点，制定系统性的发展装备制造业的战略和计划，提高科技创新能力，发展高端制造、智能制造、精品制造、绿色制造、服务型制造等先进制造业，促进技术科技成果转化和产业化，对于提升安徽省装备制造业核心竞争力，促进重大技术装备向高端化、智能化和绿色化发展具有紧迫性。

　　本书面向安徽省重点装备制造产业升级的重大需求，聚焦工业机器人及智能装备、高档数控机床、智能制造物料输送装备、新能源汽车及新能源装备、智慧城市与美好环境装备、现代农机、医疗器械、工程机械、石化通用机械、电工电器、工业四基等 11 个领域，调研重点装备制造业的国内外发展现状及安徽省特点，梳理存在的不足及原因，提出发展战略思路、发展目标与技术路线图、以及政策建议与重点任务，并形成咨询研究报告，为安徽省制造业高端、绿色、智能化发展及产业转型升级提供支撑，如图 1-1 所示。2018 年 12 月项目启动以来，由陈学东院士牵头，组织多家会员单位（合工大、合锻、江淮、安凯、安理工等），多次召开项目推进会，邀请安徽省发改委、科技厅、经信厅、省科技情报所等多位领导专家建言献策，针对 11 个研究领域，形成 12 篇分报告（"新能源汽车及新能源装备"产业有 2 篇分报告）和 1 篇综合报告、1 卷简版，提出"院士建议"并获得安徽省政府领导的认可批示。

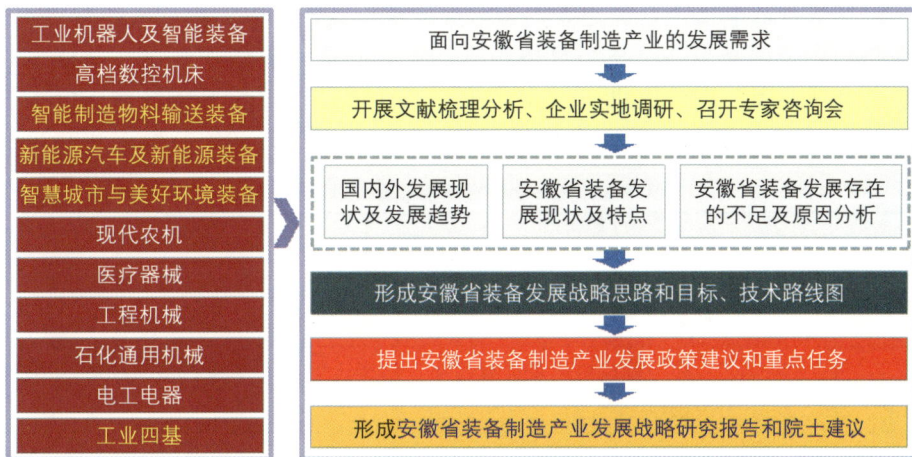

图 1-1　项目研究思路

第 2 章
国内外及安徽省装备制造产业现状、趋势和特点

　　发达国家高度重视装备制造业的发展，即使没有中美贸易冲突，仍十分重视以装备制造业为核心的制造业。美国发布未来工业发展规划，重点关注人工智能、先进制造、量子信息和 5G 技术；德国经济和能源部发布《国家工业战略 2030》，旨在针对性地扶持重点工业领域，保证德国工业在欧洲乃至全球的竞争力。从制造业高质量发展的视角看，我国与美国、日本、德国等制造业先进国家相比，仍然存在较大差距，甚至落后于韩国等世界制造业后起之秀，总体上处在全球产业链的中低端环节。

　　本项目对工业机器人及智能装备、高档数控机床、智能制造物料输送装备、新能源汽车及新能源装备、智慧城市与美好环境装备、现代农机、医疗器械、工程机械、石化通用机械、电工电器、工业四基等 11 个领域的国内外装备制造产业现状、发展趋势及安徽省特点进行详细分析，见表 1-1。

表 1-1　11 个装备制造产业领域概述

领域	概述
工业机器人及智能装备	工业机器人是靠自身动力和控制能力实现各种功能的多关节机械手或多自由度的机器装置。智能装备是计算机控制的、具有特定功能的复杂机电系统
高档数控机床	高档数控机床是具有高速、精密、智能、复合、多轴联动、网络通信等功能的数控机床
智能制造物料输送装备	智能物流及输送装备是智能物流的基础，在自动化基础上集成感知传感、信息化、人工智能等技术实现智能化。其发展目前处于初期阶段
新能源汽车及新能源装备	新能源汽车采用非常规的车用燃料作为动力来源，智能网联汽车是车联网与智能车的有机联合。新能源装备涉及太阳能、生物质能、地热能等重点领域装备
智慧城市与美好环境装备	智慧城市运用云计算、大数据、空间地理信息集成等新一代信息技术，促进城市规划、建设、管理和服务智慧化。美好环境装备是智慧环保建设的核心组成
现代农机	现代农机相对传统农机，产品结构优化，作业条件改善，服务领域拓展，使用效率提升
医疗器械	通过常规管理、控制、严格控制等方式保证其安全性、有效性的医疗器械
工程机械	土方工程、石方工程、流动式起重装卸工程和各种建筑工程相关的机械设备
石化通用机械	涵盖压力容器、压缩机、风机、泵、阀、气体分离设备、分离机械等 12 个门类，在石油、化工、能源等领域生产装置中处于核心地位，是很多工艺流程中的"心脏装备"
电工电器	电工电器是电能产生、转换、输送的装备，《中国制造 2025》十大重点突破领域之一
工业四基	包括核心基础零部件（元器件）、先进基础工艺、关键基础材料和产业技术基础

一、工业机器人及智能装备

（一）国外

发达国家的工业机器人技术日趋成熟，已经成为一种标准设备被工业界广泛应用，形成一批在全球范围内具有影响力的企业公司。例如，美国的 3D Robotics、Amazon、Google、ASI、Adept、Carbon Robotics、CANVAS Technology 等知名公司；有"工业机器人王国"美称的日本，在工业机器人整机方面知名公司包括发那科、安川、松下、川崎、欧地希（OTC）、那智不二越（NACHI）等；在汽车领域工业机器人全球市场排名第一的德国库卡公司（KUKA）；号称"机器人界的硅谷"的瑞士，拥有享誉世界的机器人公司 ABB。这些企业在工业机器人领域有着长期深入的技术积累，紧跟时代的创新能力，形成了各具特色的技术创新路线和产品，并构建了核心的竞争力。

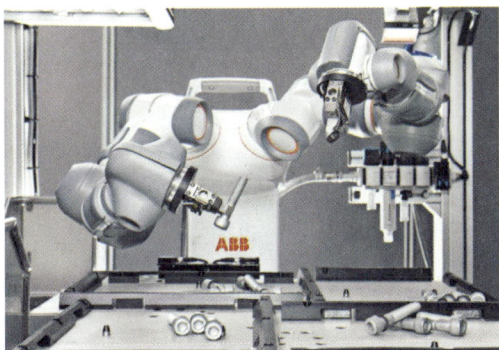

（a）瑞典ABB双臂机器人　　　　　　（b）日本FANUC焊接机器人

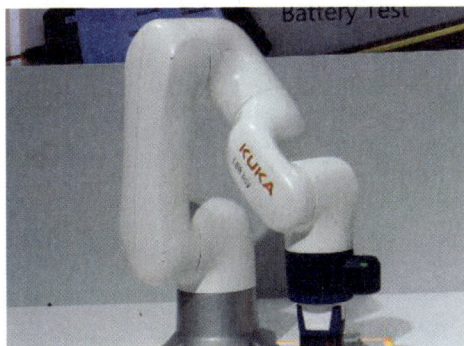

（c）德国KUKA协作机器人　　　　　　（d）美国Adept多轴机器人

图 1-2　国外工业机器人

全球工业机器人产业链中，以日本发那科、安川电机、德国库卡、瑞士 ABB 等为代表的龙头企业在机器人本体制造、相关技术和服务及系统集成甚至核心零部件（精密减速器、伺服电机及驱动、控制器等）等多方面拥有显著优势，抓住了产业价值链上的利润关键点，在较长一段时间内几乎处于垄断地位。现阶段发达国家工业机器人逐步由第二代向第三代智能工业机器人转变。德国"工业4.0战略"、美国《从互联网到机器人——美国机器人路线图》、日本《机器人新战略》，发达国家纷纷以机器人作为重要切入点推动产业转型升级。

国外发达国家高度重视智能装备制造系统的发展。美国政府已将其作为 21 世纪占领世界制造技术领先地位的基石。日本于 1990 年首先提出为期 10 年的智能装备制造系统的国际合作计划，并与美国、加拿大、澳大利亚、欧盟等国联合开展研究；欧盟于 2010 年启动了第七框架计划的制造云项目，特别是制造强国德国投入达 2 亿欧元的工业 4.0 项目，奠定了德国关键技术的国际领先地位。

工业发达国家始终致力于以技术创新引领产业升级，更加注重资源节约、环境友好、可持续发展，智能化、绿色化已成为制造业必然发展趋势。智能制造装备的发展将成为发达国家竞争的焦点，各国政府纷纷提出通过发展智能制造来重振制造业。各国科技巨头为实现智能制造，纷纷投入大量人力资金进行相关软硬件的研发。如西门子专注于电气化、自动化和数字化领域，西门子数字化工厂集团的产品组合将产品生命周期的主要环节顺畅地连接起来，为制造企业提供无缝集成的软硬件和技术服务。2017 年 ABB 发布了工业物联网平台 ABB Ability，定义为从设备、边缘计算到云服务的跨行业、一体化的数字化解决方案。在自身软硬件技术积累的基础上，各大企业纷纷开始进行智能化工厂改造工作，将智能制造装备应用到自身产品生产线上。如西门子安贝格电子工厂实现了多品种工控机混线生产；FUNAC 公司实现了机器人和伺服电机生产过程的高度自动化和智能化，并利用自动化立体仓库在车间的各个智能制造单元之间传递物料，实现最高 720 小时无人值守。

（a）德国西门子安贝格工厂　　　　　　　　　（b）奔驰汽车智能喷涂生产线

（c）日本三菱电机智能生产单元　　　　　　　　（d）FANUC机器人生产线

图 1 - 3　国外智能生产线

（二）国内

我国是机器人消费大国，国产工业机器人广泛服务于 25 个行业大类、52 个行业中类，涉及日用消费品、化工制品、材料、交通运输设备、电气设备等领域。2013 年中国市场共销售工业机器人近 37000 台，约占全球销量的五分之一，成为全球第一大工业机器人市场。2019 年，我国工业机器人市场依然保持良好的发展势头，约占全球市场份额的 1/3，是全球第一大工业机器人应用市场。

20 世纪 90 年代以来，我国的工业机器人先后研制出了点焊、弧焊、装配、喷漆、切割、搬运、包装码垛等各种用途的工业机器人，并实施了一批机器人应用工程，形成了一批机器人产业化基地，形成了一批从事工业机器人及核心零部件研发、生产及集成服务的知名公司。如埃斯顿机器人公司，具有与世界工业机器人技术同步发展的技术优势，已经拥有全系列工业机器人产品，包括六轴通用机器人、四轴码垛机器人、SCARA 机器人、DELTA 机器人、伺服机械手、智能成套设备系列；广州数控设备有限公司，拥有机床数控系统、伺服驱动、伺服电机、数控机床、机床数控化工程、自动化控制系统、工业机器人、精密数控注塑机等。华中数控股份有限公司，目前共形成 JR 系列六轴通用机器人、HC 水平多关节机器人、SR 系列 SCARA 机器人、BR6 双旋系列、特殊应用产品系列机器人六大系列 30 多个规格，如图 1-4 所示。

经过近些年的不断研发，国内形成一批拥有自主生产机器人核心零部件的企业，但由于高端工业机器人核心零部件方面主要依赖进口，产品性能与进口相比仍有一定差距，无法满足高端工业机器人使用需求。目前，国产机器人以中低端产品为主，主要是搬运和上下料机器人，大多数为三轴和四轴机器人。另外，从市场占有率来说，更加无法同国外产品相比，国外品牌占据了中国工业机器人市场 60％以上份额。其中，技术复杂的六轴以上多关节机器人，国外公司市场份额约为 90％；作业难度大、国际应用最广泛的焊接领域，国外机器人占 84％；高端应用集中的汽车行业，国外机器人市场份额更是超过 90％。

随着国家政策的鼓励与积极推进，我国智能制造装备产业逐步加快，以新型传感器、智能控制系统、工业机器人、自动化成套生产线为代表的智能制造装备产业体系初步形成，2010—2016 年，我国智能制

图 1-4　国内工业机器人

造装备行业保持着较为快速的增长速度。2016 年工业自动化控制系统和仪表仪器、数控机床、工业机器人等部分智能装备产业规模销售收入超过 10000 亿元，智能制造装备行业的产值规模达到 12233 亿元。此外，还取得了一批智能制造技术的突破，包括机器人技术、感知技术、智能信息处理技术等，建立了一批国家级研发基地。近年来，随着国家战略对智能制造装备行业发展的大力支持及国内企业不断研发投入，形成了一批有特色的智能装备研发团队和企业，包括：航天智能装备，京天液压，海思达等，凭借持续的研发投入，获得了技术上的突破，抢占了部分市场份额，甚至在细分行业处于领先地位，如图 1-5 所示。

（a）航天智能装备的五轴加工中心

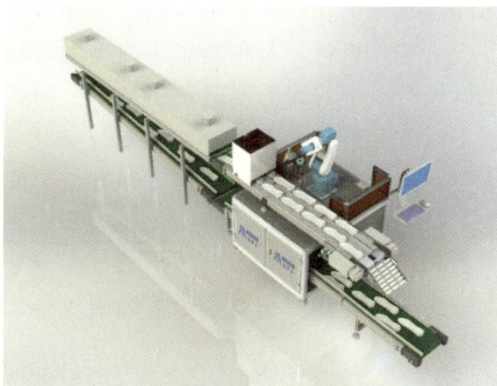

（b）海思达嵌入式整线集成涂胶设备

（c）凯盛集团玻璃自动化生产线

图 1-5　国内智能装备

由于国内智能装备发展起步较晚，智能装备的一些关键性技术仍旧依赖于进口，自主创新能力还较弱，与发达国家仍然存在一定的差距。对外依存度高、关键支撑技术及核心基础部件主要依赖进口、"工业化与信息化"融合程度低。

（三）安徽省

近年来，安徽省陆续推出各项产业政策及举措以支持全省智能制造发展，大力推进工业机器人产业的发展。2018 年出台《安徽省机器人产业发展规划（2018－2027 年）》，其中工业机器人的发展重点，包括工业机器人整机、关键零部件、系统集成应用和共性关键技术的创新突破等。构建以芜湖为国家综合性高端智能机器人研发制造基地、马鞍山为特色机器人制造基地的产业集聚区、合肥为新一代机器人创新研制基地的产业集聚区，其他地区结合本地实际发展机器人产业。

安徽省工业机器人产业起步较晚但发展不断加快，2019 年安徽省工业机器人产量超 1.1 万台，工业机器人产量增长率连续三年超过 30％，全省累计推广应用工业机器人 2.39 万台。通过近几年的科研攻关，攻克了工业机器人部分关键技术，填补国内空白，接近或达到国际先进水平。如防爆喷涂机器人达到国际先进、洁净搬运机器人实现技术突破、工程机器人填补国内空白。龙头企业综合实力持续增强：以埃夫特、欣奕华、巨一、配天、欢颜、惊天、海思达、雄鹰等为代表的一批新兴智能装备公司充分发挥在机器人核心零部件、整机、控制、智能化及创新应用方面的优势，针对不同领域开发出一批拥有自主知识产权的工业机器人及配套智能设备并实现部分行业的应用。初步打造了芜湖、马鞍山、合肥等机器人产业集聚区（以下简称"芜马合"），已形成集研发设计、生产制造、系统集成、示范应用等为一体的全产业链发展格局。现有机器人生产、集成和零部件企业 150 余家，机器人研究院 6 家。"芜马合"机器人产业集聚区已成为全国具有较大影响力的机器人产业基地，为新时期安徽省产业转型升级和跨越式发展注入了新动力和新活力。

安徽省高度重视智能制造业中智能化高端制造装备、制造过程智能化技术与系统、关键支撑技术及基础核心部件等领域的发展，开发研制了一批面向国民经济支柱产业的智能化高端装备，重点是箱体类精密工作母机、工程机械、石化装备、复合材料成形装备、新能源装备等智能化制造装备；围绕安徽省汽车、工程机械产业中的智能制造诸多环节，开发了多种智能传感器与仪器仪表、高性能液压元件和密封件，研制了以工业机器人为核心的汽车自动化柔性生产线，形成了一批具有自主知识产权、自主品牌和国际竞争力的重点企业。目前安徽省拥有与智能装备制造相关的 3 个国家级、32 个省级工程技术中心，7 个省级重点实验室。在中国科技大学、合肥工业大学、中科院智能所等高校研究院所拥有一批长期从事智能制造技术和产品研发专业团队，形成了一定的人才基础。机器人本体具备较强实力，关键零部件取得突破。系统集成具备一定规模，示范应用取得积极进展。

二、高档数控机床

（一）国外

德、日、美等发达国家的数控机床占全球高档市场，主要品牌包括：（1）德国、瑞士：德玛吉－森精机、格劳博、米克朗、舒勒等；（2）日本、韩国：牧野、大偎、马扎克、澳科玛、新泻铁工、现代、大宇机床等；（3）美国：吉特曼、辛辛那提、哈挺机床、格里森。

随着信息技术和互联网技术的发展，国外数控机床向高速化、高精度化、复合化、开放化、并联驱动化、绿色化方向发展：（1）加工速度高速化。国外内装式主轴电机最高转速达到 20 万转/min。机床最大进给率达到 240m/min 且可获得复杂型面的精确加工。数控系统普遍采用 64 位 CPU，工作频率上升到上千兆赫，运算速度更快。加工中心换刀时间最快达到 0.5s。（2）广泛应用新型功能部件。为了提高数控机床各方面的性能，具有高精度和高可靠性的新型功能部件的应用成为必然。（3）可靠性指标进一步提升。现有高档数控机床控制系统内部配备有多种安全防护措施设备，主要设备的平均无故障时间在 30000h 以上，能够加工复杂曲面的五轴联动数控机床平均无故障时间也可以达到 20000h 以上，可以实现对产品和原材料的高效使用。（4）加工精度更高。加工精度由丝级精度逐步提升为微米级精度，精密往复运动单元能够精密加工复杂曲面凹槽，光学和电化学加工等特种加工精度可达到纳米级；有的五轴联动数控机床的加工精度达到亚微米甚至是纳米的超精度水平。（5）多轴加工复合化。国外高度重视多轴加工复合数控机床开发，现在能够生产多种大、小批量的类似生产机型，在未来的发展中将占据主导地位。（6）加工过程绿色化。不用或少用冷却液、实现干切削、半干切削节能环保的机床不断出现，绿色制造的大趋势将使各种节能环保机床加速发展，占领更多的世界市场。（7）开放、高速、可靠的总线技术使数控机床具有双向、高速的联网通讯功能，保证信息流在车间各个部门间畅通无阻，满足网络资源共享，服务企业各层级管理，实现数控机床的远程监视、控制、培训、教学、管理等功能，解决面向产品全生命周期的数控装备的数字化服务。

（二）国内

近年来，我国数控机床行业出现了明显的供需矛盾，主要体现在低档数控机床的产能过剩和高档数控机床的供应不足而导致供给侧结构性失衡。随着国民经济的发展及产业结构的升级，高档数控机床的应用越加普及，产品需求越来越大，供给却难以满足需求，国内大多数高档数控机床依赖进口。国产数控机床国内市场占有率相对较低，其中附加值较低的简单经济型数控机床占比较大。以国资控股为主的大型骨干企业仍是国内高档数控机床生产的主力军。金属切削机床距离世界发达国家仍然具有较大差距；金属成形机床领域差距逐步缩小。发达国家占领着高档数控机床市场。

目前，我国高档数控机床产品种类较多，分为高、中、低档三个层次产品，低档产品数量大，高档产品数量少。高档数控机床行业不存在政策限入的问题，需要知识密集型人才团队和多年积累，新进企业需要有足够的资金和取得相应的资质才可进入。中国机械工业联合会正式发布2018年中国机械工业营业收入百强企业名单，秦川机床工具集团、济南二机床集团有限公司、洛阳LYC轴承有限公司、北京精雕科技集团有限公司、扬力集团股份有限公司、北京北一机床股份有限公司、北京第二机床厂有限公司等机床制造企业名列前茅。

国产高端数控机床用的数控系统在底层系统软件、控制算法、补偿技术等方面，与日本发那科和德国西门子的高精度高速度数控系统差距较大；国产工业机器人大负载RV减速器缺少高精度磨床、修模工艺等技术，与日本纳博特斯克高精度减速器的差距较大。国产高端数控系统平均无故障间隔时间（MTBF约为20000h）与国外产品（MTBF＞30000h）相比仍有差距。国内工业机器人RV减速器虽有产品，但在过载及高速运行复杂工况下可靠性和稳定性差。国内企业研发核心零部件的高端产品基本没有市场迭代机会，使零部件产品及产业难以升级。《海峡两岸经济合作框架协议》（ECFA）生效后，台湾的中端数控机床形成竞争优势，占据了大陆多数市场。

（三）安徽省

安徽省相比东北传统重工业制造基地、长三角新兴制造业基地、中部地区智能制造基地等地区，工业发展相对较晚，国家投资较少，龙头企业不多，产业链不健全，产业集群规模尚待进一步发展，安徽省高档数控机床企业，以及数控机床附件等企业的总体规模不大，在国内年产值占比并不高，仅为8%。

近年来，在安徽省委、省政府高度重视下，高档数控机床经过多年发展，已形成了一批面向国民经济支柱产业的智能制造装备，研制了以国产高档数控机床为制造工艺核心、自主开发的制造机器人为辅助加工核心的汽车自动化柔性生产线，形成了若干具有自主知识产权、自主品牌和国际竞争力的重点骨干企业。2019年安徽省高档数控机床产业产值占全国第8位，产量逐步上升。现有数控机床产品的技术研发、生产、集成和零部件制造企业约200家左右，骨干企业58家，销售总额约200亿元，部分产品出口到欧美等发达国家。骨干企业主要集中在合肥、芜湖、黄山、马鞍山、池州等市。代表性企业主要有安徽省合肥合锻智能制造股份有限公司（合锻智能）、安徽池州家用机床股份有限公司（池州机床）、安徽新诺精工股份有限公司（新诺精工）、乔崴进（安徽）科技有限公司、安徽宇宙机床有限公司、安徽哈科数控机床制造有限公司等。其中，合锻智能已成为国内最大的锻压成形机床生产基地（图1-6），自主开发的大型数控成形机床数字化设计技术、自动化控制技术、机电液一体化技术、伺服控制技术、大型超大型部件加工制造技术等达到国内领先水平。主研的多项国家级尖端装备，先后应用于飞机、神舟飞船、天宫火箭、核电、高铁，以及国家"跃升计划"的科研领域，市场占有率基本保持在29～32％。

安徽省数控机床制造行业在多轴联动齿轮加工数控系统、大型液压机数字化设计及制造、汽车覆盖件柔性生产线、液压机精密位置控制、剪板折弯机床同步控制、精密矫正工艺及装备、高强钢热成形工艺及装备、机械压力机等关键共性技术取得突破，在国内具有领先优势。已掌握的中小型落地铣镗床和立式车床整机设计和结构优化、大型回转工作台静压支撑等核心技术；自动交换托盘的五面体柔性加工单元（FMC）产品技术在国内独树一帜；能为国内国防军工、重点工程提供重大关键装备，实现了汽车、航空航天、能源等领域国产化重大关键装备保障；具有自主开发高精重载成形数控装备、中小型立车和铣镗床、高效加工中心等高精数控机床的能力。2017年，合肥合锻智能制造股份有限公司研发的世界上吨位最大的"15000吨双动充液拉深液压机"通过专家委员会的评审。作为2013年"高档数控机床与基础制造装备"国家科技重大专项—"航天大型复杂薄壁构件充液拉深装备与工艺研究"课题的主要产品，"15000吨双动充液拉深液压机"的研制成功，标志着我国大型复杂薄壁结构件一次性成形技术处于国际领先水平。

图1-6　合锻智能生产的HHP24-15000冲液拉深液压机

安徽省高度重视高档数控机床产业链上下游建设，根据《关于印发＜安徽省五大发展行动计划＞的通知（皖发〔2016〕47号）》和省政府《关于加快建设战略性新兴产业集聚发展基地的意见》（皖政〔2015〕48号）要求，形成了以合肥、芜湖、马鞍山、池州为主的高端数控机床产业集群，以芜湖、马鞍山、合肥为主的工业机器人产业集群，大力支持产业集聚发展基地建设。根据各产业集群发展重点，全省建立了24个产业集聚发展基地，与高档数控机床产业有关的产业集聚发展基地主要有：芜湖鸠江经开区机器人产业集聚发展基地、宣城宁国经开区核心基础零部件产业集聚发展基地、铜陵经开区铜基新材料产业集聚发展基地、六安市霍山高桥湾现代产业园高端装备基础零部件产业集聚发展基地、马鞍山市博望高新技术产业开发区高端数控机床产业集聚发展试验基地等。

三、智能制造物料输送装备

（一）国外

目前，具备整体工程设计、集成能力的国际知名企业主要来自美国、欧洲和日本，这些企业规模较大，具有先进的技术、丰富的产品线和多年积累的项目经验，在中国已经占据约三分之二的市场份额，其优势在高端市场尤其明显。代表性的企业主要有胜斐迩（SHAEFER）、大福（DAIFUKU）、德马泰克（DEMATIC）、瑞仕格（Swisslog）、范德兰德（Vanderlande Industries）、TGW物流集团等。代表性产品包括（1）自动导引车（AGV）：欧美载重能力较强，产品载重量可达 60 吨，部分高级重载 AGV 承载能力已达 150 吨；日本主要以高端轻工业为主，如电子等科技产业，AGV 车体简化，成本也相对低廉；韩国最大的电信运营商 KT 公司在其物流中心使用 5G 自动驾驶手推车，员工转载运输物品的所需行程减少了 47％。（2）工业车辆：丰田、林德（凯傲）、永恒力集团、小松等国外公司实力强劲。丰田叉车目前已在欧洲、北美、东亚三个主要的经济发达区域，构建了跨国产业布局的基本雏形。林德（凯傲）集团布局全球六大洲，拥有 13 家生产工厂和 21,000 名员工，其中欧洲分布最为集中，在亚洲有林德（厦门）和宝骊两个工厂。从 2003 年起，林德集团稳定保持工业车辆全球第二的位置，仅次于丰田。

近年来，全球物流及输送装备的技术发展呈现出智能化、网络化、柔性化、轻型化、节能化和绿色环保等趋势。在产品设计方面强调模块化、系列化和通用化，以提高产品质量、降低制造成本，缩短生产时间。国外发达国家在自动装卸系统、码垛机器人、穿梭车技术、智能拣选车、自动化包装线、高速分拣系统、基于新型感知技术的物流中心安保与监控系统等技术方面具有整体领先优势。

（二）国内

我国已经基本形成了完整的物流装备产业链，发展了一批具有较强研发设计能力以及系统集成能力的企业。国内物流装备技术的发展已经从相对粗放阶段逐步过渡到基本技术的普及和产品系列化阶段。（1）工业车辆：国内的需求稳中有升，2019 年中国工业车辆行业首次突破 60 万台大关和国外一流企业相比。2019 年中国工业车辆前 2 名约占全国总销售量的 42％以上。工业车辆前 10 名约占全国总销售量的 76％以上。（2）AGV 等物流装备：2013 年至 2018 年，中国 AGV 销量从最初的 2439 台增长至约 18000 台，产业发展速度极快。以低价打开市场仍然是目前国产 AGV 的主要策略。

国内企业总体在技术、规模、经验等方面存在一定差距，在市场中处于较分散的状态。国内企业通过高性价比的产品和本土化服务与国外企业竞争，对国外企业造成了一定冲击。优势企业的产品质量已达到或接近国际先进水平。目前除了工业车辆外，AGV 的国产化率也很高，达 80％以上。国外产品在机器人领域占据主流的国内市场，AGV 市场的这一国产化率可谓独树一帜。国内具有代表性的企业主要有工业车辆为主的合力叉车、杭州叉车，以系统集成为主的沈阳新松、昆船物流、天奇股份、三丰智能、东杰智能、今天国际、北京起重院、北自所等。从未来趋势来看，随着国内经济结构的持续优化以及发展质量的不断提升，工业车辆行业市场需求在规模、结构和层次上仍有较大发展空间，中高端内燃叉车、电动新能源叉车及智能化、移动互联技术的深度应用将成为未来发展重点。

（三）安徽省

安徽省目前至少有 400 家以上的物流及输送装备企业，大多数都是小企业，几乎没有上市企业。装备制造商中最突出的是安徽叉车集团有限责任公司（合力），如图 1-6 所示。

图 1-7　合力叉车

安徽省工业车辆产业制造门类齐全，有十余家公司生产主机，配套体系基本健全。内燃叉车、电动平衡重叉车等产品主要性能指标处于世界先进水平。

四、新能源汽车及新能源装备

（一）国外

美国、欧盟、日本等发达国家和地区纷纷出台财政补贴、税收减免与积分等相关政策，推动新能源汽车、智联网汽车及新能源装备快速发展和转型。

欧美日等技术先进地区因环保政策规定趋严，早期以混合动力汽车（HEV）为主，插电式混合动力汽车（PHEV）和纯电动汽车（BEV）共同发展。2011年之前，全球新能源汽车技术路线以BEV为主；PHEV经2012年暴增后速度企稳，BEV则因中国市场带动而保持高速增长，占新能源汽车比例持续增大，2018年达68.1%。2018年美国启动简化后的积分制度，推动BEV和PHEV成为主流。新能源汽车行业发展正在由政策驱动向供给驱动转型，国外主流车企发展新能源汽车产业比中国稍晚，但在政策驱动下，凭借品牌和技术优势，推出高端新能源汽车产品市场竞争能力依然强劲。目前，美国市场崛起的是特斯拉，呈现全球一家独大态势。欧洲新能源汽车产品结构已经呈现多元化态势，包括雷诺Zoe、三菱Outlander、日产Leaf、宝马i3等等，欧系、美系、日韩系均取得不错的销量表现。

欧美日车企均重视燃料电池汽车，但均还处于核心技术研发攻关阶段，均未推出大批量的量产车型。车载储供氢系统负责存储并向燃料电池系统提供氢燃料，储氢气瓶是储供氢系统的关键装备。挪威Hexagon、美国Quantum、日本Toyota、加拿大Dynetek、法国Mahytec等公司已研制成功多种规格型号的纤维全缠绕高压储氢气瓶，其高压储氢瓶设计制造技术处于世界领先水平。国外已开发出70MPa车载Ⅳ型储氢瓶，具备全套型式试验能力，尤其加拿大Powertech试验室、日本汽车研究中心具备70MPa储氢瓶的氢气循环疲劳测试能力。目前挪威Hexagon公司已开发出90MPa级Ⅳ型储氢瓶，储氢效率更高。

全球科技和产业革命加速兴起，太阳能等可再生能源技术装备改变了传统能源格局，新能源装备产业方兴未艾。全球新能源产业体系较为完备，企业向更大规模、更集约方向发展。欧盟、美国、日本等建立了国家实验室、公共研究测试平台等技术支撑体系，支持技术的持续创新和产业技术进步。其中德国弗朗和费ISE、新加坡SERIS建立了部分依靠企业，部分依靠政府支持的技术开发和成果转化的有效机制。新一轮科技革命和产业革命正加速到来，新能源作为新一代能源技术的战略制高点和经济发展的重要新领域，在技术研发和产业应用上得到了迅速发展，一批关键技术不断突破，分布式能源、能源互联网等领域蓬勃兴起。2015年，全球可再生能源发电新增装机容量首次超过常规能源发电装机容量，表明全球电力系统建设正在发生结构性转变，世界主要国家和地区的能源结构变化趋势均表现为可再生能源占比都稳步提高。

（二）国内

我国电动汽车产业经过十几年的发展，已取得了先发优势和规模效应，销量全球领先；在国家政策推进下，从2010年不到1万辆的销量，到2021年实现了352.1万辆的销量。消费方式呈现多元化，政府用车、公务用车、公交车、出租车、网约车等已开始进行全面电动化。驱动电机作为新能源汽车的必要组成部分，技术也逐步走向成熟；2020年，我国新能源汽车配套驱动电机装机量超过146.3万台。随着技术的成熟及市场份额的扩大，轮毂电机以其驱动灵活、重量轻、集成度高和能耗低等优点逐渐受到重视，部分车企纷纷加大研发投入。2020年3月29日比亚迪官方携"刀片电池"首次公开亮相，如图1-8所示，提高了电池包能量密度和安全性，使我国锂电池技术迈上了一个新的台阶，但动力电池革命性技术进步尚未出现。

我国燃料电池汽车产销量逐年增加，现在仍处于产业发展初期，产业化进程比纯电动汽车晚10年左右；目前燃料电池产业链较薄弱，但产业化态势全球最佳。2019年之前国内车用燃料电池电堆主要来自

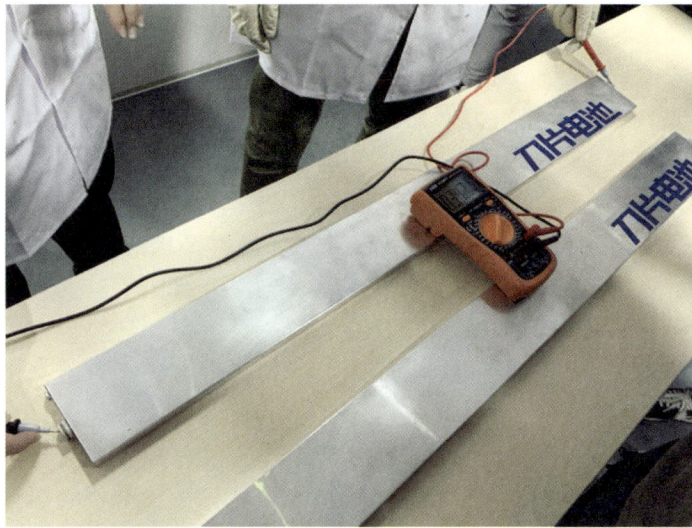

图 1-8　刀片电池

巴拉德，国产电堆只占据少量市场份额。近两年，电堆国产化取得了长足进步，关键零部件能实现不同程度的国产化，装机量和性能都有了极大的提升。国内高压储氢气瓶设计制造能力亦取得了长足进步。沈阳斯林达、江苏国富氢能、北京科泰克、天海工业、中材科技等企业已研发出 35MPa 级Ⅲ型储氢瓶，部分企业已开发出 70MPa 级Ⅲ型储氢瓶。目前国内正在开展 70MPa 级车载Ⅳ型储氢瓶设计制造技术研究和样瓶研制，但 90MPa 车载Ⅳ型储氢瓶技术尚未掌握。合肥通用机械研究院有限公司已建成最高试验压力 140MPa 的氢气循环疲劳测试装置，使得我国具备了高压储氢装备的全套型式试验能力。

充电桩、加氢站基础设施建设还需加强。截至 2021 年 9 月，全国新能源汽车保有量达到 678 万辆，充电基础设施累计数量为 222.3 万台，车桩比为 3.05∶1，充电桩数量严重不足，并且还存在利用率不高、布局不合理、使用费用高、安全性低等问题；我国已建 35MPa 级加氢站 60 多座、在建 30 多座，而 70MPa 级加氢站缺少。

电池回收技术受到重视。我国新能源汽车行业经过近十年的发展，目前第一批车载动力电池已经到达退役年限，动力电池回收利用迎来发展窗口期，车企携手上游企业竞相布局。根据中汽研预测，2020 年累计退役量达 25GWh，2025 年将超过 116GWh。仅按照电池内金属价值量计算，动力电池回收利用市场将超过百亿。随着动力电池回收利用法规健全和长期降本压力的双重驱动，动力电池回收利用迎来大发展时机。

我国新能源装备产业发展全面布局，区域新能源产业竞争日益激烈。我国光伏电池技术创新能力大幅提升，创造了晶硅等新型电池技术转换效率的世界纪录；建立了具有国际竞争力的光伏发电全产业链，突破了多晶硅生产技术的封锁，多晶硅产量已占全球总产量的 40% 左右，光伏组件产量超过全球总产量的 70%。此外，各类生物质能、地热能、储能技术也都有了长足进步。总体上，我国可再生能源规模持续快速增长，可再生能源消费比重稳步提升，已进入高比例增量替代和区域性存量替代新阶段。

（三）安徽省

安徽省是我国重要的汽车大省之一，新能源汽车产业起步早，成效卓著。省会合肥市不但跻身全国 13 个新能源汽车推广试点城市，还入选国家首批 5 个启动私人购买新能源汽车补贴试点城市。江淮、奇瑞、蔚来、大众安徽、长安、安凯、华菱等企业已分别在纯电动乘用车和纯电动商用领域进入国内领先水平，现已有 100 余款车入选"节能产品惠民工程"节能汽车推广目录，全国占比 10.86%。产业链齐全，纯电动基础好；掌握氢燃料电池汽车储供氢系统关键型式试验能力。安徽省纯电动汽车企业包括江淮、奇瑞、蔚来、大众安徽、安凯、合肥长安、华菱等；安徽省插电式混合动力汽车企业包括奇瑞、江淮、安凯等；安徽省燃料电池汽车企业包括安凯、奇瑞、江淮、华菱等；安徽省智能网联汽车研发单位包括江淮、奇瑞、蔚来、安凯、合工大等；安徽省新能源汽车关键零部件企业包括安徽巨一、安凯、皖南电机厂等电机企业，国轩高科、中航锂电、国创新能、锐能科技等锂离子电池相关企业，阳光电源等电控企业，合肥通用院、安徽明天氢能、中能元隽等燃料电池企业。

新能源装备的光伏产业具有国际竞争力，储能产业在国内形成较强竞争力，形成分工合理、特色鲜明、功能互补的产业布局。（1）安徽省已形成硅锭－硅片－电池片－光伏组件－逆变器－储能电池－光伏辅材－系统集成－应用维护等较为完整的光伏产业链，主要集中于合肥、滁州、马鞍山、蚌埠四市，集聚了大批国内外重点光伏企业。（2）安徽已经集聚了不同规模等级的近50家储能企业，初步形成了主要由电池、电池管理系统、储能换流器、能量管理系统、配件等组成的较为完善的储能产业链。部分骨干企业如国轩高科、阳光三星、中盐红四方、贵博新能源、科大国创、科威尔、沃工等已经拥有成熟产品和先进的研发能力，在国内储能领域处于领先水平。（3）在生物质能制造产业方面，安徽省根据垃圾处理量进行合理布局，项目布局逐渐由地级市向县区延伸，承建企业主体多样化，目前共有垃圾焚烧发电项目39个；安徽着力发展秸秆固化生物质成型燃料，目前仅合肥共拥有秸秆固化燃料生产点11处。（4）安徽省通过发展氢能实现汽车产业、装备工业、钢铁和煤化工优势产业升级、延展和协同创新；尤其氢燃料电池汽车是国家新能源汽车产业的最新增长点；与江沪浙相比，安徽在上游制氢、中游储运与下游应用上均有一定的优势；拥有明天氢能、奇瑞汽车等一批基础好、有发展潜力的氢能重点企业。安徽省超过10个地级市有氢能项目，涉及产业链各个环节，但十分零散。（5）在空气能、地热能、光热制造方面，安徽空气能产业正处于起步期，发展势头良好；在地热能利用上拥有一批自主研发技术，积累了较丰富经验；安徽光热企业处于调整期，优化产业结构和淘汰落后产能。

五、智慧城市与美好环境装备

（一）国外

在现有的环境信息化平台基础上，充分利用物联网、传感器、云计算、卫星遥感、全球定位、地理信息系统、虚拟现实等新一代信息技术，把感应器和装备嵌入到各种环境监控对象中，以更加精细和动态的方式实现环境管理和决策的"智慧"，这已成为环境信息化发展的必然趋势。其中典型的智慧环保应用包括哈佛大学的"城市感官"计划、美国密歇根州的"回收奖励"项目、美国大鸭岛生态环境监测系统、塞尔维亚河川水质污染管理与预警系统、法国巴黎穿戴式无线传感器检测系统等。

德、日、美等发达国家通过立法推动固废资源化利用，如德国的《废弃物处理法》、日本的《再生资源有效利用促进法》、美国的《固体废物处置法案》。发达国家的固废行业市场化程度普遍较高，相关企业在大力参与前端收集和转运业务同时，积极布局和参与后端处置及资源回收领域，以充分发挥协同和提升公司竞争优势。国外预处理、生物处理、热处理等固废设备趋于成熟、智能化：（1）国外研发了一系列效率更高、性能更佳的设备，如能够适应工业化生产需求、非接触无损检测、毫秒级的快速检测的近红外光谱垃圾分选技术。（2）国外生活垃圾压缩机起步早，技术已经十分成熟。（3）目前堆肥处理的废物基本是庭院植物修剪废物、木材加工废物和食品蔬菜加工废物。（4）垃圾焚烧技术向自我完善、多功能化、资源化、智能化、高标准化发展。

全球重视智慧水务，建立智能水网，实现水质监测自动化。当前各国智能水务建设多集中于水资源调度、城市供水、水污染治理，水生态保护等单一业务系统的智能化升级，提供业务系统层级的信息化、智能化的具体水问题解决方案，而尚未形成具有整体视野的系统性建设框架和顶层设计、智能水网整体体系建设理论的成型科研成果。进行智能水网顶层设计，优化面向涉水事务一体化管理体系的智能水网建设框架方案，当前各国水务建设的主要突破方向。水质监测技术向规范化、标准化、大型仪器化发展和全面过渡。

国外空气污染防治向仪器智能化发展，建立了高效精确监测体系，主要包括大气环境质量监测仪器、污染源监测仪器及应急监测仪器。经过几十年努力，发达国家建立了针对不同大气环境问题的区域、国家乃至大洲尺度的空气质量监测网络；重视大气污染防治及空气监测装备产业化进程；已经建立了适应市场经济发展的国家技术标准体系并达到完善阶段。

（二）国内

我国环保装备制造业规模迅速扩大，发展模式不断创新，服务领域不断拓宽，技术水平大幅提升，工业绿色转型步伐进一步加快，部分装备达到国际领先水平。目前，运用大数据、云计算、网络信息、智能设备的高科技手段进行环境治理、生态文明建设，进入大数据、信息化技术推动的全民环保、全过程综合智慧环保时代。行业市场规模扩大，预计 2020 年，环保装备制造业市场规模将达到 10000 亿元，2025 年市场规模将达到 15028 亿元。

目前，我国固废处理处于"无害化"向"资源化"过渡阶段，"资源化"的第一步就是垃圾分类。国家政策推动垃圾分类逐渐从局部示范向全国推广，2025 年全国地级及以上城市基本建成生活垃圾分类处理系统，预计分类服务市场空间达 364 亿元。我国环保设备制造业正在从高速增长向持续稳定增长进行过渡，传统领域市场趋于饱和，新兴领域市场逐步开拓，产品结构、供给水平和市场业态迎来了不同发展趋势。垃圾分类促进生活垃圾预处理设备、生物处理设备、热处理设备等环保设备智能化升级。我国的固废处理装备及技术巨大提升，垃圾分选设备种类繁多，技术水平已经逐渐与世界领先水平并肩；国内垃圾压缩机技术发展较晚，很多技术从国外借鉴而来，代表企业中联重科、常州天制、宇通重工等环卫企业自主研究开发了多种形式的垃圾压缩机，部分压缩设备垃圾处理量大、致密性好，自动化高，达到了国际领先水平。生物处理设备中，餐厨垃圾占主要，设备具有针对性。国内正在使用或开发的垃圾焚烧设备，多参考借鉴于国外的焚烧炉，或以其他工业燃煤锅炉、窑炉为参考，将燃烧技术或焚烧工艺引进、移植。

我国智慧水务快速发展，监测设备智慧化、多样化和专业化。我国智慧水务行业发展尚处于成长探索阶段，行业保持稳定增长势头。现存水务公司多为技术发展水平较高企业，规模不一，成立数量庞大。信息技术水平的不断提高，使信息技术引入水务建设行业是一种必然趋势。随着环境质量标准日益严苛及水生态系统修复、黑臭水体治理需求的持续旺盛，我国水质监测设备存在巨大市场潜力和发展空间。水质监测设备产业当前及未来一段时间将延续高速增长态势，急需向国产化、多样化和专业化发展，成为整体环境监测经济的重要突破口。

响应国家不断加强大气污染防治的要求，大气监测设备需求上涨。我国大气污染防治设备制造业是节能环保设备制造业中规模及占比最大的行业。大型企业由于自身的技术优势、品牌影响力和成套的解决方案及服务多样化等原因，必将占领越来越多的环境监测产品市场份额。我国大气监测仪器逐步向自动化智能化发展：高质量的分析仪、专用监测仪器和自动监测系统由进口转向国产化；大气环境监测由以人工采样和实验室分析为主，向自动化、智能化和网络化为主的监测方向发展；大气颗粒物自动监测，激光雷达崭露头角；空气自动监测系统，实时监测网格化；尾气排放日趋严格，净化和监测技术升级。

（三）安徽省

安徽环保产业近年来在安徽省各级党委和政府的大力支持下，呈现快速发展势头，预计 2020 年将成为安徽省重要支柱产业之一。

安徽省向城市管理智能化转变，制造业绿色改造升级加速。自 2007 年开始推广数字化城市管理模式以来，截至 2017 年底，安徽省各市、县已基本实现了数字城管的全覆盖。以划分万米单元网格、区分部件事件为基础，建立了监管分离的管理体制、科学的城市管理工作流程和绩效评价机制，构建了一批适应新体制、新机制的数字化城市管理信息平台，全面提高了城市管理水平。安徽省涌现一批环保产业骨干企业：合肥、芜湖、马鞍山 3 市集中了全省规模较大的高效节能装备制造企业；合肥、蚌埠、马鞍山、淮北及安庆 5 市集中了全省 80％以上的水污染和大气污染治理设备生产企业。

安徽省固废处理设备加速起步，各市发展全面开花。省内垃圾设备处理企业以中小微为主，其发展还需要加大政策扶持力度。近年来，安徽省高度重视城镇生活垃圾处理设施建设，加快城镇生活垃圾焚烧发电建设步伐，尤为注重餐厨垃圾的处理。安徽省固废资源化设备从全面依赖进口到近些年各公司开始重视自主研发，争取设备国产化，整体进展良好，目前已有一些企业具备较为先进的技术。安徽省的固废处理技术虽在持续创新之中，但仍有许多值得提高的地方，固废处理不彻底、效率较低、处理过程不符合可持续发展战略的现象依然存在，在关键技术上还需加大研发力度，提高固废资源化利用。

安徽省水处理设备制造转型，研发能力亟待提高。安徽省为贯彻落实党中央决策部署，强力推进长江经济带水质自动监测能力建设，在长江及重要支流建设水质自动监测站，客观评价长江流域水生态环境质量状况、制定长江流域生态环境管理决策、支撑长江保护修复工作。通过探索环境智慧监管新模式，安徽省实施重点污染源自动监控设备安装、联网、监管"三个全覆盖"，截至 2019 年 12 月 31 日，已有 2065 家重点排污单位实现"三个全覆盖"。安徽省在智慧水务领域起步较晚，创新能力相对薄弱，尤其在人工智能，大数据，云计算、物联网等新技术不断融合的背景下，面临着与国内外品牌差距进一步拉大的严峻挑战。智慧水务设备企业"小、散、弱"问题突出，大部分企业仅从事简单加工组装，缺乏精密监测器、传感器、控制器等关键零部件技术的创新与突破以及共性关键技术创新研发能力。

安徽省大气监测设备技术水平提高，产业化取得进展。安徽省大气监测设备产业发展良好，优势明显，部分龙头企业成功上市，如安徽皖仪科技股份有限公司、安徽艾可蓝环保股份有限公司、安徽蓝盾光电子股份有限公司等。为推动智慧监管、精准治污，安徽省着力构建包括大数据资源中心在内的智慧监管体系。推进重点污染源自动监控设备安装、联网和运维监管"三个全覆盖"，全面加强对重点污染源的科学、有效、精准监管。

六、现代农机

（一）国外

农机开始向数字化、信息化、自动化和智能化方向快速发展。主要通过信息化技术提升农业机械的设计和制造水平、管理水平。包括各种智能控制技术、农业机械导航及自动作业技术，提高农业机械的作业性能和作业质量；农机作业的远程监控与调度，提高农业机械的利用效率和效益。

全球农业机械制造市场区域性需求特征明显。农机制造巨头市场占有率高，产品涵盖宽，其中约翰·迪尔公司、凯斯纽荷兰公司和爱科公司占据了全球农业机械三分之一左右的市场份额。日本以久保田株式会社为首的四大农机生产巨头，在全球建立了销售网络和生产基地。世界各发达国家在本国农业机械化的进程中，都从本国实际需要出发，根据农业生产规模、农艺制度、农业资源等农业生产模式，以及经营主体、组织化程度、服务方式和作业规模等农业机械化经营模式的发展状况，发展适合本国农业生产特点的农业机械产品。

国际资本对农机新技术研发投入持续增加，约翰迪尔公司开发的机器人 See&Spray，可监控棉花生长过程，可减少普通喷洒模式下 80% 的化学物质残留，降低 90% 的除草剂费用。精量播种机可一次性完成开沟、施肥、播种、覆土、施药、镇压等多道工序。更换不同播种盘，可播种玉米甜菜、豆类、谷物、油料等多种作物，如图 1-9 所示。久保田于 2012 年收购全球最大的农机具生产商挪威格兰公司，并积极开拓中国旱田市场；配套件和产品服务逐步完善。约翰·迪尔除了生产大型拖拉机等耕作机械，自身也研发了很多智能化的大型农业机械和配套应用。凯斯纽荷兰工业集团生产的纽荷兰 CR10.90 型联合收割机搭载菲亚特 6 缸高压共轨蜗轮增压柴油机，功率最大达到 515kW，满足美国 Tier4B 排放标准。约翰迪尔公司的 9620RX 型全履带折腰转向拖拉机，额定功率达到 456kW。

（二）国内

我国农机从 1949 年到现在，农机数量有了很大提高，质量也在不断增强，农机种类不断丰富，农田作业机械化水平显著提高，与国际间的农机技术交流与合作也得到了加强。但是相对发达国家和地区来说，我国农业机械化水平还比较落后，农机制造工业也存在较多问题，如部分地区农机产品结构性过剩、有效供给不足、发展不平衡、产品技术含量低、新技术和新设备不能得到很好的推广等，例如：大众产品产能过剩，高端产品不足；粮食作物机械相对过剩，经济作物和养殖业机械不足；耕种收机械相对过

图 1-9 约翰·迪尔公司的收获机械

剩，收获后处理机械不足；平原机械相对过剩，山区丘陵机械不足，优质适用农业机械装备严重不足等。因此，我国农机还需要更长时间的发展，才能满足新型农业的需要。

近年来，农机产业发展迅速，2016 年最高达到 4516 亿元。但 2018 年以来，下滑较大。2019 年，全国规模以上农机企业业务总收入为 2464.67 亿元，比上年同期下降了 4.43%，出现负数增长。2019 年超过 2000 万元/年收入的农机企业为 1892 家，比 2018 年 2236 家减少了 334 家。2019 年行业利润为 103.39 亿元，比上一年下降了 0.25%。行业利润率为 4.76%。规模以上企业中亏损企业有 296 家，亏损面 15.58%。2019 年农机工业出口额 370.25 亿元，比 2018 年增长 14.82 个百分点。

总体上说，我国农业机械化经历了从无到有、从有到多、从多到优的曲折艰辛过程，开创了一条中国特色农机化发展道路。相比传统农业生产方式，农机化生产是一种高投入的资源型、规模型生产，它能极大地提高劳动生产效率，促进粮食增产、农业增效、农民增收，实现农业现代化和社会主义新农村建设。近几年来，《中国制造 2025》《农机发展行动方案（2016—2025）》和《增强制造业核心竞争力三年行动计划（2018—2020 年）》等政策文件相继发布实施，我国农业机械化在众多利好政策引领下持续快速发展，整体呈现向上提升向好发展的趋势。

（三）安徽省

安徽是全国粮食主产省。常年农作物种植面积超过 1.3 亿亩，其中粮食作物面积占 75% 以上，总产量 3500 万吨，面积居全国第 4 位，总产量居全国第 6~8 位。2019 年，安徽省农机工业产值近 180 亿元，进入快速发展时期，现代农业机械产业规模逐渐扩大，全省从事农机产业规模以上企业 160 家，现代农机总量逐年增长，高于全国平均水平。安徽省农业机械化水平不断提升，为现代农业发展提供了坚实支撑。2019 年农机总动力为 6650.5 万千瓦，主要农作物耕种收综合机械化率超过 80%。

由于安徽省农机购置补贴政策的稳定实施，2019 年在全国农机市场低迷的情况下，安徽的农机市场却逆势增长，扭转了连续两年下滑的态势，为安徽省的农业生产和农机化发展做出了贡献。2019 年度全省共补贴农机具 12.5 万台，增长率为 29.33%；全省共使用补贴资金 12.513 亿元，增长 4.48%，购机金额达到 44.94 亿元，其中拉动农民投入 32.422 亿元，补贴受益农户 88122 个，比 2018 年增长 28%。

安徽省的农机品牌企业深耕农机行业几十年，除了拥有深厚的技术积累，同时也建立起良好的口碑及品牌影响力，安徽省本土品牌现代农机产品在国内关注度和影响力持续提高。中联重机股份有限公司产品覆盖小麦、水稻、玉米、油菜等主要农作物的土地耕整、种植、田间管理、收获、烘干、秸秆综合利用等农业生产全过程，产品已形成拖拉机、收获机、经济作物机械、烘干机、农机具等系列组合，并积极推动"互联网＋智能农机"的智慧农业发展，高起点跨入人工智能技术领域，是国内首家 AI 农业装备制造企业。安徽中科光电色选机械有限公司专注于农产品智能光电分选设备研发二十年，坚持自主开发道路，完成了基于可见光、紫外光、红外光、X 射线的系列化产品开发，广泛应用于大米、杂粮、茶叶、蔬菜、水果、海产等加工领域，国内市场占有率 25％以上，远销欧美、东南亚、中东、非洲、南美等一百多个国家和地区。

七、医疗器械

（一）国外

随着全球人口增长、人口老龄化、发展中国家经济增长，医疗健康行业的消费需求持续提升；预计 2020 年全球医疗器械销售额将达到 5945 亿美元。欧美的医疗器械产业发展时间较早，医疗器械行业知名企业较多，技术水平和质量要求较高，市场需求以新产品的升级换代为主。全球医疗器械最主要的市场和制造国是美国，约占据全球市场份额的 45％；第二大市场和制造地区是欧洲，占 30％。从行业集中度来看，全球医疗器械市场集中度高，主要由跨国企业占领，主要有美敦力、强生、雅培等企业。

对于医疗电子产品，欧美仍是主力市场，但其增长空间和潜力有限，而中国、日本和印度的医疗器械市场销售额合计约占亚洲市场总销售额的 70％，仍处于快速增长期。目前计算机断层扫描仪、磁共振仪、高档超声波诊断仪器等高端产品需求快速增长：（1）国际数字医学影像设备市场主要被美、日、德等少数国家垄断。（2）美国是监护设备最主要的市场和制造国，占全球医疗器械市场约 40％市场份额。（3）高端呼吸机、麻醉机集中在少数大企业，如呼吸机知名生产厂家有泰科、伟康、瑞斯迈等，麻醉机知名生产厂家有 Drager、百斯、美国自然基因等。

对于医用耗材，欧美是世界上主要的一次性医疗器械市场，日本、中国、印度及其他亚洲新兴工业国合计也占有部分份额；心脑血管介入类和矫形器械等高值植入介入类耗材属于高技术、高风险和高收益的产品，核心技术被少数跨国企业所垄断；血液净化产品包括肾透析系统和人工肝支持系统，欧美是目前全球最大的肾透析机市场和制造国家。全球 70％～80％的医疗器械企业从事普通医用耗材的生产，耗材的精密加工技术基本上被美国、日本、德国等国家垄断。

未来的医疗器械将与计算机技术、微电子技术、网络信息化技术、组织工程学技术、精加工技术、仿生技术、智能化技术等结合，使得医疗器械使用更加便捷、精准，主要发展趋势表现为更加便携、适合家用、手术微创、信息化、远程监护功能等。

（二）国内

目前，国内医疗器械行业企业比较分散。2018 年我国数量达 1.87 万家，规模上 5000 万的企业大概有 1800 多家，市场突破 5000 亿元，增速远超全球水平。我国医疗器械行业的趋向于行业并购整合且平台化，从器械产品向服务产品延伸，部分产品的单点创新实现突破，同时医疗器械智能互联网化。实现产品的信息可追溯，用信息化手段对医疗器械生产、流通全过程进行监管是新政对医疗器械行业要求的重点，医疗器械领域的信息追溯机制、体系、编码等至今还不够完善，有待于进一步提高。

我国的医疗器械生产企业规模明显小于国外企业，存在着巨大差距，尤其是高端医疗器械市场，国外企业仍处于垄断地位。经过近几年发展，我国医疗器械龙头企业初具规模，但相比国际龙头发展空间巨大；医疗器械产业集聚化发展显著。国产自主创新医疗器械将不断涌现，近年来，国家陆续出台对国产医疗器械的鼓励政策，良好的政策激励使国产医疗器械行业备受鼓舞。未来 3～5 年，一定会有大批国产创新医疗器械产品问世，诸多医疗行为会因为新技术和新产品的出现而发生改变。

（三）安徽省

目前，安徽省涌现了美亚光电、欧普康视、中科美菱、合肥科瑞达、德铭电子、合肥必欧瀚、合肥登特菲、亿维医疗、康宁实业等医疗器械骨干企业。可以生产一次性耗材、低温冷藏设备、激光类、生物安全柜、核医学设备、医疗影像、体外诊断试剂等产品，基本建立了以合肥、滁州为中心的医疗器械产业生产基地。

（1）医疗设备：合肥依托中国科技大学、合肥工业大学、中科院合肥物质科学研究院重点创新发展医用激光仪器、核医学仪器、医学检测仪器、医疗影像设备、医用低温设备、体外诊断试剂等高新医疗器械。

（2）医用耗材及体外诊断：滁州以生产一次性使用输液器、注射器、医用卫生材料及敷料、物理治疗仪等一次性医用耗材在全国乃至世界都占有重要的位置。

（3）共性技术：合肥高新区、合肥经开区、滁州、芜湖等产业园区，合作开展高端医学影像设备、超导质子放射性治疗设备、植入介入产品、体外诊断等关键共性技术研发，加快高性能医疗器械产业链布局。

八、工程机械

（一）国外

国外工程机械产销量总体呈上升趋势，市场需求一直保持较快增长。目前全球工程机械产品年销售量近 300 万台，市场规模约 2500 亿美元。全球工程机械行业呈现市场、产品、技术、企业集中度高的特点：（1）市场主要集中分布在北美、欧洲、日本等发达国家和中国、印度、巴西等新兴发展中国家。（2）产品主要集中在土方机械（挖掘机械、铲土运输机械），占整个工程机械市场销量的三分之二左右。（3）主要企业注重基础材料、技术与新产品研发，如排名第一的美国卡特彼勒公司，每年投入研发资金近 30 亿美元。（4）大部分工程机械重要企业集中在欧美日等国家。

全球工程机械企业兼并重组近年加剧，生产集中度进一步提高。在欧美工程机械行业日趋激烈的竞争中许多制造商实施外部交易型战略，通过收购或与共创的制造商合并，提高生产能力和扩大销售网络，实现经济资源的优化配置，提高规模经济效益，进一步控制国际市场份额的发展战略。

绿色化、宜人化、智能化是工程机械行业国际竞争的焦点，是进入国际高端工程机械市场的技术门槛；美国、德国、日本等国家目前推出的新产品 60％ 以上大类产品都充分利用了智能化及互联网技术。为减少人力费用和提高工作效率，世界上有雄厚资金和技术实力的著名企业将工程机械小型化、微型化和多功能作为产品结构调整的重要组成部分，促进了工程机械向小型化、微型化方面发展。对于关键零部件及控制系统，美、欧、日、韩企业在高强、复合材料、电液控制自动换挡、机电一体化控制、比例控制、伺服控制、负荷传感全功率控制技术、可编程控制、遥控与无人操作技术等方面仍处于全球领先地位。

（二）国内

我国已成为名副其实的世界工程机械生产大国，与美国、西欧、日本一起构成世界工程机械的主要市场。我国工程机械行业企业国际化视野不断扩展，积极拓展海外业务建立全球营销网络，业务覆盖达170 多个国家和地区。我国企业已成为全球工程机械市场主要供应商之一。

我国工程机械行业现有规上企业 2000 多家，行业龙头公司竞争优势突出，形成规模经济优势，代表性工程机械企业，如徐工（起重机第一）、三一（挖掘机第一）、中联重科（混凝土机械第一）、柳工（装载机第一）、山推（推土机第一）、合力（工业车辆第一）等营收规模在 100 亿以上，其产品除在某一关键子行业排名第一（生产规模、研发能力）外，还遍布各个细分领域，多项产品技术水平达到国际领先水平，是行业领军企业。在工程机械的主要产品挖掘机、装载机、推土机、起重机、混凝土机械、工业车辆等行业中，均出现了市场份额逐步向龙头公司集中的发展趋势，同时弱势企业的市场份额不断被压缩。

从地域分布情况来看，我国工程机械 90％ 集中在东部地区。最大的工程机械产业集群是湖南长沙产业集群，包括中联重科、三一集团和山河智能等。其次是山东工程机械产业集群，主要企业有山推、小松、临工、斗山等，分布在山东济宁、青州、临沂地区。此外还有长三角工程机械产业集群，代表企业有三一、日立建机、安徽合力、小松、现代和龙工等企业。还有一些相对独立的产业集群，如徐州工程机械产业集群，四川成都、新津、泸州产业集群，厦门、晋江、泉州产业集群，以广西柳州产业集群。

我国工程机械主流产品基本处于国际中高端产品技术水平，但在重型、小微型、智能型、满足特殊环境要求下，与国际一流产品有一定差距。关键零部件如液压元器件，传动系统，发动机等大多依赖进口，工程机械主机中关键零部件进口成本占制造成本 40% 以上，行业接近 70% 的利润被进口零部件占据。如高端液压件广泛用各类工程机械主机产品和技术装备。由于我国液压技术起步较晚，技术积累相对薄弱，与国内外企业存在一定差距，全球的高端液压市场被博世、力士乐、川崎油工等少数液压生产企业所垄断，客观上造成了国内中高端液压元件长期依赖进口的局面。长期以来，核心零部件依赖进口成为制约我国工程机械发展的瓶颈。

（三）安徽省

安徽省曾是中国工程机械的六大产业基地之一，近年湖南、江苏、山东等地快速发展，安徽地位相对下滑。2019 年行业销售额不到 500 亿元人民币，占全国同行业总量的 8% 左右。安徽省具有影响力的企业包括安徽合力、日立建机（图 1-10）、安徽柳工、华菱星马、江淮重工、中联重科安徽公司、长源液压、博一流体等。

安徽工程机械行业主要企业近年都增加了数控设备的投入，骨干企业的数控设备、加工中心和工业机器人等高端设备占比达到 70%～80%。通过实施"互联网+"行动计划，把云计算、大数据、物联网应用与工程机械行业信息化建设推向新高度，骨干企业基本形成了从产品研发、制造、销售、服务、再制造的产品全生命周期的信息化管理体系；品牌产品智能化接近国际先进水平。已经建成一批数字化、智能化制造示范工程：如合力的工业车辆传动系统和定制化整机智能制造项目工程等。

图 1-10　日立建机的工程机械

九、石化通用机械

（一）国外

目前，西欧、美国、日本等国石化通用机械制造业比较发达，在各子行业中市场占有率和集中度较高。

（1）压力容器

压力容器市场需求集中在中东、俄罗斯、非洲、南美洲以及中美洲地区等能源出口国和美国、欧洲、中国及其他亚太国家等能源进口国。国外发达国家的压力容器行业在整体装置工艺包、先进原材料、先进生产耗材、关键加工装备等方面具有先进水平。

（2）压缩机

国外压缩机制造公司主要有美国英格索兰、美国寿力、瑞典阿特拉斯·科普柯、美国 GE、德国凯撒、英国康普艾、瑞士布卡、日本神钢等。从市场产品结构看，高端压缩机市场主要由国外厂商把持，如 LPDE、EVA 行业用大型超高压压缩机（包括一次机和二次机）全部依赖进口。

（3）风机

国外风机及透平压缩机制造公司主要有美国英格索兰、美国 GE、德国曼透平、德国 SIEMENS、瑞士苏尔寿、日本荏原 EBARA 等。国外发达国家已经实现自主产品设计计算体系完善且可快速适应个性化需求，大功率高速电机及磁轴承一体化技术及产品成熟，实现了基于机组监测大数据实现系统流程优化及智能运维。

（4）泵

欧美等发达国家的泵制造企业拥有各自的自主知识产权的水力模型，在泵设计制造方面具有丰富经验和大量数据支持，经过多年积累，建有各自的数据库。对泵的性能、可靠性、低噪声以及控制水平较高。

（5）阀门

美国、日本、德国的阀门产品占据全球阀门市场的中高端位置，德国阀门企业有 170 多家，出口率约为 50％；美国是世界上最大的阀门生产国，美国阀门协会有超过 110 家企业，年产值占世界阀门总产值的 30％；日本的阀门市场集中度较高，700 多家企业中的前 15 家占 70％的市场，控制阀是其主要的出口产品。

（6）过滤与分离机械

国外分离机械技术在大规格高参数（分离物料粘度大、物料精度细难分离时或高温、高压易燃易爆高危场合）方面具有先进水平。国外分离机械企业对物料和工艺研究、制造加工工艺更新较快，对产品的质量与可靠性要求普遍较高。

（7）机械密封件及密封材料

高参数机械密封相关产品主要被国外公司垄断，如大型石化装备领域的高参数（20MPa 以上、线速度 200m/s 以上）压缩机用干气密封，主要生产厂商为美国约翰克兰、美国福斯、德国伊格尔－博格曼等。

（二）国内

我国通用机械制造业经过多年发展，已形成规模大、门类齐全、基础坚实的产业，是全球通用机械制造大国，市场规模已排在世界前列。国内通用机械制造企业在技术水平上与发达国家的差距正逐步缩小，但总体上对国内的通用机械市场构成还是呈现出两极分化现象，即低端供给过剩、高端供给不足。

（1）压力容器

我国压力容器制造行业伴随我国石油化工行业的飞速发展，在容器结构设计、新材料研发、焊接技术、无损检测等领域取得长足进步，目前我国已跻身于世界压力容器制造强国之列。此外，压力容器在役维护技术的进步，保障了石化等重要行业的生产装置长周期安全运行。但国内在高端紧凑式换热器方面，如印刷电路板式换热器 PCHE 产品，仍处于研发阶段。

（2）压缩机

我国压缩机产品系列已基本实现了应用范围的全覆盖，比如动力用的活塞压缩机、喷油/干式螺杆压缩机，工艺流程用的活塞压缩机、迷宫活塞压缩机、喷油/喷水螺杆压缩机，军用高压活塞压缩机等，国内产品和国外产品相比在性能指标上并不逊色，但在可靠性、寿命、整机配置、外观等方面还存在一定差距。

（3）风机

我国风机工业已形成完整的工业体系，实现了一大批重大技术装备和重点产品的国产化及产业化，成为全球产品种类最全的少数国家之一。我国风机行业的高中端产品与国外先进水平并行与领跑共存，高端产品以跟跑为主。

（4）泵

在石化用泵方面，国内泵制造企业目前可生产近百个系列、约 2000 多个品种的产品，如加氢裂化反应进料泵、加氢裂化用高压多级泵、柴油加氢反应注水泵等。国内泵行业技术总体处于世界同行业的中等水平。

（5）阀门

国内各种规模类型的阀门生产厂家已达到 2 万余家，整体行业规模处于国际前列，主要的阀门制造商有苏州纽威阀门、江苏苏盐阀门、吴忠仪表有限公司等。在高性能阀门、高端调节阀等方面，与欧美等发达国家相比还有一定的差距。

（6）过滤与分离机械

我国过滤与分离机械行业经过多年发展，产品技术水平与国外先进水平的差距大大缩小。在产品技术水平上，一些常规产品的质量与可靠性均有较大提高；但在过滤与分离机械重点机型方面，我国与国外先进水平相比存在较大差距。

（7）机械密封件及密封材料

我国密封技术经过几十年的发展，已发展成为品种规格齐全、基本满足我国装备需求、具有一定国际竞争力的产业。但高端密封产品仍然不能满足主机行业的发展需求，市场占有率较低，部分重大领域的关键机械密封产品完全依赖进口。

（三）安徽省

安徽省石化通用机械行业的整体研发和制造实力与江苏、浙江、山东等省份相比尚存在一定差距，但也不乏优秀的研发和制造企业，如合肥通用机械研究院有限公司、东华工程科技股份有限公司、蚌埠压缩机总厂、安徽安风风机有限公司、安徽铜都流体科技股份有限公司等。

（1）压力容器

目前，安徽省从事与石化领域压力容器相关的设计制造单位数量较少，与压力容器制造传统大省如江苏、山东、浙江等还有一点差距。安徽省在压力容器研发制造的机构主要有合肥通用机械研究院有限公司、合肥通用特种材料设备有限公司等。在高端热交换器研发方面，合肥通用机械研究院有限公司、中科院合肥物质科学研究院等单位具有较强的研发实力，如图 1-11 所示。

图 1-11　合肥通用院研制的石化通用机械设备

（2）压缩机

安徽压缩机产业的发展起步较早，经过多年的发展，压缩机企业或从事压缩机相关业务的企业已有100余家，如蚌埠压缩机总厂，已有50余年生产各类压缩机历史。在科研企业方面，以合肥通用机械研究院有限公司为代表，具备从材料、结构强度与疲劳、力学性能、噪声振动、环境模拟等基础研究到关键零部件再到整机和系统的科研研究和试验检测能力。安徽省内的压缩机企业，在企业规模、核心技术竞争力等方面尚有一定差距。

（3）风机

安徽省的风机研发和制造企业数量较少，在全国占有的市场份额较低，主要包括合肥通用机械研究院有限公司、安徽安风风机有限公司等。合肥通用机械研究院有限公司主要从事各类气体叶轮机械的技术研究、产品开发及节能技术工程。安徽省风机行业在研发方面具有一定研究基础，但在制造方面落后于国内其他制造企业。

（4）泵

目前，安徽省石化用泵研发制造的机构主要有合肥通用机械研究院有限公司、安徽中泵科技有限公司等。在石化用泵方面，合肥通用机械研究院有限公司凭借雄厚的技术研发实力，联合生产条件齐备的泵制造企业，先后研制出小流量高扬程化工流程离心泵、高扬程高耐磨性煤化工用高压灰水泵等产品，促进了国内泵技术水平的发展和提高。

（5）阀门

目前，安徽省与石化领域相关的阀门研发制造机构主要包括合肥通用机械研究院有限公司、安徽铜都流体科技股份有限公司等。在阀门专业技术领域，合肥通用机械研究院有限公司主要从事阀门行业的新产品设计和开发、阀门驱动装置的研究、基础件攻关等，是我国阀门行业的技术归口单位。总体上，安徽省整体行业规模处于国内中下游水平。

（6）过滤与分离机械

安徽省从事过滤与分离机械生产制造的企业20多家，主要集中在合肥、蚌埠、安庆、马鞍山等地。主要优势产品有合肥通用机械研究院有限公司的离心萃取机和过滤洗涤干燥一体机等。总体上，安徽省从事过滤与分离机械生产制造的企业大多为中小型企业，企业规模不大，技术力量较为薄弱，产品竞争力不强，整个行业规模只占全国的3％～5％左右。

（7）机械密封件及密封材料

目前，安徽省机械密封件及密封材料研发制造企业主要包括合肥通用机械研究院有限公司、安徽亨达机械密封制造有限公司等。总体上，安徽省机械密封件及密封材料研发制造企业以中小企业为主，部分规模较大企业的产品主要与汽车产业相关，应用于石化领域极端环境的产品较少。

十、电工电器

（一）国外

国外电工电器总体技术水平比较先进，最典型的企业是ABB、西门子、施耐德、GE公司等企业。ABB：2018年销售收入276.62亿美元，保持全球第一第二的位置。主要产品有变压器、开关柜、空气断路器等。西门子：世界著名的电气企业。其生产的燃气轮机居世界首位。施耐德公司：世界生产电器设备著名企业。主要产品是电气开关柜。GE公司：世界生产燃气轮机最多的企业，到2019年已累计生产燃气轮机7000多台，运行时间超过2亿小时。此外，日本的富士电机、英国JDR公司的铅芯电缆、德国的风电设备、美国的光伏设备等，都具有很高水平，在世界占有优势地位。以清洁能源为主导，以电能为中心，以智能电网＋特高压电网＋清洁能源，国外电工电器产业发展趁势表现为高端化、智能化、清洁化和可再生。

（二）国内

近些年来，在新型城镇化建设、农网改造的带动下，我国电器工业发展较快，主要产品产量不断增加．目前，我国电工电器行业的发电设备、输变电设备、配电设备、用电设备以及电工器材居世界前茅，我国成为名副其实的电工电器制造大国。我国电工电器主要重点企业在中国机械工业占有重要位置，在中国机械工业联合会发布的 2018 年中国机械工业 100 强中，电工电器企业有 22 个，占五分之一，其排位也比较靠前。2018 年，我国电工电器工业主营业务收入 49519.87 亿元，约占我国机械工业主营业务收入的五分之一。我国电工电器产业的发展趋势表现为高规格、大容量、智能化和清洁化。

（三）安徽省

安徽电工电器是安徽机械工业 11 个分行业之一。安徽电工电器主要有发电机组、电机、变压器、电线电缆、电力开关、电池、锅炉、焊材等，一些产品在全国电工电器行业中具有优势特色。2019 年，全省电工电器和器材制造业实现主营业务收入 2921.1 亿元，属仅次于汽车工业的第二大产业，在全国居第七位。安徽省电工电器装备的特点表现为：安徽电工电器企业和产品以中小型为主；部分产品（如皖南电机公司的南华牌电机质量好、水平高；专精特新中小企业较多；部分行业（如无为的电线电缆）已形成产业集群基地。

十一、工业四基

（一）国外

西欧、美国、日本等发达国家装备制造"四基"产业处于领先地位，每年持续投入大量人力和资金研发新技术及新产品。发达国家普遍重视工业基础，这是其占领高端装备制造业领域的根本原因。

（1）核心基础零部件（元器件）

全球高端基础件（元器件）产品和技术全球市场多年来一直由德国、日本、美国等工业经济发达国家把持着，尤其是高端加工中心控制系统、高端汽车电子产品、高端发动机电子控制系统、高端工业机器人核心零部件、工程机械的高压大排量柱塞液压泵和马达、高端精密轴承、高性能动态密封件、高精测控传感器、大型核电压力容器等高端基础零部件产品和技术领先较大。

（2）先进基础工艺

发达国家注重高端工艺技术研究，保持装备及技术领先，同时加强技术保密和封锁。如超大型锻件制造和超精密冲压、搅拌摩擦焊、高精度激光焊、复合材料焊接、大型构件热处理、激光金属表面处理、超高精密机械加工、复合材料加工、激光、电火花等特殊加工技术较普遍使用，工艺装备技术快速提升；限制航空发动机、核电站等高端铸件装备出口。

（3）关键基础材料

发达国家新材料产业发展水平很高，新材料品种层出不穷，每一代高新技术产品中都使用了新研发的材料；装备制造业都普遍使用了极硬、极软、极耐高温、极耐低温、极耐磨、极耐腐蚀、极抗磁、极导热、极隔热等极端材料和复合材料，同时研制新材料的装备技术水平也很高。

（4）产业技术基础

发达国家产业技术基础先进及多样化、系统化，尤其在高端产业技术基础上最突出。多年的发展已经形成了从基础研究到应用研究、从材料研发到零部件和整机研发、从产品再到使用一条完整的产业技术基础服务体系，包括研发、检测、计量测试、试验、技术验证等技术平台。

（二）国内

我国工业技术基础体系基本建立，基本满足装备制造业的一般性需求。但与发达国家相比，我国装备制造业"四基"薄弱问题依然严峻，"四基"产业的高端产品和服务仍然大量依赖进口。

（1）核心基础零部件（元器件）

我国是机械制造大国也是基础零部件制造大国，但在核心基础零部件（元器件）产业中的高端产品相对落后，中低档产品占了绝大多数。目前，我国高端加工中心控制系统 90％以上、高端汽车电子产品 75％以上、高端发动机电子控制系统 90％以上、高端工业机器人核心零部件 90％以上、工程机械的高压大排量柱塞液压泵等关键部件 90％以上、高铁列车的车轮车轴和轮对 95％以上、高端精密轴承 90％以上等装备制造业急需的高端基础零部件产品仍要大量进口，如大型盾构机用轴承、密封件被德国罗特艾德、法国斯凯孚等公司垄断，如图 1−12 所示。

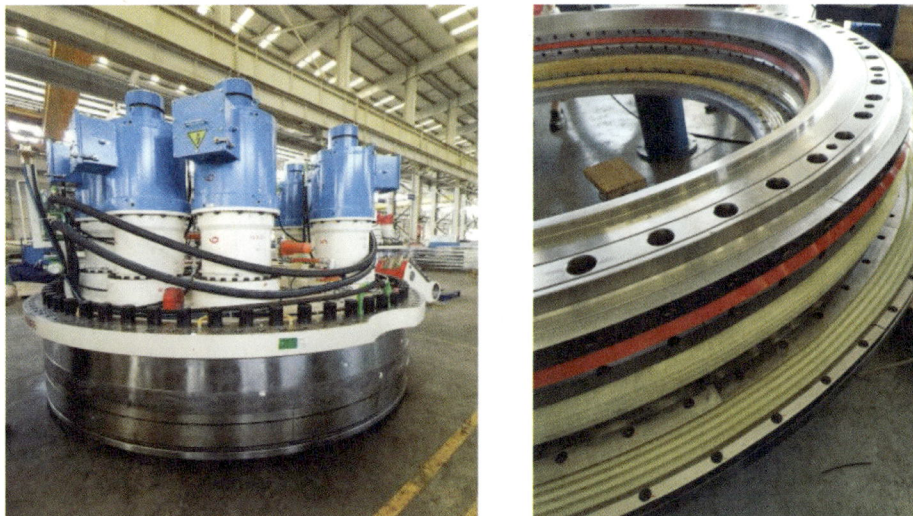

图 1−12　大型盾构机用轴承、密封件

（2）先进基础工艺

我国普通铸件工艺装备与国际技术基本同步，但高端铸件少及生产高端铸件设备需进口；锻造/冲压行业的工艺技术和装备水平接近世界先进行列；自主研发制造的焊接装备已与世界先进水平差不多，仅在搅拌摩擦焊、高精度激光焊、复合材料焊接等超精密焊接上有一定差距；热处理和金属表面防腐处理行业技术发展较快，渗氮、等离子渗等新型热处理技术已达世界先进水平；多轴同步高速精密切削、磨削、研磨等机加工技术已接近世界先进水平，但在超高精密机械加工、激光、电火花、复合材料等特殊加工工艺方面有较大差距。

（3）关键基础材料

我国新材料产业初步成了包括研发、设计、生产和应用，品种门类较为齐全的产业体系。部分关键技术取得重大突破，如稀土功能材料、先进储能材料、光伏材料、有机硅、超硬材料、特种不锈钢、玻璃纤维及其复合材料等产能居世界前列。但我国新材料产业总体发展水平仍与发达国家有较大差距，产业发展面临新材料自主开发能力薄弱，大型材料企业创新动力不强，关键新材料保障能力不足等问题。

（4）产业技术基础

我国产业技术基础与经济发达国家相比差距很大，产业技术基础高端落后、中低端发达，从整机到零部件没有形成完整的产业技术基础服务体系。企业普遍注重生产、轻视研发和检测试验，产业技术基础不扎实，不能对产业发展提供有力的后劲和基础支撑，难以形成协调互动的产业创新发展格局。

（三）安徽省

安徽省核心基础零部件、先进基础工艺、关键基础材料、产业技术基础的工业四基总体技术水平处全国偏下。

（1）核心基础零部件（元器件）

安徽省核心基础零部件（元器件）产业有 1000 多家企业，但整体实力弱，龙头大企业少，普遍是中小企业，研发能力弱、技术含量高的新产品少、在全国列各行业前位的品牌产品更少，装备制造中很多关键零部件需从外省购入或进口配套。

（2）先进基础工艺

安徽省基础工艺在合力叉车公司、江淮集团公司、奇瑞公司、应流集团和马钢公司等企业发展带动下技术提升较快，铸造、锻造、机加工和表面处理均能满足省内装备制造业发展的一般性需求，但在复合材料制造加工、超大锻件和加工、超精加工和模具等方面较落后。

（3）关键基础材料

安徽省装备制造业基础材料产业以马鞍山马钢集团为主的铁基材料、以蚌埠玻璃设计院为主的硅基材料、以铜陵有色集团为主的铜基材料、以淮北铝材基地为主的铝镁基材料基本满足装备制造业发展一般性需求，而高端装备用的高品质金属材料相对落后，高端复合材料刚刚起步，与其他省份相比有很大的差距。

（4）产业技术基础

安徽省装备制造业国家级工程中心、技术平台和检验检测中心5家，省级的偏少；国家级企业技术中心90家，全国第6，居中间梯队。汽车及汽车电子、工程机械、输变电装备、齿轮、轴承、液压件、高效节能电机、电子控制器件、特种材料及复合材料等方面缺少产业技术基础，都是亟待解决的短板。

第 3 章

安徽省装备制造业发展总体分析、存在的问题和原因分析

一、总体分析

经过多年发展，安徽省装备制造产业取得了很大进步，部分产业领域在国内已处于较高水平，但仍存在着诸多不足和问题。安徽省基础制造整体水平还较滞后，高端装备研发能力不足，缺乏核心技术和自主品牌，行业中低端产品产能过剩、高端产品不足的矛盾仍然存在；总体呈现产业集中度低、高技术高附加值产品少、关键零部件发展滞后、配套能力不强等问题。针对工业机器人及智能装备、高档数控机床、智能制造物料输送装备、新能源汽车及新能源装备、智慧城市与美好环境装备、现代农机、医疗器械、工程机械、石化通用机械、电工电器、工业四基等 11 个装备制造产业，表 1－2 和表 1－3 分别给出了安徽省 11 个装备制造产业总体情况表和处于的技术水平。

以数控机床、工业机器人、现代农机等装备为代表进行产业链完整度分析：（1）数控机床：安徽省数控机床产业发展较晚，国家投资较少，龙头企业不多，产业链不健全，产业集群规模尚待进一步发展，但有部分企业在国内具有一定领先优势。以合肥合锻智能制造股份有限公司为代表，其已成为国内最大的锻压成形机床生产基地，产品涵盖了机械压力机和精密数控液压机全部系列产品，广泛应用于汽车、家电、军工、航空航天、石化、新材料应用等领域，自主开发的大型数控成形机床数字化设计、自动化控制、机电液一体化、伺服控制、大型超大型部件加工制造等技术达到国内领先水平；但高端液压元器件和检测传感器、控制系统等仍依靠进口。（2）工业机器人：安徽省工业机器人及智能装备产业，以芜湖、马鞍山、合肥、蚌埠等机器人产业为主要集聚区（简称"芜马合蚌"），现有机器人生产、集成和零部件企业 150 余家，机器人研究院 6 家，其中以埃夫特、巨一、欣弈华、井松、凯盛为骨干企业，中科院智能研究所、合工大智能研究院等科研机构为研发主体。工业机器人产业分布主要以芜湖为国家综合性高端智能机器人研发制造基地、马鞍山和蚌埠为特色机器人制造基地的产业集聚区、合肥为新一代机器人创新研制基地的产业集聚区。（3）现代农机：安徽省农业机械产业规模逐渐扩大，从事农机产业规模以上企业 160 家，主要集中在芜湖、合肥和蚌埠等地区。以中联重机为龙头，成立了芜湖三山现代农机产业集聚区，依托人才培养、公共研发、检测检验、投融资服务、示范应用推广、项目载体、政策支持等支撑平台，形成了完整的发展产业链。以安徽辰宇机械科技有限公司、安徽谷王烘干机械有限公司等为龙头企业，逐步形成具有安徽特色的烘干机产业集群，企业数占全国烘干机企业 34％。以合肥美亚光电技术股份有限公司、安徽中科光电色选机械有限公司等证券市场主板上市公司为龙头企业，已逐步形成具有全部自主开发技术的合肥智能分选产业集群。安徽省安庆、六安地区茶叶机械生产企业众多，逐渐形成了皖南皖西茶叶机械产业集群，相关技术呈竞争式发展，规模逐步扩大，相关产品主要覆盖安徽、江苏、湖北、河南和福建等省的绿茶生产。安徽省阜阳、蚌埠地区拖拉机及配套农机具生产企业众多，逐渐形成了皖北拖拉机组装和配套农机局产业集群，主要生产旱地耕种用拖拉机产品销售和服务工作。中国电子科技集团公司第四十一研究所（41 所）开发的"依爱"系列电脑控制孵化机、模糊控制孵化机、

智能汉显孵化机等产品均填补了国内空白，使我国的孵化设备技术水平达到国际领先地位。孵化设备生产能力国内第一，国内市场占有率始终保持在 70% 以上。色选机械装备产业链完整度较好，但大型拖拉机等产品的关键液压元器件仍需山东、江苏等农机强省企业供给。

表 1-2　安徽省 11 个装备制造产业总体情况

领域	产业规模情况	国内地位	优势	不足
工业机器人及智能装备	约 400 亿元	整体处于国内先进水平	安徽省以埃夫特、欣奕华、巨一、配天、欢颜、惊天、海思达、雄鹰等为代表的工业机器人及智能装备企业综合实力持续增强；具备部分国际先进关键技术，核心零部件的国产化率已经达到较高水平，如（埃夫特）防爆喷涂机器人达到国际先进、（欣奕华）洁净搬运机器人实现突破、（惊天智能）工程机器人填补国内空白	安徽省工业机器人高端装备对外依存度高；关键支撑技术及核心基础部件主要依赖进口；"工业化与信息化"融合程度低；部分核心零部件无法在省内自给自足
高档数控机床	约 200 亿元	总体国内先进，部分国内领先	安徽省数控机床部分技术装备处于国内领先地位，如锻压装备设计开发技术、动梁式五轴加工技术。（合锻智能）已成为国内最大的锻压成形机床生产基地，（池州机床）是全国生产小型机床的重点企业，（新诺精工）是国内铣削解决方案提供商，在多轴联动齿轮加工数控系统、液压机精密位置控制、剪板折弯机床同步控制、精密矫正工艺及装备等方面取得突破，在国内具有领先优势	相比东北传统重工业制造基地、长三角新兴制造业基地、中部地区智能制造基地等地区，安徽省数控机床产业投资较少，龙头企业不多，产业链配套不全，关键数控系统依赖进口
智能制造物料输送装备	全国自动化物流装备规模约 1200 亿元，安徽省约占约 100~150 亿元	总体上属于国内一般水平，叉车等方面处于国内领先	安徽省工业车辆产业制造门类齐全，有十余家公司生产主机，配套体系基本健全。内燃叉车、电动平衡重叉车等产品主要性能指标处于世界先进水平	大部分企业整机系统设计尚缺少核心研发能力；高端核心零部件，如高性能发动机、电控系统、液压系统、传动系统等，均依赖于国外
新能源汽车及新能源装备	新能源汽车 11%（全国占比）；新能源装备 1000 亿元（3%）	总体国内先进，部分国内领先（电动汽车）	新能源汽车产业起步早，纯电动汽车基础好；掌握氢燃料电池汽车储供氢系统关键型式试验能力；新能源汽车产业发展政策环境总体较好；光伏产业具有国际竞争力；储能产业在国内形成较强竞争力；形成分工合理、特色鲜明、功能互补的产业布局	新能源汽车规划性政策有待于深化和落实；插电式混合动力汽车和燃料电池汽车基础薄弱；充电桩、加氢站等基础设施配套不足且车桩互联能力有待提升；智能网联汽车核心技术需要突破，试验场和示范区需要加快推进；产业发展布局不均衡化；产业核心竞争力不足；产业智能化水平不高；研发经费不足，技术研发人才流失严重

（续表）

领域	产业规模情况	国内地位	优势	不足
智慧城市与美好环境装备	由于国家和安徽省统计的 GDP 数据未单列此项目，现根据《安徽省"十三五"工业绿色发展规划》（围绕工业污染治理、大气污染防治、煤炭高效洁净利用、城镇污水污泥处理处置、生活垃圾无害化处理技术和装备等领域，推进环保技术装备与产品产业化。2020 年安徽节能环保产业产值超 2000 亿）估计占 2020 年安徽省 GDP 的 5.1%。但这一数据不仅仅是装备方面的，数据准确度存疑	总体处于国内一般水平，在大气环境质量和装备方面国内领先	安徽省环保产业在工业固废处理、生活垃圾处置、水处理工程装备等方面实现广泛布局，逐步呈现集聚发展态势。安徽省大气监测和治理设备产业发展良好，优势明显，部分龙头企业成功上市。合肥市聚集了一批以皖仪科技、艾可蓝、安徽蓝盾、国祯环保为代表的水处理领域环保装备制造、大气环境监测和环保服务企业；铜陵市聚焦在大气污染防治、固废处理处置领域；马鞍山市依托科达洁能、圆融科技等企业重点开展水处理、固废处理技术装备的研发制造；芜湖市形成了一批以海螺水泥、水韵环保为代表的环保整体解决方案提供商。随着合肥环保产业园、合肥再制造产业集聚区、铜陵"互联网＋"再生资源回收分类及逆向物流交易平台、铜陵诚通静脉产业园、马鞍山市雨山区再制造产业园区等集聚区的开发建设，安徽省环保产业链条逐步完善	企业数量众多，但以中小型企业为主，集中度不高，研发投入强度低，企业创新能力不强，核心竞争力有限；行业集中度偏低，技术装备落后，专业化水平低，未能形成规模效应；环保设备成套化、系列化、标准化水平低。同时，安徽省环保产业主要集中在基础环保装备、固废处置及资源化等领域，在新兴领域先进环保装备发展不足，环保服务集成能力不强，未来在重大环保装备研发及环保综合服务能力供给方面亟需提升，产业链结构有待优化调整
现代农机	约 300 亿元	总体处于国内一般水平，智能分选等方面具有一定优势	安徽省部分农机技术装备在国内处于领先，如大型拖拉机及辅具制造技术国内领先，茶叶生产设备、色选机开发技术国际先进。建立若干产业集群，以中联重机为龙头的芜湖三山现代农机产业集聚区，以辰宇机械、谷王机械等为龙头的安徽特色烘干机产业集群，以美亚光电、中科光电等为龙头的合肥智能分选产业集群	农机产业链不全，关键零部件依赖进口；高端产品匮乏、低端产品过剩，智能化和信息化应用刚起步、产品技术水平和结构性矛盾突出

（续表）

领域	产业规模情况	国内地位	优势	不足
医疗器械	约70亿元	总体上属于国内一般水平	目前，安徽省有医疗器械生产企业约1800家，基本建立了以合肥、滁州为中心的医疗器械产业生产基地。安徽省医药行业在积极推进生物制药、化学制药、现代中药和医疗器械四大产业领域并重发展，基本建成起优势突出、结构合理、产业链完整的现代医药产业体系，产业综合实力和竞争力显著提高	当期医疗行业的需求缺口巨大，安徽省医疗产业规模偏小；基础性技术支撑平台不足，目前行业整体技术水平还处于跟跑状态，需要投入更多的基础性研发，实现产业引领；市场购买动力不足，进口产品更受三甲医院的青睐；高端人才匮乏，市场亟需既懂技术也懂临床的高端研发人员，需要加大相关人才的培养力度
工程机械	约500亿元，占全国同行业总量的8%左右	总体处于国内领先水平	安徽省曾是中国工程机械六大产业基地之一，拥有一批有影响力的企业，包括安徽合力、日立建机、安徽柳工、华菱星马、江淮重工、中联重科安徽公司、长源液压、博一流体等	安徽省工程机械行业结构性产能过剩，大型与超大型土方机械产品竞争力不足，关键核心配套件主要指高端液压元件、传动元件、控制系统和动力系统等缺乏，亟待绿色化、智能化升级
石化通用机械	按照安徽省统计局数据，通用设备制造业（锅炉及原动机制造、金属加工机械制造、起重运输设备制造、泵、阀门、压缩机及类似机械的制造、轴承、齿轮、传动动部件的制造、烘炉、熔炉及电炉制造、风机等）的产业规模约为800亿，该分类没有包含压力容器，但包含的起重运输设备等不在石化通用机械范围内	总体处于国内先进水平，压力容器等方面处于国内领先水平	安徽省石化通用机械行业不乏优秀的研发和制造企业，如合肥通用机械研究院有限公司、东华工程科技股份有限公司、蚌埠压缩机总厂、安徽安风风机有限公司、安徽铜都流体科技股份有限公司等	安徽省石化通用机械行业的整体研发和制造实力与江苏、浙江、山东等省份相比尚存在一定差距

（续表）

领域	产业规模情况	国内地位	优势	不足
电工电器	约 3000 亿元，属仅次于安徽省汽车工业的第二大产业	总体处于国内先进水平，电机等方面达到国内领先	安徽电工电器企业和产品以中小型为主；部分产品（如皖南电机公司的南华牌电机质量好、水平高；专精特新中小企业较多；部分行业（如无为的电线电缆）已形成产业集群基地	安徽电工电器中低档产品较多，大型、著名的产品少；火力发电、水力发电设备较为缺少
工业四基	"十三五"期间，全省规模以上工业增加值年均增长8%左右、居全国第3位，规模以上工业增加值突破1万亿元	总体处于国内一般水平，橡胶密封等方面具有一定优势	安徽省机械行业已形成较完整的机械工业生产体系	安徽省核心基础零部件、先进基础工艺、关键基础材料、产业技术基础的工业四基总体技术水平处全国偏下

表 1-3　安徽省 11 个装备制造产业处于的技术水平

国内地位 国际水平	国内领先产业	国内先进产业	国内一般
国际领先产业	/	/	/
国际先进产业	新能源汽车（电动汽车）、石化通用机械（压力容器）	新能源汽车及新能源装备、石化通用机械	/
差距较大的产业	工程机械（正面吊、装载机等）、数控机床（锻压机床）、智慧城市与美好环境装备（大气监测设备）、电工电器（电机）	工业机器人及智能装备、高档数控机床、电工电器	智慧城市与美好环境装备、智能制造物料输送装备、医疗器械
差距大的产业	现代农机（智能分选）、工业四基（橡胶密封）	/	现代农机、工业四基

二、存在的问题

（一）工业机器人及智能装备

（1）经济规模不大：安徽省工业机器人及智能装备产业发展在逐步加快，但从产业、产值和营利方面到沿海地区企业均存在较大的差距。

（2）产业集中度低：目前安徽省初步打造了芜湖、马鞍山、合肥等机器人产业集聚区，但产业基础较为薄弱，除埃夫特、巨一、欣奕华、井松等少数骨干企业外，大部分是中小企业、初创型企业，且企业层次低，主要分布在机器人产业的中下游，上游零部件企业较少。

（3）创新投入不足：安徽省工业机器人产业创新研发投入不足，产出差距比较明显。工业机器人企业"小、散、弱"问题突出，大部分企业仅从事简单加工组装，缺乏精密减速器、伺服电机、控制器等关键零部件的创新与突破以及新一代机器人共性关键技术创新研发能力，在关节/驱动、灵巧作业、视觉感知及认知、人机友好交互、意图/需求理解、安全行为决策与控制、自主学习与智能发育等核心技术方面难以取得重大突破，严重阻碍安徽省工业机器人产业的发展。

（4）高技术高附加值产品少：安徽省工业机器人产业起步较晚，工业基础薄弱、创新能力不足，像高性能协作机器人、轻量化机器人等高技术高附加值产品严重依赖进口，导致安徽省工业机器人的国内外竞争能力明显不足。

（5）减速器、伺服电机、控制器三大关键零部件发展滞后，配套能力不强：目前，安徽省这三大关键零部件生产企业数量少，且产品性能和制造产能难以满足需求，致使相关产业的配套能力不强。同时，由于缺乏关键零部件供给，导致机器人及智能装备本体企业发展受制于人。

（6）技术创新成果转化低：安徽省机器人及智能装备技术基本停留在实验室阶段，高校和研究所承担了大部分研发工作，技术成果未有效向企业转移。机器人及智能装备研发、制造与应用之间缺乏有效衔接，机器人及智能装备相关技术研发领先的高校和院所不具备市场开拓能力，而企业基础研发的投入低，产学研联动机制尚未有效发挥，导致研发与制造环节脱节。

（7）自主产品处于中低端，研发环节投入少：安徽省机器人及智能装备自主品牌相对较少，在市场竞争上受到瑞典 ABB、日本发那科等国外企业的挤压，自主产品很难打入高端市场。由于目前安徽省内工业机器人企业对政策的依赖程度较高，但政府对工业机器人的支持形式相对单一，多以财政拨款为主，没有将市场调节机制引入政策；更多向整机的采购和租赁等终端环节倾斜，在研发、生产等环节投入较少。

（8）新产品标准体系尚未健全：我国机器人经过几十年的发展，标准体系框架已经初步形成，但存在部分标准化缺失老化问题，特别是服务机器人、特种机器人等新一代机器人近年来发展迅速，应用范围日趋广泛，由于标准研制滞后，导致技术要求难以统一，产品质量缺乏保证，影响了产业的快速发展。

（二）高档数控机床

安徽省数控机床在数控系统底层系统软件、控制算法、补偿技术、可靠性和稳定性等方面同样存在相同问题。

（1）经济总量不高：相比湖北、河南等中部省份，安徽省在建国初期国家投资建设项目少，工业基础薄弱；相比长三角地区，由于高档数控机床企业发展资金投入较大，安徽省在此领域总体企业数量少，规模不大。虽然 2019 年安徽省金属切削机床产量比 2018 年增加 9.8％，但总产值占全国总量 8％。

（2）产业集中度低，优势规模企业少，带动性不强：产业集聚度较低，缺乏整体规划，未能在空间布局上推动高档数控机床制造集聚发展，难以借助集聚发展模式提升产业整体的竞争力和协同力，没有形成完整的上下游产业链，不利于产业长期发展。在资金、技术、人才等方面，都面临国内外大企业集团化趋势的激烈竞争，实力对比相差悬殊。

（3）产品过度"轻型化"，缺少重型及成套设备，高技术高附加值产品少：安徽省数控机床的研究开发深度不够、制造水平依然落后、服务意识与能力欠缺、高级设计开发人才严重缺乏。从高性能数控系统到关键功能部件基本都依赖进口，产品的功能、性能的可靠性仍然与国外产品有一定差距。与发达地区同类企业相比，市场开发、研究用户工艺、成套服务、快速反应能力等服务水平均存在很多差距。

（4）关键零部件发展滞后，配套能力不强：缺乏关键零部件和核心基础部件配套商，如机器人需要的伺服电机、精密减速器等主要依赖进口，数控金切机床的机床软件、机床电器、伺服电机、工作台、检测元件、气动件、刀具、机床轴承、丝杠、导轨、磨具、磨料、滚动功能部件等主要来源于国外和发达省份。

（三）智能制造物料输送装备

（1）整机设计能力弱

除龙头企业外，省内大部分企业系统设计尚缺少核心研发能力，在产品性能、安全系数及舒适性方面与国外先进水平相比也有较大差距。

（2）部分高端核心零部件缺乏

工业车辆部分高端核心零部件，如高性能发动机、电控系统、液压系统、传动系统等，均受制于人。符合高排量标准的发动机等产品开发的企业很少，技术更新迟缓。安徽作为国内工业车辆最大制造商，在交流驱动控制器方面没有自主知识产权，希望能够引进或通过在皖企业研发尽快形成产业能力。近几年国际上柔性传动技术已经被成功应用在变速箱制造上，并形成量产商品，而目前国内尚未出现这样的企业。

（3）智能物料搬运系统整体解决方案不足

发达国家一般可以提供输送机类、搬运车辆类、垂直提升类、堆垛机类和机器人类的产品，而完成物料搬运的全部过程，并同时提供整体解决方案。省内能提供物料搬运整体成套解决方案的企业只有有限的几家，大多数企业较少谈到提供物料搬运整体解决方案这一营销理念，只能提供某一类简单的产品。

（4）产品系统可靠性较差

物料输送装备虽然经过多年的技术引进和消化吸收、贯彻 ISO 质量管理体系标准等工作，但产品总体可靠性相对国际一流品牌依然有较大差距，存在使用周期短、液压件易漏油，动力不足，部分元件易损等现象。市场调研发现，控制系统、液压系统与电动电气系统出现故障率频次仍然较高，其大多数原因在于国产零部件自身制造的质量问题。

（5）智能物流装备的标准不足

全国工业车辆标准化技术委员会于 2008 年 6 月成立，工业车辆被纳入特种设备的八类监管之一后才有国内标准，与国际上相比，欧共体从 80 年代中期就已经开始实施严格的工业车辆污染排放技术标准，从国家标准看我国国家标准大约滞后 30 年。

（四）新能源汽车及新能源装备

（1）新能源汽车产业的规划目标实现尚需努力

整车企业在插电式混合动力汽车技术方面发展落后，产业化能力没有建立起来；规划性政策未能预测到智能网联汽车技术及产业化蓬勃发展，致使全省缺乏上位政策引领而未能占据发展的先发优势地位；传统新能源汽车整车企业发展遭遇人才流失、市场份额减小的困境，重新崛起难度加大；2020 年新能源汽车年产量达到 30 万辆只能是产能，销量实现基本不太可能。

（2）普惠性政策覆盖面广，新能源汽车全产业需要认真把握充分利用

安徽省在政策制定上打了一套组合拳，出台了创新驱动发展战略系列配套政策、"三重一创"建设若干政策、推进重大新兴产业基地高质量发展若干措施等政策；然而，政策的激励作用、导向作用，还需要进行深入的政策宣传，产业界的企业理解把握政策相对比较及时准确，但科技工作者则未必了解熟知，难免会降低政策效应。

（3）专项性政策导向性强，政府需要瞄准产业发展痛点精准发力

安徽省级新能源汽车专项政策未完全发挥作用，如《安徽省人民政府办公厅关于加快新能源汽车产业发展和推广应用的实施意见》（皖政办〔2015〕16 号）文件，由省政府办公厅发出，层级相对省政府名义发出的政策较低，因为没有后续配套政策支持，意见事实上停于纸面，实际效用不大；《安徽省人民政府关于印发支持新能源汽车产业创新发展和推广应用若干政策的通知》（皖政〔2017〕110 号）文件未得到完全实施。

（4）插电式混合动力汽车和燃料电池汽车基础薄弱

插电式混合动力汽车和燃料电池汽车进展缓慢，混合动力汽车核心技术和关键零部件技术仍然受制于传统汽车工业，在传统汽车工业核心技术和创新能力方面，安徽仍较为薄弱。受国家产业政策调整不重点支持燃料电池汽车影响，一段时间处于停滞状态，近年来看到日本丰田燃料电池汽车快速发展起来，国家才又重视燃料电池汽车，安徽也是如此。

（5）充电桩、加氢站等基础设施配套不足，车桩互联能力有待提升

制约新能源汽车发展的因素除了高成本和高价格外，充电和加氢的便捷性是制约新能源汽车产业化的主要障碍。电桩数量有限成新能源销售中最大阻碍因素，车桩互联能力有待进一步提升和落实。

（6）智能网联汽车核心技术需要突破，试验场和示范区需要加快推进

智能网联汽车涉及汽车、信息通信、交通等多领域技术，其技术架构复杂，涉及面广，难度大。由于受地域和待遇等方面原因，安徽从事该领域技术研发的人员偏少，大量智能网联汽车核心技术急需

突破。

（7）新能源汽车研发经费不足，技术研发人才流失严重

奇瑞、江淮等汽车公司每年按销售收入的 3%～5% 投入研发，安徽省及各地市级政府也出台较多发展新能源汽车的有利政策，不断增加资金投入，但由于财力所限，可用于新能源汽车产业技术和推广的资金相对不足，与国内发达地区相比还有较大差距。近年来受到安徽车企效益不好，汽车研发人才大量流向北上广深，上汽、北汽、吉利、比亚迪、广汽有一批技术研发工程师来自奇瑞和江淮，从而导致安徽省新能源汽车研发能力不足。

（8）新能源装备产业布局不平衡

安徽新能源装备产业发展体系中，存在着"一伏独大"和"一储两优"的显著特点。在光伏、光热、储能、生物质能、地热能五大关键领域中，安徽的光伏制造产业规模最大，与储能产业则构成了安徽新能源装备产业的两大核心引擎。生物质能、光热和地热能的发展规模相对较小。生物质能产业发展势头虽然强劲，但竞争优势不显著；太阳能光热、地热能等尽管最先实现产业化，但行业地位低、影响力弱；安徽空气能产业则处于产业发展的起步阶段，企业数量较少，未来发展具有广阔的提升空间。

（9）新能源装备产业核心竞争力不足

安徽省已初步形成太阳能、风能、生物质能、地热能、智能电网等门类比较齐全的新能源产业发展体系，但新能源科技创新投入不足，自主创新技术薄弱，导致新能源装备制造产业发展层次不高、核心竞争力不强，制造关键核心新能源装备的龙头企业偏少，产业产品配套协作能力不强。

（10）新能源装备智能化水平不高

安徽新能源装备产业的智能化水平不高，并且参差不齐，差异较大。主要表现在制造的装备、传感器、专用控制器、控制软件、工业软件等软硬件基础能力相对较弱，核心技术缺失，共性技术不足，高端装备、关键部件和基础件大多依靠进口，或者通过引进、消化和吸收进行二次开发，造成设备运行匹配、难以联动的问题。

（五）智慧城市与美好环境装备

（1）智慧城市与美好环境装备制造业创新能力不强，产品低端同质化竞争严重。安徽省环保装备产业发展行业主要中小型民营企业，行业集中度不高，缺少具有核心竞争力。产学研用有机结合的技术创新体系建设进展相对迟缓，环保技术装备产业发展所必须的公用技术平台建设及应用需求之间还存在一定的差距，特别是一些低水平重复建设的平台利用率低。

（2）智慧城市与美好环境装备制造业核心竞争力有限。安徽省的环保市场需求往往由政策驱动，市场潜力在相当短的时间内释放。企业在研发方面急功近利，将绝大部分精力和资源花在某技术参数的突破上。缺乏长期持续积累的基础研究，技术成熟需要的试错和迭代往往不足，对应产品的长期稳定性较差，产品运行过程中出现问题的风险较高，只能在有限的竞争环境中取得短期优势。

（3）智慧城市与美好环境装备制造业研发投入强度低。安徽省环保企业研发经费的来源主要有政府、金融机构和企业，但技术研发投入强度相对于产业投入总量并没有显著的提高，且在省内不同地区和细分行业研发经费结构上存在一定差异，技术研发投入水平不均衡。环保产业较为落后的城市研发经费主要来源于政府资金支持，这类环保企业尚未成为技术创新主体。

（六）现代农机

（1）农业机械装备结构不合理，农业机械化总体水平不高

目前，安徽省大中型农机具较少，小型农机具较多，大型农业机械占农机具总量比例低。农机具配套比例失调，主机多、配套农具少；一般技术水平的农机多、高性能的农机少。农机作业无法形成规模，导致工作效率受到限制，农业机械作业范围窄，使其整体功能发挥不尽合理。农机农艺融合不够。一些农业品种、栽培和装备不配套，种养方式、产后加工与机械化生产不协调，制约了农机研发、推广应用和作业效率效益。集成配套的机械化生产体系和系统解决方案缺乏。农机作业的基础设施建设滞后。许多地方特别是丘陵山区，田块细碎，机耕道路缺乏，种植分散，导致农机"下田难""作业难"。机具停

放库棚设施缺乏，"存放难"和"保养难"，农机作业的基础设施建设滞后。

（2）总体产业规模有待进一步提升

现代农业机械产业规模不大，没有形成集聚效应，产业链不完备，区域配套能力不强，制约了产业的快速集聚发展。受大环境影响，农机市场面临急剧转型，市场急需的高端农机产品尚在研发推进中，资金的投入和市场的推广都面临较大压力。农机行业打造自主品牌迫在眉睫。产品质量和可靠性不高。制造技术和装备水平落后。

（3）高标准农田建设有待进一步加强

安徽省是产粮大省，也是高标准农田建设任务较重省份。改变过去"五牛下田"建设格局，全面理顺管理机制，建立健全政策制度体系，从源头上建立统一高效的管理体制。

（4）农机服务组织化程度低

安徽省农机服务组织满足于全省农机化发展大局和目标，还有很大差距。主要表现在：乡镇农机管理组织变动频繁，队伍不稳，推广管理服务跟不上。同时农机专业服务队、农机协会等农机合作服务组织还不够规范。农机维修管理关系不顺，农机社会化、专业化、市场化运行机制还处于发展初期。

（七）医疗器械

（1）安徽省对医疗器械配套政策的扶持力度上存在不足，在技术创新、科研活动方面尚缺乏必要的基础条件支撑：针对医疗器械产业发展的特点，安徽省对于取得产品注册许可的企业，以及安徽的一些优势项目配套政策的扶持力度上存在不足。基础性技术研发当今的医学难题主要表现在如何进行疾病防治、早期诊断、药物量化使用、微创处理、个体医疗、远程医学、生物系统内各单元之间的定量关系等方面，医疗器械恰恰是解决医学发展难题的动力。

（2）医疗行业更信赖传统国际巨头产品，对本地产品支持不足：尽管部分国产自主品牌的创新医疗器械和高端医疗器械已在技术层面与跨国公司产品无显著差异并在性价比上领先，但由于医疗行业对可靠性要求高、对价格相对不敏感的三甲医院更信赖传统国际巨头产品，国产医疗器械在三甲医院关键科室的市场份额仍然较小。

（3）医疗器械服务体系配套不足：安徽省缺少多类型的医疗器械基础性研发平台和重点实验室、医疗器械检测中心、临床应用评估中心、技术转化平台。未能形成医疗器械检测、临床评价、计量与评估、产业化共性技术共享等若干机制合理、运行高效、资源密集的医疗器械配套服务体系，不利于推进安徽省医疗器械共性技术服务性平台和区域创新平台的建设。

（八）工程机械

（1）中低端产品产能过剩，高端产品竞争力不足

工程机械行业结构性产能过剩的风险在不断攀升，同质化日趋严峻，加剧了市场竞争，部分较弱的企业只能退出，如近年的合肥振宇、蚌埠装载机厂、安徽熔安等。安徽的工程机械大多在全球产业链中总体上处于中、末端位置，关键在于核心技术缺乏，产品附加值低，原始创新供给不足，具有自主知识产权的产品比重较低，国际竞争乏力。

（2）关键核心零部件依赖于进口

安徽工程机械配套件起步较晚，博一等公司虽然在高端高压柱塞型液压马达、液压泵、整体式多路阀部件有所突破，但大规模稳定生产诸方面与江浙企业仍有一定差距；动力换挡变速箱、重型驱动桥等工程机械关键部件制造技术有待突破；动力系统虽有全柴、华菱，但扭矩高、大马力工程机械专用发动机还要靠进口或康明斯、潍柴等提供；履带产品的关键件四轮一带主要靠外省供应；高端密封件也主要依赖国外配套。

（3）产品可靠性耐久性存在差距

工程机械产品可靠性一直是工程机械行业扩大市场份额和走向中高端的瓶颈。国外品牌产品平均无故障工作时间是：挖掘机约1000h。装载机为800－1000h。内燃叉车约1200h。工程起重机约800h。安徽工程机械产品第一个大修期与国外同类产品相比仍有差距。除合力、日立外的工程机械产品，耐久性约

为国外 50－70％。

（九）石化通用机械

（1）压力容器

安徽省石油化工、煤化工产业规模小，对压力容器、换热器的需求小，造成安徽省的石化通用机械产业空间布局较小，研发投入不够。部分先进原材料（如：镍基材料、超级奥氏体不锈钢、超级双相不锈钢、高温耐热钢、耐磨材料、特种材料管材等）基本上由国外生产商主导；材料基础性能数据（尤其是长时数据）都很匮乏。

（2）压缩机

安徽省的压缩机生产基地以中低端产品为主，在新兴产业领域、大型高参数压缩机领域布局相对较少。压缩机设计计算软件自主化程度不高，目前主流 CAD 和 CAE 软件主要为国外品牌；压缩机基础件，如高参数压缩机气阀、填料、活塞环等依赖进口；部分高端压缩机，如高压超高压氢气压缩机依赖进口。

（3）风机

在风机设计和基础研究方面，与国内压缩机、泵等流体机械一样存在研发工具短板，如气动设计、转子动力学、特殊要求材料等方面。在基础研究方面，高压高转速干气密封技术、大功率高速电机技术、大功率高速磁轴承技术等依赖于国外。

（4）泵

安徽省泵行业短板主要在极端环境条件或高参数工况的高端泵产品；泵设计涉及的气动设计、转子动力学等相关计算软件均来自国外。

（5）阀门

阀门原材料质量跟不上设计要求，自动化程度低，高性能阀门、高端调节阀等研究深度不足；阀门执行机构、阀门附件厂家的技术薄弱；阀门产品研究基础技术及规范欠缺。

（6）过滤与分离机械

安徽省过滤与分离机械生产制造技术力量较为薄弱，产品单一，尤其在高温、高压等高参数重点分离机械技术方面存在较大差距。

（7）机械密封件及密封材料

超高压、超高速干气密封、高性能碳石墨摩擦副材料、用于填料静密封制造的专用设备、承受高温（800℃以上）高压介质的非金属垫片等存在不足。

（十）电工电器

（1）规模偏小、技术水平不高

全省电工电器及器材制造业 2019 年主营业务收入达 2900 多万元，只占全国的 5％强。规模较大企业的年主营业务收入只有十多亿元，一般只有几亿元、1 亿多元甚至几千万元。

（2）多数产品知名度不高

产品质量仅属合格，但由于生产规模不大，市场覆盖率低，因而在全国的知名度不高。

（3）电工电器企业规模小

安徽省电工电器都属中小企业，大部分企业经济效益不高，难以进行大的技术改造和产品开发，发展后劲不足。

（十一）工业四基

（1）核心基础零部件（元器件）

高端机床核心数控系统、高精度主轴、精密数控转台、多轴联动装置、大行程液压缸、高精伺服电机、高端齿轮和轴承等，工程机械和农业装备动力系统、重型变速箱及齿轮、湿式离合器、高压大排量柱塞泵、液压大扭矩马达等，工业机器人所需的关键核心零部件伺服电机、减速器、精密齿轮等，高压密封件和机械密封件等功能基础件均不能生产。重大装备产业落后，目前只有压力容器、火电站炉水泵和专用电缆等几种产品。

（2）先进基础工艺

铸造基础工艺水平在大型铸件、高端铸铁件、铝镁基合金铸件，大型整体锻件和精密齿轮锻件、复合材料构件成形技术，高端金属材料焊接、复合材料焊接，金属表面处理工艺技术，金属机械加工技术等方面与先进水平差距较大。

（3）关键基础材料

高端特种钢材和电磁材料、高端型材，高端机械电子部件、汽车零部件、电子元器件急需的高端铜基合金材料，高品质铝镁基材料和型材，高参数装备制造业用复合材料不能满足需求。

（4）产业技术基础

装备制造业"四基"产业技术基础规模小、技术水平落后，国家级工程中心、技术平台和检验检测中心很少，国家级企业技术中心和省级企业技术中心也不多。相对优势的行业也缺少产业技术基础，都是亟待解决的短板。

三、原因分析

（一）缺乏顶层设计和系统规划，制造产业发展推动迟缓

早期我国及安徽省内制造业发展缺少系统规划，对制造产业基础研究重视不足，产业链发展不协调，整机、系统、成套设备与产业基础发展严重脱节；研发投入多集中在成套装备，对一些核心关键技术和零部件、基础元器件、工业基础软件等基础研发投入不足。

我国及安徽省内制造业发展过程中逐步制定了相关规划，对于方向和目标、任务和项目等已建立共识，明确了要"做什么"；但还缺少顶层设计和系统规划，尚未明确要"怎么做"。主要体现在：（1）一方面是顶层设计缺乏方法论的支撑。制造业涉及国家层级、省、市、县以及相关具体行业，面对着极其复杂的纵横关系，涉及众多部门和机构，需考虑战略目标、业务、数据、技术等诸多方面内容。目前需要有统一方法论的指导和支撑。（2）顶层设计能力不足。顶层规划和设计缺乏指导以及相关设计人员，部分地区在做发展规划时，未根据实际情况确定本地发展方向，也未梳理发展存在的问题，并将已经完成或已有成效的内容继续列入重点任务内。

（二）企业创新能力不足、核心技术积累不够，创新效率低

企业技术创新能力"先天不足"，投入少、资源少，创新不持续，技术积累不能满足产业发展需要；企业共性技术研究条件薄弱，2018年拥有研发机构的规模以上工业企业约7.3万个，占全部规模以上工业企业的19.2%，远低于工业发达国家水平。企业创新投入不足，有限的研发投入主要集中在中试和产业化阶段，产业技术基础方面研究投入严重不足，制约了基础条件改善和创新能力提升。

企业创新技术创新动力"后天失调"，企业在国家科技创新资源配置中话语权缺失，企业不愿也不敢在高风险的长线研发项目中投入过高，一些垄断型企业以较低成本轻易获取生产要素和超额利润、缺乏创新紧迫性等。相当长一段时间以来，我国科技创新资源配置话语权由非企业技术专家主导，在科技规划、项目评审、成果评价中鲜有企业技术专家参与。国有企业由于任期不确定性和经营考核压力，不愿把经费和精力投入到长线研发项目中。量大面广的民营企业由于总体规模和经济实力仍不够强大，抗风险能力不足，也不敢在长线研发项目中大量投入。

（三）系统创新重要环节的缺失弱化，协同创新能力弱

具有几十年制造业行业技术创新积累的"转制院所"自负盈亏进市场，原来承担的产品技术转化功能缺失；转制院所在失去事业单位资金支持后，为解决温饱问题而进入市场赚"快钱"，大都没有精力从事关键共性技术研究，科技界与产业界无法有效衔接，研发过程往往落入"死亡之谷"（图1-13），科技与经济"两张皮"现象凸显。工程化技术创新的标准制订、检测验证作用被弱化；创新环节的缺失与弱化，导致难以突破技术创新与产品应用之间的技术"鸿沟"。主机与核心零部件的系统性创新从基础研

究、产品研发、市场应用之间脱节；创新成果知识产权保护不利影响相关利益方，妨碍了成果转化；企业、高校、科研院所之间难以实现有效的产学研用协同创新。

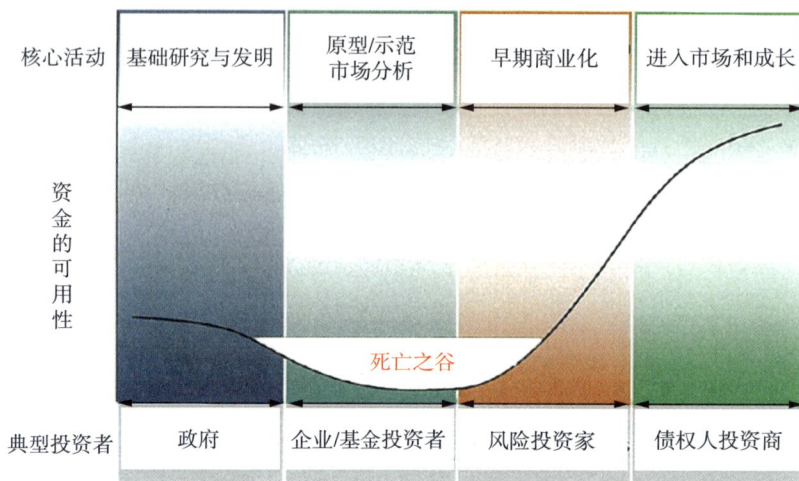

图1-13　创新链上的"死亡之谷"

（四）企业创新主体作用发挥不够，技术研发低水平重复

企业是市场经济的主体，而创新是企业提高生产率的重要源泉，是企业形成核心竞争力的关键所在。增强自主创新能力，关键是要强化企业在自主创新中的主体地位。企业贴近市场且对新技术敏感，但国家或地方政府直接支持企业科技创新的资源不足。企业研发投入少，自主创新能力薄弱，多数企业尚未形成自己的核心技术能力，创新的组织机制不完善。大型企业主体创新作用发挥不够，不能引领行业创新，无法带动中小企业融入创新体系，中小企业技术碎片化，研发陷入低水平重复。我国虽然制造业门类齐全且产量居世界首位，但大部分是属于高消耗、低附加值的，且有不少处于国际产业链的底端。

（五）高校对科技经济融合、企业创新能力提升支撑不足

高校是科技文化创新体系的重要组成部分，在技术研发到产品产业化过程中发挥着创新源头作用；但目前仍存在很多问题：（1）没有区别理论研究和应用研究，评价标准一刀切，基础研究重复急躁、应用研究虚化弱化；（2）重数量轻质量，对转化关注不够，成果转化率偏低，过分强调论文、专利、获奖数量，无用成果泛滥；（3）重短期轻长远，考核评估频繁，难以产出高水平成果，片面追求速度，导致高校教授无法潜心研究；（4）重个人轻团队，难以实现团队协作、协同创新，过分注重个体排名，缺乏团队认可机制。

（六）产品与技术创新缺少市场迭代，创新机制不完善

国内及安徽省内企业研发的装备制造业整机及核心零部件的高端产品缺少市场迭代机会，使装备整机及零部件产业难以升级。在技术迭代"可用"和市场迭代"好用"不充分情况下进入市场，难有市场竞争力，企业技术创新效率低下。国内高端数控机床被美国、德国、日本等发达国家长期占领；《海峡两岸经济合作框架协议》（ECFA）生效后，台湾的中端数控机床形成竞争优势，占据了大陆多数中端市场。国产数控机床长期处于低端领域，缺少市场迭代机会。国产自主品牌的创新医疗器械和高端医疗器械在技术层面与跨国公司产品无显著差异且性价比领先，但医疗行业对可靠性要求高、对价格相对不敏感的三甲医院更信赖传统国际巨头产品，国产医疗器械国内市场份额仍然较小。

（七）人才培养和梯队建设机制不健全

转型中的国内企业普遍重生产、轻科研，研发和技术人员得不到应有尊重，技术职称待遇、薪酬待遇普遍偏低，难以吸引和聚集高端技术人才。20世纪80年代，大学生大多进企业，许多成为企业骨干；21世纪初以来，大多选择出国、考公务员、进事业单位和经商。2017年，我国规模以上工业企业研发人

员占比仅为 5.5%，而美国企业的研发人员比例一般在 10% 以上。我国企业缺乏优秀企业家、卓越工程师和工匠型高技能人才。

　　人才需求体现在国际化人才、综合型人才、人才队伍及梯队等方面。国际化人才需求：具备国际视野的专业人才的紧缺制约了行业的"走出去"战略发展。综合型人才需求：装备制造业产品涉及众多学科交叉，因而行业急需培养具有多学科综合技术驾驭能力的复合型人才。人才队伍和加强人才梯队建设需求：企业挖人现象造成技术、产品雷同；人才待遇较低造成高校毕业生不愿意到制造业企业就业，造成人才梯队建设工作出现困难。制造业企业待遇往往跟不上城市房价上升态势，造成技术人才生活压力增大，不能全身心投入技术研发工作，促使部分技术人才转移至非实体行业，造成了人才流失现象。

第 4 章
安徽省装备制造业发展战略思路和目标

一、发展战略思路

《中国制造 2025》提出到 2035 年，我国制造业整体达到世界制造强国阵营中等水平。创新能力大幅提升，重点领域发展取得重大突破，整体竞争力明显增强，优势行业形成全球创新引领能力，全面实现工业化。在《中国制造 2025》提出后，安徽省相继提出《中国制造 2025 安徽篇》《安徽省"十三五"装备制造业发展规划》《支持制造强省建设若干政策》《安徽省制造强省建设实施方案（2017—2021)》《大规模实施新一轮技术改造推进方案》《安徽省智能制造工程实施方案（2017—2020 年)》《安徽省智能工厂和数字化车间认定管理暂行办法》《中共安徽省委安徽省人民政府关于促进经济高质量发展的若干意见》等系列政策文件，对装备制造业进行了具体规划。

《中国制造 2025 安徽篇》提出要实施工业强基，强化核心基础零部件、先进基础工艺、关键基础材料和产业技术基础等"四基"能力建设。积极开发大型精密高速数控机床轴承、自动变速箱、高精度智能传感器、高端液压元件等核心基础零部件。《安徽省"十三五"装备制造业发展规划》明确提出，要增强基础配套能力。装备制造业所需的关键配套系统与设备、关键零部件与基础件制造能力显著提高，其性能和质量达到国内先进水平，智能技术及核心装置得到普遍推广应用，高端装备重点产业智能化率超过30％。《支持制造强省建设若干政策》《安徽省制造强省建设实施方案（2017—2021)》系列政策文件，通过 5 条发展路径推动制造强省建设，重点在高端、智能、绿色、精品和服务型"五大制造"等 10 个方面给予支持。《大规模实施新一轮技术改造推进方案》《安徽省智能制造工程实施方案（2017—2020 年)》《安徽省智能工厂和数字化车间认定管理暂行办法》推进大规模实施新一轮技术改造，着力培育高端制造业，改造提升传统优势产业，加快推进制造业向高端化、智能化、绿色化和服务化方向转型升级。《中共安徽省委安徽省人民政府关于促进经济高质量发展的若干意见》提出，要坚持推进"三重一创"，支持 24 个重大新兴产业基地建设。制定系统性的发展装备制造业的战略和计划，发展高端制造、智能制造、精品制造、绿色制造、服务型制造等先进制造业，促进量子及前沿技术等科技成果转化和产业化。

贯彻落实《中国制造 2025》《中国制造 2025 安徽篇》《安徽省"十三五"装备制造业发展规划》《支持制造强省建设若干政策》等政策，落实十九届五中全会再次明确的坚定不移建设制造强国的要求，借助安徽省装备制造业已有工业和技术基础，同时考虑新时期发展需求，重点围绕装备制造业高端化、绿色化、智能化发展开展工作：(1) 加强基础研究投入、提升科技转化能力，突破制约发展的关键共性技术，实现核心装备与系统的自主研发，全面促进技术装备水平向高端化发展。(2) 大力推进新装备、新材料、新技术的研发应用，促进装备绿色化。绿色制造是响应生态文明建设的需要，也是促进转型升级、可持续发展的需要。如何改进工艺装备技术，生产兼具安全、节能、环保的高品质产品，是装备制造业绿色发展需要解决的问题。(3) 大力推进传统技术与现代传感、工业物联网、大数据、云计算、人工智能等新一代信息技术的深度融合，推进实现制造过程的装备智能化，推动智能化发展，提升安徽省装备制造产业的核心竞争力。

　　紧紧把握发展机遇，做好顶层设计。坚定扩大对外开放合作，汲取全球的新技术发展的方向和先进的产业组织形态，助力安徽制造业跨上高质量发展，突出创新驱动，推进制造业由"中低端"向"中高端"迈进，着力夯实制造业基础，延伸产业链，完善产业体系，打造完整、有竞争力的产业配套体系。

二、发展目标

　　2020 年，我国制造业增加值达 26.6 万亿元，全球占比接近 30%，连续 11 年保持世界第一制造大国地位。然而，当前我国制造业比重正处于下降状态。2016 年中国制造业占经济的比重峰值达到 32.45%，随后出现波动中的趋势性下降，2019 年降至 27.17%。在"十三五"规划纲要的"实施制造强国战略"基础上，"十四五"规划纲要增加了"深入"二字，提出"深入实施制造强国战略"，并明确"十四五"期间保持制造业比重基本稳定的发展目标。

　　根据国家"十四五"要求，安徽省计划到 2025 年，全省制造业增加值占 GDP 比重稳定在 30% 左右（安徽省力争制造业占 GDP 不低于 30%，装备制造业占制造业不低于 40%），规上工业增加值增速继续保持全国领先、中部领先、长三角领先，形成更高质量、更具特色、更有效率、更可持续、更为安全的现代化产业体系，总体上迈入制造强省行列。围绕安徽省制造强省、科技强省战略，瞄准高端、绿色、智能制造发展方向，制定 11 个安徽省重点装备制造产业 2025 短期目标、2030 中期目标和 2035 长期目标，开展关键共性技术研究，实现核心装备与系统的自主研发。

（一）工业机器人及智能装备

1. 2025 短期目标

　　推进工业机器人及智能装备产业集群建设，加快前沿创新的方式方法研究，完善政策法规，实现全面实施行业规范管理，推动企业提升技术水平。推动我国智能工业机器人和服务机器人达到国际先进水平，建成世界一流的机器人先进制造业产业集群，预计到 2025 年产值突破 650 亿元。

2. 2030 中期目标

　　加速推进工业机器人及智能装备创新中心建设，实现工业机器人及智能装备整机技术水平和关键零部件技术突破，加强系统集成和机器人机智能装备的示范应用，努力将安徽省打造成全国乃至全球具有重要影响力的机器人及智能装备全产业链发展的高地，力争到 2030 年产值突破千亿元大关。

3. 2035 中长期目标

　　工业机器人及智能装备产业科技体系不断完善，自主创新能力明显增强，技术水平稳步提高。成立机器人及智能装备创新中心 10 个以上，推动信息化升级及智能化研发，力争安徽省机器人及智能装备产业技术创新能力在 2035 年达到国际领先地位或国际先进水平且产值突破 1600 亿元。

（二）高档数控机床

1. 2025 短期目标

　　到 2025 年，通过调整产业结构，培育 5～10 家产值超 5 亿元的高档数控机床产业领域骨干企业，辐射带动 100 家企业，形成 1～3 个百亿元的高档数控机床产业集群，建设 5～10 个高档数控机床研发和生产应用示范基地。

2. 2030 中期目标

　　到 2030 年，新增 5～10 家产值超 10 亿元的高档数控机床产业领域骨干企业，辐射带动 200 家企业，形成 2—4 个百亿元的高档数控机床产业集群，部分产品持续保持国内领先优势。

3. 2035 中长期目标

　　到 2035 年，新增 10～20 家产值超 5 亿元的高档数控机床产业领域骨干企业，辐射带动 300 家企业，形成 3~5 个百亿元的高档数控机床产业集群，将安徽省打造成特色明显、在全国具有重要影响力的高档数控机床制造基地。安徽省可挤入国内机床制造业领域前五名，积极吸纳带动就业，培养聚集一批高端人才，逐渐形成安徽省装备制造产业新的增长极。

（三）智能制造物料输送装备

1. 2025 短期目标

到 2025 年，突破模块化设计技术、高性能机电传动技术、物联网技术、物流数据发掘技术、高可靠电液传动技术、节能与环境适应技术、可靠性试验测试技术等设计、传动、控制、制造、试验过程关键技术。研制高性能传感器、智能条码技术、无线局域网技术和数据采集技术、智能控制子系统、电驱关键部件（电机、变频器、控制器、传动装置等）、算法及控制软件、智能化人机一体技术。开发无人驾驶搬运输送载具、特殊场合（如洁净环境）的输送系统、高端物流产品如四向穿梭车、户外 AGV 系统、重载 AGV 及输送系统、智能仓储系统。

2. 2030 中期目标

到 2030 年，开发新型功能性材料、高智能化控制装置和系统、基于云计算的客户输送系统整体优化技术、产品协同设计与智能制造系统、新能源输送载具，绿色生态化设计技术、装备集成技术、智能化电液传动与控制技术、数字化智能化制造技术、系统虚拟仿真试验技术、自诊断自修复技术。与智能检测、智能配送、智能生产、智能决策形成成熟的有机系统，满足社会对智能输送及时、定点、可靠、安全、互联互通的要求。

3. 2035 中长期目标

到 2035 年，形成在国内有影响力的智能输送与物流装备产业集群；建成创新能力强、质量效益好、可持续发展潜力大、结构优化的工业车辆制造体系，成为世界工业车辆制造中心。培育 1 家企业集团进入世界前五，完成从工业车辆制造大国向制造强国的转变，部分优势产品达到国际领先水平。工业车辆销售总量占全球销售总量的比例（按台份）15％；出口占销量的比重达到 35％；智能物流装备占到全国市场的 8％以上。单位工业增加值能耗物耗降低 15％；污染物排放降低 20％。工业车辆产品保持国内领先，部分国际先进，新能源产品占比达到 60％。前三家企业市场集中度≥60％；骨干企业制造服务业务收入比例≥25％；骨干集成商的服务业务收入比例≥35％。

（四）新能源汽车及新能源装备

1. 2025 短期目标

到 2025 年，安徽省新能源汽车年销量占各类汽车总销量超 35％以上；乘用车驱动电机功率密度达到 5.0kW/kg，控制器功率密度达到 40kW/L；纯电动汽车用能量型高端锂电池能量密度达到 400 Wh/kg，系统比能量达到 300 Wh/kg，寿命大于 1500 次/12 年，成本低于 0.5 元/Wh，在国内新能源汽车动力电池市场份额超过 20％。持续提升车辆管理系统（VMS）、发动机控制系统（EMS）、动力电池管理系统（BMS）电控技术，形成专有、独特的竞争优势。实现具备 L2 级及以上自动驾驶功能的智能网联汽车占年销量 50％以上，L4 级自动驾驶功能的智能网联汽车示范运行，开始进入市场；实现 C－V2X 终端新车装配率达 50％，"人－车－路－云"达到高度协同；建成合肥智能网联汽车封闭试验场；全省城市及高速公路测试道路达到 500 公里，智能网联汽车开放道路示范区达到 500 平方公里。实现安徽新能源汽车产业规模全国 GDP 占比达 15％。

到 2025 年，新能源装备产业发展基础和支撑能力明显增强，重点领域基本实现数字化制造，重点新能源企业智能转型取得明显进展，科技创新和制度创新体系进一步完善。光伏产业要成为安徽省又一支柱产业，整体实力和并网规模要位居全国前列，建成世界一流的光伏制造基地和创新应用桥头堡；储能产业的集聚集群发展格局全面形成，光热、生物质能、地热能和空气能四个特色产业链条基本建立，产业协同发展的框架体系初步形成。产业规模：安徽光伏产业年总产值达到 1500 亿元，其中：光伏规上企业实现营业收入 800 亿元，光伏智能制造产业增加值年均增长 10%，全面成为安徽省一大支柱产业。储能产业集聚集群的发展格局全面形成，年总产值力争达到 500 亿元，其中，锂离子电池年总产值达到 200 亿元，规上企业实现营业收入 300 亿元，智能制造产业增加值年均增长 10%。建成以创新引领、智能高效、龙头带动、特色发展为核心特征的生物质能、地热能、太阳能光热、空气能产业装备制造体系，形成一批国内领先的知名企业和品牌，产业规模不断壮大，到 2025 年产业总产值力争达到 800 亿元。

2.2030 中期目标

到 2030 年，安徽省新能源汽车年销量占各类汽车总销量的 50%。实现具备 L2 级及以上自动驾驶功能的智能网联汽车占年销量 70% 以上，其中 L4 级自动驾驶功能的智能网联汽车占年销量 20% 以上，实现在高速公路广泛应用，在部分城市道路规模化应用；实现 C-V2X 终端新车装配率基本普及。实现安徽新能源汽车产业规模全国 GDP 占比达到 20%。

到 2030 年，安徽省新能源装备产业支撑体系基本建立，创新集聚能力显著增强，产业链迈向全球中高端，在光伏、储能等重点领域突破和掌握一批关键技术，成为长三角新能源装备产业集群核心区域。

3.2035 中长期目标

到 2035 年，安徽省新能源汽车年销量占安徽省各类汽车总销量的 60%；全面实现具备自动驾驶功能的智能网联汽车销售，L4、L5 级智能网联车辆具备与其他交通参与者间的网联协同决策与控制能力，各类高度自动驾驶车辆广泛运行于中国广大地区。实现安徽新能源汽车产业规模全国 GDP 占比达 25%。

到 2035 年，安徽新能源装备产业支撑体系全面建立，全面建成我国新能源装备产业协同发展、集群发展先行区和创新发展新高地和长三角新能源装备创新极核。创新资源要素高度集聚，形成具有国际竞争力的新能源装备现代产业体系，产业竞争力和可持续发展能力达到世界制造强国水平。

（五）智慧城市与美好环境装备

1.2025 短期目标

在大气和水环境污染控制领域等完成不同尺度要求的高精度、小型化和自动化的在线监测设备研发同时满足 5G 通信网络要求。建设重大公共研发平台，引进高级人才，加快智能化信息管理平台建设和在线监测设备的创新研发，基本形成环保装备技术、制造、产品、服务的全产业链发展体系。建成 5 个百亿以上环保设备产业基地，全省环保装备及其相关服务产业产值突破 2200 亿元，拥有一批著名品牌的优势环保装备企业。环保装备产业占战略新兴产业比重达到 20%，产业年均增长率 15%。

2.2030 中期目标

完成环境水体和大气环境质量智能监测所需的无人载具设备的研发，形成满足水和大气质量智能监测体系构建所需设备及运营的产业链。在固体废物污染控制领域，完成包括城市生活垃圾和典型工业废物的全过程管理以及绿色智能高效资源化利用设备研发。全省环保装备及其相关服务产业产值突破 4400 亿，占战略新兴产业 GDP 比重达 27%，产业年均增长率 15%。培育 20 家产值过 50 亿的骨干企业，拥有一批著名品牌的优势环保装备企业。

3.2035 中长期目标

完成水和空气的智能化监测设备的系统运行和管理装备研发，完成环保大数据挖掘技术装备和软件系统的研发，完成固体废物全过程运移处置监控平台的研发，形成满足城市水、空气和固体废物智慧管理体系的系列设备生产产业链。全省环保装备及其相关服务产业产值突破 7500 亿，占战略新兴产业 GDP 比重达 35%。培育和引进 30 家产值超过 100 亿元的骨干企业，建设 15 个百亿级环保装备制造基地，以及 1 个千亿级的综合产业园区。

（六）现代农机

1.2025 短期目标

到 2025 年，较好建成协调有效的农机工业自主创新平台，在众多重点领域、关键技术和重点产品取得重要突破。安徽省重点农机产品品牌优势进一步凸显，农机产业迈入高质量发展阶段；全省农机总动力超过 7200 万千瓦，农机结构基本合理，农机通行和作业条件显著改善，农机社会化服务实现乡镇全覆盖，农机使用效率显著提升，农业机械化进入全程全面高质高效发展阶段；全省农作物耕种收综合机械化率达到 83％，油菜等作物薄弱环节机械化和农产品初加工机械化取得显著进展。实现销售收入 500 亿元，充分带动农村人口就业，服务于国家乡村振兴目标。

2. 2030 中期目标

到 2030 年，完善色选机械、大型拖拉机等优势产品产业链建设，形成 1 个百亿级农机产业园区，形成国内 5 个左右知名品牌产品，色选机械达到国际领先技术水平，5G、无人机等新技术全面应用到现代农机中，实现销售收入 800 亿元。

3. 2035 中长期目标

到 2035 年，完善产业链建设，形成 1～3 个百亿级农机产业园区，形成国内 10 个左右知名品牌产品，智能制造技术全面应用到现代农机中，实现销售收入 1000 亿元。

（七）医疗器械

1. 2025 短期目标

到 2025 年，安徽省医疗器械产业规模持续增长，产业总产值翻番。其中，高端医疗器械产业产值达到 300 亿元。突破人工智能、大数据技术用于疾病的诊断与预防技术、医用智能传感器技术、新型生物医学成像技术、磁导航技术等关键技术。围绕高端医疗器械这一重点领域，引导产业集聚发展。以合肥高新区、合肥经开区、滁州、芜湖、安庆等产业园区为载体，加快完善配套设施和产业链配套，提高产业集中度，在医疗器械产业领域建设一批集聚发展战略性新兴产业基地。

2. 2030 中期目标

到 2030 年，高端医疗器械产业产值达到 800 亿元。完善以企业为主体的技术创新体系，重点企业研发投入达到销售收入的 5％以上。开展术中手术虚拟现实数控操作技术、组织诱导与再生技术、个性化植介入物增材打印技术等研究。"十四五"期间，进一步提高高端医疗器械在整个产业中的比重，力争打造 15 个以上 1 亿级具有较强竞争力的高端医疗器械产品。

3. 2035 中长期目标

到 2035 年，安徽省创新能力大幅提升，高端医疗器械领域发展取得重大突破，整体竞争力明显增强，产业年均增长 15％以上，高端医疗器械产业产值突破 3000 亿元。开展医疗新一代人工智能技术、生物医用材料表明改性技术、可靠性保证技术等研究，加强高端医疗器械研制，快速形成产业化新板块。按照智慧医疗基础体系、应用体系、产业体系建设步伐，积极推进健康医疗大数据产业化。基于合肥高新区、合肥经开区、滁州、芜湖、安庆等产业园区，形成高端医疗器械产业集群。

（八）工程机械

1. 2025 短期目标

到 2025 年，工程机械制造业形成工业总产值 800 亿元，占全国的比重约 10％。突破轻量化模块化设计技术、高性能机电传动技术、机电液对象建模技术、物联网技术、高可靠液压传动技术、流体节能技术、绿色智能制造技术、产品可靠性试验测试技术等关键技术，开展高性能结构材料、高性能复合材料、关键液压元器件国产化、智能控制子系统、新型传感器、高性能柴油发动机等研究，开发高可靠高经济性履带吊、高可靠轻量化泵车、高效环保环境产业成套装备等重大装备。主要产品国产化率达到 70％以上。

2. 2030 中期目标

到 2030 年，工程机械制造业形成工业总产值 1000 亿元，占全国的比重约 12％。开发绿色生态化设计技术、传动系统与装备集成技术、机器人化控制技术、智能化液压传动技术、高效热与流体系统设计技术、数字化智能化制造技术，开展耐磨、抗蠕变材料、新型功能性材料、高性能机电一体化装置和系统、高智能化控制装置和系统、大型复杂结构件精密体积成形工艺等研究，研制超常智能化工业车辆、节能智能工程起重机、大型高智能土方机械等重大装备。主要产品国产化率达到 80% 以上。

3.2035 中长期目标

到 2035 年，工程机械制造业形成工业总产值 1200 亿元，占全国的比重约 14%。形成具有成熟健全的现代产业体系，行业中具有若干在国际上知名、国内领先，各具特色和权威的产业集群区、制造中心和技术中心。重型工业车辆全球领先；液压挖掘机、工程起重机进入全国第一集群；路面机械、混凝土机械成为行业有力竞争者；关键零部件进入国内外主要工程机械企业核心配套体系。大幅度提高配套的中小企业综合素质和核心竞争力，培养一批具有"专、精、特、新"特色的配套企业，并形成产业集聚效应。关键零部件自制率位于较高水平区间。主要产品国产化率达到 90% 以上。

（九）石化通用机械

1.2025 短期目标

解决流程工艺与装备设计融合不够问题，研发 45 万吨/年低密度聚乙烯装置成套装备中的超高压压缩机（≥300MPa）、超高压管式和釜式反应器（310MPa，316℃，DN686×6560）、循环气冷却器等、LNG 液化装置主低温换热器（国外最大 35000m²）、高效紧凑型印刷电路板式换热器等高端装备与技术，以及流体机械设计分析软件和专业开发工具；推动石化通用机械装备产业集群建设，保持安徽省石化通用机械领域处于国际先进水平，预计到 2025 年产值突破 500 亿元。

2.2030 中期目标

实现自主开发镍基材料、超级奥氏体不锈钢、镍基合金焊材、双相钢焊材等先进原材料及焊接材料，超高压、大轴径、超高速干气密封，高温（800℃以上）、高压环境非金属垫片等相关基础技术与基础件；成功研发氢能源汽车 70MPa 以上复合材料储氢容器、乙烯裂解气急冷器、烷基化装置等石化通用机械高参数短板装备；加速推进石化通用机械先进技术工程化试验验证平台建设，解决安徽省高端石化通用机械装备存在的短板问题，力争到 2030 年产值突破 800 亿元大关。

3.2035 中长期目标

石化通用机械装备产业科技体系不断完善，成立相关创新中心 5 个以上；提升传统石化通用机械的核心竞争力，在成本、节能、环保和可靠性上进一步加大研发力度，巩固现有优势，加快技术升级；深度融合现代信息化、智能化技术，推动信息化升级及智能化研发，力争安徽省石化通用机械装备产业技术创新能力在 2035 年达到国际领先地位且产值突破 1200 亿元。

（十）电工电器

1.2025 短期目标

开展火力、水力、风电、核电发电机组技术，大规模、大容量电工电器技术，以电带油、以新介质代替原介质等研究；到 2025 年，安徽省电工电器制造产业总产值达到 4000 亿元。

2.2030 中期目标

成功开发火力、水力、风电、核电发电机组技术，大规模、大容量电工电器技术，以电带油、以新介质代替原介质研究等关键技术；到 2030 年，安徽省电工电器制造产业总产值达到 5000 亿元。

3.2035 中长期目标

到 2035 年，预计达到 6000 亿元，均占全省机械工业的五分之一。具有特色优势的产品继续保持增长；大规格、大容量的产品有所增加；新兴产业中的锂电池形成较大规模，风电、核电设备试制成功，小批量投放市场。

（十一）工业四基

1. 2025 短期目标

通过全省各相关单位、大专院校、科研机构、行业协会和企业的全方位合作，力争到 2025 年，数控机床、工程机械及农业装备、新能源汽车（含节能汽车及轻量化）和装备、工业机器人、电工电器、轨道交通装备等制造产业 70％的急需核心基础零部件（元器件）和关键基础材料实现自主保障、80 种标志性的先进制造工艺得到推广应用。

2. 2030 中期目标

到 2030 年，数控机床、工程机械及农业装备、新能源汽车（含节能汽车及轻量化）和装备、工业机器人、电工电器、轨道交通装备等制造产业 80％的急需核心基础零部件（元器件）和关键基础材料实现自主保障、160 种标志性的先进制造工艺得到推广应用。

3. 2035 中长期目标

2035 年，数控机床、工程机械及农业装备、新能源汽车（含节能汽车及轻量化）和装备、工业机器人、电工电器、轨道交通装备等制造产业 90％的急需核心基础零部件（元器件）和关键基础材料实现自主保障、240 种标志性的先进制造工艺得到推广应用。建成较为完善的产业技术基础服务体系，形成装备整机牵引和基础支撑协调互动的制造产业创新发展格局。

三、技术路线图

基于国内外及安徽省重点装备制造产业的发展现状及趋势调研、存在的不足及原因分析，围绕国家装备制造产业发展总体规划，提出安徽省重点装备制造业发展技术路线图。

（一）工业机器人及智能装备

做好安徽省工业机器人及智能装备产业发展的顶层设计，有序、适度、集中优势资源创新发展工业机器人及智能装备技术及产业。安徽省工业机器人及智能装备产业发展技术路线图见图 1-14：

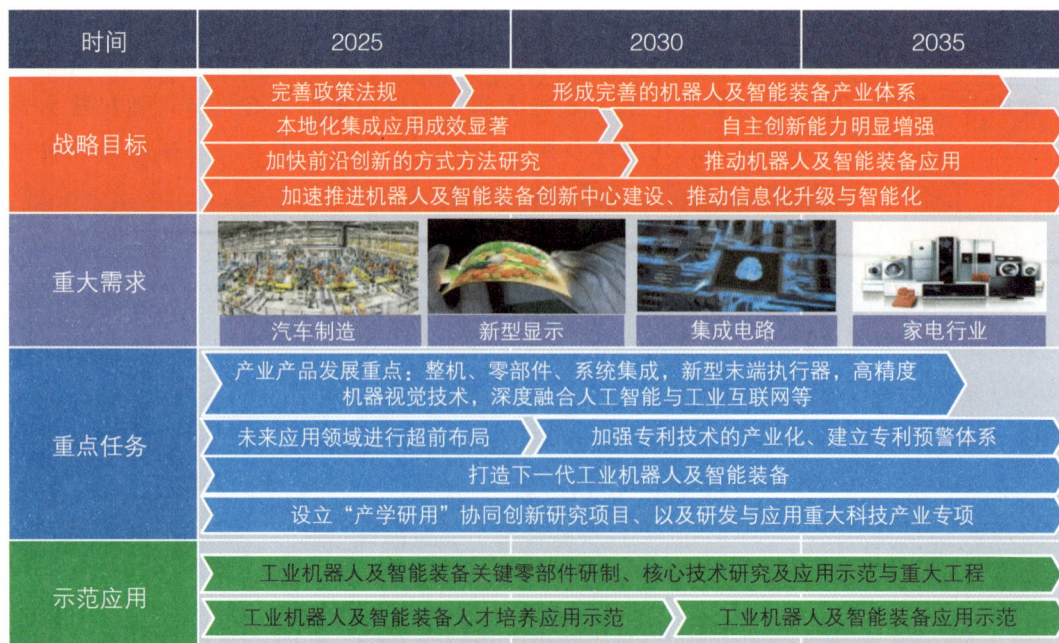

图 1-14　安徽省工业机器人及智能装备产业发展技术路线图

（二）高档数控机床

根据中国制造 2025 高档数控机床领域技术路线图，结合安徽省实际，制订安徽省高档数控机床发展技术路线图，见图 1-15：

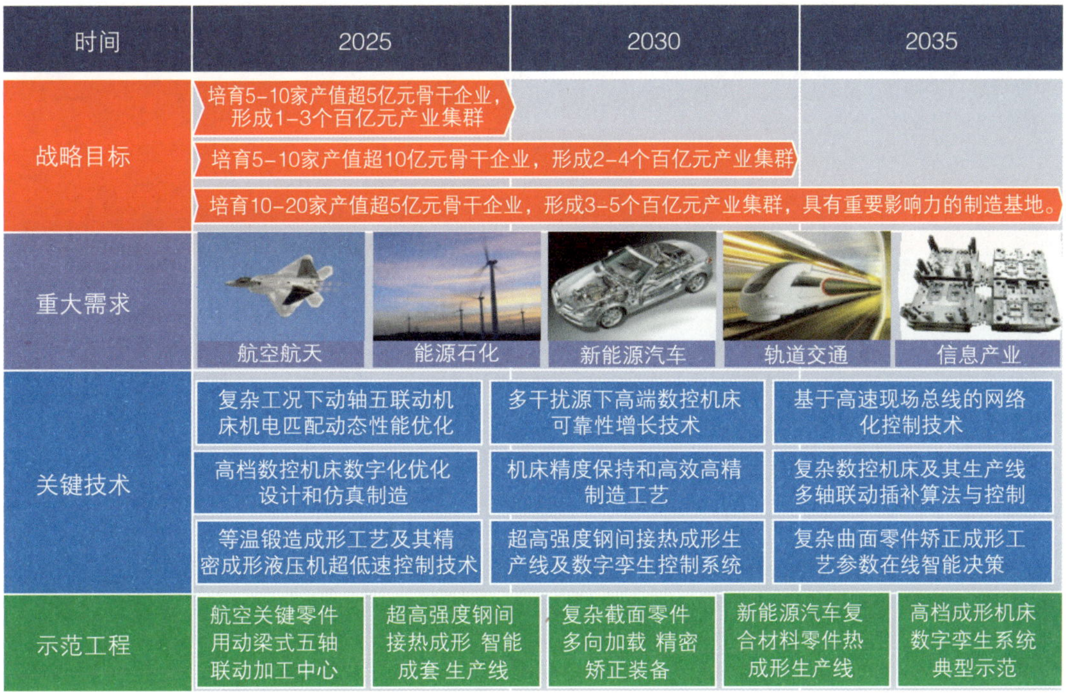

时间	2025	2030	2035
战略目标	培育5~10家产值超5亿元骨干企业，形成1~3个百亿元产业集群		
	培育5~10家产值超10亿元骨干企业，形成2~4个百亿元产业集群		
	培育10~20家产值超5亿元骨干企业，形成3~5个百亿元产业集群，具有重要影响力的制造基地。		
重大需求	航空航天	能源石化 / 新能源汽车	轨道交通 / 信息产业
关键技术	复杂工况下动轴五联动机床机电匹配动态性能优化	多干扰源下高端数控机床可靠性增长技术	基于高速现场总线的网络化控制技术
	高档数控机床数字化优化设计和仿真制造	机床精度保持和高效高精制造工艺	复杂数控机床及其生产线多轴联动插补算法与控制
	等温锻造成形工艺及其精密成形液压机超低速控制技术	超高强度钢间接热成形生产线及数字孪生控制系统	复杂曲面零件矫正成形工艺参数在线智能决策
示范工程	航空关键零件用动梁式五轴联动加工中心	超高强度钢间接热成形 智能成套 生产线	复杂截面零件多向加载 精密矫正装备	新能源汽车复合材料零件热成形生产线	高档成形机床数字孪生系统典型示范

图 1-15　安徽省高档数控机床发展技术路线图

（三）智能制造物料输送装备

安徽省智能物流及输送装备技术路线图，见图 1-16：

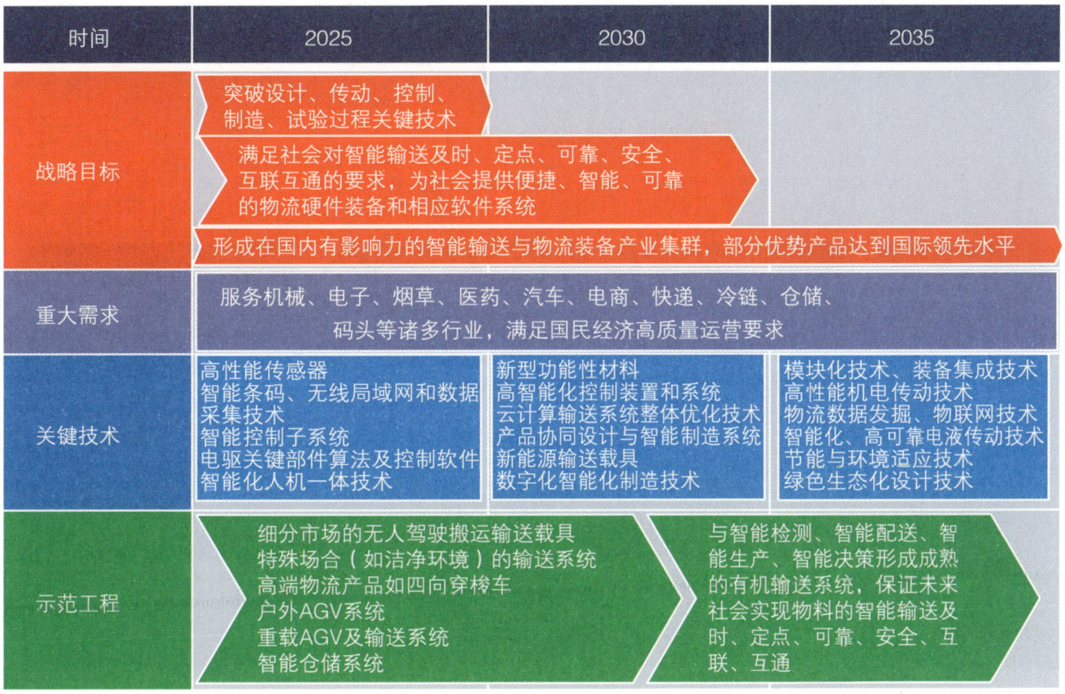

时间	2025	2030	2035
战略目标	突破设计、传动、控制、制造、试验过程关键技术		
	满足社会对智能输送及时、定点、可靠、安全、互联互通的要求，为社会提供便捷、智能、可靠的物流硬件装备和相应软件系统		
	形成在国内有影响力的智能输送与物流装备产业集群，部分优势产品达到国际领先水平		
重大需求	服务机械、电子、烟草、医药、汽车、电商、快递、冷链、仓储、码头等诸多行业，满足国民经济高质量运营要求		
关键技术	高性能传感器 智能条码、无线局域网和数据采集技术 智能控制子系统 电驱关键部件算法及控制软件 智能化人机一体技术	新型功能性材料 高智能化控制装置和系统 云计算输送系统整体优化技术 产品协同设计与智能制造系统 新能源输送载具 数字化智能化制造技术	模块化技术、装备集成技术 高性能机电传动技术 物流数据发掘、物联网技术 智能化、高可靠电液传动技术 节能与环境适应技术 绿色生态化设计技术
示范工程	细分市场的无人驾驶搬运输送载具 特殊场合（如洁净环境）的输送系统 高端物流产品如四向穿梭车 户外AGV系统 重载AGV及输送系统 智能仓储系统	与智能检测、智能配送、智能生产、智能决策形成成熟的有机输送系统，保证未来社会实现物料的智能输送及时、定点、可靠、安全、互联、互通	

图 1-16　安徽省智能物流及输送装备技术路线图

（四）新能源汽车及新能源装备

安徽省新能源汽车产业发展技术路线图，见图 1-17：

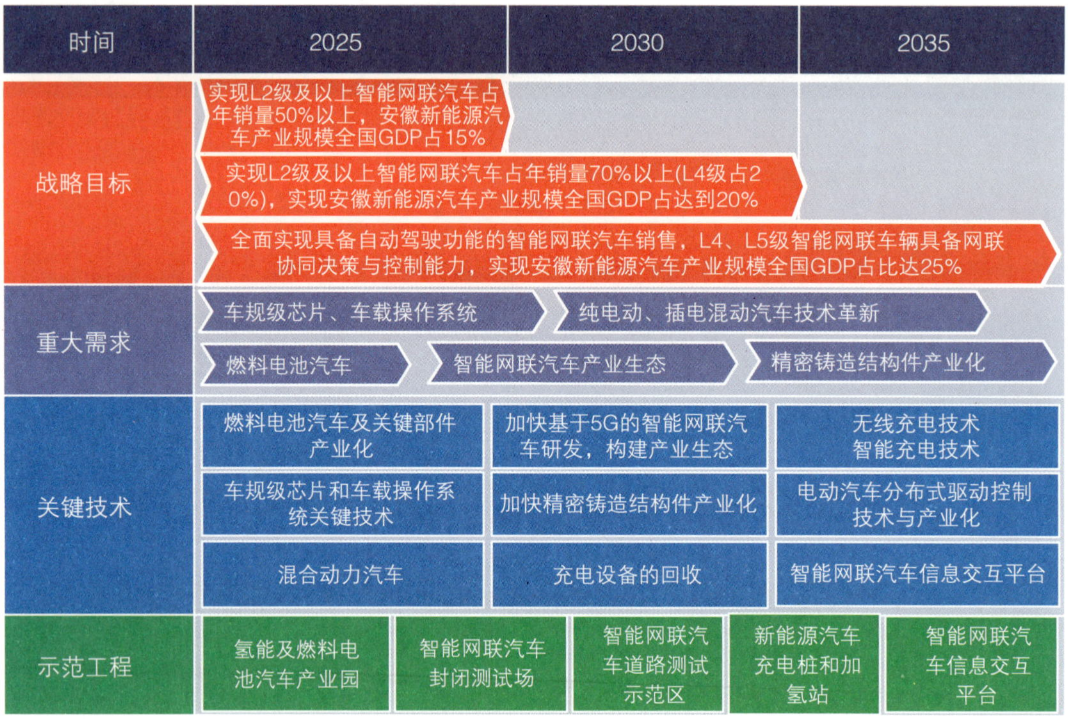

时间	2025	2030	2035
战略目标	实现L2级及以上智能网联汽车占年销量50%以上，安徽新能源汽车产业规模全国GDP占15%		
	实现L2级及以上智能网联汽车占年销量70%以上(L4级占20%)，实现安徽新能源汽车产业规模全国GDP占达到20%		
	全面实现具备自动驾驶功能的智能网联汽车销售，L4、L5级智能网联车辆具备网联协同决策与控制能力，实现安徽新能源汽车产业规模全国GDP占比达25%		
重大需求	车规级芯片、车载操作系统	纯电动、插电混动汽车技术革新	
	燃料电池汽车	智能网联汽车产业生态	精密铸造结构件产业化
关键技术	燃料电池汽车及关键部件产业化	加快基于5G的智能网联汽车研发，构建产业生态	无线充电技术智能充电技术
	车规级芯片和车载操作系统关键技术	加快精密铸造结构件产业化	电动汽车分布式驱动控制技术与产业化
	混合动力汽车	充电设备的回收	智能网联汽车信息交互平台
示范工程	氢能及燃料电池汽车产业园	智能网联汽车封闭测试场	智能网联汽车道路测试示范区	新能源汽车充电桩和加氢站	智能网联汽车信息交互平台

图 1-17　安徽省新能源汽车产业发展技术路线图

安徽省新能源装备发展技术路线图，见图 1-18：

时间	2025	2030	2035
战略目标	重点领域基本实现数字化制造，光伏产业规模位居全国前列，储能产业集群形成，光热、生物质能、地热能和空气能产业链条基本建立		
	基本建立产业支撑体系，成为长三角产业集群核心区域		
	全面建立产业支撑体系，全面建成新能源装备产业协同发展、集群发展先行区和创新发展新高地和长三角新能源装备创新极核，达到世界领先水平		
重大需求	光伏	储能	生物质、地热等	氢能
关键技术	攻关高端光伏组件生产装备、逆变器和储能关键装备、光伏辅材制造装备、光伏制造配套装备	突破高转换率、长寿命晶硅电池、光伏电站群控、智能电网、等关键技术	加快热泵机组核心部件及控制系统研究开发
	储能系统集成与智能控制技术研究	储能原理和关键材料、单元、模块、系统和回收技术研究	突破生物质高效低氮燃烧、气化耦合发电、生物质烯烃等生物质能热转化和生化转化关键技术
示范工程	全力推进光伏第一城建	推动以锂离子电池为核心、以储能变换器和能量管理器为重要辅助的电化学储能产业	加快光热、生物质能、地热能、空气能等特色装备产业应用

图 1-18　安徽省新能源装备发展技术路线图

（五）智慧城市与美好环境装备

安徽省智慧城市与美好环境装备发展技术路线图，见图1-19：

时间	2025	2030	2035
战略目标	产值突破2200亿 建成5个百亿级以上环保产业基地	产值突破4400亿 培育20家产值过50亿的骨干企业	产值突破7500亿 培育和引进30家产值过100亿的骨干企业
重大需求	固废管理自动化	环卫管理智能化	大气监测智能化 / 天地空监测一体化
关键技术	环境质量在线监测智能化设备研发 满足多尺度监测的高精度自动化监测仪器设备研发 基于5G的通信网络标准化环境监测设备研发	完成网格化智能监测所需的无人载具设备的研发 固体废物绿色智能高效资源化设备研发 固体废物全过程管理监测设备研发	智能化监测设备的系统运行和管理设备研发 智慧环保大数据挖掘及应用技术装备研发 固体废物全过程管理运移处置监控平台研发
示范工程	智慧环卫巡查管理系统	"天地车人"大气监测一体化监测站 / 重点排污单位智慧监管平台	大数据智慧环保在线监控监管平台

图1-19　安徽省智慧城市与美好环境装备发展技术路线图

（六）现代农机

安徽省农机发展技术路线图，见图1-20：

时间	2025	2030	2035
战略目标	重点领域、关键技术和重点产品取得重要突破 完善色选机械、大型拖拉机等优势产品产业链建设，形成1个百亿级农机产业园区，色选机械达到国际领先水平。 完善产业链建设，形成1-3个百亿级农机产业园区，智能制造技术全面应用到现代农机装备中。		
重大需求	收获机械	耕种机械 / 植保机械	色选机械
关键技术	结合农艺和地形特点，开发系列齐全各类农机产品 农业机械用液压件、可靠性技术突破 多品种大批量安全农产品光电分选设备开发技术	高可靠性基础配件自给率稳步提升 关键零部件标准化、系列化、通用化技术 水稻油菜等机械化种植和花生薯类机械化采收装备	农业机械关键部件及整机数字化建模 丘陵山区特色优势农产品生产机械化技术 结合无人机、5G等新技术，重点领域开发智能农机
示范工程	皖北地区无人驾驶拖拉机推广示范 / 小麦生长全流程无人机植保推广示范	茶叶烘干、杀青、色选等全流程生产线 / 皖北典型药材耕种收专业机械产品示范	皖南丘陵地区坚果产品收获机械示范

图1-20　安徽省农机发展技术路线图

（七）医疗器械

安徽省医疗器械装备发展技术路线图，见图 1 - 21：

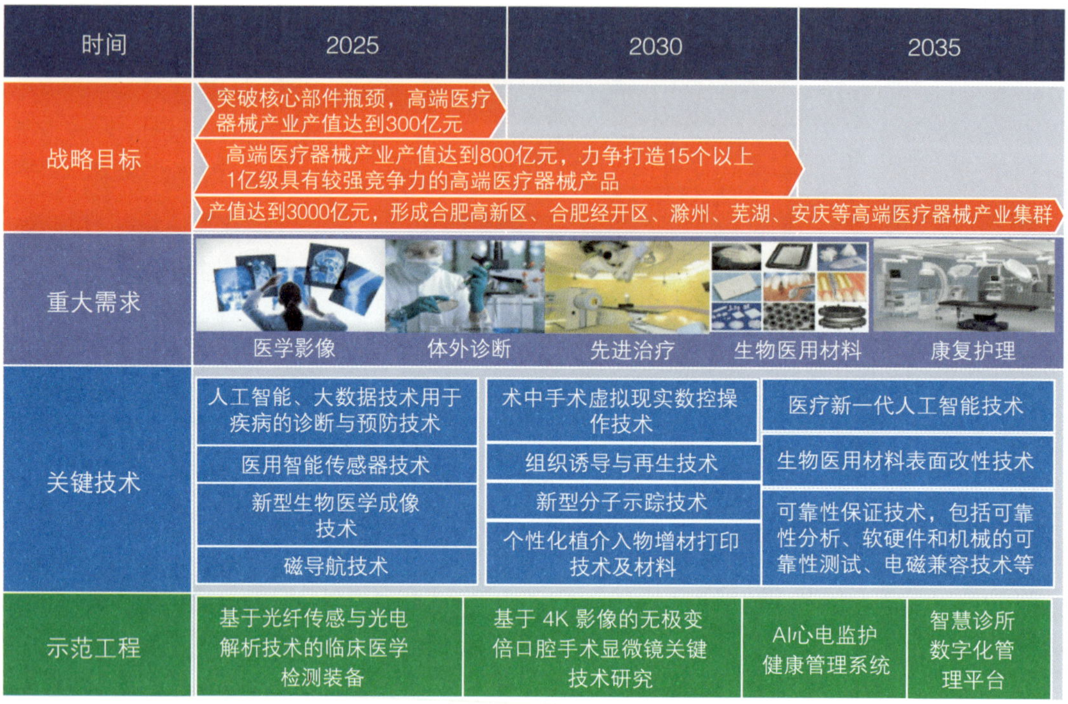

时间	2025	2030	2035
战略目标	突破核心部件瓶颈，高端医疗器械产业产值达到300亿元		
	高端医疗器械产业产值达到800亿元，力争打造15个以上1亿级具有较强竞争力的高端医疗器械产品		
	产值达到3000亿元，形成合肥高新区、合肥经开区、滁州、芜湖、安庆等高端医疗器械产业集群		
重大需求	医学影像　　体外诊断　　先进治疗　　生物医用材料　　康复护理		
关键技术	人工智能、大数据技术用于疾病的诊断与预防技术	术中手术虚拟现实数控操作技术	医疗新一代人工智能技术
	医用智能传感器技术	组织诱导与再生技术	生物医用材料表面改性技术
	新型生物医学成像技术	新型分子示踪技术	可靠性保证技术，包括可靠性分析、软硬件和机械的可靠性测试、电磁兼容技术等
	磁导航技术	个性化植入物增材打印技术及材料	
示范工程	基于光纤传感与光电解析技术的临床医学检测装备	基于4K影像的无极变倍口腔手术显微镜关键技术研究	AI心电监护健康管理系统	智慧诊所数字化管理平台

图 1 - 21　安徽省医疗器械装备发展技术路线图

（八）工程机械

安徽省工程机械装备发展技术路线图，见图 1 - 22：

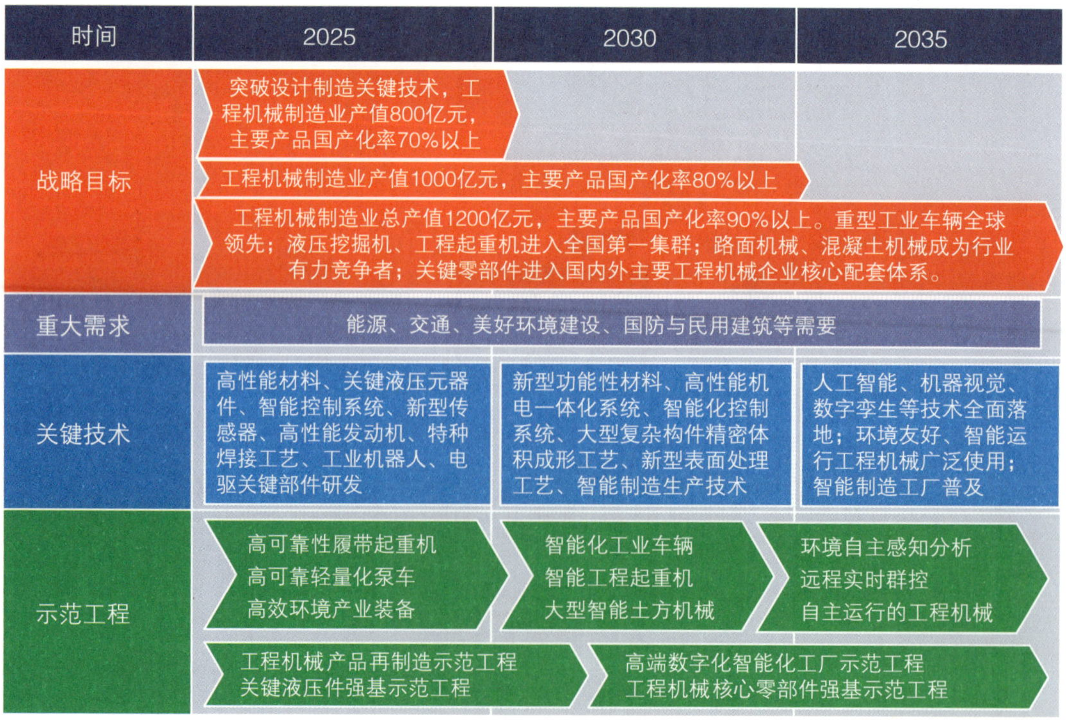

时间	2025	2030	2035
战略目标	突破设计制造关键技术，工程机械制造业产值800亿元，主要产品国产化率70%以上		
	工程机械制造业产值1000亿元，主要产品国产化率80%以上		
	工程机械制造业总产值1200亿元，主要产品国产化率90%以上。重型工业车辆全球领先；液压挖掘机、工程起重机进入全国第一集群；路面机械、混凝土机械成为行业有力竞争者；关键零部件进入国内外主要工程机械企业核心配套体系。		
重大需求	能源、交通、美好环境建设、国防与民用建筑等需要		
关键技术	高性能材料、关键液压元件、智能控制系统、新型传感器、高性能发动机、特种焊接工艺、工业机器人、电驱关键部件研发	新型功能性材料、高性能机电一体化系统、智能化控制系统、大型复杂构件精密体积成形工艺、新型表面处理工艺、智能制造生产技术	人工智能、机器视觉、数字孪生等技术全面落地；环境友好、智能运行工程机械广泛使用；智能制造工厂普及
示范工程	高可靠性履带起重机 高可靠轻量化泵车 高效环境产业装备	智能化工业车辆 智能工程起重机 大型智能土方机械	环境自主感知分析 远程实时群控 自主运行的工程机械
	工程机械产品再制造示范工程 关键液压件强基示范工程	高端数字化智能化工厂示范工程 工程机械核心零部件强基示范工程	

图 1 - 22　安徽省工程机械装备发展技术路线图

（九）石化通用机械

安徽省石化通用机械装备发展技术路线图，见图 1-23：

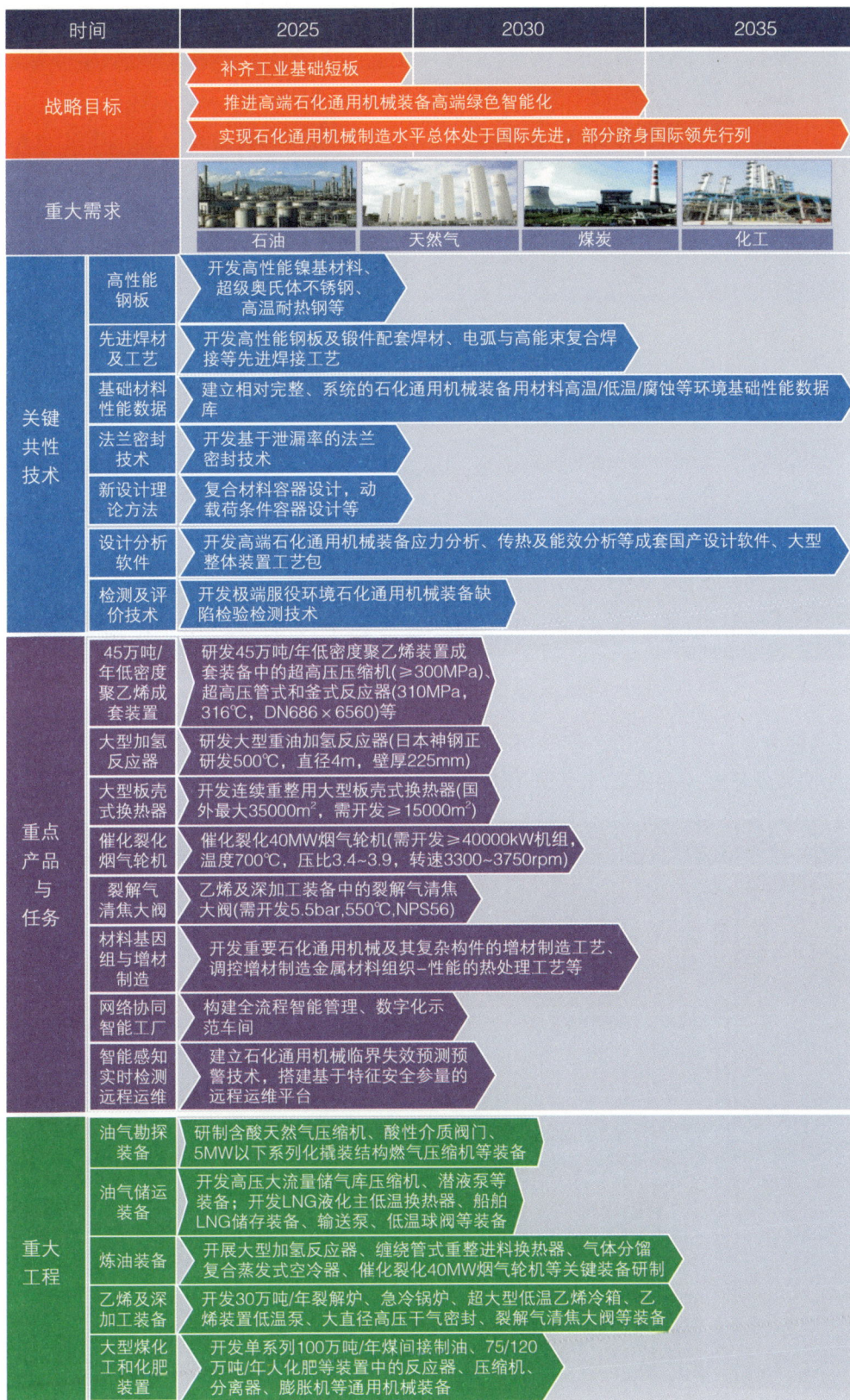

时间		2025	2030	2035
战略目标		补齐工业基础短板		
		推进高端石化通用机械装备高端绿色智能化		
		实现石化通用机械制造水平总体处于国际先进，部分跻身国际领先行列		
重大需求		石油	天然气	煤炭　　化工
关键共性技术	高性能钢板	开发高性能镍基材料、超级奥氏体不锈钢、高温耐热钢等		
	先进焊材及工艺	开发高性能钢板及锻件配套焊材、电弧与高能束复合焊接等先进焊接工艺		
	基础材料性能数据	建立相对完整、系统的石化通用机械装备用材料高温/低温/腐蚀等环境基础性能数据库		
	法兰密封技术	开发基于泄漏率的法兰密封技术		
	新设计理论方法	复合材料容器设计，动载荷条件容器设计等		
	设计分析软件	开发高端石化通用机械装备应力分析、传热及能效分析等成套国产设计软件、大型整体装置工艺包		
	检测及评价技术	开发极端服役环境石化通用机械装备缺陷检验检测技术		
重点产品与任务	45万吨/年低密度聚乙烯成套装置	研发45万吨/年低密度聚乙烯装置成套装备中的超高压压缩机(≥300MPa)、超高压管式和釜式反应器(310MPa，316℃，DN686×6560)等		
	大型加氢反应器	研发大型重油加氢反应器(日本神钢正研发500℃，直径4m，壁厚225mm)		
	大型板壳式换热器	开发连续重整用大型板壳式换热器(国外最大35000m²，需开发≥15000m²)		
	催化裂化烟气轮机	催化裂化40MW烟气轮机(需开发≥40000kW机组，温度700℃，压比3.4~3.9，转速3300~3750rpm)		
	裂解气清焦大阀	乙烯及深加工装备中的裂解气清焦大阀(需开发5.5bar,550℃,NPS56)		
	材料基因组与增材制造	开发重要石化通用机械及其复杂构件的增材制造工艺、调控增材制造金属材料组织-性能的热处理工艺等		
	网络协同智能工厂	构建全流程智能管理、数字化示范车间		
	智能感知实时检测远程运维	建立石化通用机械临界失效预测预警技术，搭建基于特征安全参量的远程运维平台		
重大工程	油气勘探装备	研制含酸天然气压缩机、酸性介质阀门、5MW以下系列化撬装结构燃气压缩机等装备		
	油气储运装备	开发高压大流量储气库压缩机、潜液泵等装备；开发LNG液化主低温换热器、船舶LNG储存装备、输送泵、低温球阀等装备		
	炼油装备	开展大型加氢反应器、缠绕管式重整进料换热器、气体分馏复合蒸发式空冷器、催化裂化40MW烟气轮机等关键装备研制		
	乙烯及深加工装备	开发30万吨/年裂解炉、急冷锅炉、超大型低温乙烯冷箱、乙烯装置低温泵、大直径高压干气密封、裂解气清焦大阀等装备		
	大型煤化工和化肥装置	开发单系列100万吨/年煤间接油、75/120万吨/年人化化肥等装置中的反应器、压缩机、分离器、膨胀机等通用机械装备		

图 1-23　安徽省石化通用机械装备发展技术路线图

（十）电工电器

安徽省电工电器装备发展技术路线图，见图1-24：

时间	2025	2030	2035
战略目标	1.火力、水力发电机组研发进行调研、启动 2.风电、核电进行调研 3.部分传统电工电器产品机械改造	1.火力、水力发电机组研制成功 2.风电、核电研制成功 3.全部传统电工电器产品完成改造	1.火力、水力发电机组批量生产 2.风电、装备批量生产，核电装备小批量生产 3.传统电工电器全部升级
关键技术	1.火力、水力发电机组技术研究、初步掌握 2.风电、核电技术研究 3.大规模、大容量电工电器技术初步掌握 4.以电带油、以新介质代替原介质研究并初步掌握	1.火力、水力发电机组技术熟悉、运用 2.风电、核电技术基本掌握 3.大规模、大容量电工电器技术熟悉、运用 4.以电带油、以新介质代替原介质技术熟悉、运用	1.火力、水力发电机组技术达国内外先进水平 2.风电、核电技术基本掌握 3.大规模、大容量电工电器技术熟悉、运用 4.以电带油、以新介质代替原介质技术熟悉、运用
平台建设	1.形成专业技术人员培训中心，并经常开展培训活动 2.建立技术研发基地，每年完成2—3项关键技术研	1.建成安徽省电工电器工程技术中心1个 2.建成安徽省电工电器产品检测中心2-3个 3.建立安徽省电工电器智能化示范工程1个	专业检测机构、实验室满足行业需求
新产品产业化	1.火力、水力发电机组试制成功并通过鉴定 2.部分改造的传统电工电器产品投入批量生产	1.火力、水力发电机组投入批量生产 2.风电、核电小批量生产 3.全部改造过的传统电工电器产品投入批量生产	1.火力、水力发电机组水平提高、市场占有率扩大 2.新型电工电器占有市场
主要经济技术指标	1.到2025年全行业主营业务收入达4000亿元比2020年增长38% 2.主要产品质量和技术水平普遍提高一个档次	1.2030年全行业主营业务收入达6000亿元比2020年增长68% 2.主要产品质量技术水平达到当时国内同行业先进水平	1.2030年全行业主营业务收入达8000亿元 2.主要产品质量技术水平达到国内同行业先进水平

图1-24　安徽省电工电器装备发展技术路线图

（十一）工业四基

安徽省工业四基发展技术路线图，见图1-25：

时间	2025	2030	2035
战略目标	70%工业四基产业技术实现自主保障、80种标志性的先进制造工艺得到推广应用	80%工业四基产业技术实现自主保障、160种标志性的先进制造工艺得到推广应用	90%工业四基产业技术实现自主保障、240种标志性的先进制造工艺得到推广应用
重大需求	数控机床、工程机械及农业装备、新能源汽车（含节能汽车及轻量化）和装备、工业机器人、电工电器、轨道交通装备、海洋工程装备及船舶等产业需求		
关键技术	基础零部件/元器件：研发高性能机器人控制器、伺服电机、减速器等，高端数控主轴、多自由度精密转台等，动力电池系统等	关键基础材料：高性能机床专用高强冷金属、专用动力电池电极和基体、储氢材料、专用高电压光缆材料、高压液压缸材料等	先进基础工艺：超大型铸锻件成形制造工艺、热精锻成形技术、高精度激光焊接工艺、超大型零件热处理工艺、增材制造等 || 产业技术基础：重点领域的检验检测创新平台、安全性测试服务平台等，量值溯源能力、近极限检测技术、无损检测技术等
示范工程	高性能机器人、高端数控机床等领域基础零部件/元器件	高性能机床、轨道交通装备、电工电器等领域基础材料	铸造、锻造冲压焊接、热处理、增材制造等先进工艺	轨道交通列车检验检测创新平台、节能与新能源电池碰撞安全性测试服务平台等

图1-25　安徽省工业四基发展技术路线图

第 5 章
安徽省装备制造业发展政策建议和重点任务

一、政策建议

（一）制定装备制造业分类施策的总体策略

针对不同发展情况的装备制造产业，采取分类施策的策略：（1）对于是安徽所长，也是国家所需、安徽所需的产业，如：工业机器人及智能装备、新能源汽车及新能源装备、工程机械、电工电器，要继续大力发展；（2）对于是安徽短板，但是国家所需、安徽所需、他省所长的产业，如：智能制造物料输送装备、智慧城市与美好环境装备、石化通用机械，可以通过招商引资等方式引进来重建发展；（3）对于是安徽短板，也是全国短板的产业，如：高档数控机床、现代农机、医疗器械、工业四基，建议省里给予大力支持。另外，可从安徽省企业本身及产业链完整的角度分析，需要推动哪些装备制造业形成产业集群。

（二）制定安徽省长三角一体化错位发展和合理布局规划

落实《安徽省实施长江三角洲区域一体化发展规划纲要行动计划》，结合国家长三角一体化发展战略，进一步细化安徽省相关装备制造产业错位发展和合理布局规划。建议安徽省相关产业与长三角其他地区产业建立合作机制，打通上下游产业链；加快长三角区域互联互通，积极参与组建长三角工业互联网产业联盟，打造安徽省重点装备制造业成为长三角世界级产业集群。

（三）制定安徽省重点装备制造产业"十四五"及中长期发展专项规划

规划与制定安徽省重点装备从技术创新到产业化全过程的"十四五"及中长期发展专项，根据实际发展情况制定装备制造业推进计划、发展目录、技术路线图；组织开展工业强基工程的宣传，组织专家开展工业强基专访、座谈和现场调研，提高企业对工业基础的重要性认识。

（四）设立安徽省重点装备制造产业振兴专项

加强前沿技术研究，支持优势项目发展，扶持企业科技创新，设立产业发展科技创新专项与创业投资引导基金，组建产业技术创新联盟。打造重点装备制造集群，开展应用示范，推进产业化应用。政府及有关部门应设立多种类型的科研或开发资助项目，增强对装备制造业等相关课题的支持力度。例如，设立工业机器人及智能装备振兴专项，解决安徽省机器人及智能装备产业中高端市场外资垄断、关键部件进口依赖问题；组织实施高端医疗器械产业化专项，提升中高端医疗器械供给能力。

（五）建立共性技术研发机制，推动企业为主体的协同创新体系建设

建议政府出台政策落实中央财经委第五次会议精神，择优选择转制科研院所作为行业共性技术研发平台，推动转制院所回归初心，持续加大科研投入，着力开展装备制造产业基础共性技术研究。选3—4个优势领域，围绕这些产业领域，建设共性技术研究平台，提出关键核心技术的"卡脖子"清单并予以

攻关。

加快创新基础设施建设：（1）建立健全机器人及智能装备创新平台，打造政产学研用紧密结合的协同创新载体；建立安徽省机器人及智能装备产业研发中心与技术创新战略联盟。（2）成立现代农机创新研究和设计中心，进行现代农机产品创新研究和设计；（3）支持医疗器械专业化咨询、研发、生产、应用示范服务平台建设，为行业提供关键技术开发、标准制订、质量检测和评价、临床研究、应用示范等公共服务；（4）支持工程机械企业建设国家重点实验室、国家工程技术研究中心等。

关键技术攻关和成果转化一体化机制：制定以大型企业为创新主体，联合中小企业的协同创新相关政策。鼓励企业参与制定和贯彻落实国家相关技术规范与标准体系建设。鼓励产业链上下游企业、高校及科研机构组成的围绕专业方向进行研究的组织，实现研发投入产出比的最大化。采用现代信息技术手段，建立先进产学研协同体系，加强相关学科建设和人才培养引进，保障产业链上下游信息的高效沟通。发挥新型举国体制的优势，整合资源，培育专精特新中小企业，形成优势产业集群。

（六）建立基础研究投入激励机制，鼓励企业研发投入

鼓励企业联合高校和科研院所梳理需要长期投入的承压设备重大科学和设计制造理论难题，并加大技术基础研究投入；对企业购置的技术基础研究仪器设备，加大直接补贴力度，减少企业自费负担。建议制定符合创新规律的科技型企业的考核制度和管理办法，加大技术创新在考核中的所占比重，对研发投入和产出进行分类考核，形成鼓励创新、宽容失败考核机制。促使企业从依靠过度资源消耗、低性能低成本竞争，向依靠创新、实施差别化竞争的转变。

（七）建立产学研联合培养机制，促进创新人才队伍建设

建立企业、科研院所、高校联合培养机制，以安徽省装备制造产业发展存在问题和需求为导向，制定人才培养方案。从基础理论研究人才、复合型人才、技能型人才等几个层面，为行业可持续创新发展提供人才支撑。鼓励高校联合企业和科研院所，梳理重点装备设计制造理论研究方向，针对性培养基础理论研究人才；加强具有多学科综合技术驾驭能力的复合型人才培养，以形成推动技术创新和实现科技成果转化的重要力量；通过鼓励企业兴办职业教育，培养了一批具有"工匠精神"的高技能人才，致力于推动安徽省装备制造产业发展。

（八）完善政策扶持体系，推进技术进步和产业化应用

完善政策扶持体系：（1）重点装备研发平台建设，请发改委和科技部门负责，特别是重大的平台（横跨多个细分行业的应用基础研究平台）可以申请列入合肥综合性国家科学中心；（2）重点科技攻关任务突破，请科技部门认领支持，特别重大的卡脖子攻关申请列入合肥综合性国家科学中心项目库；（3）重点装备制造产业集聚发展，请发改委认领支持；（4）传统装备制造产业升级，请经信厅认领支持；（5）制造业相关学科建设和培养，请教育部门认领支持；（6）战略性科技人才和领军人才培养，请组织部门认领支持。

推进重大标志产品率先突破、着力推进应用示范、积极培育龙头企业、建立并完善检测认证体系。实施科学合理的重点装备的购置补贴政策。鼓励市场在性能、价格、质量同等的情况下尽量向本地产品倾斜。制定鼓励主机企业采用首批国产关键零部件的优惠政策，给予配套国产的主机企业和最终用户相应的税收优惠和政策补贴。完善首台套产品保险补偿机制和补贴政策，解除使用国产基础产品的风险。加快重点装备制造业的推广应用，推动关键技术研发和产业化示范。

（九）加强国外技术引进，促进国际化运营

明确国外技术引进策略，制定合理的具体实施方式，汲取全球的新技术发展的方向和先进的产业组织形态，坚定不移扩大对外开放合作，助力安徽制造业跨上高质量发展。以全球化思维运营，鼓励企业走出去、走进去；对外资企业保持持续对接，鼓励立足安徽，面对全球；对在海外开设生产、销售基地的合力等企业，予以实质支持。

（十）健全知识产业保护法律法规，保护创新成果

完善安徽省装备制造业领域知识产权保护相关法律、知识产权审判工作机制、以及商业秘密保护法律制度，健全知识产权侵权查处机制。加大知识产权保护的执法力度，完善知识产权服务体系；大力推进知识产权创造、防御及获取的战略谋划布局，引导和支持重点领域形成基础性专利，建立能够维护我国重点产业技术创新目标实现的专利池和知识产权支撑系统，进一步完善国内重大产业技术创新成果扩散转移机制。

二、重点任务

（一）工业机器人及智能装备

1. 突破工程

在工业机器人及智能装备领域，加强工业机器人及智能装备整机及核心零部件、系统集成技术及机器视觉技术的研发及应用。力争在 2030 年实现安徽省工业机器人及智能装备整机、核心零部件、系统集成技术及应用的全方位发展。

2. 补短工程

推进下一代工业机器人机智能装备新型关键技术研究与应用，在传统工业机器人基础上融合人工智能、互联网和大数据及新型传感器等技术，研发具有学习和决策能力的新型机器人及智能装备。

3. 卓越工程

面向国家重大需求与国民经济主战场，积极推进建立并完善安徽省工业机器人及智能装备行业"产学研用"一体化协同创新自由探索研究项目。鼓励并推动企业与各个高校以及科研机构达成战略合作，初步形成工业机器人及智能装备生产企业、高校与科研机构的产业联盟，加大对工业机器人及智能装备的研发力度，不断创新发展相关技术。

4. 产业发展的重点工程

支持安徽省高校培养复合型高水平人才，引进机器人及智能装备领军人才和科研团队，并组建机器人及智能装备省级重点实验室，承担重大项目，研究相关前沿科技。面向安徽省科技产业智能制造装备应用领域，设立以 3 年或 5 年为周期的"工业机器人及智能装备研发与应用重大科技产业专项"，深化产业资金引导投入、鼓励企业自筹配套研究经费、加强项目绩效与产业化能力考核。

（二）高档数控机床

1. 突破工程

突破高速高精度运动伺服控制、智能化自适应控制、柔性制造系统控制、高速高效数控加工中心控制（控制精度 0.001mm）等核心控制技术。重点攻克等温锻造成形液压机超低速控制（0.005mm/s）、超塑成形中氩气充气速度对成形精度影响、内饰件蜂窝板热压成形工艺等关键技术；根据新能源汽车结构件柔性生产工艺需要，重点研究新能源汽车大型覆盖件精密冲压工艺、高强度钢热成形工艺与装备、间接成形工艺与装备、节能冲裁缓冲装置、深拉伸工艺中变压边力控制、不同模具冲压工艺数据专家库自学习、复杂零件在线检测等关键技术；针对能源领域，重点攻克大型封头成形、大型轴管件精密矫形、多向模锻、在线检测和在线工艺计算、可靠性设计等关键技术。根据精密钣金加工需要，重点攻克剪板折弯数控系统、同步伺服控制系统等技术。

2. 补短工程

优先发展热锻成形机床、数控快速冲压液压机、大型封头压机、伺服液压机、自动精密矫正机、数控闭式四点机械压力机、大型折弯机、剪板机、多工位机械压力机、伺服机械压力机等高附加值优势特色产品。依托马鞍山博旺镇剪折机床产业集群重点发展大型重载精密剪板、折弯、冲压机床。

3. 卓越工程

重点研究机床数字化优化设计和仿真制造、机床精度保持和高效高精制造工艺、多轴联动插补算法与控制、机床复合加工结构优化设计、机床机电匹配动态性能优化、数控机床可靠性增长技术、基于高速现场总线的网络化控制、数字孪生等关键技术。

4. 产业发展的重点工程

加大力度建设高端成形装备安徽省技术创新中心、合肥工业大学智能制造技术研究院、国家级、省部级重点实验室等交叉学科平台，建设关键技术应用研发平台，形成高层次人才教育培训中心、技术研发基地、新产品新工艺孵化基地、产品产业化基地等一个中心 3 个基地培养相关技术人才，重点开展具有高速、高精、智能、柔性、复合加工功能的高精数控机床和智能成套装备新产品研发，依托骨干企业或系统集成企业，建设企业应用研发平台，面向国家重大需求和市场急需，研发智能制造用高端产品和关键元器件，完善产业链，提升产业竞争力。

（三）智能制造物料输送装备

1. 突破工程

重点研发智能物流装备专用传感器、控制系统、重载工业车辆关键零部件；开发先进 AGV 控制、智能定位、智能路径规划、驱动等技术，提升光学或磁导航精度，开发全轮驱动重载移动机器人；突破发动机的节能减排技术、变速箱的自动换挡技术、驱动桥的湿式制动技术、泵阀等液压件的能量再生技术。

2. 补短工程

研发虚拟制造技术、先进制造工艺装备、优化与再造关键零部件工艺流程、结构件高端智能制造、自动化装配等关键技术与装备。开展 FMS 柔性制造系统、车铣复合加工中心工序集成研究，高效先进的自动输送、上下料系统应用研究。

3. 卓越工程

重点开发智能物流系统规划设计、物流软件、控制系统、物流输送装备、现场实施、运维服务等系统集成技术。对于合肥井松、欣奕华等物流系统集成商，应该择优进行进一步的扶持；支持欣奕华研发新一代洁净搬运机器人；支持合肥井松、泰禾开发堆垛机、穿梭车（RGV）、空中悬挂小车（EMS）等智能机器人。

4. 产业发展的重点工程

研究氢能源技术、能量回收技术及燃气动力技术，开发大吨位电动叉车、智能搬运车、重装 LNG 高端运搬装备等重大产品，开展液化天然气叉车重大应用示范工程。

（四）新能源汽车及新能源装备

1. 突破工程

（1）车规级芯片和车载操作系统关键技术

车规级芯片和车载操作系统是新能源汽车和智能网联汽车的核心技术产品，目前国内车企主要采用国外芯片和操作系统，是国内的短板，属于卡脖子工程。近年来，合肥市以"芯屏器合"战略性新兴产业为主导，推动制造业高质量发展，在芯片和操作系统领域有着良好的基础和人才技术优势。安徽应抢抓机遇，解决卡脖子问题，鼓励整车及零部件、互联网、电子信息、通信等领域企业组成联盟，形成开放共享，协同演进的良好生态；出台政策，支持中国科技大学、合肥工业大学、安徽大学和位于合肥高新区及"合肥声谷"的企业共同开展车规级芯片和车载操作系统技术的研发和产业化。

（2）燃料电池汽车及关键部件研发和产业化

2020 年 4 月 29 日，财政部发出《关于征求＜关于开展燃料电池汽车示范推广的通知＞（征求意见稿）意见的函》，向北京市、山西省、上海市、江苏省、河南省、湖北省、广东省、四川省等八个省市征求燃料电池汽车示范推广意见，要推广超过1000辆达到相关技术指标的燃料电池汽车，平均单车累积用氢运营里程超过3万公里，示范区以外区域不再给予购置补贴，示范为期4年，作为中国首批新能源汽车双示范城市合肥市着实有点遗憾，合肥虽然在氢气来源方面不占优势，但是江淮、安凯、奇瑞在新能源汽车技术方面优势明显，而且汽车产业是安徽支柱产业，现阶段燃料电池客车、重卡和城市物流车已具备产业化的技术和环境，建议以安凯为主推进燃料电池客车研发和产业化，以江淮和华菱为主推进燃料电池重卡研发和产业化，以江淮和奇瑞为主实施燃料电池轿车和城市物流车研发和产业化；以明天氢能、全柴和威尔等为主，同时积极引进国外省外企业，加快燃料电池电堆等关键部件的研发和产业化；以合肥工业大学、合肥通用机械研究院有限公司、中盐红四方为主攻克氢燃料制备、氢能储运、加氢站建设、车载储氢等燃料电池汽车应用的支撑技术；以合肥通用机械研究院有限公司为主攻克燃料电池空压机宽高设计技术和高速转子动力学匹配技术；推进氢能安全实验室、研发中心、检测中心建设，建设氢能及燃料电池汽车产业园。

财政部下发准备开展燃料电池汽车"十城千辆"示范运营征求意见，北上广已获批首批国家级燃料电池汽车示范城市群，这些省市高度重视燃料电池汽车产业，安徽动作较慢，目前只有六安和铜陵极少量燃料电池汽车上路，合肥至今还没有。合肥新能源汽车起步早，基础好，是安徽新能源汽车风向标，建议合肥加快开展燃料电池系统和整车研发及示范运营。

（3）发展插电式混合动力汽车

当前安徽自主品牌汽车关于混合动力汽车的技术积累不足、研究资源分散、长期无法掌握核心技术。安徽省作为我国汽车产业大省之一，理应充当"排头兵"补足插电式混合动力汽车技术短板，针对插电式混合动力发动机工况特点，开发专用的燃烧系统，以实现常用工况效率的最高化，降低整车油耗，进行启停控制策略开发，降低油耗；研究新型混合动力系统构型，集成发动机高效运行控制、一体化电机及控制、动力电池寿命预估与优化控制、整体能量管理与转矩协调控制等，开发高效率、高集成度、高性价比的机电耦合系统。

（4）夯实光伏产品制造产业体系

通过促进产业集聚、加大推广应用力度、实施创新驱动、优化产业布局等措施，全力推进光伏第一城建设。重点发展电池组件、逆变器及储能产品、光伏配套及核心装备等产业。加大产业链招商力度，完善产业横向配套环节，打造光伏产业集群，建设产业高地。在重点发展电池片、组件、逆变器等产品基础上，通过产业政策的有力扶持，采用招商引资和基地孵化两条腿走路的方式，着力引进和培育一批代表性龙头企业，在产业链各个环节分别形成相当程度的衔接，实现本地产业链优势。主攻方向包括：高端光伏组件生产装备、逆变器和储能关键装备、光伏辅材制造装备、光伏制造配套装备。

（5）加快关键技术研发及产业化

鼓励光伏企业、高校和科研院所共建光伏技术创新平台，合作开发新产品，形成联动互补的整合发展和创新氛围，强化产业生态与创新扶持的助推作用，避免同质化竞争。推动企业成为光伏技术研发投入主体，鼓励企业自主投入开展光伏重大关键共性技术、装备和标准的研发攻关。

2．补短工程

（1）加快基于5G的智能网联汽车研发，构建智能网联汽车产业生态

目前智能汽车主要依靠自带传感器进行环境感知，随着5G网络技术推广应用，智能汽车环境感知将变为依靠5G网络和自带传感器共同完成，一方面可以减少汽车自带传感，降低制造成本；另一方面提高了智能汽车的安全性和可靠性。依托江淮汽车公司、奇瑞汽车公司、合肥长安汽车公司、安凯汽车公司等整车企业，联合合肥工业大学、安徽省智能汽车工程实验室、合肥物质研究院、中国科技大学等高校和科研院所，加快智能网联轿车和客车的研发和产业工作，同时推进江淮汽车和华菱汽车尽快启动重卡自动驾驶研发和产业化工作。

智能网联汽车产业刚刚兴起，一方面依托江淮汽车、奇瑞汽车、安凯汽车、长安汽车、合肥工业大学、中科院合肥物质科学研究院、中国科技大学、38所、晟泰克汽车电子、域驰科技、科大国创智能科

技等，加快智能网联汽车关键部件技术研发；另一方面加大招商力度，面向全球吸引智能网联关键零部件企业和技术研发公司皖投资兴业。

加快合肥市包河区智能网联汽车封闭测试场建设，延长开放式道路无人驾驶测试示范线，建设合肥中央公园无人驾驶示范区及合肥无人驾驶空港国际小镇，启动建设环绕合肥及合肥至南京的智能网联汽车高速道路测试线，依托合肥工业大学智能制造技术研究院开展智能网联汽车远程监测与数据服务，依托安徽省智能汽车工程实验室建设智能网联汽车虚拟仿真平台。省内有条件的城市如芜湖等地应尽快启动建设开放式道路无人驾驶测试示范线和示范区建设。

（2）加快精密铸造结构件产业化

加快大型精密铸造结构件及零部件生产线设计、研制，进行节能与新能源汽车结构件及零部件设计、研发、测试、制造等装备的研发，建立大型、复杂、薄壁合金精密铸造工艺与质量控制标准，以满足高性能汽车结构件大批量生产的要求。依托合肥工业大学智能制造技术研究院精密铸造制造业创新中心，满足行业对精密铸件的需求，提升机械制造、新能源汽车等所需关键核心零部件订单的承接力度，延伸产业链，积极推进其他工业行业所需精铸件的研制生产。

（3）抓紧开展充电设备的回收

随着新能源汽车市场规模不断扩大，汽车充电设备的保有量越来越多，同时由于技术升级和功能强化，充电设备的淘汰速度不断加快，早期投放的充电设备已达到设计寿命，即将迎来废弃淘汰高峰。目前对新能源汽车的回收技术研究主要集中在动力电池的回收，对充电设备的回收关注度不高。汽车充电设备在废弃淘汰后，大部分核心部件仍具有重用价值，且部分元器件（电解电容、开关触点等）含有电解液、镉等有毒有害材料，如采用一般废弃机电产品的回收工艺，直接破碎后回收材料，容易产生二次污染，且回收附加值很低。但目前充电设备只能进行人工精细拆解，劳动强度大、生产效率很低，拆下的零部件也缺少专用的检测技术与设备，因此迫切需要研发高值零部件的自动精细拆解、精准检测的成套技术与装备。

（4）光热产业。立足现有太阳能资源优势和产业基础，积极推进光热新技术应用。努力开发光热利用新领域，从太阳能热水单项应用向供暖制冷市场、农作物干燥市场渗透。大力研发推广高端、高质、高效技术产品和设备，鼓励配套企业、原料供应企业开展战略合作。

（5）生物质能产业。发挥安徽生物质资源丰富的优势，多形式利用生物质能提高农作物秸秆能源化使用率，加快已在建的生物质直燃式发电厂建设进度；积极推广秸秆分质利用新技术，鼓励多产品联产，提升产业附加值。着力突破生物质高效低氮燃烧、气化耦合发电、纤维素乙醇、生物质航空煤油、生物质烯烃、生物质石墨烯等生物质能热转化和生化转化关键技术，重点推进生物质锅炉（窑炉）、成型燃料、发电设备、先进气化、碳化、生物发酵等领域关键装备的研发和产业化，形成系列化产品和规模化生产能力，培育一批生物质装备制造、高值化产品开发、综合服务等特色骨干企业。

（6）地热能产业。因地制宜开发利用各种地热能资源，提高地热能在城镇和新农村建筑中用能比例，推广地源热泵系统、冷热联供等技术应用，扩大地热能和空气能利用。在城镇建筑供暖（制冷）领域因地制宜、规范有序合理开发各类地热能资源。

（7）空气能产业。要紧抓国家推进清洁供暖重大机遇，发挥既有空气能热泵产业基础，加快热泵机组核心部件（高效压缩机、关键零部件）及控制系统研究开发，不断提升产品全寿命周期内的可靠性、稳定性和季节性能系数，大力打造智能工厂，建成全省最大、全国一流的空气能热泵生产基地。

3. 卓越工程

（1）推动充电技术革新

无线充电技术和智能充电技术是电动汽车电能补给的新技术领域，具有诸多特殊优势，国际竞争也非常激烈。安徽省应走在全国前列开展无线充电和智能充电关键技术研究，优化无线充电系统效率，力争全面掌握无线充电技术，开发出达到国际先进水平的无线充电系统。开展双向高效车载充放电系统优化控制研究，开展主电网、微电网、局域性可再生能源发电及车载能源协调融合的系统优化控制和智能管理技术研究，并开发出系列化产品实现产业化。

（2）研究电动汽车分布式驱动控制技术与产业化

分布式驱动技术能够提高整车操控特性和灵活性，提高整车效率，安徽省作为新能源汽车生产大省，全面开展并掌握分布式驱动控制技术，研究整车能量优化控制技术及制动能量回收技术，优化整车底盘操控系统，尽快实现基于轮毂电机的技术突破，实现分布式驱动整车较大规模产业化。

（3）推进智能网联汽车信息交互平台建设

基础数据交互平台是支撑智能网联汽车大规模应用的基础，需要从政府层面重点推动建设，为保持安徽省新能源汽车产业旺盛的生命力，有关部门应牵头设计平台架构，明确基础数据平台与其他平台之间的数据交互，建立基础数据交互平台技术架构与应用服务架构，研究关系型与非关系型数据库维护与数据分析、网络负载与平衡、多模式通信网络接入等平台关键技术，建立通信网络信息安全认证、网络安全认证、数据库反入侵等安全保障机制，充分响应大数据共享、融合发展趋势，以大数据开放共享为抓手，探索并逐步实现产业链间大数据共享及应用合作研发。

（4）促进储能技术装备研发与应用示范

开展储能原理和关键材料、单元、模块、系统和回收技术研究，集中攻关具有关键核心意义的储能技术和材料。探索开展氢储能产业装备的研发培育工作。

（5）加快储能系统集成与智能控制技术

大力发展储能系统集成与智能控制技术，实现储能与现代电力系统协调优化运行。

（6）重点推动电化学储能装备产业全面发展

以锂离子电池为核心、以储能变换器和能量管理器为重要辅助的电化学储能产业对储能产业的未来发展至关重要。因此，要重点推动电化学储能产业的全面发展，在发挥优势、补足短板的基础上，确保将锂离子电池产业做大做强，使其成为安徽储能产业全面发展的引领者和排头兵。

4. 产业发展的重点工程

（1）加快基于5G的智能网联汽车研发，构建智能网联汽车产业生态

开展智能网联汽车整车、智能网联汽车关键零部件研发；加快合肥市包河区智能网联汽车封闭测试场建设，延长开放式道路无人驾驶测试示范线，启动合肥绕城高速及合肥至南京智能网联汽车高速道路测试线建设，依托合肥工业大学智能制造技术研究院开展智能网联汽车远程监测与数据服务，依托安徽省智能汽车工程实验室建设智能网联汽车虚拟仿真试验中心。省内有条件的城市如芜湖等地应尽快启动建设开放式道路无人驾驶测试示范线和示范区建设。

（2）快速突破车规级芯片和车载操作系统技术

鼓励整车及零部件、互联网、电子信息、通信等领域企业组成联盟，形成开放共享，协同演进的良好生态；出台政策，支持中国科技大学、合肥工业大学、安徽大学和位于合肥高新区及"合肥声谷"的企业共同开展车规级芯片和车载操作系统技术的研发和产业化。

（3）尽快推进燃料电池汽车及关键部件研发和产业化

推进以安凯为主推进燃料电池客车研发和产业化，以江淮和华菱为主推进燃料电池重卡研发和产业化，以江淮和奇瑞为主实时燃料电池轿车研发和产业化；以明天氢能、全柴和威尔等为主，同时积极引进国外省外企业，加快燃料电池电堆等关键部件的研发和产业化；以合肥通用机械研究院有限公司、合肥工业大学、中盐红四方为主攻克氢燃料制备、氢能储运、加氢站建设、车载储氢等燃料电池汽车应用的支撑技术；以合肥通用机械研究院有限公司为主攻克燃料电池空压机宽高设计技术和高速转子动力学匹配技术；推进氢能安全实验室、研发中心、检测中心建设，建设氢能及燃料电池汽车产业园。建议加快开展燃料电池客车、物流车和港口、厂区等特定场景示范运营。

（4）发展插电式混合动力汽车

混合动力汽车虽然是过渡产品，但会持续相当长时间。当前安徽自主品牌汽车关于混合动力汽车的技术积累不足、研究资源分散、长期无法掌握核心技术。插电式混合动力汽车立足于混合动力汽车，是

新能源汽车的一种，安徽省作为我国汽车产业大省之一，理应充当"排头兵"补足插电式混合动力汽车技术短板，依托奇瑞汽车、江淮汽车、合肥长安汽车和合肥工业大学等单位加快插电式混合动力汽车关键技术研发和产业化。

（5）加快精密铸造结构件产业化

精密铸造是大型、复杂、薄壁新能源汽车结构件难题很好的解决方案，可以提高生产效率，降低成本。依托合肥工业大学智能制造技术研究院精密铸造制造业创新中心，开展新能源汽车结构件及零部件设计、研发、测试、制造等装备的研发，满足行业对精密铸件的需求。

（6）抓紧开展充电设备的回收

目前对新能源汽车的回收技术研究主要集中在动力电池的回收，对充电设备的回收关注度不高。汽车充电设备在废弃淘汰后，大部分核心部件仍具有重用价值，且部分元器件（电解电容、开关触点等）含有电解液、镉等有毒有害材料，如采用一般废弃机电产品的回收工艺，直接破碎后回收材料，容易产生二次污染，且回收附加值很低。迫切需要依托合肥工业大学研发高值零部件的自动精细拆解、精准检测的成套技术与装备。

（7）推进光伏、储能、光热、生物质能等产业发展

优化提升光伏支柱产业重点工程，包括优化提升光伏支柱产业、夯实光伏产品制造产业体系、加快关键技术研发及产业化。着力发展储能集聚产业重点工程，包括促进储能技术装备研发与应用示范、加快储能系统集成与智能控制技术、重点推动电化学储能装备产业全面发展。加快布局其他特色装备产业重点工程，包括光热产业、生物质能产业、地热能产业、空气能产业。

（五）智慧城市与美好环境装备

1. 突破工程

（1）环境质量在线监测智能化设备研发

完成在线监测网点所需国产化智能化小型设备的研发。环保装备发展需要借助互联网、大数据与智能化等技术实现升级换代。对单元设备的智能化设计、整体设备的智能化系统以及实时控制、远程监控系统进行研发，实现设备的智能一体化装配，以达到设备的最优运行和最低耗运行。开发适应智慧城市建设和智慧环保要求的仪表设备，完成5G、人工智能、物联网、云计算、大数据等新技术同传统环境监测设备的有效融合，形成具有独立知识产权的智能化环境监测及在线管理平台设备。

（2）满足多尺度监测需求的高精度、小型化、自动化在线监测仪器设备研发

开发针对能够满足大气污染物低排放要求、多指标污染物的空气质量监测设备研发；采用更加紧凑的仪器设备集成方案，开发小型或微型部件、微量化预处理和检测模块、高精度定量检测单元、试剂废液分流结构，在提高测量准确度的同时减少试剂消耗和废液排放，降低运维成本；合作开发能够搭载多种环境质量监测的无人载具系统设备，实现在线测定和实施传输。

2. 补短工程

（1）实现固体废物全过程管理的城市固体废物运移处置监控平台研发

通过对每份固废电子转移联单设置唯一电子编码，掌握固体废物的产生、运输、接收单位以及转移的数量、时间、路线等数据信息，结合视频监控、GPS和重量监控等数据化技术，对固废转运全程进行无死角监控。耦合处置企业生产信息、固体废物电子台账和联单信息，全面排查企业固体废物处置信息，最终实现对固体废物从产生源头到处置末端的全过程跟踪监管。研究开发城市固体废物智慧监管系统，开发建设固体废物全过程监控平台，以实时掌握固体废物的产生、贮存、转移、处置等动态数据，实现固体废物处理处置全过程在线监管。

（2）固体废物绿色智能高效资源化设备研发

根据安徽省典型固体废弃物产生、储运、处置全过程中主要污染物释放、迁移规律及生态环境效应，开展固废资源化利用关键技术和集约化智能化装备研究。研发城市有机固废高效安全处置与资源化利用

技术装备，城市多源污泥集约化协同处置成套技术装备，矿区尾矿和冶炼矿渣等固废有价组分高效富集与耦合利用成套技术装备；研发环境风险可控的生活垃圾分类收集、精细分拣、资源化规模利用智能技术装备，以形成针对不同固体废物的一系列高值化、规模化、绿色化、智能化的协同利用集成装备。

3. 卓越工程

（1）智慧环保大数据挖掘及应用技术装备研发。

运用信息化手段挖掘大数据潜在规律和内在联系，通过统计分析、建立模型等方式，实现污染团的溯源分析、污染情况的预判分析、环境监管的管理分析等，也可有效解决传统工作模式中难以解决的问题。在发展监测设备及平台建设的装备的同时，需要开发相应的数据挖掘、分析及应用系统。研发建立基于智慧环保大数据的环境质量在线监测、预警、污染溯源技术，研发环境污染的源解析、预警、快速评价技术装备。

（2）基于5G的通信网络标准化环境监测设备研发

建设5G智慧环保监测平台，实时了解环境指标变化、精准进行溯源治理。环境监测设备存在多样性的特点，厂家不同设备不同，在通信协议及数据格式上存在很大程度差异。连接不同监测传感设备的通信网络、通信效果、网络传输质量及传输效率等不能够满足智慧环保平台需求。利用物联网技术，制定智慧环保统一标准，完成对所有种类的监测设备及通信网络的分析整合并配置相对应的驱动，实时监控信息传达全过程，确保信息获取的准确性以及信息传输的有效性等。

4. 产业发展的重点工程

（1）大气环境监测及污染物治理一体化装备

围绕环境空气、固定和移动污染源污染控制，发展大气污染物监测及治理装备产业。针对环境空气质量监测，开发大气复合污染物立体组网监测、源解析及快速响应技术装备，开发大气细颗粒物、超细颗粒物理化特性的高精度在线监测装备，开发大气挥发性有机物在线监测装备。针对工业固定污染源烟尘烟气类污染物，开发工业烟气中低浓度气态污染物及颗粒物采样监测技术装备，恶臭气体预处理技术和在线监测设备。针对城市餐饮业，开发餐饮油烟污染监测与治理技术装备。针对交通和运输业，开发移动源大气污染物在线监测与治理关键设备，开发机动车颗粒污染物在线监测、过滤捕集技术、选择性催化还原等装备。

（2）水环境监测与治理装备

围绕重点水域的水质和水生态安全、典型工业废水零排放和资源化利用、地下水污染等，发展水环境在线实时监测和系统化成套化处理设备产业。针对水质和水生态安全，开发水环境遥感监测与预警关键技术与装备、新型污染物和多参数精准化水质监测仪器设备；针对突发性水环境污染事故，研究小型化、便携式、多功能、成套化的应急监测和处理装备；针对典型工业废水，开发园区工业废水高效处理一体化设备；针对地下水，开发污染数据动态采集、远程传输等地下水污染监测与预警设备；针对流域水环境治理，开发提标改造和系统优化技术装备。

（六）现代农机

1. 突破工程

加快补齐全程全面机械化生产短板。聚焦关键薄弱环节，着力提升水稻、油菜机械化种植和花生、薯类机械化采收水平，加快灌排、植保、秸秆处理、烘干等环节装备和技术应用，形成小麦等7种主要农作物生产全程机械化技术模式。围绕农业结构调整，加快果菜茶、现代种业、畜牧水产、设施农业和农产品初加工等产业的农机和技术应用。

2. 补短工程

大力推进丘陵山区特色优势农产品生产机械化，打造以茶叶、山核桃为代表的多个山区特色农产品优势样板区，推进农业生产全面机械化。加大新型农产品光电分选设备开发和补贴力度，开展光电分选技术基础研究及在农产品深加工环节的应用拓展，进一步加强安徽省在农产品智能光电分选领域的竞争优势。进一步完善皖北地区规模化无人机植保技术服务新机制，推广将土壤测定、自动施肥等农艺环节综合一体化的互联网＋定制肥销售新模式，构建皖南茶叶加工机械组合一体化生产新工艺。

3. 卓越工程

完善农机创新体系，推进农机全产业链协同发展，优化农机产业结构布局，加强农机质量可靠性建设。支持绿色高效新机具新技术示范推广，加强薄弱环节农业机械化技术创新研究和农机的研发、推广与应用，攻克制约农业机械化全程全面高质高效发展的技术难题。支持智慧农业示范与推广。强化农业机械化技术推广机构的能力建设，加大新技术试验验证力度。

4. 产业发展的重点工程

重点为 300 马力重型拖拉机开发提供自主可控核心零部件，主要包括带悬浮功能的拖拉机前驱动桥、关键传感器、机械液压无级变速器、变量泵、多路阀、电液比例阀、电控系统、倍速转向系统和湿式离合器等关键部件。建议列入省科技厅科技重大专项计划。

支持绿色高效新机具新技术示范推广，加强薄弱环节农业机械化技术创新研究和农机的研发、推广与应用，攻克制约农业机械化全程全面高质高效发展的技术难题。支持智慧农业示范与推广。强化农业机械化技术推广机构的能力建设，加大新技术试验验证力度。

（七）医疗器械

1. 突破工程

突破"卡脖子"的重大技术瓶颈，实现主要医疗器械的国产化。加强新型成像前沿技术、质控和检验标准化技术等产业前瞻性技术研发和重大关键核心技术攻关，重点突破探测器、特种光源/球管、CAD 自主创新与集成、图像处理核心算法等关键技术。主要包括：（a）集成电路、元器件、原材料等核心部件研发。（b）新型医用人工智能前沿技术创新、新型电刺激疾病调控前沿技术创新、无创精准诊疗一体化前沿技术创新和医学软件系统性能测试共性技术研发。（c）新型肿瘤物理治疗技术及装备研发、专科医用机器人重大产品研发。（d）医用电子、专科影像、物理治疗等前沿创新产品研发。（e）基于区块链技术的新服务模式的解决方案研究。

2. 短板工程

以"强特色、补短板、惠民生"为导向，加速基础研究成果向应用的转化。重点支持突破数字诊疗装备、医用光学设备、系统康复设备、生物医用材料及植（介）入器械、体外诊断设备与试剂等领域制约行业创新发展的关键技术瓶颈，研制一批具有自主知识产权的设备与器械、核心部件、新型生物材料等，强化安徽省在医疗器械领域的特色和优势，补齐补强医疗器械领域短板。主要包括：（a）研发数字诊疗装备。开展新型快速断层成像与图像引导系统、医疗智能微创服务系统、智能手术导航定位系统、治疗肿瘤的精准医疗设备和专用系统、新型高端智能移动医疗装备研制。（b）研发生命科学仪器及体外诊断技术。重点开发新型分子诊断系统、细胞成像、医用多模态流式细胞仪、新型医用质谱仪、全自动微生物分析系统和设备，以及创新型配套体外诊断试剂。（c）研发新型医用光学设备。重点开展新型慢病早期检测设备、肿瘤检测系统、新型激光手术设备以及其他创新型医用光学诊疗设备的研发。（d）研发系统康复设备和高值医用耗材。围绕综合利用大数据平台和智能化设备，重点开展健康感知、康复机器人应用研究，推进高端康复设备研制。重点开发植入性材料、介入性材料等高值医用耗材的开发应用。

3. 卓越工程

增强制造业核心竞争力，推动制造业加快迈向全球价值链中高端。加快智慧医疗关键技术研发。结合"宽带中国"全面开进，开展基于 5G 新型网络架构的智慧医疗技术研发，建设 5G 智慧医疗示范网，利用云计算技术、大数据技术、物联网技术、移动互联网技术和人工智能技术等，研发适用于诊疗全过程、全生命周期健康管理过程的智能化产品及应用，开展协同服务平台关键技术研究，创新智慧医疗服务体系，构建智慧医疗云服务平台。

（八）工程机械

1. 突破工程

（1）工程机械专用柴油机

目前，安徽省除全柴外，缺乏生产工程机械专用的柴油发动机，尤其是大马力大扭矩柴油机的企业，建议注意招商引资，也可以选择条件好的现有企业开发研制工程机械用柴油发动机，或者引进省外或国外专业柴油发动机生产厂家来安徽投资建厂。

（2）回转支撑

国内市场主要为世界名牌罗特艾德（徐州）等占据。目前省内有马鞍山方圆等专业厂生产，本地回转支承用的钢材、锻造技术、热处理技术均满足不了产品技术性能指标。鼓励企业引进技术，装备升级，实现技术突破，与安徽现有资源（如日本精工的轴承）供应链整合，尽快满足国产高端工程机械需求。

（3）密封件

安徽在中低端橡塑密封件的生产研发方面有国内领先的中鼎密封（宁国），必须在高端密封方面继续发力。同时，在柔性密封、机械密封材料、技术与产品上进行产业化布局。

（4）动力换挡变速器

动力换挡变速器设计制造技术包括电液控制技术、工艺制造技术、试验技术、材料处理技术，是一个系统化的综合集成技术。目前国内工程机械企业基本是美国进口（或合资），建议安徽企业通过技术引进和自主创新相结合研发此关键技术。

（5）湿式制动驱动桥

湿式制动驱动桥关键技术在于研发设计软件、测试手段、桥壳的材质与铸造技术、鼓形伞齿轮的位移技术以及湿式摩擦片的材料与制造技术。建议安徽企业通过技术引进和自主创新相结合，研发此关键技术。

2. 补短工程

（1）柱塞型液压马达、液压泵

合肥长源液压、博一流体等在柱塞式通轴泵、斜轴泵、液压马达总成和转子总成等精密高压液压件上有多年试生产和研发的技术积累，部分技术指标已达到国际先进水平。如果有可能，应该往电液一体的控制液压部件研发方向发展。重点研发，稳定质量，形成规模生产，可先在中小型挖掘机成套液压系统上率先突破。

（2）整体式多路液压阀

现在国内生产的多路阀大部分是分片式组装型结构，体积大、寿命短、密封性差，使整机产品缺乏竞争力。该产品的关键技术主要是工艺制造技术，包括毛坯铸造与清理技术、加工制造技术、装配技术等。目前合肥长源液压、博一流体等有研发和试产，应该鼓励创新，尽快形成新产品，满足市场要求。

（3）四轮一带

四轮一带产品包括支重轮、驱动轮、拖带轮、导向轮和行走履带等，是履带式行走工程机械的配套部件。其中支重轮、驱动轮、履带是关键，涉及设计、材料和工艺制造技术。

（4）高压及数字油缸

目前，省内生产工程机械专用油缸的企业分布在蚌埠、安庆等地，主机需要大量长行程、高压、抗冲击、不泄露的油缸。还对数字化控制提出了要求。

（5）大功率液力变矩器

蚌埠液力机械厂曾经引进日本大金公司技术，实现了规模生产，重点供应工业车辆使用。未来要突破大功率动力传递技术，实现智能制造，力争成为国内第一品牌。

3. 卓越工程

依托安徽叉车重装事业部、合肥永安绿地公司、安徽劲旅等企业，发展高端系列的装载机、压路机，形成批量生产，扩大市场份额，同时，建议研发垂直振荡压路机、高端智能道路养护机械等市政工程机械产品，投放市场。支持安庆雷萨、华菱星马发展高空混凝土泵送装备及其他混凝土输送用工程机械，形成批量生产，提升安徽产品的市场份额。

安徽是工程机械生产大省之一，也具有很好的再制造产业配套基础，完善的工程机械核心部件供应链，可提供充裕的二次配套件和产品测试技术，为部件置换再制造提供资源保障。建议建设集整机、结构件、液压元件、发动机和其智能升级为一体的工程机械再制造产业链集群；以交易带动产业集聚，成为二手工程机械及零部件集散地。

4.产业发展的重点工程

依托安徽叉车集团、安徽江淮银联、中联安徽公司等企业，壮大产业链，重点发展具有自主知识产权的重装叉车、集装箱堆高机、正面吊车以及机场牵引车等专用的工程机械。同时发展国内外领先的电动叉车、内燃叉车、大吨位叉车，扩大规模，扩大市场份额。依托日立建机（中国）有限公司、合肥合矿公司等企业，重点发展0.5—800吨各种型号的液压挖掘机，研发小吨位的液压挖掘机，满足市场需求。依托安徽柳工、安庆雷萨、合肥中宝机械等企业，重点发展工程起重机、塔式起重机等产品，增加品种规格，同时开发履带起重机等大型高端产品。

（九）石化通用机械

1.突破工程

（1）研发石化通用机械高端装备与技术

解决流程工艺与装备设计融合不够问题，研发45万吨/年低密度聚乙烯装置成套装备中的超高压压缩机（≥300MPa）、超高压管式和釜式反应器（310MPa，316℃，DN686×6560）、循环气冷却器等，LNG液化装置主低温换热器（国外最大35000m²），高效紧凑型印刷电路板式换热器，20MW级5700—6000转/分左右透平压缩机，高压煤浆进料泵（700kW），−200℃以下低温液氢泵，射流作业超高压大流量（150MPa、200L/min以上）泵，适用物料粘度大、颗粒细、难分离的直径高参数卧螺离心机、适用高温、高压、易燃、易爆等高危环境的密闭防爆立式螺旋离心机。

（2）研发流体机械设计分析软件和专业开发工具

研发功能相当于Ansys、Abaqus等的分析计算软件，气动设计、转子动力学、结构强度及振动噪声分析软件等计算软件，Concepts NREC、CF Turbo等专业开发工具和设计软件。

2.补短工程

（1）开发先进原材料及焊接材料

开发镍基材料、超级奥氏体不锈钢、超级双相不锈钢、高温耐热钢、耐磨材料、特种材料管材等先进原材料，建立包含高温持久、蠕变、蠕变疲劳、腐蚀疲劳、环境疲劳等数据的材料基础性能数据（尤其是长时数据），提高韧性指标、性能均匀性、稳定性、表面质量等材料性能。开发镍基合金焊材、双相钢焊材、带极堆焊焊材等高性能焊接材料，提高焊材与母材性能的匹配度、焊材纯净度、稳定性、工艺稳健性等指标。

（2）研发石化通用机械高参数短板装备

研发乙烯裂解气急冷器、烷基化装置部分设备（SA516−GR钢制反应器、酸沉降罐、PFA/GLASS/316L制玻璃管换热器等），高效、清洁、无油空压机，加氢裂化装置高温塔底泵，乙烯及深加工装备中的裂解气清焦大阀，芳烃装备中的程控阀门，煤化工装备中的耐温耐磨泵阀、大口径高压氧阀、合成气切断与调节阀、高压差减压阀等，油气储运装备中的轴流式止回阀、水击泄压阀、旋塞阀、大口径低温球阀、安全阀等，制氢储氢装备中的智能瓶口组合阀、液氢阀，石化PTA和煤化工PVC产品用大型螺旋卸料离心机，化纤行业高温高压聚酯熔体过滤元件与装置，多功能过滤机。

（3）研发石化通用机械相关基础技术与基础件

研发高效先进焊接设备核心部件，光谱分析仪、快速铁素体检测仪、高能加速器探伤机等关键检测设备，高参数气阀、填料、活塞环，隔膜压缩机膜腔油腔、密封及金属膜片，关键传感器（振动、位移、压力、温度等）、控制器，大功率高速电机技术和磁轴承技术、系统保护与运维测控技术、驱动用燃机技术，大型石化装置用超高压压缩机干气密封，高强度、细颗粒机械密封用材料，超高压、大轴径、超高速干气密封，高温（800℃以上）、高压环境非金属垫片。

3. 卓越工程

研发大型重油加氢反应器（日本神钢正在研发 500℃ 加氢反应器直径 4m，壁厚 225mm），连续重整用大型板壳式换热器（已开发 10500m²，正在研制 13000m²，国外最大 35000m²，需开发 ≥15000m²），重整进料缠绕管式换热器（已开发 10000m²，国外最大 35000m²，需开发 ≥20000m²），催化裂化 40MW 烟气轮机（已开发 33000kW 机组，需开发 ≥40000kW 机组，温度 700℃，压比 3.4～3.9，转速 3300～3750rpm），乙烯裂解炉（已开发 20 万吨/年正在开发 30 万吨/年），超大型低温乙烯冷箱（高压板翅式换热器，已开发最高压力 9.6MPa、单体外形 1.2m×1.1m×6m 需开发最高压力 10MPa、单体外形 1.5m×1.5m×8m）；开发高温、超高压、深冷、复杂腐蚀等极端压力容器缺陷早期检测、风险评估、结构完整性评价技术；研发材料基因组与增材制造、智能感知、实时检测与远程运维技术、大数据驱动的智慧决策与管理、全生命周期足迹监控与溯源等智能制造技术。

4. 产业发展的重点工程

（1）建立石化通用机械先进技术工程化试验验证平台

利用合肥通用机械研究院拥有压力容器、压缩机、风机、泵、阀、气体分离设备及分离机械等 12 个门类的多专业优势，建立石化通用机械先进技术工程化试验验证平台，可实现压力容器、压缩机、换热器、阀门等产品的标准、检测、试验验证等功能，提升国家级检测与评定中心能力，提高产品的标准、质量和可靠性。

（十）电工电器

1. 突破工程

突破输变电成套装备制造技术、电工电器的检测设备，解决发展大型、高端电工电器的"瓶颈"问题。大力发展大规格、大容量的电机产品（60 千瓦以上，变压器 800kV 以上，电缆 500kV、锅炉 10 蒸吨以上）。

2. 补短工程

围绕节能、环保、耐用、轻量化目标，加强基础原材料、基础工艺管理，积极应用新技术、新材料、新工艺。目前安徽在风电、核电领域仍有很大提升空间，应当通过深入调查研究，梳理电工电器重点地区和生产企业，加大投入，进行风电、核电的研发、生产。

3. 卓越工程

安徽在水电、火电方面有较好基础，水力、火力（煤炭）资源比较丰富。安徽要加大投入，发展水力、火力发电机组生产，更好满足日益增长的电力需要。研发火力、水力发电装备关键技术，解决大型电机、变压器等关键技术，适应轨道交通、高铁、地铁等国家重点工程需要。

以合肥阳光电源公司为重点发展光伏设备，满足日益发展的光伏产业需要。选择有条件的企业与国内有关单位联合开发风电装备，利用安徽山区、丘陵俱多的优势，从事风能发电。总结推广界首市的成功经验，调查市场需求发展再生能源装备。

4. 产业发展的重点工程

2019 年 11 月，安徽省人民政府认定了 27 个县域特色产业集群，包括无为市电线电缆产业集群。安徽电工电器要进一步发展，已有的产业集群要完善壮大；包括天长的电线电缆产业集群进一步完善提高，泾县的电机、芜湖的微型电机具有一定基础，争取建成产业集群。拉长系列，增加品种，发展更多的特别是大型、高端电工电器产品，满足我国重点工程建设需要。抓好节能降耗减排，努力实现碳达峰、碳中和，提高产品的竞争力和市场份额。抓住长三角一体化、长江经济带、合肥城市圈发展战略的机遇，加强合作，承接产业转移，扩大产品销售。

（十一）工业四基

1. 核心基础零部件（元器件）

（1）轨道交通装备领域

围绕材料、车轮、车轴、转向架四部分，对标龙头企业，引进关键零部件项目，培育轴箱、齿轮箱、构架及悬挂等、轴承、制动系统、空气弹簧等关键零部件集成，补齐壮大车辆行走系统产业链。

（2）机器人领域

围绕工业机器人关键零部件重点发展高性能机器人控制器、伺服驱动器、高精度传感器、高精度机器人专用伺服电机、高精度专用减速器、精密齿轮、专用焊接电源等。

（3）数控机床领域

以大型多轴联动加工中心、精密高速数控机床、大型高速数控锻压设备重点研发高端数控回转工作台、多自由度精密转台、多轴联动装置、高精度电动主轴、高精度谐波减速机、高精度全自动对刀仪、高精度传感器、多模式送料机构装备、大行程伺服液压缸、高端专用轴承等。

（4）新能源汽车领域

以纯电动汽车、混合动力及氢燃料电池为方向，重点发展高效驱动电机、新型稀土永磁电机、电机电子控制系统、动力电池系统（含电池管理器）、氢燃料电池电堆、氢循环系统、储氢瓶、机电耦合装置、混合动力变速系统、能量再生制动系统、整车制动能量回馈系统、双向DC/DC变换器、混合动力系统关键控制系统核心控制器等关键零部件。

（5）新型节能汽车关键零部件领域

围绕节能汽车和轻量化，重点发展电控喷油系统、缸内直喷系统、发动机系统控制器、动力总成电子控制、电控附件系统、自动变速器液力变速箱、高精度天然气喷嘴、天然气电控减压（调压）器、大容量轻量化复合气瓶等关键零部件。

（6）电力装备领域

以输变电设备、核电设备和发电设备为重点，主要研发重型燃气轮机关键耐高温部件、大型核电压力容器、蒸汽发生器、冷却剂主泵、核燃料在线监测装置、大容量发电机保护断路器、高电压大电流真空灭弧室、耐高温、高绝缘性能冲击电容器、直流侧电容器、高能量密度、低内阻超级电容器、电容管理系统、高压大电流高频开断真空灭弧室、直流断路器控制保护系统、直流转换开关用开断装置等关键部件。

（7）工程机械及农业装备领域

以叉车、挖掘机、汽车吊、大型收获和种植农业机械为方向，重点发展先进动力系统、转向驱动桥、大载重量静液压底盘、重型变速箱、湿式离合器、换挡离合器电磁比例阀及控制机构、电液悬挂系统、空气减震弹簧、高压大排量柱塞泵、液压大扭矩马达、大行程高压液压油缸、密封系统、液压阀、液压电子控制器、农机导航与智能控制作业装置、农机专用测控传感器、大喂入量脱粒滚筒部件、大排量药泵及喷嘴、智能化取苗、顶苗、导苗、输送、栽植控制系统等。

（8）海洋工程装备及船舶领域

以大型船用动力和特种运输船舶为发展方向，重点研发大型及新型推进装置、船舶专用齿轮、燃气轮机关键零件、船舶动力高压共轨燃油喷射系统、高性能动态密封件、大直径耐磨耐腐蚀轴承、液压提链器、水下阀门、海洋工程及船舶专用电缆、水下声学定位装备、深海海水提升泵、LNG输送泵及低温部件、高压天然气输送管、船用柴油机尾气处理装置。

（9）其他领域

基础功能部件重点发展以中鼎公司、亚新科公司等为龙头的橡塑密封件和金属密封圈；以合肥精工轴承有限公司、合肥金昌轴承有限公司、淮南万向轴承公司等企业为主的精密轴承，高端汽车轴承、轴承密封系统；以皖南电机股份公司、江淮电机股份公司等企业为主的高效节能电动机、家电用直流永磁无刷电机；以合肥仪器仪表产业园、天康集团、合肥精大仪表公司等为骨干高精度仪器仪表、数字化量仪、高精度计量泵；以长源液压、博一流体等企业为主的高压大流量液压泵、液压马达、电磁阀和精密多路阀；以滁州市经济开发区模具产业基地为主的冰箱等家电类模具；以芜湖鸿鹄汽车部件制造有限公司、合肥、宣城为主的高性能模具、大型精密型腔模具、精密冲压模具、铝制及碳纤维等轻量化模具、高档模具标准件；以合肥、六安、池州、宣城等地为主的中高档传感器、衡器行业用新型光纤称重传感器、高强度紧固件，气动元件等。

2. 关键基础材料

（1）高性能机床专用高强合金钢、机床滚珠丝杠和直线导轨专用钢、高性能轴承钢、高温合金新钢种、超硬刀具材料。

（2）轨道交通装备专用车轴车轮钢、高碳铬轴承钢、高性能齿轮渗碳钢、铁道车辆车体用耐蚀钢、高铁地铁用轨道交通复合材料。

（3）新能源汽车及车身轻量化专用动力电池电极和基体、储氢材料、电机用硅钢和永磁材料、高强度钢、高端弹簧钢、高应力弹簧钢、高性能铝合金材料、高性能镁合金材料、高强度大尺寸中空铝合金型材、轻量化车身复合材料/混合材料、轻型耐高温高可靠性工程塑料、密封材料、膜电容器高温膜材料。

（4）电工电器电力专用高电压光缆材料、高导电率材料、高强度铸铝合金材料、储能模块用铝合金材料、核电用合金钢及型材、耐高温隔热材料、耐高温绝缘材料、电力专用复合材料；高柔性电缆材料、耐油材料、高压大容量陶瓷电容器材料、新型精细陶瓷粉体、陶瓷基复合材料、特高压电网工程用绝缘材料。

（5）海洋工程专用高性能海工钢及配套焊接材料、耐腐蚀钢焊接材料、水下焊接材料、低温材料、高性能耐蚀合金、深水平台专用钢材、船舶用钢、LNG 船储罐用殷瓦钢、双金属复合材料、高性能密封材料。

（6）工程机械专用的高压柱塞泵/马达壳体、高压整体式多路阀体、高压液压缸材料、大功率液力偶合器泵轮及壳体铸件用球墨铸铁、蠕墨铸铁、高性能熔覆用金属与合金粉末材料、冶金制备齿轮钢所需的合金成分材料、冶金锻造齿轮材料、耐磨材料、离合器活塞材料、湿式离合器摩擦材料、油气开采用复合材料．

（7）通用高性能材料：轴承专用钢、自润滑免维护轴承材料、高性能齿轮用钢、高强度紧固件用钢、超高强度结构钢、大型耐蚀模具钢、大型铝镁合金轻金属压铸模具钢；高可靠性密封材料、高抗水解聚醚聚氨脂液压用密封材料、高性能柔性石墨密封材料；高强高韧焊接材料、耐低温焊接材料、无毒绿色钎焊材料及焊剂；变形高温合金、高端粉末冶金材料、高强钛合金材料、高性能铝合金镁合金材料、高品质工模具钢、3D 打印材料、重型燃机关键高温材料、汽轮机叶片用钛合金材料、新型耐高温活塞材料等。

3. 先进基础工艺

（1）铸造

研究定向凝固铸造技术和单晶铸造工艺，开发大功率重型燃气轮机及航空发动机用定向结晶高温合金叶片；金属型压力铸造技术，铝及镁合金压力下铸造成形工艺（低压、半固态、高真空压铸）新能源汽车及轻量化发展；钛合金、高强合金钢、高强铝合金的精密高效成形制造工艺；超大型铸锻件成形制造工艺；高端粉末冶金工艺；无模化铸造成型技术；高效、连续、质量稳定、节能降耗的铸造熔炼工艺技术；高紧实度粘土砂自动造型技术。

（2）锻造冲压

研发热精锻成形技术，精密制坯技术、自动润滑技术、生产线自动化技术，汽车前后桥锻件、螺杆锻件。复合材料构件成形制造工艺与模具技术；铝及镁合金液压、冷弯等精密塑性成形工艺与模具技术；超高强度钢塑性成形工艺与模具技术；汽车用钛合金、高温合金、轻合金、高强钢等板材管材精密成形工艺与模具技术。超临界、超超临界火电、第三代核电用的大口径厚壁无缝钢管成形工艺。汽车用冷/温精密成形及长寿命模具技术。航空天发动机用的大型复杂结构件精密体积成形技术、大锻件内部缺陷形成机制与组织控制技术。

（3）焊接

研发高精度激光焊接工艺；机器人/自动化焊接工艺；航空航天、高铁铝合金结构件搅拌摩擦焊接工艺；轻量化材料焊接工艺；发电装备、海洋工程等焊接工艺；超大型结构件焊接工艺；航空高可靠性焊接技术；碳纤维等复合材料成形及连接工艺与模具技术；激光及激光电弧复合焊接技术，超厚钢板精密焊接。

（4）热处理

研发超大型零件热处理工艺；双频感应热处理技术；绿色高效真空热处理技术；清洁热处理表层硬化工艺；金属材料表面强韧化处理工艺；等离子喷涂及注入技术；激光及电子束表面改性技术；轻量化材料接头腐蚀控制和表面防腐处理技术；复杂结构零件性能及变形精密可控热处理技术，可控式渗氮、渗碳、金属等离子渗淬；铝、镁合金件表面微弧氧化处理与强化技术。

（5）增材制造工艺

研发 3D 打印工艺；高性能大型关键金属构件高效增材制造工艺；高能束流增材制造工艺；精密电弧增材工艺；激光粉末烧结成形工艺；增材制造用高性能金属粉末制备工艺。

（6）高端精密加工工艺

研发精密及超精密加工（切削、磨削、研磨、抛光）工艺；激光、电子束、离子束、等离子弧等高能束加工工艺；精密电火花加工工艺；高效及复合加工工艺；高效磨削加工工艺；超大型（超小型）零件切削加工工艺；复合材料构件制造工艺；复合材料切削加工工艺；碳纤维等复合材料成形及连接工艺。

4. 产业技术基础

构建轨道交通列车检验检测创新平台；节能与新能源电池碰撞安全性测试服务平台；节能与新能源关键材料和零部件计量测试创新服务平台；节能与新能源汽车混合动力技术创新平台；汽车气动－声学性能开发和试验检测技术基础公共服务平台；超（超）临界火电机组、CAP1400 核电机组用安全阀试验服务平台；大功率可变转速发电电动机基础技术平台；农机专用测控传感器等关键零部件计量测试创新服务平台；生产过程中的现场测量、在线测量、无损测量和快速测量的量值溯源能力；极端条件下测量的量值溯源能力；近极限检测技术；在线检测和无损检测技术；机器人可靠性试验验证及综合分析服务平台；有害物质的高效检测技术；工程机械高端液压元件和系统协同工作平台；工业"四基"大数据平台；计算机及信息系统信息与系统安全技术验证平台；齿轮传动共性基础技术研发与应用平台；齿轮产品可靠性试验测试服务平台。

三、相关措施建议

（一）建设国家重大装备制造产业基础研究院

为积极落实习近平总书记在 2019 年中央财经委员会第五次会议和今年 8 月扎实推进长三角一体化发展座谈会上的重要讲话精神，建议整合转制院所和长三角优势创新资源，建设"国家重大装备制造产业基础研究院"，充分发挥转制院所产业基础共性技术供给、行业引领带动的功能，聚焦安徽省重点制造业领域的重大装备产业基础薄弱环节和关键核心问题，围绕"工业五基"补短板、强弱项，开展重大装备相关的关键基础材料、先进基础制造工艺、核心基础零部件/元器件、质量技术基础、基础工业软件等五个方面的研究攻关。着力夯实制造业基础，延伸产业链，完善产业体系，推进装备制造业由"中低端"向"中高端"迈进。牢牢掌握创新主动权、发展主动权，积极推进安徽省乃至全国重大装备制造业高质量发展，为"打好产业基础高级化、产业链现代化的攻坚战"，建设制造强国、制造强省提供有力支撑。

（二）基于合肥建设的综合性国家科技中心，打通科技成果与应用转化的创新链

落实《合肥综合性国家科学中心实施方案（2017－2020）》，促进合肥综合性国家科技中心与安徽省相关重点装备制造产业有效衔接，与高校、相关科研院所、用户企业在基础研究、共性技术和运行机制上深化交流合作，共同承接国家重大战略任务，联合开展科技攻关项目，畅通科技成果与应用转化的创新链，探索形成具有合肥特色更高质量一体化发展的路径与格局，打造世界一流综合性创新平台。

（三）建立先进装备制造业领导小组，实行目录化管理

成立安徽省先进装备产业发展工作领导小组，由省政府领导同志任组长，相关委、厅、办和各市、开发区负责同志为成员，负责统筹指导和推进装备制造产业发展及推广应用工作，避免低同质同类产品的重复建设和盲目建设。成员单位之间既要相互配合，按照各自职责分工，认真做好本地区、本部门相关工作。装备产业专家咨询委员会，加强技术指导和技术服务工作。

针对安徽省具有一定基础或特色优势的装备主机或零部件产品，对其实行目录化管理，选择重点进一步提升，做优做强。坚持以服务为核心，加快转变政府管理职能，转变政府作风，提高办事效率，推进效能建设，构建精简高效的管理体制。对于装备制造业重大投资建设项目，要建立以项目为中心、以企业为主体的政府服务体系，着力实现项目审批的"保姆式"服务和"零障碍、低成本、高效率"的办事环境，营造"亲商、安商、扶商、富商"的管理氛围。

（四）打造安徽省重点装备制造产业集群

着力营造服务环境优、要素成本低、尊重企业家的良好氛围，鼓励和支持中小配套企业做专做精，提供专业化产品，为行业龙头骨干企业配套，形成产业链条，发挥集聚优势。围绕龙头企业和核心产品，打造工业机器人及智能装备、高档数控机床、智能制造物料输送装备、新能源汽车及新能源装备、智慧城市与美好环境装备、现代农机、医疗器械、工程机械、石化通用机械、电工电器等制造产业集群。支持龙头企业带动产业集聚区发展，在细分行业打造垂直产业互联网平台，在传统产业集聚区打造区域产业互联网平台，建设产业互联网示范区和共享制造示范区以及"共享智能工厂"。依托"芜马合蚌"重点区域，构建以芜湖为国家综合性高端智能机器人及智能装备研发制造基地、以马鞍山和蚌埠为特色机器人及智能装备制造基地、以合肥为新一代机器人及智能装备创新研制基地的产业集聚区。

（五）开展应用示范，加大国产智能制造装备推广力度

拓宽应用领域，培育应用市场，拉动市场需求，推动国产智能装备在汽车、钢铁、电力、有色、家电、纺织等主导产业的系统集成应用示范，落实智能制造首台（套）重大技术装备补贴政策，推动企业由传统加工制造型向智能制造型转变。围绕汽车、家电、材料等重点领域制造过程的智能化需求，加强关键智能技术、核心智能测控装置、成套智能制造装备的研究开发，大力推进智能测控装置和高档数控机床的示范应用推广，选择在汽车及家电制造、节能环保、资源开采及基础设施建设等国民经济重点领域推广应用，分步骤、分层次开展应用示范，鼓励有条件的地区和行业率先开展推广应用。

（六）加强项目策划和招商引资

整合利用优势资源，推进产业国际化，积极引进国内外装备制造产业龙头企业，吸引一批整机及关键零部件项目落户安徽，突破核心技术及关键制造问题，完善产业配套、研发配套，延伸产业链。

（七）建立动态评估系统，加强督促检查

建立健全规划与项目动态评估机制，对政府重点示范项目实施跟踪监测、科学评估和督促检查，定期对相关战略目标、计划执行等情况进行科学评估评价，及时协调解决实施过程中遇到的问题。对弄虚作假、骗取装备产业专项扶持资金的，予以追回，失信信息列入公共信用信息共享服务平台并予以公布；情节严重的，追究相关单位和人员责任。

（八）加强行业内交流与合作

搭建安徽省先进装备制造业产业联盟，依托骨干龙头企业，促进具有装备研发能力和研发基础的大

型企业和有生产经验的中小型企业优势互补，合作共赢。促进零部件企业与主机企业建立战略合作关系，并邀请相关大学、科研院所加盟，建立协同创新战略同盟。推进技术国际化，鼓励与境外企业及科研机构开展多种形式的研究合作，鼓励企业积极参与工业设计、技术标准的国际协作，大力支持优势产品出口，通过引进消化吸收再创新，不断培育符合市场需要的新产品。

参考文献

［1］习近平．在中国科学院第十九次院士大会、中国工程院第十四次院士大会上的讲话［EB/OL］．http：//www. gov. cn/xinwen/2018－05/28/content _ 5294322. htm，2018－5－28/2018－05－28.

［2］习近平．在中央财经委员会第五次会议上的讲话［EB/OL］．http：//www. gov. cn/xinwen/2019－08/26/content _ 5424679. htm，2019－08－26/2019－08－26.

［3］习近平．在十九届五中全会上的讲话［EB/OL］．http：//www. gov. cn/xinwen/2019－08/26/content _ 5424679. htm，2020－10－26/2020－10－29.

［4］中华人民共和国国务院．中国制造2025［EB/OL］．http：//www. gov. cn/zhengce/content/2015－05/19/content _ 9784. htm♯，2015－05－08/2015－05－19.

［5］国家发展改革委，科技部，工业和信息化部，等．关于促进首台（套）重大技术装备示范应用的意见［EB/OL］．https：//www. ndrc. gov. cn/xxgk/zcfb/tz/201804/t20180417 _ 962712. html，2018－04－11/2018－04－17.

［6］安徽省人民政府．中国制造2025安徽篇［EB/OL］．http：//www. gov. cn/zhuanti/2016－02/02/content _ 5038433. htm，2015－11－18/2016－02－02.

［7］安徽省经信委．安徽省"十三五"装备制造业发展规划［Z］．2017－02－13.

［8］安徽省人民政府．支持制造强省建设若干政策［EB/OL］．http：//www. gov. cn/xinwen/2017－05/02/content _ 5190360. htm，2017－04－22/2017－05－02.

［9］安徽省人民政府．安徽省制造强省建设实施方案（2017－2021）　［EB/OL］．http：//jx. ah. gov. cn/public/6991/145421121. html，2017－05－11/2017－05－24.

［10］安徽省人民政府．大规模实施新一轮技术改造推进方案［EB/OL］．http：//jx. ah. gov. cn/public/6991/142155501. html，2017－06－05/2017－06－08.

［11］安徽省经济和信息化委员会．安徽省智能制造工程实施方案（2017－2020年）［EB/OL］．http：//jx. ah. gov. cn/public/6991/142155451. html. 2017－03－28/2017－03－31.

［12］安徽省经济和信息化委员会．安徽省智能工厂和数字化车间认定管理暂行办法.［EB/OL］．http：//jx. ah. gov. cn/sy/wjgg/143274521. html，2017－07－10/2017－07－12.

［13］安徽省委　安徽省人民政府．关于促进经济高质量发展的若干意见［EB/OL］．https：//www. ah. gov. cn/public/1681/8188021. html，2018－03－14/2018－03－14.

［14］安徽省人民政府．安徽省2020年政府工作报告［EB/OL］．https：//www. ah. gov. cn/zwyw/jryw/8254291. html. 2020－01－20/2020－01－20.

［15］安徽省人民政府．支持首台套重大技术装备首批次新材料首版次软件发展的若干政策［EB/OL］．http：//jx. ah. gov. cn/public/6991/142155831. html，2020－05－18/2020－05－20.

［16］中国工程院战略咨询中心．中国工程院重大战略咨询课题研究报告"产业基础能力再造"［R］．北京：中国工程院战略咨询中心，2019.

［17］国家制造强国建设战略咨询委员会，中国工程院战略咨询中心．中国制造2025系列丛书：工业强基［M］．北京：电子工业出版社，2016.

［18］中国工程院工业强基战略研究项目组．工业强基战略研究（卷Ⅰ）［M］．北京：电子工业出版社，2017.

［19］中国工程院工业强基战略研究项目组．工业强基战略研究（卷Ⅱ）［M］．北京：电子工业出版

社，2017.

［20］中国工程院工业强基战略研究项目组．工业强基战略研究（卷 III）［M］．北京：电子工业出版社，2017.

［21］中国机械工业集团有限公司．国家重大技术装备创新研究院组建方案［Z］.2019.

［22］Subcommittee on Advanced Manufacturing Committee on Technology of the National Science & Technology Council. Strategy for American Leadership in Advanced Manufacturing［Z］.2018－10.

［24］Horizon 2020. The EU Framework Programme for Research and Innovation［EB/OL］. http：//ec. europa. eu/programmes/horizon2020/en.

［25］陈学东，范志超等．关于转制科研院所发展的思考［R］.合肥：国机集团转制院所发展座谈会报告，2016.

［26］陈学东．智能制造与流程工业装备智能化远程运维［R］.合肥：2018 中国国际徽商论坛与 2018 世界制造业大会特邀报告，2018.

［27］Chen XD，Cui J，Fan ZC et. al. Design，manufacture and maintenance of high－parameter pressure vessels in china［C］.Anaheim，California：ASME PVP 2014 Conference，2014.

［28］Chen XD，Cui J，Lv YR et. al. Structural Design，Manufacturing and Maintenance Technology of Flange Seal for Pressure Equipment Based on Leak Rate Control［C］.Boston：ASME. ASME PVP 2015 Conference，2015.

［29］Chen XD，Yang TC，Fan ZC et. al. On－line monitoring and warning of important in－service pressure equipment based on characteristic safety parameters［C］.Hawaii：ASME PVP2017 Conference，2017.

［30］Chen XD，Fan ZC，Chen YD et. al. Development of Lightweight Design and Manufacture of Heavy－duty Pressure Vessels in China［C］.Czech Republic：ASME PVP 2018 Conference，2018.

［31］Chen XD，Fan ZC，Chen T et. al. Thinking on intelligent design，manufacture and maintenance of pressure equipment in China［C］.San Antonio：ASME PVP2019 Conference，2019.

［32］殷忠勇．论科技创新新型举国体制的构建——时代背景、理论基础和制度体系［J］.人民论坛学术前沿，2017（13）：80－83.

［33］黄涛．构建新型科技创新举国体制应把握好三个均衡［N］.学习时报，2018－10－01（1）.

［34］陈学东．关于企业技术创新和工匠精神的思考［R］.合肥：合肥科学家企业家论坛，2018－12－09.

［35］陈学东，王冰，范志超．科技与经济融合促进企业技术创新能力提升的思考［J］.安徽科技，2019，12：（5－10）.

［36］陈学东，范志超．新工科建设对提升企业技术创新能力的思考［R］.合肥：第 18 届全国机械学院院长/系主任联席会议大会报告，2019.

［37］陈学东．提升企业技术创新能力促进工业强基［R］.上海：浦东干部管理学院报告，2019.

［38］陈学东．推动工业强基工程、实现制造业高质量发展［R］.合肥：2019 世界制造业大会制造强国建设专家论坛报告，2018.

［39］陈学东．关于强化质量技术基础、加快制造强国建设的思考［R］.合肥：安徽省质量文化进高校活动特邀报告，2019.

［40］中国产业信息网．全球智能机器人行业发展现状、产业问题及未来发展趋势分析［EB/OL］. https：//www. chyxx. com/industry/201904/734933. html，2019－04－30.

［41］中国工业新闻网．安徽省机器人产业发展联盟成立［EB/OL］.http：//www. cinn. cn/ headline/201809/t20180907_198113. html，2018－09－07.

［42］长三角机器人产业链地图发布［N］.安徽日报，2019－12－11（1）.

［43］中华人民共和国教育部．关于在部分高校开展基础学科招生改革试点工作的意见［Z］．北京，2020．

［44］彭至然．我国新能源汽车产业竞争力分析［D］．北京：中共中央党校，2019．

［45］张京日．北汽智能网联汽车业务发展战略研究［D］．北京：对外经济贸易大学，2019．

［46］北京市经济和信息化委员会．国内外智能网联汽车产业发展概况［J］．科技中国，2019（02）：50－60．

［47］张晓安．合肥市新能源智能制造产业发展政策建议［Z］．合肥：合肥工业大学，2019．

［48］工业和信息化部．关于加快推进环保装备制造业发展的指导意见［EB/OL］．http：//www.gov.cn/xinwen/2017－10/25/content_5234258.htm，2017－10－17/2017－10－25．

［49］国家发展改革委等．关于促进智慧城市健康发展的指导意见［EB/OL］．http：//www.gov.cn/gongbao/content/2015/content_2806019.htm，2014－08－27．

［50］前瞻产业研究院．2018年智慧环保行业发展现状和市场格局分析［Z］．北京：中国智慧环保行业趋势前瞻与投资战略规划分析报告，2018．

［51］中共中央办公厅，国务院办公厅．关于构建现代环境治理体系的指导意见［Z］．2020－03－03．

［52］工业和信息化部．环保装备制造行业（大气治理）规范条件［Z］．2016－12－16．

［53］工业和信息化部，科学技术部．国家鼓励发展的重大环保技术装备目录（2017年版）［Z］．2017－12－27．

［54］国家税务总局．研发机构采购国产设备增值税退税管理办法［Z］．2020－03－23．

［55］安徽省经济和信息化委员会．安徽省“十三五”工业绿色发展规划［Z］．2017－02－14．

［56］国务院．关于加快推进农业机械化和农机产业转型升级的指导意见［Z］．2018.12.29．

［57］农业农村部办公厅，财政部办公厅，商务部办公厅．农业机械报废更新补贴实施指导意见［Z］．2020－02－19．

［58］安徽省人民政府．安徽省人民政府关于加快推进农业机械化和农机产业转型升级的实施意见［Z］．2019.4.15．

［59］吕云彤，朱雅魁，耿泉峰，等．消费驱动背景下流通产业的影响因素与发展趋势［J］．商业经济研究，2020（6）：17－20．

［60］盛煜，彭恒，冯毅．基于5G移动网络的智慧医疗应用［J］．邮电设计技术，2019（7）．

［61］科技部．中国石化“十三五”科技进步规划［Z］．2014－05．

［62］科技部．中国石化重大技术装备国产化“十四五”研制规划（草稿）［Z］．2019－12．

［63］中国通用机械工业协会．中国通用机械工业发展史［M］．北京：机械工业出版社，2018．

［64］中国机械工业年鉴编辑委，中国通用机械工业协会．中国通用机械工业年鉴（2019）［M］．北京：机械工业出版社，2019．

［65］屈昊．国际科技合作基地运行管理研究及对策——以安徽省为例［J］．科技管理研究，2019，39（15）．

第 2 篇

工业机器人及智能装备篇

摘　　要

以工业机器人为代表的智能装备产业是集机械、电子、控制、计算机、传感器、人工智能等多学科先进技术于一体的战略性新兴产业，是衡量国家工业化和科技水平的重要标志。

工业机器人是面向工业领域的多关节机械手或多自由度的机器装置，能自动执行工作、靠自身动力和控制能力实现各种功能的一种机器，集多学科先进技术于一体的现代制造业重要自动化装备。智能装备是由计算机控制、具有特定功能的复杂机电系统，能够感知环境，并通过自主分析和逻辑推理产生相应的决策，进而控制系统自动运行，自适应完成相应的功能。

工业机器人由主体、驱动系统和控制系统三部分组成，其最显著的特点是可编程、拟人化和通用性。工业机器人技术涉及的学科非常广泛，总体上是机械学和微电子学结合的机电一体化技术。目前，根据工业机器人在应用领域大体可进行如下几类：（1）工业机械臂：包括串联式、并联式、混联式机械臂，主要用于搬运、抓取、分拣、喷涂、焊接、打磨等任务；（2）移动机器人：主要用于仓储物流、医疗、食品等行业的柔性搬运、传输等；（3）焊接机器人：主要完成汽车各类零部件的焊接。通常负载、位置精度要求较高；（4）激光加工机器人：通过离线或在线编程方式完成工件的激光表面处理、打孔、焊接和模具修复等工作；（5）真空机器人：主要应用于半导体行业，实现真空腔室内的晶圆传输；（6）洁净机器人：主要应用于洁净环境中。随着生产技术水平的不断提高和生产环境要求的日益苛刻，很多现代工业产品需要在洁净环境下生产，洁净机器人满足相关需求的关键设备。

工业机器人的推广应用不仅可以显著提高产品的质量与产量，而且对保障人身安全改善劳动环境、减轻劳动强度、提高生产效率、节约原材料以及降低生产成本都具有十分重要的意义。经过多年的发展，工业机器人已经在汽车、电子、食品、化工、物流等多个行业广泛应用并日渐成熟。

近年来，物联网、边缘计算、云计算、大数据、人工智能等新技术已从科学概念和基础科学层面逐渐开始商业化实施，正与产业加速融合，人类已进入人、机、物全面互联互通的新时代。新技术的不断推出和智能制造的应用，使得生产制造在柔性化、智能化、高度集成化、缩短产品研制周期、降低资源能源消耗、降低运营成本等方面的优势不断放大。新技术在智能制造业的不断运用，为行业发展带来了新机遇，涌现了大批的智能制造装备。智能制造装备是具有预测、感知、分析、推理、决策、控制功能的各类制造装备的统称，是在装备数控化基础上提出的一种更先进、更高效和更精确装备类型。智能制造装备是高端装备的核心，是制造装备的前沿和制造业的基础，已成为当今工业发达国家的竞争目标。作为高端装备制造业的重点发展方向和信息化与工业化深度融合的重要体现，智能制造装备产业发展对于加快制造业转型升级，提升生产效率、技术水平和产品质量，降低能源资源消耗，实现制造过程的智能化和绿色化具有重要意义。

本篇首先从工业机器人及智能装备国内外发展现状及趋势出发，深入分析国内外工业机器人及智能装备发展水平差异，总结了安徽省工业机器人及智能装备发展现状及特点。其次，从政策层面和技术层面剖析安徽省工业机器人及智能装备发展存在的不足，提出了安徽省工业机器人及智能装备发展战略思路和目标，以及发展政策建议和重点任务。

第 1 章
工业机器人及智能装备产业现状、趋势及安徽省特点

一、国外

自从 1962 年美国研制出世界上第一台工业机器人以来，其在美国、欧洲及日本等发达国家率先得到重视和广泛使用，经过多年的发展，发达国家的工业机器人技术日趋成熟，已经成为一种标准设备被工业界广泛应用，并相继涌现了一批在全球范围内具有影响力的工业机器人公司。例如，美国的 3D Robotics、Amazon、Google、ASI、Adept、Carbon Robotics、CANVAS Technology 等知名公司；有"工业机器人王国"美称的日本，在工业机器人整机方面知名公司包括发那科、安川、松下、川崎、欧地希（OTC）、那智不二越（NACHI）等；在减速器方面，有纳博特斯克、哈默纳科、住友等世界知名品牌，占据着全球 70% 以上的市场；德国有赛威（SEW）、弗兰德（FLENDER）等世界知名减速机公司，

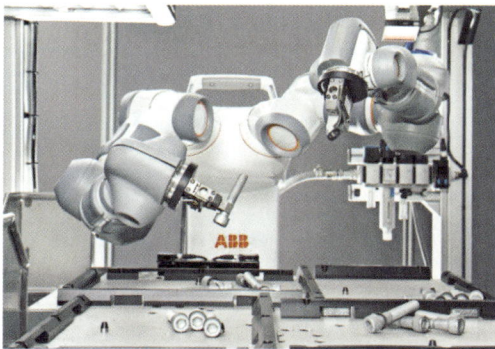

（a）瑞典ABB双臂机器人

（b）日本FANUC焊接机器人

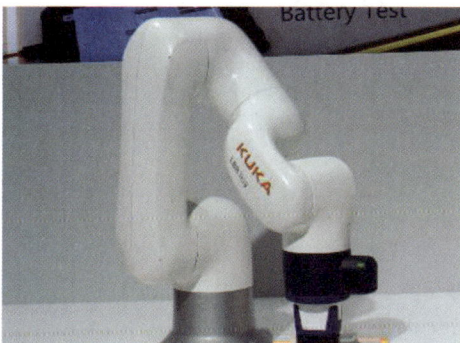

（c）德国KUKA协作机器人

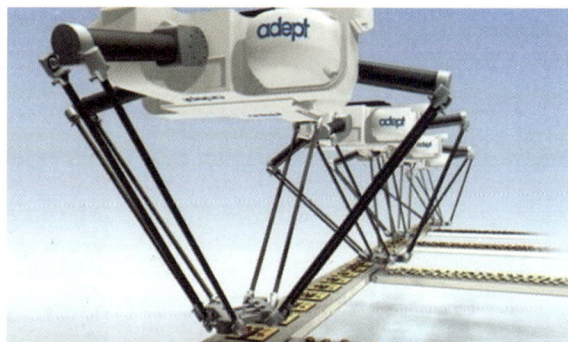

（d）美国Adept多轴机器人

图 2-1　国外工业机器人

以及在汽车领域工业机器人全球市场排名第一的库卡公司（KUKA），其它知名机器人集成企业还有徕斯（REIS）、杜尔（DURR）等。号称"机器人界的硅谷"的瑞士，拥有享誉世界的机器人公司 ABB，如图 2-1 所示。这些企业在工业机器人领域有着长期丰富的技术积累，紧跟时代的创新能力，形成了各具特色的技术创新路线和产品，构建了核心的竞争力。

全球工业机器人产业链中，以日本发那科、安川电机、德国库卡、瑞士 ABB 等为代表的龙头企业在机器人本体制造、相关技术和服务及系统集成甚至核心零部件（精密减速器、伺服电机及驱动、控制器等）等多方面拥有显著优势，抓住了产业价值链上的利润关键点，在较长一段时间内几乎处于垄断地位，如图 2-2 所示。现阶段在发达国家，工业机器人正逐步由第二代向第三代智能产品转变，2013 年德国政府推出"工业 4.0 战略"、美国制定《从互联网到机器人——美国机器人路线图》，2014-2015 年韩国提出《智能机器人基本计划（2014-2018)》、日本发布《机器人新战略》，发达国家纷纷以机器人作为重要切入点来推动产业转型升级。

国外智能装备制造系统的概念最早起源于 20 世纪 90 年代，美国政府高度重视智能装备制造系统的发展，并把它作为 21 世纪占领世界制造技术领先地位的基石，美国国家科学基金也着重资助有关智能装备制造系统的诸项研究；日本于 1990 年首先提出为期 10 年的智能装备制造系统的国际合作计划，并与美国、加拿大、澳大利亚、欧盟等国联合开展研究；欧盟于 2010 年启动了第七框架计划的制造云项目，特别是制造强国德国投入达 2 亿欧元的工业 4.0 项目，奠定了德国在关键技术上的国际领先地位。

随着数控、机器人和计算机辅助设计及技术逐步引入制造过程，产品制造实现了多样化初级阶段。近年来传感技术的发展和普及，为大量获取数据和信息提供了便捷手段；人工智能技术的发展为生产数据与信息的分析和处理提供了有效方法。工业发达国家始终致力于以技术创新引领产业升级，同时更加注重资源节约、环境友好和可持续发展，智能化、绿色化已成为制造业必然发展趋势。智能制造装备的发展将成为发达国家竞争的焦点，各国政府纷纷提出通过发展智能制造来重振制造业。

各国科技巨头为实现智能制造，持续投入大量人力资金进行相关软硬件的研发：如西门子专注于电

（a）德国西门子安贝格工厂　　　　　　　　　　（b）奔驰汽车智能喷涂生产线

（c）日本三菱电机智能生产单元　　　　　　　　（d）FANUC机器人生产线

图 2-2　国外智能生产线

气化、自动化和数字化领域，西门子数字化工厂集团的产品组合将产品生命周期的主要环节顺畅地连接起来，为制造企业提供无缝集成的软硬件和技术服务。借助产品生命周期管理（product life－cycle management，PLM）软件，西门子可以在完全虚拟的基础上开发和优化新产品。2016年，西门子还发布了基于云的开放式物联网操作系统 MindSphere。2017年 ABB 发布了工业物联网平台 ABB Ability，定义为从设备、边缘计算到云服务的跨行业、一体化的数字化解决方案。通用电气（GE）在2016年推出了助力数字工业企业的工业互联网平台 Predix，由微软提供基础云服务，同时与英特尔等硬件制造商合作，为其供应传感器、网关等数据采集传输设备。施耐德2017年发布了新一代 EcoStruxure，是基于物联网、开放的、具有交互性的系统化架构与平台。

在软硬件技术积累的基础上，各大企业纷纷开始进行智能化工厂改造工作，将智能制造装备应用到产品生产线上。如西门子安贝格电子工厂实现了多品种工控机混线生产；FUNAC 公司实现了机器人和伺服电机生产过程的高度自动化和智能化，并利用自动化立体仓库在车间的各个智能制造单元之间传递物料，实现了最高720小时无人值守；施耐德电气实现了电器开关制造和包装过程的全自动化；三菱电机名古屋制作所采用人机结合的新型机器人装配线，实现从自动化到智能化的转变，显著提高了单位生产量。

二、国内

我国是机器人消费大国，近年来中国工业机器人销售处于快速增长阶段，2013年国内企业在我国销售工业机器人总量超过9500台，同比增长65.5%；外资企业在华销售工业机器人总量超过27000台，同比增长20%。2013年中国市场共销售工业机器人近37000台，约占全球销量的五分之一，成为全球第一大工业机器人市场。从机械结构看，2013年国内企业销售的工业机器人中，坐标型机器人是主要产品，在类型中占比超过40%，并且数量超过外资企业在华销售同类机器人的总量。外资企业在华销售以多关节机器人为主，占比超过其在华销售总量的80%。从应用领域来看，国产工业机器人广泛服务于国民经济25个行业大类、52个行业中类，范围涉及日用消费品、化工制品、材料、交通运输设备、电气设备等制造业领域。2013年近60%的国内工业机器人应用在搬运与上下料领域，涂层与胶封是其应用的第二大领域；而国内机器人中用于焊接的机器人不足其总销量的10%；外资机器人应用比较集中，汽车行业购买量近50%，电子产品制造业和金属加工业分别占14%和10%。据国际机器人联合会（IFR）发布的《2018年世界机器人报告》显示，在2017年，全球的工业机器人销量高达38万，同比增长29%。其中，中国是最大买家，2017年采购了13.8万台设备，超过全年全球总销量的三分之一，同比增长58%。2019年，我国工业机器人市场依然保持良好的发展势头，约占全球市场份额的1/3，是全球最大的工业机器人应用市场。预计我国工业机器人密度将在2021年突破130台/万人。随着人口老龄化趋势加快，加之医疗、教育需求持续旺盛，我国服务机器人存在巨大市场潜力和发展空间。2019年，我国服务机器人市场规模有望达到22亿美元。特种机器人市场保持较快发展，各种类型产品不断涌现，在应对地震、洪涝灾害和极端天气、火灾、案犯等公共安全事件中，有着突出需求。2019年，我国特种机器人市场规模将达到7.5亿美元，增速将达到17.7%，高于全球平均水平。

20世纪80年代，在高技术浪潮的冲击下，随着改革开放的不断深入，我国机器人技术的开发与研究才得到了政府的重视与支持。"七五"期间，国家投入资金对工业机器人及其零部件进行攻关，完成了示教再现式工业机器人成套技术的开发，研制出了喷涂、点焊、弧焊和搬运机器人。1986年国家高技术研究发展计划（863计划）开始实施，智能机器人主要跟踪世界机器人技术前沿，经过数年攻关，取得了一大批科研成果，成功地研制出了一批特种机器人。

从20世纪90年代初期起，我国经济社会进入实现两个根本转变时期，掀起了新一轮的经济体制改革和技术进步热潮，工业机器人又在实践中迈进一大步，先后研制出了点焊、弧焊、装配、喷漆、切割、搬运、包装码垛等各种用途的工业机器人，并实施了一批机器人应用工程，涌现了一批机器人产业化基地，形成了一批从事工业机器人及核心零部件研发、生产及集成服务的知名公司。如埃斯顿机器人公司，具有与世界工业机器人技术同步发展的优势，公司已经拥有全系列工业机器人产品，包括六轴通用机器人、四轴码垛机器人、SCARA 机器人、DELTA 机器人、伺服机械手、智能成套设备系列，应用包括焊接、机械加工、搬运、装配、分拣、喷涂等领域的智能化生产。广州数控设备有限公司，拥有机床数控系统、伺服驱动、伺服电机、数控机床、机床数控化工程，自动化控制系统、工业机器人、精密数控注塑机等。华中数控股份有限公司，目前共形成 JR 系列六轴通用机器人、HC 水平多关节机器人、SR 系列 SCARA 机器人、BR6 双旋系列、特殊应用产品系列机器人六大系列 30 多个规格，在电子行业搬运、机加工搬运、打磨、焊接、喷涂等行业中得到广泛应用。国内其他工业机器人品牌公司还有新松机器人、新时达、博实股份、汇川技术、广州瑞松、芜湖埃夫特、合肥柯金、合肥井松等，上述企业为我国机器人产业的高质量发展奠定了基础，如图 2-3 所示。

（a）埃斯顿焊接机器人　　　　（b）新松装配机器人　　　　（c）新时达焊接机器人

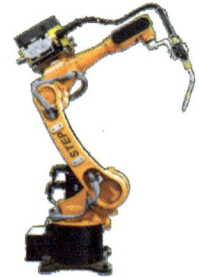

（d）博实码垛机器人　　　　（e）希美埃喷涂机器人　　　　（f）合肥柯金剁式叉车AGV

（g）合肥柯金窄通道双向侧叉激光导航AGV　　（h）合肥井松牵引AGV　　（i）合肥井松双舵轮背负AGV

（j）埃夫特工业机器人

图 2-3　国内工业机器人

国际机器人联合会（IFR）发布的 2020 年全球机器人统计数据显示，2019 年全年工业机器人安装量为 37.3 万台，比上年减少 12%，但仍为史上前三。截止到 2019 年底全球工业机器人累计安装了 270 万台套，年增长 12％。亚洲仍然是工业机器人发展最强劲的区域，新装机器人份额约为全球的三分之二。2019 年中国工业机器人新安装近 14.05 万台，比上年下降 9％，低于 2018 年和 2017 年的最难水平，但仍比 5 年前（2014 年：57000 台）销量翻了一番。日本新安装数量也有所放缓，约下降 10％。我国 71％的工业机器人由外国机器人公司供应，国内制造商不断面向国内市场需求进行攻关，逐步越来越多的市场份额。外国机器人厂商将约 29％的工业机器人销往汽车行业，而中国厂商仅占 12％左右。近两年中国汽车工业业务下滑，国外机器人公司业绩影响更大。中国工业机器人累计安装量已经达到了 78.3 万台，总量亚洲第一，年增长 21％；日本位居第二，约有 35.5 万台，增长了 12％。后起之秀印度达到 2.63 万，年增长 15％。五年时间印度工业机器人年安装量翻了一番。

我国的工业机器人产业不断发展，自主机器人品牌率逐步提升，但据 CRIA 与国际机器人联合会 IFR 统计，2019 年中国工业机器人市场累计销售工业机器人 14.4 万台，同比下降 8.6％（注：IFR 调整了上年同期数），降幅较 2018 年增加 7.7 个百分点。其中，外资品牌机器人销售约 9.9 万台，同比下降 12.2％；自主品牌工业机器人销售近 4.5 万台，同比微增 0.8％。与 2018 年相比，自主品牌工业机器人销售增速虽有放缓，但依然保持增长；外资品牌工业机器人销量持续下降且降幅加大。自主品牌工业机器人在市场总销量中的比重为 30.9％，比上年提高 2.9 个百分点。在市场整体销售下行的背景下，工业机器人主要应用领域的销售出现不同程度下降。搬运和上下料作为首要应用领域，2019 年销售 6.2 万台，同比下降 4.4％，在总销量中的比重提高至 42.8％；其中自主品牌销量下降 9.1％。焊接与钎焊机器人销售 3.4 万台，同比下降 16％；其中自主品牌销量增长 10.2％。装配及拆卸机器人销售 2 万台，同比下降 16.7％。加工领域机器人销售同比增长 105.5％，是唯一实现销量增长的应用领域。总体而言，搬运与焊接依然是工业机器人的主要应用领域，自主品牌机器人在加工、焊接和钎焊、装配及拆卸、洁净室、涂层与胶封领域的市场占有率均有所提升。但和国际同行相比，差距依旧明显。由于高端工业机器人核心零部件方面主要依赖进口，虽然经过近些年的不断研发，国内形成一批拥有自主生产机器人核心零部件的企业，但产品性能与进口相比仍有一定差距，无法满足高端工业机器人使用需求。目前，国产机器人以中低端产品为主，主要是搬运和上下料机器人，大多数为三轴和四轴机器人。另外，从市场占有率来说，更加无法同国外产品相比，国外品牌占据了中国工业机器人市场 60％以上份额。其中，技术复杂的六轴以上多关节机器人，国外公司市场份额约为 90％；作业难度大、国际应用最广泛的焊接领域，国外机器人占 84％；高端应用集中的汽车行业，国外机器人市场份额更是超过 90％。

在全球范围内，COVID-19 对 2020 年工业机器人的数据具有重大影响，但也为复工的智能化和数字化生产提供了机会。2020 年全球工业机器人市场不大可能在大规模订单中获得刺激，但是中国已于第二季度恢复生产，全年机器人安装量或会。2020 年 COVID-19 对工业机器人市场的影响，可能要到 2022 年或 2023 年才能达到危机前的水平。工业机器人的应用领域不断扩大，从快速、精确地处理所有工业生产的传统工业机器人到可以与人类安全地工作并完全集成到工作台中的新型协作机器人。

我国与国外机器人还存在较大差距，但是搭乘中国经济的快车，正在加大工业机器人的研发和投入。目前中国科学院已经把下属的单位、研究机构充分地整合起来，成立了中国科学院智能制造与创新产业联盟，联合各单位的力量，共同研究机器人、人工智能、信息技术等。当前，我国已在机器人产业发展各个关键环节全面开展工作，在各个细分领域进行攻关，编织成我国机器人产业发展的一张战略大网，为我国在未来国际机器人市场占据了战略优势地位。通过对我国机器人产业战略布局的阐述，使大家能够看到，我国在机器人、智能制造领所下的重人决心和投入的资源，以此来振奋大家对我国机器人产业发展的信心。希望大家坚定信念，围绕我国重大的战略布局，继续奋斗、认真落实，为我国未来的机器人产业打下一片蓝天。

我国自 2009 年 5 月《装备制造业调整和振兴规划》出台以来，国家对智能制造装备产业的政策支持力度不断加大，2012 年国家有关部委集中出台了一系列规划和专项政策，使我国智能制造装备产业的发展轮廓进一步明晰。工业和信息化部发布了《高端装备制造业"十二五"发展规划》，同时发布了《智能制造装备产业"十二五"发展规划》子规划，明确提出到 2020 年将我国智能制造装备产业培育成为具有国际竞争力的先导产业。科学技术部也发布了《智能制造科技发展"十二五"专项规划》，并设立了智能制造装备发展专项和相关重大科研项目；国家发展改革委员会、财政部、工业和信息化部三部委组织实施了智能制造装备发展专项；工业和信息化部制定和发布了《智能制造装备产业"十二五"发展路线图》，该路线图明确把智能制造装备作为高端装备制造业的发展重点领域，以实现制造过程智能化为目标，以突破九大关键智能基础共性技术为支撑，其思路是：以推进八项智能测控装置与部件的研发和产业化为核心，以提升八类重大智能制造装备集成创新能力为重点，促进在国民经济六大重点领域的示范应用推广。

随着国家政策的落实，我国智能制造装备发展逐步加快，以新型传感器、智能控制系统、工业机器人、自动化成套生产线为代表的智能制造装备产业体系初步形成，2010—2016 年，我国智能制造装备行业保持着较为快速的增长速度。2016 年工业自动化控制系统和仪表仪器、数控机床、工业机器人等部分智能装备产业规模销售收入超过 10000 亿元，智能制造装备行业的产值规模达到 12233 亿元。此外，还取得了一批智能制造技术的突破，包括机器人技术、感知技术、智能信息处理技术等，建立了一批国家级研发基地。近年来，随着国家战略对智能制造装备行业的大力支持及国内企业不断研发投入，形成了一批有特色的智能装备研发团队和企业，包括：航天智能装备，京天液压，海思达等，如图 2-4 所示，凭借持续的研发投入，获得了技术上的突破，占据了部分市场份额，甚至在细分行业处于领先地位。

（a）航天智能装备的五轴加工中心　　　　　　（b）海思达嵌入式整线集成涂胶设备

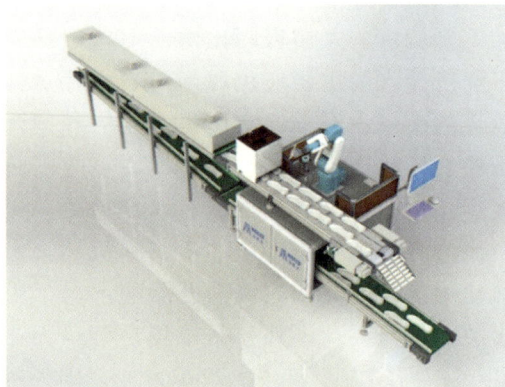

图 2-4　国内智能装备

由于国内智能装备发展起步较晚，智能装备的一些关键性技术仍依赖进口，自主创新能力较弱，与发达国家存在一定的差距。国内智能装备发展现阶段存在的问题主要集中在以下几个方面：

（1）高端装备对外依存度高

作为制造业大国，目前我国装备制造业难以满足制造业发展的需求，我国 80％的集成电路芯片制造装备、40％的大型石化装备、70％的汽车制造关键设备、核电等重大工程的自动化成套控制系统及先进集约化农业装备严重依赖进口。普通船舶国产设备的实际配套率只有 30％左右，高新技术船舶国产设备的实际配套率仅 20％左右，而附加值很高的船舶电子产品本土化率还不到 10％。高端装备关键技术自给率低，主要体现在缺乏先进的传感器等基础部件、精密测量技术、智能控制技术、智能化嵌入式软件等，先进技术对外依赖度高。

（2）关键支撑技术及核心基础部件主要依赖进口

构成智能制造装备或实现制造过程智能化的重要基础技术和关键零部件主要依赖进口，如新型传感器等感知和在线分析技术、典型控制系统与工业网络技术、高性能液压件与气动元件、高速精密轴承、大功率变频技术、特种执行机构等。许多重要装备和制造过程尚未掌握系统设计与核心制造技术，如精密工作母机设计制造基础技术（设计过程智能化技术）、百万吨乙烯等大型石化的设计技术和工艺包等均未实现国产化。几乎所有高端装备的核心控制技术（包括软件和硬件）严重依赖进口。

（3）"工业化与信息化"融合程度低

智能制造技术是以信息技术、自动化技术与先进制造技术全面结合为基础的。我国制造业的"两化"融合程度相对较低，低端 CAD 软件和企业管理软件得到很好普及，但应用于各类复杂产品设计和企业管理的智能化高端软件产品缺失。国内大多数企业在生产制造过程中一定程度地应用了自动化技术，但应用于提高产品质量、实现节能减排、提高劳动生产率的智能化技术严重缺乏。同时，信息技术和相关软件产品与制造工艺技术融合不够。

三、安徽省

（一）产业发展现状及特点

目前，安徽省工业机器人产业发展不断加快，2019 年工业机器人产量超 1.1 万台，工业机器人产量增长率连续三年超过 30%，全省累计推广应用工业机器人 2.39 万多台。其中，2019 年 12 月国内工业机器人产量为 20013.80 台，同比增长 15.30%，连续 3 个月单月产量增速为正（2019 年 10 月和 11 月份别为 1.70% 和 4.30%），2019 年 1—12 月累计产量 186943.40 台，同比减少 6.10%，2019 年以来依然维持负增长状态，但累计增速降幅收窄。10—12 月产量逐步增加，10—12 月三个月单月工业机器人产量增速保持在相当水平，从数据来看，2019 年第四季度单月产量增速呈现加速趋势，行业回暖迹象进一步凸显。

近年来，安徽省高度重视智能制造业中智能化高端制造装备、制造过程智能化技术与系统、关键支撑技术及基础核心部件等领域的发展，研制了一批面向国民经济支柱产业的智能化高端装备，重点是箱体类精密工作母机、工程机械、石化装备、复合材料成形装备、新能源装备等智能化制造装备；围绕安徽省汽车、工程机械产业中的智能制造诸多环节，开发了多种智能传感器与仪器仪表、高性能液压元件和密封件，建设了以工业机器人为核心的汽车自动化柔性生产线，形成了一批具有自主知识产权、自主品牌和国际竞争力的重点企业。目前安徽省拥有与智能装备制造相关的 3 个国家级、32 个省级工程技术中心，7 个省级重点实验室。在中国科技大学、合肥工业大学、中科院智能所等高校研究院所拥有一批长期从事智能制造技术和产品研发专业团队，奠定了一定的人才基础。机器人本体具有较强实力，关键零部件实现突破。系统集成具备一定规模，示范应用取得积极进展。同时，通过政府组织引导，发挥人才优势，"产学研用"紧密结合，突破关键技术限制，抢占市场先机，部分领域能够达到国际先进水平，可以形成爆发性增长源，为全省经济发展做出较大贡献。

（二）产业政策、举措大力支持

安徽省近年陆续推出各项产业政策及举措以支持全省智能制造发展，大力推进工业机器人产业提升。

2013 年 10 月，国家发改委批复安徽战略性新兴产业区域集聚发展试点实施方案，支持安徽省打造机器人产业集聚试点。从 2013 年起连续 3 年，安徽省积极落实试点配套资金，以合肥、芜湖、马鞍山等工业机器人产业园为重点，扶持现有企业做大做强，大力吸引国内外行业知名企业来皖投资，支持工业机器人技术研发、产业化、示范推广应用和产品检测、行业技术培训等服务平台建设。

2016 年安徽省工业机器人应用"十百千"工程正有序展开，全年计划在 10 个行业 200 家重点企业推广应用 3000 台工业机器人。近年来，安徽省工业机器人产业从无到有、由弱到强，"芜马合"工业机器人产业集聚已形成一定规模，产业链日趋完善，核心竞争力日益凸显。2015 年，全省工业机器人本体产量达 2200 台，位居全国前列。其中，芜湖埃夫特公司产量达 1200 台，位居全国单个企业之首。

2017 年实施《制造强省建设行动方案（2017—2021）》政策，把"智能制造"作为主攻方向。出台了《支持机器人产业发展若干政策》，从提升研发能力、完善服务平台、补齐产业链条、壮大产业集群、加强推广应用等方面，制定了精准有效的专项支持政策，单是 2019 年就已下达 1.3 亿资金支持机器人产业发展。

安徽省大力实施机器换人"十百千"工程，连续举办了八届安徽省工业机器人示范推广应用现场会，针对有关行业发展的需求，帮助企业开展一对一"坐诊式"对接工作，扩大了工业机器人在汽车、建材、冶金、石化、家电、铸造、电工电气等行业的应用；2018 年成立安徽省机器人产业发展联盟，助力机器人产业快速发展；2018 年三省一市共同发起成立了"长三角机器人与智能制造合作组织"。

2018 年出台《安徽省机器人产业发展规划（2018—2027 年）》，其中工业机器人的发展重点，包括工业机器人整机、关键零部件、系统集成应用和共性关键技术的创新突破等。构建以芜湖为国家综合性高端智能机器人研发制造基地、马鞍山为特色机器人制造基地的产业集聚区、合肥为新一代机器人创新研制基地的产业集聚区，其他地区结合本地实际发展机器人产业。

2020 年 3 月 23 日正式印发了《支持首台套重大技术装备首批次新材料首版次软件发展的若干政策》，将编制安徽省"三首"产品研制需求清单、制定"三首"产品评定办法、对"三首"产品加强财税金融支持、建立"三首"产品网上推广应用展示平台。《政策》将极大推动工业机器人创新应用的快速发展。

通过强化统筹协调推动、加大财税支持力度、完善金融扶持政策、加强育才引才工作、促进区域品牌提升、推动服务平台建设、建立统计监测体系等方面保障政策实施。

（三）产业规模快速扩张，持续发展动力强劲

2017 年，安徽省工业机器人产业（全产业链）主营业务收入达 200 亿元，工业机器人产量达 8000 余台，比上年增长 1.4 倍；服务机器人已形成教育、医疗、公共服务、公共安全、餐饮、娱乐机器人等较为全面的产品体系。安徽省初步打造了芜湖、马鞍山、合肥等机器人产业集聚区（以下简称"芜马合"），已形成集研发设计、生产制造、系统集成、示范应用等为一体的全产业链发展格局。现有机器人生产、集成和零部件企业 150 余家，机器人研究院 6 家。安徽省工业机器人产业体系逐渐建立，主要体现在：（1）研发体系基本建立。拥有中国科技大学、合肥工业大学、安徽工业大学、安徽工程大学等一批从事机器人研发的高校；拥有中科院合肥物质研究院先进制造技术研究所、中科院智能研究所、中科大类脑智能国家工程实验室、合工大智能院、芜湖哈特机器人产业研究院等专业机器人研发机构；拥有 1 个国家级工程技术研究中心、8 个省级企业工程技术研究中心、18 个省级企业技术中心和 9 个院士工作站、博士后工作站；拥有赛宝机器人产业技术研究院、安普机器人产业技术研究院等检验检测试验机构，为安徽省机器人技术研究和产业创新提供重要支撑。（2）机器人本体具备较强实力。工业机器人拥有埃夫特智能装备、欣奕华智能机器、芜湖瑞思机器人、行健机器人、中安重工、陀曼精机、芜湖金三氏、安徽欢颜机器人、方宏自动化、海思达、华创智能、远荣机器人、泰禾光电、雄鹰自动化、井松自动化、配天机器人等企业。服务机器人拥有科大讯飞、酷哇、沪宁智能、惊天智能、三联机器人、安徽国购机器人、合肥赛为智能、科微智能、欧凯罗博特、中科华澄、云翼航空等。（3）关键零部件取得突破。奥一精机、芜湖翡叶动力、芜湖固高生产的 RV 减速器、伺服电机、控制器已应用于机器人，聚隆机器人、大洋机电、马鞍山三竹智能、同智机电等企业正在研制伺服电机、减速器等机器人关键零部件。安徽省春谷 3D 打印智能装备产业技术研究院有限公司重点开展 3D 打印工艺、装备、材料、应用等技术研发。（4）系统集成具备一定规模。埃夫特已在汽车焊装线、喷涂线、打磨线等上大量集成应用机器人，巨一自动化已在各类生产线上集成应用机器人近 5000 台，欣奕华、凯盛工程、行健智能机器人、瑞祥工业、合锻智能等企业也在相关行业大量集成应用机器人。（5）示范应用取得积极进展。江淮汽车、奇瑞汽车、安徽合力、华菱星马、合肥美菱、康佳电子、合肥京东方、鸿路钢构、全柴集团等成为全省应用机器人的示范企业，现已推广应用工业机器人 12000 余台。"芜马合"机器人产业集聚区已成为全国具有较大影响力的机器人产业基地，为新时期安徽省产业转型升级和跨越式发展注入了新动力和新活力。

（四）部分关键技术国际先进

通过近几年的科研攻关，安徽省攻克工业机器人部分关键技术填补了国内空白，接近或达到了国际先进水平。

防爆喷涂机器人技术达到国际先进水平。埃夫特通过收购意大利 CMA 喷涂机器人公司，实现了防爆型喷涂机器人领域的实例。其中成功应用的防爆机器人粉末喷涂工作站采用 CMA GR630ST 喷涂机器人搭载自动喷枪进行作业，GR630ST 机器人通过欧盟 ATEX 防爆认证，可在粉尘/漆雾环境下安全作业，工作半径 1929mm，末端负载 3KG；该机器人具备拖动示教功能，操作人员可手持机器人进行示范喷涂，

机器人即可记录喷涂轨迹，操作灵活轻便。

洁净搬运机器人实现技术突破，达到国际先进水平。合肥欣奕华自主研发的洁净搬运机器人和洁净测试机器人攻克关键技术，填补国内空白。欣奕华的洁净搬运机器人在国内率先实现振动抑制、先进控制、洁净机构设计等技术的突破，使产品的洁净度控制、高速运动、定位精度、可搬运产品尺寸及重量等领域均达到了国际先进水平。测试机器人可对应产品电子线路宽度达 2 微米，相邻电子线路最小间距达 28 微米，平均检出率高达 99% 以上，可应用于 G8.5 或更高世代产线的 TFT 基板。

工程机器人填补国内空白。惊天智能自主研发的工程机器人、机械手填补了国内工程机器人领域的空白。其 GTC 系列工程机器人已被应用于矿山隧道、冶金炉窑、抢险救援、建筑拆除等工程领域。

（五）龙头企业综合实力持续增强

工业机器人设计制造、行业应用及创新整体解决方案的专项技术优势。以埃夫特智能装备公司、巨一自动化、欣奕华、配天、欢颜、惊天、海思达、雄鹰自动化等为代表的一批新兴智能装备公司充分发挥在机器人核心零部件、整机、控制、智能化及创新应用方面的优势，针对不同领域开发出一批拥有自主知识产权的工业机器人及配套智能设备并实现部分行业的应用。

工业机器人本体设计研发及汽车、家具、家电、食品、卫浴等行业交钥匙整体解决方案发展迅速。埃夫特是安徽省机器人行业领军企业，通过兼并引进和吸收国际工业自动化领域的先进技术和经验，埃夫特已经形成从机器人核心零部件到机器人整机再到机器人高端系统集成领域的全产业链协同发展格局。近年来，埃夫特生产的工业机器人已实现焊装、喷涂、码垛、搬运、打磨等功能应用。

工业机器人集成智能装备助力汽车先进制造。巨一自动化应用机器人集成应用技术，开发成套工业机器人生产线设备，并广泛应用于汽车制造行业。其开发的白车身焊装系统、动力总成装测系统、动力电池装测系统、智能物流系统、工业互联系统等智能装备已为捷豹、路虎、蔚来、吉利、长城等国内外知名车企提供智能化解决方案。

洁净搬运机器人突破关键技术。合肥欣奕华研发的洁净搬运机器人主要应用于平板显示及半导体生产线的玻璃基板或硅片的搬送，拥有完全自主知识产权。设备采用结构模块化设计，在国内率先实现振动抑制、先进控制、洁净机构设计等技术的突破，使产品的洁净度控制、高速运动、定位精度可搬运产品尺寸及重量等领域均达到了国际先进水平。

智能工厂落地开花。江淮蔚来智能工厂是中国第一个全铝合金车身高端新能源汽车制造基地，全铝车身生产线由江淮蔚来按照最新的技术体系和产线标准建设，307 台机器人实现车身主要连接 100% 自动化，车间整体自动化率 97.5%。外总拼工位是目前车身车间工艺操作最复杂的工位，共计有 16 台 ABB 机器人，包括 4 个上件机器人、8 个 SPR 铆接机器人、2 个 FDS 机器人及 2 个铝点焊机器人通过 PLC 程序控制同时作业。

配天机器人研发的多机器人＋变位机联动焊接，配有先进的焊接工艺功能包，能高效率、高质量完成焊接任务。全球首创医药行业粉针剂类药品自动投料系统，集智能仓储、物流、自动化、数字化为一体。

欢颜机器人瞄准中小企业，以焊接领域为突破口，获得多项工业机器人技术突破，已陆续研发出 20 多款工业机器人。攻克了机器人行业性难题—机器人末端抖动，即快速移动会产生小幅震荡的问题。其自主研发的防抖技术、升降速技术已申请国家专利，机器人的重复定位精度达到了 0.03mm－0.04mm。

惊天智能实现工程机器人在液压领域的技术突破。惊天智能自主研发的工程机器人、工程机械手、液压破碎锤、高频锤、智能机具等产品填补国内多项空白，并广泛应用于冶金、矿山、建筑、交通等工程领域。

海思达实现智能装备在白酒行业的自动化集成应用。海思达自主研发多款工业机器人，并成功应用于白酒行业。实现了自动上盖、烤花水印、礼品袋装箱等工序的自动化升级，并在智能检测方面实现技术突破，研发了物料识别检测、接插件插针检测、酒瓶铁盖压盖检测等智能检测装备。

雄鹰自动化实现码垛系统技术方案和包装设备的制造与应用。雄鹰自动化自主研发了可广泛应用于自动化包装后道、自动化物流工程的新一代搬运码垛工业机器人及自动化流水线，其搬运码垛能力及各项技术指标均处于国内领先水平，已在化工、建材、食品、饮料、啤酒、自动化物流行业等诸多领域得到了广泛应用。

合肥井松实现国内先进的智能物流系统集成与物流装备制造，主要从事自动化立体仓库及企业内物料输送等软硬件系统的研究开发、规划设计、安装实施与技术服务等；开发了堆垛机、穿梭车（RGV）、空中悬挂小车（EMS）等智能机器人。

合肥柯金自动化致力于研发、生产自动搬运机器人。特别是研发的激光导航技术走在国内同行业的前列，成为国内真正实现自主研发的激光导航技术公司。柯金开发的叉车 AGV，激光导航 AGV，AGV 车载控制系统，AGV 智能物流，AGV 小车等产品得到客户的青睐。

安徽省春谷 3D 打印智能装备产业技术研究院有限公司聚集中科院上海光机所、兵器科学研究院、中科大、华中科大、合工大等高校院所及 3D 打印企业科技团队力量，重点开展 3D 打印工艺、装备、材料、应用等技术研发，是 3D 打印智能装备产业公共技术研发平台，增强了 3D 打印智能装备产业的整体竞争力，是中国入驻 3D 打印企业数量最多、产业链最丰富的 3D 打印产业园。

凯盛集团致力于发展新玻璃、新材料、新能源、新装备产业。与国内外知名企业合作，共同研发 TFT－LCD 液晶玻璃基板、碲化镉薄膜太阳能电池、TCO 光电装备等新兴产业技术，拥有太阳能光伏玻璃、电子信息显示玻璃、节能玻璃等国际领先的技术并实现了产业化，多项技术打破国外垄断，满足了国内太阳能光伏和电子信息及建筑节能产业快速发展的需要。

（六）产业集聚效应凸显

2013 年 10 月，国家发改委批复安徽战略性新兴产业区域集聚发展试点实施方案，支持安徽省打造机器人产业集聚试点。近年来，安徽省积极落实试点配套资金，以合肥、芜湖、马鞍山等工业机器人产业园为重点，扶持现有企业做大做强，大力吸引国内外行业知名企业来皖投资，支持工业机器人技术研发、产业化、示范推广应用和产品检测、行业技术培训等服务平台建设。近年，全省工业机器人产业快速发展，总体处于全国机器人产业第二梯队的前列，已形成以中科院智能研究所、合工大智能研究院等科研机构为研发主体，以埃夫特、欣奕华、配天、惊天、欢颜等企业为龙头的整机企业集群，以巨一自动化、井松自动化、松科智能等为系统集成企业集群，以奥一精机、固高自动化、翡叶动力科技等企业为龙头的关键零部件企业集群，以江淮汽车、奇瑞汽车、全柴动力等为骨干的典型示范应用企业，"产、学、研、用"产业链集聚发展态势逐渐凸显。

（七）国内地位及特点

工业机器人及智能制造装备产业的发展对地区的工业基础和相关科研实力有较高要求。目前我国工业机器人及智能制造装备产业主要集中于东北、京津冀和长三角地区。东北地区是国内老工业基地，是最早从事于工业机器人及智能制造装备生产的地区；京津冀地区因其技术优势，工业机器人及智能制造装备产业也有所发展，主要企业覆盖领域包括工业机器人及其自动化生产线、工业机器人集成应用、工业机器人技术咨询、智能装备研发与制造等产品和服务；长三角地区是中国汽车制造业、电子制造企业集中地，也是重要的机器人公司集聚地，江苏省有五座城市正在建设机器人产业园；珠三角工业机器人企业主要集中在深圳、顺德、东莞、广州和中山。安徽省工业机器人及智能装备产业虽然起步较晚，整体技术力量薄弱，但是具备良好的先发优势、产业发展环境和政府全面大力支持，部分技术已处于国内先进地位，发展势头强劲。

安徽省工业机器人及智能装备产业发展呈现良好势头，但是工业机器人及智能装备产业仍存在产业总体分布不均，各领域发展不平衡，部分领域技术领先但规模不大，智能装备相关技术人才不足，关键零部件和核心基础部件缺乏，现有智能装备研发创新平台效能不高等缺点。整体核心技术方面仍处于落后地位，特别是在制造工艺与整套装备方面，缺乏高精密、高速与高效的减速机、伺服电动机、控制器等关键部件，导致工业机器人关键零部件严重依赖进口。安徽省在相关零部件方面具有一定基础，但是无论从质量、产品系列全面性，还是批量化供给方面都与国外存在较大的差距。特别是在高性能交流伺服电机和精密减速机方面的差距尤其明显，形成严重依赖进口的局面，影响了国产机器人的市场竞争力。

四、发展趋势

（一）工业机器人发展趋势

从近些年各国在工业机器人方面的发展来看，工业机器人正在向智能化、应用协作化、数字化、模块化和系统化方向发展。

（1）工业机器人智能化。人工智能和机器学习也将对下一代工业机器人产生重大影响。这将有助于机器人变得更加自主，让机器人有感觉、有知觉，能够迅速、准确地检测及判断各种复杂的信息。随着执行与控制、自主学习与智能发育等技术进步，机器人将从预编程、示教再现控制、直接控制、远程操作等被操纵作业模式，逐渐向自主学习、自主作业方向发展。

（2）数字化成为未来机器人的发展方向。将打造工业机器人数字制造生态系统。数字化可以在整个价值链中实现更大的协作——供应商、制造商和分销商之间的横向协作，或工厂内的垂直协作，例如电子商务前端和 CRM 系统，业务 ERP 系统，生产计划和物流自动化系统之间的协作。这两种类型的协作都可以创造更好的客户体验并提高制造效率，提高工程效率，以便在产品之间灵活切换或更快地推出新产品。5G 技术对于机器人技术以及工业互联网来说，无疑是一个更好的机遇，对于构建工业机器人数字制造生态系统具有重要的价值。

（3）协作化应用。人机协作是一个重要的工业机器人发展趋势，也是产业增长的驱动力。工人和机器人共同完成目标时，机器人能够通过简易的感应方式理解人类语言、图形、身体指令，利用其模块化的插头和生产组件，免除工人复杂的操作。同时，工人可为机器人带来不同的材料，更换程序和检查新的运行。协作化的生产思路和应用方式对于提高制造灵活性以适应高混合，小批量生产至关重要。人们可以添加他们独特的能力来适应变化和即兴，而机器人为重复性任务增加了不知疲倦的耐力。

（4）机器人产品易用性与稳定性提升。随着机器人标准化结构、集成一体化关节、自组装与自修复等技术的改善，机器人的易用性与稳定性不断被提高，也将成为未来机器人发展的趋势。由于机器人的应用领域已经从较为成熟的汽车、电子产业延展至食品、化工等更广泛的制造领域，服务领域和服务对象不断增加，机器人本体向体积小、性能稳定、应用广的特点发展。另外，机器人成本快速下降和工艺日趋成熟，机器人初期投资相较于传统专用设备的价格差距缩小，在个性化程度高、工艺和流程繁琐的产品制造中替代传统专用设备具有更高的经济效率。

（5）标准化模块组装制造工业机器人。当前，各个国家都在研究、开发和发展组合式机器人，这种机器人将由标准化的伺服电机、传感器、手臂、手腕与机身等工业机器人组件标准化组合件拼装制成。新型微动机器人结构可以提升工业机器人的作业精度、改善工业机器人的作业环境。研制新型工业机器人结构将成为适应工作强度高、作业环境复杂的需求。

（二）智能装备发展趋势

智能装备是先进制造技术、信息技术和智能技术在装备产品上的集成和融合，体现了制造业的智能化、数字化和网络化的发展要求。智能制造装备的水平已成为当今衡量一个国家工业化水平的重要标志。智能装备主要包括高档数控机床与基础制造装备，自动化成套生产线，智能控制系统，精密和智能仪器仪表与试验设备，关键基础零部件、元器件及通用部件，智能专用装备，此外，在大飞机、支线飞机及通用飞机应用方面还包括复合材料制备装备、自动辅带/辅丝设备、构件加工机床、超声加工/高压水切割设备等。依托智能装备实现生产过程的自动化、智能化、精密化、绿色化，带动工业整体技术水平的提升。

随着信息技术和互联网技术的飞速发展，以及新型感知技术和自动化技术的应用，制造业正发生着巨大转变，先进制造技术正在向信息化、自动化和智能化的方向发展，智能制造已经成为下一代制造业发展的重要内容。

（1）信息化。制造业信息化将信息技术、网络技术、现代管理与制造技术相结合，带动了技术研发过程创新和产品设计方法与工具的创新、管理模式的创新、制造模式的创新，实现产品的数字化设计、网络化制造和敏捷制造，快速响应市场变化和客户需求，全面提升制造业发展水平。此外，大数据和云存储技术使得机器人逐步成为物联网的终端和节点。信息技术的快速发展将工业机器人与网络融合，组成复杂性强的生产系统，各种算法如蚁群算法、免疫算法等可以逐步应用于机器中，使其具有类人的学习能力，多台机器人协同技术使成套生产解决方案变为可能。

（2）自动化。装备能根据用户要求完成制造过程的自动化，并对制造对象和制造环境具有高度适应性，实现制造过程的优化。同时，将完备的感知系统、执行系统和控制系统与相关机械装备完美结合，构成了高效、高可靠的自动化装备和柔性生产线，将实现自动、柔性和敏捷制造。

（3）智能化。在信息化和自动化的基础上，将生产过程当中所需要的物理系统和信息系统相互融合，将专家的知识不断融入制造过程以实现设计过程智能化、制造过程智能化和制造装备智能化，将实现拟人化制造。使制造过程具有更完善的判断与适应能力，提高产品质量、生产效率，也将会显著减少制造过程物耗、能耗和排放。

第 2 章
安徽省工业机器人及智能装备发展存在的不足

一、存在的不足

（一）经济规模不大

2017 年，安徽省工业机器人及智能装备产业（全产业链）主营业务收入达 200 亿元，工业机器人产量达 8000 余台，比上年增长 1.4 倍；服务机器人已形成教育、医疗、公共服务、公共安全、餐饮、娱乐机器人等较为全面的产品体系。预计到 2022 年，安徽机器人及智能装备产业主营业务收入将突破 700 亿元大关，安徽省品牌工业机器人年产量达到 2.5 万台。服务机器人在医疗康复、家庭娱乐服务、巡检安防等重点领域实现小批量生产目标。目前，安徽省工业机器人产业发展态势较好，正迎来加速发展期，在全国机器人产业布局中的地位也越来越凸显，但总体来看产业形态不够成熟，经济规模不大。2016 年，安徽省工业机器人及智能装备产业产值、产量分别占全国的 7.1％、4.6％；据中国电子学会调查，安徽等中部地区机器人企业平均销售利润率为 11％，低于珠三角的 17％、京津冀的 16％、沪苏浙的 15％、东北的 13％。近几年，安徽省工业机器人及智能装备产业发展在逐步加快，但是从产业、产值和营利方面与沿海地区企业均存在较大的差距。

（二）产业集中度低

国外的工业机器人产业发展开始于 20 世纪 50 年代，国内最早开始发展工业机器人产业是 20 世纪 70 年代，比国外晚了 20 多年，因此在产业发展基础、技术、品牌意识、市场份额等方面落后于国外。而安徽省芜湖市从 2007 年才开始发展工业机器人智能装备产业，其它大多企业还是 2010 年后才引入的，所以安徽省工业机器人智能装备产业发展落后，产业、技术、信息、较完整的产业链等所带来的产业集群优势还未形成。虽然，目前安徽省初步打造了芜湖、马鞍山、合肥等机器人产业集聚区（简称"芜马合"），现有机器人生产、集成和零部件企业 150 余家，机器人研究院 6 家，但产业基础较为薄弱，除埃夫特、巨一、欣弈华、井松等少数骨干企业外，大部分是中小企业、初创型企业，且企业层次低，主要分布在机器人产业的中下游，上游零部件企业仅有 7 家。

（三）创新能力有待提高

总体上看，安徽省工业机器人及智能装备创新能力薄弱，尤其在人工智能、大数据、云计算、物联网等新技术不断融合的背景下，面临着与国内外品牌差距进一步扩大的严峻挑战。从国内工业机器人企业的创新情况看，安徽省工业机器人产业创新投入，产出差距都比较明显，企业创新研发投入仍不足。工业机器人企业"小、散、弱"问题突出，大部分企业仅从事简单加工组装，缺乏精密减速器、伺服电机、控制器等关键零部件技术的创新与突破以及新一代机器人共性关键技术创新研发能力，在关节/驱动、灵巧作业、视觉感知及认知、人机友好交互、意图/需求理解、安全行为决策与控制、自主学习与智能发育等核心技术方面尚未取得重大突破，严重阻碍安徽省工业机器人产业的发展，因此亟待提高新一代工业机器人关键技术的研发创新能力，为我国工业机器人产业提供技术支撑。

（四）高技术高附加值产品少

高技术高附加值产品的开发和产业化是发展关键，发达国家的实践表明只有加强高技术高附加值产品的开发和产业化才能产生巨大的经济效益。在科技日益发达的今天，企业要站稳脚跟，长远发展，就必须以技术为依托，用高技术高附加值产品征服市场。由于安徽省工业机器人产业起步较晚、工业基础薄弱、创新能力不足，像高性能协作机器人、轻量化机器人等高技术高附加值产品严重依赖进口，导致安徽省工业机器人的国内外竞争能力明显不足，必须着力强化高端产品的竞争能力，在国内以及国外市场争取更多份额。

（五）关键零部件发展滞后，配套能力不强

在工业机器人成本中，占比最高的是减速器，在 33％～38％ 之间，伺服系统占比为 20％～25％，控制器占比 10％～15％。减速器、伺服电机、控制器这三大关键零部件是工业机器人产业的利润中心和技术核心，也是安徽省工业机器人发展的瓶颈。目前，安徽省这三大关键零部件生产企业数量少，且产品性能和制造产能都难以满足需求，致使相关产业的配套能力不强。同时，由于缺乏关键零部件供给，导致安徽机器人及智能装备本体企业发展受制于人。因此，亟待加快伺服电机、减速器、控制器、传感器及末端执行器等核心部件的自主研制，重点突破伺服电机动态响应、过载能力等，减速器可靠性与大载荷能力等关键技术，推进整机与零部件并重创新，夯实产业发展基础和培育新增长点。

（六）产学研联动机制尚未有效发挥

目前，安徽省积极建立工业机器人及智能装备产学研联动机制，全力推动中国科技大学、合肥工业大学、安徽工业大学、安徽理工大学、安徽工程大学等一批从事机器人研发的高校与企业、研究所的产学研合作，涌现了大批产学研合作单位：中科院合肥物质研究院先进制造技术研究所、中科院智能研究所、中科大类脑智能国家工程实验室、合工大智能院、芜湖哈特机器人产业研究院等专业机器人研发机构，赛宝机器人产业技术研究院、安普机器人产业技术研究院等检验检测试验机构，逐步为安徽省机器人技术创新和产业发展提供重要支撑。然而，企业在我国机器人产业创新活动中的主体地位尚未突显。安徽省的机器人及智能装备技术基本停留在实验室阶段，高校和研究所承担了大部分研发工作，技术成果并未有效地向企业转移。机器人及智能装备研发、制造与应用之间缺乏有效衔接，机器人及智能装备相关技术研发领先的高校和院所不具备市场开拓能力，而企业在基础研发上的投入低，产学研联动机制尚未有效发挥，导致研发与制造脱节。

（七）市场竞争压力增大

在全国工业机器人及智能装备品牌中，安徽省机器人及智能装备自主品牌相对较少。省内现存的工业机器人企业除埃夫特、巨一自动化是真正意义上的本土企业外，其他企业大都是政府通过招商引资引进的企业，这些企业的自主品牌创立意识不强，导致安徽工业机器人无故障工作时间、重复定位精度等关键指标不高，机器人本体和系统集成方面业务与国外的品牌相比，也未占有绝对竞争优势，加上品牌认可度低，在市场竞争上受到瑞典 ABB、日本发那科、安川、德国库卡等国外企业的挤压，自主产品难以打入高端市场，市场竞争压力不断增大。

（八）融资难度大

工业机器人及智能装备是资金密集、技术密集、人才密集的新兴产业，对要素投入要求较高。在当前产业快速扩张的形势下，资金供给紧张的问题日益显露，企业融资难度大。由于目前安徽省内工业机器人企业对政策的依赖程度较高，但政府对工业机器人的支持形式相对单一，多以财政拨款为主，对机器人购置实行价格补助和应用奖励，市场化程度不足，没有将市场调节机制引入政策，政府财政资金多为一次性投入，无法形成资本收益，不能对机器人产业形成滚动的资金支持。且大多数政策主要是针对本地区制造业"机器换人"项目，政府补贴更多向整机的采购和租赁等终端环节倾斜，一定程度上推广了机器人应用，开拓了机器人市场需求，有利于扩大机器人销售，但是机器人企业在研发、生产等环节

的庞大资金需求得不到解决。此外，工业机器人产业链上不同位置的企业融资需求存在差异性。零部件企业主要是在研发阶段需要融资，而本体企业在研发和生产阶段均需融资，但是本体企业通常也是集成企业，项目融资数额较大，融资成本高，审批周期长，易陷入订单不敢接、效益上不去的恶性循环。

（九）新产品标准体系尚未健全

标准是产业发展和质量技术基础的核心要素，在机器人及智能装备发展中起到基础性和引导性作用，推动机器人标准化、模块化、做好统筹规划、建立健全标准体系，并深化标准实施，才能规范整个行业健康有序发展。我国机器人经过几十年的发展，标准体系框架初步形成，但仍存在部分标准缺失、老化问题，特别是服务机器人、特种机器人等新一代机器人近年来发展迅速，应用范围日趋广泛，由于标准研制滞后，导致技术要求难以统一，产品质量缺乏保证，影响了产业的快速发展。安徽省工业机器人及智能装备产业基础相对薄弱，新一代工业机器人及智能装备标准体系尚不健全，需要实现基础标准、检测评定方法标准、以及产量大、应用领域广的整机标准全覆盖，进而加快机器人产业发展，树立中国智能制造的高品质形象，促进多产业的转型升级，推动智能社会建设，实现中国机器人"走出去"。

二、原因分析

受技术快速发展、劳动力资源不断稀缺、生产效率要求进一步提升等因素影响，全球工业机器人将迎来更为广阔的发展空间和更快的发展速度。在区域分布上，随着亚洲地区制造业的发展，各项产业对于工业机器人的需求量增加，使得工业机器人及智能装备市场需求逐渐由欧美地区向亚洲地区转移。在此背景之下，我国工业机器人及智能装备产业，既面临机遇又面临挑战。近年来，在需求快速增长及国家自主创新政策作用下，国内一大批企业或自主研制或与科研院所合作，进入工业机器人及智能装备研制和生产行列，我国工业机器人及智能装备进入了初步产业化阶段。一些产品已开始产业化生产应用，但由于在精度、速度等方面仍不如进口的同类产品，因此这些产品产业化应用程度较低，缺乏品牌认知度，市场份额小。

我国目前已基本掌握了机器人及智能装备操作机的设计制造技术、控制系统硬件和软件设计技术、运动学和轨迹规划技术，生产了部分机器人关键元器件，开发出喷漆、弧焊、电焊、装配、搬运等机器人。一些产品的技术水平已达到国际先进水平，但在总体技术上仍有很大差距，大致相当于国外 90 年代中期的水平。

重点突破机器人及智能装备本体优化设计技术、新一代智能机器人控制器、关键机器人部件单元制造技术、机器人离线编程与仿真技术、基于外部传感技术的机器人运动控制、工业机器人故障远程诊断与修复技术、工业机器人与成套装备协调作业技术等一批关键核心技术，为实现工业机器人的规模化生产提供技术支撑。除提高机器人性能外，还须大力加强大型、专业应用工程软件开发工作。在全国范围内培育几个具有国际影响力的产业链完整、产业配套齐全的工业机器人产业集群。

结合中国制造业特点和国产机器人及智能装备的优势，聚焦现有资源，以行业和应用场景为约束条件切分应用领域，针对其痛点形成局部优势，激发增量市场，这将成为未来很长一段时间内工业机器人产品战略的主线。以行业和应用场景为约束条件，以商业模式差异化，性能差异化和功能差异化促成局部优势形成。以行业和应用场景对应用领域切分，则必须要有一个好的系统，从技术和营销角度结盟集成商和合作伙伴，生成生态，才能覆盖众多细分领域，实现共同渗透。云化和智能化是形成功能差异化的主要方式，是未来的发展趋势，也为新的商业模式创新带来了契机，同时以行业和应用场景为约束条件，使得智能化技术实现成为可能。

智能制造、机器换人、产业升级是大势所趋，机器人行业仍然是一个前景良好的朝阳产业，需求基数大，且与日俱增。智能装备和产品是智能制造的实现端。在工业机器人是智能装备的重要基础。智能制造实际是信息技术与制造技术的融合发展的产物，可以细分着力发展智能装备和智能产品、推进生产过程智能化和深化互联网在制造领域的应用三个方向。上述方向中，智能装备和产品是智能制造的实现端，智能装备和产品中，最为重要的体现则是工业机器人。机器人替代人工生产是未来制造业重要的发展趋势，是实现智能制造的基础，也是未来实现工业自动化、数字化、智能化的保障。围绕汽车、机械、电子、危险品制造、国防军工、化工、轻工等应用需求，工业机器人将为智能制造中智能装备的普及代表。工业机器人产业仍处于发展期和培育期，目前产品还无法满足真正的需求，真正的市场引爆点尚未到来。存量市场规模有限，竞争激烈；但赛道多的增量市场由于痛点尚未根本解决从而还未激发，真正的机会还在后面。

第 3 章
安徽省工业机器人及智能装备发展战略思路和目标

一、发展战略思路

紧紧把握发展机遇，做好顶层设计，有序、适度、集中优势资源创新发展工业机器人及智能装备技术及产业，打造完整、有竞争力的产业配套体系。

（1）建立产学研用紧密结合的技术创新体系。进一步加强工业机器人及智能装备基础技术、共性关键技术研究，依托国内有基础、有实力的核心研发队伍，通过实实在在的产学研深度融合，鼓励以股份制、混合所有制等方式联合共建协同创新基地，加强机器人及智能装备领域的人才培养，强化伺服系统、减速机、伺服电机、控制器等核心部件的技术协同攻关，创新发展工业机器人及智能装备关键零部件、控制软件、整机系统等，加快研发高性能龙门式机器人、高速高精的并联机器人、面向专业领域的特种机器人等新型机器人技术，创新机器人机械手设计，突破工业机器人本体、关键零部件及系统集成技术并实现产业化。

（2）推进重大标志性产品率先突破。推进工业机器人及智能装备向中高端迈进。面向《中国制造2025》十大重点领域及其他国民经济重点行业的需求，聚焦智能生产、智能物流，攻克工业机器人关键技术，提升可操作性和可维护性，重点发展弧焊机器人、真空（洁净）机器人、全自主编程智能工业机器人、人机协作机器人、双臂机器人、重载 AGV、3D 打印装备等七种标志性工业机器人及智能装备产品，引导我国工业机器人向中高端发展。促进服务机器人向更广领域发展。围绕助老助残、家庭服务、医疗康复、救援救灾、能源安全、公共安全、重大科学研究等领域，培育智慧生活、现代服务、特殊作业等方面的需求，重点发展消防救援机器人、手术机器人、智能型公共服务机器人、智能护理机器人等四种标志性产品，推进专业服务机器人实现系列化、个人/家庭服务机器人实现商品化。

（3）大力发展机器人及智能装备关键零部件。针对 6 自由度及以上工业机器人及智能装备用关键零部件性能、可靠性差，使用寿命短等问题，从优化设计、材料优选、加工工艺、装配技术、专用制造装备、产业化能力等多方面入手，全面提升高精密减速器、高性能机器人专用伺服电机和驱动器、高速高性能控制器、传感器、末端执行器等五大关键零部件的质量稳定性和批量生产能力，突破技术壁垒，打破长期依赖进口的局面。人机协作是一个重要的工业机器发展趋势。在人们需要以更零星和间歇的方式与机器人紧密合作的环境中，安全共存变得越来越重要，例如为机器人提供不同的材料，更换程序和检查新的运行。

（4）强化产业创新能力，加强共性关键技术研究。针对智能制造和工业转型升级对工业机器人的需求和智慧生活、现代服务和特殊作业对服务机器人的需求，重点突破制约我国机器人发展的共性关键技术。积极跟踪机器人未来发展趋势，提早布局新一代机器人技术的研究。建立健全机器人创新平台。充分利用和整合现有科技资源和研发力量，组建面向全行业的机器人创新中心，打造政产学研用紧密结合的协同创新载体。重点聚焦前沿技术、共性关键技术研究。

（5）加强机器人及智能装备标准体系建设。开展机器人及智能装备标准体系的顶层设计，构建和完善机器人产业标准体系，加快研究制订产业急需的各项技术标准，支持机器人评价标准的研究和验证，积极参与国际标准的制修订。建立机器人检测认证体系，建立并完善以国家机器人检测与评定中心为代表的机器人检验与认证机构，推动建立机器人第三方评价和认证体系，开展机器人整机及关键功能部件的检测与认证工作。

（6）着力推进应用示范。为满足国家战略和民生重大需求，加强质量品牌建设，积极开展机器人的应用示范。围绕制造业重点领域，实施一批效果突出、带动性强、关联度高的典型行业应用示范工程，重点针对需求量大、环境要求高、劳动强度大的工业领域以及救灾救援、医疗康复等服务领域，分步骤、分层次开展细分行业的推广应用，培育重点领域机器人应用系统集成商及综合解决方案服务商，充分利用外包服务、新型租赁等模式，拓展工业机器人和服务机器人的市场空间。

（7）积极培育龙头企业。引导企业围绕细分市场向差异化方向发展，开展产业链横向和纵向整合，支持互联网企业与传统机器人及智能装备企业的紧密结合，通过联合重组、合资合作及跨界融合，加快培育管理水平先进、创新能力强、效率高、效益好、市场竞争力强的龙头企业，打造知名度高、综合竞争力强、产品附加值高的机器人国际知名品牌。大力推进研究院所、大专院校与机器人产业紧密结合，充分发挥龙头企业带动作用，以龙头企业为引领形成良好的产业生态环境，带动中小企业向"专、精、特、新"方向发展，形成全产业链协同发展的局面。

二、发展目标

2020—2035 年，安徽省机器人及智能装备产业技术创新能力和国际竞争能力明显增强，产品性能和质量达到国际同类水平，关键零部件取得重大突破，发展成为我国机器人产业的重要增长极，建设成为国内具有重要影响力的机器人及智能装备研发制造基地：

（1）形成完善的机器人及智能装备产业体系。到 2025 年，安徽省机器人及智能装备产业（全产业链）主营业务收入突破 1000 亿元大关，机器人年产量达到 3.5 万台，服务机器人在医疗康复、家庭娱乐服务、巡检安防等重点领域实现小批量生产及应用，打造 8 家左右行业"领跑者"企业（主营业务收入达到 10 亿元以上），培育 15 家左右单项冠军企业（零部件企业国内市场国产品牌占有率 10％以上、细分领域机器人企业国内市场占有率 30％以上）。到 2027 年，安徽省机器人产业（全产业链）主营业务收入突破 1800 亿元，智能工业机器人和服务机器人达到国际先进水平，建成世界一流的机器人先进制造业产业集群，进入国际先进行列。

（2）自主创新能力明显增强。到 2035 年，工业机器人及智能装备产业科技体系不断完善，自主创新能力明显增强，技术水平稳步提高，科技创新成果不断地涌现。工业机器人及智能装备主要技术指标达到国外同类产品水平，医疗护理、家庭服务、救灾救援等重点领域的服务机器人技术水平达到国际先进水平。

（3）本地化集成应用成效显著。到 2035 年，工业机器人及智能装备整机技术水平和关键零部件实现突破，系统集成和示范应用得到加强，依托"芜马合"机器人战略性新兴产业集聚区，进一步优化产业布局，加快提升产业层次，努力将安徽省打造成全国乃至全球具有重要影响力的机器人及智能装备全产业链发展的高地；另外，培育国家级工业机器人及智能装备示范应用企业 10 个、省级工业机器人及智能装备示范应用企业 100 个；在汽车、家电、轻工、纺织等重点行业，化工、民爆等特殊行业以及医药、电子、食品等生产环境洁净度要求高的行业，每年推广应用工业机器人及智能装备企业 4000 台以上。

（4）完善政策法规，推动机器人及智能装备应用。到 2025 年，全面实施行业规范管理，推动企业提升技术水平。完善机器人及智能装备检测认证平台，制定行业急需的技术标准，引导产品品质提升，增强用户使用机器人的信心；研究制定完善机器人及智能装备安全伦理道德等方面的标准规范和法律法规，为机器人及智能装备创新应用营造良好的发展环境；以工业机器人及智能装备集成创新应用示范带动机器人及智能装备技术进步与产业化水平提升，发展高端制造，转型升级，实现中国制造 2025 制造业强国目标，参与国际先进制造业竞争，加快发展工业机器人及智能装备研发及推广应用是重要途径之一。

（5）加速推进机器人及智能装备创新中心建设。到 2035 年，成立机器人及智能装备创新中心 10 个以上。第一，创新中心的建设目标实际上是机器人及智能装备的一个关键共性技术，包括人才、平台、资源整合、推广服务等。作为一个公共的创新平台，一定要打通创新的过程，逐级而上。第二，创新的过程必须以市场需求、技术发展为导向，实现市场、技术的双层驱动。另外，还需要将"产、学、研、用"体系真正的融会贯通，打通整个创新路线。第三，创新需要整个机器人及智能装备行业提供强有力的支撑。加快机器人及智能装备检验检测和评定中心的建设，目前上海、沈阳、广州均已设立机器人检验检测和评定中心，以及机器人国评中心，重点完成机器人的检测、认证、技术支持、咨询培训等方面的全方位服务，还建立了机器人及智能装备零部件的各种测试和检验平台，但安徽在此方面还是空白。

（6）加快前沿创新的方式方法、前沿颠覆技术的研究。到 2025 年，构建协同创新产业生态体系，合理规划产业布局，打造完整产业链，设立产业投资基金，充分发挥资金链助力创新链的倍增效应。在安徽省科技重大专项、重点研发计划、区域创新基金等设立机器人的专项研究领域，包括在刚柔性机器人的运动特征与可控性、人机环境的多模态、感知与自然交互、机器人群体智能与操作系统、智能协作机器人、空中无人机平台的结构框架等基础性领域进行布局，推广机器人的示范应用，包括人机协调、自然交互、机器人自主学习等。成立机器人与智能制造创新研究院，以全新的理念面向机器人、智能制造开展工作。

（7）推动信息化升级与智能化。在智能制造中，通过"端"——智能装备通过通信技术有机连接起来，实现生产过程自动化，通过各类感知技术收集生产过程中的各种数据，通过"网"——工业以太网等通信手段，上传至"云"——工业服务器，在工业软件系统 MES 的管理下进行数据处理分析，并与企业资源管理软件 ERP 相结合，优化生产方案、实现定制化生产，形成"设计－开发－质量管理－服务"的闭环。围绕经济社会发展和国家安全重大需求，选择 10 大优势和战略产业作为突破点，力争到 2035 年达到国际领先地位或国际先进水平。

三、技术路线图

做好安徽省工业机器人及智能装备产业发展的顶层设计，有序、适度、集中优势资源创新发展工业机器人及智能装备技术及产业，推进装备制造业向中高端迈进。安徽省工业机器人及智能装备产业发展技术路线图如图 2-5。

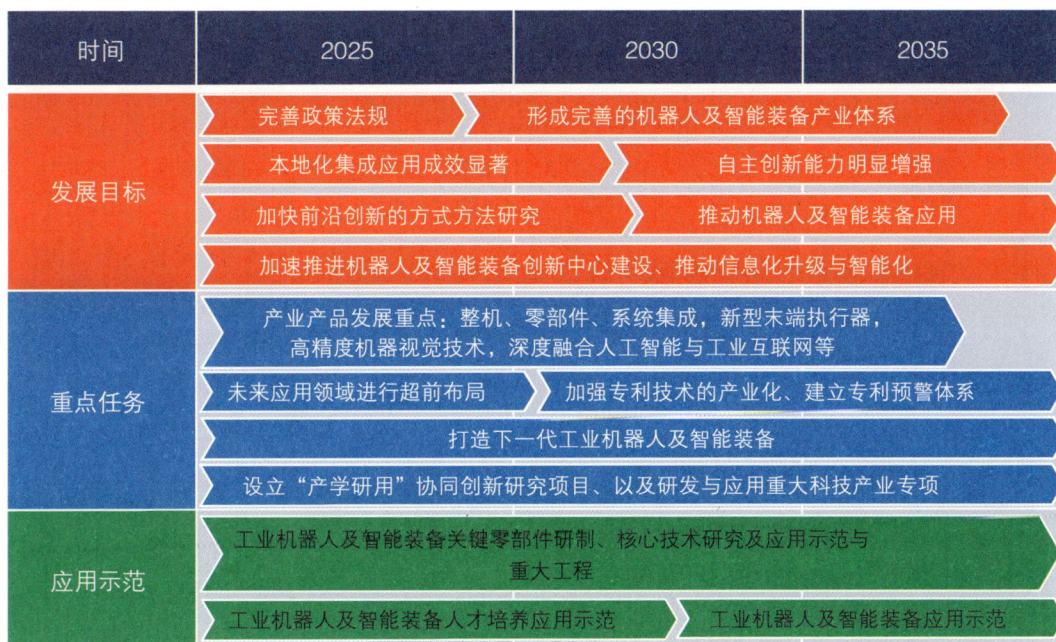

时间	2025	2030	2035
发展目标	完善政策法规	形成完善的机器人及智能装备产业体系	
	本地化集成应用成效显著	自主创新能力明显增强	
	加快前沿创新的方式方法研究	推动机器人及智能装备应用	
	加速推进机器人及智能装备创新中心建设、推动信息化升级与智能化		
重点任务	产业产品发展重点：整机、零部件、系统集成，新型末端执行器，高精度机器视觉技术，深度融合人工智能与工业互联网等		
	未来应用领域进行超前布局	加强专利技术的产业化、建立专利预警体系	
	打造下一代工业机器人及智能装备		
	设立"产学研用"协同创新研究项目、以及研发与应用重大科技产业专项		
应用示范	工业机器人及智能装备关键零部件研制、核心技术研究及应用示范与重大工程		
	工业机器人及智能装备人才培养应用示范	工业机器人及智能装备应用示范	

图 2-5　工业机器人及智能装备发展技术路线图

（1）充分发挥市场配置资源的基础性作用，促进工业机器人及智能装备产业的发展。既要知难而进，攻克机器人及智能装备的技术制高点，逐步替代进口；又不要一哄而上，造成工业机器人及智能装备这种高端产品的产能过剩。组织实施"机器换人"智能化改造项目，推动重点领域智能转型，有效拓展工业机器人智能装备应用市场。支持龙头企业及高等院校、科研院所培育专业化的系统集成商。以龙头企业为载体，搭建工业机器人智能装备应用推广平台，吸引更多生产厂商与终端客户入驻平台，为工业机器人及智能装备推广应用提供一站式服务。

（2）在工业机器人及智能装备的开发上，已不能因循研发→工程化→产业化，按部就班地进行，而要走研发、工程化、产业化"并联式"发展的道路。要进行研发补课，行业领军企业的研发机构和相关大学、科研院所要对多年来工业机器人及智能装备碎片化的研发成果进行梳理、整合和深化，特别要在检测、检验和工业性试验上下功夫，着力实现工程化。同时，按市场需求，通过实施技术改造项目，形成生产能力，满足主机行业的配套需求。发挥"芜马合"全国机器人及智能装备产业集聚发展试点的基础优势，大力引导企业向基地集聚；按照"1个基地、配套1支基金"的模式，支持芜湖、马鞍山、合肥3个产业基地配套各自的产业基金；积极培育一批机器人及智能装备创业创新基地和众创空间等，形成"大而优""小而专"的产业集群。

（3）提倡具有工业机器人及智能装备研发能力和研发基础的大型企业和有工业机器人小批量生产经验的中小型企业优势互补，合作共赢。通过兼并重组、交叉持股、投融资等多种方式积极引入各类社会资本，着力打造一批行业领军企业。坚持抓大扶小并重，实施"专精特新"中小企业培育行动，培育一批具有核心竞争力的全国"单项冠军""配套专家"。以机器人及智能装备领军企业为龙头，以"专精特新"企业为主体，加强产业链上中下游企业的协同合作，带动机器人及智能装备全产业链协同发展。

（4）有志于开发工业机器人及智能装备的企业，应该努力寻求与工业机器人主机企业建立战略合作关系，并邀请相关大学、科研院所加盟，建立工业机器人协同创新战略同盟。加速传统产业改造升级，积极实现由要素投入型向创新驱动型转变，不断调整现有存量，增加有效投入，推动省内机器人及智能装备企业做大做强。通过坚持引资引技引智并重，积极开展精准招商、产业链招商、以商招商、"借力"招商，着力引进一批有利于补齐机器人产业链缺口的重大项目和龙头企业，不断扩大优质增量。

（5）标准化主管部门应组织有关企业（工业机器人及智能装备供需双方企业）、大学和科研院所，在认真总结工业机器人及智能装备的"研发→工程化→产业化"的技术积淀和实践经验的基础上，制定并贯彻实施工业机器人系列标准。实施一批带动性强、关联度高的机器人及智能装备关键零部件研制及示范应用项目、工业机器人及智能装备核心技术研究及示范应用项目，加强安徽省机器人及智能装备产品、核心零部件产品的推广应用，打通技术开发、产品制造、示范应用的产业化通道，以应用推广带动研发创新。

第 4 章

安徽省工业机器人及智能装备发展政策建议和重点任务

一、政策建议

（一）完善创新平台和人才队伍建设

建立健全机器人及智能装备创新平台，充分利用和整合现有科技资源和研发力量，组建面向全行业的机器人创新中心，打造政产学研用紧密结合的协同创新载体。重点聚焦前沿技术、共性关键技术研究。加强机器人标准体系建设，开展机器人标准体系的顶层设计，构建和完善机器人及智能装备产业标准体系，加快研究制订产业急需的各项技术标准，支持机器人及智能装备评价标准的研究和验证，积极参与国际标准的制修订。建立机器人及智能装备检测认证体系，建立并完善以国家机器人及智能装备检测与评定中心为代表的机器人及智能装备检验与认证机构，推动建立机器人及智能装备第三方评价和认证体系，开展机器人及智能装备整机及关键功能部件的检测与认证工作。

（1）完善政策扶持体系。在资金、税收、产品销售补贴等方面出台相应的扶持政策；加快推进产业政策落实；鼓励金融资本、风险投资及民间资本参与机器人产业，支持符合条件的企业在海外资本市场直接融资。

（2）推进重大标志产品率先突破。包括工业机器人及智能装备向中高端迈进，服务机器人向更广领域发展等；大力发展机器人关键零部件，全面提升高精密减速器、高性能机器人专用伺服电机和驱动器、高速高性能控制器、传感器、末端执行器等五大关键零部件的质量稳定性和批量生产能力。

（3）强化产业创新能力。包括加强共性关键技术研究，建立健全机器人及智能装备创新平台，加强机器人标准体系建设，建立机器人检测认证体系等。

（4）着力推进应用示范。包括培育重点领域机器人及智能装备应用系统集成商及综合解决方案服务商，拓展工业机器人的市场空间，推进服务机器人在医疗康复等领域的应用示范等。

（5）积极培育龙头企业。加快培育管理水平先进、创新能力强、效率高、效益好、市场竞争力强的龙头企业，打造知名度高、综合竞争力强、产品附加值高的机器人及智能装备国际知名品牌，带动中小企业向"专、精、特、新"方向发展，形成全产业链协同发展的局面。

（6）建立并完善检测认证体系。推进《关于推进机器人及智能装备检测认证体系建设的意见》落实，建立并完善以国家机器人及智能装备检测与评定中心为代表的机器人检验与认证机构，推动建立机器人及智能装备第三方评价和认证体系，开展机器人整机及关键功能部件的检测与认证工作。

（7）加强人才队伍建设。切实推进产学研一体化人才培养模式，建立校企联合培养人才的新机制；运用职业培训、职业资格制度，通过实际项目锻炼来培育人才；加强高层次人才引进，吸引海外留学人员回国创新创业。

（二）设立工业机器人及智能装备振兴专项

在经济全球化日益深入的形势下，发展机器人及智能装备产业需要全社会紧密联手，协同共进。安徽通过建立机器人及智能装备产业技术创新战略联盟，聚集产业界、科技界、政府部门、第三方专业服务等各方资源，使原来碎片化的研究力量和孤岛式的创新载体联系起来，整合各方资源、加强产业协作、形成工作合力的机制，解决安徽省机器人及智能装备产业中高端市场的外资垄断、关键部件的进口依赖和研究力量的相对分散等问题。联盟兼顾机器人产业上下游技术资源，助力企业产业升级，梳理技术储备和需求，释放科技成果潜能。针对安徽省在机器人及智能装备领域研发制造方面所具有的优势和存在的产学研脱节与产业布局落后等问题，提出了抢抓机遇、顶层谋划、整合资源、培育产业的七项重大措施，推动机器人产业在高端要素方面聚集和快速发展。

（1）启动安徽省机器人及智能装备产业发展"十四五"科技研究规划编制工作。充分发挥安徽省科技优势，认真编制安徽省机器人及智能装备产业发展"十四五"科技发展研究规划，积极谋划安徽省"十四五"机器人产业发展。

（2）面向未来发展，加强前沿技术研究。加强机器人及智能装备前沿技术跟踪研究投入，开展机器人关键核心部件、智能控制理论、三维视觉等前沿研究。依托中科大、合工大等有实力的研究团队组建省级重点实验室。依托哈工大机器人（合肥）国际创新研究院等骨干企业，建设服务机器人公共科技平台。

（3）支持安徽省优势机器人及智能装备项目做大做强。支持小型工业机器人及智能装备用伺服电机的规模开发，使其成为产业的新增长点。积极推动这些项目得到科技部资金支持。

（4）扶持安徽省有技术基础的中小企业科技创新。加强产学研合作，支持若干有基础的中小企业开展机器人及智能装备关键技术与产品的研发，在机器人控制器、伺服驱动、机器视觉等机器人特色关键产品上做大做强。吸引机器人制造企业来安徽建立生产基地，形成完整的机器人产业链。

（5）设立安徽省机器人及智能装备产业发展科技创新专项。机器人及智能装备科技创新专项聚焦产业发展重大需求，以关键技术突破为核心，在工业机器人、服务机器人和特种机器人领域支持一批核心项目。支持 RV 减速器、机器人视觉系统等关键技术突破。支持焊接机器人等整机开发。以行业应用示范为切入点，助推汽车、装备制造、电子等重点应用领域的系统集成和应用。通过专项实施，打造机器人产业生态圈，实现突破关键技术，形成创新团队。

（6）设立安徽省机器人及智能装备产业发展创业投资引导基金。设立安徽省机器人及智能装备产业发展创业投资引导基金。充分发挥市场机制作用，通过科技贷款风险补偿、科技保险补助、科技金融中介服务绩效奖励等方式，为机器人及智能装备产业发展解决不同企业的融资需求。引导基金通过拨改投、拨改贷、拨改保、拨改补等方式，引导扩大融资需求，提供配套服务。

（7）组建安徽省机器人及智能装备产业技术创新战略联盟。依托中科大、合工大、安理工、安工大、院所、企业，整合各方资源、加强产业协作，组建机器人产业技术创新战略联盟，形成资源优化配置、研发协作攻关、产业协同互动的新兴产业区域合作共赢机制。并与国内其他机器人联盟建立良好互动。

（三）打造工业机器人及智能装备制造集群

牢固树立和践行新发展理念，奋力创新转型升级，智能制造产业迎来了创新发展、开放合作的新态势。作为智能制造行业先进代表的哈工大机器人（合肥）智能装备双创基地，以创新、创业和产业联动发展的新模式，构筑起了智能制造领域产业发展的新型生态圈。按照"创新＋创业＋产业"的联动发展思路，基地聚焦机器人及智能装备产业领域，建设前端产业技术研究平台，承载高新技术创新研发任务；中游依托哈工大机器人（合肥）科技创新研究院有限公司为创业孵化平台，为科技成果转化的创业项目导入人才、技术、资金、供应链、品牌、场地等资源支撑；末端依托机器人华东制造基地为产业集聚平台，实现创新创业项目就地产业化，并通过招引优质企业完善供应链体系，帮助科技成果转化实现"最后一公里"。

（四）开展应用示范，加大机器人及智能装备推广力度

从顶层设计、标准体系、资金扶持、支持国产首台（套）机器人及智能装备的应用示范及搭建机器人及智能装备上下游之间的对接平台、推广应用等五个方面着手推进我国机器人及智能装备产业的发展。

组建专家咨询队伍，组织研究编制机器人技术路线图和机器人及智能装备产业的"十四五"规划，组建由不同单位专家组成的委员会，为机器人及智能装备产业的战略、顶层设计以及重大专项提供建议，支撑政府决策。完善标准体系建设方面，推进战略性新兴产业的标准化工作，机器人及智能装备产业是其中的重要组成部分。推进机器人及智能装备的接口、通讯等国家和行业标准的制定，通过完善标准体系提高机器人及智能装备技术水平，促进机器人及智能装备产业发展。资金扶持方面，继续加大对机器人及智能装备产业的资金和政策支持力度，尤其支持重点行业的机器人及智能装备研发和产业化。采取数字化车间等手段，加大对机器人及智能装备应用示范的推广力度，支持国产首台套机器人及智能装备的应用和示范。

二、重点任务

（一）工业机器人及智能装备整机、核心零部件与系统集成技术及应用

在 2021 年至 2025 年，加强工业机器人及智能装备领域整机、零部件与系统集成的协同发展，加快"建链""补链"和"强链"，促进全产业链一体化发展，项目研究周期 3 年至 5 年，力争在 2030 年实现安徽省工业机器人及智能装备整机、核心零部件、系统集成技术及应用的全方位发展。主要内容包括：①工业机器人及智能装备整机。重点加快弧焊机器人、喷涂机器人、真空（洁净）机器人、全自主编程智能工业机器人、人机协作机器人、重载 AGV、绿色制造生产线装备等的本体开发及批量生产。②工业机器人及智能装备核心零部件。重点研制开发精密减速器、高精度机器人专用伺服电机、高速高性能机器人控制器、传感器、末端执行器等关键零部件，满足省内及国内工业机器人及智能装备快速发展的需求。③工业机器人及智能装备系统集成。重点加强省产工业机器人在机械、汽车、家电、电子、食品等行业的规模化集成应用，以集成应用促进稳步发展，以稳步发展提升质量效益。④工业机器人及智能装备机器视觉技术。未来机器视觉技术必将成为工业自动化和智能的核心之一。要实现人机视觉在机器人上的延伸，必须要满足自动化程度高、效率高、精度高，适应性强的条件。

（二）下一代工业机器人及智能装备关键技术研究与应用

在 2021 年至 2030 年，用 10 年时间打造下一代工业机器人及智能装备，项目研究周期 3 年至 5 年，力争在 2035 年夯实安徽省在下一代工业机器人及智能装备关键技术与产业应用的总体布局与核心竞争力，关键性能指标达到国际先进水平。下一代工业机器人及智能装备是一种在传统工业机器人基础上融合人工智能技术、互联网和大数据技术、新型传感器技术等智能型工业机器人，具有以下属性：①具有学习和决策能力。人类可以对机器人进行同一问题多次示教，通过采用机器学习技术使得机器人能够理解关键行为并完成决策经验的积累，使得机器人在应对类似作业场景时可以根据先验、经验进行自主决策，最终保证机器人在执行任务时具有更高的柔性。②机器人及智能装备可以进行学习和决策。必须使机器人系统具有反馈和感知通道，能够获取外界作业场景的信息以及作业效果的反馈。目前在这一领域，基于机器学习的智能图像处理算法和外部多传感器信息融合技术是研究的热点。③结合互联网和大数据技术，发展"云机器人"架构。"云机器人"至少在五个方面显著提高了机器人性能：一是提供一个全球性的图书馆，包括图像、地图、作业对象数据信息；二是无硬件瓶颈下基于样本的统计建模和运动的需求计划实现大规模并行计算；三是机器人之间共享成果、轨迹和动态控制；四是人类共享"开放源码"的代码、数据、设计、编程、实验和硬件建设，尤其是以 ROS 为代表的开源机器人操作系统；五是实现问题检测，并按需完成人类诊断。④新型机器人及智能装备机构和新材料的应用。目前传统工业机器人都是采用的垂直关节型机构，铸铁和铸铝等传统金属材料是现在工业机器人机体的常规材料。而下一代作业型机器人将结合更先进的控制和规划算法，来处理具有更高柔性和自由度的机器人系统，如将机器人的手臂放置在移动底座上。一般下一代机器人可能具有 12 个自由度，但极端拟人化的人形机器人可能有60 个自由度。同时新型复合材料和安全批复的导入可以有效降低机器人运动惯性，同时完成与人类的安全共存和协作。⑤新型机器人及智能装备控制器架构。机器人及智能装备运动控制部分将具有更复杂的

建模和控制能力，应对下一代机器人及智能装备安全性和冗余自由度的要求，新的规划方法需要结合新技术，例如数学拓扑和近期规划，从而能够有效地搜索强大的高维空间。

（三）工业机器人及智能装备行业"产学研用"协同创新自由探索研究项目

在 2021 年至 2030 年，面向国家重大需求与国民经济主战场，积极推进建立并完善安徽省工业机器人及智能装备行业"产学研用"一体化协同创新自由探索研究项目，项目研究周期 5 年，在 2035 年全面实现安徽省在工业机器人及智能装备行业达到国内领先与国际先进综合水平。工业机器人已经成为世界各国进行高科技竞争的焦点、热点和战略制高点，被列为优先发展的研发与产业化技术。虽然我国也将工业机器人及智能装备归入到国家战略发展策略中，但是缺少相关的产业扶持政策。因此，政府要积极鼓励并推动企业与各个高校以及科研机构达成战略合作，初步形成工业机器人及智能装备生产企业、高校与科研机构的产业联盟，加大对工业机器人及智能装备的研发力度，不断创新发展相关技术。支持安徽省机器人及智能装备企业到发达国家和地区设立研发机构，鼓励企业通过参股、并购等方式对国外先进的机器人及智能装备企业进行并购重组，推动企业产品和技术服务走出去，积极开展国际技术交流与合作，以国际化、高端化引领机器人产业发展。把握机器人及智能装备产业发展的机遇，着力推动智能装备及机器人产业实现快速良性发展。机器人及智能装备产业作为安徽省关键产业之一，作为政府和企业之间的桥梁，联盟应积极做好服务工作，协调资源，提升联盟内机器人及智能装备企业的技术水平，促进机器人及智能装备产业链快速健康发展，推动联盟成员的创新合作，开拓本土品牌市场，提升品牌竞争力。

（四）工业机器人及智能装备研发与应用重大科技产业专项

在 2021 年至 2035 年，支持安徽省高等院校开设机器人及智能装备相关专业，培养复合型高水平与高技能人才；引进机器人及智能装备领军人才和科研团队携技术项目创新创业；支持重点高校组建机器人及智能装备省级重点实验室，并设立省级重点实验室自由探索专项研究基金，培养高端研发人才，承担重大项目，研究相关前沿科技。在此基础上，面向安徽省科技产业智能制造装备应用领域，设立以 3 年或 5 年为周期的"工业机器人及智能装备研发与应用重大科技产业专项"，深化产业资金引导投入、鼓励企业自筹配套研究经费、加强项目绩效与产业化能力考核。

三、相关措施建议

（一）工业机器人及智能装备关键技术发展重点

（1）关键零部件技术发展重点。从优化设计、材料优选、加工工艺、装配技术、专用制造装备、产业化能力等方面入手，重点突破减速器、伺服电机、控制器、传感器、末端执行器等工业机器人五大关键零部件的核心技术，解决关键零部件性能、可靠性差，使用寿命短等问题，加快提高工业机器人及智能装备质量稳定性和批量生产能力。

（2）共性关键技术发展重点。针对制造业智能转型升级对工业机器人及智能装备的需求与智慧生活、现代服务和特殊作业对服务机器人及智能装备的需求，并跟踪研究新一代机器人及智能装备技术发展方向，重点突破制约我国机器人及智能装备发展的共性关键技术。

（二）对工业机器人及智能装备未来应用领域进行超前布局

当前，在我国的这些工业机器人及智能装备中超过一半的机器人为焊接机器人，而在发达国家，他们有 60％工业机器人为汽车服务，一些跨国公司将工业机器人投放到汽车制造中，结果忽视了在电子、医药、食品等行业的应用。所以，为了发展工业机器人，必须着眼于未来的应用领域，并进行超前布局，从而不断地优化工业机器人的应用结构，扩大应用规模。充分利用安徽省重大战略平台及政策资源，集聚高端要素，找准切入点和关键点，继续打造"领跑者"企业集团和单项冠军，加快形成一大批综合实力较强、竞争力突出的标杆型企业。支持和推动机器人企业积极开展商业模式创新，促进企业品牌化提升、专业化增强、区域化整合、标准化管理，加快转型升级跨越发展步伐。瞄准国内外机器人及智能装备本体、精密减速器、伺服电机、控制器、专用传感器等领域的先进企业，大力实施资源招商、产业链招商、以商招商、精准招商，有计划、有针对性地开展组团招商活动，积极争取引进和落地一批新企业、新项目。

（三）加强专利技术的产业化

在国外，关于工业机器人及智能装备的专利技术主要属于企业，他们的专利技术不仅与工业生产和市场经济密切联系，更加重视利用国家专利合作条约，从而保护国际市场。但是，在我国，工业机器人及智能装备的专利技术主要来自科研院所或者高校，相关科研人员的专利意识比较薄弱，他们的专利水准更多的是通过对职称的评定体现出来，结果忽视了专利技术的产业化。所以，我国必须加强对专利技术的产业化，将专利技术与工业生产和市场相联系，从而促进工业机器人的进一步创新发展。充分利用现有创新资源要素，聚焦机器人及智能装备产业创新发展的重大技术需求，重点突破前沿性技术和关键共性技术，建立健全安徽省机器人及智能装备产业创新体系，加强机器人技术标准体系建设，增强核心竞争力。继续组织实施工业领域机器换人"十百千"工程，进一步推进工业机器人及智能装备与生产过程的融合，支持省产工业机器人及智能应用于企业传统生产线及生产车间的技术改造，集中优质资源投入见效快的项目，力争率先突破、先行示范。

（四）以大数据分析为手段建立专利预警体系

随着社会的发展，人类的生产生活产生了大量的数据，并且这些数据来自于各行各业，其种类和体系都十分的复杂多样，我们现在正处于大数据时代。尤其是在工业生产、发展的过程中，工业生产的扩大通常依赖于大数据的分析，通过对大数据的分析来了解各个地区工业生产的特点，从而选择适合地区经济发展的工业类型，然后再选择合适的厂址。所以，为了发展工业机器人及智能装备，必须以大数据分析为手段，建立起专门的专利预警体系，然后根据我国国内工业机器人及智能装备的发展现状，从专利、法律和市场三个角度出发，建立起科学的工业机器人及智能装备专利预警体系，从而有效地避免利益纠纷。

（五）瞄准工业机器人及智能装备关键零部件领域进行专利布局

在全面展望工业机器人及智能装备的未来发展时，必须瞄准工业机器人的关键部件领域进行专利布局，及时地靠近和掌握行业发展动态，以便取得先机。目前，工业机器人及智能装备最为关键的零部件主要有减速机、伺服电机、控制器三个部分，如果针对这三个部分的研究没有取得突破性的进展，那么工业机器人及智能装备无法得到进一步的发展。所以，在研究的过程中必须把控各个关键部件的技术，提取核心成分，构建严密的专利布局网络，有意识地保护专利成果。

（六）工业机器人及智能装备区域发展重点

依托"芜马合"重点区域，构建以芜湖为国家综合性高端智能机器人及智能装备研发制造基地、以马鞍山为特色机器人及智能装备制造基地、以合肥为新一代机器人及智能装备创新研制基地的产业集聚区。在立足机器人产业化、规模化、品牌化的基础上，进一步加强突破精密减速机、伺服电机及驱动器、机器人专业软件等核心部件，提升机器人整机研发和制造水平，拓展机器人系统集成应用，不断优化产业集聚发展环境，形成产业核心竞争力。依据"领军企业——重大项目——产业链——产业集聚——产业基地"的思路，合理集中配置产业空间，集聚有限要素资源，形成产业集聚发展的格局，进一步扩大国内、国际影响力。

附：安徽省工业机器人及智能装备领域知名企业公司简介

（一）埃夫特智能装备有限公司

埃夫特智能装备股份有限公司成立于 2007 年 8 月，是中国产销规模最大的国产机器人领导企业，是中国机器人产业联盟发起人和副主席单位。公司建有国家地方联合工程研究中心 1 个，同时，在意大利成立智能喷涂机器人研发中心和智能机器人应用研发中心，在美国设立人工智能和下一代机器人研发中心。

荣获安徽省 115 团队 1 个，芜湖市 5111 团队 2 个。

埃夫特公司先后牵头承担多项国家科技部、工信部和发改委项目，研制的重载 165 公斤机器人载入中国企业创新纪录，荣获 2012 年中国国际工业博览会银奖。2014 年和 2015 年埃夫特公司连续两年荣获中国机器人网"最畅销国内机器人品牌"奖项，2015 年和 2016 年埃夫特公司先后荣获高工机器人"年度机器人本体奖金球奖""年度最具投资价值公司"和"年度机器人本体技术创新奖金球奖""年度最佳工程案例奖金球奖"等奖项。埃夫特机器人及解决方案被广泛推广到汽车及零部件、卫陶、五金、消费类电子、家电、机加工、酿酒、木器和家具等行业。

埃夫特现有主营产品包含运动控制器、伺服系统（代表产品如图 2-6 所示），EFFORT 工业机器人（如图 2-7 所示），CMA 喷涂机器人（如图 2-8 所示），机器人系统集成（代表产品如图 2-9 所示）。

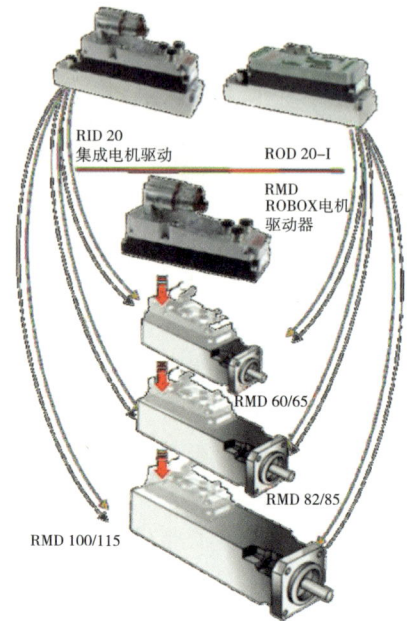

图 2-6 RP-2 可扩展的运动控制器

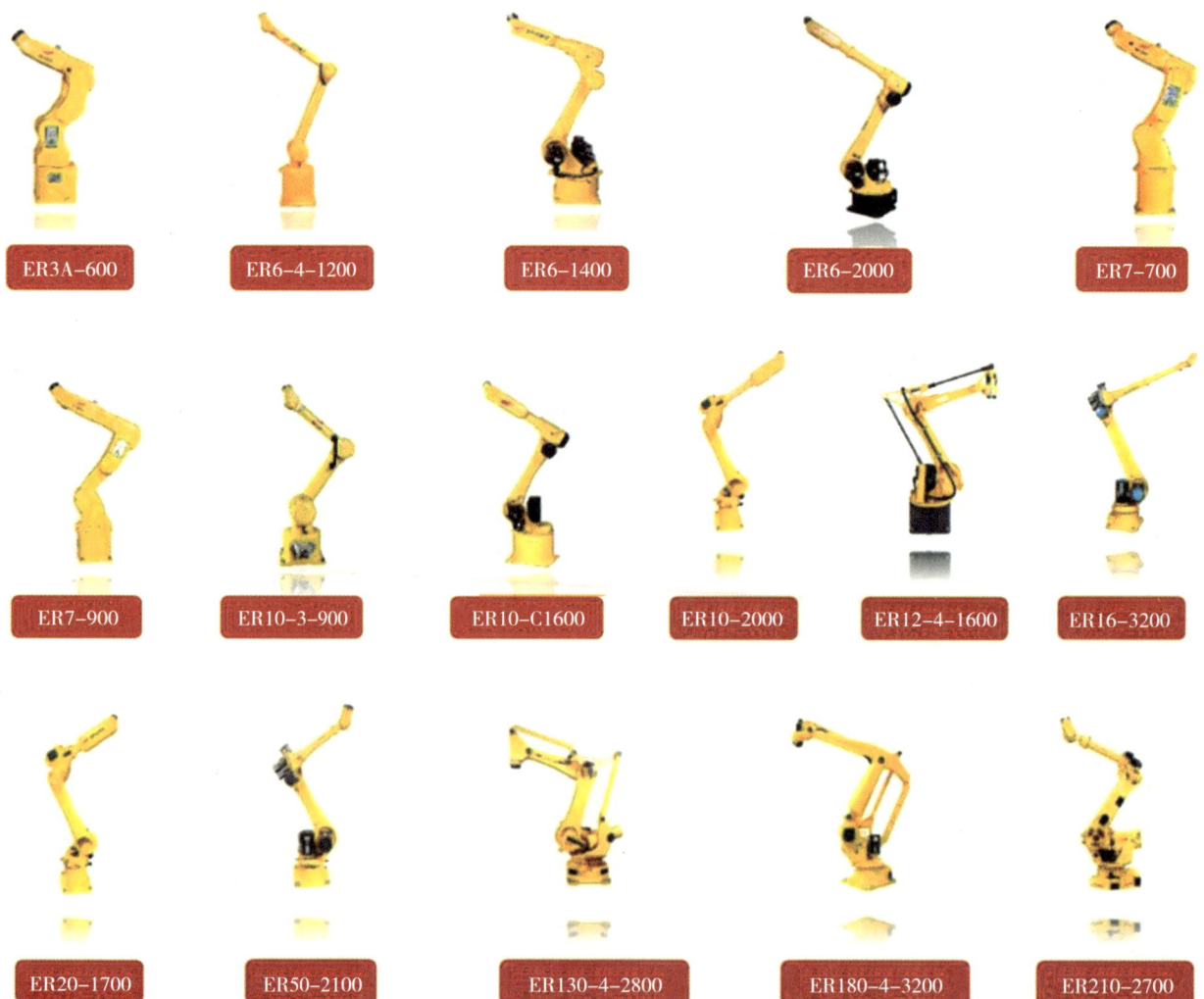

图 2-7 EFORT 工业机器人产品

| GR 520 ST | GR 630 E | GR 630 ST | GR 650 ST | GR 689 ST | GR 6100 ST | GR 6100 HW | GR 6150 HW | GR 610 S |
| GR 6160 | GR 630 STAC | GR 650 STC | GR 6100 C | evolving table | GR630 STAC | GR 650 STC | GR 6100 C | GR6100 HWC |

图 2-8　CMA 喷涂机器人产品

图 2-9　汽车领域白车身生产线全工艺流程解决方案

（二）安徽巨一自动化装备有限公司

巨一自动化成立于 2005 年 1 月 18 日，是国家高新技术企业、国家创新型试点企业，是国内领先的汽车智能制造成套装备和汽车电驱动系统解决方案专家。公司在英国伦敦和中国上海、苏州分别有子公司。公司的产品主要包括汽车及其零部件自动化生产线、汽车整车及零部件试验装备、工业机器人集成应用系统等，产品已经广泛应用于中国一汽、中国二汽、中国重汽、陕汽、北汽、中国一机、意大利卡拉罗、美国美驰、奇瑞汽车、江淮汽车、柳工、柳汽、星马汽车、安凯客车等企业，为轿车、SUV、SRV、MPV 及轻卡、重卡、客车提供装备服务，取得了显著的应用效果。公司同时组建了省级自动化装备工程研究中心、省级汽车自动化装备工程技术研究中心，在发展自主研发能力的同时，为行业提供优质的产品与技术服务。公司先后承担国家"863"重点课题 3 项、科技部创新基金项目 1 项、安徽省科技攻关重大项目 3 项、市科技攻关项目 10 多项，获得国家发明专利 5 项、软件著作权登记 1 项、中国机械工业科学技术奖二等奖 1 项，安徽省科学技术奖一等奖 1 项，二等奖 1 项。

巨一现有主营产品包含白车身焊装系统（如图 2-10 所示），动力总成装测系统（如图 2-11 所示），动力电池装测系统（如图 2-12 所示），智能物流系统（如图 2-13 所示），

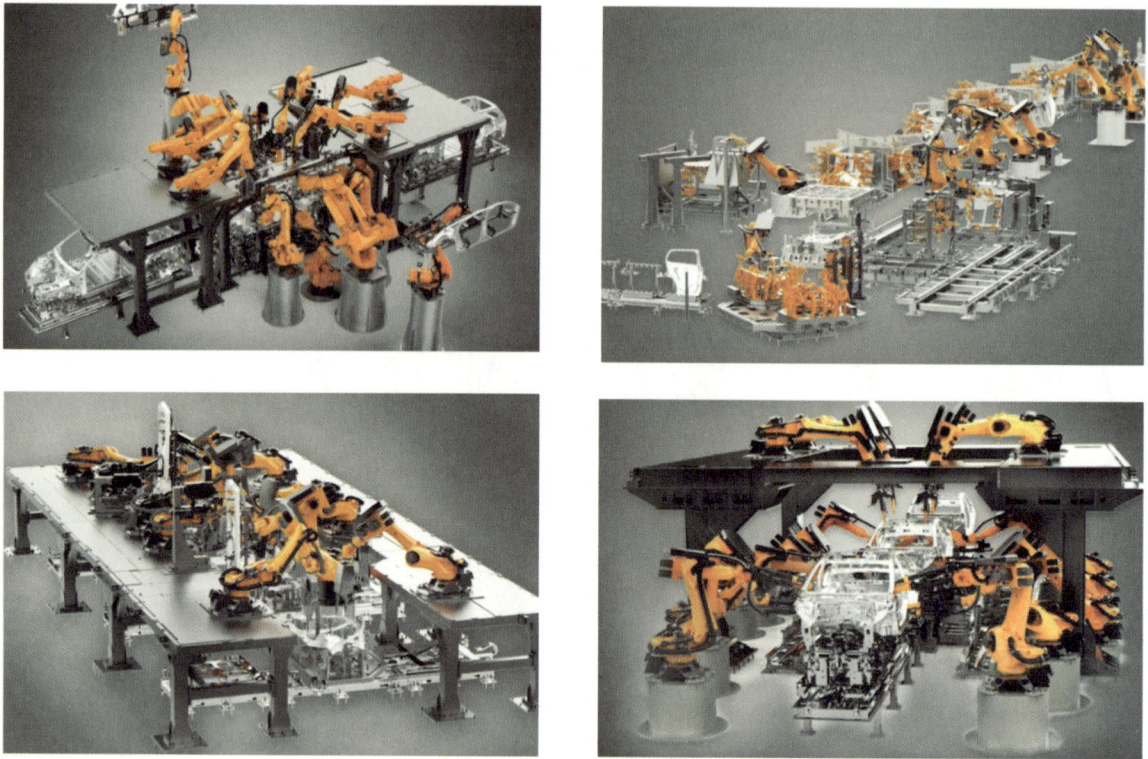

图 2-10 白车身焊装系统

注：图片来源于蔚来汽车 ES8 全铝合金车身，英国捷豹路虎项目，吉利 DCY11 项目，长城门盖项目，CJLR 项目，SVW 项目，北汽 C40D 项目。

图 2-11 动力总成装测系统

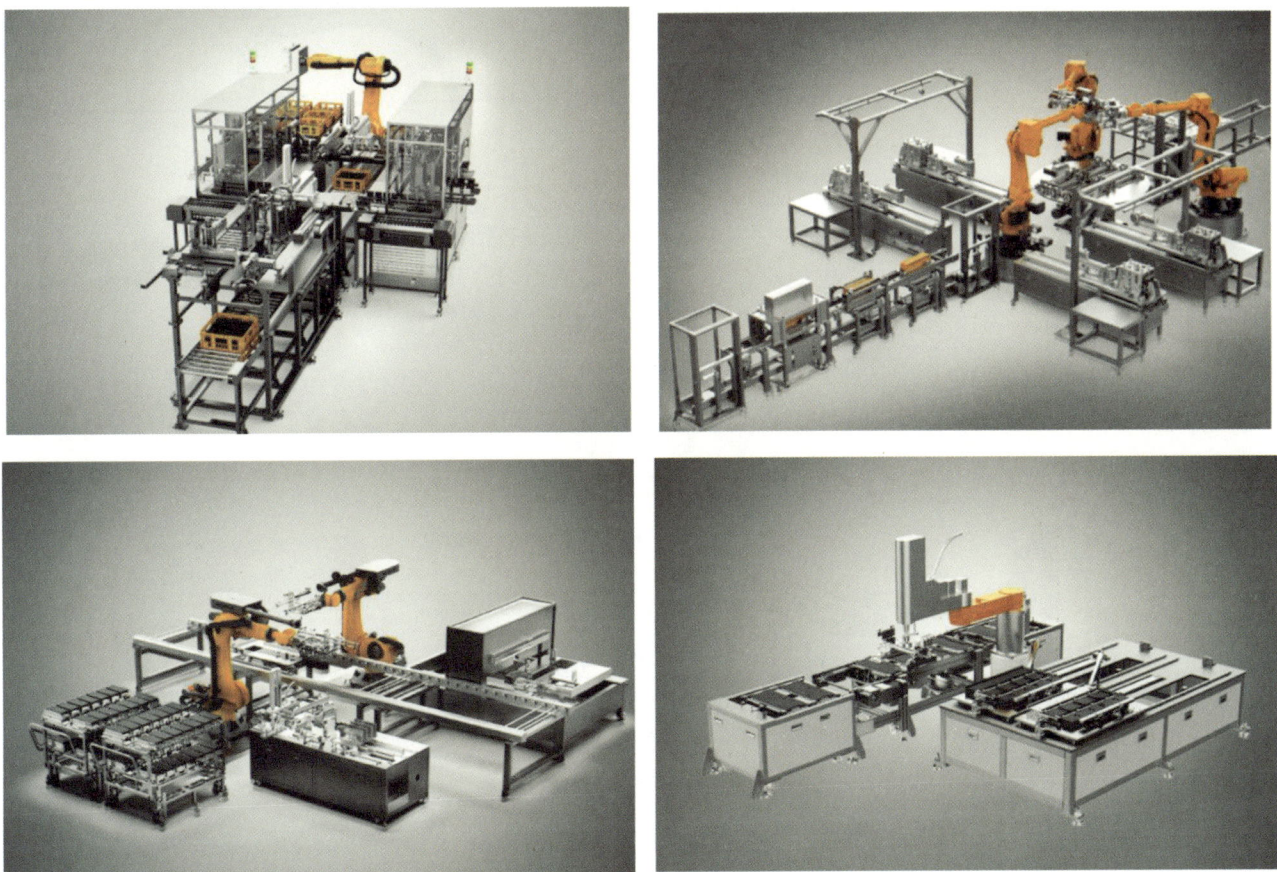

图 2 - 12　动力电池装测系统

图 2 - 13　智能物流系统

（三）合肥欣奕华智能机器有限公司

　　合肥欣奕华智能机器有限公司，成立于 2013 年 7 月，位于安徽省合肥新站高新技术产业开发区，母公司为中国光电与创新科技产业基金主导创建的北京欣奕华科技有限公司。公司主营业务为泛半导体产业工业机器人、智能制造装备以及智慧工厂解决方案的研发、生产、销售和技术服务。目前企业已通过"安徽省企业技术中心"和"安徽省工程研究中心"认定，并获批建立了"省级企业博士后科研工作站"，先后荣获"安徽省质量奖""安徽省名牌产品""全省职工技术创新成果奖"及"安徽省软件企业 20 强""安徽省劳动保障诚信示范单位"等多项荣誉，具有良好发展前景。

　　欣奕华现主营产品包含通用机器人（代表产品如图 2 - 14 所示），平板显示行业用工业机器人（如图 2 - 15 所示）。

（a）垂直多关节机器人　　　　　　　　　　　　　　（b）水平多关节机器人

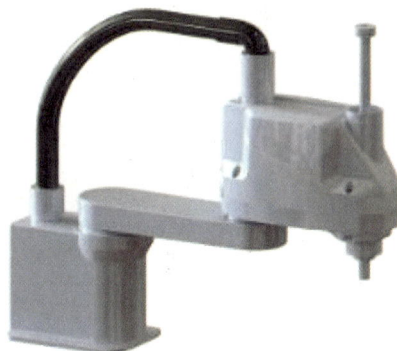

图 2 - 14　通用机器人

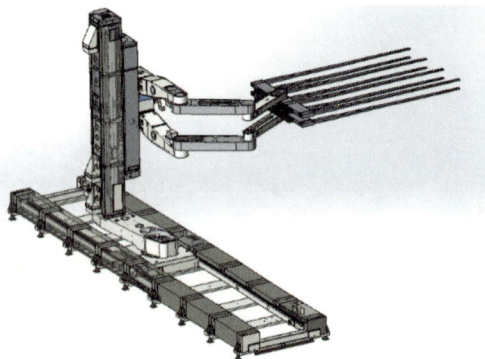

（a）洁净搬运机器人　　　　　　　　　　　　　　　（b）测试机器人

图 2 - 15　平板显示行业用工业机器人

（四）芜湖哈特机器人产业技术研究院有限公司

芜湖哈特机器人产业技术研究院有限公司位于安徽省国家唯一批复的芜马合机器人产业集聚发展试点区域内的芜湖市机器人产业园，由芜湖机器人研究开发有限公司、哈尔滨工业大学共同出资组建，于 2014 年 7 月 8 日正式挂牌运营，是集机器人技术研发、技术转让，特种工业机器人、机器人成套智能装备、机器人核心零部件的制造、销售，机器人软件开发，机器人产业技术及信息咨询为一体的产学研相结合的新型研发机构。

该研究院与哈尔滨工业大学机器人研究所共同建有机器视觉与智能装备技术实验室，同时下设前瞻技术研究中心、智能装备研发中心、服务机器人研发中心三个机器人技术研究开发部门和移动机器人事业部，并设有中国自动化学会专家工作站、哈尔滨工业大学芜湖技术转移中心等技术转移与服务机构。

作为芜湖市机器人领域首家建成运行的产学研结合的公共产业技术研发平台，该研究院采用企业化方式进行运作，充分利用哈工大的行业资源、人才资源和技术优势，针对机器人产业技术创新发展的需要，充分利用芜湖市在政策、资金、环境方面的优势，不仅承接哈工大在机器人及自动化方面的领先技术，而且通过技术创新与积累，在机器视觉、智能装备、移动机器人和机器人用核心零部件等方面取得了多项成果，已在汽车及其零部件、3C、物流、食品医药、电线电缆、电池以及军工等领域得到应用。

哈特机器人现主营产品包含机器视觉产品（如图 2 - 16 所示）、机器人集成应用（如图 2 - 17 所示）、全运 AGV（如图 2 - 18 所示）。

图 2-16　机器人柔性三位测量

图 2-17　液袋高速分拣系统

图 2-18　单向潜伏牵引式 AGV

（五）惊天智能装备股份有限公司

惊天智能装备股份有限公司成立于 2000 年，国家高新技术企业。公司本部位于国家高新技术开发区——马鞍山市经济技术开发区，注册资本 5100 万元，员工 200 余人、企业总资产 4.0 亿元；全资子公司位于马鞍山市当涂经济开发区，占地 160 亩，标准厂房 46000 平方米，拥有各类精密机械加工设备 140 余台套，具有很强的精密加工、热处理和测试能力，是目前国内专业从事工程机器人及其关键零部件的骨干企业。

公司现已形成了以破拆机器人为基型的各类多功能智能工程机器人和以液压破碎锤、液压手腕为主导的智能机具两大系列产品。公司多项产品填补国内空白，列入"国家重点火炬计划""国家重点新产品"，取得授权国家发明专利 6 项、实用新型专利 50 余项，主持制定国家标准 1 项，行业标准 5 项，并荣获省部级科技进步一等奖 1 项、二等奖 2 项以及省著名商标、省名牌产品。产品广泛应用冶金、矿山、建筑、交通等工业领域，以及消防、核工业、抢险救援、军事等特殊领域，是高危环境下施工作业不可或缺的高端智能装备，目前主要客户包括中国工程物理研究院、中国核动力研究院、中国黄金集团、鞍钢集团、贵州开磷等众多大型企业。

惊天智能现主营产品包含工程机器人（如图 2-19 所示），工程机械手（如图 2-20 所示），液压破碎锤（如图 2-21 所示）等。

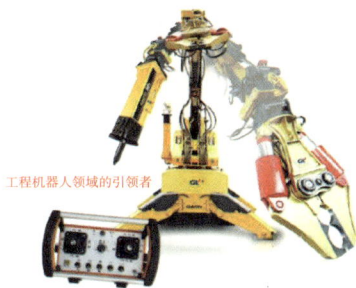

图 2-19　工程机器人

图 2-20　多功能工程机械手

图 2-21　液压破碎锤

（六）安徽省配天机器人技术有限公司

配天机器人是专注于工业机器人、核心零部件及行业自动化产线解决方案的提供商，现有六轴工业机器人产品涵盖 3 公斤至 165 公斤负载范围，已在多个行业、领域成功应用，机器人核心零部件包括控制系统、伺服驱动、伺服电机等全部自主研发，且拥有强大的核心软件技术和算法。

公司业务包括工业机器人本体及核心部件（伺服驱动、伺服电机等）产品的生产、销售、维修服务、技术支持和培训，同时提供机器人控制系统解决方案、成套柔性制造设备及系统、机器人应用行业自动化解决方案。

总部位于安徽省蚌埠市高新区，公司总投资 5000 万元，厂房建筑面积 18400 平方米，可年产 5000 台智能工业机器人。公司在北京、安徽、深圳均设立研发中心，拥有研发人员逾 220 名，其中硕士学历占 75％，博士学历占 5％，这些研发人员中清华占 16％，北大占 5％，海归占 3％。研发中心经过多年的技术积累，在该技术领域保有专利 700 余项。

配天机器人现主营产品包含工业机器人（产品如图 2－22 所示），控制器（产品如图 2－23 所示）Robotlive 离线编程软件（如图 2－24 所示）

AIR7L－B   AIR3－A   AIR6－A

图 2－22 工业机器人

inCube20   inCube12   ARC4－50

图 2－23 控制器

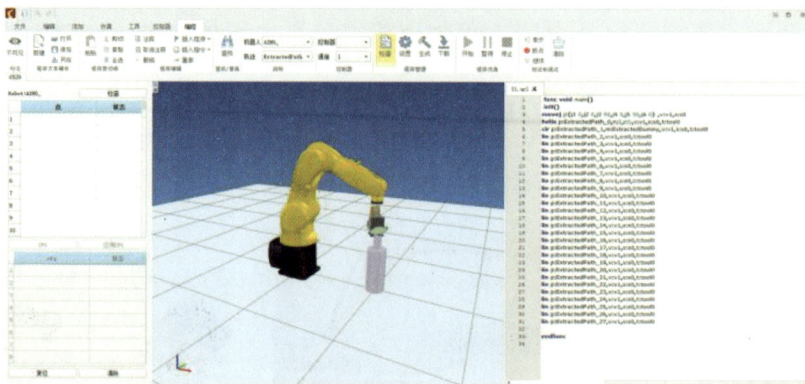

图 2－24 Robotlive 离线编程软件

（七）安徽海思达机器人有限公司

安徽海思达机器人有限公司成立于 2016 年 6 月，注册资金 2030 万元，是一家专业从事工业机器人及成套自动化系统、非标自动化设备成套研发、生产、销售及售后服务为一体的国家高新技术企业。海思达依托多年工业控制技术研发和制造经验，研发生产了具有自主知识产权的工业机器人与机器人控制系统。

公司一直深耕于白酒行业、教育教学设备、汽车电子行业、民爆行业、3C行业、码垛行业、焊接行业等行业应用。海思达目前拥有各类技术和管理人才50余人，其中拥有高级职称5人，特聘长江学者1名，闽江学者1名；先后参与工信部国家科技重大专项1项，科技部863计划项目3项、省级特支计划创新人才项目1项、获得省级科学技术项目一等奖1项、市级科技进步二等奖1项。公司拥有自主知识产权100余项，其中发明申请54件，实用新型专利46件。公司获得"中国产学研合作创新成果奖"1项、"安徽省新产品"2项、"安徽省首台（套）重大技术装备"2项。

公司现主营产品包含工业机器人（代表产品如图2-25所示），教育类智能装备（代表产品如图2-26所示），白酒行业自动化集成应用（代表产品如图2-27所示），智能检测设备（代表产品如图2-28所示）等。

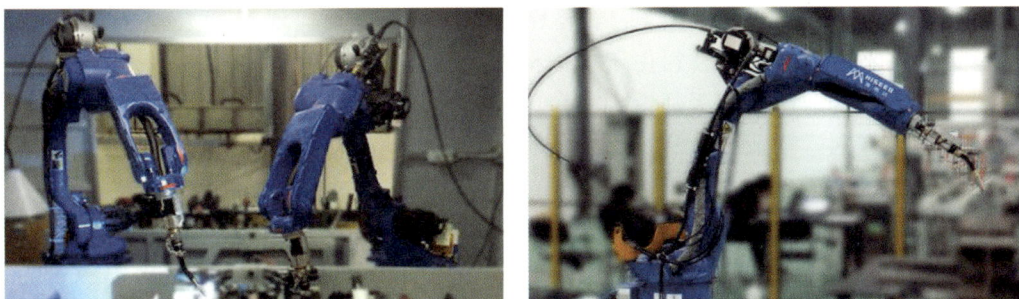

图2-25　焊接机器人

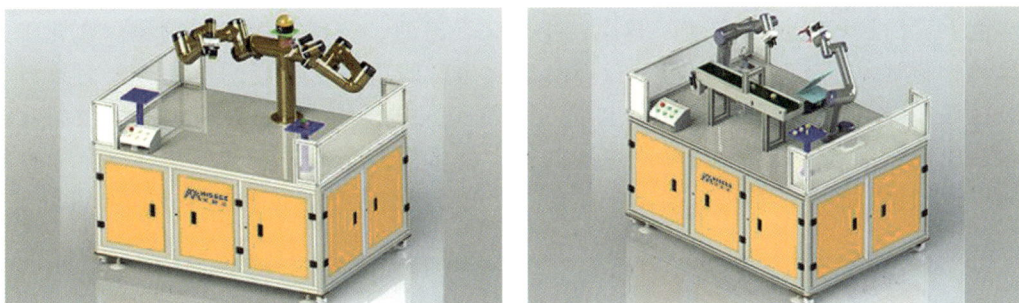

图2-26　六轴协作机器人科研开发平台

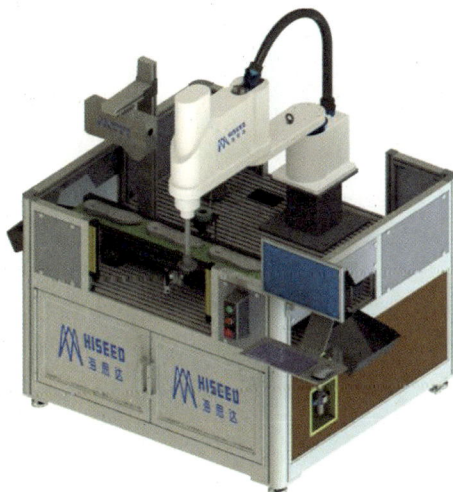

图2-27　HSS8-10型SCARA涂胶机器人

图 2-28　生产线物料识别定位

（八）合肥雄鹰自动化工程科技有限公司

赛摩雄鹰成立于 2004 年，是国内专门从事码垛机、包装机以及码垛机器人等配料线的研发、生产、销售与服务为一体的高新技术企业。公司位于中国科教名城—合肥国家级经济技术开发区，现有员工 300 余人，其中各类技术工程师及研发工程师近 100 余人。公司研发机构汇集了一批清华、中科大、北京航空航天、合工大等国内重点大学毕业的优秀人才，专业涵盖工业互联网、光机电及传感系统等领域，形成一支具有较强开发能力的高素质人才队伍。公司于 2016 年 6 月与国内散料工厂智能制造行业企业—赛摩电气股份有限公司成功重组，成为赛摩电气的全资子公司，进入了全新的快速发展轨道。

赛摩雄鹰与中国科技大学、北京航空航天、中国科学院合肥智能机械研究所等国内自动化研究院校和科研院所形成了"产学研"合作关系，吸引了一大批国家级专家学者和科技人员，为本公司的技术开发提供了强大的智力支撑。公司成功开发了全自动包装机、新一代工业机器人及配套自动化配料生产线产品，其配料、包装、码垛设备及各项技术指标均处于国内先进水平，如图 2-29 所示。产品遍及全国各区域并远销印度、孟加拉国、尼日利亚、越南、土耳其、巴西、印度尼西亚等国家。在化工、建材、饲料、食品、饮料、新能源、玻璃以及塑料等行业自动化生产线得到了广泛的应用。公司致力于工业机器人、自动包装机械和自动配料设备的研发和生产，拥有多项技术专利，是目前国内少数同时掌握工业机器人、自动包装机械和自动化配料等整套生产线的核心技术生产企业之一。公司可以全面提供"一站式采购"或"一揽子工程"的系统解决方案，并具有专业设备制造及全方位的技术支持与售后服务。

智能电池码垛系统　　　　智能箱码垛系统　　　　智能桶码垛系统

图 2-29　码垛机器人及配套设备

（九）合肥井松自动化科技有限公司

井松科技成立于 2007 年，是国内先进的智能物流系统集成商与物流装备制造商，主要从事自动化立体仓库及企业内物料输送等软硬件系统的研究开发、规划设计、安装实施与技术服务等。合肥井松成立至今已经 11 个年头，如今，井松最大的亮点不仅仅在于其丰富的智能物流集成案例，更是成为移动视觉导航机器人首家落地企业。

井松与小松集团、瑞士格等物流企业展开过深入的技术、业务合作，在消化国外先进技术的基础上开发了堆垛机、穿梭车（RGV）、空中悬挂小车（EMS）、激光导航 AGV、自动化分拣系统、桁架机器人、视觉导航机器人及 WMS、WCS、MES 等自动化物流管理软件，拥有完整的物流装备产品线，如图 2-30 至图 2-33 所示。

井松科技业已服务汽车、航空、电力、烟草、医药、食品、机械、化工、纺织、船舶、日用品、快消、家居、等众多行业，积累了国内外众多大型物流集成项目经验。客户包括国家电网、中国烟草、中国人民银行、牛栏山二锅头、鲁泰纺织、玫德铸造、恒大冰泉、上汽通用、吉利汽车、众泰汽车、青岛华翔、冠星陶瓷、国轩高科、新乡化纤、青岛地铁、沈阳铁路等众多知名企业。

图 2-30　AGV 自动化引导机器人

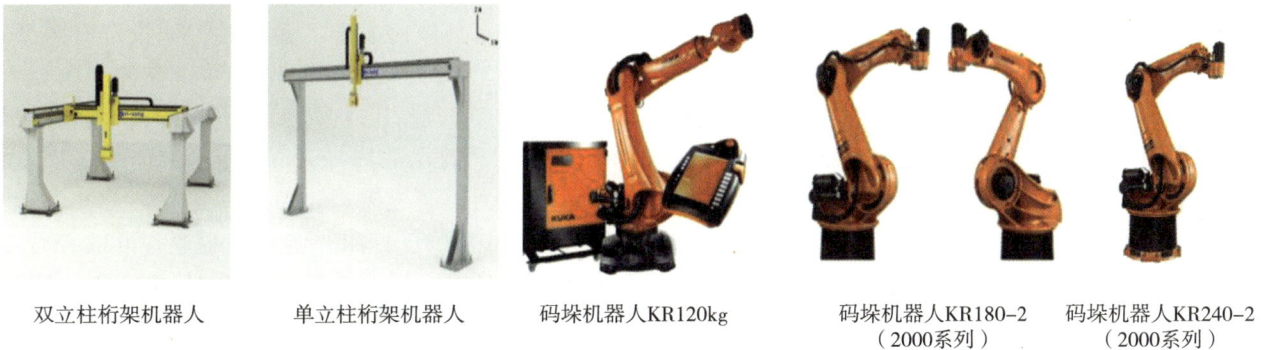

双立柱桁架机器人　　单立柱桁架机器人　　码垛机器人 KR120kg　　码垛机器人 KR180-2（2000系列）　　码垛机器人 KR240-2（2000系列）

图 2-31　智能码垛机器人

摆轮自动分拣机　　　　　　　新型长距离高速分拣机

图 2-32　自动分拣系统

S型轨道穿梭车   重载穿梭车   输送机

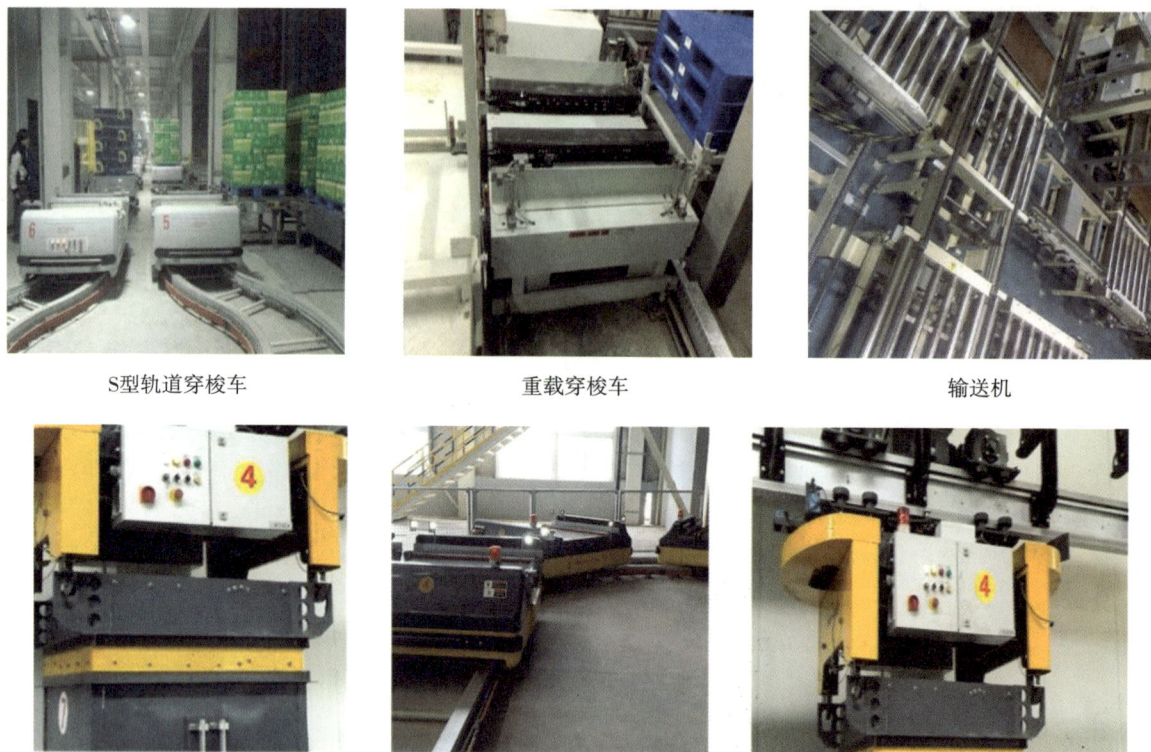

图2-33 生产线传输设备

（十）安徽春谷3D打印智能装备产业技术研究院有限公司

安徽省春谷3D打印智能装备产业技术研究院有限公司由繁昌县政府主导，繁昌县创业投资有限公司出资，于2015年1月在芜湖市繁昌县成立。研究院聚集中科院上海光机所、兵器科学研究院、中科大、华中科大、合工大等高校院所及3D打印企业科技团队力量，重点开展3D打印工艺、装备、材料、应用等技术研发。研究院是3D打印智能装备产业公共技术研发平台，旨在加速提升3D打印智能装备产业技术水平，协助技术升级，增强3D打印智能装备产业的整体竞争力。研究院以企业方式运作，公益性地对3D打印智能装备技术进行研究，将相关专利产业化，吸引孵化一批3D打印智能装备企业，形成符合3D打印智能装备产业发展的研究院，是中国入驻3D打印企业数量最多、产业链最丰富的3D打印产业园。

目前，园区已入驻3D打印企业30多家，主营产品涉及三维数据建模与软件、3D打印设备、耗材和应用服务等，基本构建起3D打印完整产业链，成为华东地区3D打印产业集群。园区熔融沉积制造（FDM）、光固化成形（SLA/DLP）、激光选区烧结（SLS）、金属激光选区融化（SLM）等技术机型齐全；可生产PLA、SBS、光敏树脂、陶瓷、金属粉末等多种3D打印耗材；3D打印应用服务涉及汽车、船舶、航空航天、工程机械、模具制造、工业检测、生物医疗、教育等多个领域，如图2-34所示。2016年，安徽春谷3D打印产业园荣膺国家增材制造产业联盟副理事长单位，是全国入选的3D打印产业园区。到2020年，园区将实现产值（含服务收入）50～80亿元、力争100亿元，建成全国的3D打印产业集聚基地。

Mini打印机   Artec Eva 3D扫描仪   CubeX 3D打印机

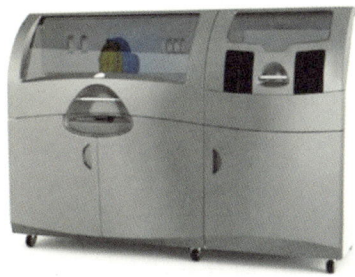

| 660Pro 3D打印机 | LY-3D20工业三维扫描仪 | Bluefrog 3D打印机 |

图 2 - 34　3D打印设备产品

（十一）凯盛集团

凯盛集团由蚌埠玻璃工业设计研究院于 2000 年改制而成，隶属于中国建材集团有限公司，是国家重点高新技术企业。公司致力于发展新玻璃、新材料、新能源、新装备产业，拥有玻璃、水泥、矿山、建筑、新能源、环境污染治理的工程设计、总承包、咨询、监理等甲级资质及对外经营权。

凯盛集团以市场为导向，以产业发展为依托，勇挑行业节能减排和产业升级发展重任，不断推进科技创新，形成了以大吨位优质浮法玻璃、玻璃厂烟气脱硫、脱硝、余热发电、全氧燃烧等节能减排技术为重点，以太阳能基板玻璃、非晶硅太阳能电池和信息显示基板等新兴产业技术为导向的核心竞争优势，其玻璃自动化生产线如图 2 - 35 所示。

近年来，凯盛集团成员企业连续多年跻身美国《ENR》全球顶级工程设计咨询公司 200 强，跻身全国勘察设计企业、工程项目管理企业和工程总承包企业前 10 强。公司开展了浮法玻璃工程技术优化集成及关键设备国产化、浮法玻璃高效节能关键技术研究、太阳能超白玻璃技术和装备、玻璃熔窑全氧燃烧、Low - E 镀膜玻璃、空心玻璃微珠等重点科技项目攻关。共承担国家科技支撑计划、973 计划、863 计划 7 项，其中 4 项通过验收，"太阳能电池用微铁高透过率玻璃成套技术及产业化开发"项目获 2011 年度国家科技进步二等奖。已经建成的中国平板玻璃行业第一条全氧燃烧余热发电节能减排示范线也成为发展低碳经济实现可持续发展的样板。

图 2 - 35　凯盛集团玻璃自动化产线

参考文献

[1] 孙树栋. 工业机器人技术基础 [M]. 西安：西北工业大学出版社，2006.

[2] 西西利亚诺. 机器人手册 [M]. 北京：机械工业出版社，2013.

[3] 王田苗，陶永. 我国工业机器人技术现状与产业化发展战略 [J]. 机械工程学报，2014，050（009）：1—13.

[4] 李德盛，王钎潮，阳小兰，等. 工业机器人发展现状及趋势 [J]. 科技经济刊，2018（01）：52.

[5] 工业机器人发展现状及分析 [J]. 电器工业，2020（04）：22—30，

[6] 王琳辉. 工业机器人的发展现状和未来趋势 [J]. 科学技术创新，2019（29）：76—77.

[7] 赵杰. 我国工业机器人发展现状与面临的挑战 [J]. 航空制造技术，2012（12）：19—22.

[8] Robla—Gomez S，Becerra V M，Llata J R，et al. Working together：a review on safe human—robot collaboration in industrial environments [J]. IEEE Access，2017，PP（99）：1—1.

[9] Ogbemhe，John，Mpofu，et al. Towards achieving a fully intelligent robotic arc welding：a review [J]. Industrial Robot An International Journal，2015，42（5）：475—484.

[10] Tianmiao Wang. Research Status and Industrialization Development Strategy of Chinese Industrial Robot [J]. Journal of Mechanical Engineering，2014，50（9）：1.

[11] 王媛媛，张华荣. 全球智能制造业发展现状及中国对策 [J]. 东南学术，2016，000（006）：116—123.

[12] 孙柏林. 未来智能装备制造业发展趋势述评 [J]. 自动化仪表，2013，34（1）：1—5.

[13] 祁萌，李晓红，高彬彬. 国外航空领域机器人技术发展现状与趋势分析 [J]. 航空制造技术，2018，61（12）：97—101.

[14] Liu Ke，Wu Li. Literature Review of the Visual Technology Used in Automotive Intelligent Equipment [J]. Automobile Applied Technology，2017.

[15] WU Jian—wei，LU Da—wen，MING Bo，et al. Studies on Seed Intelligent Equipment Industry [J]. Journal of Agricultural Science and Technology，2014.

[16] 朴圣艮. 工业机器人的应用现状及发展 [J]. 农家参谋，2019（23）：137

[17] 国际机器人联合会. 2018 年世界机器人报告 [DB/OL]. https：//www.ifr.org/free—downloads，2021.

[18] 中国产业信息网. 全球智能机器人行业发展现状、产业问题及未来发展趋势分析 [DB/OL]. http：//www.chyxx.com/industry/201904/734933.html，2019—04—30.

[19] 韩廷超，仇健. "智能制造装备"和"航空装备"发展方向及对策研究 [C] //沈阳科学学术年会. 2016.

[20] 中华人民共和国工业和信息化部，高端装备制造业"十二五"发展规划 [Z]. 2012—05—07.

[21] 中机联标准部. 智能制造装备标准体系研究 [J]. 仪器仪表标准化与计量，2020（2）：5—7.

[22] 段新燕. 智能制造装备的发展现状与趋势 [J]. 中外企业家，2017（008）：115.

[23] 安徽省推进制造大省和制造强省建设领导小组. 《制造强省建设行动方案（2017—2021）》[EB/OL]. http：//jx.ah.gov.cn/public/6991/145421121.html，2017—05—11/2017—05—24.

[24] 安徽省人民政府. 支持机器人产业发展若干政策 [Z]. 2018—08—10.

[25] 新华社. 长三角机器人产业链地图发布 [EB/OL]. http：//www.gov.cn/xinwen/2019—12/11/content_5460173.htm，2019—12—11.

[26] 安徽省经信厅. 《安徽省人民政府办公厅关于印发安徽省机器人产业发展规划（2018—2027 年）的通知》政策解读 [Z]. 2018—07.

[27] 中安在线. 安徽大力支持首台套重大技术装备、首批次新材料、首版次软件发展 [EB/OL].

http：//jx. ah. gov. cn/zzqs/cyfw/142163401. html，2020－03－24.

　　［28］埃夫特官方网站［EB/OL］. https：//www. efort. com. cn/index. php/welcome. html.

　　［29］欣奕华官方网站［EB/OL］. http：//cn. hfxyh. sineva. com/article/content/view？id＝14.

　　［30］惊天智能官方网站［EB/OL］. http：//www. giantchina. com/product/det ＿ yypsc. jsp.

　　［31］巨一自动化官方网站［EB/OL］. http：//www. jee－cn. com.

　　［32］腾讯网. 江淮蔚来智能工厂初探［EB/OL］. https：//auto. qq. com/a/20181025/014444. htm，2018－10－25.

　　［33］配天机器人官方网站［EB/OL］. http：//robot. peitian. com.

　　［34］欢颜机器人官方网站［EB/OL］. http：//honyenluo. robot－china. com/

　　［35］海思达机器人官方网站［EB/OL］. http：//www. hiseedrobot. com.

　　［36］雄鹰自动化科技官方网站［EB/OL］. http：//hfxykj. robot － china. com/news/itemid － 2054. shtml.

　　［37］合肥井松自动化科技有限公司官方网站［EB/OL］. http：//www. gen－song. net/.

　　［38］合肥柯金自动化科技股份有限公司官方网站［EB/OL］. http：//hfcomwin. robot－china. com/introduce.

　　［39］安徽省春谷 3D 打印智能装备产业技术研究院有限公司官方网站［EB/OL］. http：//www. cg3dyjy. com/index. asp.

　　［40］王晓芳. 安徽省工业机器人发展对策研究［J］. 安徽科技，2017（10）.

第 3 篇

高档数控机床篇

摘　　要

　　机床是制造机器的机器，也称为"工作母机"。数控机床是装有程序控制系统的机床。高档数控机床是具有高速、精密、智能、复合、多轴联动、网络通信等功能的数控机床。

　　高档数控机床是国家装备制造业中的重要组成部分，可以为国民经济各行业提供技术装备的战略性产业，产业关联度高、吸纳就业能力强、技术资金密集，是各行业产业升级、技术进步的重要保障和国家综合实力的集中体现，其发展是衡量一个国家装备制作业开展水平和产品质量的重要标志。大力发展高档数控机床产业对提升地区制造业核心竞争力、带动产业结构优化升级具有重要战略意义。

　　安徽省"十三五规划"实施以来，省委省政府、各级主管部门及相关企业高度重视高档数控机床产业发展，坚持走安徽特色新型工业化道路，充分发挥比较优势，着力推进传统产业新型化和新兴产业规模化，加快形成结构优化、技术先进、清洁安全、附加值高、吸纳就业能力强的现代产业体系。安徽省合锻智能、池州家机、安徽新诺精工（原黄山皖南机床有限公司）等骨干企业，可以在原有优势高档数控机床产品制造基础上，不断改造提升传统产业，按照规模化、集群化、信息化、智能化的导向发展高档数控机床产业，积极开发高端产品和高附加值产品，增强产业核心竞争力，拓展产业发展新空间，积极开展企业技术改造和自主创新，提升品牌创建能力。

　　近年来，安徽省企业和高校、研究院所经产学研紧密合作，在齿轮数控系统开发技术、大型液压机数字化设计及制造、汽车覆盖件柔性生产线、液压机精密位置控制、剪板折弯机床同步控制、精密矫正、新能源汽车高强钢热成形装备、机械压力机设计开发、复合材料成形装备开发等多项关键共性技术取得突破，在国内具有领先优势，已成功服务于国家探月、航空、航天等重大工程项目，以及新能源汽车、智慧家电等重大国计民生领域。

　　安徽省高档数控机床制造从数控系统、元器件、零部件等关键件，再到整机、成套装备的完整产业链、生态链逐渐健全，协同发展势头强劲，在国内形成具有安徽特色优势产品，并积极融入国内外市场竞争，实现产业并购、优势互补和产业对接，部分产品技术水平达到国际同类产品水平。2019年，安徽省高档数控机床制造产业年销售额已突破100亿元，部分产品出口到欧美等发达国家，在国际市场占比较大。随着长三角地区产业转移，行业不断发展和资金投入态势稳步增长。预计2030年，安徽省可挤入国内机床制造业领域前五名，积极吸纳带动就业，培养聚集一批高端人才，逐渐形成安徽省装备制造产业新的增长极。

　　为加快高档数控机床制造产业，进一步培育壮大具有国际竞争力的龙头企业，安徽省高档数控机床产业应以合芜马三市为基地，立足优势高档数控机床产业基础、龙头企业、市场潜力、政策环境等条件，紧紧围绕"一带一路"战略实施和国际国内市场需求，深层次应用两化融合、互联网＋、智能制造等新技术，不断开拓高档数控机床新产品市场领域，持续壮大新产品研发、关键零部件生产与质量检测等环节人才队伍，实现安徽省高档数控机床行业跨越式发展，着力推进五大发展行动计划，全面建成小康社会和现代化五大发展美好安徽建设取得新的重大进展。

第 1 章
高档数控机床国内外发展现状及发展趋势

一、概述

（一）高档数控机床

机床是制造机器的机器，也称为"工作母机"。数控机床是装有程序控制系统的机床。高档数控机床是具有高速、精密、智能、复合、多轴联动、网络通信等功能的数控机床。

根据国家统计局制定的国民经济行业分类与代码（GB/4754－2017），可以把高档数控机床归入金属加工机械制造门类（国家统计局代码342）。行业下有两个子类，分别是金属切削机床制造和金属成形机床制造。

金属切削机床制造是指用于加工金属的各种切削加工数控机床及普通机床的制造，主要通过材料去除方式实现金属成形工艺的专用装备。主要包括：加工中心、组合机床、特种加工机床、车床、钻床、镗床、铣床、磨床、刨床、插床、拉床、齿轮加工机床、锯床等产品。如图 3－1（a）所示为安徽池州家用机床股份有限公司生产的立式加工中心，属于典型的高档数控金属切屑机床产品。

金属成形机床是指以锻压、锤击和模压方式加工金属的机床，或以弯曲、折叠、矫直、剪切、冲压、开槽、拉丝等方式加工金属的数控机床及普通机床的制造。主要包括：锻造压力机、冲压成形压力机、自由锻压力机、模锻压力机、特种锻造设备、等温锻造超塑性成型设备、液态模锻成型设备、剪切机床、冲床、粉末成形压力机等产品，如图 3－1（b）是合肥合锻智能制造股份有限公司生产的 HSHP 系列高速薄板冲压液压机生产线，属于典型的高档数控金属成形机床产品。

（a）高档立式加工中心　　　　　　　　　　（b）高档高速薄板冲压液压机生产线

图 3－1　典型高档数控机床产品

（二）高档数控机床主要构成

数控机床是一种高度自动化的机床，在加工工艺与加工表面形成方法上与普通机床基本相同，最根本的差别在于实现自动化控制的原理与方法上；数控机床是通过数字化的信息实现机床各执行部件自动控制。

数控机床加工零件时，要将被加工零件图上的几何信息和工艺信息数字化，包括工件的尺寸、刀具运动中心轨迹、位移量、切削参数以及辅助操作等信息，将相关操作编制成数控加工程序，由数控系统执行程序，经分析处理后，发出指令控制机床进行高效自动加工。因此为实现以上功能，数控机床主要构成包括：专用加工工艺、数控系统、伺服系统和机床本体。几个部件之间的关系如图3-2所示。

数控机床按照数控系统功能水平可以分为：高档数控机床、中档数控机床、低档数控机床。如果数控系统的功能单一、价格便宜，此类数控系统称为经济型数控系统，相应的数控机床也称为经济型数控机床。

（三）高档数控机床产品技术特点

《智能制造装备产业"十二五"发展规划》将智能制造装备定义为：具有感知、决策、执行功能的各类制造装备的统称。它是先进制造技术、信息技术和智能技术的集成和深度融合。智能制造装备主要包括智能控制系统、自动化成套生产线、智能仪器仪表、高档数控机床、工业机器人等。高档数控机床在产品智能化方面具有以下特点：

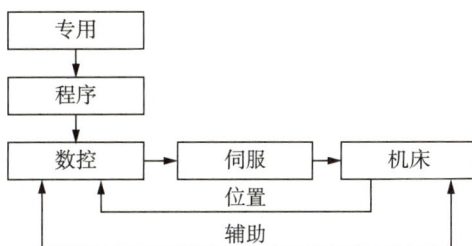

图3-2　数控机床的构成

1. 操作智能化

广泛采用图形化操作界面、图形化按钮及触摸屏技术，简化了操作过程和培训过程。

2. 加工智能化

加工智能化是对加工过程进行实时监控，自主地对工况变化进行决策，调整加工参数以适应工况变化，最大限度地发挥机床和刀具的潜力，提高生产效率，延长刀具寿命。

3. 人机界面个性化

不同机床用户，需求不同针对自己专用的机床和工艺要求，用户可以自行定制图形界面，进行二次开发，编制加工工艺。

4. 伺服驱动高端化

一般配备有高性能主轴和进给电机与伺服驱动器，实现智能伺服驱动、主轴电机高速作动与直驱动能，加工速度相比传统数控机床更快，主轴转速更高，进给速度快。

5. 主辅设备协同化

由工业机器人、桁架送料机、自动送料线等辅助装置和多台数控机床协同工作，可以实现无人值守的智能加工生产线。

6. 复合加工高效化

只需一次装夹就可加工成形，实现车、铣、镗、钻、攻丝的复合加工，有效提高加工精度和加工效率。

7. 控制调整高精化

通过高性能计算，减小插补误差，缩短插补周期，实现高速高精曲面的加工。

8. 工厂数字化

物联网是通过互联网实现物物相联具有连通性的网络，物体连接到基于云的服务器后，服务器收集、连接和分析数据。物联网拥有提高工业过程生产率的巨大潜力。

9. 总线高端化

总线是高档数控系统的神经系统。通过总线通信将数控系统各个部件连接起来，大大减轻布线和抗干扰的难度。

（四）高档数控机床制造生产组织模式

与传统机床发展历程和现状类似，高档数控机床产品由于系统复杂、零部件多、价值高等特点，产业分工高度细化、全球化，其研发设计、制造、采购和销售，主要通过主机厂用户企业附属制造商、专业机床制造商、关键零部件供应商、机床制造全生命周期服务商全球化分工合作完成。不同的高档数控机床业生产组织模式在产品档次、利润率等方面各不相同。

表 3-1　高档数控机床生产组织模式

区别	主机厂用户企业附属制造商	专业机床制造商
组织模式	拥有自身品牌和销售渠道，主要根据汽车企业的需求，自行生产相关机床，企业自身使用	参与设计、制造。部分 OEM、ODM 制造商没有自身品牌和渠道；OBM 制造商利用自主品牌和销售渠道进行销售
产品档次	产品追求个性化，档次较高	按照客户需求进行生产，制造能力强的企业有生产高档产品能力
利润率	利润率较高	拥有优秀设计能力的制造商能获得相对较高的利润率
发展趋势	更专注于本公司产品及技术维护	规模较大的制造商逐步采用 OBM 模式经营
竞争优势	了解专门市场需求，用户较单一	拥有良好设计、生产能力的制造商能拥有较强的市场竞争力，用户广泛
资金实力	资金实力强，组织生产速度快	资金实力弱，需要经过多年积累，不断发展

二、国外现状及发展趋势

随着信息技术的进步和互联网技术普及，数控机床及系统的发展日新月异，除了实现数控机床的智能化、网络化、柔性化外，高速化、高精化、复合化、开放化、并联驱动化、绿色化等也已成为高档数控机床未来重点发展的技术方向。

（一）加工速度高速化

随着汽车、国防、航空、航天等工业的高速发展以及铝合金等新材料的应用，对数控机床加工的高速化要求越来越高。内装式主轴电机最高转速达到 20 万转/min。机床最大进给率达到 240m/min 且可获得复杂型面的精确加工。数控系统普遍采用 64 位 CPU，工作频率上升到上千兆赫，运算速度更快。加工中心换刀时间最快达到 0.5s。

（二）广泛应用新型功能部件

为了提高数控机床各种性能，具有高精度和高可靠性的新型功能部件应用成为必然。具有代表性的新型功能部件包括：具有体积小、转速高、无级调速等优点的高频电主轴，配有负载变化扰动、热变形补偿、隔磁防护等控制功能的直线电动机，集成了伺服电动机与滚珠丝杆的电滚珠丝杆等新型功能部件。

（三）可靠性指标进一步提升

通常高档数控机床控制系统内部配备有多种传感器、报警措施，能够使操作者及时远程控制处理问题，配备有多种安全防护措施设备，主要设备的平均无故障时间在 30000h 以上，能够加工复杂曲面的五轴联动数控机床平均无故障时间也可达到 20000h 以上，实现对产品和原材料的高效利用。

（四）加工精度更高

加工精度是反映一个国家高档数控机床制造水准的重要指标。随着 CAM（计算机辅助制造）系统的发展，高档数控机床不但能够实现高速度、高效率生产，最重要的是加工精度由丝级精度逐步提升为微米级精度，精密往复运动单元能够精确加工复杂曲面凹槽，光学和电化学加工等特种加工精度可达到纳米级。部分五轴联动数控机床的加工精度达到亚微米甚至是纳米级超精度水平。

（五）多轴加工复合化

随着市场需求不断变换提升，用户需要不断更新，制造业竞争日趋激烈，要求高档数控机床不能仅完成单件大批量生产模式，还要能够完成小批量多品种生产模式。国内外各大机床厂商从 2013 年起高度重视多轴加工复合数控机床开发，现在能够生产多种大、小批量的类似生产机型，是对高档数控机床的一种新要求，在未来的发展中占据主导地位，将会是新型数控机床所要完成的新任务。

（六）加工过程绿色化

随着日趋严格的环境与资源限制，制造加工的绿色化日益重要，而中国的资源、环境问题尤为突出。不用或少用冷却液、实现干切削或半干切削节能环保的机床不断出现，并在不断发展当中。近年来绿色制造的大趋势将使各种节能环保机床加速发展，占领更多的世界市场。

（七）信息交互网络化

面临激烈的市场竞争，开放、高速、可靠的总线技术使数控机床具有双向、高速的联网通讯功能，保证信息流在车间各个部门间畅通无阻，可以满足网络资源共享，服务企业各层级管理，实现数控机床的远程监视、控制、培训、教学、管理等功能，解决面向产品全生命周期的数控装备的数字化服务（数控机床故障的远程诊断、维护等）。

三、国内现状及发展趋势

（一）我国高档数控机床行业总体情况

经过多年发展，我国装备制造业已经形成门类齐全、规模较大、具有一定技术水平的产业体系，成为国民经济的重要支柱产业。特别是《国务院关于加快振兴装备制造业的若干意见》（国发〔2006〕8 号）实施以来，装备制造业发展明显加快，重大高档数控机床自主化水平显著提高，国际竞争力进一步提升，部分产品技术水平和市场占有率跃居世界前列。我国已经成为装备制造业大国，但产业大而不强、自主创新能力薄弱、基础制造水平落后、低水平重复建设、自主创新产品推广应用困难、经济效益下滑，可持续发展面临挑战。

近年来，我国数控机床行业出现了明显的供需矛盾，主要体现在低档数控机床的产能过剩和高档数控机床的供应不足而的导致供给侧结构性失衡。另一方面，随着国民经济的发展以及产业结构的升级，高档数控机床的应用越加普及，产品需求越来越大，供给却难以满足需求。由于我国高档数控机床起步较晚，目前国内产产能不能满足自身需求，大多数高档数控机床依赖进口。国产数控机床国内市场占有率相对较低，其中附加值较低的简单经济型数控机床占比较大。当前我国制造业亟需从"制造大国"向"制造强国"转变。我国数控机床行业经过几十年的发展，成了全球最大的产销国，技术和产能发展迅速，已经具备响应国家制造业转型的基础，未来我国数控机床需求将由中低档向高档转变，高档数控机床将具有较大的进口替代空间。

如图 3-3 所示是 2011 年—2018 年中国金属加工机床需求情况，其中 2011 年数值最大，达到 390.9 亿美元，随着国际金融危机和中美贸易战的影响。近年来，金属切削机床总体需求呈下降趋势，但对金属成形机床的总体需求影响不大，总值始终保持在 110 亿美元左右。

如图 3-4 所示是 2011 年—2018 年中国金属切削机床及工量具进出口情况，其中 2012 年数值最大，

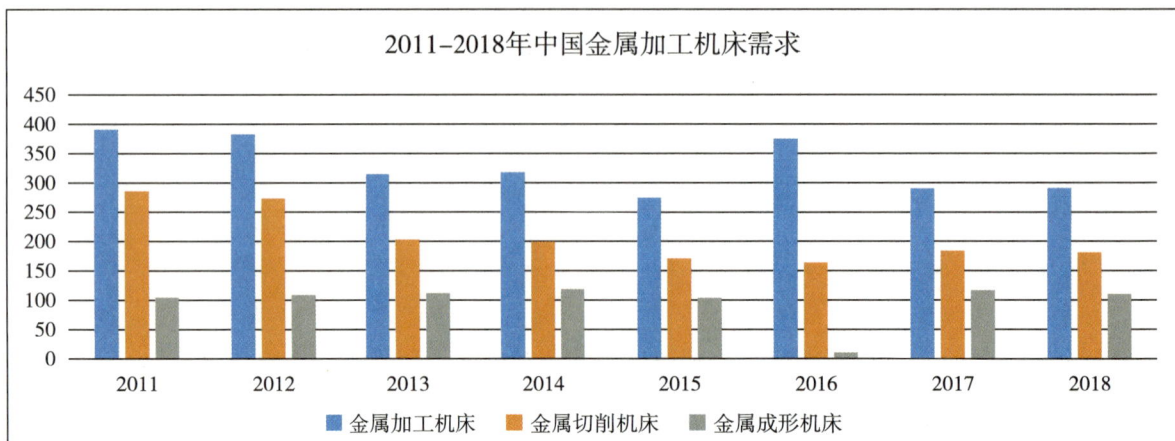

图 3-3　2011 年－2018 年中国金属加工机床需求情况

达到 130.3 亿美元。近年来，虽然国内金属切削机床总体需求呈下降趋势，金属切削机床进口额始终保持 60 亿美元以上，到 2018 年进口金属切削机床总额还有扩大趋势，但出口额始终保持 20 亿美元左右，2018 年最高达到 26.6 亿美元，平均进口额超过平均出口额 4 倍以上。以上数据表明我国在高档金属切削机床领域的产销水平，距离世界发达国家仍然具有较大的差距。

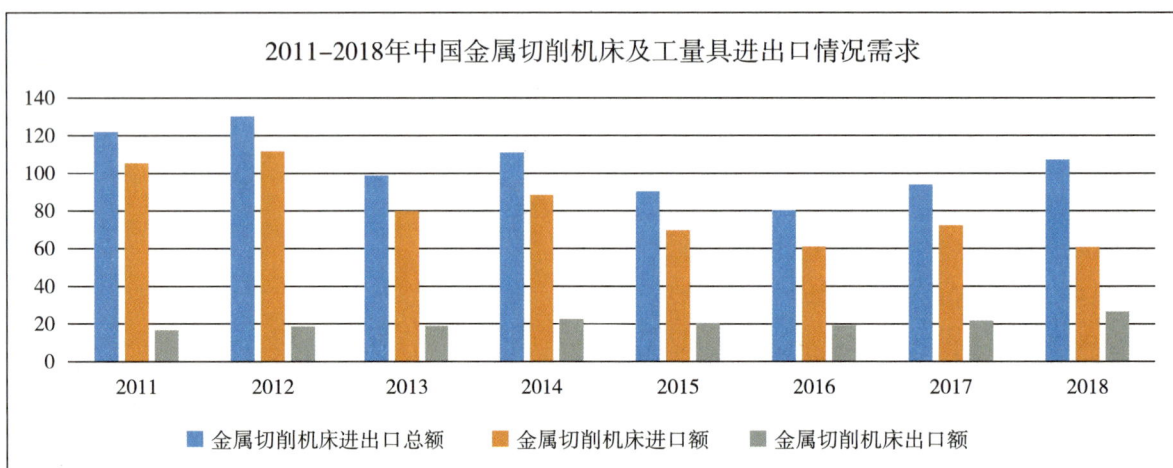

图 3-4　2011 年－2018 年中国金属切削机床进出口情况

　　如图 3-5 所示是 2011 年－2018 年中国金属成形机床进出口情况，其中 2011 年数值最大，达到 34.6 亿美元。虽然国内金属成形机床总体进出口平稳，金属成形机床进口额从 2011 年 27 亿美元逐年下降到 2018 年 15.9 亿美元，出口额从 2011 年的 7.6 亿美元逐步上升到 2018 年的 13.4 亿美元，进出口额差距逐年缩小。以上数据表明我国在高档金属成形机床领域的产销水平，距离世界发达国家差距逐步缩小。

　　2019 年以来，国际环境日趋复杂严峻，世界经贸增长放缓，在全球经济下行、国内结构性矛盾凸显调整期以及中美经贸摩擦的背景下，我国经济下行压力有所加大，但经济运行仍在合理区间。机床工具行业所面临的下行压力并未有效改善，机床工具行业整体持续下行趋势短期内恐难扭转，主要经济指标将呈现同比下降趋势。2019 年我国金属加工机床消费额 223.1 亿美元，同比降低 23.5％，其中金属切削机床消费额 141.6 亿美元，同比降低 21.8％；金属成形机床消费额 81.5 亿美元，同比降低 26.2％。

　　《中国制造 2025 重点领域技术路线图》（以下简称《技术路线图》）对未来十年我国高档数控机床的发展方向作出规划。我国数控机床将重点针对航空航天装备、汽车、电子信息设备等产业发展的需要，开发高档数控机床、先进成形装备及成组工艺生产线。

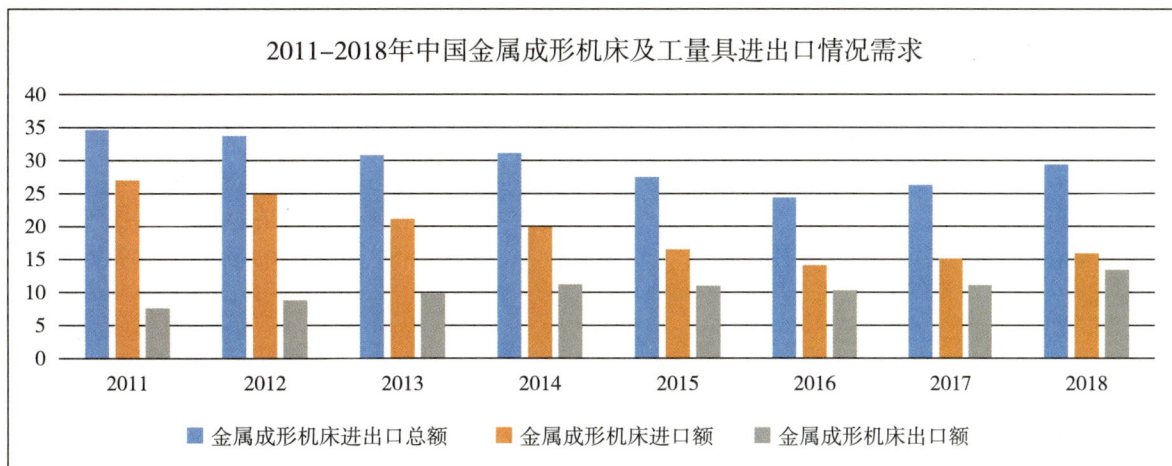

图 3-5　2011 年－2018 年中国金属切削机床进出口情况

（二）行业竞争情况

表 3-2 为我国高档数控机床市场竞争情况分析，当前我国高档数控机床行业属于完全竞争市场，较为激烈。

表 3-2　高档数控机床行业市场竞争状况总结

项目	市场表现	结论
厂商数量	据国家统计局数据显示，目前我国规模以上高档数控机床制造企业在 1282 家。其中金属切削机床企业 742 家，金属成形机床企业 540 家	企业数量较多，市场竞争激烈
产品差异程度	目前，我国高档数控机床产品种类较多，分为高、中、低档三个层次产品，低档产品数量大，高档产品数量少	产品同质化程度较高
行业进入壁垒	高档数控机床行业不存在政策限入的问题，需要知识密集型人才团队和多年积累，新进企业需要有足够的资金和取得相应的资质才可进入	进入壁垒较高
买卖双方信息对称程度	高档数控机床行业产品销售双方的信息是完全对称的，单个厂商只是"价格接受者"，而非价格决定者。任一企业如果随意抬高价格，必然会导致自身产品需求的减少，而降低价格则意味着市场利润的流失。产品销售中低价竞争情况十分严重，不利于行业发展	买卖双方信息对称程度高

（三）国内高档数控机床发展骨干企业发展特点

目前国内高档数控机床制造企业 1282 家，主要大型骨干企业性质仍以国资控股为主，依托于国家"一五"期间 156 项重点工程中的中国机床工具行业"十八罗汉厂"技术基础，前期投资较大，技术积累雄厚，聚集了一批技术人才，是国内高档数控机床生产的主力军。

中国机械工业联合会正式发布 2018 年中国机械工业营业收入百强企业名单，秦川机床工具集团、济南二机床集团有限公司、洛阳 LYC 轴承有限公司、北京精雕科技集团有限公司、扬力集团股份有限公司、北京北一机床股份有限公司、北京第二机床厂有限公司等机床制造企业名列前茅。

1. 秦川机床工具集团股份公司

秦川机床工具集团股份公司是中国精密数控机床与复杂工具研发制造基地，是中国机床工具行业的龙头企业。高新技术企业和创新型试点企业，建有企业技术中心、院士专家工作站、博士后科研工作站、美国研发机构及 3 个省级技术研发中心。主要产品有齿轮磨床、螺纹磨床、外圆磨床（曲轴磨、球面磨、车轴磨）、滚齿机、通用数控车床及加工中心、龙门式车铣镗磨复合加工中心、塑料机械（中空机、木塑设备）、精密拉床等数控装备。

2. 济南二机床集团有限公司

济南二机床始建于 1937 年，国有独资，1953 年和 1955 年分别研制出中国首台龙门刨床、首台机械压力机，是中国"龙门刨的故乡""机械压力机的摇篮"。济南二机床是国内规模最大的锻压设备和重型金属切削机床制造基地，主要生产锻压设备、数控金切机床、自动化设备、铸造机械、数控切割设备等，广泛服务于汽车、航空航天、轨道交通、能源、船舶、冶金、模具、工程机械等行业，并远销世界 60 多个国家和地区。

3. 洛阳 LYC 轴承有限公司

洛阳 LYC 轴承有限公司始建于 1954 年，是中国"一五"期间 156 项重点工程之一。历经 60 多年的建设与发展，目前产销规模、配套服务能力位于中国轴承行业综合性制造企业前列，保持着多项中国轴承行业纪录。洛轴拥有国家首批认定的企业技术中心，设有国家重点实验室、国家认可实验室、院士工作站、博士后科研工作站、河南省高速重载轴承工程技术研究中心及河南省轴承产品质量监督检验中心，搭建了完善的轴承研发实验平台，在轴承的研发、制造、检测、试验等方面居行业地位。

4. 北京精雕科技集团有限公司

北京精雕科技集团成立于 1994 年，是一家专注于数控机床研发和制造的高新技术企业。经过二十多年的发展，已建立了完善的产品体系。核心产品包括：高速加工中心、雕刻中心、数控系统、高速精密电主轴、高精度直驱转台和 CAD/CAM 软件等。其中，高速加工中心可稳定地实现"0.1u 进给，1u 切削，nm 级表面效果"的精细加工。雕刻中心具备的复合加工能力，是市场认同度极高的经典产品，已累计销售 5 万余台。

5. 扬力集团股份有限公司

扬力集团始创于 1966 年，长期致力于冲压、钣金、锻造等各类中金属板材加工设备和智能化生产线的研发制造，是目前国内规模宏大、品类齐全、综合实力强大的中金属成形装备制造企业之一；产品广泛应用于汽车、家电、航空、船舶、新能源、五金、电子、电气等生产领域，并远销海外。

6. 北京北一机床股份有限公司

北京北一机床股份有限公司是国有控股的大型机床制造企业。公司在境内拥有顺义、良乡、通州、丰台、河北高碑店五大主机生产及配套基地，公司包括 3 个制造部和参控股子公司 13 家，境外全资子公司 2 家，产品涵盖：重型机床产品的数控龙门镗铣床、数控落地镗、数控立车、导轨磨床；中型机床产品的数控铣床、数控磨床、数控车床、加工中心、车铣复合机床、激光雕刻、钻削中心、五轴联动叶片/叶轮加工中心、数控珩磨机、高精度外圆磨床、数控磨床、普通外圆磨床、专用磨床、超精加工机床、自动生产线、普通铣床、成套设备、功能部件等。产品广泛应用于汽车、航天、船舶、发电、轨道交通、模具等行业。

7. 北京第二机床厂有限公司

北京第二机床厂有限公司始建于 1953 年，是中国机床工具行业"十八罗汉厂"之一，机床行业骨干国有企业。主要经营业务包括：研发、生产、销售磨床、外圆磨床、数控外圆磨床、数控端面外圆磨床、数控磨床、外圆磨床、曲轴磨床、随动式曲轴磨床、切点跟踪曲轴磨床、凸轮轴磨床、高精度外圆磨床、曲轴抛光机、凸轮轴抛光机、车轴磨床、轧辊磨床、超精机、油石超精机、磨床、立卧式加工中心、成套设备、功能部件等。

四、我国高档数控机床行业发展特点

近年来，我国高档数控机床行业呈现出以下发展特点：

（一）市场迫切需求

经过改革开放四十年的发展，以满足传统汽车和工程机械生产需求为主的普通数控机床市场已经逐渐趋于饱和，国内市场空间缩小趋势已成定局，低价中标等恶性竞争现象严重，影响行业有序稳定发展。

随着国内航空航天、高铁、城市建设、新能源汽车等战略性新兴产业快速发展，家电和手机等电子产品的更新换代，人口老龄化和企业用工形式的新变化，高精度、高可靠性数控机床和数字加工成套生产线仍存在较大市场需求。

国防和军工等关键领域急需专用高档数控机床制备订制零件，由于涉及军工领域，发达国家对我国部分产品实施严格禁运，核心技术严格保密，部分产品国内尚无同类可替代产品，航空航天、国防装备保障能力所需高档数控设备仍是本领域发展急需解决的重点问题。

国家全力推进实施"一带一路"战略，我国机电产品性价比优于同类发达国家产品，普通数控机床在国际市场仍具有较大优势，为优势装备制造业拓展对外产能合作提供了广阔的市场空间。新型工业化、城镇化、信息化与农业现代化持续推进和深度融合，为高档数控机床制造业不断提供新的市场需求。

（二）设计与制造能力逐步提升

随着近十年的两化融合工作逐步推广，国内高档数控机床生产制造企业的设计能力普遍提升，由20世纪90年代初的手工绘图阶段，经过甩图板工程、数字化推进、三维设计推广等不同发展，数字化设计、可靠性设计、质量工程、并行设计等多种先进设计方法逐步应用，设计理念、设计工具、设计质量和水平与发达国家的差距正在缩小。

相比发达国家高档数控机床生产在环保、人力资源等方面的多重限制，我国在高档数控机床基础件制造能力方面具有较大的成本优势，基础件制造能力水平已和发达国家相当，各种系列和不同吨位的产品均能生产。德阳二重已制造出世界最大的8万吨级模锻液压机，主要用于大型客机的钛合金锻件生产。

（三）核心元器件对外依存度高

高档数控机床需要的高端液压气动元器件、精密传感器、精密减速器、高档主轴、高精度直线导轨、伺服电机及驱动器、高精度轴承等核心关键元器件主要依赖进口。

机器人和高端自动控制系统的95％、高档数控机床的数控系统90％的市场份额被国外产品占据。

（四）创新能力不足

由于高档数控机床属于机械、材料、电气、仪器仪表、计算机等多学科交叉产品，与高质量发展要求仍不适应，突出体现在基础研究薄弱，原创性技术少，对工艺、专用材料、专用设备重视不够。国内在此领域基础研究需要进一步加强。目前主要通过追踪和技术引进，自主创新产品和服务模式匮乏，需要进一步突破数控系统核心算法、芯片、关键元器件设计和制造、核心材料等诸多短板。人才流失现象严重，人才培养严重不足。

（五）产业基础薄弱

中国由制造业大国向制造业强国迈进过程中，产业基础不断壮大，产业链和相关配套能力迅速健全，产业集群开始出现。但随着科学技术发展和贸易不平衡加剧，我国产业基础和产业链的弊端逐渐显现，资金投入不平衡现象严重，产业政策支持力度不充分，产业规划不明晰，产业内生动力尚待进一步激发，产业基础处在中低端，产业链中的"卡脖子"核心关键技术和生产设备尚不能自主，当今世界贸易保护主义抬头，部分产品设计制造生产受到严重制约。

（六）互联网技术应用处于起步阶段

服务高档数控机床智能制造的软件业刚刚起步。工业软件价值和制造服务环节利润被低估局面有待改变。金属加工机床行业虽大但仍不强，当面临以互联网为核心的新一代信息技术广泛应用，以低成本劳动力优势参与国际分工的传统制造模式遇到极大挑战。为满足"一带一路"等沿线国家市场需求和"互联网＋"背景下高质量发展的用户需求，倒逼中国传统数控机床加工制造企业转型，需要广泛应用互联网信息技术，推进传统制造业与互联网深度融合。

（七）转型升级应对突发事件能力强

2020 年初的新冠对中国乃至世界经济产生了深远影响。近年来，汽车市场已经遭遇了前所未有的寒冬，疫情的突然袭击更是雪上加霜。汽车以及其他制造领域遭受的冲击也备受到机床业界的密切关注。

国内许多机床企业充分发挥制造优势，积极开发防疫设备和物资的生产装备。济南第一机床有限公司积极组织全自动口罩生产线的研制，其苏州德迈科电气有限公司自主研制的全自动口罩智能包装线已对国内口罩生产企业开始供货。合肥合锻智能制造股份有限公司响应政府号召，缓解口罩缺问题，公司新建十万级医疗口罩净化车间，并成功开发了口罩系列生产装备。全国有超过 3000 家的企业经营范围新增了"口罩、防护服、消毒液、测温仪、医疗器械"等业务。这些企业的"跨界"之举，既是危难时刻彰显责任担当，也为自身带来了新商机。

高档数控机床是国家装备制造业的重要组成部分，可以为国民经济各行业提供技术装备的支柱性产业，产业关联度高、吸纳就业能力强、技术资金密集，是各行业产业升级、技术进步的重要保障和国家综合实力的集中体现，其发展是衡量一个国家装备制造业水平和产品质量的重要标志。大力发展高档数控机床产业对提升地区制造业核心竞争力、带动产业结构优化升级具有重要战略意义。

我国改革开放以来，在汽车、冶金、工程机械等产业强力带动下，高档数控机床的产品系列已经实现全覆盖，但高精尖数控机床产品及相关技术仍然被发达国家垄断，严重依赖进口，无法保障国家重大国防和重大工程。亟需集聚多方力量进行联合攻关 5G 和人工智能新技术，辅以资金、政策支持，推动典型机床产品开发、生产、维护等全生命周期关键核心技术研发，示范带动多种系列高端产品并驾齐驱。

第 2 章
安徽省高档数控机床发展现状及存在的不足

一、国内地位及发展现状

（一）国内地位

在安徽省委省政府的高度重视下，经过近 10 年快速发展，安徽省企业、高校、研究院所紧密合作，已在多轴联动齿轮加工数控系统、大型液压机数字化设计及制造、汽车覆盖件柔性生产线、液压机精密位置控制、剪板折弯机床同步控制、精密矫正工艺及装备、高强钢热成形工艺及装备、机械压力机设计等方面取得突破，已经掌握了中小型落地铣镗床和立式车床整机设计和结构优化、大型回转工作台静压支撑等核心技术，及自动交换托盘的五面体柔性加工单元（FMC）产品技术，实现了汽车、航空航天、能源等领域国产化重大关键装备保障，具备了自主开发高精重载成形数控装备、中小型立车和铣镗床、高效加工中心等高精数控机床的能力，在国内具有领先优势。

合肥合锻智能制造股份有限公司已成为国内最大的锻压成形机床生产基地，产品涵盖了机械压力机和精密数控液压机全部系列产品，广泛应用于汽车、家电、军工、航空航天、石化、新材料等领域，攻克的大型数控成形机床数字化设计技术、自动化控制技术、机电液一体化技术、伺服控制技术、大型超大型部件加工制造技术、智能成套设备解决方案及安装调试技术等达到国内领先水平。合锻主研的多项国家级尖端装备，成功应用于飞机、神舟飞船、天宫火箭、核电、高铁，以及国家"跃升计划"，市场占有率保持在 29％－32％。相关产品不仅服务于国内航空航天、汽车、船舶等领域，还受到特斯拉等国际著名汽车制造企业青睐。

安徽池州家用机床股份有限公司是专业从事小型机床、数控机床生产经营的外向型企业，是全国生产小型机床的 5 家重点企业之一，是拥有进出口业务自营权的国家机电产品出口基地，同时也是安徽省生产出口重点企业、省高新技术企业、优秀民营科技企业、全省 100 家"专、精、特、新"企业之一，池州市重点骨干企业。已成为家用机床出口的重要基地，生产的家用车、铣和小型加工中心等产品，占国际市场的 70％以上。

安徽新诺精工股份有限公司是国内铣削解决方案提供商，自 1928 年从普通铣业起步，伴随着全球工业化变革的步伐，发展成为自主研发立式加工中心、卧式加工中心、龙门加工中心、数控铣床等产品集群的国家高新技术企业。公司与德国、日本、中国台湾等铣削行业研发机构均有紧密合作。在国内外有约近千个销售网点为客户提供服务，产品销往世界各地。凭借不断增强的创新能力、突出的定制能力、日趋完善的交付能力和及时周到的服务能力赢得全球客户的信任。

2018 年经过招商引资落户马鞍山博望区的乔崴进（安徽）科技有限公司，2019 年正式投产。公司以 VISION WIDE 为品牌，是世界上知名的专业数控龙门铣床、数控机床制造商。提供多种数控机床，从重切削到高速切削、从三轴到五轴、从金属材料到复合材料，满足不同加工需求。产品广泛应用于汽车、航天、模具等领域，畅销欧美日等世界工业强国。客户包含美国 NASA、波音飞机等。现已在博望高新科技园区工厂建构恒温恒湿、高强度地基精密生产厂区，规划建设物流一体化的高效能制造工厂。

位于安徽宣城市广德县的安徽宇宙机床有限公司是国内最大专业生产数控走心机的厂商，同时生产排刀式数控车床和车铣复合中心、车铣复合机床、自动化双主轴车床等产品。产品广泛应用于通讯、家电、军工、航天、医疗器械、汽车、水暖、微型轴、光学仪器、接插件、钟表、眼镜及各种五金配件等行业。

安徽哈科数控机床制造有限公司（简称 ACCURL）于 2014 年成立，其中外商投资占比 3.5 成。主要产品包括数控折弯机、数控剪板机、数控卷板机、液压机等一系列钣金加工成套设备。并且采用德国、日本、意大利的先进生产技术，可以整机加工 5000 吨以上 12 米长度的大型液压机和剪板机折弯机，并且拥有经验丰富的研发团队和先进的设计、生产制造能力，是国内唯一大吨位纯电伺服折弯机生产企业，产品全部用于出口。2018 年出口大约 1600 万美元，产品已销往 120 个国家和地区。

马鞍山市博望地区的刃模具产业发展迅猛，2010 年后逐渐完成了从民用刀具到工业刀具的转型，刃模具也和机床产业一起，成为博望区主导产业。博望区也因此被誉为"中国刃模具第一镇"。技锋精密刀具（马鞍山）有限公司，专业研发生产造纸、纸箱、包装、食品、金属、电子、新材料等行业精密刀具，特别是用于纸板业的合金分纸刀、造纸用复卷机合金底刀、胶带分切圆刀、金属分条刀、电子材料分切圆刀、铜箔铝箔分切圆刀、锂电池分切圆刀、各种异形钨钢刀片，远销国内外，满足全球市场的需求。

安徽省相比东北传统重工业制造基地、长三角新兴制造业基地、中部地区智能制造基地等地区，工业发展相对较晚，国家投资较少，龙头企业不多，产业链不健全，产业集群规模尚待进一步发展，安徽省高档数控机床企业，以及数控机床附件等企业的总体规模不大，在国内年产值占比并不高，仅为 8%。

（二）发展现状

1. 产业政策大力支持

近年来，安徽省委、省政府十分重视高档数控机床等智能制造装备产业发展，在《安徽省国民经济和社会发展第十三个五年规划纲要》《安徽省"十三五"装备制造业发展规划》以及《安徽省 2020 年政府工作报告》等文件中都明确将装备制造业作为主导产业发展重点，积极开发具有自主知识产权的重大基础装备、工业机器人等成套技术和装备。各地市在十三五规划中也明确提出加快发展装备制造业。

《安徽省国民经济和社会发展第十三个五年规划纲要》指出数控机床领域要"开展数控系统、伺服系统等关键技术攻关，大力发展金属切削、成形、专用机床等高精数控机床及关键功能部件。提高数控机床产品智能化水平"。

《安徽省 2020 年政府工作报告》指出"加快资源型城市转型发展。完善支持资源型城市转型发展政策，开拓新旧动能转换路径。促进科技资源向资源型城市流动，布局一批创新平台。统筹传统产业改造升级与接续产业培育壮大，支持发展高端装备制造、新型煤化工、陶铝新材料、铜基新材料等产业。推进大通道大平台大通关建设。深化与"一带一路"沿线国家和地区开放合作，积极参与境外经贸合作区建设，加强国际产能和装备制造合作"。

《安徽省"十三五"装备制造业发展规划》将高档数控机床及成型装备作为智能装备发展重点中首要位置，指出"重视机器人及其精密减速器、伺服电机、控制器、自动化成套生产线；精密仪器仪表、智能传感器、智能在线检测/监测设备等基础件发展。主要发展路径：开展高档数控机床及成型装备关键技术研究，提高加工精度和可靠性。瞄准多通道、多轴联动等高性能数控系统产品，开展高端、专用、大型、重型数控成型装备及其系统集成和研发。力争机器人产业在关键零部件、整机制造、系统集成及大规模示范应用方面取得突破，强化机器人产业集群配套能力建设，完善机器人产业链。引导企业发展 3D 打印设备及核心器件、3D 打印专用材料等，加快提升 3D 工艺技术水平，支持 3D 打印在医疗器械、航空发动机零部件、燃气轮机、新能源汽车等领域的应用。攻克新能源汽车轻量化车身、核心零部件智能制造等技术，大力发展工业智能成套装备及成套自动化生产线，立足仪器仪表、智能传感器、在线监测系统、液压/气动/密封件及系统、齿轮传动、伺服装置等关键零部件和配套产业，提高柔性制造、精密制造、智能控制等关键工艺水平，实施智能装备制造示范工程"。

2. 产业规模快速扩张，持续发展动力强劲

围绕汽车、工程机械、航空航天、轻工、农业、资源开采等行业需求，安徽省已形成了一批面向国民经济支柱产业的智能制造装备，研制了以国产高档数控机床为制造工艺核心、自主开发的制造机器人为辅助加工核心的汽车自动化柔性生产线，形成了若干具有自主知识产权、自主品牌和国际竞争力的重点骨干企业。2019 年安徽省高档数控机床产业产值占全国第 8 位，产量逐步上升，2017 年生产金属切削机床 83524 台套，整体实力位居中部地区第 3 位，见图 3 - 6。

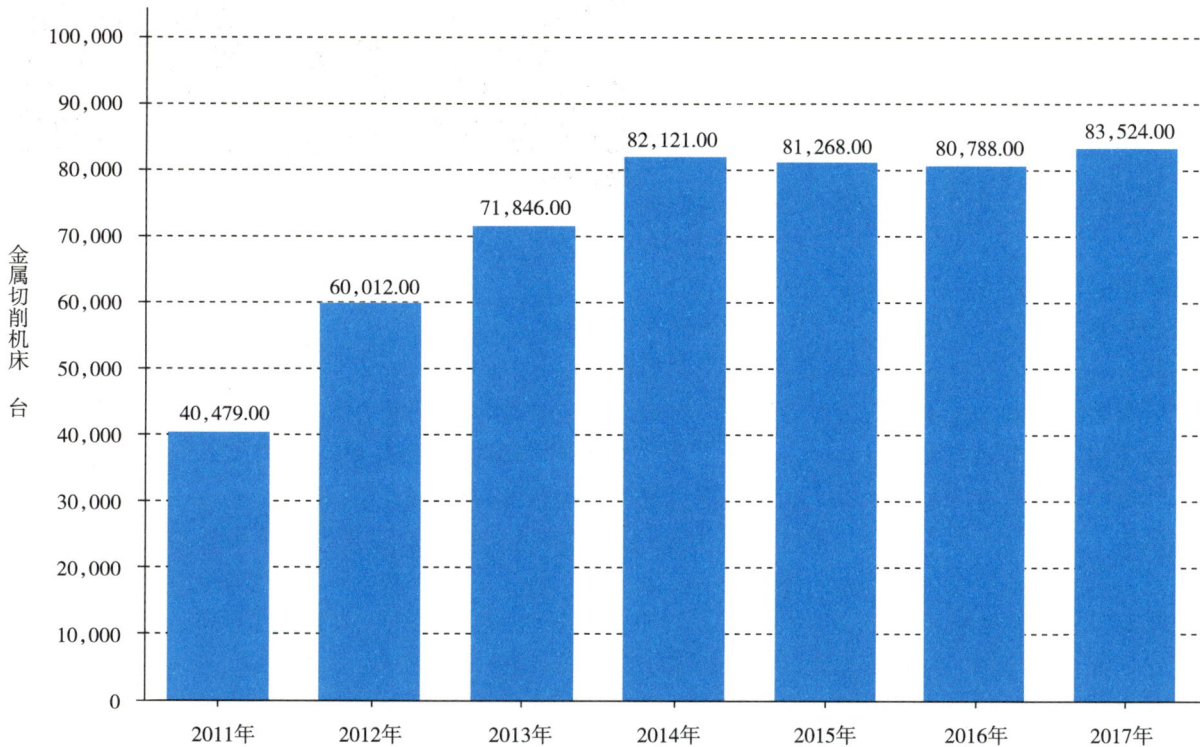

图 3 - 6　安徽省金属切削机床近年来生产情况

经初步统计，安徽省现有数控机床产品的技术研发、生产、集成和零部件制造企业约 200 家左右，骨干企业 58 家，销售总额约 200 亿元，部分产品出口到欧美等发达国家。骨干企业主要集中在合肥、芜湖、黄山、马鞍山、池州等市。拥有国家压力容器与管道安全工程技术研究中心、省级工程技术研究中心 24 家。近年来，承担国家级智能制造装备项目 20 余项，承担和参与国家高档数控机床 04 专项 8 项，专项资金超过 4 亿元，部分领域具备较好基础和较强技术优势。

3. 部分关键技术国际领先

"十二五"期间，全省共组织重大技术装备研制项目 602 个。其中，认定 186 个为省首台（套）重大技术装备。截至 2015 年底，装备制造业拥有 345 个省级企业技术中心，占全省的 37%，其中 15 个为国家级企业技术中心。

2017 年，合肥合锻智能制造股份有限公司研发的世界上吨位最大的"15000 吨双动充液拉深液压机"通过专家委员会的评审，如图 3 - 7 所示。作为 2013 年"高档数控机床与基础制造装备"国家科技重大专项—"航天大型复杂薄壁构件充液拉深装备与工艺研究"课题的主要产品，"15000 吨双动充液拉深液压机"的研制成功，标志着我国大型复杂薄壁结构件一次性成形技术处于国际领先水平。大型复杂薄壁类构件广泛应用在新一代运载火箭、载人航天、探月工程、大型商用客机、大型运输机、高速列车、大型

液化天然气，石油气船等国家重大工程。解决了超大燃料贮箱箱底等传统大型航空航天结构件拼焊制造中，不能满足产品在高精度、高质量、高可靠性、高效率及绿色环保等方面的要求。创新性提出并实现了航天领域新一代运载火箭结构轻、推力大、寿命长的大尺寸复杂薄壁构件的冲液拉深制造方式，攻克了制约我国重载航天载运工具关键零部件产品性能与可靠性低下的制造技术瓶颈。

2019年，具有百年锻压机生产历史，世界知名的德国劳费尔压力机械公司（Lauffer Pressen）亚洲技术中心落户安徽合肥。作为该公司在亚洲的服务机构，劳费尔亚洲技术中心（合肥）充分利用母公司和其战略合作伙伴合肥合锻智能制造股份有限公司成熟的技术服务体系，在层压、粉末成型、塑料加工与封装技术、金属成形等领域，为中国及亚洲客户提供更加便捷的产品和技术服务。

4. 龙头企业综合实力持续增强

合肥合锻智能制造股份有限公司是国内最大锻压成形机床企业，具有年产1500台套大型数控精密液压机能力，拥有国家级企业技术

图 3-7 合锻智能生产的
HHP24-15000 冲液拉深液压机

中心，近年来承担国家科技重大专项8项。合肥合锻智能制造股份有限公司企业技术中心被国家发改委等五部门联合认定为"国家认定企业技术中心"、"数控锻压机床装备国家地方联合工程研究中心"，高端成形机床成套装备安徽省技术创新中心等机构，具有高档数控成形机床研发基础。

安徽池州家用机床股份有限公司是机电产品出口基地、经国家科技部认定的高新技术企业、安徽省池州数控机床高新技术产业基地骨干企业、安徽省生产出口重点企业。主要生产两大类主导产品，一类为数控机床，包括立式加工中心、卧式加工中心、数控车床、数控铣床等；一类为普通小型机床，包括多功能工具机、台式车床、钻铣床、钻床等。是全国小型机床生产基地，所生产的机床产品畅销海内外。

芜湖恒升重型机床股份有限公司生产制造的数控落地铣镗床、数控双柱立式车床、数控数显重型回转工作台、立式精镗床、卧式铣镗床、珩磨机床、数控铣镗床、加工中心等八大系列100多种数控、数显机床产品具有较强的市场竞争力。其中数控双柱立式车床和精密铣镗床，市场占有率约40%。

黄山皖南机床有限公司是国内专业设计、制造和销售各类普通铣床、数控铣床及加工中心，以及链传动件等系列产品的企业，2018年产量增长16.4%。

安徽晶菱机床制造有限公司已成为国内立式数控加工中心、大型数控龙门铣镗加工中心的重要生产基地，2019年开发五轴联动无模精密成型机能有效提升铸造精度、缩短工艺流程、节约铸造材料、改善加工环境等综合性能，实现了高效、精密、绿色制造。

马鞍山市中亚机床制造有限公司主要生产门窗加工用剪板机、折弯机，出口50多个国家和地区，且在部分国家具有较高市场占有率。

马鞍山博旺镇拥有50余家剪折机床企业，形成产业集群效应，成为国内中小型剪板、折弯、冲压机床最大供应基地。

5. 产业集聚效应凸显

安徽省高度重视高档数控机床产业链上下游建设，根据《关于印发〈安徽省五大发展行动计划〉的通知（皖发〔2016〕47号）》和省政府《关于加快建设战略性新兴产业集聚发展基地的意见》（皖政〔2015〕48号）要求，形成了以合肥、芜湖、马鞍山、池州为主的高端数控机床产业集群，以芜湖、马鞍山、合肥为主的工业机器人产业集群，大力支持产业集聚发展基地建设。根据各产业集群发展重点，全省建立了24个产业集聚发展基地，提供资金和政策支持，与高档数控机床相关的产业集聚发展基地有：

（1）芜湖鸠江经开区机器人产业集聚发展基地，重点支持点焊、弧焊、搬运、码垛、切割、打磨等工业机器人（负载范围覆盖3kg至400kg）整机，检测和专用特种机器人，服务机器人等核心企业；发展生产伺服电机、精密减速器、电子控制器、伺服系统、底架、动臂、本体、变频器、机器人集成生产线等成套设备相关企业。

（2）宣城宁国经开区核心基础零部件产业集聚发展基地，重点支持密封元器件、高端减震橡胶件、橡塑密封系列制品、紧固件、液力及气动元件、高端弹簧、轴承、传动联结件、液压和气压动力元件、精密铸造基础件等核心企业；发展高性能的橡胶复合材料、橡胶功能材料、特种橡胶材料、以及多功能的新型环保橡胶助剂、高精度混炼胶、高性能的特种复合塑料、新型环保塑料材料等相关企业。

（3）铜陵经开区铜基新材料产业集聚发展基地，重点支持电子铜箔、压延铜箔、高精度铜板带、低氧铜杆、精密铜管、铜合金棒、铜合金材料、纳米铜粉及铜合金粉、高强度黄铜材料、电子接插件用异形电子铜带和电子材料专用铜带、电子插件用铜合金材料、高速铁路专用铜材等核心企业。

（4）六安市霍山高桥湾现代产业园高端装备基础零部件产业集聚发展基地，重点支持核电、航空、海工、汽车等高端装备关键零部件等核心企业；发展核电、航空、海工、汽车、轨道交通、工程机械等高端装备零部件产品制造和检测中心及高端生产装备、电子元件、配件制造等相关企业。

（5）马鞍山市博望高新技术产业开发区高端数控机床产业集聚发展试验基地，重点支持数控锻压机床，数控磨削机床，激光切割机床，复合加工单元设备，数控加工设备，柔性加工单元设备，数控加工成套化机床设备等数控机床核心企业；开展数控系统研发及应用、运动控制系统、光机电集成部件、机床软件、机床电器、伺服电机、工作台、油缸、液压系统、检测元件、气动件、刀具、铸锻件、机床轴承、丝杠、导轨、磨具、磨料、滚动功能部件、砂轮机、特种钢材、钣金等研发及制造。

6. 面临的机遇

（1）深化供给侧改革，有力推动高质量发展

我国经济已由高速增长阶段转向高质量发展阶段，供给侧结构性改革与高质量发展一脉相承，以供给侧结构性改革为主线，引领高质量发展。我国经济运行主要矛盾仍然是供给侧结构性的，必须坚持以供给侧结构性改革为主线不动摇，采取更多改革的办法，运用更多市场化、法治化手段，在"巩固、增强、提升、畅通"上下功夫。我国已经进入工业化后期，新型城镇化建设显著加快，推动先进制造业和现代服务业深度融合，加速构建开放、协同、高效的共性技术研发平台。

（2）提高资源配置效率，充分激发市场活力

面对国内外风险挑战明显增多的复杂局面，加大改革力度、加快开放步伐，为经济社会发展注入强大动力，保障经济运行、稳中有进。改革开放是应对风险挑战的有力抓手，也是化危为机、开创新局的制胜法宝。推进重点领域市场化改革，更多引入市场化机制和手段，减少政府对资源的直接配置，强化市场能自主调节作用，进一步提高资源配置效率和收益，充分激发市场活力，改善高档数控机床产业外部环境，为推进装备制造业由大变强提供动力支持和体制保障。

（3）引入新技术新产品，促进产品转型升级

引导和鼓励企业加大技术创新投入力度，不断提高技术装备和制造工艺水平，开发和培育技术含量高、生产规模大、市场前景广、经济效益好的新产品，形成新的增长点。

着力推广智能专用设备和仪器仪表、工业机器人与专用机器人，精密齿轮及传动装置、高端液压、气动元件及系统、伺服电机及驱动系统、直线电机、滚动功能部件、高精密轴承、电主轴单元等新技术新产品，促进优化设计、可靠性设计、绿色设计、并行设计等新方法应用，提高产品质量，降低产品成本，有力促进产品转型升级。

现阶段是我国制造业进入转型升级的关键时期，必将带动传统装备制造业升级和先进、高端装备制造业的发展。新一轮科技革命和产业变革正在孕育兴起，互联网与新能源、新材料、增材制造等成为引领力量，其核心是制造业的数字化、网络化、智能化，将推动生产方式变革催生新兴业态，重塑全球装备制造业格局，为我国装备制造业提供新机遇。

（4）借助"一带一路"战略，逐步扩大国际市场

我国大力推行"一带一路"战略，为装备制造业走出去提供广阔空间。安徽省拥有池州家用机床股份有限公司、合肥合锻机床股份有限公司等企业产品已打入国外市场的优势，充分发挥技术水平和国际担当，提升高档数控机床产品性价比，局部优化产品功能，结合"一带一路"沿线国家需求，进一步形成示范，逐步加大国际市场份额。

二、存在的不足

（一）经济总量不高，2019 年安徽省高档数控机床产业实现工业总产值占全国总量 8%；

（二）产业集中度低，优势规模企业少，带动性不强；

（三）企业自主创新能力较弱，拥有自主知识产权的技术和产品不多；

（四）产品过度"轻型化"，缺少重型及成套设备，高技术高附加值产品少；

（五）关键零部件发展滞后，配套能力不强。

三、原因分析

（一）政策层面

1. 经济规模不大

相比湖北、河南等中部省份，安徽省在建国初期国家投资建设项目少，工业基础薄弱；另外，由于高档数控机床企业资金投入较大，安徽省该领域总体企业数量少，规模不大。虽然 2019 年安徽省金属切削机床产量比 2018 年增加 9.8%，但总产值仅占全国总量 8%。

2. 产业集中度低

产业集聚度较低，缺乏整体规划，未能在空间布局上推动高档数控机床制造集聚发展，难以借助集聚发展模式提升产业整体的竞争力和协同力，没能形成完整的上下游产业链，不利于产业长期发展。在资金、技术、人才等方面，均面临国内外大企业集团化挑战，发展壮大任重道远。

3. 产学研联动机制尚未有效发挥

合芜滁三市尚未发挥各自的人才优势、科技优势和资源优势，相互间信息交流不顺畅，容易造成重复建设，相互间进行低价竞争，未能形成优势互补局面。省内高等院校和研究院所尚未重视高档数控机床产业转型升级所面临的技术壁垒。高档数控机床企业科研创新意识不强，科技投入较少，校企双方合作只是停留在课题申请层面，并未深入发掘企业在设计、制造和销售中的技术需求，解决企业发展急需。

4. 市场竞争压力增大

受当前严峻的宏观经济形势影响，制造业投资的增幅正在萎缩，市场对高档数控机床的有效需求也在减少。而国产高档数控机床的可靠性、精确性和先进性与国外还存在一定的差距，使用国产装备的维护成本高。

当前中国机床工具市场呈现出以需求结构调整和升级为主的显著特征，加之中美贸易摩擦的负面影响，行业结构平衡被进一步打破，行业运行呈现出了新特点，2019 年形势也发生逆转，世界主要机床生产国和地区都在走下坡路。安徽省机床制造业也面临严峻挑战，企业为适应市场的剧烈变化做了不懈努力，部分企业聚焦主业，深耕技术研发，适应市场需求，但多数企业出现了经营困难、亏损严重、资金紧张问题，有的甚至不得不进行重整或处于停产半停产状态，行业格局发生了重大变革。

目前，国内高档数控机床市场仍以"低价中标"为主要模式，产品定价中未能充分体现产品中的高技术附加值，极大地抑制了企业科技研发投入的积极性，产业发展不能有效形成良性循环，导致目前企业技术创新仍然遵循引进吸收再创新的传统技术路线，原始创新动力严重不足，具有全部自主知识产权

的产品不多。

5. 融资难度大

安徽省高档数控机床企业以中小企业居多，受社会信用环境和项目管理能力的制约，很难得到银行强有力的信贷支持，企业技术改造、扩大再生产所需中长期资金贷款严重不足。企业间相互拖欠货款的现象较为普遍，货款无法及时回笼，流动资金得不到保障。除资金短缺外，技术落后、缺乏科学管理等因素也是制约个体工业发展的重要原因。规模以下高档数控机床企业及其配套企业均属于资源和初级加工产品型，产品科技含量低，增加值不高。很多企业的产品未形成知名品牌，市场竞争力不强。

（二）技术层面

1. 创新能力有待提高

高档数控机床产品技术更新换代速度快，随着航空航天、新能源汽车、高铁等产品对高端装备需求不断提升，对高档数控机床产品要求的日益提高，高档数控机床企业对产品在科技创新方面的要求也越来越高。我国在此领域科技创新方面的整体能力仍比较欠缺，企业普遍缺乏核心技术，关键技术缺乏自主的知识产权，企业的技术创新能力弱。目前，虽然不少高档数控机床企业建立了企业技术中心，但设计开发的内容往往仅是结构、外观，没有对整个产品性能、材料、关键部件进行研究、测试的能力，导致大部分产品设计以模仿为主。

2. 高技术高附加值产品少

安徽省数控机床的研究开发深度不够、制造水平落后、服务意识与能力欠缺、高级设计开发人才严重缺乏。采取引进技术、合作生产，以市场换技术方式对我国机床产品技术水平的提高取得了一定的效果，但由于产品理论支撑不够，基础实验条件缺乏，高级科技人才匮乏，与互联网等新技术和新业态结合刚刚起步，新产品研发仍然主要依靠经验及模仿等手段，中高档产品差距依然明显。精度保持性和稳定性不高，从高性能数控系统到关键功能部件基本都依赖进口，产品的功能、可靠性仍然与国外产品存在差距。企业的服务意识和服务体系不健全，对于中高档数控机床售前售后的服务要求很高，与发达地区同类企业相比，市场开发、工艺研究、成套服务、快速反应能力等服务水平均存在很多差距。产品技术含量不高，附加值低，结构不合理，高利润产品缺乏，市场占有率和定价话语权小，产业化能力不强。

3. 关键零部件发展滞后，配套能力不强

关键零部件和核心基础部件配套商缺乏，如机器人需要的伺服电机、精密减速器等主要依赖进口，数控金切机床的机床软件、机床电器、伺服电机、工作台、检测元件、气动件、刀具、机床轴承、丝杠、导轨、磨具、磨料、滚动功能部件等主要来源于国外和发达省份。

4. 新产品标准体系尚未健全

随着中国已经加入了WTO，在全球化趋势的影响下，我国金属加工机床产品逐渐和世界机床业接轨，并进入激烈的市场竞争，逐渐开始完全等同或者等效采用国际标准。2005年之后，我国陆续制修订了金属加工机床多项标准，形成了比较完善的标准体系架构，积极参与国际标准制定。

现阶段，高档数控机床标准包括安全、性能、能源效率、噪声、生态设计、可靠性、布线及安装、测试方法、回收利用、主要零部件、售后服务、电磁兼容及辐射、环保等十多个系列，而不仅仅是起步时的安全和性能标准。

安徽省高档数控机床企业积极投入市场竞争，研发出多种符合市场需求的高档数控机床产品，但参与标准制定积极性不高，标准执行过程力度不够。一些小企业鱼龙混杂，产品质量无法保证，对产业建设和维护造成一定影响。

第 3 章
安徽省高档数控机床发展战略思路和目标

一、发展战略思路

（一）总体思路

全面贯彻党的十九大和十九届二中、三中、四中全会精神，贯彻落实《中国制造 2025 安徽篇》，主动顺应"互联网＋"时代趋势，加快新一代信息技术与装备制造业深度融合，抢抓长三角一体化发展国家战略机遇，按照创新、协调、绿色、开放、共享的发展理念，以满足国际国内市场需求为目标，在安徽省高档数控机床优势产业基础上，以促进高档数控机床制造业创新发展为主题，以扩大总量、提质增效和转型升级为主线，不断完善产业链建设，推动关键零部件快速发展，不断加大品牌建设，掌握核心关键技术，加快新一代信息技术与高档数控机床制造业深度融合，强化高档数控机床制造业基础能力，促进产业集聚，完善多层次多类型人才培养体系，促进产业跨越式发展。

（二）基本原则

充分发挥市场竞争机制，注重发挥市场配置资源的基础性作用，调动企业主体积极性。在以市场为导向的前提下，加强政府的组织领导、规划引导、政策激励、财税扶持和协调服务，引导产业资本、生产要素、科技资源向高档数控机床制造产业聚集，将重点龙头企业形成典型示范效应，将现有特色产品带动其他产品开发，加强产业链建设，实现产业集聚效应，迅速壮大高档数控机床产业发展基础。

1. 突出高端领域，兼顾全面发展

以服务国家重大需求和市场用户高端产品制造为出发点，以高档数控机床为核心，辅助现代加工工艺、数控系统、机器人等，构建数字化车间、数字工厂等高附加值成套产品。积极发展高档数控、关键零部件、伺服电机及驱动器、智能信息产品、互联网、云制造等高端领域产品，以立足高端、加速招商、引技引智和自主创新为手段，不断促进安徽省高档数控机床产业领域规模化发展目标。

2. 实施四个带动，加快发展速度

以重大专项带动关键技术形成突破，以首台套政策为引领的重大工程应用示范带动市场需求，以产业政策和布局带动招商引资，以系统集成应用带动制造业全面推向数字化、网络化和云制造方向发展。

3. 实现四大提升，注重持续发展

通过产学研用合作构建关键技术共性研发平台，促进高档数控机床制造核心关键技术提升；围绕国内外市场用户需求为出发点，实现智能制造高端产品提升；宣传典型应用示范，实现国产数控机床广泛应用提升；加大产业链招商引资力度，实现高档数控机床产业规模提升。

二、发展目标

（一）总体目标

到 2025 年，通过调整产业结构，培育 5～10 家产值超 5 亿元的高档数控机床产业领域骨干企业，辐射带动 100 家企业，形成 1～3 个百亿元的高档数控机床产业集群，建设 5～10 个高档数控机床研发和生产应用示范基地。

到 2035 年，新增 10～20 家产值超 5 亿元的高档数控机床产业领域骨干企业，辐射带动 300 家企业，形成 3～5 个百亿元的高档数控机床产业集群，将安徽省打造成特色明显、在全国具有重要影响力的高档数控机床制造基地。安徽省可挤入国内机床制造业领域前五名，积极吸纳带动就业，培养聚集一批高端人才，逐渐形成安徽省装备制造产业新的增长极。

1. 产业规模发展

到 2035 年，安徽省高档数控机床产业（含基础零部件企业）挤入全国前 5 名，新增就业岗位 1 万人。

2. 创新能力提升

形成产学研用相结合的装备技术创新体系和共性关键技术研发平台，骨干企业研发经费投入占销售收入比例超过 3%，形成一批具有知识产权的高端装备产品和知名品牌，培养一批具有国际视野的科技领军人才。

3. 智能制造技术融合

加快推动新一代信息技术、智能制造技术、物联网等技术与先进装备制造技术融合发展，全面提升企业研发、生产、管理和服务的智能化水平。

4. 基础件突破

高档数控机床所需的关键配套系统与设备、关键零部件与基础件制造能力显著提高，其性能和质量达到国内领先水平。

（二）具体工作目标

1. 开展核心关键技术攻关

依托合肥合锻智能制造股份有限公司、安徽新诺公司、芜湖恒升重型机床股份有限公司等开展数控系统、伺服系统等关键技术攻关，大力发展高精数控机床、成套装备以及关键功能部件。

针对数控金属切削机床产品，加快实现产品转型升级，重点突破高速高精度运动伺服控制、智能化自适应控制、柔性制造系统控制、高速高效数控加工中心控制（控制精度 0.001mm）等核心控制技术，重点研究机床数字化优化设计和仿真制造、机床精度保持和高效高精制造工艺、多轴联动插补算法与控制、机床复合加工结构优化设计、机床机电匹配动态性能优化、数控机床可靠性增长技术、基于高速现场总线的网络化控制、数字孪生等关键技术。

针对锻压成形机床产品，发挥安徽省已有技术基础，根据航空航天用镁、铝、钛合金等难成形零件制造工艺需要，重点攻克等温锻造成形液压机超低速控制（0.005mm/s）、超塑成形中氩气充气速度对成形精度影响、内饰件蜂窝板热压成形工艺等关键技术；根据新能源汽车结构件柔性生产工艺需要，重点研究新能源汽车大型覆盖件精密冲压工艺、高强度钢热成形工艺与装备、间接成形工艺与装备、节能冲裁缓冲装置、深拉伸工艺中变压边力控制、不同模具冲压工艺数据专家库自学习、复杂零件在线检测等关键技术；针对能源领域，重点攻克大型封头成形、大型轴管件精密矫形、多向模锻、在线检测和在线工艺计算、可靠性设计等关键技术。根据精密钣金加工需要，重点攻克剪板折弯数控系统、同步伺服控制系统等技术。

2. 开发高档数控机床产品

以结构调整和产业升级为主线，以精度提高和功能复合为技术突破，依托合肥合锻智能制造股份有限公司等企业优先发展热锻成形机床、数控快速冲压液压机、大型封头压机、伺服液压机、自动精密矫正机、数控闭式四点机械压力机、大型折弯机、剪板机、多工位机械压力机、伺服机械压力机等高附加值优势特色产品。依托马鞍山博旺镇剪折机床产业集群重点发展大型重载精密剪板、折弯、冲压机床。

依托芜湖恒升重型机床股份有限公司、安徽新诺精工股份有限公司等企业重点发展高端智能数控金属切削机床和加工中心、数控立式车床、数控精密镗铣床及其高档数控系统、伺服驱动系统等产品。

3. 加强平台建设，支撑主导产业快速升级

充分发挥安徽省机械工程学会、安徽省机床工具协会等行业协会的力量，加强产业布局，依托现有平台，形成优势产业聚集，促进企业产品快速升级。

加大力度建设高端成形装备安徽省技术创新中心、合肥工业大学智能制造技术研究院、国家级、省部级重点实验室等交叉学科平台，建设关键技术应用研发平台，形成高层次人才教育培训中心、技术研发基地、新产品新工艺孵化基地、产品产业化基地等一个中心3个基地培养相关技术人才，重点开展具有高速、高精、智能、柔性、复合加工功能的高精数控机床和智能成套装备新产品研发，依托骨干企业或系统集成企业，建设企业应用研发平台，面向国家重大需求和市场急需，研发智能制造用高端产品和关键元器件，完善产业链，提升产业竞争力。

依托合肥工业大学、安徽理工大学、安徽工业大学等高校，联合相关企业对主导产业和新兴产业开展基础性、系统性、集成性研究，为企业提供高级技术人才培训培养、产品检验、检测等公共技术支撑和服务。

·（三）发展技术路线

根据中国制造2025高档数控机床领域技术路线图，结合安徽省实际，制订安徽省高档数控机床发展技术路线，见表3-2。

表3-2　安徽省高档数控机床发展技术路线

分项	2025	2035
需求	航空航天、新能源汽车、高铁和电子信息设备等产业对量大面广、高效、高可靠性高档数控机床的迫切需求，满足"一带一路"沿线国家市场需求 战略性重大工程急需：军机跨代发展、民机快速发展、重型运载火箭、重大武器装备、载人航天和探月工程、高技术船舶等国家重大科技专项和重点工程的迫切需求 新材料、新技术的不断几部及战略新兴产业培育壮大对高档数控机床产业提出新的战略需求和转型挑战 国内用户市场由中低档产品向高档产品转型，由单机向成套系统转变，有数字化向智能化、网络化转变，由通用机床向个性化专用机床转变	
目标	培育10-20家产值超5亿元的高档数控机床产业领域骨干企业，辐射带动300家企业形成3-5个百亿元 智能制造产业集群，建设10-15个智能制造研发和生产应用示范基地高档金属成形液压机国内市场占 有率达到50%，高档金属切削机床达到10%，机床出口额占全国比例超过10%，实现销售收入1千亿元左右；新增就业岗位1万人。	
关键技术	重点研究机床数字化优化设计和仿真制造、机床精度保持和高效高精制造工艺、多轴联动插补算法与控制、机床复合加工结构优化设计等关键技术。 重点攻克航空航天结构件制造中等温锻造成形液压机超低速控制（0.005mm/s）、超塑成形中氮气充气速度对成形精度影响、复合材料结构件成形工艺、内饰件蜂窝板热压成形工艺等关键技术；	重点研究机床机电匹配动态性能优化、数控机床可靠性增长技术、基于高速现场总线的网络化控制技术等关键技术。 根据汽车大型覆盖件液压机柔性生产线工艺需要，重点研究汽车大型覆盖件精密冲压控制、节能冲裁缓冲装置、深拉伸工艺中变压边力控制、不同模具冲压工艺数据专家库的自学习等关键技术；针对能源领域，重点攻克大型封头成形、大型轴管件精密矫形、多向模锻、在线检测和在线工艺计算、可靠性设计等关键技术。

（续表）

分项	2025	2035
重点产品	重点发展高端智能数控金属切削机床和加工中心、数控立式车床等产品。 优先发展热锻成形机床、数控快速冲压液压机、大型封头压机、大型折弯机、剪板机、伺服机械压力机等优势特色产品。	重点发展数控精密镗铣床及其高档数控系统、伺服驱动系统等产品。 优先发展伺服液压机、自动精密校直机、数控闭式四点机械压力机、伺服机械压力机、大型重载精密剪板、折弯、冲压机床等优势特色产品。
平台建设	形成高层次人才教育培训中心、技术研发基地、新产品新工艺孵化基地、产品产业化基地等一个中心3个基地，依托骨干企业或系统集成企业，建设企业应用研发平台，面向国家重大需求和市场急需，研发智能制造用高端产品和关键元器件，完善产业链，提升产业竞争力。	
产业集群	依托合肥合锻智能制造股份公司，加强与国际著名锻压成形制造企业德国LAUFFER公司紧密合作形成高精成形数控机床产业集群；依托奇瑞汽车集团公司、江淮汽车集团公司、广东美的集团芜湖制冷设备有限公司等，建设5-10个数字化车间应用示范集群；	依托安徽巨一自动化装备公司和安徽埃夫特智能装备有限公司等，积极寻求国际著名机器人公司（德国KUKA，日本FUNUC等）技术合作，形成制造机器人生产应用产业集群； 依托大陆汽车电子、台达电子、联合电子等龙头企业，以黄山电器、芜湖仪器仪表、埃泰克电子等企业为支撑，形成智能仪器仪表产业集群。

第 4 章
安徽省高档数控机床发展政策建议和重点任务

一、政策建议

在已有安徽省发布的多项智能制造政策和制造业发展规划基础上，结合《中国制造2025》，更加重视高档数控机床产业的高技术交叉、人才集聚、高附加值等显著产业特性，经过认真调研，针对性地提出专门的高档数控机床产业发展政策，在市场竞争、金融、人才、招商引资、政策支持等环节上摆在突出位置，指导省内各类企业加快转型升级速度，尽早进入良性发展阶段。

不断加强企业技术创新平台建设，各级企业技术中心和工程技术研究中心依托单位研发经费投入占销售投入的比例达到3％。建立起知识产权信息服务、大型仪器共享、科技成果转化等公共资源共享平台。完善知识产权管理制度及管理体系，形成知识产权激励机制，增强自主创新能力和知识产权保护的获取能力。不断深化政产学研用协同创新，构建多层次立体式智能制造创新联盟，提高创新资源利用效率。争取建设若干国家级研发和示范基地，形成若干国家级智能制造检测评价机构。完善智能制造科技人才激励机制，优化创新人才成长环境，引进培育创业创新领军人才、科技骨干人才，形成多个特色明显、创新创业能力强、竞争力强、集研发与产业化于一体的稳定的高层次人才团队，打造具有国际影响的智能制造高端研发和应用人才引进和培育基地。

结合各地人才引进政策有效实施，通过产学研合作等方式，加强骨干企业的企业技术中心人才集聚，遏制人才流失现象。

由安徽省机械工程学会主导成立高档数控机床战略联盟，定期组织企业技术中心人员培训，联合高校、研究院所，举办相关高档数控机床专题竞赛，有力推动高档数控机床产品创新研究和设计。

建议由安徽省机械工程学会主导，在各地级市建立高档数控机床人才库，联合相关高校优势技术力量，定期组织技术交流活动，为地方企业人才进行培训辅导，有针对性开展技术合作交流，促进当地企业技术水平不断提升。

建议合肥合锻智能制造股份有限公司企业技术中心开展创新能力建设项目研究，打造成国家级高档数控成形液压机研究平台，开展面向全国全省的高档数控机床行业服务。建议安徽省经信委、合肥市积极向国家工信部推荐，并给予资金上支持。

积极鼓励已经取得省级企业技术中心的数控机床企业开展创新能力建设，在省经信委立项，并获取资金支持。

二、重点任务

根据高档数控机床行业发展特点，结合安徽省当前高档数控机床行业实际情况，应当编制相关高档数控机床行业发展规划，出台高档数控机床扶持政策，从宏观上加强产业规划和指导，将高档数控机床业作为战略新兴产业、新的经济增长点列入十四五规划。深入调研谋划，明确主攻方向，省科技部门设立数控机床振兴专项，支持高档数控机床及其关键功能部件研发及应用平台建设，支持高档精密数控机床等关键技术研发，加大对骨干企业支持，加快产业化进程。具体项目方面，建议十四五期间可以考虑开展如下几个方面工作，推动安徽省高档数控机床健康、快速发展。

1. 复合材料结构件高档数控成形液压机共性关键技术研究

复杂曲面复合材料结构件是航空航天、高铁和新能源汽车等载运工具中重要零件，其成形工艺和数控成形装备一直制约我国重大国防装备和重点产品发展。其技术核心为高性能碳纤维、玄武岩、玻璃纤维新型复合材料成形过程中，成形机床、树脂、模具和材料之间多物理场耦合机理，探索成形关键工艺参数优化匹配方法，因此重点开展高效高质成形工艺研制、高效高精成形机床开发等关键技术攻关。建议由合肥合锻智能制造股份有限公司联合中电38所、航空结构件成形制造与装备安徽省实验室等优势单位组建团队，进一步加大此领域国内领先优势，形成优势特色产品，保障国防重大装备急需。建议此项目列入省科技厅"卡脖子"科技重大项目计划，并争取列入科技部重点研发计划项目。

2. 智能高强钢间接热冲压生产线关键技术研究及其产业化

针对深拉深、截面复杂高强度钢零件热冲压成形重大市场需求，依托已有的热冲压直接成形生产线开发经验，主要解决间接热冲压成形生产线中高速液压机设计开发开脖子技术难题，开展大尺寸零件间接热成形分时迁移工艺关键参数优化、高温环境大吨位间接热成形高速液压机精度保持性、高频次多工位转换精密可靠辅具设计及其精确控制、多物理场混叠系统实时物联网构建及智能故障诊断等关键技术攻关，最终形成具有自主知识产权的复杂高强钢结构件间接热冲压成形工艺及其智能成套生产线，实现可靠生产并应用示范，主要指标达到国际先进水平，产品售价只有国际同类产品的40％，满足国产汽车结构件轻量化的市场急需。建议此项目列入省科技厅"卡脖子"科技重大项目计划，并争取列入科技部重点研发计划项目。

3. 动梁式高速精密五轴联动复合加工中心研发与产业化

针对航天器、机身等大型复杂结构件仍只能采用分块加工、组装拼焊等结构形式，整体强度较差，无法实现轻量化、生产效率低等问题。集中意特利（滁州）智能数控科技有限公司和合肥工业大学等单位，开展动梁式高速精密五轴联动复合加工中心研发工作，突破高速高精度五轴铣头开发、高稳定性双横梁床身结构设计、核心部件在线闭环控制与自动反馈等关键技术，自主开发出系列动梁式高速精密五轴联动数控机床，实现高端数控装备及其核心部件的国产化，打破国外垄断和技术封锁，最大行程达到4.5m×20m×2m，定位精度0.010mm，重复定位精度0.005mm，加速度达到1.5g，主轴转速达到35000r/min，达到国际先进水平，解决我国大型飞机、导弹、火箭的大型复杂关键部件的整体化高效精密加工，实现航天航空器的结构轻量化和超气动外形，有效地增加航空航天器的续航里程和超机动要求。建议列入省科技厅"卡脖子"科技重大项目计划，并争取列入科技部重点研发计划项目。

4. 加快金属切削机床产品转型升级

以安徽池州家用机床股份有限公司、芜湖恒升重型机床股份有限公司为主，围绕大型结构件、手机、航空航天装备等产品中高性能金属件，重点突破高速高精度运动伺服控制、智能化自适应控制、柔性制造系统控制、高速高效数控加工中心控制（控制精度0.001mm）等核心关键技术，重点研究机床数字化优化设计和仿真制造、机床精度保持和高效高精制造工艺、多轴联动插补算法与控制、机床复合加工结构优化设计、机床机电匹配动态性能优化、数控机床可靠性增长技术、基于高速现场总线的网络化控制技术等关键技术。建议以上项目列入省科技厅"卡脖子"科技重大项目计划，并争取列入科技部重点研发计划项目。

5. 多轴联动数控系统等关键零部件开发技术研究

目前国内金属加工机床95％数控系统采用国外产品，重要液压元器件主要依靠德国、意大利进口。其技术核心为关键芯片开发、总线技术、多轴联动数控算法和关键元器件可靠性等方面，因此重点开展高可靠性关键液压元气件和数控系统等关键技术攻关。建议开展以下数控系统和关键零部件项目：

以合肥工业大学CIMS研究所为主，联合中工科安科技有限公司，开展新型齿轮数控系统开发工作，解决国内工程机械、新能源汽车中伞形齿轮、弧形齿轮高精度数控加工难题；

以合肥工业大学特种加工研究所为主，联合中航工业合肥江航飞机装备有限公司等单位，积极开展难加工金属特种成形工艺和专用控制系统研究，解决国产飞机关键结构件成形制造难题；

以中工科安科技有限公司联合合肥工业大学、国家工业机器人产品质量监督检验中心（安徽）、工信部电子五所等优势单位组建团队，形成优势特色PLC控制产品和可靠性验证案例，率先在简单流程控制系统中应用示范；

以长源液压、博一流体为主形成关键液压元件优势产品；以芜湖人本轴承有限公司、蚌埠飞宇轴承有限公司、安徽日飞轴承有限公司为主形成高性能轴承优势产品；

以安徽中鼎控股（集团）股份有限公司为主开发橡胶密封件和特种橡胶制品，继续保持国内市场优势领域；以皖南电机、六安江淮电机，安徽恒大自动化公司为主的电动机等产品快速发展，在国内行业处先进水平，市场占有率逐年提高；

建议以上项目列入省科技厅"补短板"科技重大项目计划，并争取列入科技部重点研发计划项目。

6．研发高档数控机床互联网数据信息维护系统

针对高档数控机床制造业发展现状和存在的问题，结合工业互联网技术，多角度、多手段高档数控机床智能运维整体解决方案，促进高档数控机床制造企业智能化管理水平，率先在国内形成高端装备制造价值链上的核心竞争力，形成高档数控机床互联网服务新模式新业态。

建议由合肥合锻智能制造股份有限公司联合合肥工业大学过程优化与智能决策教育部重点实验室等优势单位组建团队，开发具有设备互联管理、设备资源管理、设备状态监测分析、故障风险预警、工艺优化、设备维修服务等功能的互联网服务系统，实现运维服务全流程的智能化，缩短维修调度响应时间，降低设备维护维修成本，解决了服务响应速度慢、服务流程数据缺失、服务支撑平台孤立等运维保障精准服务难的问题。

建议以上项目列入省科技厅"补短板"科技重大项目计划，并争取列入科技部重点研发计划项目。

第 5 章
保 障 措 施

习近平总书记指出，"要坚持用全面、辩证、长远的眼光分析当前经济形势，努力在危机中育新机、于变局中开新局，发挥我国作为世界最大市场的潜力和作用，明确供给侧结构性改革战略方向，巩固我国经济稳中向好、长期向好的基本趋势，巩固农业基础性地位，落实"六稳""六保"任务，确保各项决策部署落地生根，确保完成决胜全面建成小康社会、决战脱贫攻坚目标任务，推动我国经济乘风破浪、行稳致远。"

面临严峻挑战的机床制造业，安徽省要全面深入领会总书记的指示精神，努力在危机中育新机、于变局中开新局。充分发掘细分市场，寻找机床加工的新用户、新需求。结合 5G 和人工智能等新技术，不断促进产品转型升级。

一、政策上保障措施

（一）打造高档数控机床制造集群

各级政府及主管部门应该高度重视高档数控机床龙头企业的招商引资工作，政策上给予倾斜，如土地、税收等方面在符合国家政策要求的前提下，优先考虑和安排，逐步引导配套企业入驻，建成完善产业链。

建议以江淮汽车、奇瑞汽车、格力电器、美的电器、长虹电器、惠而浦洗衣机等主机厂为用户牵引，建设以新能源汽车和智慧家电生产为主要用户对象的高档数控机床生产基地，吸引 1—2 家外地品牌高档数控机床企业落户。要求每家主机企业吸引 10 家以上配套企业落户。

（二）打造特色产业基地

在制造业比较集中的区域，加大招商力度，引进重大项目、关键产品，打造特色产业基地，推动创新要素向基地集中、创新资源向基地配置、创新产业向基地聚集，构建产业集群，完善产业链，做大做强智能制造业。

积极打造合肥、芜湖、蚌埠、马鞍山机器人产业研发和示范应用基地；合肥、芜湖、安庆、黄山等高精数控装备产业基地；合肥、芜湖智能仪器仪表及传感器产业基地；滁州模具产业应用示范基地；马鞍山博望刀具刃具产业应用基地。

形成 3—5 个优势突出的产业集群，一是依托合肥合锻智能制造股份有限公司，加强与国际著名锻压成形制造企业德国 LAUFFER 公司紧密合作形成高精数控机床产业集群；二是依托安徽巨一自动化装备公司和安徽埃夫特智能装备有限公司等，积极寻求国际著名机器人公司（德国 KUKA，日本 FUNUC 等）技术合作，形成制造机器人生产应用产业集群；三是依托奇瑞汽车集团公司、江淮汽车集团公司、广东美的集团芜湖制冷设备有限公司等，建设 10—15 个机器人及智能装备应用示范集群；四是依托大陆汽车电子、台达电子、联合电子等龙头企业，以黄山电器、芜湖仪器仪表、埃泰克电子等企业为支撑，形成汽车用智能仪器仪表产业集群；五是依托安徽均益金属有限公司等国内拉链企业，形成拉链材料、生产、装备、销售和服务产业集群。

（三）开展应用示范，加大国产智能制造装备推广力度

拓宽应用领域，培育应用市场，拉动市场需求，推动国产智能装备在汽车、钢铁、电力、有色、家电、纺织等主导产业的系统集成应用示范，落实智能制造首台（套）重大技术装备补贴政策，推动企业由传统加工制造型向智能制造型转变。

围绕汽车、家电、材料等重点领域制造过程的智能化需求，加强关键智能技术、核心智能测控装置、成套智能制造装备的研究开发，大力推进智能测控装置和高档数控机床的示范应用推广，选择在汽车及家电制造、节能环保、资源开采及基础设施建设等国民经济重点领域推广应用，分步骤、分层次开展应用示范，鼓励有条件的地区和行业率先开展推广应用。

二、组织上保障措施

（一）组建高档数控机床战略联盟

由安徽省机械工程学会牵头，联合省内与高档数控机床产业有关的龙头企业、高校、科研院所、机构等共同发起成立高档数控机床制造产业创新联盟。联盟设立理事会、技术标准组、知识产权组、国际合作组、办公室等。具体工作包括：共同商议制定产业技术标准，协调知识产权共享，加速技术成果产业化，开展国际技术合作，企业投融资支持，联合培养人才，实施技术转移，重大项目研讨和申报等。

充分发挥学会和协会的技术融合功能，进一步搭建高档数控机床共性技术研究平台，形成有效合作渠道和信息交流平台，在产学研合作方面建立联动机制，积极建立高档数控机床技术联盟，推动区域间科技成果的转化。在合作形式方面，采取学术研讨、展览会、人才交流、专业培训、信息共享、成果推广等形式多层次合作，不断促进安徽省高档数控机床企业做大做强。

（二）成立高档数控机床制造专家咨询委员会

聘请国内外高档数控机床制造产业领域的技术专家、政策专家、行业研究专家、知名企业家等，共同成立高档数控机床制造产业专家咨询委员会，定期对高档数控机床制造产业跨越式发展过程中的重大问题开展研究，对涉及的重大技术创新成果，进行评估鉴定。

三、金融上保障措施

（一）鼓励企业多渠道融资

拓宽融资渠道支持装备制造业发展，鼓励和支持高档数控机床制造骨干企业通过改制上市、引进战略投资者、发行企业债券等方式融资，争取培育一批企业上市，扩大直接融资规模。同时鼓励企业通过发行短期融资券、中小企业集合债、集合票据、信托产品、动产抵押、股权出质、商标及品牌质押等新型融资方式筹集资金实施智能制造项目。采用无偿资助、贷款贴息、有偿使用、入股、委托投资等多种操作方式，对企业技术类、平台类、产业类项目给予扶持。

（二）引导金融业加大对制造业的支持力度

提高制造业中长期贷款和信用贷款占比、发展直接融资、运用保险市场等措施。需要多部门积聚力量重点突破，克服企业自身资质难达银行风控标准、直接融资占比较低等困难。进一步推动市场化机制，针对制造业实施差异化监管，拓宽资本市场支持渠道。在政策的引导下，大型商业银行、中小银行以及产业基金等多路资金正在加速流向制造业，特别是民营制造业企业。

为扶持规模以下高档数控机床企业发展，应进一步拓宽融资渠道，加大筹资力度。对发展前景好、有特色品牌的私营企业给予重点扶持。加大技术改造贴息力度，鼓励企业加大投入。此外，还可引导、

鼓励成立私营担保机构，积极扩大融资担保领域。

（三）制定省内机床采购补贴新政策

仿照国家农机具购置补贴政策，在已有的安徽省首台套支持政策基础上，针对高档数控机床领域，进一步建议省内相关部门制定国内数控机床产品购置补贴政策，促进国内、省内汽车、工程机械等领域购置国产高档数控机床产品，推动国内市场回暖。

（四）积极培育重点龙头企业，构建产业支撑体系

1. 积极培育龙头企业

着力营造服务环境优、要素成本低、尊重企业家的良好氛围，完善政策体系，打造一批"顶天立地"的龙头骨干企业。

2. 培育一批专精特新的配套企业

鼓励和支持中小配套企业做专做精，提供专业化产品，为行业龙头骨干企业配套，形成产业链条，发挥集聚优势。推进高档数控机床制造产业重点产品的产业链整合延伸、配套分工和价值提升，建立完整的产业链配套体系。

3. 加强产业集群基地建设

围绕龙头企业和核心产品，积极推动产业集聚，完善配套体系，高标准建设国家级高档数控机床制造产业基地，培育一批专业特色鲜明、品牌形象突出、服务体系完备的产业园区，形成一批在国内外具有重要影响的国家级产业基地和省级主导产业核心基地。

4. 加强科技创新服务平台的建设

通过"政产学研用"积极融合，建立高档数控机床制造产业研发服务平台、产品认证检测平台、网络化信息服务平台等。鼓励企业创建国家、省、市级研发中心和工程技术中心，并给予相应的税收优惠政策。

5. 鼓励企业积极参加标准制修订工作

作为市场的主体，高档数控机床企业处于市场的最前沿，了解航空航天、高铁和新能源汽车、工程机械的需求，以企业为主导的标准制定能真正反映市场需求和行业发展状态，应该鼓励优秀的企业进行技术开发，参与标准的制定，将能有效推动行业的发展。

四、促进产业链发展保障

（一）加强项目策划和招商引资

整合利用优势资源，推进产业国际化，积极引进国内外高档数控机床产业龙头企业，吸引一批整机及关键零部件项目落户合芜滁三市，突破核心技术及关键制造问题，完善产业配套、研发配套，延伸产业链。

（二）加强行业内交流与合作

推进技术国际化，鼓励与境外企业及科研机构开展多种形式的研究合作，鼓励企业积极参与工业设计、技术标准的国际协作，大力支持优势产品出口，通过引进消化吸收再创新，不断培育符合市场需要的新产品。

（三）培养集聚国际专业人才

在政府各部门人才项目引导下，以企业为主导，加快引进一批国际领军技术团队和管理人才。通过多层次、多渠道、多方式的国际交流与合作，力争在对外开放的广度和深度上取得新的重大突破，提升高档数控机床制造产业国际竞争力和品牌影响力。

安徽省高档数控机床行业在已有数控机床发展传统基础上，经过五十多年发展，已具备较好的生产规模和技术水平，新产品不断涌现。但也存在高端产品市场份额少、自主开发能力不强、市场优势大的本土领军企业，产业链不全等问题。希望通过此次调研，立足现有行业资源基础，寻求突破技术、市场瓶颈的发展思路，指导重点地区制定行业发展规划，为安徽省有关部门十四五规划制定提供有力参考，统筹做好稳增长、促改革、调结构、惠民生、防风险、保稳定各项工作，实现安徽省高档数控机床行业跨越式发展，着力推进五大发展行动计划，全面建成小康社会和现代化五大发展美好安徽建设取得新的重大进展。

参考文献

［1］工信部．智能制造装备产业"十二五"发展规划［Z］．2012—05—15．

［2］中华人民共和国国务院．中国制造2025［EB/OL］．http：//www.gov.cn/zhengce/content/2015—05/19/content_9784.htm＃，2015—05—08/2015—05—19．

［3］安徽省人民政府．安徽省2020年政府工作报告［EB/OL］．https：//www.ah.gov.cn/zwyw/jryw/8254291.html.2020—01—20/2020—01—20．

［4］安徽省人民政府．安徽省国民经济和社会发展第十三个五年规划纲要［Z］．2016—02—21．

［5］安徽省经信委．安徽省"十三五"装备制造业发展规划［Z］．2017—02—13．

［6］安徽省发改委．关于印发《安徽省五大发展行动计划》的通知［Z］．

［7］安徽省人民政府．关于加快建设战略性新兴产业集聚发展基地的意见［Z］．2015—04—25．

［8］中华人民共和国国务院．中国制造2025［EB/OL］．http：//www.gov.cn/zhengce/content/2015—05/19/content_9784.htm＃，2015—05—08/2015—05—19．

第 4 篇

智能物流及输送装备篇

摘　　要

　　智能物流是工业 4.0 的重要组成部分。智能物流系统在机械、电子、烟草、医药、汽车、电商、快递、冷链、仓储、码头等诸多行业应用。智能物流及输送装备是智能物流的基础。智能物流装备的基础是自动化，在此基础上再集成感知传感、信息化、人工智能等技术实现智能化。

　　本篇针对安徽省智能物流及输送装备（工业车辆、输送机、分拣机、AGV、堆垛机、穿梭车、控制与传感器等）行业发展，研究了国内外同行的基本情况和行业现状，描述了行业技术与市场发展趋势。通过调研与分析，明晰了安徽省企业在此行业的地位，找出了发展优势与存在的不足，并分析了原因；提出了安徽省发展智能物流及输送装备的基本思路、目标和路径；对行业发展重点方向进行了梳理；从重点实施发展特色优势产品，扶持系统集成商，做优关键零部件等任务的基础上，提出了技术路线与政策建议。

第 1 章
智能物流及输送装备国内外发展现状及发展趋势

一、概述

（一）智能物流及输送装备的主要概念

智能物流是工业 4.0 的重要组成部分。工业 4.0 四大主题为智能工厂、智能生产、智能物流、智能服务。智能物流的三个核心要素是智能单元化物流技术、自动化物流装备和智能物流信息系统。智能物流的发展目前还处于初期阶段。

智能物流及输送装备是智能物流的基础。智能物流装备的基础是自动化，在此基础上再集成感知传感、信息化、人工智能等技术实现智能化。智能物流及输送装备产业链可以分为上、中、下游三个部分。上游为智能物流装备和物流软件行业，分别提供物流硬件装备（输送机、分拣机、AGV、堆垛机、穿梭车、叉车等）和相应的物流信息软件系统（WMS、WCS 系统等）；中游是智能物流系统集成商，根据行业的应用特点使用多种物流装备和物流软件，设计建造物流系统；下游是应用智能物流系统的各个行业，智能物流系统在烟草、医药、汽车、电商、快递、冷链、工程机械等诸多行业都有应用。

上游的智能物流及输送装备（含系统集成）包括自动化仓储系统、自动化搬运与输送系统、自动化分拣与拣选系统、自动信息处理与控制系统等。至于物流仓库主体系统、托盘等多属于构件，目前与智能装备关联度不高，见表 4-1。

表 4-1　智能物流及输送装备主要范畴

物流类别	功能	主要装备
仓储	入库	工业车辆、视觉验收设备、机器人码垛装备
	存取	AS/RS＋穿梭机、机器人搬运装备
	拣选	机器人拣货、视觉盘点装备
	包装	自动包装、智能复核装备
	出库	分合流输送、AGV 搬运车、工业车辆
物流	运输	工业车辆、无人货运、辅助驾驶装置
	分拣	自动化（机器人）分拣装备
末端物流	配送	无人机（车）配送装备、智能箱柜

物流装备主要代表性产品有叉车、自动导引车（AGV，Automated Guided Vehicle）、穿梭车

（RGV、Rail Guided Vehicle）、堆垛机、输送机、自动分栋设备等，如图 4 - 1 所示。

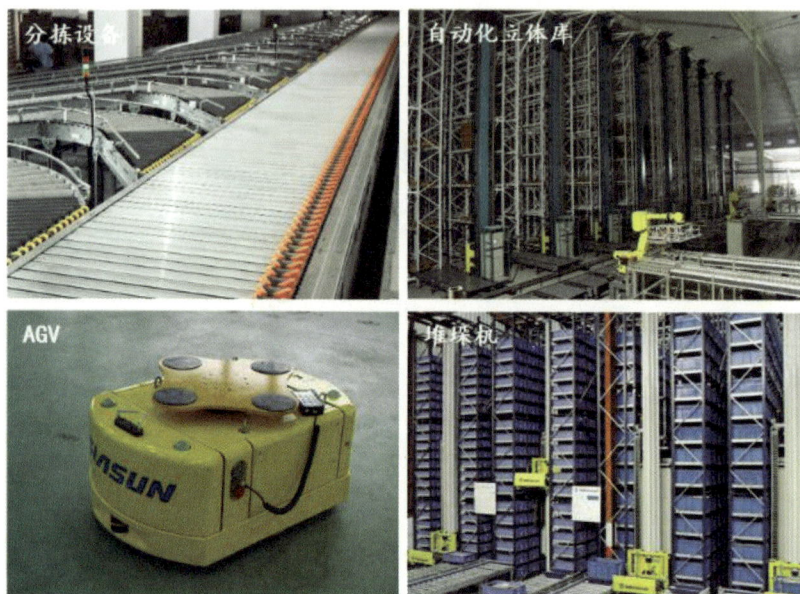

图 4 - 1　部分物流与输送装备

（二）工业车辆（叉车）

叉车是指对成件托盘货物进行装卸、堆垛和短距离运输作业的各种轮式搬运车辆，国际标准化组织 ISO/TC110 称之为工业车辆。常用于仓储大型物件的运输，通常使用燃油机或者电池驱动。通常可以分为三大类：内燃叉车、电动叉车和仓储叉车。

1. 内燃叉车

内燃叉车又可分为普通内燃叉车、重型叉车、集装箱叉车和侧面叉车。

普通内燃叉车一般采用柴油、汽油、液化石油气或天然气发动机作为动力，载荷能力 1.2～8.0 吨，作业通道宽度一般为 3.5～5.0 米，考虑到尾气排放和噪音问题，通常用于室外、车间或其他对尾气排放和噪音没有特殊要求的场所。因燃料补充方便，可实现长时间的连续作业，能胜任在恶劣的环境下（如雨天）工作。重型叉车采用柴油发动机作为动力，承载能力 10.0～52.0 吨，一般用于货物较重的码头、钢铁行业的户外作业等。集装箱叉车采用柴油发动机作为动力，承载能力 8.0～45.0 吨，一般分为空箱堆高机、重箱堆高机和集装箱正面吊。用于集装箱搬运，如集装箱堆场、港口码头等作业。侧面叉车采用柴油发动机作为动力，承载能力 3.0～6.0 吨。在不转弯的情况下，具有直接从侧面叉取货物的能力，因此主要用来叉取长条型的货物，如木条、钢筋等。

2. 电动叉车

电动叉车以电动机为动力，蓄电池为能源。承载能力 1.0～8.0 吨，作业通道宽度一般为 3.5～5.0 米。由于没有污染、噪音小，因此广泛应用于室内操作和其他对环境要求较高的工况，如医药、食品等行业。随着人们对环境保护的重视，电动叉车正在逐步取代内燃叉车。由于每组电池一般可连续工作约 8 小时左右，因此对于多班制的工况需要配备备用电池。

仓储叉车主要面向仓库内货物搬运而设计的叉车。除了少数仓储叉车（如手动托盘叉车）采用人力驱动外，大多为电动机驱动，因车体紧凑、移动灵活、自重轻和环保性能好在仓储业得到普遍应用。在多班作业时，电机驱动的仓储叉车需要有备用电池。承载能力 1.6～3.0 吨，作业通道宽度一般为 2.3～2.8 米，货叉提升高度一般在 210mm 左右，主要用于仓库内的水平搬运及货物装卸、有步行式、站驾式和坐驾式等三种操作方式。

电动托盘堆垛车分为全电动托盘堆垛车和半电动托盘堆垛车两种类型，前者行驶、升降都为电动控制，较为省力；后者需要人工手动拉或者推动行走，升降则是电动的。承载能力为 1.0～2.5 吨，作业通道宽度一般为 2.3～2.8 米，在结构上比电动托盘搬运叉车多了门架，货叉提升高度一般在 4.8 米内，主要用于仓库内的货物堆垛及装卸。承载能力 1.0～2.5 吨，门架可以整体前移或缩回，缩回时作业通道宽度一般为 2.7～3.2 米，提升高度最高可达 11 米左右，常用于仓库内中等高度的堆垛、取货作业。在某些工况下（如超市的配送中心），不需要整托盘出货，而是按照订单拣选多种品种的货物组成一个托盘，此环节称为拣选。按照拣选货物的高度，电动拣选叉车可分为低位拣选叉车（2.5 米内）和中高位拣选叉车（最高可达 10 米）。承载能力 2.0～2.5 吨（低位）、1.0～1.2 吨（中高位，带驾驶室提升）。

3. 低位驾驶三向堆垛叉车

通常配备一个三向堆垛头，叉车不需要转向，货叉旋转就可以实现两侧的货物堆垛和取货，通道宽度 1.5～2.0 米，提升高度可达 12 米。叉车的驾驶室始终在地面不能提升，考虑到操作视野的限制，主要用于提升高度低于 6 米的工况。

4. 高位驾驶三向堆垛叉车

与低位驾驶三向堆垛叉车类似，高位驾驶三向堆垛叉车也配有一个三向堆垛头，通道宽度 1.5～2.0 米，提升高度可达 14.5 米。其驾驶室可以提升，驾驶员可以清楚地观察到任何高度的货物，也可以进行拣选作业。高位驾驶三向堆垛叉车在效率和各种性能都优于低位驾驶三向堆垛叉车，因此该车型已经逐步替代低位驾驶三向堆垛叉车。

5. 电动牵引车

牵引车采用电动机驱动，利用其牵引能力（3.0～25 吨）拉动几个装载货物的小车。主要分类有：机场物流用电动牵引车，车间电动牵引车，小型电动牵引车，电动三轮牵引车，经常用于车间内或车间之间大批货物的运输，如汽车制造业仓库向装配线的运输、机场的行李运输。

（三）自动导引车

自动导引车即 AGV（Automated Guided Vehicle），是指具有磁条，轨道或者激光等自动导引设备，沿规划好的路径行驶，以电池为动力，并且装备安全保护以及各种辅助机构（例如移载，装配机构）的无人驾驶自动化车辆。通常多台 AGV 与控制计算机（控制台）、导航设备、充电设备以及周边附属设备组成 AGV 系统，其主要工作模式为在控制计算机监控及调度下，AGV 准确地按照规定路径行走，到达任务指定位置后，完成一系列作业任务，控制计算机可根据 AGV 自身电量决定是否到充电区进行自动充电。

根据导航方式的不同，目前 AGV 产品一般可分为磁导航 AGV 和激光导航 AGV（又称 LGV）。此外，根据工作场合的不同，还可分为汽车底盘合装线装配型 AGV，柴油发动机装配型 AGV，变速箱装配型 AGV，叉车式运输型 AGV，搬运型 AGV，重载 AGV，智能巡检 AGV，特种 AGV，以及简易 AGV（又称 AGC）等。

（四）穿梭车

穿梭车（RGV、Rail Guided Vehicle）是一种智能机器人，可编程实现取货、运送、放置等任务，并可与上位机或 WMS 系统进行通讯，结合 RFID、条码等识别技术，实现自动化识别、存取等功能。穿梭车在仓储物流设备中主要有两种形式（穿梭车式出入库系统和穿梭车式仓储系统），以往复或者回环方式，在固定轨道上运行的台车，将货物运送到指定地点或接驳设备，通常配备有智能感应系统（能自动记忆原点位置）自动减速系统。如四向穿梭车、智能移载车等高端装备仍待发展。

（五）堆垛机

堆垛机依结构形式可分为：桥式堆垛机和巷道式堆垛机。

1. 桥式堆垛机

桥式堆垛机具有起重机和叉车的双重结构特点，像起重机一样，具有桥架和回转小车。桥架在仓库上方运行，回转小车在桥架上运行。同时，桥式堆垛机具有叉车的结构特点，即具有固定式或可伸缩式的立柱，立柱上装有货叉或者其他取物装置。货架和仓库顶棚之间需要有一定的空间，保证桥架的正常运行。立柱可以回转，保证工作的灵活性。回转小车根据需要可以来回运行，因此桥式堆垛机可以服务于多条巷道。桥式堆垛机的堆垛和取货是通过取物装置在立柱上运行实现的，因为立柱高度的限制，桥式堆垛机的作业高度不能太高。一般用于 12 米以下中等跨度的仓库，巷道的宽度较大，适于笨重和长大件物料的搬运和堆垛。

2. 巷道式堆垛机

巷道式堆垛机是由叉车、桥式堆垛机演变而来的。桥式堆垛机由于桥架笨重因而运行速度受到很大的限制，它仅适用于出入库频率不高或存放长形原材料和笨重货物的仓库。巷道堆垛机的主要用途是在高层货架的巷道内来回穿梭运行，将位于巷道口的货物存入货格；或者，取出货格内的货物运送到巷道口。

（六）输送机

输送机（Conveyor）按运作方式可分为：装补一体输送机、皮带式输送机、螺旋输送机、斗式提升机、滚筒输送机、板链输送机、网带输送机和链条输送机等。

（七）自动分拣设备

自动分拣设备是自动控制的分拣装置，由接受分拣指令的控制装置、把到达货物取出的搬送装置、分拣货物的装置和存放货物的暂存装置等组成。分拣作业只需通过键盘向控制装置输入分拣指令，其余全部由装置执行完成。自动分拣系统是把分拣作业的前后作业连接起来，从而使分拣作业实现自动化的系统。其作业流程为将接收的各种物品卸下并按物品种类、储位或发送地点进行快速准确的分类，再将这些物品运到指定地点。通知发货时，从高层货架存储系统中快速准确地找到出库物品的所在位置，并按所需数量出库，将从不同储位上取出的物品按配送地点运送到对应的理货区域或配送站台集中，以便装车配送。自动分拣系统一般由控制装置、分类装置、输送装置及分拣道口组成，一次性投资巨大，对物品外包装要求高，需要相应工作规模的支持。

二、国外现状及发展趋势

（一）现状

1. 行业沿革

1917 年美国克拉克公司首次开发出全世界第一台搬运用叉车，在第二次世界大战期间，工业车辆得到长足的发展。现代物流技术及装备起源于二次世界大战中后期的美国，其代表就是巨大的军需拉动建设的机械化与半自动化的高架仓库，使用了机械输送装置、导向小车技术，后来电子工业与计算机技术的发展促成了自动扫码技术，到了六十年代后期的日本，在经济腾飞期间，在社会仓储行业及部分大型制造企业使用了自动化物流系统，规模生产的丰田、日立都有了无人或少人化工厂，大幅度降低了工厂运营成本，目前发展成"黑灯工厂"。改革开放之初，美国就有专家来中国科研院所讲授"物料搬运系统与物流技术"，在此之前，国内只是进行了工业车辆搬运的使用研究。中国的工业设计研究部门通过与国外专家交流学习，开始探索研究其在国内企业及储运行业的应用。八十年代中后期使用了自动导向车应用于汽车行业生产物流系统，设计过立体仓储系统，但技术与装备支撑不够，应用很难推广。

目前具备整体工程设计、集成能力的国际知名企业主要来自美国、欧洲和日本，这些企业规模较大，具有先进的技术、丰富的产品线和多年积累的项目经验，在中国已经占据约三分之二的市场份额，在高端市场尤其明显。代表性的企业主要有胜斐迩（SHAEFER）、大福（DAIFUKU）、德马泰克（DEMATIC）、瑞仕格（Swisslog）、范德兰德（Vanderlande Industries）、TGW 物流集团等。其概况（产品性能、市场应用领域、定位）参见表 4 - 2。

表 4-2　部分国外知名物流自动化及智能系统公司概况

公司名称	自身定位	主要产品和技术性能	客户对象与应用领域	定价能力
胜斐迩 (SHAEFER)	整体解决方案供应商和优质产品系统的组件制造商	货架系统和轻型货架系统、运输和仓储周转箱、物流系统、车间设备,为客户提供增值服务和解决方案	汽车制造、制动系统、视频生产以及电气传动等行业	价格水平高、定价能力强
大福 (DAIFUKU)	大型的综合物流系统集成商	将仓储、搬运、分拣和管理等多种技术综合为最佳、最理想的物料搬运系统	汽车生产自动化、基础制造业、流通业、半导体、液晶制造业、机场行李搬运业及自动洗车机、保龄球、社会福利及环保设施的制造、销售及相关售后服务行业	价格水平高、定价能力强
德马泰克 (DEMATIC)	大型的综合物流系统集成商	主要生产存储与缓存产品、分拣系统、码垛系统、输送系统、拣选系统以及物流软件	服装、电子商务、食品饮料、家具产品、保健品、电子制造以及机械零部件生产行业	价格水平高、定价能力强
范德兰德 (Vanderlande Industries)	输送分拣物流系统集成商	仓库自动化、包裹及邮政、行李处理产品	视频、时尚、零部件制造、汽车、医药、电子尚无以及机场等行业	价格水平较高、定价能力强
TGW 物流集团	输送分拣物流系统集成商	存储和检索系统、纸箱和周转箱输送机系统、托盘输送系统、定制的物流解决方案	服装配送、食品杂货零售、电子商务、食品处理、饮料配送、制造、汽车、图书馆和出版社、制药以及其他行业	价格水平高、定价能力强
英特诺 (INTERROLL)	综合零部件提供商	易于集成的驱动解决方案,如电动辊筒、流动仓储模块和输送机模块	仓储、配送、机场、工业制造、快递、食品及饮料等行业	价格水平较高、定价能力强

　　大福(DAIFUKU)是全球最大的智能物流系统集成商之一。日本大福始创于1937年,是世界最大的物流系统综合制造厂家之一。公司最早生产气锤、锻压加工机,随着日本经济的复兴与发展,开始涉足物料运输和物流管理。20世纪50年代中期,大福进入物流设备制造领域,制造自动生产线等,60年代,公司开始生产立体自动仓库和自动化无人搬送车。1969年,大福在东京上市,进入快速发展轨道。主要产品有搬运、分拣、仓储系统,生产线搬运系统,零件物流系统,搬运保管系统,机场行李输送系统等。大福近年公司毛利率约20%,净利率约5%。公司三分之二的营业收入来自国际市场。大福进入中国市场已经30多年,在上海、常熟、苏州设有工厂。大福有五个事业部,AFA事业部为所有日本的汽车制造企业、美国三大汽车生产商以及欧洲厂家提供汽车自动生产线;eFA事业部为日本和韩国的电器制造企业提供的"悬浮式液晶屏幕搬运输送机",占据全球40%同类产品市场;FA&DA事业部生产的自动堆垛机最高可达45米,运行速度最快达到500m/min,领先物流设备制造。

2. 自动导引车(AGV)

　　AGV是一种工业机器人,由计算机控制,具有移动、自动导航、多传感器控制、网络交互等功能,在实际生产中主要用于搬运,国外不同地区的AGV产品各有特色,见表4-3:

表 4-3　2018 年度全球 AGV 排名

排名	公司	备注
1	Egemin(英杰明)	
2	E&K automation	

（续表）

排名	公司	备注
3	Elettric80	
4	JBT	
5	DS automation	发动机行业
6	BA system	
7	AXTER	重载
8	Rocla	
9	Creform	
10	ASTI	
11	Atab	通过井源销售
12	Snox Automation	
13	MLR	
14	Gotting	
15	Daum & Partner	
16	Frog	

（1）欧美 AGV

欧美载重能力较强，产品的载重量可达 60000kg，一些高级重载 AGV 的承载能力已达 150 吨。因欧美人力成本高，使得厂家在生产时更追求 AGV 的自动化和智能化，产品功能完善，技术先进。为降低设计成本，采用模块化设计，提高批量生产的标准，放弃了对外观造型的追求，采用大部件组装的形式进行生产。此外，欧美的工业厂房环境较为友好，AGV 的应用极为普遍。

目前在欧洲，一台激光导引后叉式 AGV 的单机价格约为 10 万欧元，相当于 3 个叉车工人 1 年的费用（AGV 能 24 小时连续工作，相当于 3 班制）。可见，在欧洲投资 1 台 AGV，一年内就可以基本收回投资。地缘优势加上产品适配性决定了欧美厂商的主要客户都是欧美企业。欧美的厂家的技术水平和市场认可度也是世界最高的，前十六大厂商中欧美占据主要席位。

（2）日本

日本在 20 个世纪 70 年代也引进了欧美的 AGV。由于日本主要以高端轻工业为主，如电子等科技产业，因此对 AGV 进行了本地化的改进，使技术和车体复杂程度均得到极大简化，成本相对低廉。日本厂家生产的 AGV 完全结合简单的生产应用场合（一般路径单一，固流程定），只用来搬运，并不强调自动装卸功能，在导引方面，多采用磁带导引方式。日本厂商简化产生 AGC（Automated Guided Cart），成本低廉，在东亚市场十分畅销。

（3）韩国

2020 年，韩国最大的电信运营商 KT 公司开始在其物流中心使用 5G 自动驾驶手推车，该公司共推出两种类型产品：NarGo 和 TarGo。特别是在疫情期间，可减少员工之间接触，提高工作效率，员工转载运输物品的所需行程减少了 47%。

3. 工业车辆

在工业车辆领域，丰田、林德（凯傲）、永恒力集团、小松等国外公司实力强劲。

1956 年日本丰田工业集团生产出第一台 LA 1 吨叉车（比中国早两年），1966 年日本市场占有率第一。1990 年丰田开始进入美国建厂制造叉车，1996 年开始在法国建厂制造叉车。2000 年收购世界第一大仓储搬运车辆制造商瑞典 BT 公司。2003 年开始进驻中国，首先在昆山成立工厂组装 1—3 吨内燃式叉车，先后成立丰田产业车辆（上海）有限公司、丰田产业车辆天津分公司，2007 年丰田产业车辆（上海）有限公司正式开始销售瑞典 BT 叉车，发展历程如图 4-2 所示。

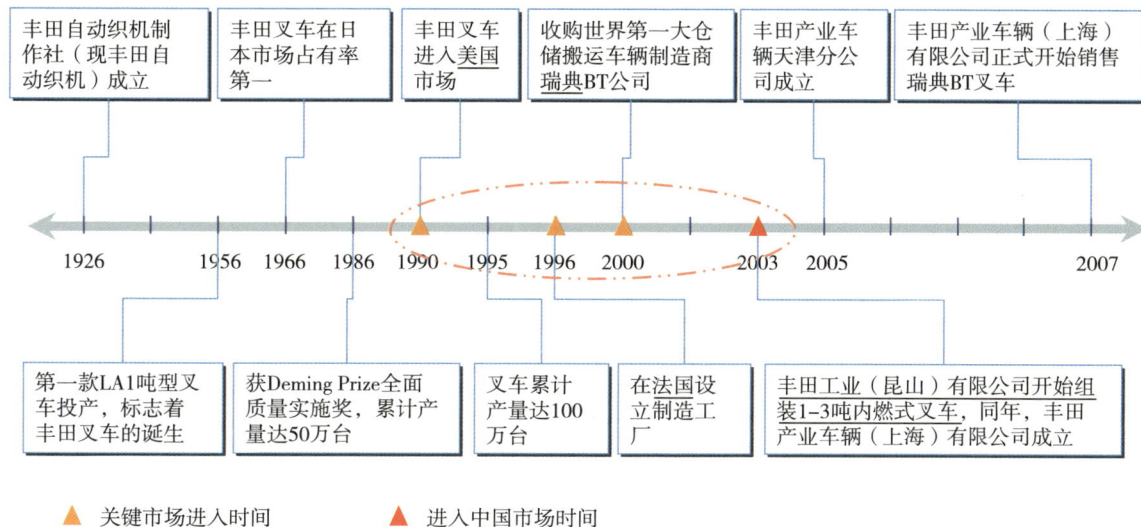

图 4-2　丰田公司工业车辆发展历程

　　丰田叉车经历了长期的发展历程，在 20 世纪 90 年代累计产量达 50 万台，进入其全球业务迅速扩张阶段。目前已在欧洲、北美、东亚三个主要的经济发达区域，构建了跨国产业布局。通过跨国经营，丰田实现了利润来源的多样化，并购瑞典 BT 公司和投资中国市场后，在欧洲和发展中国家的比例得到提升，全球业务得到了进一步成长。二战后，丰田创立了精益生产模式，力求在大量生产中实现多品种和高质量产品的低成本生产。这一新兴生产模式标志着一种全新范式的诞生，引发了企业的深刻变革。通过精益生产方式，丰田在降低成本的基础上，达到了更高的生产效率，提升了企业竞争力。丰田的精益生产模式，获得了广泛认可，并成为推动 20 世纪后期日本工业迅速发展的重要因素之一。另外丰田注重企业研发体系建设，通过技术水平的提升，向用户传递安全、高效、环保等理念，塑造了良好的品牌形象。基于一流的技术保障，丰田叉车打造了完善的产品线，通过 TOYOTA 品牌和 BT、RAYMOND 品牌的优势互补，基本满足了不同类型用户的需求。TOYOTA 品牌和 BT 品牌的优势互补，实现了丰田公司产品线的延伸，提升了企业竞争力。

　　2006 年，林德集团重组物料搬运部门，综合成立凯傲集团（KION Group），旗下包括林德（LINDE）、斯蒂尔（STILL）、欧模（OM）三个品牌，并出售给投资公司 KKR 和 Goldman Sachs Capital Partner 组成的财团。凯傲集团布局全球六大洲，拥有 13 家生产工厂和 21，000 名员工，其中欧洲分布最为集中，在亚洲有林德（厦门）和宝骊两个工厂。从 2003 年起，凯傲集团稳定保持工业车辆全球第二的位置，仅次于丰田。林德叉车拥有比较完整的产品系列，包括内燃叉车、电动叉车和仓储叉车三类，其中仓储叉车的比例很高，持续推出新产品。林德坚持以先进的技术和优质的服务引领产业发展，着力提供优化的物料搬运综合解决方案及物流方案设计咨询，帮助企业最大限度地降低运营成本和提高工作效率，以客户为中心，满足用户多样化需求。

　　林德在 1993 年通过合资方式进入中国，定位在高端叉车市场。2009 年，凯傲与江苏宝骊合资，拓展经济型叉车市场。林德秉承人机工效、环保、高效的发展理念，产品定位高端，但整体销量不高，在中国的产能只发挥了 1/3。林德还为国内市场提供物流优化方案、二手叉车销售和叉车租赁等业务。林德根据在物料搬运领域的经验积累，通过信息化工具（包括叉车效率和成本分析系统、仓储规划与动态模拟系统）为用户提供可视化的物料管理服务，并针对客户的具体要求，提供分析结果和解决方案，帮助用户全程省时省钱。林德非常注重产品的保养，为每台车设置保养等级和间隔，保证产品的性能和质量。

（二）技术发展趋势

近年来，全球物流及输送装备的技术发展呈现出智能化、网络化、柔性化、轻型化、节能化和绿色环保等趋势。在产品设计方面强调模块化、系列化和通用化，以提高产品质量、降低制造成本，缩短生产时间。

1. 自动装卸系统

装卸系统作为物流中心的咽喉要道，近年来得到更高的关注。卡车快速自动装卸系统成为热门技术。卡车自动装卸系统由两部分组成，一部分安装在卡车内部，另一部分集成在装卸货平台上。通过集成在卡车和装卸货平台的输送设备的协同运作，完成卡车的自动化装卸。

自动装卸系统通常用于生产基地和物流配送中心之间的往返运输。装卸时间可从半小时缩短到几分钟，与传统的叉车装卸模式相比，自动装卸系统具有以下优势：装卸过程自动化，从而可以减少物流作业人员和叉车的使用；装卸平台吞吐量大幅增加，从而可以减少装卸平台数量；搬运效率大幅提高，卡车、拖车和司机的数量也随之减少；货物进出站台更加迅速，从而可减少对缓冲区域面积的需求；卡车周转更加快速，可以减少卡车在停车场的等待时间和停车场的面积；控制有序的装卸程序，可以减少货物和设备的损坏；作业人员工作环境更安全。

2. 码垛机器人

码垛机器人可以取代码垛工人完成繁重的托盘拆码垛作业，既可以提高拆码垛作业效率，又可以减少超高强度劳动导致的码垛工人的职业病，在个别恶劣的工作环境下还能对工人的人身安全起到有效的保障。

近年来码垛机器人普遍应用于我国烟草、饮料等行业。直角坐标码垛机器人具有机构简单、作业半径大等优点，适用于物流中心和自动化生产线的作业环境，主要特点如下：结构简单、零部件少，因此故障率低、性能可靠、保养维修简单、所需库存零部件少；便于安装，容易集成到自动化生产线和物流中心布置中；适应性强，能满足多种产品的尺寸、重量和托盘外形尺寸的自动化作业；能耗低，操作简单。

3. 穿梭车技术

2003 年德国物流研究院（IML）研制出全球首台轻型高速穿梭车 MultiShuttle。经过 10 多年的技术创新与升级，穿梭车技术已成为物流领域不可或缺的自动化仓储与搬运技术。知名厂商如 DEMATIC、TGW、Vanderlande、SSI Schaefer、KNAPP、Savoye 等公司都已推出了自己的穿梭车技术。穿梭车系统克服了传统自动立体库中堆垛机自重大（是有效载荷的几倍甚至几十倍）、柔性差等缺点，具有下列特点与技术优势：出入库能力强，是传统自动立体库 10 倍以上；支持高效拣选作业，可高速喂货，减少拣选等待时间，提高拣选效率；布局柔性高，适合各种厂房结构，可利用厂房内任何空置的面积，最大程度利用厂内空闲空间；能实现更高存储密度：支持货物多深位存储和操作，提升机能连接上下工位确保最大化存储密度和空间利用率；能实现精确排序，以准确的排序将货物输送给拣选站或生产线工位，实现无转运自动补货；能力冗余，物流中心可准备几台备用穿梭车，以满足峰值作业需求，也可采用租赁模式满足企业季节性需求波动；具有可拓展性，在任何层面可轻松加入更多穿梭车，进一步提高出入库能力；能够处理多种包装形态，如料箱和纸箱；克服了传统自动立体库的缺点，能够为需求和货物品规波动大的行业，如零售、电商提供自动化解决方案。

穿梭车技术的面世，打破了物流中心自动化解决方案多年的沉闷局面，引领着物流技术装备行业的快速发展。德国物流研究院作为物流技术领域的领导者，2011 年又研发出可以在货架和地面行走的两栖穿梭车"魔浮"MultiShuttle Move。近年，德国物流研究院又推出了可以自行攀爬的蜘蛛车 RackRacer，克服了穿梭车依赖提升机变换层高的局限，打破了穿梭车技术中的最后瓶颈——提升机对流量的限制。

高效、灵活和智能是未来穿梭车技术的发展方向。在不久的将来，新型穿梭车技术将能逐步代替传统的自动立体库和连续输送设备，广泛应用到企业内部物流各个领域，完成各种物流作业，实现各功能区域的无缝自动衔接。

4. 智能拣选车

随着供应链管理理念的推广和电子商务行业飞速发展，订单呈现微型化趋势。物流中心的作业已经从过去的"整进整出"转变成"整进零出"的作业模式，如今混合托盘入、单件物品出的作业模式已经成为常态。因此拣选作业已成为现代物流中心的核心业务，拣选技术也成为近年来物流技术研究的重要方向。其中智能拣选车具备巨大的发展潜力和良好的应用前景。

智能拣选车通常配备无线局域网和RFID技术，与仓储管理系统保持实时对接。智能拣选车具有自动导航功能，可以随时接受仓储管理系统发出的拣选订单，并在完成每步作业后自动上报作业状态。智能拣选车配置的操作面板和条码扫描系统可以帮助拣选员简捷准确地完成拣选作业。拣选车上配备的电子标签系统（Put-to-Light）支持同时拣选多个订单的作业，而自动称重系统会对拣选货物进行重量上的核对，确保拣选作业的准确无误。智能拣选车具备以下特点：智能、高效、准确、实时、操作简单。

5. 自动化包装线

电子商务的发展给包装技术提供了新的用武之地。每天数以千万的客户订单需要专业的发货包装，而传统的手工包装作业已经无法满足电商的需求。自动化包装线采用了"机-电-光-控"一体化技术，由多个机械机构完成纸箱包装的作业。而光学成像系统完成对货物的识别，根据纸箱内货物的高度确定纸箱的高度，通过控制系统完成对包装过程的智能控制。这种高效环保的自动包装系统，既能够提高包装效率，又能够有效降低包装体积，是未来物流中心自动化解决方案的必备技术。

6. 高速分拣系统

现代物流中心要求实现入库、拣选、包装、分拣到装卸的全流程高效动态系统，高速分拣系统是现代物流中心不可或缺的组成部分。尤其是电商、快速消费品、服装等行业对高速分拣系统的需求强劲，为此国际知名分拣设备供应商均推出了分拣能力超过10000件/小时的高速分拣系统，反转盘系统的分拣效率甚至可以达到35000件/小时。以滑块分拣系统为例，作为高速自动分拣系统，滑块分拣系统可完成中型货物（如包袋、纸箱）的自动分拣。操作速度超过160米/分，每小时可以处理13000多件长度为450毫米的货物。双向滑块设计方案可将货物从分拣机两侧推下，提高了空间利用率，增大了布局规划的灵活性。

过去我国主流分拣系统运行速度一般在60米/分，分拣能力很难超过5000件/小时的门槛，而且在设备噪声和分拣系统控制技术方面与国际先进水平相比差距很大。近年来国内一些物流装备企业开始通过技术引进与合作，不断推出具有国际先进水平的高速分拣系统。如德马集团研发生产的EuroSort高速分拣机能够满足多行业的高效率分拣配送需求。

7. 基于新型感知技术的物流中心安保与监控系统

计算机技术、网络技术及多媒体技术的不断成熟与发展，为仓储管理、安全防范自动化提供了强有力的技术支持。目前来说，仓库安保系统一般由闭路电视监控系统、门禁系统、周界监控系统、考勤管理系统、报警控制系统以及数据处理系统结合在一起，使其能通过音频、视频以及红外线等传感器对所有仓库的开门、取物、检修及人员移动等进行实时监控，又能对防区内的警报信号立即处理或自动上报。

通常情况下，仓库安保系统利用信息控制与处理、人工智能及多媒体技术，通过集成智能视频监控、电子巡查及出入口管控、哨位监管、入侵探测、身份识别与认证、电子地图、显示与报警等技术，形成一套数字化、智能化、网络化的安全技术防范系统，以满足仓库安保的需要。兼顾目前实用的视频监控和传统的各类传感器应用，可以引入一种新型的光纤微振动传感器作为安保的检测手段，同时设计可互为备份的有线和无线两种传输方式。还可以通过RFID和WSN的融合组建RFID无线传感网，提升物流中心安保系统智能化水平。

三、国内现状及发展趋势

（一）现状

1958 年我国第一台内燃叉车在大连叉车厂（现大连叉车有限责任公司）诞生，由此开创了我国国产物流装备的制造史。这是我国发展物流装备的开端，虽然与西方发达国家相比较，时间上足足相差了 41 年。而且随后一段时间又发展缓慢。1995 年前后，中国物流装备制造业才算真正起步，进入形成期与成长期之间的过渡阶段。2002 年前后，物流装备行业基础逐步完善，产业链形成。随着制造业向中国转移，物流装备巨大的市场被激活。2010 年至今，随着电子商务兴起与企业生产规模的扩大，物流与输送装备行业进入快速发展阶段。

当前我国在产业政策上对物流装备行业没有准入限制，行业竞争自由。根据业务形态可以将企业分为设备、软件供应商和系统集成商，有的系统集成商同时也制造物流设备、开发物流软件。整体设计及系统集成能力是企业竞争力强弱的主要标志，据此可将中国市场上的企业分为三类：一是具备整体工程设计、集成能力的国际知名企业；二是具备较强的研发设计和集成、生产安装调试以及售后服务能力的国内优秀企业；三是研发设计能力不强的众多本土企业，主要提供功能相对简单、技术水平和系统集成度较低的产品。

我国已经基本形成了完整的物流装备产业链，发展了一批具有较强研发设计能力以及系统集成能力的企业。国内物流装备技术的发展已经从相对粗放阶段逐步过渡到基本技术普及和产品系列化阶段。

未来国内企业在研发能力、精益制造、项目经验上还需要提升。与国际一流企业合作是吸取先进经验、实现快速成长的有效途径之一。国内具有代表性的企业主要有工业车辆为主的合力叉车、杭州叉车，以系统集成为主的沈阳新松、昆船物流、天奇股份、三丰智能、东杰智能、今天国际、北京起重院、北自所等。

表 4 - 4   部分国内物流自动化及智能系统公司

企业名称	企业性质	细分领域	优势行业
昆明船舶设备集团有限公司	国企	系统集成商	烟草、军队、综合
北京起重运输机械研究所	国企	系统集成商	医药、服装、综合
普天物流技术有限公司	国企	系统集成商	烟草、图书、邮政
北京机械自动化研究所	国企	立体库集成商	化工、军队
沈飞物流装备有限公司	国企	立体库、货柜集成	综合
郑州郑飞科技有限责任公司	国企	输送设备制造商	图书、邮政
中集天达物流设备股份有限公司	国企	分拣输送系统	机场
今天国际物流技术有限公司	股份制企业	系统集成商	烟草
沈阳新松机器人自动化有限公司	股份制企业	系统集成商	综合
山东兰剑物流科技有限公司	股份制企业	系统集成商	烟草
北京伍强科技有限公司	股份制企业	系统集成商	医药、图书、教育
英洛华科技股份有限公司	股份制企业	立体库集成商	机械、冷库、乳品
北京高科物流研究所有限公司	股份制企业	立体库集成商	机械、军队、冷库
南京音飞货架制造有限公司	股份制企业	立体库、货架集成	综合
上海精星仓储设备工程有限公司	股份制企业	货架制造商	综合
江苏六维物流设备实业有限公司	股份制企业	货架制造商	综合

（续表）

企业名称	企业性质	细分领域	优势行业
浙江德马科技股份有限公司	股份制企业	输送设备制造商	综合
西门子物流与装备系统有限公司	外企	行李系统集成	机场
德马泰克物流系统苏州有限公司	外企	系统集成商	烟草、医药
大福自动化物流设备（上海）有限公司	外企	系统集成商	食品、烟草
瑞士格上海商贸有限公司	外企	系统集成商	烟草
范德兰德物流自动化系统（上海）有限公司	外企	分拣设备制造	机场、综合

（二）技术

随着时间的推移，工业车辆不断出现颠覆性技术，包括汽车和自动导引车辆（AGV）产品引入的自动化技术，已经把工业车辆变成了一种微型计算机，一种基于技术的单元。技术上出现了一个更可持续发展的局面。将工业车辆作为"平台即服务"（PaaS）输入。这个概念使车辆能够轻松与各种硬件和软件进行接口，包括一些未来将会出现的硬件和软件。如高清晰检测传感器价格下降，只需将其插入就可使用，相机探头和使用相机数据的 3D 处理技术是一个巨大的进步，制造商可以主动嵌入这些类型的传感器和组件，市场还推出一系列自动化即插即用产品，产品自带传感器和硬件，可在某个阶段连接到开放平台。这将有助于用户利用当今最新的技术，并可自动执行。如果制造商合并这些元素，基本车辆价格不会过高，只需为所需付费，客户可付费后打开其他功能，甚至可在线上使用。

工业车辆自动化的范围从完全自主的前移式叉车到简单的轻型车辆，这些引导小型搬运车将物品放在目标托盘上。中间的某处集合了自动紧急制动、实时定位系统（RTLS）、远程控制和双模设备等功能，而且可以动态地从自动操作过渡到手动操作。数据和控制系统的结合未来会大大提升工作效率。为了创建这些产品和服务，资产管理软件解决方案可与客户的企业资源规划（ERP）系统合作，提供整体可视化，同时使客户充分利用可用数据。工业车辆会成为客户的移动数据收集设备，可 360 度了解运行中发生的情况。所有传感器都可位于一个固定位置位，这些信息与全部操作数据合并后将会使客户真正能够理解自动化的含义。

目前，物流数据往往被品牌分隔开来，孤立的系统不能利用所有可用的数据。未来，数据集成是一个关键目标。资产管理软件产品，可以提取来自不同远程信息处理系统的数据，快速了解如何运营物流体系。工业车辆和材料移动将实现完全集成。

未来的自动引导车辆和移动机器人是一个高度熟练、智能的角色，随着人工智能和自学算法的不断进步，可以快速而高效地应对独特、复杂、意想不到的环境。

（三）优势比较

与国外一流企业相比，国内企业总体在技术、规模、经验等方面存在一定差距，在市场中处于较分散的状态。国内企业通过高性价比的产品和本土化服务与国外企业竞争，对国外企业造成了一定的冲击。优势企业的产品质量已达到或接近国际先进水平，见表 4-5。

表 4-5 国内外物流自动化系统集成商优势比较

企业类别	优势	劣势
国外物流系统综合方案提供商	产品技术水平高	价格高
	产品质量好	实施周期长
	行业经验较丰富	服务维护成本高
	品牌知名度高	服务器相应速度较慢

（续表）

企业类别	优势	劣势
国外物流系统综合方案提供商	价格占据优势	品牌知名度较低
	熟悉国情，具有本地化优势，便于与客户沟通	技术积累不足
	售后成本低	规模小、资金不足
	服务响应及时	

目前除了工业车辆外，AGV 的国产化率也很高，达 80％以上。国外产品在国内机器人市场占主导，AGV 市场的这一国产化率可谓独树一帜。国产化率高的原因主要源于国内厂家性价比明显（见表 4-6）。

表 4-6　国内外 AGV 价格比较

国别	企业名称	产品价格
国外	Egemin（比利时）	100 万/台（标准 1 吨叉车为例，交钥匙，下同）
	JBT（美国）	90 万/台
	Rocla（芬兰）	95 万/台
	AXTER（法国）	进口 110 万/台；广州组装 70-80 万/台
国内	昆船	NDC 系统：75 万/台；ATIS 系统：50-55 万/台
	新松	NDC 系统：75 万/台；自有系统：45-55 万/台
	林德	40-80 万/台
	GEEK+	15 万/台
	海康机器人	15 万/台

AGV 主要由驱动、系统和导引三部分组成。其中，在驱动控制器、系统、以及激动导航传感器等核心部件上，依然是国外品牌的天下，虽然外资企业无法实现对我国 AGV 市场的直接垄断，但却能利用具有关键技术及核心零部件的优势，对我国企业形成掣肘和牵制。因此立足长远，国内企业需要在上游的机器人零部件上持续发力见表 4-7。

表 4-7　AGV 主要零部件国内外厂

零部件名称	国别	企业名单
精密减速器	国内	秦川发展、上海机电、苏州绿的、南通振康
	国外	Nabtesco 纳博特思克、Harmonic 哈默纳科、住友、帝人、Sejinigb、Spinea
传感器	国内	美新半导体、矽创电子（中国台湾）、MCUBE（砂立）（中国台湾）
	国外	飞思卡尔、博通、意法半导体、Kionix、德州仪器、InvenSense
控制系统	国内	新松机器人、华中数控、南京埃斯顿、汇川技术
	国外	ABB、摩卡、贝加莱（B&R）

新松公司隶属中国科学院，总部位于沈阳，是一家以机器人独有技术为核心，致力于数字化智能高端装备制造的高科技上市企业。公司的机器人产品线涵盖工业机器人、洁净（真空）机器人、移动机器人、特种机器人及智能服务机器人五大系列，其中工业机器人产品填补多项国内空白，创造了中国机器人产业发展史上 88 项突破。在高端智能装备方面已形成智能物流、自动化成套装备、洁净装备、激光技

术装备、轨道交通、节能环保装备、能源装备、特种装备产业群组化发展。公司是国际上工业机器人产品线最全厂商之一，也是国内机器人产业的领头羊。其在智能物流装备方面的市场主要是以机器人产品和技术为龙头集成输送装备形成的。

从技术发展方向看，国内智能物流与输送装备集成企业技术发展趋势为：

（1）高速响应：设备的运转速度、运行速度、识别速度、运算速度大大加快，提高了运输及响应速度。

（2）实用可靠：由于物流设备是在通用场合，工作并不繁重，要好用、易维护易操作，具有耐久性、无故障性和良好的经济性，以及较高的安全性、可靠性和环保性。这类设备批量较大、用途广，考虑综合效益，可降低外型高度，简化结构，降低造价，同时也可减少设备的运行成本。

（3）专用通用兼顾：随着物流的多样性，物流设备的品种越来越多且不断更新。物流活动的系统性、一致性、经济性、机动性、快速化，要求一些设备向专门化方向发展，又有一些设备向通用化、标准化方向发展。

（4）智能化：将机械技术和电子技术相结合，将先进的微电子技术、电力技术、光缆技术、液压技术、模糊控制技术引用到机械驱动和控制系统，实现物流设备的自动化和智能化将是今后的发展方向。例如，自动化仓库中的送取货小车、智能式搬运车的开发和应用已引起各国的广泛重视。此外，卫星通信技术及计算机、网络等多项高新技术结合起来的物流输送车辆管理技术正在逐渐被应用。

（5）成套系统：在单机物流设备自动化的基础上，通过计算机把各种物流设备组成一个集成系统，与物流系统协调配合，形成不同机种的最佳匹配和组合，将会取长补短，发挥最佳效用。为此，成套化和系统化物流设备具有广阔发展前景，未来将重点发展的有工厂生产搬运自动化系统、货物配送集散系统、集装箱装卸搬运系统、货物自动分拣与搬运系统等。

（6）绿色化：主要涉及牵引动力发展及制造、辅助材料；以及使用两个方面。对于牵引力的发展，一要提高牵引动力，二要有效利用能源，减少污染排放，使用清洁能源及新型动力。对于使用因素，包括对各物流装备的维护使用，数据流合理调度等。

（四）行业空间及趋势

国家的大发展带来了经济活动的空前繁荣，所有与制造和消费相关的经济活动离不开物流输送。

1. 工业车辆方面

国内的需求稳中有升。2019 年中国工业车辆行业首次突破 60 万台大关；根据 CITA 报告，2019 年国内工业车辆制造企业五类产品累计销售量为 608341 台，相比去年同期的 597152 台，增长 1.87%。

按动力分类，内燃平衡重式叉车 309704 台，较上年的 316056 台上升了 -2.01%，占总销售量的 50.91%；电动叉车 298637 台，较上年的 281096 台上升了 6.24%，占总销售量的 49.09%。

按销售市场分，国内销售机动工业车辆 455516 台，较上年的 430229 台上升了 5.88%。其中国内内燃平衡重式叉车 256155 台，较上年的 256814 上升了 -0.26%；国内电动叉车 199361 台，较上年的 173415 台上升了 14.96%。出口共为 152825 台，较上年的 166923 台上升了 -8.45%；其中内燃叉车出口为 53549 台，较上年的出口量 59242 台上升 -9.61%，电动叉车出口为 99276 台，较上年的出口量 107681 台上升了 -7.81%。受国家排放政策、物流业等对仓储配送的需求，促使电动叉车的比重在最近几年不断上升。

从工业车辆的销售数量上看：2019 年中国工业车辆前 2 名约占全国总销售量的 42% 以上。工业车辆前 10 名约占全国总销售量的 76% 以上。

从未来趋势来看，随着国内经济结构的持续优化以及发展质量的不断提升，工业车辆行业市场需求在规模、结构和层次上仍有较大发展空间，中高端内燃叉车、电动新能源叉车及智能化、移动互联技术的主流应用将成为未来发展重点，同时经营租赁、融资租赁、配件服务、再制造等后市场增值服务业也将不断扩大，具备技术创新能力、高端制造能力、增值服务能力和国际化运营能力的优质企业将获得持续发展空间。2019 年中国工业车辆制造商排行榜见表 4-8。

表 4 - 8　2019 年中国工业车辆制造商排行榜

序号	公司名称	2018 年排序	2019 年排序	备注
1	安徽合力股份有限公司	1	1	合肥，不超过 40％产品出口
2	杭叉集团股份有限公司	2	2	不超过 40％产品出口
3	林德（中国）叉车有限公司	3	3	低于 40％产品出口、部分产品进口
4	丰田产业车辆（上海）有限公司 丰田工业（昆山）有限公司 台励福机器设备（青岛）有限公司	5	4	超过 50％产品出口
5	龙工（上海）叉车有限公司	4	5	不超过 40％产品出口
6	三菱物捷仕叉车（上海）有限公司 三菱重工叉车（大连）有限公司	6	6	超过 50％产品出口
7	浙江中力机械有限公司	7	7	超过 50％产品出口
8	韶关比亚迪实业有限公司	8	8	不超过 40％产品出口
9	永恒力叉车（上海）有限公司	9	9	超过 50％产品出口、部分产品进口
10	上海海斯特叉车制造有限公司 海斯特美科斯叉车（浙江）有限公司	17	10	部分产品来自进口
11	诺力智能装备股份有限公司	11	11	超过 50％产品出口
12	宁波如意股份有限公司	10	12	超过 50％产品出口
13	柳州柳工叉车股份公司	13	13	不超过 40％产品出口
14	凯傲宝骊（江苏）叉车有限公司	12	14	不超过 40％产品出口
15	安徽江淮银联重型工程机械有限公司	14	15	合肥，不超过 40％产品出口
16	浙江吉鑫祥叉车制造有限公司	15	16	接近 50％产品出口
17	青岛克拉克物流机械有限公司	20	17	超过 90％产品出口
18	斗山叉车（烟台）有限公司	19	18	接近 50％产品出口
19	科朗叉车商贸（上海）有限公司 科朗设备（苏州）有限公司	18	19	超过 50％产品出口
20	中联重科（安徽）工业车辆有限公司	22	20	芜湖，不超过 40％产品出口
21	青岛现代海麟重工有限公司	21	21	不超过 40％产品出口
22	浙江加力仓储设备股份有限公司	26	22	不超过 40％产品出口
23	山东沃林重工机械有限公司	23	23	不超过 40％产品出口
24	大连叉车有限责任公司	25	24	不超过 40％产品出口
25	安徽梯易优叉车有限公司	24	25	合肥，不超过 40％产品出口
26	浙江华和叉车有限公司	27	26	超过 50％产品出口
27	江苏靖江叉车有限公司	31	27	不超过 40％产品出口
28	杭州友高精密机械有限公司	30	28	超过 50％产品出口
29	无锡大隆电工机械有限公司	33	29	不超过 40％产品出口
30	厦门机械股份有限公司	28	30	不超过 40％产品出口
31	现代（重工）中国投资有限公司	—	31	不超过 40％产品出口
32	山东威肯科技有限公司	29	32	不超过 40％产品出口
33	浙江兰溪山野机械有限公司	32	33	超过 50％产品出口

（续表）

序号	公司名称	2018 年排序	2019 年排序	备注
34	安徽宇峰仓储设备有限公司	—	34	合肥，不超过 40％产品出口
35	杭州昱透实业有限公司	35	35	不超过 40％产品出口
36	苏州先锋物流装备科技有限公司	34	36	接近 50％产品出口

（部分数据来自 CITA 和海关总署）

从销售数量上看，2019 年有 15 家工业车辆制造商年销售量超过 10000 台，有 21 家工业车辆制造商年销售量超过 5000 台，有 29 家工业车辆制造商年销售量超过 3000 台，有 33 家工业车辆制造商年销售量超过 2000 台。

排名最低入围的企业年销售额为 6000 万人民币，生产港口机械（含集装箱叉车和堆高机）为主的公司未纳入。从销售数额上看，位列第一梯队的前两名制造商安徽合力股份有限公司、杭叉集团股份有限公司在 2019 年都有所上升。位列第二梯队的林德（中国）、丰田、龙工、三菱、中力、比亚迪、永恒力七家叉车企业的销售收入均已过 10 亿人民币，其中林德（中国）营业额已接近 40 亿人民币，丰田的销售额包括了台励福公司，2019 年营业额超过 30 亿人民币，龙工营业额超 25 亿，丰田与三菱的出口业务均已超 11 亿，中力保持海外市场上的快速发展出口占比达 60％，比亚迪继续巩固其在新能源叉车市场上的地位，永恒力上海工厂负责永恒力平衡重叉车以及前移式叉车的研发生产，出口业务已达 60％以上。另外，海斯特销售额包括了上海海斯特和海斯特美科斯的销售额。

整体看来，前二十名的制造商中以生产电动叉车为主的在 2019 年都有所增长。柳工、宝骊、江淮的销量都已过万台，吉鑫祥在 2019 年更重视电动叉车的生产及研发，青岛克拉克的产品几乎全部用于出口。

前三十名的制造商中，有的公司受市场冲击和国家环保要求影响略有下滑，但青岛现代海麟加大国内外市场销售力度、上加在仓储物流方面有较大的进展，其销售额都有不同程度的上升。在制造商中，现代（重工）中国投资有限公司是重返中国市场后首次排名。安徽宇锋仓储设备有限公司、杭州昱透实业有限公司、苏州先锋物流装备科技有限公司都非常重视智能化产品的开发，安徽宇锋、杭州昱透还借助传统叉车优势生产无人驾驶叉车车体，其中宇锋是首次参加排名。内资品牌合计市场份额大约为 80％，占据市场绝对主导地位，合力、杭叉占据 42％以上的市场份额；靖江叉车相当部分是牵引车；除合力、杭叉外，中力、诺力、如意、吉鑫祥、华和、山野在内资品牌中出口方面占有较大比重。外资品牌中凯傲集团包括林德和宝骊，仍是外资叉车中最具活力的企业，占有 2019 年全行业 6.5％左右的市场份额，是外资品牌中所占比例最大的。日资品牌中的丰田及三菱品牌系列均有不同程度的增长。有的企业在 2019 年的排行有所上升，原因并不是以低价占有市场，相反是在保证产品质量的情况下提升价格，反映出市场从关注价格，慢慢地重视起产品的质量；另一方面是受国家节能减排的影响，新能源叉车企业快速成长起来，排名上升较快。

我国工业车辆行业近十几年来的飞速发展，从数据统计来看，2019 年是电动叉车所占比重最高的一年达 49.09％，其增加的原因是在市场需求、国家节能减排及电动叉车行业产业链在国内逐步完整等多重作用下的结果。

近年来，工业车辆行业出现一些可喜的现象：（1）由低附加值转向高附加值升级寻找发展新空间。行业推进转向制造服务型转变，叉车制造商不再单纯是叉车的生产和销售，而是通过提供相应的服务提升品牌影响力，特别是外资品牌在中国的制造商，他们更重视产品的使用价值，他们的服务在行业内也得到了广泛认可，随之带动国内品牌也更重视服务。（2）持续提升产品质量。质量是企业发展之根本，在 2019 年中国叉车质量万里行的过程中，很多企业在安全、环保、健康、质量方面都有所提升，行业向可持续方向发展。（3）技术创新方面的转变。"中国工业车辆创新奖"评审活动已连续举办五届，创新奖的评选有效的推进企业在技术创新上的转变。（4）更环保的叉车动力源。目前在叉车动力源上的探索，仍主要以如何推进企业向绿色发展转变，做到经济发展与生态文明相统一，走绿色发展道路，要求企业承担更大的社会责任。（5）5G 技术让智能工业车辆迎来了新的发展机遇。2019 年是 5G 技术推广应用的元年，万物互联不再遥不可及，虽然 5G 成本高，运营投入高，覆盖范围窄，要实现人、车、货智慧互联体验还需要循序渐进，但 5G 与物流、与工业车辆的完美结合值得期待。国内有多家工业车辆企业利用 5G 技术，促进智能工业车辆的发展。（6）不断加强行业标准化的意识。中国国家标准化管理委员会首次在安徽合肥主办了国际标准化组织工业车辆技术委员会（ISO/TC110）2019 年系列会议，对全面提升工业车辆标准国际化水平，助力中国工业车辆产业迈向高质量发展起了推动的作用。标准是参与国际竞争的利器，如果能在更多的领域掌握标准的制定权、主导权，就能在国际版图中更好地树立自身的地位。（7）定制产品及柔性化生产增加。私人定制产品在其他各行各业早已是常事，柔性化生产的企业不断增加。（8）产品结构不断升级。持续在国家节能减排大背景下，电动叉车的占比已达 49.09％，不断刷新了油、电叉车的比重，产品结构不断升级。（9）加强行业资源优化配置。国内的各种合作、并购、重组、入股及工业车辆后市场的各类合伙人、经销商群体合作等现象都表明，行业已开始重视资源优化配置。

2. AGV 等物流装备方面

AGV 主要涉及导引技术、移载技术和智能化技术。

AGV 导引技术：美国以汽车行业为代表，推广应用了基于陀螺导航的定位技术；瑞典 NDC 公司则推出了基于激光反射测角定位技术。近年来，出现了激光测角与测距相结合的导引技术，其导引头已商品化。导引技术的进步，提高了行程路径柔性化，同时提高了停位精度，由 ±10 毫米，缩小至 ±3 毫米。GPS 定位导航技术则在大型（最大可达 40t）AGV 上得到应用。

移载技术：针对不同应用需求，出现了背辊式，背链式，推挽式，牵引式，龙门式，侧叉式、前叉式、后叉式、三向叉式、升降伸缩叉式等。由于移载、驱动、电池技术的进步，促进了载重/自重比的大幅提高，由 1：4 提高到 1：1.2。

智能化技术：现代 AGV 车载计算机的硬软件功能日益强大不断升级，使 AGV 具有通过网络、无线或红外接收上位及客户指令、自动导引、自动行驶、优化路线、自动作业、交通管理、车辆调度、安全避碰、自动充电、自动诊断，实现了智能化、信息化、数字化、网络化、柔性化、敏捷化、节能化、绿色化。AGV 是 24 小时不知疲倦的聪明小车（任务间隙时可随机短时充电），能主动、自序、有节拍按最安全、快捷的路线执行作业。目前行驶速度可达 160 米/分，反映在选用车辆台数上成倍减少。

2013 年至 2018 年，我国 AGV 销量从最初的 2439 台增长至约 18000 台，产业发展速度极快，见图 4 - 3。

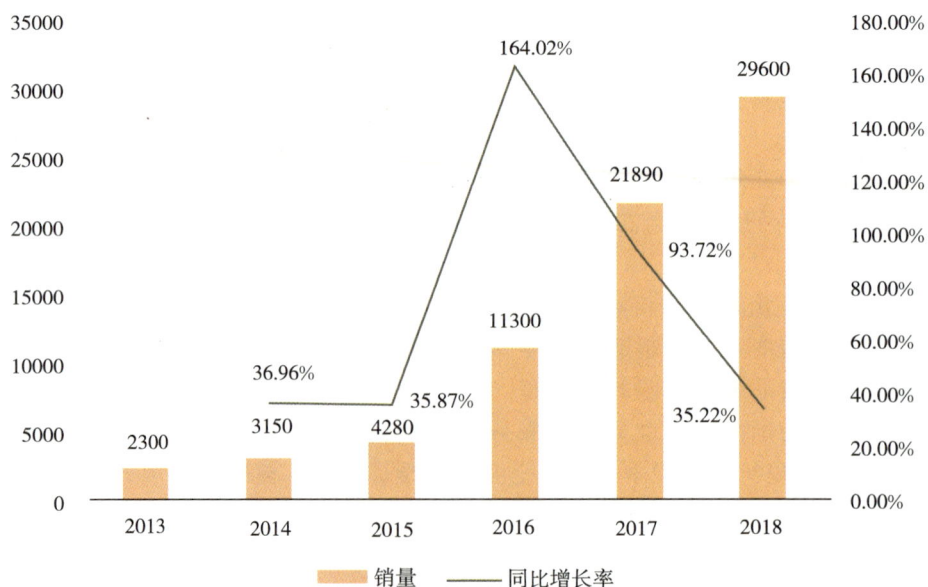

图 4 - 3　中国 AGV 销量

　　AGV 在多领域应用前景广阔。从应用场景来看，主要应用于搬运场所。从应用领域来看，汽车工业、3C 电子、烟草行业、物流行业是 AGV 应用最为广泛而且前景最为光明的几个行业，如图 4-4 所示。

　　从未来市场规模来看，由于需求端的叉车替换需求、仓储机器人需求旺盛，保守估计未来五年销量的复合增长率大概率维持在 25％左右，再考虑技术进步导致产品每年约 5％降价，估算我国 AGV 市场在五年后将达到 200 亿元以上，产业发展空间巨大。

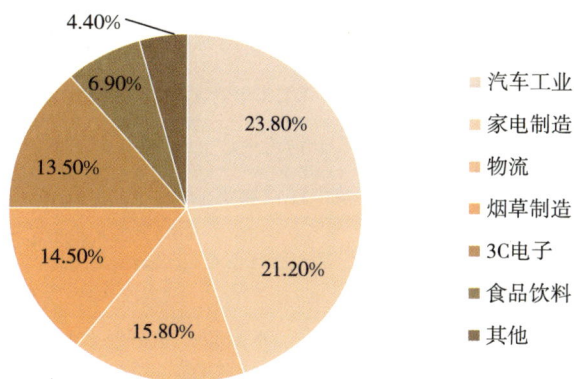

图 4-4　2017 年中国 AGV 应用领域统计

　　AGV 产品主要包括机器人本体制造和系统集成两部分。国内产品具有一定的性价比。国外的 AGV 产品价格普遍在 80-100 万/台，而国内的 AGV 产品价格普遍在 40～70 万元/台，比国外低 50％左右。以低价打开市场仍然是目前国产 AGV 的主要策略。2019 年，行业的价格战并没有停，有些企业甚至推出了 9.8 万的叉车 AGV。

　　我国人口红利降低与新兴领域发展引发了 AGV 的高需求。根据国家统计局公布的数据，近二十年来我国的出生率长期处于历史低位，近两年甚至出现进一步下行趋势，如图 4-5 所示。

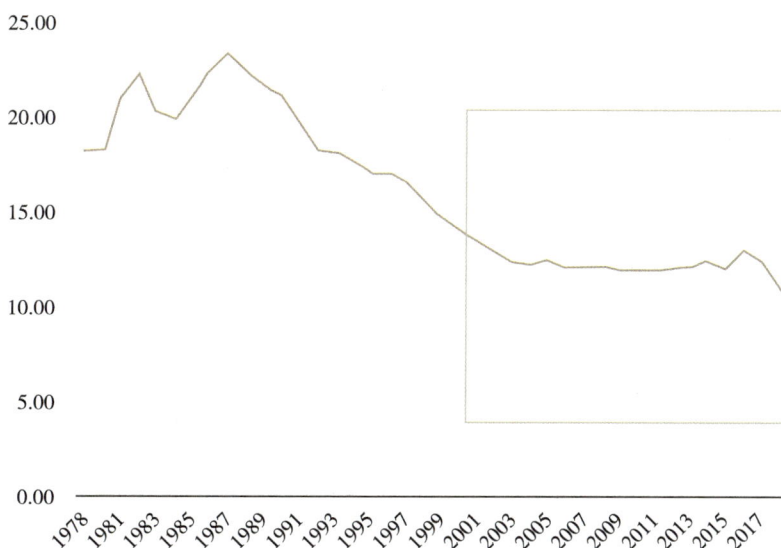

图 4-5　1978—2018 年的中国人口出生率（％）

　　我国原本享受高出生率带来的人口红利的行业，例如 3C 电子、物流、汽车制造等，都将面临人口红利下降的影响。因此，作为人力资源的一大替代品，AGV 的需求变得愈发旺盛。目前市场上对 AGV 的需求主要来自需降低搬运人力成本的小微企业。

　　新兴行业的兴起也进一步带动了 AGV 的需求：随着电子商务的发展，物流行业的工作强度大幅提升，对搬运的工作效率也提出了更高的要求。以 2014 年的数据为例，在当时移动机器人等设备尚未普及的情况下，双十一等重要销售活动之后，快递搬运工日人均搬运重量超过 1 吨，日工作时间达十几个小时；消费者在网上下单后平均需要等待 6～7 天，比在非活动日购买商品等待时间多了近一倍。为了更好优化消费者的消费体验，各大电商纷纷引入各种机器设备，力求推进物流自动化、智能化。

　　我国主要电商物流链建设情况见表 4-9，AGV 在自动化、灵活性和安全性三个方面的独特优势使之成为实现物流自动化、智能化的最优选择。

表 4-9　中国主要电商物流链建设情况

公司名称	现有物流设施建设及计划
阿里巴巴	2013 年计划建立中国物流骨干网，首期投资 1000 亿，第二期投资 2000 亿元
京东	建设 7 个物流中心，6 个一线分拣中心，12 个城市有配送中心，21 个城市有大件商品配送中心
苏宁	15 个城市建设物流基地，14 个在建，到 2015 年完成 60 个物流基地、12 个自动化立体仓库建设
唯品会	建设 6 大物流基地、100 万平方仓库
当当网	建立起 37 个物流中心
日日顺	全国建设 9 个发运基地，90 个物流配送中心，仓库面积 200 万平方米
凡客诚品	在北京、上海、广州、西安等 10 个城市建立分仓

我国 AGV 国产化率较高，但是市场集中度相对较为分散，可谓进入群雄逐鹿时代。每家生产商都有自己独特的优势，2017 年 AGV 厂商市场份额如图 4-6 所示。目前，AGV 等智能物流装备进入了快速发展期，行业存在较大变数，相对而言，技术积累更为深厚、功能开发更为独特的企业或许能从行业变革中收益更多。

国外品牌产品价格昂贵，国产核心部件的价格优势明显。如果国产核心部件在性上逐渐能赶上国外产品，那么在价格优势巨大的前提下，国产核心零部件厂商将从中收益巨大。本土制造商若能在软件服务上有所突破亦将持续收益。

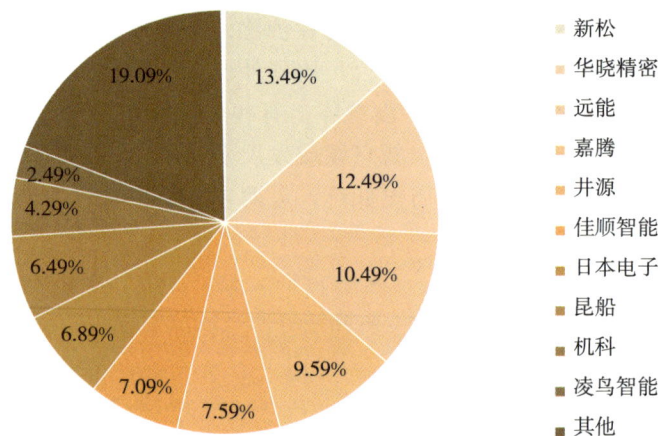

图 4-6　2017 年的中国 AGV 厂商市场份额

饼图数据：19.09%、13.49%、12.49%、10.49%、9.59%、7.59%、7.09%、6.89%、6.49%、4.29%、2.49%

图例：新松、华晓精密、远能、嘉腾、井源、佳顺智能、日本电子、昆船、机科、凌鸟智能、其他

未来的产品发展方向，一是要发挥中国制造的市场优势，提高产品的性价比且易用。二是与互联网及 5G 等先进信息技术有效结合，紧盯物流装备"最后一公里"的解决方案。此外发展户外 AGV 技术，提高承载与转载能力，广泛用于码头等大型物流中心。

3. 特色输送装备

近年工程技术的系统提升，尤其是高新产业的快速发展，对智能输送装备提出了许多特定要求。以显示器行业为例，根据《中国新型显示产业蓝皮书（2017-2018）》数据，2018 年全球显示面板出货面积达到 2.13 亿平方米，其中，中国大陆面板企业出货面积同比增加 1390 万平方米，对全球增长贡献率达到 78%。据 IHS 预测，从 2015 年开始，新型显示面板需求面积的复合年增长率预计将达 5%，到 2020 年增长至 2.2 亿平方米。

从全球面板产能的格局看，美国率先研发出 LCD 技术，日本厂商顺利将该技术产业化，过去，LCD 面板市场由韩国、台湾地区以及日本厂商主导。中国大陆从 20 世纪 80 年代开始进入液晶显示领域，并紧密跟踪液晶显示技术的发展。2009 年国内企业开始布局高世代面板生产线的生产制造，2011 年以来，国内以京东方为首的面板厂商开始加大投资规模，我国面板产能逐渐上升，单板尺寸越来越大，并且越来越多的日本、韩国、台湾地区的电子厂商将其液晶显示模组的生产线转移到中国大陆。目前，韩国、台湾地区、中国大陆是全球三大主要面板生产地区，LCD 产能向中国大陆转移趋势明显，世界面板产业发展趋势如图 4-7 所示。

大尺寸超薄显示面板（目前最大为单板 10.5 平方米）对输送装备的特殊要求重点体现在：高洁净度、超精密度、超平稳性。在这方面，中国国内欣奕华等制造商已经在技术上取得突破，2020 年，装备稳定

——大尺寸面板出货量（千平方米）

图 4 - 7 世界面板产业发展趋势

应用于合肥京东方产线。

4. 关键零部件方面

（1）传感器

传感器是物流系统智能化的关键装备之一。系统使用的传感器主要包括激光传感器、视觉传感器、红外传感器和超声波传感器。这四类传感器各有优缺点，结合使用效果较好，见表4-10。

表 4 - 10 智能物流系统需要的主要传感器

传感器名称	优点	缺点
激光传感器	能实现无接触远距离测量，速度快、精度高、量程大，抗光、电子干扰能力强等	价格较为昂贵
视觉传感器	探测范围广、获取信息丰富	计算量大、实时性差、对处理机要求高
红外传感器	不受可见光影响，白天黑夜均可测量，角度灵敏度高、结构简单、价格较便宜，可以快速感知物体存在	测量时受环境影响很大，物体的颜色、方向、周围的光线都能导致测量误差，测量不够精确
超声波传感器	成本低，实现方法简单，技术成熟，是移动机器人中常用的传感器	作用距离较短，普通的有效探测距离都在5—10m之间，存在盲区

我国传感器的生产企业主要集中在长三角地区，并逐渐形成以北京、上海、南京、深圳、沈阳和西安等中心城市为主的区域空间布局。长三角区域目前以上海、无锡、南京为中心，逐渐形成包括热敏、磁敏、图像、称重、光电、温度、气敏等较为完备的传感器生产体系及产业配套。安徽省可以考虑发展。

目前我国的传感器生产厂商规模普遍较小，受到以下三个方面的制约难以突破国外垄断：

（1）核心技术和基础能力缺乏，创新能力弱。传感器在高精度、高敏感度分析、成分分析和特殊应用的高端方面差距巨大，中高档传感器产品几乎100%从国外进口，90%芯片依赖国外，国内缺乏对新原理、新器件和新材料传感器的研发和产业化能力。

（2）共性关键技术尚未真正突破。设计技术、封装技术、装备技术等方面都存在较大差距。国产传感器可靠性比国外同类产品低1—2个数量级，传感器封装尚未形成系列、标准和统一接口。传感器工艺装备研发与生产被国外垄断。

（3）产业结构不合理，品种、规格、系列不全，技术指标不高。国内传感器产品往往形不成系列，产品在测量精度、温度特性、响应时间、稳定性、可靠性等指标与国外也有一定的差距。

（2）控制系统

控制系统是工业机器人、智能输送装备的关键核心部件。20世纪90年代前的电动工业车辆几乎全是靠直流电机驱动的。直流电机效率低，体积和质量大，使用换向器和碳刷限制了其转速的提高。国外20世纪90年代中期开始研发交流驱动的电动工业车辆，国内企业从2003年开始使用交流电机及控制系统用于高端电动车辆。交流驱动系统作为电动工业车辆更新换代的革命性技术，大功率、大扭矩、长寿命、易保养，对企业的技术水平、产品销量、市场份额、利润等都会产生一定的影响，必将得到越来越广泛的应用。目前，交流驱动产品主要控制系统仍由美国、意大利两家企业垄断（柯蒂斯、科尔摩根）。国内企业控制系统尚未形成市场竞争力，自主品牌在工业机器人本体市场的占有率目前约32.8%，而在控制器的市场仅占不到16%，部分本体生产厂家的控制器需要通过外购。在发展过程中仍然涌现出一批具有代表性的企业，比如汇川技术、埃斯顿、新时达、固高、新松、华中数控等企业较有优势。安徽的企业可以跟进。

国内机器人控制器与国外产品存在的差距主要在软件部分，即控制算法和二次开发平台的易用性方面。控制系统的开发涉及较多核心技术，包括硬件设计，底层软件技术，上层功能应用软件等，由于缺乏平台基础，国产厂家制造的控制器多为封闭结构，存在开放性差、软件独立性差、容错性差、扩展性差、缺乏网络功能等缺点，难以适应智能化和柔性化要求。

国内工业机器人生产厂家的控制器主要具有价格优势。随着微电子技术的快速发展，处理器的性能越来越高，成本越来越低，高性价比的微处理器使得开发低成本、高性能的智能输送装备控制器成为可能。KUKA、ABB机器人控制器价格远高于固高产品价格。国产控制器性价比高，可抢占一些对机器人精度要求不高、通用型机器人的市场需求，如图4-8所示。对于AGV而言，

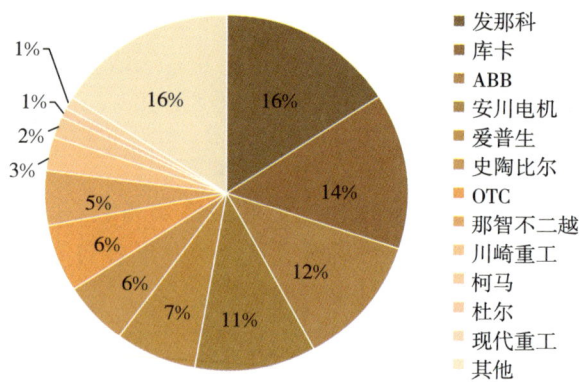

图4-8　2017年中国控制器主要企业市场份额

在生产柔性化要求相对较低的场合，通过使用国产控制器降低成本是不错的选择。

第 2 章
安徽省智能物流及输送装备发展现状及特点

　　根据调研及目前掌握的资料，安徽省目前至少有 400 家以上的物流及输送装备制造与集成商。集成商绝大多数都是中小企业，主业年收入亿元以上的有欣奕华、泰禾、井松等企业。

　　安徽省装备制造商中最耀眼的是安徽合力叉车集团有限责任公司（以下简称"合力"）。公司 1958 年建厂，系安徽省属国有公司，其前身为合肥矿机厂新厂，始建于 1958 年，1992 年以合肥叉车总厂为核心组建叉车集团。目前是中国规模最大、产业链条最完整的工业车辆研发、制造和出口基地。公司 20 世纪八十年代转产工业车辆，开始与日本东洋运搬公司（TCM）技术合作，经过几代人的不懈努力，实现了企业连续 61 年保持盈利，连续 29 年在中国工业车辆行业保持第一，安徽合力公司发展历程如图 4 - 9 所示。

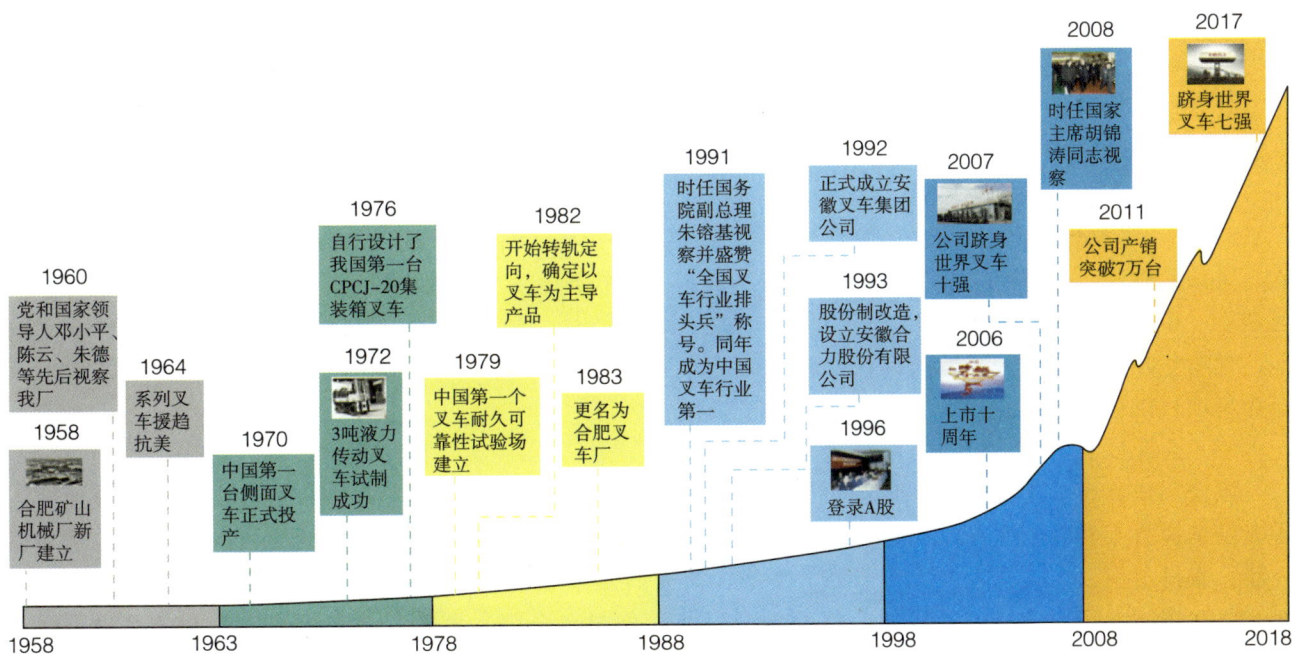

图 4 - 9　安徽合力公司发展历程

　　1996 年 10 月，核心子公司安徽合力股份有限公司上市。企业主营业务为工业车辆、工程机械及关键零部件的研发、制造与销售。2019 年度按照销售额，合力在世界工业车辆行业中排名第七。

　　合力是国家创新型企业、国家级工业设计中心、国家火炬计划重点高新技术企业、中国制造业企业500 强、全国 520 户重点企业、安徽省十八家重点企业集团之一。公司技术中心是全国首批、叉车行业较早的国家级企业技术中心，并连续多年被评为"优秀企业技术中心"。公司先后荣获国家质检总局"检验检疫绿色通道制度企业""出口免验企业"，海关总署"出口红名单"企业，"安徽省五一劳动奖状""国家级绿色工厂""中国工业车辆创新奖"等称号，获安徽省"三重一创"重大产业化项目支持。合力以"创一流品牌、进世界五强"为目标，以加快转变经济发展方式为主线，以自主创新为支撑，以全球性的战略眼光、全产业链的整体思维、全过程的高效管控、全方位的合作共赢，全面增强战略竞争能力，成为中国工业车辆行业的领导者，全球工业车辆行业的领先者，全球工业车辆市场格局如图 4－10 所示。

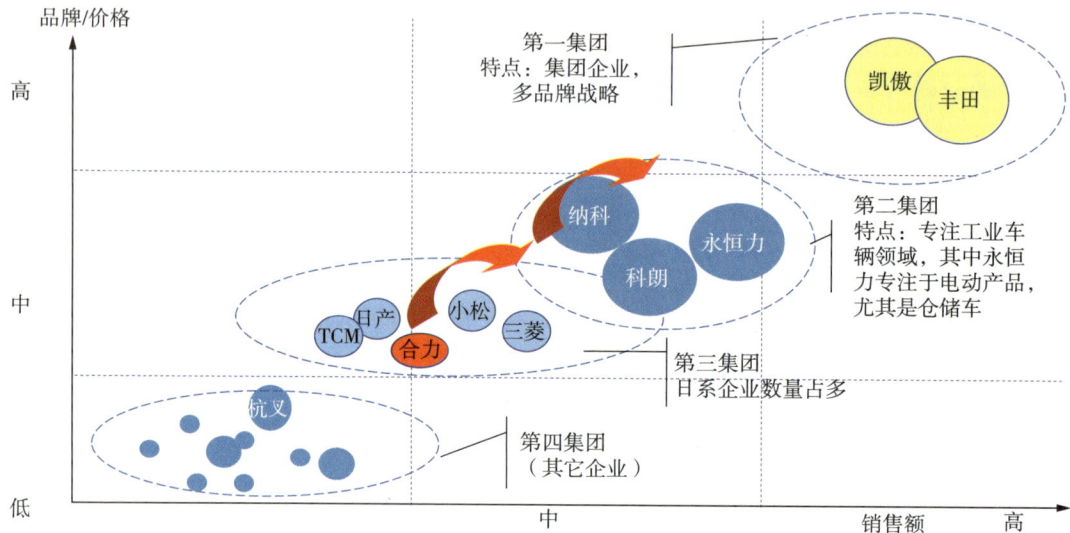

图 4－10　全球工业车辆市场格局

智能输送系统集成公司中比较有代表性的企业有：

（1）合肥井松自动化科技有限公司

该公司成立于 2007 年，是国内先进的智能物流系统集成商与物流装备制造商，主要从事自动化立体仓库及企业内物料输送等软硬件系统的研究开发、规划设计、安装实施与技术服务等。井松科技通过与小松集团、瑞士格等物流企业深入技术业务合作，在消化国外技术的基础上开发了堆垛机、穿梭车（RGV）、空中悬挂小车（EMS）、激光导航 AGV、自动化分拣系统、桁架机器人、视觉导航机器人及WMS、WCS、MES 等自动化物流管理软件，拥有完整的物流装备产品线。已服务汽车、航空、电力、烟草、医药、食品、机械、化工、纺织、船舶、日用品、快消、家居等众多行业，客户包括国家电网、中国烟草、中国人民银行、牛栏山酒厂、鲁泰纺织、玫德铸造、恒大冰泉、上汽通用、吉利汽车、众泰汽车、青岛华翔、冠星陶瓷、国轩高科、新乡化纤、青岛地铁、沈阳铁路等众多知名企业。积累了众多大型物流项目的工程集成经验。

（2）合肥欣奕华智能机器有限公司

该公司成立于 2013 年，总部位于北京科技创新产业园，是一家为智能制造、信息交互和人类便捷生活提供解决方案和专业服务的高科技公司。公司主营业务涉及智能机器和先进材料两大领域，包括智能机器、先进材料、人工智能和飞行器四大事业。国内研发中心位于京、皖（合肥、阜阳）、浙（海宁）三地，并在美国及德国建有海外研发合作基地。目前，公司在合肥、阜阳、海宁建有生产制造基地；运营基地主要分布在沈阳、日照、枣庄等地。合肥欣奕华公司主要提供泛半导体产业工业机器人、智能制造装备、OLED 蒸镀设备以及智慧工厂系统解决方案。可为泛半导体产业、显示行业、智慧医疗等多领域提供行业洁净环境中所需的高端装备与系统解决方案，在 AGV、自动化系统集成方面也有很多成功的应用实例，包括在京东方显示技术公司高世代液晶面板生产线网络协同制造项目中的应用。

（3）合肥泰禾光电科技股份有限公司

该公司成立于 2004 年底，是一家专业从事基于人工智能、控制技术、机器人系统的研发、生产、销售、安装和技术服务的，国家级高新技术企业、省重点软件企业、创新型试点企业、安徽省民企进出口创汇百强企业，连续两年进入安徽省软件二十强企业榜单，截至 2015 年底，拥有员工 600 余人，年产值近 4 亿元。公司是国内规模较大、产品种类丰富、应用领域广的基于高速高分辨 CCD 技术的智能分选设备和工业机器人及成套装备制造商。近年除在色选行业深耕外，重点发展了码垛机器人、冲压机器人、AGV、智能化立体仓储系统等智能装备产品。凭借良好的性能，产品遍布全国及亚洲、北美洲、欧洲、非洲、大洋洲等众多国家和地区。公司拥有一支一百多名专业技术人员组成的研发技术团队，其中拥有博士、硕士等高学位的人员近三十人。先后承担两项科技部科技型中小企业创新基金项目，与中科大安徽省光电子科学与技术重点实验室共同组建了"合肥市工业物料光电分选工程技术研究中心"，先后被认定为市级、省级企业技术中心，2013 年获准建立省级博士后科研工作站，2015 年，被认定为市级工业设计中心。公司承担过国家科技创新基金项目 2 项，国家火炬计划产业化项目 1 项，安徽省技术转移计划 1 项。拥有省级科技成果鉴定 1 项，省高新技术产品 6 项，先后通过了安全生产标准化（二级）、ISO9000 国际质量管理体系认证、ISO14000 国际环境管理体系认证、OHSMS18000 职业健康安全管理体系认证以及欧盟 CE 产品认证、北美 ETL 产品认证。公司产品凭借优良的品质建立了良好的市场口碑。荣获"中国十佳粮机产品"，"安徽名牌产品"。商标被评为"安徽省著名商标"。2015 年 4 月，被认定为安徽省"守合同重信用单位"。

二、国内地位及特点

我国工业车辆行业的自主品牌占据了绝大部分市场，在品牌知名度、营销网络覆盖等方面占据优势地位，外资品牌主要集中在少量高端细分市场。安徽合力作为行业骨干，是国家级创新企业、国家火炬计划重点高新技术企业，具有较强的自主创新能力，拥有国家级企业技术中心、机械工业叉车工程研究中心、工业车辆安徽省重点实验室；通过持续多年的努力，企业的技术基础设施雄厚、学科齐全，具备研究、开发、试制、实验能力，并能从事超前基础研究。合力的内燃叉车、电动平衡重叉车等优势产品的主要性能指标目前处于世界先进水平。2020 年初推出的 18 吨电动叉车是国内最大吨位的电动工业车辆。

按国际上对于工业车辆的分类标准，我国可以生产制造所有门类的工业车辆产品，产品线涵盖 0.2—46 吨内燃叉车，电动叉车，自动化仓储设备，以及集装箱处理设备等。安徽省工业车辆产业制造门类齐全，有十余家公司生产主机，配套体系基本健全。包括发动机、变速箱、驱动桥、转向桥、泵阀、油缸、变矩器、属具等核心零部件全部可以做到国产化，主要在省内解决。2019 年度，有 5 家主机企业排名国内同行业 35 强内。但是，主机厂除合力多年位居行业第一外，仅江淮银联 2019 年度达到了万台的实际产量。其余大多实际年产在 5000 台以下。多年来，在合力的产业链下，聚集了一大批零部件供应商，同时也在各地间接孵化出一大批工业车辆主机生产的对手。安徽合力公司目前年产能约 15 万台（2019 年度实际生产 152000 台），2019 年度实现营业额约 101 亿元人民币，合力股份公司近年经济数据见表 4 - 11。

表 4 - 11　合力股份公司近年经济数据

年份	营收	增长率	利润	增长率
2019 年	101.3 亿元	4.79%	6.51 亿元	11.79%
2018 年	96.67 亿元	13.82%	5.83 亿元	35.22%
2017 年	84.94 亿元	36.98%	4.31 亿元	8.89%
2016 年	62.01 亿元	9.06%	3.96 亿元	−0.45%
2015 年	56.86 亿元	−15.15%	3.97 亿元	−30.15%
2014 年	67.01 亿元	2.25%	5.69 亿元	13.33%

物流与输送装备主要产业链涉及的在安徽企业有：蚌埠液力（变矩器、油缸）、安庆车桥（车桥）、安庆属具（系列搬运工具）、合肥铸锻（高端铸锻件）、好运搬（集成）、安鑫货叉（货叉）、六安齿轮（变速箱）、全椒柴油机（动力）等。其中，泰禾与井松公司在算法研究、电控技术开发、产线关键装备

集成等方面已经进行了大量工作，目前在国内有一定技术和成本优势，细分行业可以进入前五。欣奕华合肥公司在洁净环境下的超大面板输送方面技术与装备均处在国内领先地位。

在智能输送装备方面，大多数系统集成商存在着自有资金不足及技术能力弱的问题。全国包括安徽省在智能物流与输送装备行业的界面界定方面不够清晰（如与机器人、与矿山输送、管道输送之间的差异，与工业自动化生产线的交集、与物流包装、检测等环节的关联），缺少行业组织及精确统计数据。综合考虑工业搬运车辆（含 AGV 等）、仓储系统集成、关键零部件制造等细分行业情况，组织业内专家座谈分析测算，安徽省智能物流与输送装备行业年产出约 100－150 亿元，在全国能够排入前十。

第 3 章
安徽省智能物流及输送装备发展存在的不足

一、存在的不足

（一）产品创新能力

1. 整机设计能力弱

除龙头企业外，安徽省内大部分企业系统设计尚缺少核心技术研发能力，在产品性能、安全系数及舒适性方面与国外先进水平相比也有较大差距。

2. 部分高端核心零部件缺乏

工业车辆部分高端核心零部件，如高性能发动机、电控系统、液压系统、传动系统等，均受制于人。符合高排量标准的发动机等产品开发的企业很少，技术更新迟缓。交流电控系统的制造能力很弱，几乎所有高端电控都被美国和意大利企业控制，国内的电控企业以代理国外产品为主。安徽作为国内工业车辆最大制造商，在交流驱动控制器方面没有自主知识产权，希望能够引进或通过在皖企业研发尽快形成产业能力。近几年国际上柔性传动技术已经被成功应用在变速箱制造上，并形成量产商品，而目前国内尚未出现这样的企业。

3. 智能物料搬运系统整体解决方案不足

发达国家一般可以提供输送机类、搬运车辆类、垂直提升类、堆垛机类和机器人类的产品，而完成物料搬运的全部过程，并同时提供整体解决方案。省内能提供物料搬运整体成套解决方案的企业只有少数的几家，大多数企业较少涉及提供物料搬运整体解决方案这一营销理念，只提供某类简单产品。

4. 知识产权观念淡薄

国外企业的自主创新精神和知识产权意识非常强，形成的氛围是可借鉴，但不抄袭，如林德叉车的外观设计与保时捷合作了三十年，以保证其卓越的设计感。

（二）消费结构

由于我国对环保要求较低，输送装备过去甚至没有报废机制，且由于一些作业场所环境较恶劣以及一些企业对运行成本控制等因素，导致我国客户需求更倾向于使用低端装备。例如目前，在欧、美、日的物流搬运装备市场上，电动叉车为主流产品，欧洲占比70％以上；我国电动叉车比重接近50％。此外，细分市场还做得远远不够，如车载式叉车、汽车搬运器、花卉搬运车、履带式叉车、AGV、三节臂伸缩臂叉车、重型电动叉车等，应用较少。电动平衡重叉车市场是电动叉车中的主要产品类别，而随着仓储物流发展，仓储车的市场发展空间很大。市场对输送载具提出了绿色发展的要求。国产装备的结构调整与排放标准的实施进程密切相关，在绿色发展上滞后于西方国家。近年来，随着国家在绿色环保上的重视，电动、混动装备的使用比例开始上升，制造厂家也开发一些新的能源，以后的差距将不断缩小。

（三）产品系统可靠性

物料输送装备虽然经过多年的技术引进和消化吸收、贯彻 ISO 质量管理体系标准等工作，但产品总体可靠性相对国际一流品牌依然有较大差距，存在使用周期短、液压件易漏油，动力不足，部分元件易损等现象。市场调研发现，控制系统、液压系统与电动电气系统出现故障率频次仍然较高，其大多数原因在于国产零部件自身制造的质量问题。

（四）标准

全国工业车辆标准化技术委员会于 2008 年 6 月成立，工业车辆被纳入特种设备的八类监管之一后才有了自己的标准，与国际上相比，欧洲从 80 年代中期就已经开始实施严格的工业车辆污染排放技术标准，我国国家标准大约滞后 30 年。另外，中国目前没有二手工业车辆的鉴定标准，二手车的报废机制也没有出台。智能仓储装备的标准依然不足。

（五）市场与政策

智能物流装备的需求状况与下游行业的固定资产投资紧密相关，国家宏观发展目标调整及 2020 新冠疫情带来的经济形势不景气，将导致客户行业投资放缓，进而对智能物流装备行业造成影响。随着越来越多企业进入该行业，以及行业内企业技术、管理等水平逐渐提高，行业竞争愈发激烈。快递和电子商务企业融资不及预期，可能会导致物流系统建设投资放缓。

二、原因分析

（一）产品创新

安徽省发展智能物流装备的重点应该是工业车辆、AGV、关键零部件及物流系统集成。这些技术，除工业车辆是八十年代中期引进消化外，大都缺乏原创。在工业车辆方面，合力闯出了一条"消化吸收—同步发展—创新突破"的新路，自 1991 年以来，主要经济指标已连续 31 年保持中国叉车行业佼佼者，并于 2016 年跻身世界工业车辆行业七强，生产规模已进入前五，这也是安徽制造企业在全球最靠前的位置。

除高端自动输送系统的控制器等零部件外，合力产业链基本完整，且大多分布在安徽省内合肥、蚌埠、安庆、滁州、六安等地。产品基本处于中高端，在世界市场上有一定竞争力。安徽工业车辆主要靠合力的领跑来带动。省内多家主机企业都是追随者，但产品在中低端市场竞争，设计技术与关键制造工艺一般都缺乏创新，产品雷同，自主性产品较少，缺乏完整的产业链，大多企业不注意知识产权，这与行业自律能力较弱、市场无序竞争、监管力度不足等整体环境有关。物流高端产品，如四向穿梭车（移载）缺乏（井松公司最近有所突破）。合力在重载 AGV 方面有多年技术积累，可较快占据市场制高点。欣奕华在大尺寸面板存储输送方面一枝独秀。但行业系统整合力度不够，缺乏内在融合、整体持续提升的能力。在关键零部件方面，国外品牌占有率高，安徽除工业车辆外，相对都很薄弱，有待引进人才与技术，实现技术突破、发展产业。在系统集成方面，目前的装备制造企业工程集成能力普遍不足，大多提供不了成套的智能物料搬运系统实际解决方案，主要是技术积累不足、资本不足及客户的信任度不足。

省内有部分钢结构生产企业目前可以承揽立体仓库的主体结构制作及工程承包，但由于整体智能物流技术设计水平欠缺，在价值链最顶端的装备系统集成方面能力明显不足。只能作为分包商参与项目。

（二）市场消费结构

智能物流是新兴行业。在国民经济发展及产业升级过程中，现代物流的概念与市场还在逐渐培育中，智能输送装备行业要实现定制化，能够满足不同应用领域客户的不同需求。在提升产品性价比上下功夫，能够提供不同档次、不同技术路线、不同运营条件、不同成本的成套系统解决方案。在发展电动工业车辆、智慧仓储设备、细分市场、适应绿色环保法规等方面，主机厂与集成商还需要省内外配套商、技术、产业政策、财政、政府管控等的大力支持与配合。

（三）系统可靠性

机电液一体，将先进的微电子技术、电力电子技术、光缆技术、液压技术、模糊控制技术隐蔽功用到机械的驱动和控制系统，实现物流设备的智能化将是今后一段时间的行业技术发展方向。一个系统零部件越多，系统越复杂，其可靠性相对就要降低。根据研究，可靠性的主要问题出在基础原材料、基础零部件、基础制造工艺方面，随着国家制造体系的技术进步及相关企业质量控制水平的提高，在系统上提升整体可靠性的难题会逐步化解。

（四）政策与资金支持

智能输送系统是资金密集、技术密集、人才密集的新兴产业，对要素投入要求较高。在当前产业快速扩张形势下，资金供给紧张的问题日益显露。目前安徽省现有企业对扶持政策（资金）的依赖程度较高，而政府的扶持形式相对单一，大多以财政拨款（补贴）为主，如目前有政策对 4 自由度以上机器人购置企业实行价格补助和应用奖励，但实际上本行业关键装备 AGV 的研发制造技术难度更高，但由于其功能并不需要太多的自由度，AGV 的制造商反而没法得到资金支持。此外，政府补贴大多倾向于系统采购和租赁等终端环节，这在一定程度上推广了应用与市场需求，但生产企业在研发、生产等环节的庞大资金需求并没有得到有效缓解。在资金需求方面，处于产业链上不同位置的企业，融资需求存在差异：零部件企业主要是在研发阶段需要融资；系统集成企业在研发阶段和生产阶段都需要融资，且项目融资数额较大，融资成本高，审批周期长，一旦资金不到位，容易陷入订单不敢接、效益上不去的恶性循环。这是系统集成商或智能输送装备产业链做不大的重要原因之一。

第 4 章
安徽省智能物流及输送装备发展战略思路和目标

一、发展战略思路

立足（中国）全球最大市场，以提升质量效益为核心，以产业结构优化为手段，以绿色发展为引领，以自主创新为动力，不断增强国际竞争实力，将安徽省智能物流输送装备制造业打造成国内一流，国际知名的特色产业板块。其中，大平板显示器智能输送仓储装备培育成全国第一，工业车辆制造板块培育成具有世界领先水平的产业集群。

二、发展目标

（一）总体目标

到 2030 年前后，形成在国内有影响力的智能输送与物流装备产业集群；建成创新能力强、质量效益好、可持续发展潜力大、结构优化的工业车辆制造体系，成为世界工业车辆制造中心。

（二）具体目标

培育 1 家企业集团进入世界前五，完成从工业车辆制造大国向制造强国的转变，部分优势产品达到国际领先水平。

1. 市场份额

工业车辆销售总量占全球销售总量的比例（按台份）15%；

出口占销量的比重达到 35%；

智能物流装备占到全国市场的 8% 以上。

2. 可持续发展

单位工业增加值能耗物耗降低 15%；

污染物排放降低 20%。

3. 质量效益

全员劳动生产率提高 50%；

工业车辆产品保持国内领先，部分国际先进，新能源产品占比达到 60%。

4. 结构优化

前三家企业市场集中度≥60%；

骨干企业制造服务业务收入比例≥25%；

骨干集成商的服务业务收入比例≥35%。

（三）实现路径

1. 集中资源，发挥规模优势

制定行业区域产业政策，充分发挥安徽省融入长三角、承接产业转移等既有产业优势，集聚更多优良产业资源，实现产业集聚发展。

市场广阔不等于具有规模优势。必须对行业内的低水平重复建设有所限制，避免资源浪费；要通过市场有效配置资源，将资源向优势的企业集中，真正发挥规模优势。

2. 推广精益制造，提升效率效益

行业要提升效率效益，建议向汽车行业学习，大力推广精益制造模式。同时注重系统集成、大规模定制化、网络协同能力，培育装备服务、远程运维、后市场拓展等业务，提升行业的全产业链效益。

3. 引导行业整合，促进结构优化

对目前大而虚胖的行业结构，通过持续整合、不断优化，最终形成拥有少数大企业、一批在细分市场具有核心竞争力的特色中小企业，以及围绕整机企业进行专、精配套的零部件企业的产业结构。

4. 发挥政策导向，鼓励自主创新

自主创新是走向制造强国的必由之路，应当通过政策制定，激发并保护企业进行自主创新的热情和动力。比如，支持龙头企业建立国家重点实验室、加大对于知识产权的保护力度、鼓励高附加值的产品出口等。

5. 推行绿色制造，提高进入壁垒

通过强制推进节能减排、工艺改造、循环经济等绿色制造行动，提高行业的进入壁垒。制定工业车辆强制报废、二手车、再制造等方面的法律法规，规范发展绿色产品。

6. 推进两化融合，提升制造平台

推进制造企业在产品全生命周期的全程信息化，推进"两化"深度融合典型示范。完成行业目前进行的数字化车间样板工程项目建设与推广。应用5G技术和信息技术，推进产品向自动化、智能化方向发展。

7. 扶持优势集群，完善体制机制

鼓励优势企业、优势地区进行体制机制创新，包括高端人才引进使用机制、管理机制、动力与激励机制等创新。

三、技术路线图

安徽省智能物流及输送装备产业发展的技术路线图如图4-11所示。

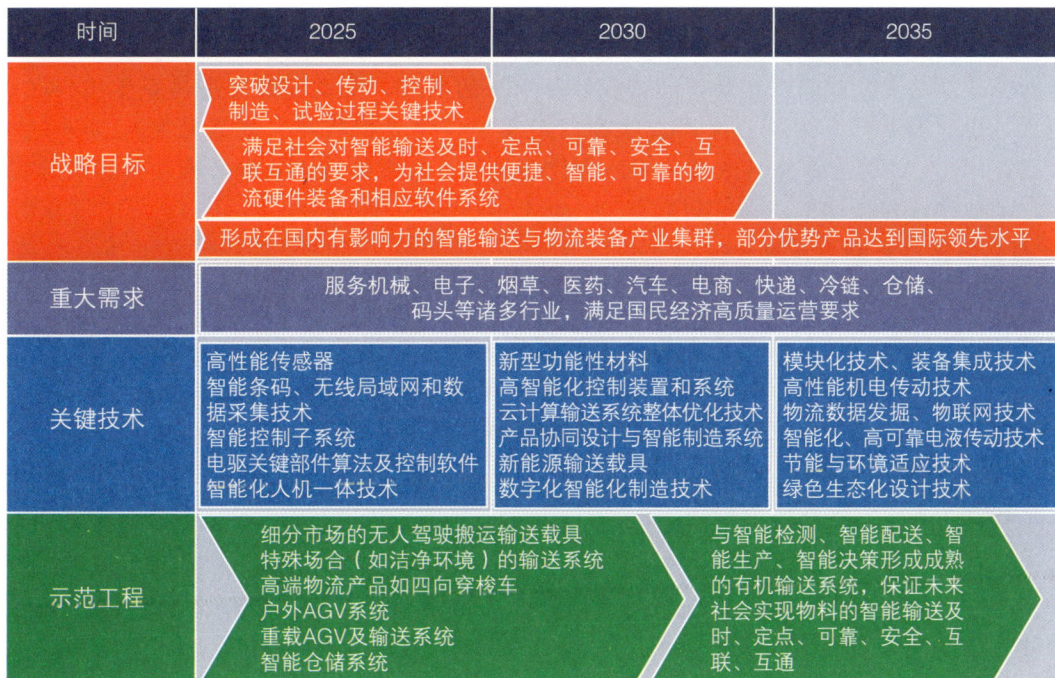

图4-11　智能物流及输送装备技术路线图

第 5 章

安徽省智能物流及输送装备发展政策建议和重点任务

一、政策建议

（一）统筹规划

1. 加强顶层设计，总体谋划部署，构建以企业为主体、政府为引导、服务平台为支撑的智能物流装备制造创新发展机制，统筹推进。根据行业特点，结合企业发展基础，分类引导、并行推进。大力协调推进智能输送系统在安徽省汽车、电子、家电、新型显示、生物医药、高端装备、汽车及零部件等优势先进制造业产业集群的应用。扩大行业覆盖面，引导企业紧扣关键生产过程智能优化、供应链管理等重点环节，积极应用智能物流与输送的新技术、新模式，开展示范改造，提高产品质量和生产效率。

2. 支持智能物流输送制造基础理论与共性技术研究，鼓励企业参与制定和贯彻落实国家相关技术规范与标准体系建设，抢占智能物流与输送装备制造领域的标准制高点。

3. 坚持产学研用相结合，推进联合攻关、协同创新，围绕行业基础性、战略性、全局性领域，重点突破一批关键智能制造共性技术、核心智能部件。

（二）提升基础能力

1. 推进全社会物流系统数字化

在跟进国家"新基建"战略在提升智能物流装备水平的同时，推动安徽制造体系重构。在以"数据"为新商业能源、以"服务器"为核心生产力的物流产业中，建立物联网（数据采集）、5G（数据传输）、云计算（数据存储）、AI算力算法（数据分析）为代表的新一代智能技术集群。推动智能输送在制造领域的融合应用，加快建设智能化工厂（车间）。

2. 实现智能输送装备核心技术突破

坚持高端化、自主化、智能化发展方向，支持装备制造商研制具有自感知、自决策、自执行功能的高端智能仓储与物流装备，并实现在重点行业的规模化应用。深入推动工业强基工作，遴选一批"卡脖子"关键零部件，通过持续实施重点领域补短板行动，突破一批核心零部件关键技术。加大首台套产品研发投入，积极申报省认定。落实首台套奖励和保险补贴等扶持政策。

3. 推进工业支撑软件发展

以工业大数据为核心、融合应用为方向、云计算和互联网为支撑，加大各类工业软件培育和使用，优先发展嵌入式软件、生产管理、智能控制、工业大数据应用、虚拟仿真测试等工业软件。积极推进工业软件，特别是国产工业软件在智能输送中的应用，形成一批面向特定工业场景和特定行业具有深度学习等人工智能技术的工业软件。

（三）实施应用示范工程

（1）加强智能物流装备的集成应用，培育示范应用标杆。在基础条件好、创新能力强、智能制造水平高的行业中选择优势骨干企业，分类分步实施一批突破性、带动性强的示范智能输送工厂和车间。大力推广典型经验。

（2）支持行业内主要生产企业（如合力）率先完成自身智能输送的样板车间改造升级，形成示范效应。

（3）争创一批国省级两化融合贯标示范企业和工业与互联网融合创新示范企业，发掘一批行业内领先的智能制造系统解决方案供应商。协调供应链上骨干企业，在形成产业联盟的同时，设法组织产能协调、目标一致、共同标准、水平相当的产业一条龙的技术升级改造。抓紧提升行业高质量发展水平，形成代表安徽实力的企业集群，参与国内外市场竞争。

（四）做优做强智能输送行业

（1）鼓励智能物流系统解决方案供应商做优做强，拉长产业链条，开展工程总包。支持装备制造企业以智能物流升级为突破口，从提供设备向提供设计、承接工程、设施维护和管理运营等智能制造一体化服务转变。鼓励工程设计院、工业信息工程与服务公司、自动化成套公司、大型控制系统供应商向智能物流输送系统解决方案供应商转型。

（2）建立系统解决方案供应商名录，积极推荐列入名录的供应商参与安徽企业智能化建设改造。组织供应商参加各类高端专业化展会，加强智能输送新技术、新模式、新经验的宣传展示、交流合作和推广应用。

（3）鼓励制造输送系统供应商做优做强。支持系统解决方案供应商拓展市场、加快全球化布局，通过技术、资本强强联合等方式发展成为行业内的龙头企业。支持系统解决方案供应商联合装备供应商、软件开发商，推进智能输送装备、核心软件、工业互联网的集成应用，进一步提升安徽智能输送制造系统集成和服务能力。

二、重点任务

（一）强链——强化优势特色产品

安徽省工业车辆在国内处于领先位置，但领先优势在逐年缩小。建议通过持续创新，提高技术水平，发展高附加值与优势特色产品。

1. 关键技术

（1）氢能源技术应用

目前国内电动叉车大多使用铅酸蓄电池作为动力源，连续作业时间受到很大限制。国外现在正在积极研究氢能源技术，2 日本、美国和欧盟等 33 个国家和地区的业界代表已达成协议，制定出燃料电池车安全标准最终统一方案。希望在氢气提取、储存技术能够有所突破并控制合理成本，适合叉车批量应用。富士经济公司统计显示，燃料电池车的全球市场规模到 2025 年有望猛增至 1800 亿元左右，潜在市场空间较大。

（2）能量回收技术

能量回收主要包括输送货物下降时能量回收和载具行驶动能回收。势能回收主要为货物下降能量回收系统，可以通过设计液压调节回路，当货物下降时，将货物的势能转化为液压油动能，推动马达旋转，而马达又带动发电机给车辆充电（或将液压油冲到蓄能器中备用），达到能量回收的目的。行驶动能回收主要为减速和制动能量回收技术，在叉车减速或制动过程中，电机转子速度超过同步速度，此时转子以比同步磁通矢量速度高的速度运行并且电机相当于发电机，将机械能转换成电能，给蓄电池或超级电容充电。合力、井松在此方面已经有所突破，待量产。

（3）燃气动力产品

燃气动力主要分为液化石油气和液化天然气，燃气动力叉车属于清洁能源叉车，具有低排放、低噪音、低振动、燃料经济好、安全可靠等方面的显著优点。安徽合力在此方面已经有所突破，待量产。

2. 重大产品

（1）大吨位电动叉车

随着技术的发展，电动叉车已突破只能用于小吨位作业的局限。在德国、意大利等一些西欧国家，电动叉车比例高达70％。在国外早已有一些厂商在销售6吨以上电动叉车，如凯傲集团的Still和OM两大品牌、BT集团成员CESAB、意大利CARER、意大利RANIERO和美国Hoist等厂商。目前意大利RANIERO品牌已经研制出18吨电动叉车。大吨位电动叉车适用于一些大型模具、大型发动机、大型减速器、船舶厂、风电和汽车等制造类企业及港口等场合。在此方面合力已有所突破，待推广。

（2）智能搬运车

智能搬运车可以结合条码技术、无线局域网技术和数据采集技术，形成现场作业系统；将企业管理系统延伸到作业人员的手掌中或叉车上，使其工作更方便、系统更智能；将无线车载终端装备到叉车上，由信息引导作业。随着5G网络、移动信息设备的迅猛发展、移动计算（Mobile Computing）技术已经成为信息技术发展的方向，Mobilizing－"M"化已经成为企业竞争力的核心。物流行业分散、流动的信息化特征和移动计算技术可谓珠联璧合，作为"物流M化"技术之一的智能叉车技术将企业信息系统扩展到搬运车上。这种自动化操作将会使众多科研的生产、仓储和物流环节都受益匪浅。安徽合力、泰禾、井松等企业在此方面已经有成果，待推广。

（3）重装LNG系列产品

在重型高端运搬装备上使用LNG（液化天然气），国内尚无规模应用。重型装备都是超级耗油大户，能耗高、排放量大是其显著特点。如果重型装备上采用LNG发动机作为动力，在工作中将只排放二氧化碳和水，不排放氮氧化物，能大大改善环境质量；同时，据测算、在相同的作业工况下，使用成本仅是柴油的大约70％可实现双赢。在此方面合力已在中小吨位产品中有所突破，待推广。

3. 重大应用示范工程

当下，环保要求越来越高，执行也越来越严格。电动叉车有赖于电控、电机、电池的相关技术的突破，而液化天然气叉车，技术相对来说比较成熟，节能的同时并低排放环保，据预测，在未来的10～20年将进入快速发展阶段。

压缩天然气（CNG）的气源和加气站数量问题以及液化天然气（LNG）的运输和储存问题是制约天然气叉车发展的主要原因。因此，如果解决了天然气叉车在中国推广中面临的充装问题，则推广市场空间广阔。据业内人士给出的数据，目前我国仅拥有数百座天然气加注站，这已成为遏制天然气叉车发展的主要因素，建议考虑如下解决方案：（1）组织联合"三大油企"加入LNG加气站的规划和建设。燃气动力在未来有很大发展前景，具有广阔的市场，相信三大能源公司愿意占领此市场，甚至是民营能源公司也可能参与其中。（2）研制流动加液车。一旦用户的LNG叉车数量达到了一定规模，则LNG能源公司可定期派LNG流动加液车到用户单位为用户的LNG叉车或者中转站加注LNG燃料，以解决LNG叉车加注的问题。（3）压缩天然气（CNG）叉车的便捷模式是推广小型工业用充气站方案。如果用户场内有天然气管道，就可以考虑采用这种便捷方案，这种CNG叉车加气方案在北美已有广泛应用。厂区内部备置小型工业用CNG压缩机，还需要配置少量CNG瓶组即可。这样，几台至几十台的CNG叉车可以在厂区内部完成所有的加气工作。无须到加气站排队，但前提条件是企业自己必须有管道天然气可用。（4）有关部门可考虑设立液化天然气叉车应用示范工程。联合长江、淮河、巢湖等相关港口单位，共同实施绿色港口示范工程，让港口物流装备使用LNG等清洁能源，实现无污染甚至零排放，对环境改善作出贡献。

（二）延链——壮大系统集成能力

1. 择优扶持

在智能物流装备行业中，系统集成商处于核心地位。系统集成商和系统集成能力较强的物流装备供应商通常具有较强研发实力，产品附加值较高，对上下游具有较强的议价能力。随着我国智能物流装备行业进入企业增加、市场竞争加剧以及行业集中度提高，规模较小、技术基础薄弱、产品附加值低的物流装备供应商的生存空间日渐狭小，智能物流系统集成商的发展前景良好。

对于合肥井松、欣奕华等物流系统集成商，应该择优进行进一步的扶持。支持欣奕华研发新一代洁净搬运机器人。采用结构模块化设计，实现振动抑制，先进控制，洁净机构设计等技术突破，使产品的洁净度控制、高速运动、定位精度、平稳性、可搬运产品尺寸及重量等技术参数保持国际先进，国内第一。支持合肥井松、泰禾开发堆垛机、穿梭车（RGV）、空中悬挂小车（EMS）等智能机器人。靠自行开发的控制器之优良的性价比形成市场优势。成为国内领先的智能物流系统集成与物流装备制造与系统集成商。

2. 提升竞争力

重点提升智能物流系统集成商的核心竞争力如下：

（1）智能物流系统规划设计

纲举目张，好的规划是系统的关键。集成商要根据客户业务特点及需求，对物流系统的流程进行科学合理布局，完成 IT 架构和控制架构设计以及接口和标准化设计，完成设备选型配置和物流系统的集成方案等。优秀的规划设计能力可以帮助客户优化流程，减少建设及未来系统的运营费用。

（2）物流软件开发

算法研究及软件设计是智能系统的神经中枢，对智能物流系统提供信息支撑。集成商要在软件中体现业主的物流管理模式，软件的开发水平可能直接决定未来系统运行的效率，需要一批既精通软件又熟悉物流技术的复合人才。

（3）控制系统设计

在智能物流系统中承上启下。稳定性、抗干扰能力等是未来系统流畅、高效运行的基础。

（4）物流输送装备

物流输送装备是整个物流系统的基础。依据总体方案进行设计、定制或选型，其科学合理的配置决定了系统的可靠性与稳定性。

（5）现场实施

依靠优秀项目经理，在指定工期内完成大量关键节点的安装、调试、试运行工作。

（6）运维服务

物流系统运行的维护，故障处理，零部件的保障与销售，技术人员培训，系统的升级，收集产品问题指导集成商新品研发。良好的运维服务，是集成商的核心竞争力之一。

（7）市场细分与推广

聚焦安徽省机械、汽车、家电、电子、食品、冶金、化工等主要行业发展需求，依托现有企业，创新产学研用合作模式，以地产输送系统推广应用为主要任务，研究汽车、冶金、新能源电池、机床、电子、家电、交通运输等领域制造工艺流程与智能输送技术的深度融合，以及传感器、分散式控制系统（DCS）、可编程逻辑控制器（PLC）、数据采集系统（SCADA）、高性能高可靠嵌入式控制系统等企业需求，为各行业用户提供成套解决方案与装备集成，推动制造业智能转型升级。争取针对每个行业重点培育 1—2 家系统集成商。

（三）补链——加强基础部件研发

1. 传感器

传感器是物流系统智能化的关键装备之一。我国传感器的生产企业形成了以北京、上海、南京、深圳、沈阳和西安等中心城市为主的区域空间布局。包括热敏、磁敏、图像、称重、光电、温度、气敏等较为完备的传感器生产体系及产业配套。

安徽省电子工业发达，作为长三角一体化成员及科技创新领跑的地区，除目前的企业外，应考虑引进和鼓励企业发展。

2. 控制系统

控制系统是工业机器人、智能输送装备的关键核心部件。控制系统的开发涉及较多核心技术，包括硬件设计、底层软件技术、上层功能应用软件等，国内企业控制系统尚未形成市场竞争力，安徽的企业如井松等已有不错的基础，可以跟进、引进消化技术，在中级产品市场参与竞争。

3. 重载工业车辆关键零部件

重载产品的核心配套件，如发动机、变速箱、驱动桥、泵阀等液压件主要依赖进口，国产化进程非常缓慢，生产厂家较少，应依托现有企业，开发先进 AGV 控制、智能定位、智能路径规划、驱动等技术，提升光学或磁导航精度，开发全轮驱动重载移动机器人，拓宽应用领域，满足制造业智能物流需求。

已经国产化的核心配套件中，发动机的节能减排技术、变速箱的自动换挡技术、驱动桥的湿式制动技术、泵阀等液压件的能量再生技术等都需要逐一研发突破，形成制造能力。

（四）装备制造过程中应用先进工艺

1. 采用虚拟制造技术

虚拟制造技术可以在产品设计阶段就模拟出该产品的整个生命周期，从而更有效，更经济、更灵活的组织生产，实现了产品开发周期最短、产品成本最低、产品质量最优、生产效率最高。数字孪生技术应该在工业物流系统设计中大量应用。

2. 应用先进制造工艺装备

FMS 柔性制造系统、车铣复合加工中心工序集成研究，高效先进的自动输送、上下料系统应用研究。

3. 优化与再造关键零部件工艺流程

应用高效制造工艺流程越来越重要，研究引进适合于柔性及批量制造的高效、先进的成套设备与现有柔性制造单元优化组合。

4. 结构件高端制造

应用机器人技术，配置弧焊机器人工作站，上下料搬运工业机器人及附属设施。实现自动化焊接和自动化上下料。

5. 装配

借鉴其他行业自动化装配线的先进经验，研究自动化装配关键技术在量产装配过程中的应用。实现物流仓储系统与装配生产一体化。

参考文献

［1］中共中央，国务院．长江三角洲区域一体化发展规划纲要［Z］.2019—12

［2］中华人民共和国国务院．中国制造 2025［EB/OL］.http：//www.gov.cn/zhengce/content/2015—05/19/content_9784.htm＃，2015—05—08/2015—05—19.

［3］国家发展改革委员会．产业结构调整指导目录（2019 年本）［Z］.2019.

［4］国家统计局．战略性新兴产业分类（2018）［Z］.2018.11.07

［5］安徽省人民政府．关于加快我省装备制造业发展的若干意见［Z］.2007.

［6］安徽省推进制造强省建设领导小组、安徽经济和信息化委员会．实施制造强省和中国制造 2025 安徽篇工作要点［Z］.2018—04—18.

［7］安徽省"四送一服"双千工程领导小组办公室．安徽省支持实体经济发展政策清单（2019 年 10 月版）［Z］.2019—10.

［8］安徽省经信委．安徽省"十三五"装备制造业发展规划［Z］.2017—02—13.

［9］安徽省机械行业联合会.2019 年度安徽机械工业 50 强企业通报［Z］.2019—11—05.

［10］中国工程院　屈贤明，《制造强国建设与共享制造》2019.1　蚌埠

［11］苗圩．大力推动制造业高质量发展［J］.求是，2019（06）.

［12］陈斌．机械工业经济运行回顾与展望［R］．北京：中国机械工业联合会四届四次会员大会，2017－02－16．

［13］中国机械工程学会．中国机械工业智能制造路线图［Z］

［14］美国清洁能源智能制造创新研究院（CESMII）．美国智能制造路线图［Z］．2017－11

［15］日本经济产业省、厚生劳动省、文部科学省．日本制造基础白皮书（2019 版）［Z］．2019．

［16］安格斯·麦迪森．中国经济的长期表现：公元 960－2030 年［M］．上海：上海人民出版社，2008．

［17］挪威 乔根·兰德斯（Jorgen Randers）．2052：未来四十年的中国与世界 2052：a Global Forecast for the Next Forty Years［M］．罗马：罗马俱乐部，2013．

［18］麦肯锡行业报告研究院．2019 中国与世界［Z］．2019－12－09．

［19］金碚．中国工业的转型升级［J］．中国经济学人，2019.05（18）．

［20］吕铁，刘丹．我国制造业高质量发展的基本思路与举措［N］．经济日报，2019－04－18．

［21］中国工程院战略咨询中心．全球工程前沿 2019［R］．北京：高等教育出版社，2019－12－10．

［22］华略智库，姚荣伟．大尺度大视野编制"十四五"规划［Z］．2019－08．

［23］亿欧智库．2019－2020 中国制造业转型趋势研究［Z］．2019－11．

［24］安徽省机械工业协会．安徽省机械工业发展情况［Z］．2018－12．

第 5 篇

新能源汽车篇

前　　言

　　当今世界正经历百年未有之大变局，新一轮科技革命和产业变革方兴未艾，新能源汽车和智能网联汽车已成为全球汽车产业发展的战略方向。自 1885 年德国卡尔·本茨发明第一台现代汽车至今，汽车产业从未像今天这样成为众多技术变革的交汇点，涉及能源、交通、通信、计算机等诸多行业。汽车新五化——电动化、智能化、网联化、绿色化、共享化浪潮已开启，百年汽车产业正站在大变局、大洗牌、大革新、大机遇的当口。2019 年，全球新能源汽车行业上演了一幕冰与火之歌，行业分化加剧。一边是通用、福特等巨头陆续裁员，菲亚特克莱斯勒与标致雪铁龙合并、传统车企抱团取暖；另一边是新势力为代表的特斯拉国际化加速，年销量近 40 万，同比增长 50％。一边是中国新能源汽车补贴退，销量首现负增长；另一边是德国提高新能源汽车补贴，欧洲新能源汽车销量大增。

　　当下新能源汽车产业正面临前所未有的发展机遇与挑战。为推动安徽省新能源汽车（含智能网联）产业高质量发展，加快建设汽车强省，从新能源汽车国内外发展现状及趋势、安徽省新能源汽车发展现状及特点、安徽省新能源汽车发展战略思路和目标、安徽省新能源汽车发展存在的不足、政策建议及重点任务和保障措施等六个方面对安徽省新能源汽车（含智能网联）产业发展进行分析论述。

第 1 章
新能源汽车国内外发展现状及趋势

一、概述

新能源汽车是指采用非常规的车用燃料作为动力来源（或使用常规的车用燃料、采用新型车载动力装置），综合车辆的动力控制和驱动方面的先进技术，形成的技术原理先进、具有新技术、新结构的汽车。主要包括纯电动汽车、插电式混合动力和燃料电池汽车。

智能网联汽车是指车联网与智能车的有机联合，是搭载先进的车载传感器、控制器、执行器等装置，并融合现代通信与网络技术，实现车与人、车、路、后台等智能信息交换共享，实现安全、舒适、节能、高效行驶，并最终可替代人来操作的新一代汽车，智能网联汽车将成为新一轮产业转型升级的重要标志和依托。

2014 年 5 月 24 日上午，习近平在上海汽车集团考察时强调"发展新能源汽车是我国从汽车大国迈向汽车强国的必由之路"。2015 年 5 月 8 日，国务院发布《中国制造 2025》，节能与新能源汽车被列入国家大力推动的十大领域。2019 年 12 月 3 日，工信部会同有关部门起草的《新能源汽车产业发展规划（2021—2035 年）》（征求意见稿）对外公开征求意见，继续将新能源汽车作为国家坚定不移的战略性新兴产业。2020 年 2 月 10 日，国家发改委、中央网信办等 11 部委联合发布《智能汽车创新发展战略》，提出 2025、2035 乃至 2050 年战略愿景，宣示了国家发展智能网联汽车的坚定信念。

新能源汽车、智能网联汽车必将在长久的未来，持续焕发其强大的生命力，成为现代化国家强有力的支柱性产业。

二、国外现状及发展趋势

（一）产业政策：纷纷出台，推动新能源汽车发展

（1）美国：税收减免与积分政策，驱动车企电动化转型

美国推广新能源汽车政策主要有五个：税收减免、CAFÉ（Corporate Average Fuel Economy）标准、GHG（Greenhouse Gas Emissions）标准、先进车辆贷款支持项目、ZEV（Zero－Emission Vehicle）法案；前四者是联邦层面推行，ZEV 是州层面；ZEV 最早由加州制定和推行，后被康涅狄格州、马萨诸塞州、马里兰州等九个州采用。

美国的 ZEV 积分政策，使更多的车企肩负起节能减排的责任，更通过政策导向使新能源技术路线由提高燃油使用效率到更改能源类型的方向转变，有力地推动了美国新能源汽车产业的发展，同时积分政策的设计极大地鼓励了初创的新能源汽车企，如特斯拉能够通过积分交易获取额外的收入来源从而实现快速发展。值得一提的是，美国的这个政策对我国新能源汽车"双积分"政策发挥了很好的启发意义。

在发展智能网联汽车方面，美国也走在世界的前列。一方面，为了在联邦政府层面建立自动驾驶汽

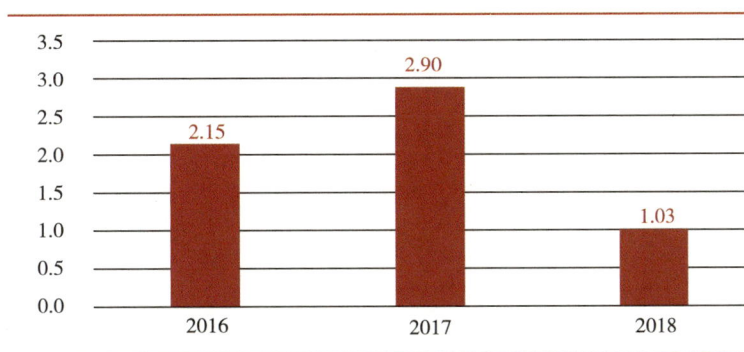

图 5-1　特斯拉出售 NEV 积分收入（亿美元）

车监管框架，美国众议院与参议院相继提出自动驾驶法案，从安全标准、法律法规、研发创新等方面引导自动驾驶发展。另一方面，一些州政府率先采取行动，通过了自动驾驶汽车立法或行政命令，截至2018年底，已有超过35个州引入、考虑或采纳了自动驾驶有关的法案。美国加州车辆管理局（DMV）针对自动驾驶道路测试，定期发布自动驾驶脱离报告，2019年2月DMV公布了2018年的自动驾驶报告，该报告已经成为自动驾驶领域最权威的成绩单。

2）欧盟：发布史上最严碳排放标准，倒逼车企电动化转型

2019年上半年欧盟范围内乘用车总销量818.36万，仅次于中国；新能源乘用车销量19.78万辆，全球占比20.10%。

2019年4月，欧盟发布《2019/631文件》，规定2025、2030年新登记乘用车 CO_2 排放在2021年（95g/km）基础上分别减少15%（81g/km）、37.5%（59g/km）。相比之前标准，新政策更加严格，体现在四点。一是排放目标值降幅大；二是达标缓冲期更短，新规定只有1年缓冲期；三是测试标准更严；四是罚款力度更重，每超标1g/km罚款95欧元。另外，欧盟主要发达国家如德国电动汽车补贴升级：德国政府计划在从2020年开始的5年中将电动汽车购车补贴提高一半，从现在的每辆3000欧元提高至4500欧元，对于售价超过4万欧元的车型补贴将提高至5000欧元，欧洲各国购车补贴政策见表5-1。

2017年，德国颁布全球首个专门针对自动驾驶的修正法案《道路交通法第八修正案》和针对自动驾驶的道德标准《自动化和互联化驾驶道德准则》，这是欧洲车企进军智能网联汽车的强烈信号。

表 5-1　欧洲各国购车补贴政策

国家	购车补贴政策
荷兰	购买电动车免注册费、路征税等费用，特定城市单独奖励5000欧元（约3.9万元）补贴，阿姆斯特丹等城市，市政府还额外补贴5000欧元
挪威	购买电动车免除所有税费（包括25%的增值税），且不用缴纳城市通行费和公共停车场的停车费，进口电动车免除关税，还可使用公交车专用车道
德国	购买混动车可获得3000欧元（约2.4万元）补贴，但仅限于售价6万欧元（约47万元）以上车型，享受补贴车辆最多40万辆，不同于国内，补贴费用由车企和政府分摊，均出资6亿欧元（约47亿元）。在2016年到2020年之间购买电动车，则可与家中另一辆车共享车牌，以节省保险费。
英国	购买二氧化碳排放量少于50g/km及续航里程70英里的电动车和混合动力车可享乘用车补贴4500欧元（约3.5万元）或商用车补贴8000欧元（约6.3万元）；续航里程小于70英里、二氧化碳排放量在50g/km至75g/km之间、售价在6万欧元（约47万元）以内的插电式混合动力车可享2500欧元（约2万元）补贴
法国	购买二氧化碳排放量少于20g/km的电动车及混合动力车可享6300欧元补贴；购买二氧化碳排放量在21g/km至60g/km之间的混合动力车可享1000欧元补贴；购买二氧化碳排放量在61g/km至110g/km之间的混合动力车最高可享750欧元补贴；如果废弃车龄10年以上的柴油车，置换纯电动车可享6300欧元补贴，置换插电式混合动力车可享2500欧元补贴

（续表）

国家	购车补贴政策
西班牙	购买电车乘用车最高可享 5500 欧元（约 4.3 万元）补贴，电动车卡可享 8000 欧元（约 6.3 万元）补贴，电动巴士可享 20000 欧元（约 15.7 万元）补贴
瑞典	购买二氧化碳排放量少于 50g/km 的插电式混合动力车可享 20000 克朗（约 1.7 万元）补贴，纯电动车可享 40000 克朗（约 3.3 万元）补贴
爱尔兰	购买新能源动车最多可享 5000 欧元（约 3.9 万元）补贴
葡萄牙	纯电动车可享受 2250 欧元（约 1.8 万元）补贴，插电式混合动力车可享 1125 欧元（约 0.9 万元）补贴

（3）日本：财政补贴和税收减免，助力电动化转型

日本作为资源匮乏、能源对外依存度极高的国家，很早就重视新能源汽车的研发和应用。2009 年日本经济产业省提出"EV/PHV 城市"倡议，在 18 个地区建设电动汽车示范区，由点及面推动 EV/PHV 全面普及，并出台了一系列政策，集中在战略规划、财政补贴、税收减免三个方面。

战略规划方面：2010 年 4 月，日本经济产业省发布《下一代汽车战略 2010》，将下一代汽车定义为：非插电式混合动力汽车（HEV）、纯电动汽车（BEV）、插电式混合动力汽车（PHEV）、燃料电池汽车（FCV）、清洁柴油汽车（CDV）等，并首次公告发展目标：到 2020 年，下一代汽车将在新车销量中力争达到 20%～50%；到 2030 年，下一代汽车将在新车销量中力争达到 50%～70%，并沿用至今。

新能源财政补贴：由经济产业省主导，分为 CEV（Clean Energy Vehicle）导入补贴，充电设施补贴和加氢设备补贴，充电设施补贴主要针对充电桩，加氢设备补贴主要针对氢燃料电池。

新能源税收减免：日本自 2009 年 4 月起开始实施"环保车辆减税"和"绿色税制"政策。"环保车辆减税"规定：所有新一代汽车包括 HEV、BEV、PHEV、FCV、CEV，无论是乘用车、轻型商用车、中型商用车、重型商用车，一律免征汽车购置税和车重税。"绿色税制"规定：所有新一代汽车包括 HEV、BEV、PHEV、FCV、CEV，新注册乘用车绿色税收减免 75%，美国、欧盟和日本新能源汽车政策见表 5-2。

智能汽车方面：日本政府在 2013 年推进的复兴计划里启动了自动驾驶相关项目，并在"自动驾驶系统研发计划"中提出，到 2030 年实现完全自动驾驶汽车的目标。目前，日本已经允许在驾驶位无人的状态下进行自动驾驶汽车上路测试，并将自动驾驶发生的交通事故列入汽车保险的赔付对象，这对日本自动驾驶的测试应用将起到巨大的推动作用。

表 5-2　美国、欧盟和日本新能源汽车政策

国家	法规（Regulations）	目标（Targets）	激励（Incentive）	产业政策（Industrial policy）
美国	联邦政府提议 2022-2025 年冻结小型车（LDV）的二氧化碳排放标准；20 个州表示愿意遵守企业平均燃料（CAFE）更新标准；在 10 个州执行零排放车辆（ZEV）生产任务	加州制定 2030 年 500 万辆电动车（EV）的目标	每个制造商在该国境内销售达到 20 万个单位后税收抵免额度为 2500 美元至 7500 美元；在某些州实行购买退税和注册免税政策	美国能源部车辆技术办公室支持电池和电驱系统的开发
欧盟	碳排放限额政策规定 2020 年新车二氧化碳排放量不得超过 95g/km，2025 年不超过 80.8g/km，超标车辆将面临 95/g/km 的处罚；越来越多成员国宣布禁售燃油车时间表		33 个成员国制定零排放和低排放车辆激励计划，推出购置补贴、税收优惠等政策	欧洲电池联盟促进欧洲电池产业发展

（续表）

国家	法规（Regulations）	目标（Targets）	激励（Incentive）	产业政策（Industrial policy）
日本	2025 年前新卡车和其他重型车辆的燃料标准将达 7.63km/L，公交车将达 6.52km/L； 2020 年小型车（LDV）燃料标准将达 19.4km/L（WLTC）	2020 年新能源汽车（含 HEV）销售比例达 15%～20%，2025 年达 20%～30%	HEV、PHEV、BEV 和 FCEV 购置税优惠	

（二）目标引导：纷纷发布燃油车禁售时间表

一些国家政府正式发布文件或政府高官讲话可以看出，燃油车禁售时间表是汽车产业发展方向的强烈信号。其中挪威最激进，英国、法国随后、日本保守，美国、德国暂未出台文件。挪威、荷兰、英国、法国、葡萄牙、日本燃油车禁售时间分别为 2025、2030、2040、2040、2040、2050 年；美国加州民主党议员 Phil Ting 于 2018 年提议 2040 年实行零排放；德国联邦参议院于 2016 年投票决定从 2030 年开始禁止欧盟销售汽油或柴油动力车辆。部分国家/地区制定禁售燃油车时间表见表 5-3。

表 5-3　部分国家/地区制定禁售燃油车时间表

国家	2025	2030	2035	2040	2050
挪威	★				
荷兰		★			
德国		★			
爱尔兰		★			
以色列		★			
斯洛文尼亚		★			
冰岛		★			
丹麦		★			
西班牙			★		
英国				★	
法国				★	
葡萄牙				★	
日本					★

从各国官方披露来看，新能源汽车新车销售占比，挪威 2025 年为 100%、欧盟 2030 年为 35%、中国 2025 年为 25%、日本 2030 年为 20%～30%，美国加州电动化转型虽然较为积极，但是到 2025 年为 15%，远低于其他国家。

（三）技术路线：BEV 为主流，PHEV 发展稳健，FCV 尚处研发阶段

欧美日等技术先进地区因环保政策规定趋严，率先发展新能源汽车产业，早期以混合动力汽车（HEV）为主，插电式混合动力汽车（PHEV）和纯电动汽车（BEV）共同发展。

按时间线划分，2011 年之前，全球新能源汽车技术路线以 BEV 为主；2011 年起，雪佛兰 Volt 等优质 PHEV 开始上量，2012 年全球 BEV 和 PHEV 销量分别为 5.8 万辆和 6.1 万辆；2018 年，全球 BEV

和 PHEV 销量分别升至 134.5 万辆和 63.0 万辆，其中全球 BEV 销量主要来自中国市场。PHEV 经 2012 年暴增后速度企稳，BEV 则因中国市场带动而保持高速增长，占新能源汽车比例持续增大，2018 年达 68.1％。

美国：2018 年启动简化后的积分制度，即 ZEV（Zero-Emission Vehicle，零排放车辆）积分，推动 BEV 和 PHEV 成为主流。欧洲：受 2018 年油耗测试由 NEDC 工况改为 WLTP 工况（World Light Vehicle Test Procedure，即世界轻型汽车测试规程）影响，大众 Passat GTE 等部分畅销 PHEV 被迫停售，目前销量前十中只有三菱 Outlander 和 Mini Countryman 为插电混合动力车型，其余均为纯电动车型。

欧美日车企均重视燃料电池汽车，但均还处于技术核心技术研发攻关阶段，均未推出大批量的量产车型。自 5 年前丰田汽车公司推出第一代 Mirai 至今，这款氢燃料电池汽车只售出了不到 1 万辆。近期，丰田汽车发布了一款完全重新设计的 Mirai 氢燃料电池汽车，续航超 900 公里，这是该公司希望氢燃料技术成为主流的最新尝试。2019 年国外燃料电池汽车销量为 7578 辆，主要销售区域为韩国、美国和日本，分别达到 4194、2089、644 辆，且基本为乘用车。这些氢燃料电池乘用车主要为韩国现代 NEXO 和日本丰田 Mirai。其中，现代 NEXO 销量占据行业第一名，数量 4818 辆；第二名丰田 Mirai，数量 2407 辆；第三名本田 Clarity，数量 349 辆，见表 5-4。

表 5-4　2019 年 1-7 月国外新能源汽车销量前 10 车型

排名	车型	技术路线	2019 年 1-7 月销量（万辆）	销量占比	2018 年销量（万辆）	销量占比	2017 年销量（万辆）	销量占比
1	特斯拉 Model 3	BEV	4.1	14.5％	—		—	
2	雷诺 Zoe	BEV	2.8	9.9％	3.9	10.0％	3.2	10.4％
3	三菱 Outlander	PHEV	2.2	7.5％	2.4	6.2％	2.6	8.4％
4	日产 Leaf	BEV	1.9	6.7％	4.1	10.5％	4.7	15.4％
5	BMW i3	BEV	1.9	6.6％	2.4	6.3％	3.1	10.3％
6	大众 e-Golf	BEV	1.5	5.2％	2.1	5.5％	—	
7	现代 Kona	BEV	1.4	4.7％				
8	Mini Countryman	PHEV	0.9	3.1％	1.0	2.7％		
9	奥迪 e-tron	BEV	0.8	2.9％				
10	捷豹 I-Pace	BEV	0.8	2.6％	—		—	

（四）产品竞争：主流车企产品竞争力依然强劲

新能源汽车行业发展正在由政策驱动向供给驱动转型，最明显的表现就是好的产品不断涌现，这是政策导向、市场需求双重因素作用的结果。

国外主流车企发展新能源汽车产业比中国稍晚，但在政策驱动下，凭借品牌和技术优势，推出高端新能源汽车产品市场竞争能力依然强劲。目前，美国市场崛起的是特斯拉，呈现全球一家独大态势。2020 年，特斯拉在美国电动车市场的占比高达 79％，其他厂商的份额只有 21％，不到特斯拉的 3 成。2019 年 1-9 月 Model 3、Model X 和 Model S 三款车型合计市场份额占全美市场份额 56.3％，2019 年 1-11 月，特斯拉销量占全球市场份额的 32％。特别是 Model 3 车型，已经成为当之无愧的全球"爆款车"冠军（爆款车为年销量达 3.6 万辆以上，亦即月均达 3 千辆）。欧洲新能源汽车产品结构已经呈现多元化态势，欧洲热销的新能源车型包括雷诺 Zoe、三菱 Outlander、日产 Leaf、宝马 i3 等等，欧系、美系、日韩系均取得不错的销量表现，品牌结构、车型结构趋于多元化，见表 5-5。

表5-5 全球新能源汽车行业爆款车型数量（按车企类型统计）

全球前20名	2014	2015	2016	2017	2018	2019E
海外品牌数量	14款	12款	9款	11款	9款	10款
自主品牌数量	6款	8款	11款	9款	11款	10款
爆款数量	1款	3款	2款	6款	17款	15款
爆款海外品牌数量	1款	3款	2款	4款	8款	7款
爆款自主品牌数量	—	—	—	2款	9款	8款

三、新能源汽车产业国内发展现状

（一）市场推广：全球领先依然亟待开发

（1）电动汽车产销量全球领先

我国电动汽车产业经过十几年的发展，已取得了先发优势和规模效应。在国内政策的不断推进下，近10年，我国电动汽车行业取得了巨大的成就，从2010年不到1万辆的销量，到2019年实现了120.6万辆的销量，增长迅猛，全球领先。截至2021年底，全国新能源汽车保有量达784万辆，远超2020年实现500万辆目标。2021年我国新能源汽车销量达352.1万辆，占新车销售比例跃升至13.4%，未来仍有较大成长空间。

（2）消费方式呈现多元化

我国新能源汽车产业发展面向消费端已呈现多元化趋势。市场主要集中在出租车、网约车和私人消费市场。近年来在政府推动下，政府用车、公务用车、公交车、出租车、网约车等已开始进行全面电动化。随着新能源技术的发展，国内新能源汽车产品逐步得到消费者的认可。

（3）燃料电池汽车产销量逐年增加

2020年，我国燃料电池汽车生产1199辆。截至2020年3月国内氢燃料电池汽车保有量超6100辆，已达成《节能与新能源汽车技术路线图》"到2020年实现5000辆燃料电池汽车规模"的阶段性目标。国内在售的氢燃料电池汽车以中型货车及大中型公交车为主，且已有17个省份进行氢燃料电池汽车商业化运营。其中，广东、上海累计投放氢燃料电池汽车都超过一千辆。

（4）充电桩、加氢站基础设施建设还需加强

充电桩、加氢站基础设施缺乏，制约新能源汽车发展。截至2021年9月，全国新能源汽车保有量达到678万辆，充电基础设施累计数量为222.3万台，车桩比为3.05:1，充电桩数量严重不足，并且还存在利用率不高、布局不合理、使用费用高、安全性低等问题。截至2020年6月底，我国投入运行的加氢站数量达60座，主要是35MPa级的，70MPa级高压加氢站数量寥寥。

（二）技术创新：进步巨大依然亟待环节突破

（1）纯电动技术趋于成熟

自2001年新能源汽车被列为国家"863"重大科技项目至今，新能源汽车发展经历了萌芽阶段——试点阶段——财政补贴阶段（含后补贴阶段和市场化导入阶段），在历经了12年国家财政补贴扶持后，中国新能源汽车产业正在由政策驱动为主向市场驱动为主转变。国家支持新能源汽车产业发展的方向和决心从未动摇，经过20年的发展，纯电动技术趋于成熟。

（2）插电式混合动力技术未取得明显优势

在电池技术还没有较大突破的今天，混动是一个很好的解决方案，不仅可以提升内燃机的使用效率、达到更为环保，还可以避免因为充电的各种问题而限制了车辆的行驶范围，但由于技术难度高，我国自主品牌车企在燃油发动机领域不占优势，混动也是一大技术难题。国家新能源汽车各项政策对纯电动汽

车倾向性，插电式混合动力一直处于被压制的态势，未取得明显优势。

（3）"刀片电池"技术进步明显，但革命性技术突破未现

2010—2015 年，磷酸铁锂电池一度在我国新能源汽车领域占据主导地位，后因为能量密度偏低的原因，在乘用车领域逐步被三元电池所取代，但三元锂离子电池安全性还没有解决，现在客车仍然用磷酸铁锂电池。

2020 年 3 月 29 日比亚迪官方携"刀片电池"首次公开亮相，提高了电池包能量密度和安全性，使我国锂电池技术迈上了一个新的台阶，但动力电池革命性技术进步并未出现。

（4）电机技术成熟，轮毂电机技术受到重视

驱动电机系统是新能源汽车核心系统之一，其性能决定了爬坡能力、加速能力以及最高车速等汽车行驶的主要性能指标。驱动电机作为新能源汽车的必要组成部分，在国家政策的推动以及新能源汽车产业发展环境不断优化的情况下，技术也逐步走向成熟。目前我国从不同种类驱动电机的应用来看，永磁同步电机主要应用于新能源乘用车，交流异步电机和开关磁阻电机主要应用于新能源商用车，特别是新能源客车。2020 年，我国新能源汽车配套驱动电机装机量超过 146.3 万台。随着技术的成熟及市场份额的扩大，轮毂电机以其驱动灵活、重量轻、集成度高和能耗低等优点逐渐受到重视，部分车企纷纷涉猎其中，加大研发投入。

（5）燃料电池电堆性能显著提升

燃料电池具有能量密度高，无污染的优点，与其他种类对比见表 5-6。

表 5-6　燃料电池与其他种类对比

动力种类	能量密度	优势	缺点
镍氢电池	0.4	质量小、循环次数高、无污染、无记忆效应	电压低、能量密度低
锂电池	0.72	能量密度较高、高电压、循环次数高、无污染	安全性较差、生产成本高、应用范围有限
燃料电池	140.4	环境污染小、能量密度更高、加氢较快、应用较广	成本较高、氢气存储要求较高、配套设施要求较高
汽油	43.1	最高时速高、续航里程高、加油较快	环境污染、噪音较大

燃料电池电堆作为燃料电池系统的核心部件，维系着整个燃料电池系统的能量输出过程。2019 年中国氢燃料电池电堆市场规模达 10.71 亿元。一部分头部企业正在崛起，从装机功率占比来看，排名前五的企业占据了近八成的市场份额，见表 5-7。

表 5-7　2019 年中国氢燃料电池系统装机量排名

燃料电池装机功率排名 TOP10		
企业	2018—2019 装机功率（MW）	2018—2019 装机功率占比
上海重塑能源科技有限公司	19.2	19.78%
上海电驱动股份有限公司	18	18.55%
广东国鸿重塑能源科技有限公司	17.8	18.34%
北京亿华通科技股份有限公司	13.47	13.88%
能源动力股份有限公司	8.85	9.12%
南通百应能源有限公司	4.11	4.23%
潍柴动力股份有限公司	3.72	3.83%
江苏清能动力科技有限公司	2.28	2.35%
武汉雄韬燃料电池科技有限公司	1.8	1.85%
爱德曼氢能装备有限公司	1.55	1.60%

燃料电池已有一百多年发展历史。国内研究开始于 60 年代，现在仍处于产业发展初期，产业化进程比纯电动汽车晚 10 年左右。目前中国燃料电池产业链较薄弱，但产业化态势全球最佳。

2019 年之前国内车用燃料电池电堆主要来自于巴拉德，国产电堆只占据少量市场份额。2019 年国内自主技术燃料电池电堆厂家出货量有了明显的增长。据了解，2019 年自主技术电堆功率出货量占比 58%，较 2018 年增长 30.40%。

电堆国产化取得了长足进步，关键零部件能实现不同程度的国产化，装机量和性能都有了极大的提升。国内电堆厂商主要有两类：一是自主研发，以大连新源动力为代表；二是引进国外成熟电堆技术，以广东国鸿为代表。国内燃料电池电堆加速发展，电堆及产业链企业数量逐渐增长，产能量级快速提升，见表 5-8。

表 5-8　国内外燃料电池研发企业

	生产厂家	额定功率（kW）	功率密度（kW/L）	低温启动（℃）	低温存储（℃）
国外	Ballard	30/60	1.5	—	—
	Hydrogenics	30	0.8	—	—
	AFCC	30	—	−30	−40
	丰田	114	3.1	−30	−40
	本田	103	3.1	−30	−40
	现代	100	3.1	−30	−40
国内	上海神力（石墨双极板）	40/80	2	−20	−40
	大连新源动力	30～40（复合双极板）	1.5	−10	−40
		70～80（金属双极板）	2.4	−20	−40
	弗尔塞能源	16/36	—	−10	—
	北京氢璞创能	20～50	—	−10	−40
	武汉众宇	0.25～1.2/36	—	—	—
	上海攀业	0.05～1.8	—	−5	—
	安徽明天氢能	20～100	—	−20	—
	广东国鸿巴拉德氢能动力	30～60	1.52	−20	−24～75

（6）燃料电池汽车储氢装备研发与质量控制取得重要突破

车载储供氢系统负责存储并向燃料电池系统提供氢燃料，储氢气瓶是储供氢系统的关键装备。车载储氢方案直接影响到氢燃料电池汽车的安全性、续航里程和乘车体验。目前车载储氢技术主要有高压储氢、液化储氢、固态储氢等。其中，高压储氢是现阶段主流储氢路线，优点是充放氢速率快、质量储氢密度较高。35MPa 铝内胆碳纤维全缠绕复合材料储氢瓶（Ⅲ型）质量储氢密度约 3wt.%、体积储氢密度约 16g/L，70MPa 塑料内胆碳纤维全缠绕复合材料储氢瓶（Ⅳ型）质量储氢密度约 5.7wt.%、体积储氢密度达 40g/L。

挪威 Hexagon 公司、美国 Quantum 公司、日本 Toyota 公司、加拿大 Dynetek 工业公司、法国 Mahytec 公司等已研制成功多种规格型号的纤维全缠绕高压储氢气瓶，其高压储氢瓶设计制造技术处于世界领先水平，见表 5-9。国外已开发出 70MPa 车载Ⅳ型储氢瓶，具备全套型式试验能力，尤其加拿大 Powertech 试验室、日本汽车研究中心具备 70MPa 储氢瓶的氢气循环疲劳测试能力（众多型式试验中难度最高的一种）。目前挪威 Hexagon 公司已开发出 90MPa 级Ⅳ型储氢瓶，储氢效率更高。

国内高压储氢气瓶设计制造能力亦取得了长足进步。沈阳斯林达、江苏国富氢能、北京科泰克、天海工业、中材科技等企业已研发出 35MPa 级Ⅲ型储氢瓶，部分企业已开发出 70MPa 级Ⅲ型储氢瓶。目前国内正在开展70MPa级车载Ⅳ型储氢瓶设计制造技术研究和样瓶研制，但90MPa车载Ⅳ型储氢瓶技术尚未掌握。

表5-9　国内外车载储氢瓶指标对比

供应商		气瓶类型	工作压力（MPa）	气瓶容积（L）	质量储氢密度（wt%，不含瓶阀）
国外	日本 Toyota	IV	70	~60	~5.6
	Hexagon Lincoln	IV	70/35	40－75/300－350	5.4－6.0/~7.4
国内	北京科泰克	III	35	140	4.5
	富瑞氢能	III	35	60－165	3.6－4.4
	沈阳斯林达	III	70/35	52/75－145	4.0/4.4－4.7
	天海工业	III	25	80－150	3.5－4.3
	中材科技	III	35	55－165	3.9－4.5

在高压储氢气瓶型式试验方面，合肥通用机械研究院有限公司已建成最高试验压力140MPa的氢气循环疲劳测试装置（国内首家、技术指标国际领先），可以同时满足70MPa、90MPa级高压储氢气瓶及辅助部件的氢循环测试，从而使得我国具备了高压储氢装备的全套型式试验能力，将极大推动我国氢燃料电池汽车产业发展。

（7）智能网联技术成为新的方向和现实选择

新能源汽车是智能网联技术的最佳载体，电动化与智能化、信息化的融合发展将助力新能源汽车升华。新能源汽车以电力驱动的内在特性决定了其电气化水平整体高于传统燃油车，同时可以更好地适应线控技术落地，发展智能网联技术具有更好的基础。

作为交通强国和5G行业应用的重点方向，车联网有望在2020年走向规模部署，在新基建的背景下，地方政府的投入热情明显加速，2020年仅1季度即有21个项目开工建设。自政治局常委会提出加快5G网络等新型基础设施建设和11部委印发《智能汽车创新发展战略》后，不断有政策落实，明确将基于5G的车路协同车联网大规模验证与应用列为2020年重点支持的5G领域新基建7大工程之一，智能汽车政策见表5-10。

表5-10　2017年至今的智能汽车政策梳理

政　策	时　间	制定机构
《汽车产业中长期发展规划》	2017.4.6	工信部、发改委和科技部
《智能网联汽车信息安全白皮书》	2017.6.12	联盟信息安全工作组、中国汽车工程学会、北京航空航天大学等
《国家车联网产业标准体系建设指南（智能网联汽车）（2017年）》（征求意见稿）	2017.6.13	工信部和国家标准化管理委员会
《新一代人工智能发展规划》	2017.7.20	国务院
《合作式智能交通系统车用通信系统应用层及应用数据交互标准》	2017.9.18	智能网联汽车产业创新联盟、长安汽车、清华大学、上海国际汽车城等16家单位
《促进新一代人工智能产业发展三年行动计划（2018－2020）》	2017.12.14	工信部
《国家车联网产业标准体系建设指南（智能网联汽车）》	2017.12.27	工信部和国家标准化管理委员会
《智能汽车创新发展战略》（征求意见稿）	2018.01.05	发改委

（续表）

政　策	时　间	制定机构
《智能网联汽车自动驾驶功能测试规程（试行）》	2018.08.03	（工信部委托）智能网联汽车产业创新联盟、全国汽车标准化技术委员会
《车联网（智能网联汽车）直连通信使用5905－5925MHz频段管理规定（暂行）》	2018.10.25	工信部
《新一代人工智能产业创新重点任务揭榜工作方案》	2018.11.08	工信部
《车联网（智能网联汽车）产业发展行动计划》	2018.12.27	工信部
《2019年智能网联汽车标准化要点》	2019.5.15	工信部
《推到重点消费品更新升级　畅通资源循环利用实施方案（2019－2020年）》	2019.6.3	国家发展改革委、生态环境部、商务部
《上海市智能制造行动计划（2019－2021年）》	2019.7.9	上海市经济和信息化委员会
《成都市智能网联汽车产业发展实施方案（2019—2021）》	2019.7.4	成都市氢能暨新能源汽车产业推进工作领导小组办公室
《交通强国建设纲要》	2019.9.19	国务院
《新能源汽车产业发展规划（2021－2035年）》（征求意见稿）	2019.12.3	工信部
《智能汽车创新发展战略》	2020.2.12	发改委、工信部等11个国家部委
《汽车驾驶自动化分级》报批稿	2020.3.9	工信部

（8）电池回收技术受到重视

我国新能源汽车行业经过近十年的发展，目前第一批车载动力电池已经到达退役年限，动力电池回收利用迎来发展窗口期，车企携手上游企业竞相布局。根据中汽研预测，2020年累计退役量达25GWh，2025年累计退役量将超过116GWh。仅按照电池内金属价值量计算，动力电池回收利用市场将超过百亿。面对巨大的市场空间和降本红利，2018年以来，车企抱团上游企业布局电池回收利用的例子不断涌现，预计随着动力电池回收利用法规健全和长期降本压力的双重驱动，动力电池回收利用将迎来大发展时机。

（三）产品竞争：迅速加剧，期待异军突起扭转局面

（1）特斯拉国产化影响深远

2020年1月，首批国产Model 3已经在中国上海交付。一直饱受产能困扰的特斯拉超级工厂入驻中国。其在华设厂，一方面有利于降低成本和售价，吸引原计划购买豪华燃油汽车的中高端客户，提升新能源汽车的影响力和号召力，提振消费市场信心；另一方面，良性竞争有利于提升国内新能源汽车产业链的技术水平和新能源汽车的产品力，同时带动上游产业链发展，具有里程碑意义，也是国家部署加快取消汽车制造行业外资股比之后的关键一步，是对外开放和汽车行业发展战略中的重要一环，彰显政府决心。特斯拉发展历程如图5-2所示。

国家对新能源汽车、智能汽车的开放态度和大力支持将带来充分的竞争，赋予整个产业蓬勃的生机。由于特斯拉车型定位偏高端，同类型车与国内主力放量车型价格区间并不重合，特斯拉本土化生产对自主品牌冲击相对有限。但特斯拉的威胁已经存在，自主品牌唯有卧薪尝胆勇于挑战，实现异军突起，方能冲出被动局面。

（2）自主品牌产品百花齐放

自主品牌比亚迪、北汽、广汽、吉利、江淮、奇瑞等主流车企不断推出新产品，仅以2020年4月1日工信部发布了《新能源汽车推广应用推荐车型目录（2020年第4批）》为例，共包括57户企业134个车型，其中纯电动产品共51户企业114个型号、插电式混合动力产品共9户企业16个型号、燃料电池产

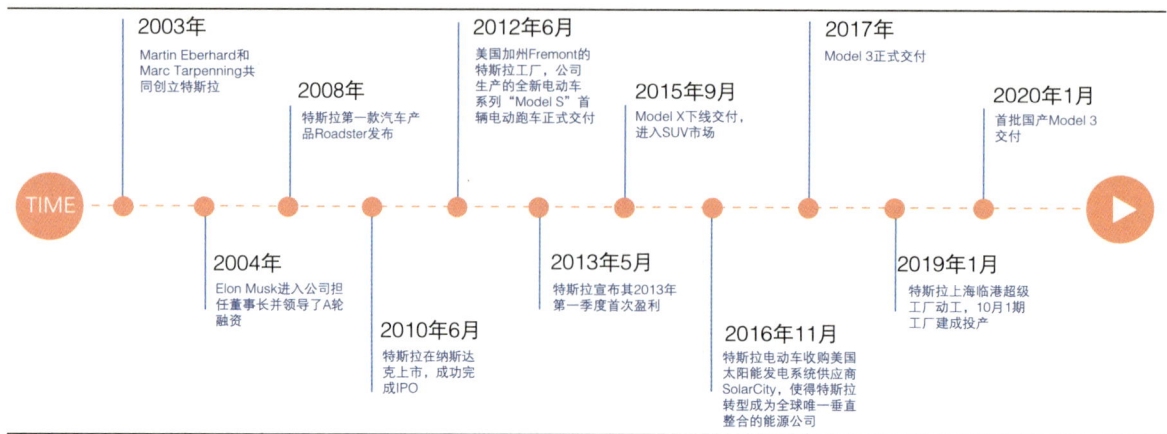

图 5-2　特斯拉发展历程

品共 4 户企业 4 个型号，其中自主品牌占比 9 成以上，多品牌，多车型齐头并进，相互竞争，可谓百花齐放，见表 5-11。尽管如此，国内始终未能出现类似特斯拉的品牌与性能兼具的爆款车型。

表 5-11　2018 年自主车品牌企新能源主力车型及销量

车企	2.0 时代 该款换代车型	2.0 时代 全新车型	各车企 冠军车型	主力车型 2018 年 销量总计（万辆）
比亚迪	秦、唐王朝系列加上 e 系列	T3、宋 EV、元 EV、宋 DM、商	秦 PHEV	22.4
北汽新能源	EC180	EC160、EV300、EX360、407BEV、407EV	EC180	9.7
上汽乘用车	荣威 e550、荣威 e950、荣威 e/Ei6	荣威 e/ERX5、荣威 Ei5、荣威 Marvel X	荣威 Ei6Plus	9.0
奇瑞汽车	艾瑞泽 7、新 QQBEV、小蚂蚁 BEV、艾瑞泽 5	瑞虎 BEV、瑞虎 3X、开瑞 K50、开瑞 K60、微电动	新 QQ BEV	5.9
江淮汽车	iEV4、iEV5、iEVS4、iEVA50	iEV7S、iEV7L、iEV6E	iEV6E	5
吉利汽车	帝豪 EV、帝豪 PHEV、星越 PHEV、宾越 PHEV	帝豪 Gse、领克 01PHEV、博瑞 GE、帝豪 GL	帝豪 EV	4.9
长安汽车	逸动 EV460、逸动 ET、CS15EV400、逸动 BEV、CS15BEV	奔奔 MINI EV、欧力威 BEV、尼欧 II、欧尚 BEV、CS75 1.5 PHEV	新奔奔 BEV	2.7
东风乘用车	风神 E70、景逸 S50、菱智 BEV、俊风系列：E11K、E17、ER30	—	风神 E70	0.9
广汽新能源	GA3S PHEV	GE3 530、GA3S、GS4、Aion S、Aion LX PHEV	GS4	0.9
长城汽车	—	欧拉：R1、iQ；WEY P8	P8	0.7

（3）造车新势力企业面临挑战

在电动化的发展趋势下，很多造车新势力和跨界造车的企业不断地向传统汽车发出挑战，主流造车新势力企业见表 5-12，同时也在带动汽车产业的变革；但汽车产业有着极高门槛，想真正进入产业链并非易事。

一是绕不过的造车资质。合法造车取得资质是一道无法绕过的关卡。2017 年 6 月起，主管部门暂停了纯电动乘用车资质的审批，至今仍未恢复，除了已经获得资质的前途汽车等十几家公司外，多数已经箭在弦上的新势力造车企业不得不采取"迂回战术"。如蔚来、小鹏、车和家分别选择江淮、海马、华晨代工，威马汽车则通过控股中顺汽车控股有限公司获得资质，代工模式在很多方面也会"受制于人"，市场上拥有造车资质的"壳资源"可遇而不可求。二是由于没有产业链基础，所有造车新势力都需要解决产能问题。三是对于造车新势力来说，持续亏损暂未实现盈利也是巨大挑战，随着补贴退坡，市场化将主导产业发展。部分新造车势力迟迟无法实现盈利，在高昂的成本压力下，终究会被市场抛弃。

表 5 - 12　主流造车主新势力企业

车企	累计销量	资质	工厂	发布车型	售价（万元）	上市时间	交付时间
威马	11312	收购中顺汽车	自建	EX5	11.2～16.5	2018.04	2018.09
				EX5 520	17.0～19.0	2019.08	—
蔚来	10458	无	江淮代工	ES8	37.5～47.5	2017.12	2018.05
				ES6	35.8～39.8	2018.12	2019.06
小鹏	9442	无	海马代工＋自建	G3 2019	15.6～20.0	2018.12	2019.03
				G3 2020	14.4～29.7	2019.07	2019.09
合众	4277	双资质	自建	哪吒 NO1	6.0～7.0	2018.11	2018.11
				哪吒 NO1 2020	6.7～8.0	2019.08	2019.08
理想	—	收购力帆汽车	自建	ONE	32.8	2019.04	2019.12
爱驰	—	入股江铃控股	—	U5	19.8～30.2	2019.09	2019.12
天际	—	收购西虎汽车	东南代工＋自建	ME7	36.7～38.2	2019.04	2020Q1
拜腾	—	收购一汽华利	自建	—	—	—	—
金康		双资质	自建	SF5	27.8～45.8	2019.07	2019Q3
博郡	—	一汽夏利合资	自建	—	—	—	—
华人运通	—	无	起亚代工	—	—	—	—
新特	899	无	一汽代工	DEV1	6.2～7.8	2018.08	2018.10
				GEV1			
前途	80	双资质	自建	K50	68.7	2018.08	2018.08
奇点		无	北汽代工	—	—	—	—
恒大		有	自建	—	—	—	—
赛麟		无	自建	—	—	—	—
绿驰	—		长安铃木代工	—	—	—	—
云度	510	双资质	自建	Pi1	7～9.7	2018.07	2018.07
				Pi3	11～13	2018.07	—
敏安	—	双资质	自建	—	—	—	—
FF	—	有	自建	—	—	—	—
国机智骏		单资质	自建	—	—	—	—
速达	126	双资质	自建	—	—	—	—
游侠	—		自建	—	—	—	—
国金	15	双资质	自建	—	—	—	—

（4）产品竞争引发企业兼并重组或倒闭

两头挤压导致利润下滑，资金危机成动力电池企业痛点。目前中国有近百家动力电池厂，有的企业开工率不足 30%，有的企业供不应求，分水岭渐明。在补贴退坡加速的情况下，动力电池产业链企业的利润受到直接影响，很多企业的资金运转面临困难。沃特玛、猛狮科技、妙盛、智航等一批动力电池企业遭遇了破产或停工减产，红星、长江汽车、前途汽车、博郡汽车、奇点汽车和绿驰汽车等十多家公司接连被曝欠薪金和欠货款。同时大众、丰田等车企也开始投身新能源领域，加速电动汽车行业洗牌。

（四）国家政策：方向坚定，正进入政策驱动让位，市场驱动时期

（1）发展方向始终坚定不移

发展新能源汽车，是我国由汽车大国迈向汽车强国的必由之路。自 2012 年国务院发布实施《节能与新能源汽车产业发展规划（2012－2020 年）》以来，我国新能源汽车产业发展取得了举世瞩目的成就，技术水平显著提升、产业体系日趋完善、企业竞争力大幅增强，产销量、保有量连续四年居世界首位，电动化跻身世界前列，网联化、智能化发展势头强劲，共享化应用市场孕育兴起，产业进入叠加交汇、融合发展新阶段。随着行业的发展在补贴即将退出的契机，我国实时提出《新能源汽车产业发展规划（2021－2035）》（征求意见稿），延续了新能源汽车的发展态势，坚持发展新能源汽车不动摇。新能源车补贴见图 5-3 和图 5-4。

图 5-3　历年新能源乘用车单车补贴（万元/辆）

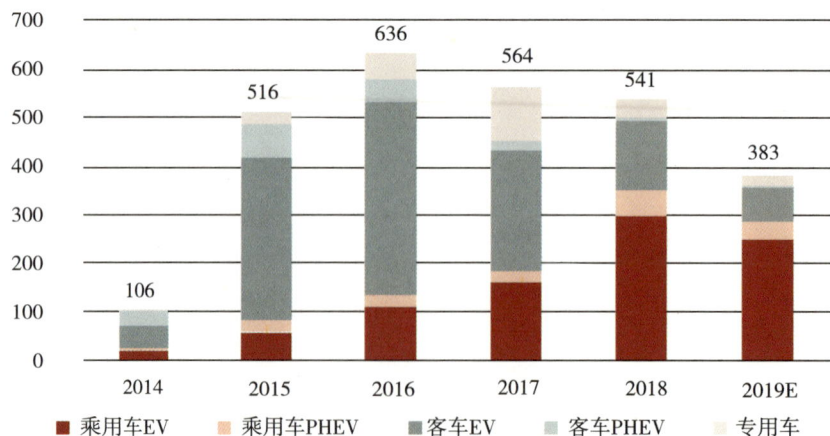

图 5-4　历年新能源汽车国补总规模（亿元）

（2）补贴政策退坡　双积分政策呼之欲出

补贴持续退坡，行业进入"后补贴"时代。自 2013 年以来，新能源汽车的补贴不断被调整，从 2017

年开始退坡明显，2019 年退坡的幅度达到最大。2019 年 3 月 26 日，财政部、工信部、科技部、发改委四部委联合发布《关于进一步完善新能源汽车推广应用财政补贴政策的通知》，明确 2019 年 3 月 26 日至 2019 年 6 月 25 日为过渡期。对于电动车来说，过渡期期间的补贴整体较 2018 年下降 40％以上。而过渡期后，电动车整体的补贴较 2018 年的下降幅度预计为 60％－70％。以纯电动乘用车为例，2019 年续航里程标准方面 150－250KM、250－300KM、200－400KM、400KM 以上较 2018 年财政补贴分别退坡 100％、47％、60％、50％，退坡力度较大。同时，新补贴政策在能量密度、车辆能耗系数等方面都提高了门槛。另外，地方补贴由原来不超国补 50％转变成为用于支持充电/加氢基础设施短板建设和配套运营服务。

鉴于受疫情影响并继续保障产业发展，2020 年 4 月 23 日，财政部、工信部等四部委联合发布《关于完善新能源汽车推广应用财政补贴政策的通知》（财建〔2020〕86 号），将新能源汽车购置补贴和免征购置税政策延长 2 年。总体来说补贴力度持续在减弱，延长补贴时间只是为了缓解阵痛，双积分政策才能推动新能源汽车市场可持续发展。

双积分发力于供给端，既有降低油耗、新能源汽车积分占比的硬性约束，又有积分交易、转让的价格信号引导，将在后补贴时代对促进产业发展发挥重要作用。2019 年 7 月 9 日，工信部发布《乘用车企业平均燃料消耗量与新能源汽车积分并行管理办法》修正案（征求意见稿），具体办法见表 5－13。

表 5－13　我国双积分管理方案

	CAFC 积分管理	NEV 管理
管理部门	工信部	
管理方式	双要求、双积分管理	
	CAFC 正积分：允许结转和在关联企业间转让	NEV 正积分：允许自由交易、不能结转下年或关联转让；一分两用，可抵 CAFC 负积分
考核主体	所有在中国境内销售乘用车的企业（含进口车企业）	在中国境内年产量或进口量大于 3 万辆的乘用车企业
	对国产乘用车产品和进口乘用车产品分别核算	
考核要求	企业平均油耗满足目标值：2020 年：5L/100km	NEV 积分比例目标值：2019 年 10％，2020 年 12％
惩罚措施	建立信用评价体系	
	暂停受理达标车型公告申请、暂停部分高友好车型生产	暂停部分燃油车型生产

（3）智能网联汽车成为政策鼓励的焦点

新能源汽车被认为是无人驾驶技术的最佳载体。十年前，我国提出了新能源汽车发展的"三纵三横"【"三纵"指插电式混合动力（含增程式）汽车、纯电动汽车、燃料电池汽车；"三横"指新能源动力总成控制系统、电机及其控制系统和电池及其管理系统】发展路线。2019 年 12 月 3 日，工业和信息化部会同有关部门起草的《新能源汽车产业发展规划（2021－2035 年）》（征求意见稿）给"三横"赋予了新的含义：网联化与智能化技术、动力电池与管理系统、驱动电机与电力电子。

2019 年 5 月，《节能与新能源汽车技术路线图 2.0》启动了修订工作。技术路线图 2.0 将考虑当前技术变革对汽车产业发展带来的影响，重视汽车产业技术发展与智慧交通、智慧城市等的融合。在人工智能和 5G 通信等技术的支持下，智能网联汽车技术步入快速有序的发展阶段。2019 年底，工信部、交通部先后发布《车联网（智能网联汽车）产业发展行动计划》《数字交通发展规划纲要》，明确了发展汽车智能网联化和交通设施数字化，推动汽车、电子、通信、交通运输等产业的协同发展目标。其中，《车联网（智能网联汽车）产业发展行动计划》提出到 2020 年车联网用户渗透率达到 30％以上，新车驾驶辅助系统（L2）搭载率达到 30％以上，联网车载信息服务终端的新车装配率达到 60％以上。

《新能源汽车产业发展规划（2021—2035 年）》（征求意见稿）突出发展新能源汽车智能网联化，是上述智能网联政策的延伸。作为交通强国和 5G 行业应用的重点方向，车联网有望在 2020 年走向规模部署，在新基建的背景下，多地政府的投入热情明显加速增长。

四、新能源汽车产业发展趋势

（一）开启模块化专用平台时代 3.0 时代

新能源汽车行业发展阶段，可以根据全球新能源汽车年度销量（100 万、300 万及 300 万以上三个量级）和全球新能源汽车爆款车型数量两大核心量化指标，将全球新能源汽车供给端分为三大阶段：即新能源汽车 1.0 时代（2016 年及以前），新能源概念商用化；2.0 时代（2017—2019），全球新能源汽车量变撬动质变；3.0 时代（2020 年起），全球新能源汽车将发生质变并撬动市场需求。

在 3.0 时代，新能源汽车模块化专用平台开启，未来将是黄金十年。行业层面，国内外主流车企加快转向纯电技术路线，同时对燃料电池技术实施初期研发投入。车企层面，专用平台车型纷纷落地。（1）海外车企第一梯队大众、奔驰领航，丰田钟情于混动路线（HEV）。大众发布 MEB 平台下首款 BEV 轿车 ID.3；奔驰首款基于 EVA 平台研发的 BEV SUV 于 2019 年底进入终端；丰田发布 e-TNGA 混动平台，未来计划应用于所有已有车型。（2）自主品牌第一梯队上汽乘用车、吉利汽车、比亚迪及广汽新能源均已发布纯电动专用平台，明确研发技术优势，上汽荣威 Marvel X、比亚迪 e2、广汽 Aion S 开启销售。（3）特斯拉平台接力，Model Y 基于 Model 3 平台研发生产，效率将大幅提升；特斯拉上海超级工厂 2019 年竣工投产。对车企而言既是机遇又是挑战；通过升级电池技术、降低成本，布局新能源专用平台，完善充电桩基础建设，全球新能源汽车龙头终将形成，见表 5-14 和表 5-15。

表 5-14　国外车企或车企联盟 3.0 时代新能源平台及车型规划

梯队	车企/车企联盟	电动专用平台	发布车型	类型	上市时间	中国市场电动产能扩建计划
第一梯队	大众	MEB 纯电动平台	ID.3 规划＋3 款	ID.3 纯电轿车	预计 2020	2021 上汽大众 MEB 平台规划年产 30 万辆；2021 一汽大众投产 6 款 MEB 平台电动车
	戴姆勒奔驰	EVA 纯电动平台	EQC	纯电 SUV	2019Q4	EQC 已上市，目前以进口为主
	丰田	e-TNGA 混动平台	—	—	—	广汽丰田发动机 TNGA 项目投资产能，预计 2021 年建成
第二梯队	宝马	LifeDrive 纯电动平台	i3，i8	i3 纯电轿车 i8 混动超跑	i3 2013 i8 2014	在沈阳的华晨宝马工厂布置电动平台
	雷诺日产三菱联盟	Leaf 纯电动平台	规划一款新车型，尚未发布	纯电 SUV	预计 2021	—
	PSA	eCMP 纯电动平台 EMP2 混动平台	标致 208 DS CB	208 混动轿车 DS 混动 SUV	2018—2019	—
	通用	BEV3 纯电动平台	—	—	—	—
	本田	即将推出	—	—	—	—
第三梯队	福特	与大众合作，基于 MEB 开发	—	—	—	—
	FCA	意向与标致合作，公用平台	—	—	—	—

表 5-15　自主车企 3.0 时代新能源专用平台及车型规划

梯队	新能源专用平台	发布车型	类型	上市时间
第一梯队	纯电动平台	Marvel X	SUV	2018Q4
	PMA 纯电动平台	领克及吉利 纯电高端车型	轿车、SUV	预计 2020 年
	e 纯电动平台	e1 e2	轿车 SUV	2018H2 2019H1
	GEP2.0 纯电动平台	AionS Aion LX	轿车 SUV	2019H1 2019Q4
第二梯队	无披露	—	—	—
	ME 纯电动平台	欧拉 iQ 欧拉 R1	小型 SUV 微型轿车	2018Q4 2019Q1
	三大专用平台，包含 纯电动以及插电混	—	—	预计 2020 年

（二）掀起智能网联汽车浪潮

全球众多公司积极部署智能网联汽车产业链，全球掀起智能网联汽车浪潮。整车方面，全球领先的几乎所有车企均纷纷布局自动驾驶技术开发。产业链方面，电子科技企业也纷纷参与其中：高通、华为等都推出了自己的车联网通信芯片，移远通信、日海智能（芯讯通）等发布了通信模组领域产品，万集科技、金溢科技、千方科技、德赛西威等布局车载以及路侧终端。市场调研公司 Counterpoint 于 2019 年预计在 2019-2025 年期间，全球将增加 2.86 亿辆智能网联乘用车，智能网联汽车发展将利好产业链上下游多个环节，见表 5-16。

表 5-16　各车企自动驾驶计划时间表

国外 车企	自动驾驶计划	国内 车企	自动驾驶计划
特斯拉	Level 2（2016 年起）/Level 5（2019 年起）	奇瑞	Level 3（2019 年起）/Level 4（2021 年起）
通用	Level 2（2017 年起）/Level 5（2021 年起）	长安	Level 3（2020 年起）/Level 4（2025 年起）
福特	Level 1（2017 年起）/Level 4（2020 年起）	北汽	Level 3（2019 年起）/Level 4（2021 年起）
丰田	Level 2（2017 年起）/Level 5（2020 年起）	上汽	Level 3（2020 年起）/Level 5（2025 年起）
日产	Level 2（2017 年起）/Level 5（2020 年起）	长城	Level 2（2020 年起）/Level 4（2025 年起）
宝马	Level 2（2017 年起）/Level 4（2020 年起）	吉利	Level 3（2020 年起）/Level 4（2025 年起）
大众	Level 2（2017 年起）/Level 5（2020 年起）		

特斯拉是自动驾驶商业化引领者，独辟蹊径推动智能化发展。特斯拉于 2014 年 10 月推出 Autopilot1.0 首次实现自动驾驶系统商业化，Autopilot 2.0 实现 L3 级的自动驾驶，拥有自动变道、自动巡航等功能。Autopilot 3.0 最新发布，搭载了全自动驾驶数据处理单元（即 "Full Self-Driving Computer"），已经能够实现真正意义上的自动驾驶。

智能网联浪潮推动下，传统车企联盟化也成趋势，包括大众-福特、戴姆勒-宝马、通用-本田等，共享技术和推动商用化。目前 L2 级自动驾驶系统搭载率显著提升，L3 级别正在开始渗透。可以预料，随着主机厂不断加大投入，持续发力，必将加速推动 L3 级及以上自动驾驶系统的产业化进程。

"新型基础设施建设"确定把 5G 基站建设、新能源汽车充电桩、大数据中心、人工智能等作为建设重点。这其中 5G、充电桩、大数据、人工智能等均与智能网联汽车发展直接相关。可以预见，新基建必将助推我国新能源汽车及智能网联汽车浪潮更加迅猛和强劲，影响深远。

（三）固态电池有望成为下一代高性能锂离子电池

2019 年 12 月，工信部发布《新能源汽车产业发展规划（2021—2035 年）》（征求意见稿），在"实施电池技术突破行动"中，加快固态动力电池技术研发及产业化被列为"新能源汽车核心技术攻关工程"。

目前，我国动力电池采用的是磷酸铁锂电池和三元体系电池，都是业态锂离子电池，三元能量密度高于磷酸铁锂，据推测，未来五年锂离子动力电池的单体能量密度有望提高至 300Wh/kg 以上，但依靠已有的三元体系也难以实现电池单体能量密度高于 350Wh/kg 的目标。况且液态锂离子电池存在安全隐患，主要原因在于液态电解质。解决锂电池安全问题，固态电池是解决之道。

固态电池也是锂电池，区别在于电解质。固态电池中的固态电解质替代了液态锂离子电池的液态电解质、隔膜。固态电池潜力巨大，有希望获得安全性更高、单体能量密度更高（＞350Wh/kg）和寿命更长（＞5000 次）的动力电池。(1) 固态电池将液态电解质替换为固态电解质，安全性高，大大降低了电池热失控的风险；(2) 固态电池电化学窗口可达 5V 以上，允许匹配高能正极，电池负极可以采用金属锂，提升理论能量密度，有望解决新能源汽车里程焦虑问题；(3) 固态电池可简化封装、冷却系统，电芯内部为串联结构，在有限空间内进一步缩减电池重量，体积能量密度较液态锂离子电池（石墨负极）可提升 70％以上。

目前，聚合物固态电解质率先实现应用，但存在高成本和低电导率两个致命问题；氧化物固态电解质综合性能好，LiPON 薄膜型全固态电池已小批量生产，非薄膜型已尝试打开消费电子市场；硫化物固态电解质电导率最高，研究难度最大，开发潜力最大，如何保持高稳定性是一大难题。

固态电池领域进入"军备竞赛"阶段，各企业期望抢占先机，以赢得市场份额。固态电池领域市场参与者众多，车企、电池企业、投资机构、科研机构等在资本、技术、人才三方面进行博弈。多个国家明确固态电池发展目标和产业技术规划，现阶段发展之路明晰，2020—2025 年着力提升电池能量密度并向固态电池转变，2030 年研发出可商业化使用的全固态电池。

我国提前布局（表 5-17），部分企业已进入固态锂离子电池（半固态电池）中试阶段，2025 年前可能实现固态电池量产。

表 5-17　国内企业布局（部分示例）

企业	布局进展
宁德时代	2016 年，宁德时代正式宣布在硫化物固态电池上的研发路径； 目前容量为 325mAh 的聚合物锂金属固态电池能量密度达 300Wh/kg，可实现 300 周循环以容量保持率 82％； 全固态电池还在研发中，预计 2030 年后实现商品化
国轩高科	2017 年，着手研发固态电池及固态电解质； 2018 年 2 月，根据与国际一线整车品牌合作的产品要求，公司正在美国和日本分别开发下一代动力电池生产技术工艺与生产设备，相关产品将使用半固态电池技术。对于包括固态电解质在内的上游关键原材料的研发与产业化进度公司方面也将密切关注； 2018 年 3 月，宣布半固态电池技术目前已处于实验室向中式转换阶段； 2019 年，推出半固态电池的试生产线
蜂巢动力	2019 年 2 月，长城汽车旗下子公司蜂巢动力宣称开发出四元正极材料，并基于该材料发布了全球首款四元材料电芯，通过 NCM 体系（镍钴锰）的基础上掺杂 Mx，兼顾能量密度与安全，并在此基础上正在秘密研发全新固态锂电池，能量密度将超过 300WH/Kg

（续表）

企业	布局进展
辉能科技	2013 年，实现了固态锂电池的商业化量产，早期应用于消费电子领域，近年来应用于新能源汽车领域； 2014 年，与手机厂商 HTV 合作生产了一款采用固态电池电源，给手机充电的手机保护皮套； 2017 年，建成了 40MWh 的中试线，并实现自动化的卷式生产； 2019 年，发布 Multi Axis BillPolar＋（MAB）固态电池包。与爱驰、天际新能源汽车主机厂签署战略合作协议，并在 2020 年 D 轮融资后与一汽集团加强战略合作； 产业化规划：2020 年完成 1GWh 固态电池生产线的试产，2021 年固态锂离子电池（非全固态电池）达到 1GWh 的产能，2023 年全固态电池试产，2024 年全固态电池量产； 电池能量密度：车载固态电池包能量密度已达 190Wh/kg（420Wh/L），第二代固态电池采用更高能量密度的正负极材料，如纳米硅或锂金属负极；高压 NMC 和 NCA 的正极材料。2021 年，电芯能量密度突破传统液态电池的密度平台，持续提升。电芯体积能量密度方面，2025 年达到 960Wh/L，系统体积能量密度达到 672Wh/L，比传统液态电池包高近乎一倍

表 5-18　主要国家固态电池研究目标

国家		性能目标	未来发展目标
美国		正极材料降钴或去钴，着力降低成本。 2016 年，发布 Battery500 计划，计划用 5 年时间、5 百万美元，打造能量密度 500Wh/kg，循环寿命 1000 次的电芯，到 2022 年 9 月，电池包成本降至 150＄/kWh，比 2018 年成本降低约 25％	从三元体系转向低钴、无钴的正极材料和锂金属负极体系发展
日本		NEDO 研究机构技术路线图支出，2025 年之前，日本动力电池体系为锂电池体系，此后进入全固态电池阶段，锂硫电池会成为主流	从三元体系转向全固态电池、锂硫电池发展，同时抓紧氢燃料电池
	2020 年	电池包（非电芯）能量密度 250wh/kg，成本降到 20000 日元/kWh 以下，循环次数 1000～1500 次	
	2025 年	电池包密度达到 500 wh/kg，成本降到 10000 日元/kWh 以下，循环次数 1000～1500 次	
德国		2019 年教研部宣布，将在未来四年为"电池研究工厂"项目追加 5 亿欧元投资，实现电池"德国制造"	全固态电池为主，支持锂离子电池技术和新概念电池
	2030 年	电芯能量密度 400 wh/kg，循环次数 2000 次，成本 75/kWh	
中国	2025 年	动力电池能量密度 400 wh/kg，材料体系应该是富锂锰基正极＋高比能硅碳负极	着眼于固态电解质关注正负极材料改性
	2030 年	能力密度目标是 500 wh/kg，材料体系方面仍是富锂锰基正极＋高比能硅碳负极，液态电解质将演变为固态电解质	

国内车企联合电池企业，新兴电动车制造商步伐较快，2025 年前电动汽车有望搭载固态电池（表 5-19）。造车新势力凭借自身强大的实力、多维度跨界与全方位创新崭露头角，大有领跑之态。天际、蔚来、爱驰都与辉能科技签订了战略合作协议，侧面说明辉能科技固态电池技术成熟度相对较高。

表 5-19　国内车企布局固态电池

企业	布局进展
比亚迪	2016 年，确定固态电池为未来发展方向的基调，尝试小规模使用，将在未来 10 年、最快 5 年内推出固态电池； 2017 年，申请一种全固态锂离子电池正极复合材料及一种全固态锂离子电池的发明专利； 2018 年 1 月，推进固态电池商用，并将固态电池作为下一步研发重点，积极推进相关产品的产业化研发应用

（续表）

企业	布局进展
蔚来汽车	2019 年 8 月，蔚来和辉能科技签署战略合作协议，双方将共同打造采用辉能 MAB 固态电池包的样车，并围绕固态电池的生产应用展开进一步合作
北汽集团	2019 年，投资清陶能源； 2025 年前上市的新车有望搭载 400 wh/kg 的固态电池
长城汽车	计划在 2025 年在量产车上应用能力密度达 350～500 wh/kg 的固态电池
天际汽车	2019 年初，展出了国内首台固态电池电动汽车 ME7； 2021 年，预计批量生产固态电池并装车上市； 2021 年，预计天际固态电池电芯能量密度可达 300 wh/kg 以上，PACK 能量密度达到 220 wh/kg，达到初步商业化的技术状态
哪吒汽车	2019 年，与清陶科技达成全面深度合作，共同推进固态电池的研发与应用，加快在新能源汽车上的商业化落地

（四）特斯拉颠覆性创新，引发汽车时代革命

特斯拉可以说是汽车时代变迁的标志物，其巨大的影响力在于其对汽车从观念到技术上系列颠覆性创新。特斯拉远景目标是改变人类的出行方式和生活方式。如果说 3G 网络时代下苹果手机改变了人类的通信习惯，AppStore、iCloud、Siri、3D - Touch 的技术创新使得人机交互逻辑产生天翻地覆的变化，甚至改变了人类的生活方式，那么 5G 网络时代下，特斯拉将完成的事情就是重新定义出行方式和交通工具。

特斯拉并不是简单的汽车技术创新，而是通过打造一个闭环的信息生态系统，改变人的生活方式。在这样的信息生态系统中，人和车的关系可能发生重构，从"工具＋使用者"，变成"空间＋消费者"。由此，创造出一个移动的消费空间和消费时间。未来千百万辆的汽车，可能逐渐进化至千百万个购物和移动办公室。当传统车企还在用省油、安全、舒适去评判汽车，特斯拉已经开始用互联、互通、互动来探索汽车，实现从生产交通工具到研发机器人的颠覆式跨越。这种跨越，将对汽车产业产生深远影响，必将引发一轮竞争与跨越的汽车时代革命。

特斯拉的影响，是其掀起了汽车时代革命。在此影响下，全球汽车界开始进入无人驾驶、互联互通、办公娱乐购物一体化的技术革命新时代。

（五）全球新能源汽车发展预估

新能源汽车发展空间巨大，随着新能源汽车性能提升以及痛点的改善，新能源汽车带来的冲击越来越大，渗透率随之提升，如图 5 - 5 所示。

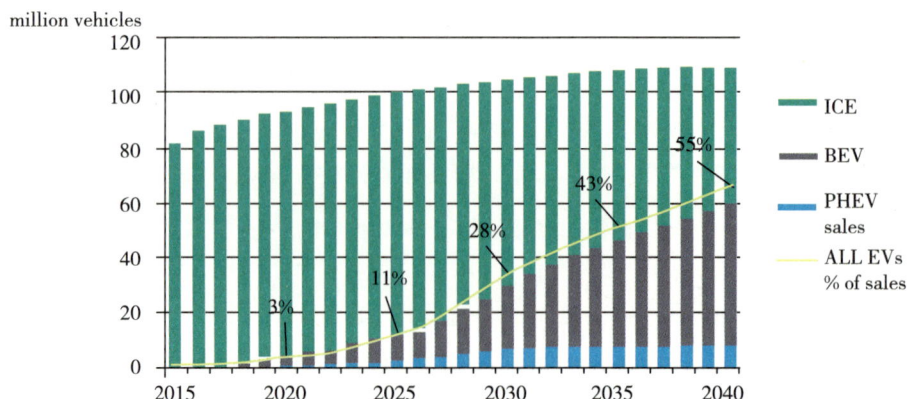

图 5 - 5　2015 - 2040 年新能源汽车销量及渗透率发展趋势

　　根据彭博新能源财经 BNEF 预测，到 2025 年全球新能源汽车的销量将达到 1100 万辆，渗透率达到 11％，同年燃油汽车销量将达到拐点，步入下行趋势；到 2030 年全球销量将继续攀升至 3000 万辆，渗透率达到 28％；到 2040 年全球销量有望达到 6000 万辆，渗透率提升至 55％。长期看，全球新能源汽车市场空间有望成长到 10 万亿元量级。

　　综上来看，国外车企发达国家均已根据自身的经济条件、技术现状以及能源比例出台了促进本国新能源汽车发展的创新政策。新能源汽车的发展总体上遵循节能（降低总能耗）、环保（减少污染物排放）两大趋势，能够逐步实现对石油类传统能源的替代，发展新能源汽车是当今各国调整汽车产业机构、解决能源危机和环境污染的必然趋势。同时世界各国也在积极部署智能网联汽车领域，自动驾驶相关法律、法规、强制性标准陆续出台，新一轮科技革命和产业变革方兴未艾，智能汽车已成为全球汽车产业发展的战略方向。

第 2 章
安徽省新能源汽车发展现状及特点

一、安徽省新能源汽车产业发展现状

安徽省是我国重要的汽车大省之一，在新能源汽车的发展上成效卓著。省会合肥市不但跻身全国 13 个新能源汽车推广试点城市，还入选国家首批 5 个启动私人购买新能源汽车补贴试点城市。江淮、大众安徽、奇瑞、比亚迪、长安、蔚来、安凯、华菱等企业已分别在纯电动乘用车和纯电动商用领域进入国内领先水平，现已有 100 余款车入选"节能产品惠民工程"节能汽车推广目录，全国占比 10.86%。

（一）纯电动汽车

1. 纯电动乘用车

安徽省纯电动轿车厂家及车型情况如表 5-20 所示。

表 5-20　安徽纯电动轿车厂家及车型

企业	车型	技术特点
江淮	iC5	搭载高效静音永磁同步电机，电机峰值功率达到 142kW，电机峰值扭矩 340N·m。电池类型为蜂窝电池，液冷恒温电池包容量 64.5kWh，NEDC 工况续驶里程为 530km，等速 60km/h 续驶里程为 660km，交流慢充 9h（SOC 0~80%），直流快充 0.75h（SOC 30%~80%）
	iEVS4	前置前驱的永磁同步电机，最大功率 110kW，最大扭矩 330N·m。电池采用液冷磷酸铁锂电池，电池能量为 55kWh，NEDC 工况续驶里程 402km，等速 60km/h 续驶里程为 500km，交流慢充 9.5h（SOC 15%~100%），直流快充 0.75h（SOC 30%~80%）
	iEV4	iEV4 有豪华版和时光版两种版本，电池都是磷酸铁锂电池，电机选型不同。豪华型采用永磁同步电机，最大功率 42kW，最大扭矩 165N·m，NEDC 工况续驶里程 170km，等速 60km/h 续驶里程为 260km。时光版采用交流异步电机，最大功率 60kW，最大扭矩 200N·m，NEDC 工况续驶里程 166km，等速 60km/h 续驶里程为 200km
	iEV6E	搭载前置前驱的永磁同步电机，最大功率 45kW，最大扭矩 150N·m。电池为磷酸铁锂电池，电池能量为 34.9kWh，NEDC 工况续驶里程 310km，等速 60km/h 续驶里程为 360km。快充（SOC 30%~80%）40min，快充 10 分钟可行驶 40km。应用能量回收技术，最大提升 17% 的续驶里程
	iEV7S	搭载前置前驱的永磁同步电机，最大功率 85kW，最大扭矩 270N·m。电池为三元锂电池，电池能量为 39kWh，电池系统能量密度 125.8Wh/kg，NEDC 工况续驶里程 300km，等速 60km/h 续驶里程为 360km。快充（SOC 30%~80%）40min，快充 10 分钟续驶里程为 50km，慢充（SOC 0~100%）8 小时。电池包工作温度保持在 10~35℃，突破寒暑限制。采用单踏板驾驶能量回收技术，能量回收贡献率高达 17%

（续表）

企业	车型	技术特点
奇瑞	S18	奇瑞 S18 电动汽车是在 S18 整车平台上开发的一款高速纯电动轿车，整车搭载了 336V、40kW 大功率电驱动系统，配备了 40Ah 高性能磷酸铁锂电池，利用 220V 民用充电即可，充电时间一般在 4～6 小时；也还可以进行快速充电，半个小时即可充到电池电量的 80％
	瑞麒 M1EV	奇瑞公司推出的首款高速纯电动汽车，在动力系统方面，整车搭载了 336V、40kW 大功率电驱动系统，配备了 40Ah 高性能磷酸铁锂电池，在使用过程中充电方式可利用 220V 民用充电即可，充电时间一般在 4～6 小时；也还可以进行快速充电，半个小时即可充到电池电量的 80％
	瑞麒 X1－EV	瑞麒 X1－EV 轮毂电动车是专为都市精英量身打造的"城市迷你 SUV"电动汽车，采用电驱动系统后轮轮毂电机驱动。瑞麒 M1－REEV 纯电动汽车是一款增程式纯电动汽车，最大续航里程可达 350 公里
	瑞虎 3EV	瑞虎 3 EV 采用 375V、80Ah 锂离子蓄电池，45kW 永磁同步电机（峰值功率可达 90kW，最大扭矩 215Nm）。最高车速可达 135km/h。0～50km/h 加速时间小于 5s。可用 220V 民用电源充电，充电时间为 6～8 小时。快充半小时可充满电 80％。一次充电续驶里程可达 150km
	瑞虎 e	瑞虎 e 装载高性能动力三元锂电池，电池组容量 53.6kWh，综合工况续驶里程为 401km，最大续航里程 500km。25℃，30％～80％SOC 快充仅需半小时。电机型式为永磁同步电机，功率 95kW，最大扭矩 250N·m
	瑞虎 3xe	动力性能同瑞虎 e，在此基础上应用高压配电保护策略、绝缘监测保护策略、物理隔离保护策略、续电器状态检测保护策略、预充电检测主动放电安全管理策略等一系列安全保护策略，充分保证行车安全
	艾瑞泽 e	艾瑞泽 e 搭载一台永磁同步电机，最大功率 120kw，峰值扭矩 250N·m，配备 54.3kWh 的三元锂电池组，最高车速可达 152km/h，NEDC 工况下续航里程为 401km。充电时间方面，慢充模式下电量从 0 充至 100％ 时间为 7～9h，快充模式下电量从 30％～80％ 充电时间约为半小时
	QQ3	QQ3 纯电动汽车是在奇瑞 S11 整车平台上开发的一款小型纯电动轿车，整车搭载了额定功率为 6kW 的电驱动系统，配备了 150Ah 的硅元蓄电池和永磁同步电机。整备质量为 1050kg，续驶里程为 120km，百公里耗电量为 10kWh。采用 220V 家用电压充电模式，充电时间为 8～10h
	eQ	采用永磁同步电机，工作电压 310.8V，额定功率 21kW，峰值功率 41.8kW，最大扭矩 150N·m。电池类型为三元锂电池，额电容量 72Ah，额定能量 22.3kW，NEDC 续驶里程 151km，最大续航 200km。慢充模式充电时间 8～10h，快充模式下充电到 80％ 需要半小时。操作轻巧灵活，非常适合上下班代步
长安	逸动 EV	采用永磁同步电机，电驱系统结构为电机、减速器、电驱控制器三合一集成。电机总功率为 100kW，总扭矩 245N·m。电池容量 52.56kWh，工信部续航里程 405km，NEDC 路况实测续航里程 430km。快充模式下，SOC 0～80％ 需要 50 分钟，30％～80％ 需要 30 分钟
	MINI	最大输出功率为 30kW，传动系统匹配电动车单速变速箱，配备 17.3kWh 的三元锂电池组，而最大续航里程为 151km
江淮大众	思皓 E20X	思皓 E20X 是江淮大众首款纯电动 A0 级 SUV，拥有西雅特设计造型，E20X 搭载液冷永磁同步电机，最大功率 92kW，最大扭矩 270N·m。电池采用液冷三元锂电池，电池能量 49.5kWh，NEDC 综合工况续驶里程 402km，快充（SOC 15～80％）不超过 50 分钟。应用单踏板能量回收技术，制动时回收能量，续驶里程最高可提升 20％。还搭载高集成度 BMS 系统，实时监控电池状态，提高电池利用率

（续表）

企业	车型	技术特点
蔚来	ES8	全新 ES8 搭载 160kW 永磁电机和 240kW 感应电机智能四驱系统，提供 544 马力，725N·m 的强劲动力，兼顾长续航和高性能。搭载 100kWh 液冷恒温电池包后，全新 ES8 NEDC 续航达 580km，续航能力全面提升
	ES6	ES6 最大输出总功率达 400kW，最大马力 544ps，最大输出总扭矩 725N·m，百公里加速仅需 4.7 秒，搭载 100kWh 液冷恒温电池包后，综合工况续驶里程高达 610km，直流充电口充满需要 1.7 小时
	EC6	EC6 采用轿跑式车身设计，整车风阻系数低至 0.27Cd。EC6 的一体化穹顶式玻璃车顶，总面积达 2.1 平方米。EC6 性能版搭载前 160 千瓦永磁电机和 240 千瓦感应电机，百公里加速仅为 4.7 秒。搭载 100kWh 液冷恒温电池包的 EC6 性能版 NEDC 续航达到 615km

（1）江淮汽车公司

江淮汽车公司在新能源汽车的研究发展上起步较早。2011 年 1 月，首批 60 辆江淮 iEV 纯电动汽车交车，随后每年数千辆乃至数万辆纯电动轿车进入省会合肥和全国市场。2014 年北京车展首次公开亮相的全新设计的 iEV5 由内到外都有了大幅的升级，续航里程也提升到了 200km。江淮汽车除了建成的新能源汽车研发机构外，还与合肥工业大学联合成立了新能源汽车研究院。在产品布局上，纯电驱动是江淮汽车的主要战略方向，同悦和悦平台主推纯电动家轿车型；在 SUV 车型方面，2018 年基于迭代开发的第七代 iEV7S 投放市场，江淮 iEV7S 在电池、电机和电控等方面处于行业领先，搭载了最新一代高性能比智能恒温技术、五层次安全保障技术、坡道辅助技术、单踏板能量回收技术和"双馈"防冲击驾驶性技术等五大科技成果，其中采用的五层次安全保障技术，从电芯、简易模块、多串模组、电池包和整车五个层次，强制触发单体热失控，实现电池包不起火不爆炸。在单踏板能量回收技术的支持下，只需松踩加速踏板即可实现加速和制动，能量回收贡献率最高可达 20%，iEV7S 综合工况续航 300km，60km/h 等速巡航的续驶里程可达 360km。迄今为止江淮汽车公司已共销售纯电动轿车约 15 万辆，现有车型见表 5 - 20。2020 年 6 月 11 日，大众汽车出资 20 多亿元收购江淮控股集团 50% 股权，江淮汽车上市公司是江淮控股集团核心资产，即大众汽车花了 20 多亿元收购了 8% 左右江淮汽车上市公司股权。

（2）奇瑞新能源汽车公司

早在 2001 年，奇瑞汽车公司就正式成立了"清洁能源汽车专项组"，专职负责混合动力汽车等新能源汽车前沿技术的研发，2005 年 6 月，公司建立了"国家节能环保汽车工程研究中心"，先后承担了 10 多项国家"863 计划"节能与新能源汽车重大专项，并取得了一系列重大成果。2009 年 2 月 16 日，奇瑞纯电动轿车 S18 成功下线。2010 年 4 月正式成立了奇瑞新能源汽车技术公司，迄今为止奇瑞汽车共销售纯电动轿车约 15 万辆，现有车型见表 5 - 20。

（3）合肥长安汽车公司

合肥长安汽车有限公司是重庆长安汽车股份有限公司的全资子公司，是长安汽车三大乘用车生产基地之一。长安汽车合肥研究院于 2016 年 8 月份由上海成建制整体搬迁至合肥，可同时承担 3 款 S4 级及以上产品工程化开发以及合肥工厂的量产产品维护。目前，合肥已经成为长安汽车除总部重庆以外的全国第二大制造基地。2018 年，长安提出"香格里拉计划"，2025 年将全面停售传统意义的燃油车，实现全谱系产品的电气化，将累计推出 33 款产品，并表示："在新能源领域的尝试与探索，将全部应用于合肥生产基地"。合肥长安迄今为止共销售纯电动轿车约万 1 万辆，现有车型见表 5 - 20。

（4）江淮大众汽车公司

江淮大众汽车公司成立于 2017 年 12 月 22 日，是由江淮汽车集团与大众汽车集团共同合资组建的企业，是安徽省先进制造业发展"一号工程"，也是国内第一家专注于新能源汽车的合资企业。江淮大众将聚焦新能源汽车领域，充分利用双方优势资源，积极有效整合全球战略资源，坚持本土化运作、自主化发展，致力新品牌、新技术、新业态、新模式的创新发展。2018 年，江淮大众发布了新创品牌思皓及其首款产品 E20X，详见表 5－20。2020 年 6 月 11 日，大众汽车再次与江淮汽车共同增资江淮大众公司，大众汽车增资 20 亿元左右、江淮增资 10 亿元，这样大众汽车占江淮大众 75％，江淮汽车占 25％。

（5）蔚来汽车公司

蔚来是全球化的智能电动汽车品牌，于 2014 年 11 月成立，总部位于中国上海。2016 年蔚来汽车就与江淮汽车签署战略合作框架协议，并在合肥建成江淮蔚来工厂，是造车新势力企业。2020 年 2 月 25 日，蔚来汽车宣布与合肥市政府签署蔚来中国总部落户合肥的框架协议，并正式启动了智能轿跑 SUV EC6 量产项目。旗下主要产品包括蔚来 ES6、蔚来 ES8、蔚来 EC6 等。

2. 商用车

安徽省纯电动客车厂家及车型如表 5－21、表 5－22 所示。

表 5－21　安徽纯电动客车厂家及车型

企业	车型	技术特点
安凯	HFF6123G03EV	安凯汽车股份有限公司 AKEVCU－1 东风/三相异步 QYS100－6/400/100KW/250KW
	HFF6124G03EV	安凯汽车股份有限公司 AKEVCU－1 安凯/三相异步 420YS－XS101/100KW/250KW
	HFF6127K46EV	上海瑞华，上海南洋/交流异步 YTSP280L1－4Q/147KW/291KW
	HFF6129G03EV	安凯汽车股份有限公司 AKEVCU－1 安凯/三相异步 420YS－XS101/100KW/250KW
	HFF6110K10EV	安凯汽车股份有限公司 AKEVCU－1 安凯/三相异步 420YS－XS101/100KW/250KW
星凯龙	HFX6105BEVG02	四川剑兴锂电池有限公司/钛酸锂四川；电机 TZ400XS250
	HFX6850BEVK06	芜湖天量电池系统有限公司/磷酸铁锂；电机 O150WA
广通	CHG6841BEVGS	磷酸铁锂动力蓄电池 PL20185265－75AH 型， 北京国能电池科技有限公司；电机 TZ410XSSGDM80
	CHG6840BEVS	磷酸铁锂蓄电池 IFP66/182/295 型， 中盐安徽红四方锂电有限公司；电机 TZ410XSSGDM80

表 5－22　安徽纯电动卡车厂家及车型

企业	车型	技术特点
江淮	HFC1070P83EV1C3	1865140（国轩电池）GLMP25L1
	HFC1070P82EV1C5Z	32650（国轩电池）GLMP25L1
	HFC1020PW4EV2B1D	IFP1865140A（国轩电池）240TYZ－XS06J
长安	SC5023XXYBBEV	锂电池 PL228188293 XTDM02
	SC5027XXYAAEV	锂电池 XLBA04 XTDM02
	SC5023XXYABEV	锂电池 IFP1865140 XIPU02
华菱	HN3312B36C2BEV	磷酸铁锂电池（宁德时代）TZ368XS　BXM002
	HN3310B36C7BEV	磷酸铁锂电池（宁德时代）TZ400XSTPG04
	HN5250GJBB25D4BEV	磷酸铁锂电池（宁德时代）TZ368XS－MFM125G01

江淮汽车集团旗下的安凯汽车公司早在 2001 年就开始研发新能源客车，且一直走在行业的前列。

2002 年，安凯推出了搭载铅酸电池的电动中巴车。2003 年，安凯客车率先获得纯电动车国家公告，成为国内首家获得纯电动客车国家公告的企业，并同北京理工大学合作生产了 20 台纯电动公交客车用于北京121 线路运营，该线路为国内第一条商业示范运营的新能源公交线路。2005 年，随着电池技术的进步，安凯开发了第二代镍氢电池的纯电动客车，3 辆样车投运湖南株洲公交线路。2007 年公司开发生产了第三代纯电动客车，使用磷酸铁锂电池和超级电容的"双电技术"，最初服务于上海 815 线路，并成为上海世博会和市政府接待用车，安凯新能源客车至今累计销售 2 万余辆。2010 年 1 月 23 日，30 辆安凯纯电动公交车开始在合肥市 18 路公交线路示范运营，其是国内首条纯电动公交线路。目前，合肥市公交集团新能源公交车保有量共计 4340 台，占公交车保有量的近 45%。

安徽星凯龙客车有限公司采用先进的客车技术，集底盘装配、车身生产、涂装油漆、客车总装、整车检测等工艺于一体贯通式联合流水作业线，具备各类客车单班年产 5000 辆的生产能力，是国内规模较大的客车生产基地之一。2014 年经公司董事会决定，安徽星凯龙客车有限公司将以"生产新能源纯电动汽车为主，混合动力为辅"作为公司的发展战略。

安徽广通汽车制造股份有限公司位于合巢经济技术开发区花山工业区内，2004 年成立，注册资本为34000 万元，主要经营新能源汽车、客车、专用汽车及零部件开发、制造与销售等。此外江淮汽车公司、合肥长安汽车、合肥中航新能源科技公司开发了纯电动载货汽车，华菱汽车开发了纯电动重卡，安徽华信科技公司开发了纯电动环卫车辆。

（二）插电式混合动力汽车

安徽省插电式混合动力汽车厂家及车型如表 5-23 所示。

插电式混合动力轿车是对纯电动车型的有效补充，动力以电为主，以油为辅，当动力电池电量低于某一定值后，内燃机起动带动发电机发电，可以用 220V 家用电源插座充电。既适用上下班代步，也可用于长途旅行，经济性很强。

2001 年，奇瑞汽车公司承担了国内首个混合动力轿车"十一五"国家 863 项目，2003 年，奇瑞的"ISG 混合动力轿车"项目被科技部批准列为"十一五"国家 863 计划二期滚动项目，也由此成为中国最早启动混合动力车研发项目的企业之一。2004 年，奇瑞开始着手研发 BSG 混合动力车。2007 年，奇瑞率先完成 ISG、BSG 混合动力车的下线，并将其批量生产、投入运营。至此，奇瑞成为国内混合动力车最早下线、最早量产、最早投入运营的企业之一，但是受到国家新能源汽车重点补贴纯电动汽车的影响，一段时间发展较慢。目前，奇瑞已有多款混合动力汽车，艾瑞泽 7 插电混动版也于 2016 年上市，现有车型如表 5-23。

表 5-23 安徽插电式混合动力汽车厂家及车型

企业	车型	技术特点
奇瑞	艾瑞泽 7e	在艾瑞泽 7e 的仪表板上有 2 个按键。其中一个为 ECO（经济模式）和非 ECO 模式的选择开关，另一个为 EV（纯电动）/AUTO（自动）/HEV（混动）3 种方式的选择切换键。这样，艾瑞泽 7e 的 2 个按键就可以依据不同的选择方式，确定 6 种工作模式，分别为：①ECO＋EV；②非 ECO＋EV；③ECO＋AUTO；④非 ECO＋AUTO；⑤ECO＋HEV；⑥非 ECO＋HEV
	瑞麒 G3	国内首辆四驱强混 A 级车，是奇瑞开发出的一款插入式混合动力汽车，面向具备电动汽车初期运行的企业用户，及提倡环保的精英个人客户群示范推广
	A3ISG	奇瑞 A3 ISG 混合动力轿车采用的是单轴并联式中度混合动力车。利用 1.3L 发动机和 10kW 电机扭矩叠加方式进行动力混合，以发动机动力为整车主动力源。电机辅助发动机驱动，实现最优驱动效率
江淮	瑞风 M4	瑞风 M4 混合动力车型采用的是 P0 技术路线的弱混方案，支持发动机怠速停机、停机后快速起动以及制动能量回收

（续表）

企业	车型	技术特点
安凯	HFF6120G03CHEV	磷酸铁锂动力电池，超级电容；发动机 YC6J220－42，电机 520YS－HS100
	HFF6107G03PHEV	磷酸铁锂动力电池，超级电容；发动机 YC4G180－40，电机 520YS－HS100
	HFF6110G03PHEV	磷酸铁锂动力电池，超级电容；发动机 YC6J220－42，电机 520YS－HS100
	HFF6128G03PHEV	锰酸锂动力电池，超级电容；发动机 YC6G230N－50；永磁同步电机 GC－TM100－01

2005 年江淮汽车启动了瑞风 BSG 微混合动力项目，并在 2008 年的北京车展上对外公开展出，同年启动了中度混合动力的研究。混合动力车型是江淮汽车继纯电动车型之后重点研发的重点项目之一。2011 年亮相广州车展的江淮汽车的油电混合动力和悦 IREV，是一款具有产业化前景的混合动力车，该车最高时速达到 160 公里/小时，可以节油 30％。目前正在基于 S7 开发插电式混合动力轿车，现有车型见表 23。2020 年 6 月 11 日，大众汽车参股江淮汽车后，计划投放几款插电式混合动力 B 级车和 C 级车来江淮生产，将对合肥插电式混合动力汽车产业发展起到积极的促进作用。安凯汽车公司在积极研发纯电动客车的同时，也一直专注于混合动力客车的研究，目前已有多款车型。

（三）燃料电池电动汽车

安徽省燃料电池汽车厂家及车型如表 5－24 所示。

1．安凯汽车

燃料电池汽车被普遍看作是新能源汽车发展的终极形态，其相关技术也被视为各车企重点攻关和研发的关键环节。因此，燃料电池汽车的研发和技术突破，在一定程度上代表了新能源车企的前沿科技和综合实力。

2005 年 8 月合肥工业大学和安凯汽车公司联合进行燃料电池城市客车 FCCB（Fuel Cell City Bus）研发，该车动力源采用燃料电池混合超级电容的模式，用比能量高的燃料电池作为其主动力源，用比功率高的超级电容作为辅助动力源，提供快速的功率响应和加速爬坡能力，并回收制动能量，同时也降低了整车成本。该车具有国际先进、国内领先的水平，代表城市客车的发展方向之一。

安凯客车拥有两大国家中心——"国家电动客车整车系统集成工程技术研究中心"和"电动客车整车系统开发与应用国家地方联合工程研究中心"，具有新能源技术的领先优势，已经形成了丰富的技术和产品储备，从 7 米氢燃料通勤客车、到 8.5 米和 12 米氢燃料公交客车，安凯氢燃料客车已经完成了产品系列化布局。HFF6121G03FCEV 氢燃料客车是安凯客车正向开发的全新一代 12 米氢燃料公交客车，在公交工况下，该车一次加氢续驶里程达到 500km，加满氢只需不到 10 分钟，可实现－30℃低温启动，可以充分满足城市公交的高强度运输要求，现有车型见下表。

表 5－24　安徽燃料电池汽车厂家及车型

型号	燃料电池种类	动力电池种类	电机型号
HFF6850G03FCEV	质子交换膜燃料电池	镍氢电池	TZ365XS060
HFF6852G03FCEV	质子交换膜燃料电池	锰酸锂电池	TZ365XS060
HFF6853G03FCEV	氢－空型质子交换膜燃料电池	磷酸铁锂电池	TZ425XS100
HFF6100G03FCEV	质子交换膜燃料电池	磷酸铁锂电池	TZ425XS100
HFF6120G03FCEV	质子交换膜燃料电池	锰酸锂电池	TZ425XS100
HFF6121G03FCEV	质子交换膜燃料电池	锰酸锂电池	TZ365XS080

2. 奇瑞汽车

奇瑞汽车是较早布局氢燃料电池汽车领域的中国汽车品牌之一。2005年，奇瑞开始联合同济大学对氢燃料电池进行相关研究；2010年，以奇瑞东方之子车型为基础，奇瑞汽车开发了一辆代号为SQR7000的燃料电池轿车，且成功上榜国家工信部《第210批车辆生产企业及产品公告》，并在世博会期间成功示范运营，其动力系统架构采用氢燃料电池系统和大容量动力蓄电池，既能以纯燃料电池电动模式行驶，又能以燃料电池－锂蓄电池混合模式行驶，是国内比较成熟和先进的燃料轿车整车技术方案。

在2016年、2018年及2019年，奇瑞汽车相继展出了基于艾瑞泽3、艾瑞泽5开发的增程式燃料电池汽车，其中基于艾瑞泽5燃料电池汽车配备30kW金属双极板燃料电池电堆，同时还载有2个35MPa储氢罐，其储氢含量能够达到3.58kg，这款车在加满氢气的状态下，综合工况续航可达542km，最大续航里程704km。同时，加满储氢罐只需要5分钟时间。

2020年3月，奇瑞新能源拟在芜湖市弋江区高新技术产业开发区新建"奇瑞燃料电池电极反应式系统开发及产业化"项目，总投资额达到3亿元，项目建成后，可实现年产氢燃料电池总成440套。

3. 江淮汽车

2016年，江淮汽车与氢阳能源共同启动氢燃料电池汽车技术开发项目，搭建氢燃料电池在车辆上应用的技术平台，共同研发了"星锐"氢动力物流车。

（四）新能源汽车关键零部件

安徽省新能源汽车关键零部件（电机）厂家及型号如表5－25所示。

表5－25　安徽新能源汽车电机厂家及型号

企业	型号	技术特点
安徽巨一	TZ260XSAK5	集成式电驱动系统是将电机、电机控制器、减速器三个单独的分体单元，通过高度集成技术方案，满足前后驱全时驱动需求
	JEETZ260XS1240AK03	JEE高功率密度驱动电机类型为永磁同步电机，具备高功率密度、高转矩密度、高转速运行能力的优点，可与高传动比齿轮箱相配合应用
安凯汽车	TZ420XS100	等级防护高，使用寿命长，电机功率高达200kW，动力强，绝缘等级H，安全可靠
	420YS－XS101	等级防护高，使用寿命长，电机功率高达250kW、高效率永磁同步电机，采用水冷散热
皖南电机厂电机	YQC系列新能源汽车电机	体积小，质量轻，效率高，转矩大，可根据用户配套设备需求定制
	YQSL大巴车用水冷驱动电机	功率由75～110Kw，最高可达5000r/min，绝缘等级H，防护等级可达到ip67

1. 电机

随着新能源汽车大规模的推广，对于整车的动力性能、续驶里程和成本的要求也越来越高。因此电机驱动系统就需要有优越的能量回馈管理策略及效率来增加整车的续驶里程，同时也需要有较强的动态制动性能，以适应更严酷的工作环境等。同时运用平台化的产品在显著降低研发制造成本的同时也降低了终端客户的单车购入成本。因此，高度集成化、平台化的电机驱动系统将会成为未来发展的方向。

安徽巨一自动化装备公司和安凯汽车公司都有着优秀的电机制造技术，表5－25列举了一些电机的类型和数据。安徽巨一自动化装备公司成立于2005年1月，是国家高新技术企业、国家创新型试点企业，是国内领先的汽车智能制造成套装备和汽车电驱动系统解决方案企业。截至 2019 年，巨一动力已经连续 8 年成为位居国内高端纯电动汽车配套量独立第三方第一方阵，累计供货已超过 30 万台。目前已广泛应用于本田 VE-1、江淮大众思皓、江淮 iEV7S、云度 π1、云度 π3 等车型上。

安徽皖南电机公司创建于 1958 年，原名皖南电机厂。作为全国最早试制并生产国家推广的新型节能电机——Y 系列三相异步电动机的企业之一，1983 年即被国家机械部列为定点生产单位。公司已获得国家 ISO9001 质量管理体系认证、ISO14001 环境管理体系认证、OHSAS18001 职业健康安全管理体系认证、欧盟 CE 认证、美国 NEMA 高效电机 CC 认证和 UL 安全认证、加拿大高效电机 EEV 认证和安全 CUSA 认证。其中 Y 系列、YD 系列电动机均获安徽省及原机械部优质产品证书和安徽省名牌产品称号，并先后获"中国电机十佳名优品牌""产品质量国家免检证书"和"中国名牌产品"等荣誉。注册商标"南华""WNM"牌均为安徽省著名商标。

2. 锂离子电池

2019 年 2 月 19 日，从工信部公示的第 317 批《道路机动车辆生产企业及产品公告》新产品中配套的电池类别来看，装配磷酸铁锂电池的有 61 款车型（占比 60.4%）。乘用车仍以三元电池为主，客车与专用车则以磷酸铁锂电池为主，三元电池为辅。随着新能源乘用车取代新能源客车成为新能源汽车推广的主要增量，高能量密度的三元动力电池应用比例快速增长。但在很长一段时间内，新能源客车的推广也仍将持续。这意味着，成本更低，安全性更高的磷酸铁锂电池仍然受到青睐，锂离子电池性能对比见表 5-26。

表 5-26　锂离子电池性能对比

电池类型	比容量［mAh/g］	标称电压［V］	能量密度［Wh/kg］	电芯循环寿命［次］
锰酸锂电池	120	3.8	100～120	约 1000
钴酸锂电池	140	3.7	110～190	500～1000
磷酸铁锂电池	160	3.3	100～140	大于 3000
镍钴铝三元电池	200	3.6	200～260	2000～3000
镍钴锰三元电池	190	3.6	200～240	2000～3000

安徽是最早开发生产和销售新能源汽车的省份之一，近年来发展迅猛，使得安徽省新能源汽车动力锂电行业发展迅速，省内代表性企业见表 5-27，主要包括以国轩高科（全国第 3 位）、中盐红四方锂电、芜湖天弋为代表的磷酸铁锂电池生产企业（表 5-27），以天康集团为代表的钛酸锂电池生产企业，以华霆动力、力高新能、贵博新能、锐能科技为代表的电池管理系统（BMS）企业。以国轩高科、中盐红四方锂电、芜湖天弋能源等为代表的企业，在规模和技术研发上都处在全国前列，其中国轩高科拥有 9 条电芯生产线，到 2019 年底形成 40 亿 AH 生产能力和年产 20000 吨的正极材料生产能力；华霆动力新研发的水冷动力锂电模组专为第 7 代江淮新能源乘用车配套使用。目前，新能源汽车的快速发展给新能源汽车用动力锂电带来商机。2020 年 5 月 28 日，大众汽车合计投资国轩高科 11 亿欧元，占总股本的 26.47%，成为第一大股东。

表 5-27　安徽锂离子电池产业链企业

序号	企业名称	主营产品	地市
电芯企业			
1	合肥国轩高科	动力电池（磷酸铁锂、三元锂）	合肥、庐江
2	中盐红四方锂电	动力电池（磷酸铁锂）	合肥
3	芜湖天弋能源	动力电池（磷酸铁锂、三元）	芜湖

序号	企业名称	主营产品	地市
4	合肥中航新能源	动力电池（聚合物）	合肥
5	滁州星恒电源	动力电池（锰酸锂）	滁州
6	安徽益佳通电池	动力电池（磷酸铁锂）	宣城
7	颖上北方动力新能源	3C（锰酸锂）	颖上
8	安徽锂能科技	3C（钛酸锂）	合肥
9	淮北天能通新能源	3C（聚合物）	淮北
10	安徽力霸	3C（磷酸铁锂、三元）	来安
11	安徽千航新能源	3C（磷酸铁锂、三元）	蚌埠
12	安徽潜川动力锂电	3C（聚合物）	庐江
正级材料			
1	合肥国轩电池材料	三元、磷酸铁锂	庐江
2	安徽卓越新能源	三元、磷酸铁锂	庐江
3	安徽昶源新材料	磷酸铁锂	蚌埠
4	安徽西恩循环科技	三元、报废回收	池州
负极材料			
1	安徽锦美碳材	人造石墨	宣城
2	安徽科达洁能	硅基＋钛酸锂	马鞍山
3	安徽楚江科技	人造石墨	芜湖
隔膜			
1	合肥新源新能源	干法＋湿法＋涂覆	庐江
2	明基材料（芜湖）	（干法）复合膜	芜湖
3	芜湖云一新材料	湿法	芜湖
4	铜陵晶能电子股份	干法	铜陵
5	安徽新衡新材料	湿法	马鞍山
电解液			
1	安徽天赐高新材料	添加剂＋锂盐＋电解液	广德
2	安徽兴锂新能源	电解液	宣城
3	安徽兆达新能源	电解液	苏州
BMS			
1	安徽力高新能源	BMS	合肥
2	安徽锐能科技	BMS	合肥
3	安徽贵博新能源	BMS	合肥
4	华霆动力	BMS	合肥
5	欧鹏巴赫	BMS	合肥
6	芜湖奇达	BMS	芜湖

（续表）

序号	企业名称	主营产品	地市
		PACK	
1	合肥华霆动力	PACK＋BMS	合肥
2	合肥华宇智航	PACK＋BMS	合肥
3	合肥欧鹏巴赫	PACK＋BMS	合肥
4	合肥创大新能源	PACK	合肥
5	安徽鸿创新能源	PACK	滁州
6	安徽恒瑞新能源	PACK	合肥
7	恩力能源科技（安徽）	PACK	马鞍山
8	安徽英达新能源	PACK	蚌埠

3. 燃料电池

（1）安徽明天氢能科技股份有限公司

安徽明天氢能科技股份有限公司成立于 2017 年，明天氢能公司是国内燃料电池行业中为数不多的拥有成建制研发团队的企业，研发团队由国家级"大院大所"中国科学院大连化学物理研究所的重量级专家团队组成，拥有燃料电池领域唯一的安徽省院士工作站。明天氢能在燃料电池电堆，电堆组件膜电极、双极板，燃料电池动力系统，电堆及系统测试，双极板、膜电极测试等关键技术拥有自主知识产权，现已申请专利 73 项。明天氢能已经具备 30kW、40kW、50kW 燃料电池电堆与系统的批量化生产能力。其产品通过了国家强检认证，广泛应用于商用车、乘用车、轨道交通、分布式电站等领域。明天氢能下线的燃料电池电堆额定功率为 60kW，体积比功率 3.0kW/L，达到国内领先、国际先进水平。

（2）安徽全柴动力股份有限公司

安徽全柴动力股份有限公司于 1998 年成功上市，是安徽省内燃机行业唯一一家上市公司，是安徽省高新技术企业、中国机械工业 500 强企业、国内最大的中小缸径多缸柴油机生产研发基地之一，中、小缸径多缸柴油机位列国内行业前三。

随着国家新能源汽车产业的快速发展，传统内燃机企业需求转型升级。2017 年 11 月，全柴动力出资 3000 万元参与设立安徽元隽氢能源研究所有限公司，占股 75%；同时在全椒参与设立合资公司，控股 60%。元隽公司负责研发、制造氢燃料电池所需的原材料及膜电极等部件，全椒公司负责开发、制造氢燃料电堆及电堆系统集成。2019 年 1 月，安徽元隽氢能源研究所研发的 30kW 燃料电池系统通过国家中机中心检测，与整车企业合作开发 8.5 米客车。

（3）安徽威尔低碳科技股份有限公司

安徽威尔低碳科技股份有限公司，成立于 2005 年，总部位于中国合肥，建有北京研究院，专业从事满足国五国六排放标准的燃油/燃气系统以及新能源产品的研发、生产、销售和服务。经过 10 余年的创新和发展，该公司已成为中国最优秀的柴油机低压燃油、燃气系统供应商。燃料电池配件有燃料电池空气过滤器、背压阀、氢气气水分离器等。

4. 车载储供氢系统

合肥通用机械研究院有限公司是原机械部直属的国家一类科研院所，是国家压力容器与管道安全工程技术研究中心、压力容器与管道安全国际联合研究中心、压缩机技术国家重点实验室、国家发改委先进能源装备工程研究中心、国家工信部氢能源汽车产业高端通用机械装备试验检测基础公共服务平台、通用机械复合材料技术安徽省重点实验室等科研/检测平台依托单位，拥有 ASME 锅炉及压力容器规范第八卷中国国际工作组、全国气瓶标准化技术委员会（副主任委员单位）、全国气瓶标委会车用高压燃料气瓶分委会（委员单位）、全国安全泄压装置标准化技术委员会（主任委员单位）、全国阀门标准化技术委员会（秘书处单位）等标准化平台。合肥通用院长期从事压力容器、气瓶等承压类特种设备设计制造、质量评价控制、检测评估等技术研究与工程应用。为支撑我国氢能及燃料电池汽车产业发展，在国家科技部、国家发改委、省科技厅、省发改委等项目支持下，开展了共性关键技术研究和平台建设，积极推进氢能储运装备的损伤机理、产品设计制造、质量测试评价及在役安全保障等方面研究，已开发出70MPa复合材料Ⅲ型储氢瓶、最高试验压力140MPa的储氢瓶超高压氢循环疲劳试验系统，正开展70MPa复合材料Ⅳ型车载储氢瓶、35MPa高压－固态复合储氢气瓶、高压供氢系统阀门安全性能测试等方面研究。

合肥通用机械研究院有限公司压缩机国家重点实验室为攻克燃料电池空压机宽高设计技术、高速转子动力学匹配技术、空压机系统一体化集成技术和减振降噪技术，正围绕关键难点问题展开集中攻关，针对车用燃料电池高温高寒高原的极限使用环境和动态变载的工作条件下压缩机宽工况高效率的设计需求，突破自由曲面"全可控涡"离心压缩机三元高效叶轮轻量化设计技术，开发基于流－固－热耦合分析的小流量系数高转速燃料电池压缩机全工况气动和结构优化设计技术，对实现离心压缩机与燃料电池系统的良好匹配性能和高效可靠运行起到重要支撑作用。

5. 电控

新能源汽车电控系统包括整车控制器和电机控制器，整车控制器一般是由主机厂自主开发，或者和供应商联合开发。电机控制器由电机生产厂家自主开发或者由专门的电机控制器厂家开发，给电机生产厂家配套。

阳光电源是一家专注于太阳能、风能、储能、电动汽车等新能源电源设备的研发、生产、销售和服务的高新技术企业。凭借雄厚的清洁电力转换技术积累和研发优势，阳光电源将逆变器应用拓展至电动汽车产业，为新能源汽车提供高品质的驱动系统。其新能源汽车驱动系统适用于纯电动大、中、小型商用车及乘用车、物流专用车等，产品采用模块化设计，功能完善，能耗低，续驶里程长，可靠性高，最高效率达98.5%。自进入电动汽车产业以来，已获得"中国工业设计红星奖""2015电动车辆技术卓越奖"、全球顶尖工业设计大奖"红点最佳设计奖"等荣誉，并在历届新能源汽车TOP50评奖中，斩获"创新部件奖"、"新能源核心零部件先进企业"、"最佳创新新能源客车动力驱动企业"等桂冠，电机控制器产品有EC10系列（平台化设计）、EM30系列（集主驱控制、电机、减速器于一体）、EC50系列（高集成化商用车用）。

6. 其他配件

（1）充电桩

新能源汽车充电桩分为落地式充电桩和挂壁式充电桩，主要采取计时、计电度、计金额的充电方式。落地式充电桩适合安装在不靠近墙体的停车位。挂壁式充电桩适合安装在靠近墙体的停车位。电动汽车充电桩作为电动汽车的能量补给装置，其充电性能关系到电池组的使用寿命、充电时间。实现对动力电池快速、高效、安全、合理的电量补给是电动汽车充电器设计的基本原则，另外，还要考虑充电器对各种动力电池的适用性。

目前安徽有合肥长安汽车公司、安徽旗翔新能源公司等充电桩企业，合肥长安拥有快速充电桩特锐德品牌5个，慢速充电桩特锐德品牌6个。

（2）DC/DC变换器

DC/DC变换器作为电动汽动力系统中重要的一部分，其功用是为空调、动力转向系统等辅助设备提供所需的电力。如果是复合电源系统，则与超级电容串联，起到调节电源输出，稳定母线电压的作用。目前安徽有阳光电源、合肥东胜新能源汽车公司等企业生产新能源汽车用DC/DC变换器。

（3）电动空调

汽车空调系统是实现对车厢内空气进行制冷、加热、换气和空气净化的装置，可以为乘车人员提供舒适的乘车环境，降低驾驶员的疲劳强度，提高行车安全。电动空调可以根据已设定的温度，自动调节从而保持车内温度的恒定。目前安徽军工集团旗下的安徽东升机电公司生产电动空调压缩机。

（4）电制动

新能源汽车制动系统具有制动能量回收功能不同于传统汽车制动系统。芜湖伯特利汽车安全系统公司一直从事于汽车安全系统相关产品的开发研究与制造，在电制动方面取得了不错的成绩，该公司有电子驻车制动器（EPB）、汽车防抱死系统（ABS）和整车稳定控制系统（ESP）的独立开发与制造能力。

（五）智能网联汽车

智能网联汽车又称为自动驾驶汽车，根据驾驶员参与程度可分为 L1－L5 级，其意义不仅在于汽车产品与技术的升级，更会带来汽车及相关产业生态和价值链体系的重塑，是国际公认的未来战略性新兴产业和全球竞争焦点，也是我国在新一轮科技革命和产业变革中的重要发展方向。

安徽汽车产业基础较为雄厚，合肥作为国内人工智能和集成电路重镇，具备下游市场、电子、通信、算法、人才等多方面有利条件，安徽目前主要有以下单位。

1. 江淮汽车公司

江淮汽车公司在智能网联技术领域，江淮汽车明确提出"445 战略"，即从"智能交互、智能驾驶、智能互联、智能服务"4 个维度，通过驾驶辅助（DA）、部分自动驾驶（PA）、有条件的自动驾驶（CA）、高度自动驾驶（HA）4 个阶段，逐步为用户提供更好的交互体验、更高的安全性、更便捷的互联化、更智能的车生活，在 2025 年实现高度自动驾驶。

目前，在智能交互领域，江淮汽车目前已开发出包括可显示丰富信息流的全数字仪表盘，误触率非常低的中控大屏等一系列智能交互设备；智能互联方面，瑞风 S4、嘉悦 A5 已经搭载了 J－link 智聆车联网系统。

2. 奇瑞汽车公司

奇瑞是行业内最早开发智能网联主机厂之一，并在 2018 年推出了"奇瑞雄狮 CHERY LION"智能化品牌。其中，"雄狮智云"智能网联系统拥有增强智能语音交互、AI 人脸识别、AI 智云管家等人工智能技术，已全面应用于奇瑞产品。奇瑞前瞻技术研究院聚焦智能驾驶、智能网联、人工智能和大数据、电动化、通用汽车电子、智慧交通六个领域，并取得阶段性成果。

3. 安凯汽车公司

作为率先驶入智能网联汽车领域的先行者，积极推动无人驾驶、5G 技术应用落地。从 2017 年无人驾驶客车投入深圳开放道路试运行，成为中国首款在公共道路试运行的无人驾驶巴士，现正加快推进无人驾驶和 5G 技术的落地应用，助力未来智慧出行。

4. 合肥工业大学

依托合肥工业大学成立的安徽省智能汽车工程实验室于 2016 年经安徽省发展和改革委员会批准成立，实验室位于合肥工业大学屯溪路校区，合肥工业大学为组建单位，江淮汽车集团股份有限公司为协建单位，实验室建有信息感知、智能决策、执行控制、车联网、安全技术等五个研究室，建有智能汽车结构原理认知、整车性能测试、信息感知测试、智能决策测试、执行系统测试、高效发动机测试等六大试验平台。实验室根据国家智能汽车发展战略需求，已开发出 L3 级自动驾驶汽车，将自动驾驶技术成功应用到无人驾驶拖拉机、铁路自动驾驶检修车、机场无人驾驶行李运输车、无人驾驶巡逻车和环卫车等。

此外，围绕智能网联电动汽车技术创新、大数据服务和试验检测能力建设，合肥工业大学牵头组建了由安徽省经信厅发文认定的"安徽省智能网联电动汽车创新中心""安徽省新能源汽车远程监测与数据服务中心"，以及组织筹建"国家智能网联电动汽车质量监督检验中心（合肥）"。

5. 合肥物质科学研究院

中国科学院合肥物质科学研究院集中院内优势力量，为攻克智能汽车感知、决策与控制的关键技术和无人驾驶车辆关键技术，成立了专门的地面无人系统研究平台—智能车辆技术研究中心。中心以智能车辆关键技术研究为核心，以"汽车智能与主动安全"为学科方向，研究无人驾驶关键技术，包括环境感知、智能决策、运动控制和主动安全等，研制了具有自主行驶能力的无人驾驶车辆平台。

6. 中国电科集团三十八所

三十八所是中电科技集团所属一类研究所，三十八所在以军品为主发挥优势的同时，大力发展民品产业，主要产品有：气象雷达、微波通讯设备、卫星电视接收高频头、数字卫星电视接收、多媒体教育网络系统、变压器和电源、计算机网络及系统集成、ASIC 芯片设计和微电子设计等。三十八所发挥优势，围绕智能汽车用 77GHz 毫米波雷达开展攻关。

7. 合肥晟泰克汽车电子

合肥晟泰克汽车电子股份有限公司成立于 2003 年，是一家专业从事汽车电子产品研发、生产和销售的国家级高新技术企业。公司拥有现代化的汽车电子产品生产线和先进的检测设备。目前已建成 6 大功能实验室并通过 CNAS 认证，公司技术中心被认定为省级"企业技术中心"和省级"工程技术研究中心"。目前正在进行自动泊车、摄像头、超声波雷达和毫米波雷达研发和生产。

8. 合肥北科天绘

北科天绘主营业务包括全系列激光雷达的生产研发制造及产品销售、系统集成等，可根据客户的实际需求提供多样化的定制解决方案，智能车用产品为避障激光雷达等。

9. 芜湖易来达雷达科技有限公司

易来达是一家集专业从事车载毫米波雷达研发、生产和销售，以及雷达车辆应用控制和处理于一体的高科技中外合资企业。

10. 包河智能网联汽车示范区

2020 年，是中国智能网联汽车发展关键性的一年，汽车产业是包河区的特色产业和主导产业，在智能网联产业发展方面，将形成"1 个定位"、打造"3 个中心"、建设"2 个基地"，在全国范围内形成产业影响力和带动效应。其中，1 个定位即安徽省智能网联产业集聚地，3 个中心即安徽省智能网联汽车的技术创新中心、标准质量中心、产品研发及轻组装中心，2 个基地即应用示范基地和人才培训基地。

目前，塘西河公园 5G 示范运行线已开始建设，预计今年 8 月底建成运行。运行期间，该示范运行线对市民免费开放，市民可随时随地预约体验示范线上的运行车辆。除此之外，包河区还将建设自动驾驶循环公交示范线，预计 12 月底完成项目建设。合肥中央公园项目位于包河大道以西，锦绣大道以北，合安高速以东，京台高速以南，总面积约 15.3 平方公里，将建设 3 条无人车服务体验环路，可全程观赏花溪长廊、量子塔、跑道球场、航空博物馆、运动公园、再生艺术中心、林中栈桥等旅游。此外，包河区还正筹建国家智能网联电动汽车质量监督检验中心（合肥），包括整车测试版块、智能网联测试版块、电池系统测试版块、电磁兼容测试版块、电机系统测试版块、动力总成测试版块和电子电器测试版块。

二、安徽省新能源汽车产业发展特点

（一）新能源汽车产业起步早，纯电动汽车基础好

安徽省汽车企业从事新能源汽车研发工作起步早，2001 年奇瑞汽车就和合肥工业大学联合承担首批新能源汽车国家"863"项目，开始研发混合动力汽车。安凯汽车也是在 2001 年开始研发新能源客车；2002 年安凯推出了搭载铅酸电池的电动中巴车；2003 年安凯客车率先获得纯电动车国家公告，成为国内首家获得纯电动客车国家公告的企业，生产的 20 台纯电动公交客车用于北京 121 线路运营，该线路为国内第一条商业示范运营的新能源公交线路。2019 年合肥市跻身全国 13 个新能源汽车推广试点城市，2010

年又入选国家首批 5 个启动私人购买新能源汽车补贴试点城市，成为中国首批新能源汽车双示范城市，2010 年 1 月 23 日，合肥公交 18 路成为全球首条纯电动公交线路。2020 年 6 月 11 日大众出资 20 多亿元购买了江淮控股集团 50％股权，即拥有 8％左右江淮汽车上市公司股权；并再与江淮汽车共同增资江淮大众公司，增资后大众汽车占 75％，江淮汽车占 25％，成为江淮大众第一大股东。同时大众汽车合计投资国轩高科 11 亿欧元，占总股本的 26.47％，成为第一大股东，大众汽车在中部地区合肥新能源汽车产业的布局，对合肥来说具有里程碑意义。2020 年 2 月 25 日，蔚来汽车宣布与合肥市政府签署蔚来中国总部落户合肥的框架协议，并正式启动了智能轿跑 SUV EC6 量产项目。大众汽车和蔚来汽车的到来将会快速推进安徽新能源汽车产业再上新台阶，合肥将成为我国新能源汽车中部中心。

（二）掌握氢燃料电池汽车储供氢系统关键型式试验能力

氢燃料电池汽车高压储供氢系统中的储氢瓶、关键阀门等设备/部件需要经过一系列的型式试验，包括基本性能验证测试（例如液压疲劳试验、爆破试验）、性能耐久性验证测试（例如跌落试验、化学暴露试验等）、预期服役性能验证测试（例如极端温度压力氢气循环试验等）、火灾工况下使用终止性能验证测试等，其中以极端温度压力氢气循环试验技术难度最大。此前我国尚无此类型式试验能力，因此无法为国内生产企业提供质量控制、也无法对进口产品进行安全监察。国内气瓶制造厂生产的产品需送至欧洲和日本等机构进行型式试验，排队周期长、试验费用高。在原国家质检总局大力支持下，借助国家科技部、国家发改委、国家工信部、安徽省科技厅、安徽省发改委等项目资助下，合肥通用机械研究院有限公司于 2019 年底建成了最高试验压力 140MPa 的高压储供氢系统氢气循环疲劳试验系统（也是目前国内唯一建成、并投入运行的试验系统），可满足 70MPa、90MPa 级储供氢系统（如气瓶、阀门等）的关键型式试验需求，为此类产品质量控制和安全监管提供了重要保障。

（三）新能源汽车产业发展政策环境好

安徽省高度重视新能源汽车产业发展，2009 年《安徽省汽车产业调整和振兴规划》提出以节能环保和新能源汽车为重点，实现产品技术升级。2010 年发布了《安徽省新能源汽车产业技术发展指南（2010－2015 年）》和《安徽省新能源汽车产业技术路线图》（全国首个区域新能源汽车技术路线图），明确了"十二五"期间安徽省新能源汽车产业技术发展脉络和总体目标。为推动新能源汽车产业，2010 年安徽省还出台四大举措支持新能源汽车发展。2014 年，安徽新能源汽车产业发展联盟成立，16 家企业"抱团"发展。2015 年 3 月，安徽省人民政府办公厅 16 号文件提出关于加快新能源汽车产业发展和推广应用的实施意见。2017 年 8 月，安徽省政府又发布了《支持新能源汽车产业创新发展和推广应用若干政策的通知》，进一步做大做强做优安徽省新能源汽车产业，有效促进节能减排，带动产业转型升级。上述一系列鼓励政策的出台，为安徽新能源汽车产业快速健康发展创造了良好环境。

为了支持智能网联汽车产业发展，2016 年 8 月 25 日安徽省政府第 81 次常务会议通过的支持七个新兴产业"重大工程和重大专项"中，就有合肥市联合江淮汽车公司和合肥工业大学等共同承担的"合肥智能汽车专项"。目前位于合肥滨湖新区省政府行政中心西侧的塘西河公园 4.4 公里自动驾驶 5G 示范运行线正在建设，位于包河区的智能网联汽车封闭道路测试场也即将开建，合肥中央公园也将建成无人驾驶旅游体验区。

（四）新能源汽车技术研发力量雄厚

安徽省是我国汽车工业自主品牌的代表省份，拥有江淮、奇瑞、安凯、合肥长安、华菱等自主品牌整车企业。合肥是汽车工业的摇篮，从五十年代起，这所城市陆续为国家甚至世界的各大车企培育了大量汽车界人才，引领汽车行业的发展。在这里聚集了合肥工业大学（以汽车类工业而闻名）、中国科学技术大学（全国重点科研类高校）、安徽大学、江淮汽车国家级优秀企业技术中心、国家电动客车整车系统集成工程技术研究中心、合肥新能源汽车研究院等一大批高层次的大学和科研单位，是中部地区研发机构最为密集的省份之一，省会合肥也是全国重要的科教基地之一。位于芜湖的奇瑞汽车公司新能源汽车研发实力也位居全国领先。除整车研发机构外，省内还有很多汽车重点零部件研发和生产的企业，见图 5－6，因此安徽新能源汽车技术研发力量雄厚。

安徽康达制动器股份有限公司
安徽英杰精工机械有限公司
亳州涡阳财富康达制动器有限公司
蒙城财富汽车零部件制造有限公司
蒙城鑫源车辆部件有限公司

安徽车桥有限公司
宿州汽车配件加工有限公司

■ 安徽省蚌埠汽车零部件高新技术产业基地
安徽昊方汽车空调电磁离合器有限公司
蚌埠通达汽车零部件有限公司
蚌埠江淮车轮有限公司
怀远县华茂汽车附件有限公司
安徽祈艾特电子科技有限公司
蚌埠昊业滤清器有限责任公司
蚌埠国威滤清器有限公司

■ 国家（合肥）汽车及零部件出口基地
■ 安徽合肥包河工业区汽车整车制造及关键
　零部件基地
安徽江南机械股份有限公司
合肥汽车锻件有限公司
合肥车桥有限公司
合肥通宇电子有限公司
合肥邦立电子有限公司
合肥凯创汽车零部件有限公司
合肥江淮铸造有限公司
合肥汇凌汽车零部件有限公司
合肥万向钱潮汽车零部件有限公司
安徽安凯福田曙光车桥有限公司
合肥协力仪表制造有限公司
合肥通用电子技术研究所
……

安徽全柴动力股份有限公司
天长缸盖有限公司
安徽省凤阳散热器有限公司
滁州兴达机电有限公司

■ 安徽巢湖工业园区汽车零部件产业示范基地
安徽省恒泰活塞制造有限公司
辉煌机械公司

安徽星瑞齿轮传动有限公司
安徽安凯华夏汽车配件制造有限公司

■ 国家（芜湖）汽车及零部件出口基地
■ 国家节能环保汽车及零部件特色产业基地
芜湖莫森泰克汽车科技有限公司
埃泰克汽车电子（芜湖）有限公司
芜湖罗比汽车照明系统有限公司
芜湖博奈尔汽车电气系统有限公司
芜湖伯特利汽车安全系统有限公司
芜湖禾田汽车工业有限公司
芜湖天佑汽车技术有限公司
芜湖永裕汽车工业有限公司
……

■ 国家（安庆）汽车零部件高新技术产业
　基地
安庆环新集团有限公司
安徽安簧机械股份有限公司
安徽金光机械集团股份有限公司
安庆振发汽车锻件有限公司
安徽迅启蓄电池有限公司
安徽万瑞汽车零部件有限公司
安徽岳塑汽车工业有限公司
安徽精科机器有限公司
……

■ 安徽省宁国汽车橡胶零部件产业基地
安徽省宁国中鼎股份有限公司
安徽中鼎飞彩车辆有限公司
新鸿发交通工业（安徽）有限公司
宁国海天力工业发展有限公司
宁国飞鹰汽车零部件有限公司

■ 安徽省车用仪表及电器高新技术产业基地
黄山金马股份有限公司
黄山汽车电器有限公司
黄山市江淮工贸有限公司
黄山德宁汽车配件有限公司

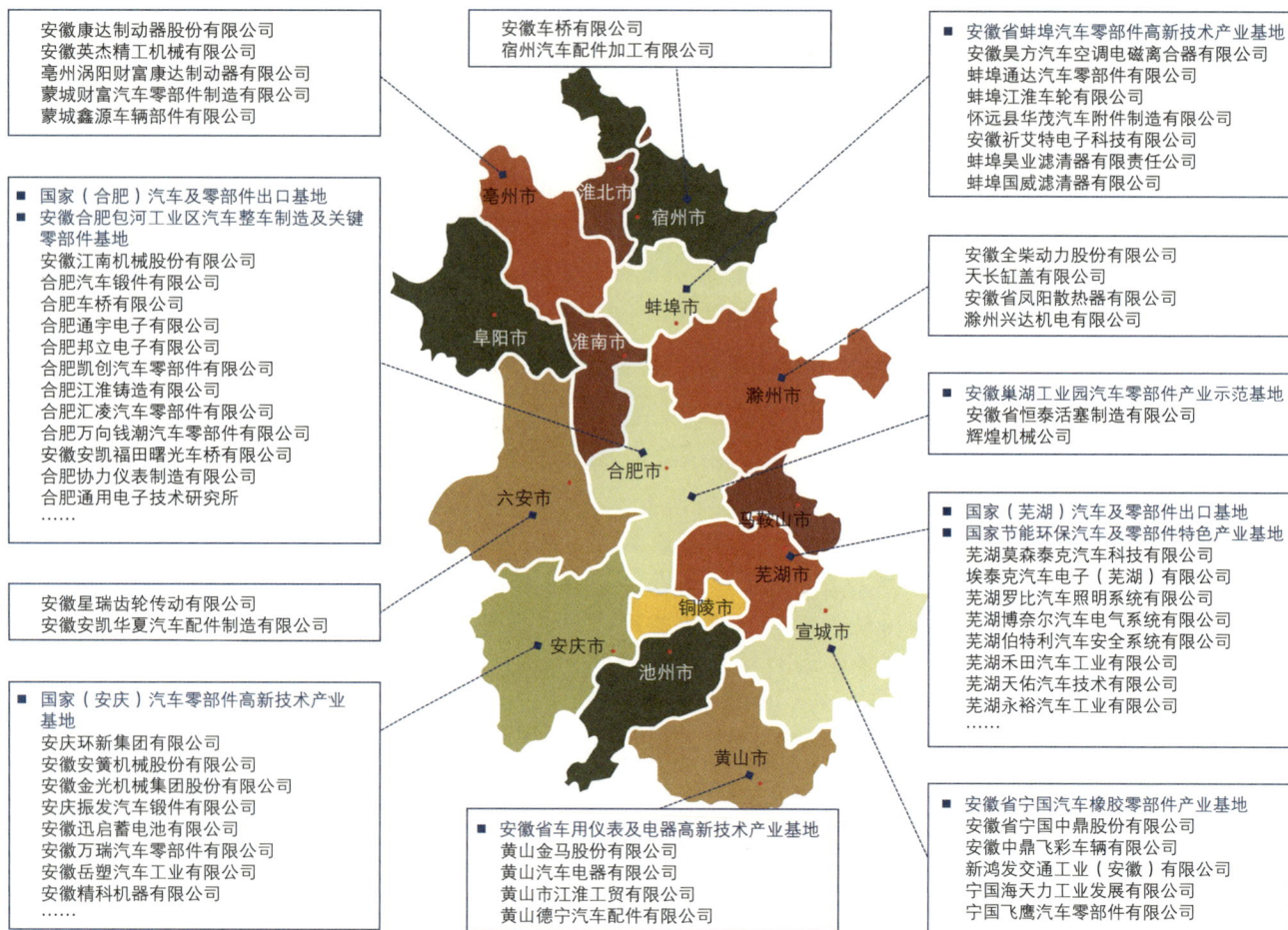

图 5 - 6　安徽省重点汽车零部件企业分布

（五）资源优势明显，产业链全

2013 年，在庐江小包庄附近 2000 米的地下，探明一处集中分布的大型磁铁矿，随后发现该磁铁矿近亿吨，如此充足的磁铁矿资源为安徽省新能源汽车的发展提供了坚实的保障。

铜陵有色金属集团控股有限公司拥有冬瓜山铜矿、安庆铜矿、天马山硫金矿、黄狮涝金矿、金口岭铜矿、凤凰山铜矿、铜山铜矿。主要金属元素包括铜、金、银、硫、铁、砷，矿石量合计 21873 万吨，其中铜元素金属量 166.3 万吨、金元素金属量 66074 吨、银元素金属量 196507 吨、硫元素金属量 1680.3 万吨、铁元素金属量 1632.45 万吨、砷元素金属量 3.44 万吨，这些丰富的矿产资源为新能源汽车产业的发展提供坚实的基础。

另外，安徽省电力资源丰富，以火电为主，水电为辅，光伏发电和风力发电也较为充足。2019 年安徽省火力发电量为 2637.2 亿千瓦时，水力发电量为 30 亿千瓦时，风力发电量为 42.4 亿千瓦时，太阳能发电量为 59.81 亿千瓦时。根据安徽省风力发电规划，安徽省风力发电经济可开发量约 500 万千瓦，规划到 2020 年风电规模达 300 万千瓦，占全省售电量的 3.76%。六安水资源丰富，小水电较多，可以利用夜晚发电电解水制氢。

2015 年 10 月，在庐江开发区，国轩总投资 50 亿元，年产 5 万吨锂电池正极材料项目正式投产，该项目全部建成后，将实现年产 5 万吨新能源电动车锂电池正极材料的目标，合肥也将因此拥有世界级电池材料生产基地；2017 年，国际上第二条全极耳圆柱电芯生产线在庐江高新区落户投产。

安徽是自主汽车品牌大省，生产新能源企业较多，国内知名的有江淮、奇瑞、安凯、合肥长安、华菱等整车厂，有国轩电池、巨一电机、阳光电源控制器、华霆动力 BMS、明天氢能燃料电池等知名关键零部件，环绕新能源汽车的产业链比较健全。

第 3 章
安徽省新能源汽车发展存在的不足

一、政策层面

新能源汽车作为战略性新兴产业，不会"缺席"政府任何一项产业政策。因此，政府无论是规划性，还是普惠性政策，都会对新兴产业施加或多或少、或轻或重的影响。

本节从规划性政策、普惠性政策、专项性政策三个方面，分析安徽省新能源汽车政策得失以及对新能源汽车产业发展的影响。

（一）规划性政策重在指导性，新能源汽车目标实现尚需努力

建设创新型省份是安徽省委省政府始终不渝追求的目标。从 2014 年《安徽省委省政府关于实施创新驱动发展战略进一步加快创新型省份建设的意见》（皖发〔2014〕4 号）明确提出"创新型省份"建设目标，到《中国制造 2025 安徽篇》（皖政〔2015〕106 号）、《安徽省国民经济和社会发展第十三个五年规划纲要》（皖政〔2016〕33 号）、《安徽省战略性新兴产业"十三五"发展规划》（皖政办〔2016〕53 号），以及之后的系列新能源汽车支持政策，支持创新的主题始终没有改变，见表 5-28。可以说支持创新，抓住了产业发展的牛鼻子，在安徽省创新、协调、绿色、开放、共享五大发展理念在实践中不断显示其强大的引领作用。

回顾安徽省战略性新兴产业"十三五"发展规划中提出的关于新能源汽车发展目标，"以纯电动汽车和插电式（含增程式）混合动力汽车为主，鼓励发展燃料电池汽车"，"到 2020 年，全省新能源汽车年产量达到 30 万辆，新能源汽车产业产值超过 1000 亿元"。我省新能源汽车产业在规划目标的实现上存在问题：一是整车企业在插电式（含增程式）混合动力汽车技术方面发展落后，产业化能力没有建立起来；二是规划未能预测到智能网联汽车技术及产业化蓬勃发展，致使全省缺乏上位政策引领而未能占据发展的先发优势地位；三是主要新能源汽车主机企业发展遭遇人才流失、市场份额减小的困境，重新崛起难度加大；四是 2020 年新能源汽车年产量达到 30 万辆只能是产能，销量实现基本不太可能。

未来五年（"十四五"期间），《中国制造 2025 安徽篇》中提出的新能源汽车核心技术创新目标实现，尚有时间，但任务依然十分艰巨！

表 5-28　安徽省新能源汽车相关规划性政策一览表

文件名称	发文字号	相关内容
安徽省委省政府关于实施创新驱动发展战略进一步加快创新型省份建设的意见	皖发〔2014〕4 号	注：由省委发文的战略性、规划性、指导性政策，意义重大。 加快培育战略性新兴产业，实施重大科技专项，建立产学研用协同创新机制，推进产品创新、品牌创新、产业组织创新、商业模式创新和管理体制创新，力争打造 2—3 个整体创新能力强、在全国具有较大影响的特色新兴产业

（续表）

文件名称	发文字号	相关内容
安徽省人民政府关于印发中国制造 2025 安徽篇的通知	皖政〔2015〕106 号	节能与新能源汽车列入未来 10 年重点突破 12 个高端制造业领域。发展重点包含中高档乘用车、商用车、客车、特种专用车、高档房车、纯电动汽车、插电/非插电式混合动力汽车、天然气等替代燃料汽车、节能内燃机汽车；混合动力、高效内燃机、高效变速器、汽车电子和轻量化材料等关键核心技术，动力电池、电机系统、电控系统、尾气后处理系统及其关键零部件
安徽省人民政府关于印发安徽省国民经济和社会发展第十三个五年规划纲要的通知	皖政〔2016〕33 号	提出培育壮大战略性新兴产业。深入实施《战略性新兴产业集聚发展工程》，推动电子信息、智能装备、节能与新能源汽车、新材料等一批战略性新兴产业加速发展成为主导产业，引领带动产业转型升级
安徽省战略性新兴产业"十三五"发展规划	皖政办〔2016〕53 号	大幅提升新能源汽车、新能源的应用比例，全面推进节能环保、资源循环利用等产业快速发展。到 2020 年，全省新能源汽车年产量达到 30 万辆，建成核心竞争力强、产业化领先、配套完善的新能源汽车产业基地，新能源汽车产业产值超过 1000 亿元

（二）普惠性政策覆盖面广，新能源汽车全产业需要认真把握充分利用

为了务实推进创新型省份建设，安徽省在政策制定上打了一套组合拳，推动目标的实现。

一是 2014 年出台于 2015 年修订了实施创新驱动发展战略系列配套政策（皖政办〔2015〕40 号）。所谓"1+8 组合"，即支持自主创新能力建设、扶持高层次科技人才团队在皖创新创业、促进科技成果转化、大型科学仪器设备资源共享共用补助、创新能力评价、加强实验室建设、科技重大专项、推进科技保险试点工作等 8 个实施细则，均为"干货"。2015 年，在《安徽省人民政府关于加快建设战略性新兴产业集聚发展基地的意见》（皖政〔2015〕48 号）推动下，合肥、芜湖成为安徽省政策导向的新能源汽车产业基地，开始受到政府专项基地鼓励政策的支持，见表 5-29。

表 5-29 安徽省产业发展普惠性政策一览表

文件名称	发文字号	说明
安徽省人民政府办公厅关于印发实施创新驱动发展战略进一步加快创新型省份建设配套文件的通知	皖政办〔2014〕8 号	明确了支持自主创新能力建设的系列政策，特别是具体的奖励支持数额、比例等，可操作性强，激励作用大。
安徽省人民政府办公厅关于修订印发实施创新驱动发展战略进一步加快创新型省份建设配套文件的通知	皖政办〔2015〕40 号	是对皖政办〔2014〕8 号文件内容的补充与修订。
安徽省人民政府关于加快建设战略性新兴产业集聚发展基地的意见	皖政〔2015〕48 号	明确了设立省战略性新兴产业集聚发展措施，特别是明确了每年省级政府安排的基地建设专项引导资金总额，以及政策支持方向。
安徽省人民政府关于印发支持"三重一创"建设若干政策的通知	皖政〔2017〕51 号）	明确了推进重大新兴产业基地、工程、专项建设，构建创新型现代产业体系，培育壮大经济发展新动能的系列举措。
安徽省人民政府关于印发支持科技创新若干政策的通知	皖政〔2017〕52 号	重点在于明确了推进科教大省和创新型省份建设，充分发挥科技创新引领作用的具体政策举措
安徽省人民政府关于印发支持制造强省建设若干政策的通知	皖政〔2017〕53 号	明确了落实五大发展行动计划，实施《中国制造 2025 安徽篇》，推动制造业做大做强和提质增效的具体举措

（续表）

文件名称	发文字号	说明
安徽省人民政府关于推进重大新兴产业基地高质量发展若干措施的通知	皖政〔2019〕30号	是为推进重大新兴产业基地建设，决心打造全国重要的战略性新兴产业高地而推出的专项政策举措。

二是连续出台三个重要的支持产业、科技和制造业快速发展的政策。其中，支持"三重一创"建设若干政策（皖政〔2017〕51号），旨在通过加快推进重大新兴产业基地、重大新兴产业工程、重大新兴产业专项建设，构建创新型现代产业体系，培育壮大经济发展新动能；支持科技创新若干政策（皖政〔2017〕52号），旨在通过深入实施创新驱动发展战略，推进科教大省和创新型省份建设，充分发挥科技创新引领作用；支持制造强省建设若干政策（皖政〔2017〕53号），旨在通过深入实施《中国制造2025安徽篇》，推动安徽省制造业做大做强和提质增效。这三大政策，均属于"营养丰富"的"干货"。

三是出台推进重大新兴产业基地高质量发展若干措施（皖政〔2019〕30号），旨在通过深入贯彻"巩固、增强、提升、畅通"八字方针，进一步增强高质量发展支撑力，加快形成推进重大新兴产业基地建设的激励约束机制，全面提升产业链水平，加快打造全国重要的战略性新兴产业高地。

上述政策，相互关联，相互补充，共同助力，对新能源汽车产业基地、技术和制造业发展和水平提升，发挥重要作用。例如人才政策、科技成果转化政策，对于吸引人才创新创业，政策效应非常明显。当然，政策的激励作用、导向作用，还需要进行深入的政策宣传，产业界的企业理解把握政策相对比较及时准确，但人才科技工作者则未必了解熟知，难免会降低政策效应。

（三）专项性政策导向性强，政府需要瞄准产业发展痛点精准发力

1. 已出台的政策

近5年安徽省级新能源汽车专项政策发布并执行的主要有两项。

一项是《安徽省人民政府办公厅关于加快新能源汽车产业发展和推广应用的实施意见》（皖政办〔2015〕16号）文件。提出了新能源汽车产业阶段性发展目标，目标中提出"到2020年，全省新能源汽车生产能力达到20万辆以上"，或许是感觉目标低了些，故2016年完成制定出台的省战略性新兴产业十三五规划（皖政办〔2016〕53号），提出"到2020年，全省新能源汽车年产量达到30万辆"，多了10万辆，遗憾的是两个文件都没有提出销量目标。2015年的16号文件，由省政府办公厅发出，层级相对省政府名义发出的政策较低，因为没有后续配套政策支持，意见事实上停于纸面，实际效用不大。

实际发挥效用的倒是如前所述的《安徽省人民政府关于加快建设战略性新兴产业集聚发展基地的意见》（皖政〔2015〕48号），因合肥、芜湖成为政府认定的新能源汽车产业基地，受到省政府"战略性新兴产业集聚发展基地建设引导资金"的实实在在的支持，两个基地当年获得的支持资金总计达到18000万元，至今产业基地政策依然在发挥效用。

另一项是《安徽省人民政府关于印发支持新能源汽车产业创新发展和推广应用若干政策的通知》（皖政〔2017〕110号）文件。2017年，省政府在新能源汽车产业基地政策支持基础上，进一步制定了新能源汽车具体政策奖励措施，即110号文件，由政府名义发出，层级高，从十个方面激励产业发展，政策效应大。这个政策，在更大范围、更多资金上，支持了新能源汽车产业（包括智能网联汽车）的发展。

遗憾的是110号文件的十条政策并未得到完全实施，例如第五条"建设公共服务平台"项，始终未得到贯彻实施，其主要内容是，"建设省新能源汽车公共数据采集与监管中心……。建设国内领先的省新能源汽车公共检测服务平台……"等。未执行的原因应该有两点：重视程度问题和思想认识问题。未执行的结果之一，导致我省政府对新能源汽车运行（包括充电桩建设运行以及废旧电池处理）监管缺位，没有汽车运行大数据服务于新能源汽车运行安全警示、安全技术改进，特别是没有汽车运行大数据支持新能源汽车新的诸如充电桩建设规划等等。

2. 待出台政策

智能网联汽车发展速度超出了人们的预期，因此相关省级政策缺位并不奇怪。110号政策2017年制定，

第一条"支持研发创新",明确"实施新能源汽车暨智能网联汽车产业技术创新工程"。应当说,在没有系统政策框架下,提出创新支持,完全符合建设创新型省份这个总体目标要求,具有政策的及时性。

目前,省发改委牵头正在制定《安徽省智能汽车创新发展战略实施方案》征求意见,这个实施方案是在国家发改委等11部委,于今年2月10日联合发布的《智能汽车创新发展战略》(发改产业〔2020〕202号)基础上,结合安徽实际制定的,具有战略性和针对性,对安徽抢抓智能网联汽车发展机遇,争取发展优势,推动产业大发展,具有十分重要的意义。在此基础上,还需要制定相关实施细则,将建设任务落到实处,见表5-30。

表5-30　安徽省新能源汽车专项性政策一览表

文件名称	发文字号	说明
安徽省人民政府办公厅关于加快新能源汽车产业发展和推广应用的实施意见	皖政办〔2015〕16号	省级文件中层级较低,实施意见较实施细则,还是处于方向性、指导性,可操作性不强。
安徽省人民政府关于印发支持新能源汽车产业创新发展和推广应用若干政策的通知	皖政〔2017〕110号	"十条"(十个方面)具体政策支持,力度大,对新能源汽车产业发展发挥了直接和巨大推动效应。
关于做好支持新能源汽车产业创新发展和推广应用若干政策有关工作的通知	皖发改产业函〔2018〕103号	政策效应彰显,第五条政策未落实。
关于做好2019年支持新能源汽车产业发展和推广应用若干政策申报等有关工作的通知	皖发改产业函〔2019〕106号	政策效应进一步彰显,第五条政策依然未落实。
《安徽省智能汽车创新发展战略实施方案》(征求意见稿)	无	待出台
2020年安徽省汽车和新能源汽车发展工作要点	无	智能网联汽车成为工作重点之一。

为了更好地服务和推动汽车产业发展,省经信厅于2019年成立了汽车处,经信厅汽车处《2020年安徽省汽车和新能源汽车发展工作要点》中"重点工作"提出"加快智能网联汽车发展:积极支持智能网联汽车创新发展;推进合肥等地加快智能网联汽车道路测试建设,开通示范运行线,积极争创智能网联汽车道路测试示范区。"这抓住了当前智能网联汽车发展的关键环节;但效果如何,值得关注和期待。

(四)政策制定逻辑清晰,认真梳理政策效果有利于精准施策

安徽省产业政策逻辑,首先是定方向,例如"三个强省""创新型省份""制造业强省"(似乎没有明确"汽车强省");之后是定目标措施,例如大科学中心、中国声谷,以及产业发展、科技研发、人才汇聚、成果转化、考核评价等;再后就是定具体产业,例如新能源汽车、机器人、人工智能等,如图5-7所示。

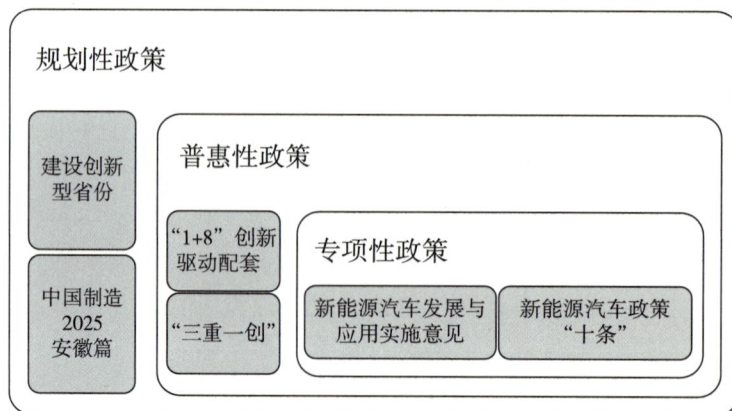

图5-7　安徽省新能源汽车政策框架

　　安徽省政策效果总体评价，必须结合产业发展具体情况进行，虽然不能把产业发展优劣直接对应于政策效应，但二者具有强相关性毋庸置疑。以下透过三个现象看政策。

　　现象一：安徽省新能源汽车产销量位次不断相对下滑。这首先应该是企业经营问题而非政策问题。深度分析产销量下滑，其根源还在于技术先进性、产品可靠性和品牌影响力。产销量走高了，品牌影响力也同时走高，反之亦然。目前，安徽省新能源汽车技术和产品主要体现在纯电动优势上，而产业界已经把纯电动技术"玩"透了，纯电动技术门槛低，激烈竞争中"稍不留神"就可能落败。比亚迪、北汽、吉利、广汽在竞争中胜出，与其紧跟前沿技术并不断优化产品结构分不开。目前安徽省新能源整车企业（奇瑞新能源、奇瑞商用车去年下滑速度较低值得珍惜），产销量占比下滑带来人才流失和品牌价值受损，值得关注，现在中央政府已经不允许地补，政策如何支持企业产销量占比的提升，建议抓紧关注和深入研究"双积分"政策。

　　现象二：安徽省新能源汽车技术路线未能在插电式（包括增程式）电动汽车方面取得突破。据了解江淮汽车做过努力，但未能实现目标，遗憾的是没有继续努力。插电式（包括增程式）电动汽车以及燃料电池汽车，还需要紧跟发展趋势，抓紧开发，迎接新一轮的大发展。据了解合肥工大目前参与的国际领先的增程式发动机技术，可以弥补安徽省的短板，值得关注。政府在这方面还需要精准施策。

　　现象三：智能网联汽车产业发展在国内外已经展开竞争，安徽省没有实现领跑。安徽省不应该在智能网联汽车领域缺位或仅满足于跟跑。目前合肥市已经全面行动起来，包括建设国家级智能网联电动汽车质量监督检验中心、智能网联汽车封闭试验场、智能网联汽车开放道路试验场及示范区等，产业链招商引资工作也在大力推进。智能网联汽车安徽省专项政策《安徽省智能汽车创新发展战略实施方案》征求意见正在进行，以及其他配套政策，都应该加快制定，以政策、技术、市场合力推进智能网联汽车发展进程。

二、技术层面

（一）插电式混合动力汽车和燃料电池汽车基础薄弱

　　安徽新能源汽车经过近二十年的发展，虽然在纯电动汽车领域取得关键技术的突破，拥有一大批自主知识产权的技术成果，但插电式混合动力汽车和燃料电池汽车进展缓慢，一方面，原先传统混合动力汽车由于国内受到发动机制约，2009年国家搞十城千辆示范运营时，由于国内没有国产混合动力汽车可卖，因此转向纯电动，把混合动力汽车归入节能汽车，没有给混合动力汽车补贴，安徽车企也就跟着指挥棒走，重心也转向纯电动，耽误了混合动力汽车的发展；另一方面，混合动力汽车核心技术和关键零部件技术仍然受制于传统汽车工业，在传统汽车工业核心技术和创新能力方面，安徽仍较为薄弱，插电式混合动力汽车大多基于混合动力汽车技术，因此安徽车企插电式混合动力汽车和比亚迪、上汽相比有了较大差距。在燃料电池汽车方面虽然2007年就研发出燃料电池客车，起步较早，但受国家产业政策调整不重点支持燃料电池汽车影响，一段时间处于停滞状态，近年来看到日本丰田燃料电池汽车快速发展起来，国家才又重视燃料电池汽车，安徽也是如此，而且燃料电池及燃料电池汽车研发投入大，技术要求高，氢气危险性大，安徽在新一轮燃料电池汽车发展过程中，除了明天氢能在国内燃料电池领域有点影响外，车企和示范运营进展缓慢。

（二）新能源汽车研发经费不足，技术研发人才流失严重

　　奇瑞、江淮等汽车公司每年按销售收入的3％－5％投入研发之中，安徽省及各地市级政府也出台较多发展新能源汽车的有利政策，也在不断增加资金的投入，但由于财力所限，可用于新能源汽车产业技术和推广的资金相对不足，与国内发达地区相比还有较大差距。近年来受到安徽车企效益不好，汽车研发人才大量流向北上广深，上汽、北汽、吉利、比亚迪、广汽有一批技术研发工程师来自奇瑞和江淮，从而导致安徽省新能源汽车研发能力不足、行业后继乏力，影响安徽汽车企业的发展。

（三）充电桩、加氢站等基础设施配套不足且车桩互联能力有待提升

制约新能源汽车发展的因素除了高成本和高价格外，充电和加氢的便捷性是制约新能源汽车产业化的另一个主要障碍。截至 2021 年 9 月，全国新能源汽车保有量达到 678 万辆，充电基础设施累计数量为 222.3 万台，车桩比为 3.05：1，这当中还包含已损坏的、被其他车辆停车占用和单位内部的。到 2030 年中国电动车销售会突破 1500 万辆，保有量会突破 8000 万辆。如果按照 2019 年的纯电动占比计算，2030 年纯电动车辆将达到 6480 万辆，充电桩数量有限成新能源销售中最大阻碍因素，车桩互联能力有待进一步提升。安徽充电桩情况也是如此，最近国家把新能源充电桩列入新型基础设施建设项目，希望能落到实处。根据《中国氢能产业基础设施发展蓝皮书（2016）》，到 2020 年我国要建成加氢站 100 座，2030 年将达 1000 座。截至 2019 年 4 月，我国已建高压加氢站 60 多座、在建 30 多座，总量上接近 2020 年计划目标，但这其中能正常运营的加氢站数量要大打折扣。

（四）智能网联汽车核心技术需要突破，试验场和示范区需要加快推进

智能网联汽车涉及汽车、信息通信、交通等多领域技术，其技术架构复杂，涉及面广，难度大。由于受地域和待遇等方面原因，安徽从事该领域技术研发的人员偏少，大量智能网联汽车核心技术急需突破，方能使得安徽汽车工业在新一轮智能化转型升级中立于不败之地。

2018 年 4 月 12 日，中华人民共和国工业和信息化部、公安部、交通运输部印发了《智能网联汽车道路测试管理规范（试行）》，该规范从测试主体、测试驾驶人及测试车辆，测试申请及审核，测试管理以及交通违法和事故处理四个方面对中国的智能网联汽车道路试验进行了详细的规定，填补了我国智能网联汽车道路测试方面法规的空白。北京、上海、重庆、杭州、武汉、长春、济南、天津等地在国家《道路测试管理规范（试行）》基础上也相继出台了地方智能网联汽车道路测试法规，为智能网联汽车道路测试奠定了基础。目前只有合肥市出台了测试管理规范，但安徽其他地市在智能网联汽车方面却没有动作。

在智能网联汽车试验场和示范区方面，全国各地政府高度重视，已相继在北京、上海、重庆、杭州、武汉、无锡、长春等地建立了 7 个国家级智能网联汽车示范区，在深圳、长沙、广东、福建平潭、厦门湾漳州、重庆中国汽研、四川德阳、辽宁盘锦、四川中德等地建立了 9 个地方级智能网联汽车示范区。安徽动作相对较慢，目前只有唐西河 4.4 公里示范线在建，没有建成的智能网联汽车试验场和示范区。

第 4 章
安徽省新能源汽车发展战略思路和目标

一、发展战略思路

（一）指导思想

深入贯彻党的十九大和十九届二中、三中、四中全会精神，以习近平新时代中国特色社会主义思想为指引，紧紧围绕国家"四个全面"战略布局、"中国制造2025"总体部署，充分把握国家发展新能源汽车暨智能网联汽车的战略方向，实施汽车强省战略。

坚持创新、协调、绿色、开放、共享的发展理念，坚持汽车产业的电动化、智能化、网联化、绿色化、共享化发展方向，统筹协调、创新驱动、立足自主、开放合作，促进全省汽车产业的技术结构、产品结构、市场结构持续优化升级。

坚持以市场需求为导向，以产学研合作创新为主体，以高效的政府服务、开放的鼓励政策为支持，以5G基站、充电桩等新基建为助力，聚焦新能源暨智能网联汽车发展，建立起完善的汽车研发、智能制造、试验检测、应用基础设施和财政金融等产业服务体系，打造新能源暨智能网联汽车中高端产业链和产业集聚基地。

充分利用人工智能、5G通讯、大数据、云计算等最新科技发展成果，协同推进智能汽车、智能交通、智慧城市建设，打造智能出行新模式、汽车产业新生态，实现创新链、服务链、产业链有效贯通，不断提升全省汽车企业在全球汽车竞争中的核心技术优势和市场竞争力，努力将安徽省建设成为国际领先水平的新能源暨智能网联汽车创新中心、测试中心和生产制造中心。

（二）发展思路

（1）深化结构调整，布局智能网联

以汽车产业节能升级为着力点，优化产业链，提升价值链，巩固商用车地位，提升乘用车品质。以新能源汽车产业集聚发展为突破口，拉长产业链，做优产业基地，抢占技术制高点，形成产业优势。跟踪新技术革命，推动燃料电池汽车商用，精准布局智能网联汽车。

（2）实施创新驱动，占据科技前沿

深入实施创新驱动发展战略，强化产学研用协同，围绕并依托整车企业，立足市场发展，完善产业科技创新体系。掌控关键核心技术，加快前沿技术研发应用和成果转化，努力在自主创新上攀高峰。

（3）坚持质量领先，打造优质品牌

以客户为中心，构建质量品牌培育管控体系与发展机制。以打造国内汽车知名品牌为主攻方向，全力培育一批"技术领先、质量上乘、性能优良、用户赞誉、效益显著"的"精品"和"敬业忠诚、技术过硬、创新力强"的"徽匠"。

（4）扩大开放合作，参与国际竞争

抓住"一带一路"的战略机遇，做好市场规划和布局；推进"根据地"战略，加快"走出去"步伐；加强核心技术交流，促进要素资源有效整合；加大汽车全产业链出口，扩大高水平对外开放，深化产业国际合作，提高企业国际化、规范化经营能力，加快融入全球市场，不断提高出安徽省汽车产业对安徽省外向型经济的贡献度。

（5）深化内部改革，提升产业优势

持续推进产权制度和企业内部机制的变革，努力提高决策效率和执行效率；优化产业协同创新机制，提升产业纵向协同及横向合作的效率；强化部门协同；促进新能源汽车与能源、交通、信息通信深度融合，统筹推进技术研发、标准制定、推广应用和基础设施建设，建立横向协同、纵向贯通的协调推进机制，充分发挥市场配置资源的作用，支持企业间产业和资本层面的合作。把制度优势和市场优势转化为产业优势。

（6）支持服务民生，构建智慧出行

依托自动驾驶汽车和车联网技术，支持基于共享汽车的交通出行系统运营，以及基于商用车队列管理的智能物流系统等商业模式应用，大力建设以先进公共交通工具为基础的出行系统，推动形成重使用、轻拥有的智慧城市共享交通和共享经济模式。

（7）明确发展定位，聚焦重点突破

坚持新能源汽车产业先导地位，坚持纯电驱动战略取向，重点发展纯电动汽车、插电式混合动力汽车和燃料电池汽车，让纯电动乘用车成为主流，燃料电池商用车实现规模化应用；以合肥、芜湖为中心，着力打造新能源汽车产业集聚生产基地，产销位列全国第一阵营。

强化产业动态跟踪，选准技术突破口，明确路线图，构筑智能感知系统产业链，完善智能网联汽车生态链，力争到2025年底，有条件自动驾驶智能网联汽车销量占比20%，高度自动驾驶智能网联汽车实现限定区域内的商业化应用，智能网联汽车技术发展与商业化应用处于全国前列。

二、新能源汽车产业发展目标

坚持新能源汽车产业先导地位，坚持纯电驱动战略取向，重点发展纯电动汽车和插电式混合动力汽车；整合资源发展燃料电池汽车，尽快推进燃料电池汽车及关键部件研发和产业化；大力发展智能网联汽车，加快基于5G的智能网联汽车研发，构建智能网联汽车产业生态；解决卡脖子问题，快速突破车规级芯片和车载操作系统技术，实现产业化；改进制造工艺，提高生产效率，加快精密铸造结构件产业化；推行绿色制造，实现资源综合利用，抓紧开展充电设备的回收；以合肥、芜湖为中心，着力打造新能源汽车产业和智能网联汽车集聚生产基地，产销位列全国第一阵营。

到2025年，驱动电机功率密度达到5.0kw/kg，控制器功率密度达到40kw/L；纯电动汽车用动力锂电池能量密度达到400瓦时/公斤，系统比能量达到300瓦时/公斤，系统循环寿命大于1500次/12年，系统成本降至0.5元/瓦时以下，在国内新能源汽车动力电池市场份额超过20%。持续提升车辆管理系统（VMS）、发动机控制系统（EMS）、动力电池管理系统（BMS）电控技术，形成专有、独特的竞争优势。

到2025年，实现L4级自动驾驶功能的智能网联汽车示范运行，实现5G－V2X规模化商业应用，"人－车－路－云"达到高度协同；建成合肥智能网联汽车封闭试验场；全省城市及高速公路测试道路达到500公里，智能网联汽车开放道路示范区达到500平方公里。

到2035年，安徽省新能源汽车年销量占安徽省各类汽车总销量的40%，我省L3级及以上自动驾驶汽车年销量占安徽省各类汽车总销量10%。

三、技术路线图

安徽省新能源汽车产业发展技术路线图如图 5-8 所示。

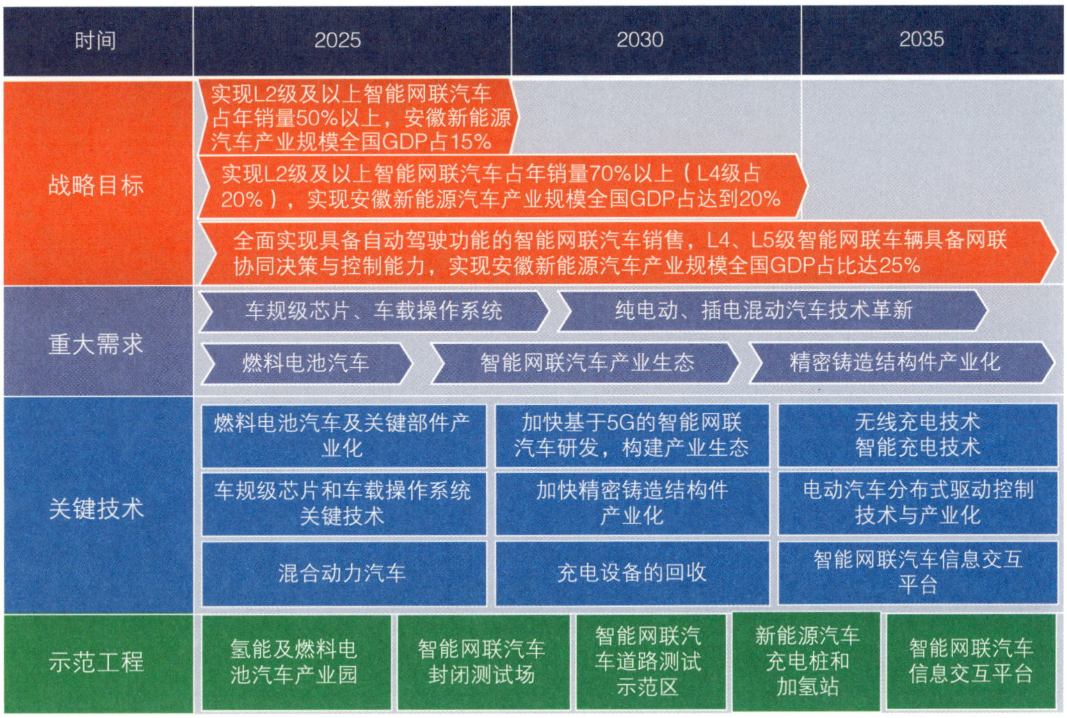

时间	2025	2030	2035
战略目标	实现L2级及以上智能网联汽车占年销量50%以上，安徽新能源汽车产业规模全国GDP占15%		
战略目标	实现L2级及以上智能网联汽车占年销量70%以上（L4级占20%），实现安徽新能源汽车产业规模全国GDP占达到20%		
战略目标	全面实现具备自动驾驶功能的智能网联汽车销售，L4、L5级智能网联车辆具备网联协同决策与控制能力，实现安徽新能源汽车产业规模全国GDP占比达25%		
重大需求	车规级芯片、车载操作系统	纯电动、插电混动汽车技术革新	
重大需求	燃料电池汽车	智能网联汽车产业生态	精密铸造结构件产业化
关键技术	燃料电池汽车及关键部件产业化	加快基于5G的智能网联汽车研发，构建产业生态	无线充电技术智能充电技术
关键技术	车规级芯片和车载操作系统关键技术	加快精密铸造结构件产业化	电动汽车分布式驱动控制技术与产业化
关键技术	混合动力汽车	充电设备的回收	智能网联汽车信息交互平台
示范工程	氢能及燃料电池汽车产业园 / 智能网联汽车封闭测试场	智能网联汽车道路测试示范区	新能源汽车充电桩和加氢站 / 智能网联汽车信息交互平台

图 5-8　新能源汽车产业发展技术路线图

第 5 章
安徽省新能源汽车政策建议及重点任务

一、新能源汽车产业发展政策建议

（一）尽快出台支持智能网联汽车产业发展的专项政策

加快制定并实施《安徽省智能网联汽车发展战略实施方案》，加大支持智能网联汽车创新发展力度；加快推进合肥等地智能网联汽车道路测试建设，开通示范运行线，积极争创智能网联汽车道路测试示范区；加快推进智能网联汽车招商和产业聚集园区建设。

（二）推进新能源汽车产业发展和推广应用

实施强基强链工程，提升新能源汽车产业基础能力和产业链水平，提升新能源汽车 3.0 时代专用模块化技术水平，加大新能源汽车生产、推广应用力度；充分利用"新基建"政策，加快推进覆盖全省的新能源汽车充电桩和加氢站建设；抓住国家延长新能源汽车补贴政策 2 年的机遇，研究制定推进新能源汽车"双积分"政策实施细则，为迎接新能源汽车完全市场竞争做好服务保障准备工作；加强全省各市新能源汽车推广应用情况考核评估，继续推进并全面实施省新能源汽车"政策 10 条"有关工作，确保实施不遗漏、实施见真效。

（三）加快推进新能源汽车产业服务平台建设

制定专项政策，支持推进产业公共服务平台建设，包括建设国际一流的国家级的智能网联电动汽车质量监督检验中心、创新中心以及大数据中心，建设更加完善的氢燃料电池汽车储供氢装备（如液氢储运装备、加氢站关键阀门等）型式试验能力，满足省内外汽车企业海量产品开发、试验检测需要；鼓励产学研合作平台建设，包括联合实验室、联合研发中心，以及产业技术创新联盟等；鼓励各平台实体创新体制机制，引导市场化投融资，保障平台建设资金和科技创新、产品创新成果。

（四）加强汽车产业人才队伍建设

加大新能源汽车暨智能网联技术领域高端人才引进力度，鼓励和大力度支持拥有核心专利技术的人才落地创办公司；倍加珍惜企业高级技术人才和管理人才，创造条件提高待遇，留住人才，努力遏制人才流失局面；建立全方位、多层次的汽车产业人才队伍培养体系，充分发挥企业、省内高校、科研院所、职业技术院校和第三方培训机构的平台作用，创新人才培养模式；成立汽车产业发展专家咨询委员会（智库），定期分析汽车行业发展趋势，为指导安徽省汽车产业健康发展建言献策，为各级政府科学决策提供依据等。

（五）支持企业深化体制和机制改革

积极推进省内新能源汽车企业混合所有制改革。通过引进战略投资人、实行经营层及关键员工持股、企业上市等方式不断优化汽车企业产权结构和治理结构，激发企业活力；支持汽车企业间交叉持股；赋予企业与市场竞争相适应的用人、用工、分配自主权，鼓励和支持企业引进高端人才，支持企业对技术、管理骨干实施近期与远期相结合的激励机制。

以资本为纽带，促进企业间的产业协同。加强整车企业之间、整车企业与零部件企业之间的产业合作，提升省内汽车产业的资源配置效率；鼓励企业机制和融资模式创新；支持具备条件的企业建立汽车金融、财务公司，为企业内及产业链相关企业提供融资服务。

深入推进"放管服"改革。放宽市场准入，加强事中，事后监管，建立多部门、跨地区的信用联动奖惩机制。实施包容审慎监管，建立新技术豁免机制，促进新业态新模式健康有序发展。

二、新能源汽车产业发展重点任务

（一）解决"卡脖子"技术——燃料电池汽车及关键部件研发和产业化

2020 年 4 月 29 日，财政部发出《关于征求〈关于开展燃料电池汽车示范推广的通知〉（征求意见稿）意见的函》，向北京市、山西省、上海市、江苏省、河南省、湖北省、广东省、四川省等八个省市征求燃料电池汽车示范推广意见，要推广超过 1000 辆达到相关技术指标的燃料电池汽车，平均单车累积用氢运营里程超过 3 万公里，示范区以外区域不再给予购置补贴，示范为期 4 年，作为中国首批新能源汽车双示范城市合肥市着实有点遗憾，合肥虽然在氢气来源方面不占优势，但是江淮、安凯、奇瑞在新能源汽车技术方面优势明显，而且汽车产业是安徽支柱产业，现阶段燃料电池客车、重卡和城市物流车已具备产业化的技术和环境，建议以安凯为主推进燃料电池客车研发和产业化，以江淮和华菱为主推进燃料电池重卡研发和产业化，以江淮和奇瑞为主实时燃料电池轿车和城市物流车研发和产业化；以明天氢能、全柴和威尔等为主，同时积极引进国外省外企业，加快燃料电池电堆等关键部件的研发和产业化；以合肥工业大学、合肥通用机械研究院有限公司、中盐红四方为主攻克氢燃料制备、氢能储运、加氢站建设、车载储氢等燃料电池汽车应用的支撑技术；以合肥通用机械研究院有限公司为主攻克燃料电池空压机宽高设计技术和高速转子动力学匹配技术；推进氢能安全实验室、研发中心、检测中心建设，建设氢能及燃料电池汽车产业园。

财政部下发准备开展燃料电池汽车"十城千辆"示范运营征求意见包括北上广等八个省市，这些省市高度重视燃料电池汽车产业，北京、上海、广东、江淮和成都等早已开展燃料电池汽车示范运营，安徽动作较慢，目前只有六安和铜陵极少量燃料电池汽车上路，合肥至今还没有。合肥新能源汽车起步早，基础好，是安徽新能源汽车风向标，建议合肥加快开展燃料电池系统和整车研发及示范运营。

（二）解决"卡脖子"技术——车规级芯片和车载操作系统关键技术

车规级芯片和车载操作系统是新能源汽车和智能网联汽车的核心技术产品，目前国内车企主要采用国外芯片和操作系统，是国内的短板，属于卡脖子工程。近年来，合肥市以"芯屏器合"战略性新兴产业为主导，推动制造业高质量发展，在芯片和操作系统领域有着良好的基础和人才技术优势。安徽应抢抓机遇，解决卡脖子问题，鼓励整车及零部件、互联网、电子信息、通信等领域企业组成联盟，形成开放共享，协同演进的良好生态；出台政策，支持中国科技大学、合肥工业大学、安徽大学和位于合肥高新区及"合肥声谷"的企业共同开展车规级芯片和车载操作系统技术的研发和产业化。

（三）解决"卡脖子"技术——发展混合动力汽车

当前安徽自主品牌汽车关于混合动力汽车的技术积累不足、研究资源分散、长期无法掌握核心技术。安徽省作为我国汽车产业大省之一，理应充当"排头兵"补足混合动力汽车技术短板，针对混合动力发动机工况特点，开发专用的燃烧系统，以实现常用工况效率的最高化，降低整车油耗，进行启停控制策略开发，降低油耗；研究 48V 电机及其控制器一体化技术，开发高度集成的电机总成，研究 48V 电机与传动系统的集成技术，实现 12％－15％的整车节油效果；研究新型混合动力系统构型，集成发动机高效运行控制、一体化电机及控制、动力电池寿命预估与优化控制、整体能量管理与转矩协调控制等，开发高效率、高集成度、高性价比的机电耦合系统。

（四）补短板——加快基于 5G 的智能网联汽车研发，构建智能网联汽车产业生态

（1）智能网联汽车整车

目前智能汽车主要依靠自带传感器进行环境感知，随着 5G 网络技术推广应用，智能汽车环境感知将变为依靠 5G 网络和自带传感器共同完成，一方面可以减少汽车自带传感，降低制造成本；另一方面提高了智能汽车的安全性和可靠性。依托江淮汽车公司、奇瑞汽车公司、合肥长安汽车公司、安凯汽车公司等整车企业，联合合肥工业大学、安徽省智能汽车工程实验室、合肥物质研究院、中国科技大学等高校和科研院所，加快智能网联轿车和客车的研发和产业工作，同时推进江淮汽车和华菱汽车尽快启动重卡自动驾驶研发和产业化工作。

（2）智能网联汽车关键零部件

智能网联汽车产业刚刚兴起，一方面依托江淮汽车、奇瑞汽车、安凯汽车、长安汽车、合肥工业大学、中科院合肥物质研究院、中国科技大学、38 所、晟泰克、域驰科技等，加快智能网联汽车关键部件技术研发；另一方面加大招商力度，面向全球吸引智能网联关键零部件企业和技术研发公司皖投资兴业。

（3）智能网联汽车测试示范

加快合肥市包河区智能网联汽车封闭测试场建设，延长开放式道路无人驾驶测试示范线，建设合肥中央公园无人驾驶示范区及合肥无人驾驶空港国际小镇，启动建设环绕合肥及合肥至南京的智能网联汽车高速道路测试线，依托合肥工业大学智能制造技术研究院开展智能网联汽车远程监测与数据服务，依托安徽省智能汽车工程实验室建设智能网联汽车虚拟仿真平台。省内有条件的城市如芜湖等地应尽快启动建设开放式道路无人驾驶测试示范线和示范区建设。

（五）补短板——加快精密铸造结构件产业化

加快大型精密铸造结构件及零部件生产线设计、研制，进行节能与新能源汽车结构件及零部件设计、研发、测试、制造等装备的研发，建立大型、复杂、薄壁合金精密铸造工艺与质量控制标准，以满足高性能汽车结构件大批量生产的要求。依托合肥工业大学智能制造技术研究院精密铸造制造业创新中心，满足行业对精密铸件的需求，提升机械制造、新能源汽车等所需关键核心零部件订单的承接力度，延伸产业链，积极推进其他工业行业所需精铸件的研制生产。

（六）补短板——抓紧开展充电设备的回收

随着新能源汽车市场规模不断扩大，汽车充电设备的保有量越来越多，同时由于技术升级和功能强化，充电设备的淘汰速度不断加快，早期投放的充电设备已达到设计寿命，即将迎来废弃淘汰高峰。目前对新能源汽车的回收技术研究主要集中在动力电池的回收，对充电设备的回收关注度不高。汽车充电设备在废弃淘汰后，大部分核心部件仍具有重用价值，且部分元器件（电解电容、开关触点等）含有电解液、镉等有毒有害材料，如采用一般废弃机电产品的回收工艺，直接破碎后回收材料，容易产生二次污染，且回收附加值很低。但目前充电设备只能进行人工精细拆解，劳动强度大、生产效率很低，拆下的零部件也缺少专用的检测技术与设备，因此迫切需要研发高值零部件的自动精细拆解、精准检测的成套技术与装备。

（七）迈向中高端——推动充电技术革新

无线充电技术和智能充电技术是电动汽车电能补给的新技术领域，具有诸多特殊优势，国际竞争也非常激烈。安徽省应走在全国前列开展无线充电和智能充电关键技术研究，优化无线充电系统效率，力争全面掌握无线充电技术，开发出达到国际先进水平的无线充电系统。开展双向高效车载充放电系统优化控制研究，开展主电网、微电网、局域性可再生能源发电及车载能源协调融合的系统优化控制和智能管理技术研究，并开发出系列化产品实现产业化。

（八）迈向中高端——研究电动汽车分布式驱动控制技术与产业化

分布式驱动技术能够提高整车操控特性和灵活性，提高整车效率，安徽省作为新能源汽车生产大省，全面开展并掌握分布式驱动控制技术，研究整车能量优化控制技术及制动能量回收技术，优化整车底盘

操控系统，尽快实现基于轮毂电机的技术突破，实现分布式驱动整车较大规模产业化。

（九）迈向中高端——推进智能网联汽车信息交互平台建设

基础数据交互平台是支撑智能网联汽车大规模应用的基础，需要从政府层面重点推动建设，为保持安徽省新能源汽车产业旺盛的生命力，有关部门应牵头设计平台架构，明确基础数据平台与其他平台之间的数据交互，建立基础数据交互平台技术架构与应用服务架构，研究关系型与非关系型数据库维护与数据分析、网络负载与平衡、多模式通信网络接入等平台关键技术，建立通信网络信息安全认证、网络安全认证、数据库反入侵等安全保障机制，充分响应大数据共享、融合发展趋势，以大数据开放共享为抓手，探索并逐步实现产业链间大数据共享及应用合作研发。

第 6 章
安徽省新能源汽车发展保障措施

一、加强组织领导

建立统一指挥协调机制。建立并充分发挥由省政府负责同志牵头，合肥、芜湖等市政府和省有关部门负责同志参加的"省新能源汽车产业发展工作联席会议"机制作用（图5-9），统筹协调全省新能源汽车产业发展工作中的重大政策、重大任务、重大项目实施，明确责任和任务要求，形成发展合力。定期调度、考核工作进展情况。办公室设在省经济和信息化厅汽车处，各相关地市对口在市经信局装备处。

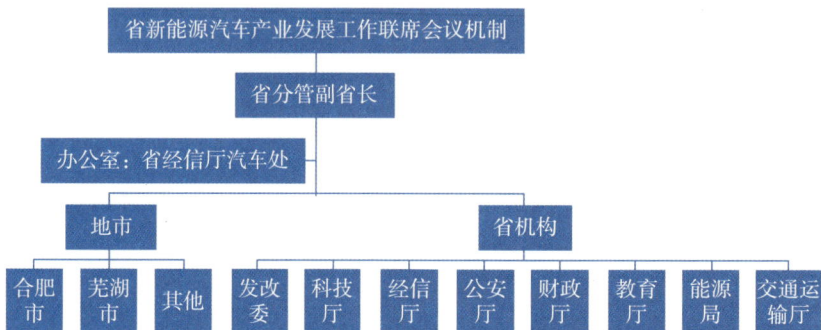

图5-9　安徽省新能源汽车产业发展工作联席会议机构组成图

加强省市工作联动。各市政府由分管副市长牵头，明确主管机构，并设对接办公室，与省各有关部门加强工作联动，落实责任，分工协作，制定具体实施方案，加大工作推进力度，确保按时保质完成新能源汽车产业发展各项目标任务。

二、强化政策引导

做好制度顶层设计。研究制定补贴政策退出后的新能源汽车支持引导政策，特别是智能网联汽车产业发展政策措施，推动智能汽车技术研发、道路测试与示范运行、产业集聚以及人才培训等等各项工作，做好制度的顶层设计。

支持科技创新。创新科研投入机制，引导社会资本投入新能源汽车先进技术研发活动。省重大科技专项、省新能源汽车产业引导资金、省支持新能源汽车产业创新发展和推广应用政策十条、省人才政策等，向新能源汽车前沿技术和智能网联汽车技术倾斜。

支持基础设施建设。支持智慧交通和智慧城市基础设施重大工程建设，支持大力拓展新能源汽车充电桩建设，为新能源汽车特别是智能网联汽车道路运行提供支撑。

营造原创、颠覆性科技发展宽松环境。对于具有原创的、颠覆性产业创新技术及产品开发，不应急于催生产业化，避免拔苗助长，更要避免直接否定而取消支持。要充分分析技术创新的现实成绩，给予宽松期限进行充分产业化验证，保障原创的、颠覆性技术能够实现"一鸣惊人"的成效。

三、加大财税金融支持

制定实施税收金融支持政策，对新能源汽车特别是智能网联汽车企业提供财税金融优惠。利用金融租赁、国家专项债等，重点扶持基础设施建设、重大创新工程等。研究建立长期稳定的发展新能源汽车资金来源，进一步优化省财政有关专项资金的支出方式和结构，重点支持新能源汽车技术研发、检验测试和推广应用。支持各市根据本地实际，加大资金整合力度，并通过设立创业投资基金等方式，多渠道筹集资金支持新能源汽车发展。

四、强化人才保障

支持推动汽车技术与人工智能、信息通讯、大数据、互联网等多学科、多技术领域方面的人才，组成新能源暨智能网联汽车高水平技术团队，优先支持大学与企业、社会力量结合，成立专职科研机构或创新中心，开展核心技术研发。

建立重大项目与人才引进、产业集聚联动机制，加大国际领军人才和骨干人才引进力度。深化产教融合，鼓励企业与省内高等院校合作开设相关专业，协同培养创新型中青年骨干人才、工程技术人才、高级技工和管理人才。

五、深化国际合作

鼓励企业、高校开展国际合作，联合开展基础研究、技术开发、市场化运用和成果转化。支持省属企业开拓国际市场，增强海外研发能力和产品国际竞争能力。鼓励外资企业参与省内企业合作和产业发展。积极利用世界制造业大会、世界新能源汽车大会、北京上海车展等省内外大型国际论坛与展会，促进国际产业合作。鼓励企业、高校和科研机构参与国际标准、区域标准制定与协调，加强省内汽车检测机构认证认可结果的国际互认与采信。

参考文献

[1] 中华人民共和国国务院 . 中国制造 2025［EB/OL］. http：//www. gov. cn/zhengce/content/2015－05/19/content _ 9784. htm＃，2015－05－08/2015－05－19.

[2] 中华人民共和国教育部 . 关于在部分高校开展基础学科招生改革试点工作的意见［S］. 北京，2020.

[3] 蔡思 . 5G 技术背景下汽车智能化的发展趋势［J］. 汽车零部件，2020（08）：106－108.

[4] 汪新云，樊平，尹建民 . 面向乘用车的混合动力发展趋势及应对策略［J］. 上海汽车，2020（09）：5－9.

[5] 聂金泉，刘建强，李银银，等 . 襄阳新能源汽车产业公共创新平台建设研究［J］. 科技与创新，2020（15）：44－46.

[6] 赵云峰，杨武双，李榕杰，等 . 我国纯电动汽车发展趋势分析［J］. 汽车工程师，2020（07）：14－17.

[7] 甄文媛 . 探寻疫后国内汽车产业的新机与新局［J］. 汽车纵横，2020（07）：36－39.

[8] 赵光辉，许美星 . 我国智能网联汽车产业的发展困境与应对策略［J］. 时代汽车，2020（13）：9－10.

[9] 姚占辉，王佳 . 新能源汽车发展得失对燃料电池汽车的启示［J］. 汽车纵横，2020（05）：

52—54.

[10] 陈谋. 新能源汽车市场发展趋势预测探讨 [J]. 今日财富（中国知识产权），2020（05）：61—62.

[11] 中国新能源汽车发展与挑战 [J]. 汽车与配件，2020（08）：48—53.

[12] 高鹏然. 氢燃料电池汽车的产业化发展研究 [J]. 化工设计通讯，2020，46（04）：216＋243.

[13] 廖连莹，付志荣，廖旭晖. 常州市氢燃料电池汽车产业创新发展研究 [J]. 当代经济，2020（02）：81—83.

[14] 安学军. 从信息技术和汽车产业发展看智能网联车的未来 [J]. 互联网经济，2019（12）：54—57.

[15] 伍赛特. 混合动力汽车未来商业化趋势研究及展望 [J]. 交通节能与环保，2019，15（06）：1—3＋9.

[16] 周鹏，杨清荣，杨静，等. 浅析 5G 技术与智能网联汽车发展 [J]. 昆明冶金高等专科学校学报，2019，35（04）：90—94.

[17] 彭华. 中国新能源汽车产业发展及空间布局研究 [D]. 吉林大学，2019.

[18] 李克强. 中国智能网联汽车产业化过程中的挑战及发展对策 [J]. 机器人产业，2019（06）：54—57.

[19] 胡鑫，谢卉瑜，赵鹏超，等. 智能网联汽车产业发展形势研究 [J]. 时代汽车，2019（18）：135—137.

[20] 郝晶晶，韩光省，郭志刚，等. 智能网联汽车信息安全挑战与发展 [C]. 第十四届中国智能交通年会论文集. 中国智能交通协会，2019：8.

[21] 苏巴鸿. 新能源汽车发展趋势研究 [J]. 时代汽车，2019（16）：88—89.

[22] 刘昆雄，孔鹏，秦顺. 基于 SWOT—PEST 模型的我国智能网联汽车产业竞争态势分析——以吉利集团为例 [J]. 科技情报研究，2019，1（01）：84—94.

[23] 唐怀坤，张森. 智能网联汽车产业发展现状与三大创新方向 [J]. 通信世界，2019（22）：41—43.

[24] 何金涛，郑传笔. 浅析氢燃料电池汽车发展趋势 [J]. 重型汽车，2019（04）：24—26.

[25] 彭至然. 我国新能源汽车产业竞争力分析 [D]. 北京：中共中央党校，2019.

[26] 张京日. 北汽智能网联汽车业务发展战略研究 [D]. 北京：对外经济贸易大学，2019.

[27] 蔡云，彭忆强，郭孟南，等. 智能网联汽车发展现状及成都市相关产业发展策略研究 [J]. 西部经济管理论坛，2019，30（02）：64—73.

[28] 工信部启动面向 2021—2035 年的新能源汽车规划 [J]. 模具制造，2019，19（03）：16.

[29] 国内外智能网联汽车产业发展概况 [J]. 科技中国，2019（02）：50—60.

[30] 孙航，解瀚光，王兆. 智能网联汽车信息安全标准体系建设与产业政策研究 [J]. 中国汽车，2018（12）：38—43.

[31] 韩颖. 中国新能源汽车产业发展中存在的问题及对策分析 [J]. 南方农机，2018，49（22）：166.

[32] 袁博. 中国新能源汽车产业发展战略及路径研究 [J]. 区域经济评论，2017（06）：126—134.

[33] 黎宇科，刘宇，宋梦轩. 智能网联汽车政策环境分析 [J]. 汽车工业研究，2017（11）：26—32.

[34] 岑威，张春敏，范文旭，等. 智能网联汽车技术发展现状与趋势 [C]. 第十四届河南省汽车工程科技学术研讨会论文集. 河南省汽车工程学会，2017：3.

[35] 李振宇，任文坡，黄格省，等. 我国新能源汽车产业发展现状及思考 [J]. 化工进展，2017，36（07）：2337—2343.

［36］李克强，戴一凡，李升波，等．智能网联汽车（ICV）技术的发展现状及趋势［J］．汽车安全与节能学报，2017，8（01）：1—14.

［37］吕义超，陆云．我国智能网联汽车产业发展规划与发展政策浅析［J］．时代汽车，2017（06）：6—8＋11.

［38］赵玉华，马雁．河南省智能网联汽车产业发展研究［C］．第十三届河南省汽车工程科技学术研讨会论文集．河南省汽车工程学会，2016：4.

［39］李克强．智能网联汽车现状及发展战略建议［J］．经营者（汽车商业评论），2016（02）：170—175＋15.

［40］中国主流车企新能源汽车规划［J］．经营者（汽车商业评论），2016（01）：142—147.

［41］刘传富．新能源汽车产业发展中政府扶持的研究［D］．重庆：西南大学，2015.

［42］夏金彪．氢燃料新能源车商业化之路不平坦［N］．中国经济时报，2020—09—10（002）.

［43］王淳．中国新能源汽车产业发展政策研究［D］．南充：西南石油大学，2015.

［44］唐葆君，刘江鹏．中国新能源汽车产业发展展望［J］．北京理工大学学报（社会科学版），2015，17（02）：1—6.

［45］何晓亮．我国新能源汽车明确"十三五"战略规划布局［N］．科技日报，2014—10—31（001）.

［46］高铭泽．中国新能源汽车产业研究［D］．吉林：吉林大学，2013.

［47］王嘉诚．中国新能源汽车产业发展分析［D］．上海：上海师范大学，2012.

［48］艾俊．北京新能源汽车产业联盟规划研究［J］．北京汽车，2011（04）：1—4.

［49］张明．我国纯电动汽车产业发展：前景展望及策略选择［D］．四川省社会科学院，2011.

第6篇

新能源装备篇

前　言

　　新能源产业已经成为国家和区域经济社会快速健康发展的助推器，是调整优化产业结构和培育发展新动能的关键基础，是解决全球性能源危机实现绿色可持续发展的根本途径。加快新能源技术及其产业发展，对于调整能源结构、节能减排、改善环境具有重要意义，对于培育新兴产业、促进新型城镇化建设、增加就业均具有显著的拉动效应，是构建生态文明、建设美丽中国的重大战略举措。

　　另一方面，智能制造是基于新一代信息通信技术与先进制造技术深度融合，贯穿于设计、生产、管理、服务等制造活动的各个环节，具有自感知、自学习、自决策、自执行、自适应等功能的新型生产方式。加快发展智能制造，是培育我国经济增长新动能的必由之路，是抢占未来经济和科技发展制高点的战略选择，对于推动我国制造业供给侧结构性改革，打造我国制造业竞争新优势，实现制造强国具有重要战略意义。

　　新能源在生产过程中很难用人力完成，从诞生之初就是自动化的，具备往"智能制造"发展的"基因"。新能源产业与智能制造具有融合发展的先天优势，智能制造是新能源产业升级的必经之路。基于此，为落实安徽省委省政府关于加快新能源智能制造产业发展的重大决策部署，以光伏、储能、生物质能、氢能、空气能、地热能、光热等产业为关键领域，开展安徽省新能源装备发展现状和特点调研，系统分析安徽省新能源装备发展存在的不足，认真研判安徽省新能源装备发展战略思路和目标，并提出政策建议和重点任务，对于提升安徽新能源产业自主创新能力，壮大安徽新能源产业集群，形成带动安徽经济社会又快又好发展的增长极均具有重要的战略意义。

第 1 章
新能源装备国内外发展现状及发展趋势

一、概述

作为一种战略性和先导性产业，新能源产业已经成为新一代能源技术的战略制高点和经济发展的重要新领域，是解决全球性能源危机实现绿色可持续发展的根本途径。基于安徽的资源禀赋及新能源产业发展实际情况，本研究重点关注太阳能、生物质能、地热能等重点领域的新能源装备产业，具体包括光伏、储能、光热、生物质能、地热能和空气能等六大产业。

光伏发电具有充分的清洁性、绝对的安全性、资源的相对广泛性和充足性以及寿命长等特点和优点，被认为是 21 世纪最重要的新能源。储能技术是满足可再生能源大规模接入的重要手段，也是分布式能源系统、电动汽车产业的重要组成部分，在能源互联网中具有举足轻重的地位。光热利用可与公用建筑、居民住宅充分结合。生物质能是将太阳能以化学能形式储存在生物质中的能量形式，来源于绿色植物的光合作用，是取之不尽、用之不竭和周而复始的资源，尤其是结合秸秆禁烧的要求，可大力发展能源化利用。地热资源是新能源的重要组成部分，是指被人类所利用的地球内部的地热能、地热流体及其有用成分。

二、国外现状及发展趋势

（一）太阳能等一大批新能源技术改变传统能源格局

可再生能源发电与现代电网的融合是世界能源可持续转型的核心。太阳能光伏发电技术继续沿着高效率、低成本方向持续进步，太阳能热发电技术开始规模化示范；新能源综合利用技术朝着多能互补、冷热电联产综合利用方向发展。现代电网向着智能化、混合化的方向发展，呈现大电网和微型电网并行发展的格局。在产业方面，全球新能源产业体系较为完备，企业向更大规模、更集约方向发展。欧盟、美国、日本等建立了国家实验室、公共研究测试平台等技术支撑体系，支持技术的持续创新和产业技术进步。其中德国弗朗和费 ISE、新加坡 SERIS 建立了部分依靠企业，部分依靠政府支持的技术开发和成果转化的有效机制。

光伏系统应用方式和范围不断增多，技术性能不断提高，成本不断下降，全产业链的技术进步还有很大潜力，在过去的十年中，光伏组件和系统的成本降低了 90%。晶体硅电池仍占据全球市场的统治地位，碲化镉、铜铟镓硒、硅薄膜等薄膜电池在军事、建筑、移动能源等细分市场上具有应用潜力，FirstSolar 公司碲化镉组件实验室效率突破 21.5%，产能接近 3GW。光伏系统能效比持续提高、发电成本不断下降，德国、日本等国家的光伏系统平均能效比达到 80%，部分国家实现光伏平价上网，兆瓦级光伏集中并网逆变器、支路型光伏并网逆变器等关键部件产品的可靠性进一步提升，1000V 以上光伏直流汇集系统及其变流器开始研制，开发了物理粉碎法、焚烧热能利用法、物理化学法等针对不同光伏组件的回收技术，各项技术的综合应用促进了光伏发电成本下降、系统能效比提高。

（二）全球科技和产业革命加速兴起

进入 21 世纪，新一轮科技革命和产业革命加速兴起。世界新科技革命日渐明朗、飞速发展，新技术和新发明层出不穷，新兴产业不断涌现。为应对科技创新孕育新突破的趋势，主要发达国家都集中人力、物力和财力来培育战略性新兴产业，并由此不断创造新的经济增长点，新一轮科技革命和产业革命正加速到来。在这个过程中，新能源作为新一代能源技术的战略制高点和经济发展的重要新领域，在技术研发和产业应用上得到了迅速发展，一批关键技术不断突破，分布式能源、能源互联网等领域蓬勃兴起。2015 年，全球可再生能源发电新增装机容量首次超过常规能源发电装机容量，表明全球电力系统建设正在发生结构性转变，更重要的是，世界主要国家和地区的能源结构变化趋势均表现为可再生能源占比都稳步提高（如图 6-1 所示），可以预见可再生能源未来在全球能源结构中的地位将更加重要。同时，智能制造在全球范围内快速发展，已成为制造业的重要发展趋势，对产业发展和分工格局带来深刻影响，推动形成新的生产方式、产业形态、商业模式。更重要的是，新能源技术与新一代信息技术、互联网、大数据等相互渗透、不断融合，新能源装备产业方兴未艾。这些都为中国新能源装备产业发展提供了更为有利的时代背景和重要战略机遇。

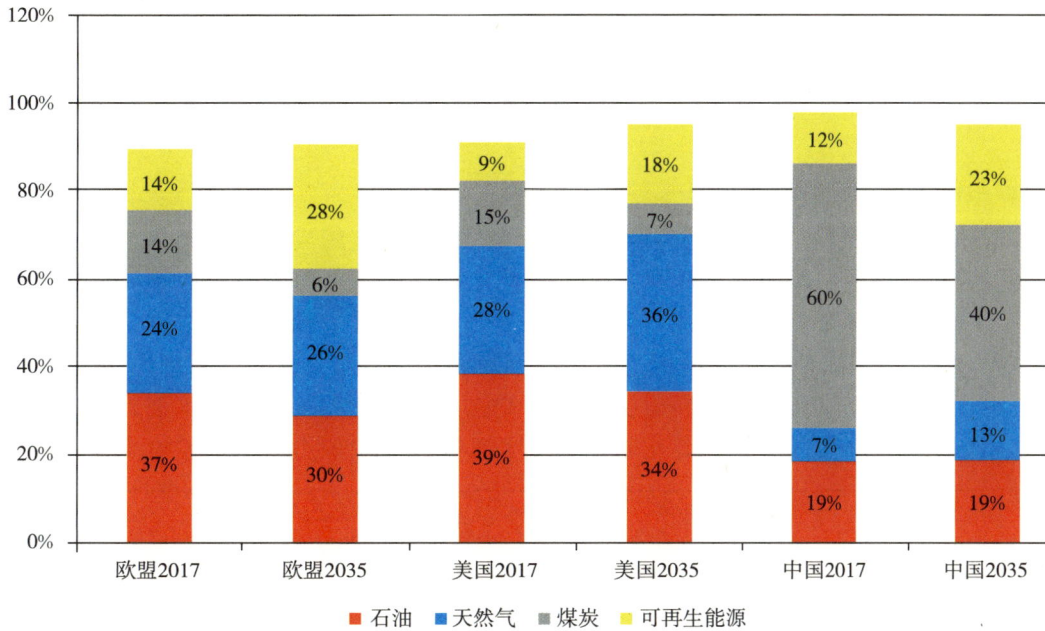

图 6-1　世界主要国家和地区的能源结构变化趋势
（数据来源：公开资料整理）

（三）国家发展与竞争格局战略转型

随着全球范围内科技和产业的竞争日趋激烈，世界各国纷纷把科技创新作为实现经济转型发展和优化升级的关键，由此导致国家之间的竞争格局发生战略转变，围绕产业科技有关的市场、资源、人才、技术、标准等方面的竞争日趋激烈。在此时代背景下，新能源与智能制造已成为国际竞争的重要新领域，是许多国家新一代制造技术的代表性产业。同时，新能源与智能制造领域内的国际竞争进一步加剧，围绕相关技术和产品的国际贸易摩擦不断增多。特别是光伏产业，作为基于半导体技术和新能源需求而兴起的朝阳产业，更是未来全球先进产业竞争的制高点。更重要的是，近年来随着光伏产业科技水平的快速提升，硅片、电池片、组件的价格稳步下降（如图 6-2 所示），由此导致全球光伏市场电价不断降低，平价上网已成大势所趋。当前，中美之间的贸易战、科技战正是这一全球产业科技变革大背景的真实反映，其为中国新能源产业与智能智造的深度融合与无缝对接提供了深刻而强烈的推动力。

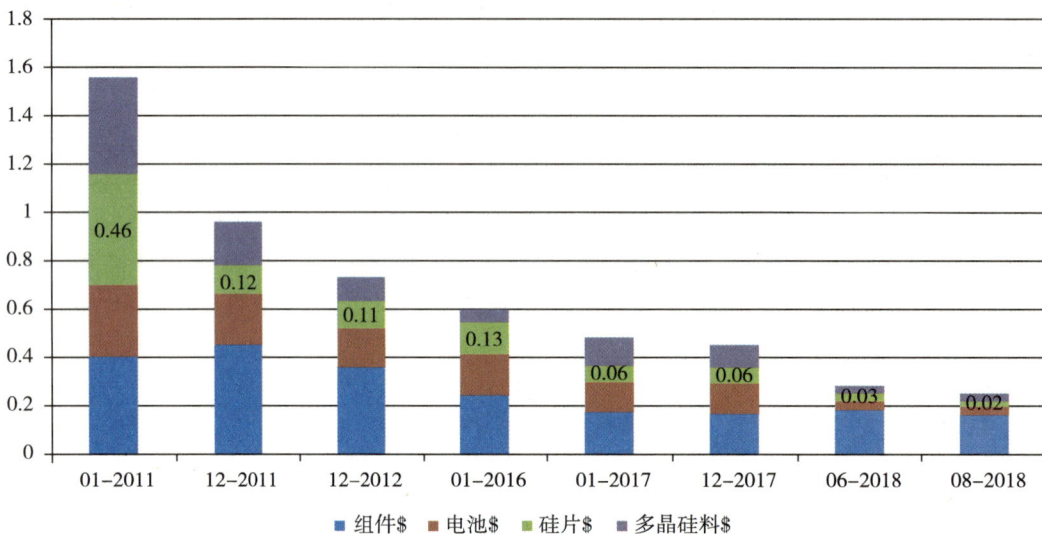

图 6-2　光伏组件模块价格变化（＄/Wp）

（数据来源：公开资料整理）

三、国内现状及发展趋势

（一）我国新能源产业发展全面布局

能源需求的不断上涨和环保的日益加强，让新能源的推广和应用成为必然趋势。中国是世界上第二大能源消耗国，对于各项能源的需求和消耗量仅次于美国，但现阶段国内主要能够倚靠的还是煤炭等常规能源，不仅不可再生且污染严重。因此，发展新能源产业是毋庸置喙的国家战略。首先，新能源在推动能源结构调整方面的作用不断增强，光伏、光热应用规模都位居全球首位，如图 6-3 和图 6-4 所示。其次，中国已逐步从新能源利用大国向新能源技术产业强国迈进。光伏电池技术创新能力大幅提升，创造了晶硅等新型电池技术转换效率的世界纪录。建立了具有国际竞争力的光伏发电全产业链，突破了多

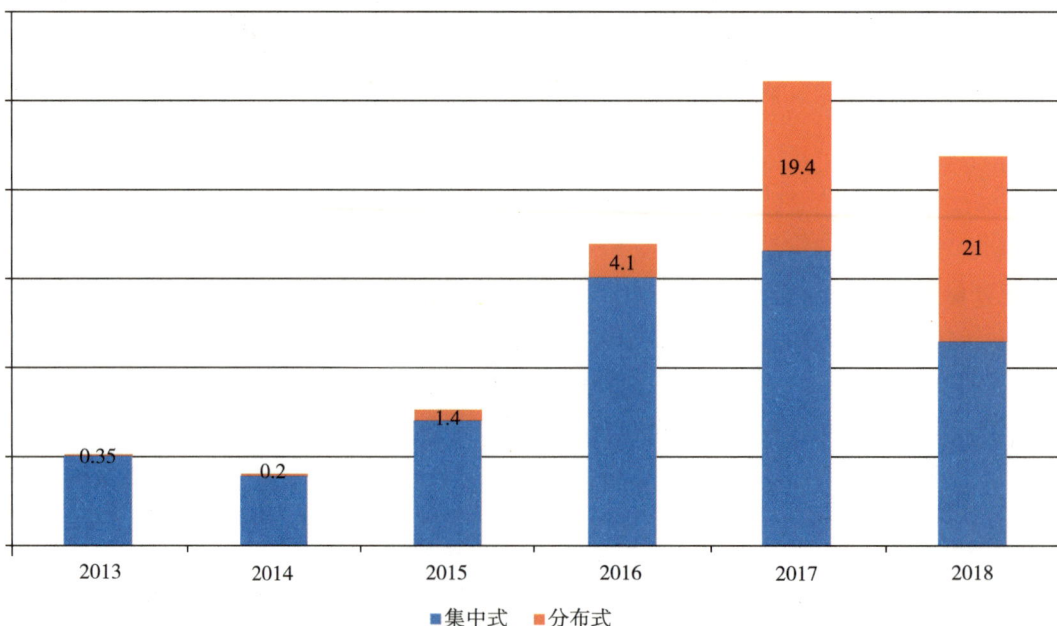

图 6-3　2013－2018 年中国新增光伏发电装机容量（GW）

晶硅生产技术的封锁，多晶硅产量已占全球总产量的 40% 左右，光伏组件产量超过全球总产量的 70%。此外，各类生物质能、地热能、储能技术也都有了长足进步。总体上，中国可再生能源规模持续快速增长，可再生能源消费比重稳步提升，已进入高比例增量替代和区域性存量替代新阶段。同时，可再生能源技术水平显著提高，市场开发利用取得明显成效，开发建设成本持续降低，为推动能源结构调整、保护生态环境和培育经济发展新动能发挥了重要作用。最后，新能源发展支持政策体系逐步完善。我国陆续出台了光伏发电、生物质发电电价政策，明确了分布式光伏发电补贴政策，公布了太阳能热发电示范电站电价，完善了可再生能源发电并网管理体系。根据《可再生能源法》要求，扩大了支持新能源发展的资金规模，完善了资金征收和发放管理流程。建立完善了新能源标准体系，产品检测和认证能力不断增强，新能源设备质量稳步提高，有效促进了各类新能源发展。

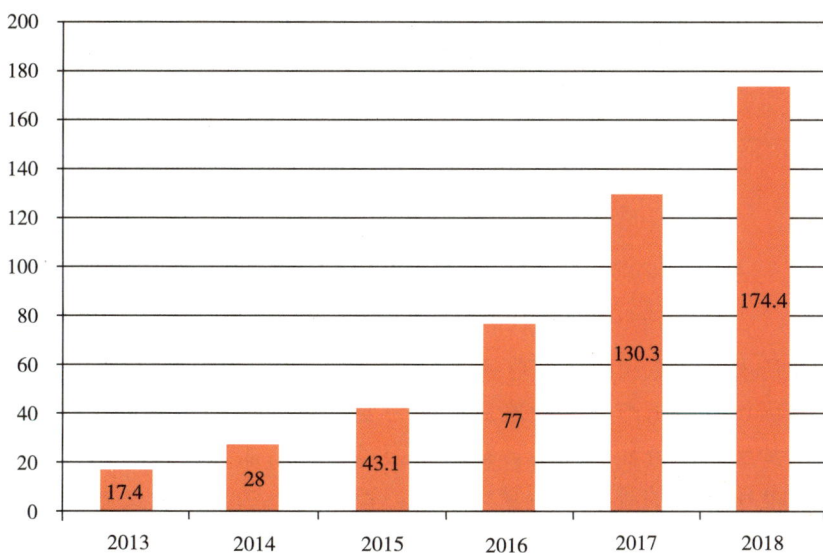

图 6-4　2013-2018 年中国累计光伏发电装机容量（GW）

（数据来源：公开资料整理）

（二）区域新能源产业竞争日益激烈

随着长三角区域一体化上升为国家发展战略后，安徽既面临难得的历史机遇，又将在新能源产业的招商引资、项目建设等方面承受较大的区域竞争压力，如图 6-5 所示。

上海市近年来新能源利用快速增长，政策环境不断优化完善，全市新能源产业与利用实现新一轮快速增长。在产业发展上，上海重点发展风电、光伏、生物质能和地热能等新能源产业，其中，海上和陆上风电基地正加快建设，分布式光伏呈现爆发式增长，并积极推进太阳能利用多元化、创新化发展。继续推进崇明绿色能源示范建设，建设一批生物质能利用项目，推动生物质技术、产业和商业模式的创新。重点在规划新城镇、重点功能区等地区，有序推进地热能开发。

江苏省借助雄厚的经济科技实力正大力发展新能源产业，产业规模全国第一，电力装机量连续多年保持高速增长。其中，光伏和风电是江苏省最具优势的新能源产业，已基本形成以光伏和光热综合应用为主导、风电和生物质能利用等协同并进的产业格局。特别的，江苏省光伏产业的规模和技术水平在全球均具有领先优势，多晶硅、电池封装胶膜、光伏组件等方面处于国际先进水平。南京市重点打造光伏垂直一体化产业基地、风电配套产品及关键零部件产业基地，同时，以南京为核心形成了"世界一流、国内第一"的智能电网研发和制造基地。

浙江形成了一批拥有核心技术的新能源企业研发中心及博士后流动站、一批国家级和省级新能源技术创新平台，拥有较为优越的发展新能源产业的综合配套条件，为浙江省进一步发展新能源产业奠定了坚实而又可靠的基础。杭州市把太阳能、风能、核能、潮汐能、生物质能及新型电池作为新能源产业发展的重点，建立起比较完整的产业技术支撑平台与产业配套体系，初步建成为国内一流，国际上具有较

单位：万千瓦

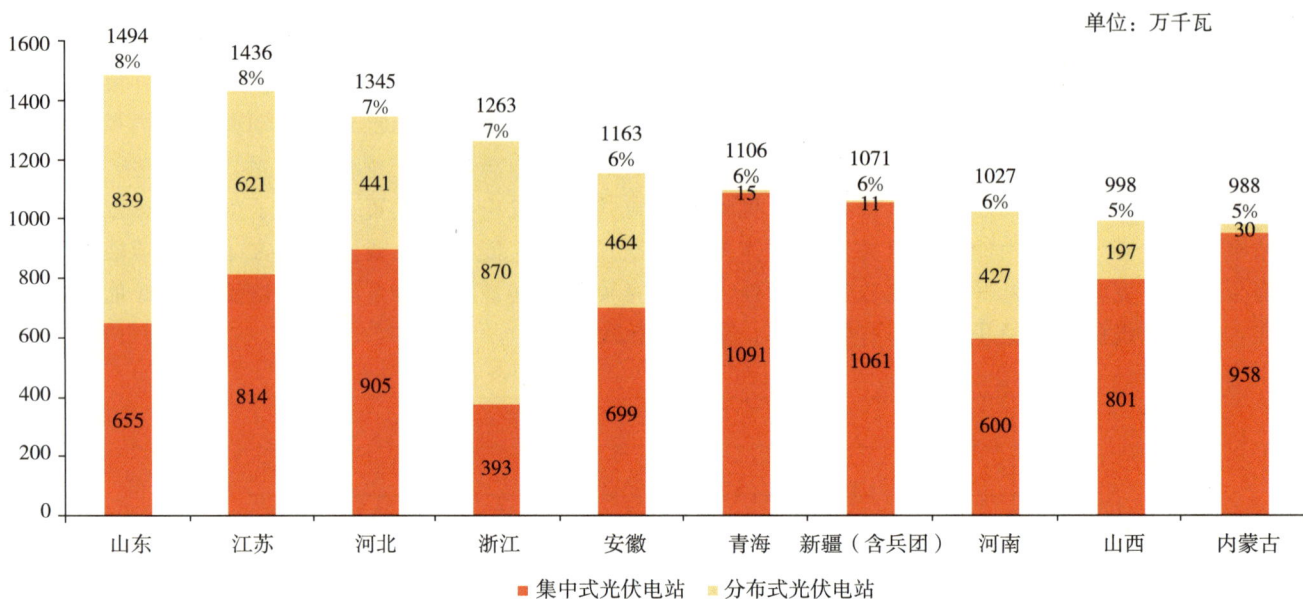

图 6-5　截至 2019 年 8 月底中国主要省/区光伏发电累计装机及占比情况

（数据来源：公开资料整理）

大影响力的新能源产业研发、制造和应用示范基地。

综合来看，长三角区域新能源产业的快速发展既为安徽省提供了合作交流、互惠共赢的机会，但又是一个艰巨挑战。江浙沪地区经济社会发达，科技实力雄厚，新能源产业在规模、技术、应用上都具有比较优势。必须要在新能源产业的规模、质量、科技、智能上下功夫，既要做大做强优势产业，又要尽快补齐短板，否则不进则退，必然将在日趋激烈的新能源产业竞争中被淘汰。

（三）新能源装备产业发展趋势

"十三五"期间，长三角地区可再生能源规模持续快速增长，可再生能源消费比重稳步提升，进入高比例增量替代和区域性存量替代新阶段。可再生能源技术水平显著提高，市场开发利用取得明显成效，开发建设成本持续降低，为推动能源结构调整、保护生态环境和培育经济发展新动能发挥了重要作用。随着政策退坡，2019 年 1 月到 8 月，我国基建新增发电装机 5147 千瓦，比上年同期少投产 2194 万千瓦。其中，太阳能发电 1495 万千瓦，比上年同期少投产 1808 万千瓦。1 到 8 月，全国可再生能源发电量12658 亿千瓦时（折合 3.90 亿吨标准煤）占全国规模以上电厂发电量的 26.9%。

"十四五"时期我国能源发展的阶段性特征包括：世界能源格局剧烈变动，能源安全问题受到高度关注；我国进入全面融入全球能源发展潮流的初级阶段、以绿色发展全面统领能源发展的重要阶段；深化改革以及实现以市场配置能源资源为主的攻坚阶段。根据国家发改委能源研究所研究结果，"十四五"能源发展预期目标，化石能源消费总量控制在 44 亿吨标准煤以内，煤炭消费量控制在 39 亿吨以内；非化石能源消费比重提高到 23% 以上，电力占终端能源消费比重提高到 34% 左右；可再生能源发电量比重到38%；新能源全面摆脱补贴依赖，化石能源成本有所下降；单位国内生产总值能耗比 2020 年下降 14% 左右，碳排放接近峰值水平。

实现"十四五"能源发展预期目标的主要途径包括：从严控制化石能源消费、以优化结构为核心进一步深化能源供给侧结构性改革、实施集中式与分布式并重发展、大幅降低能源领域非技术性成本、建立国家能源安全预警信息系统。围绕"十四五"能源发展预期目标，建议八方面政策着力点：建立能源绿色发展目标责任体系和制度体系；加大补短板力度；推动能源消费低碳化、电气化、智能化升级；推进清洁能源高比例发展和传统能源加快转型升级；推动重点区域能源生产和消费革命；以能源技术变革推动创新发展；建立以市场配置能源资源为主的体制机制；"一带一路"为重点营造"共同安全"能源国际合作新环境。

新形势下，长三角新能源产业发展还面临诸多瓶颈：电力体制机制不适应可再生能源规模化发展实际情况，可再生能源消纳难度较大；可再生能源对政策依赖度依然较高；可再生能源发展"非技术成本"上升的不利影响日益凸显。围绕国家"十四五"能源发展目标，结合长三角新能源资源禀赋和产业基础，建议至少从以下三方面进行区域政策规划：

（1）坚持因地制宜，形成集中式与分布式发展并重格局。根据资源禀赋、电力市场分布、既有用能条件等，坚持输出与就地消纳利用并重、集中式与分布式发展并举，在长三角资源丰富地区，集中、连片、规划化开发，集中送出。发挥可再生能源资源分布广、产品形式多样的特点，鼓励建设分布式能源，就地开发、就地消纳。形成大规模集中利用与分布式生产、就地消纳有机结合，分布式与集中利用"两条腿"走路格局。

（2）坚持多能互补，构建以储能为核心的综合能源供应体系。加大补短板的力度，如储能、光热、分布式的短板要补起来。推动能源消费低碳化、电气化、智能化升级，推动清洁能源高比例发展和传统能源加快转型升级。通过风光水火储多能有效结合、发挥各类电源优势，建设高效、灵活综合能源体系，大力发展以储能为核心的多能互补体系，推动能源经济稳定高质量发展，调峰调压、提升消纳能力，增加新能源应用比重、缓解"弃风、弃光、弃水"。

（3）坚持绿色消费，激发用户侧消费需求。用户侧着力培养负荷调节灵活、用电模式匹配的绿色电力消费用户，鼓励通过技术改造、配置储能、分布式电源等方式实现对可再生能源出力的灵活响应与直接消纳。推动可再生能源灵活自主微平衡交易，实现分布式能源、分布式储能主体与工业大用户及个人、家庭级微用能主体间的点对点实时自主交易，同时鼓励创新绿色能源认证、绿色货币、绿色证书等清洁能源新型商业模式，促进实现可再生能源供需平衡。

通过多措并举，"十四五"期间长三角新能源发展目标预计 2020 年至 2025 年，新能源基本实现平价（低价）上网，在大部分地区成为能源增量主体。到 2025 年，全部非化石能源占一次能源消费比重达到 28％左右，新能源发电量占全社会用电量比重达到 50％左右。2026 年到 2030 年，新能源全面实现市场化发展，大部分地区基本由新能源满足新增能源需求，新能源技术创新能力取得重大进展，多元化、市场化的政策和市场体系基本建立；到 2030 年，全部非化石能源占一次能源消费比重达到 40％左右，新能源发电量占全社会用电量比重达到 67％左右，现代能源管理体制和市场机制更加完善。

第 2 章
安徽省新能源装备发展现状及特点

一、安徽省新能源装备发展现状

（一）光伏制造企业情况

安徽省目前已形成硅锭－硅片－电池片－光伏组件－逆变器－储能电池－光伏辅材－系统集成－应用维护等较为完整的光伏产业链，集聚了大批国内外重点光伏企业。产业链内主要企业见表 6-1。

表 6-1　安徽省主要光伏生产企业名单

序号	所属产业环节	企业名称	所属地市
1	硅锭、硅棒、硅片	天长百盛半导体科技有限公司	滁州
2		安徽华顺半导体发展有限公司	滁州
3		安徽新鑫太阳能科技有限公司	滁州
4		安徽汇晶光伏科技有限公司	滁州
5		安徽越众光伏科技有限公司	马鞍山
6	电池片	通威太阳能（合肥）有限公司	合肥
7		合肥海润光伏科技有限公司	合肥
8		合肥乐叶光伏科技有限公司	合肥
9		合肥睿晶科技股份有限公司	合肥
10		安徽银欣新能源科技有限公司	马鞍山
11		茂迪（马鞍山）新能源有限公司	马鞍山
12		安徽旭腾光伏电力有限公司	滁州
13		安徽超林太阳能科技有限公司	滁州
14		安徽天利能源有限公司	亳州
15	晶硅组件	合肥晶澳太阳能科技有限公司	合肥
16		合肥中南光电有限公司	合肥
17		安徽大恒能源科技有限公司	合肥
18		合肥天合光能科技有限公司	合肥
19		合肥晶晨光伏能源有限公司	合肥
20		安徽东维太阳能科技有限公司	合肥

（续表）

序号	所属产业环节	企业名称	所属地市
21	晶硅组件	合肥火龙农业科技有限公司	合肥
22		马鞍山晶威电子科技有限公司	马鞍山
23		日芯光伏科技有限公司	淮南
24		黄山银洽新能源科技有限公司	黄山
25		安徽旭能光伏电力有限公司	滁州
26		安徽泰德光伏股份有限公司	芜湖
27		安徽英伟利新能源有限公司	池州
28		安徽华仪太阳能科技有限公司	淮南
29	薄膜组件	凯盛科技集团公司	蚌埠
30		普乐新能源（蚌埠）有限公司	蚌埠
31	逆变器、汇流箱	阳光电源股份有限公司	合肥
32		合肥索维能源科技有限公司	合肥
33		金凯新能源有限公司	合肥
34		合肥欧克电气有限公司	合肥
35		安徽灿邦电气有限公司	合肥
36		安徽金峰新能源股份有限公司	铜陵
37	储能电池	三星阳光储能电池有限公司	合肥
38		国轩高科动力能源有限公司	合肥
39	光伏浆料	合肥旭阳铝颜料有限公司	合肥
40		中科铜都粉体新材料有限公司	铜陵
41	光伏背板	安徽金兑新材料科技有限公司	蚌埠
42	光伏玻璃	彩虹（合肥）光伏有限公司	合肥
43		中建材（合肥）新能源有限公司	合肥
44		信义光伏产业（安徽）有限公司	芜湖
45		中航三鑫太阳能光电玻璃公司	蚌埠
46		中建材桐城新能源材料有限公司	安庆
47	光伏边框	宣城徽铝铝业有限公司	宣城
48		安徽银晶金属制品有限公司	六安
49		铜陵金威铜业有限公司	铜陵
50	光伏支架	黄山睿基新能源科技有限公司	黄山
51		安徽奥特康新型材料有限公司	芜湖
52		安徽正荣太阳能科技有限公司	宣城
53	光伏浮体	淮南阳光浮体科技有限公司	淮南
54	系统集成	合肥金太阳能源科技有限公司	合肥
55		合肥聚能新能源科技有限公司	合肥
56		马鞍山万兆科技有限公司	马鞍山
57		安徽恒瑞新能源股份有限公司	六安

注：部分企业主营业务涉及多个环节的，仅统计其最具代表性业务。

从地域来看，主要集中于合肥、滁州、马鞍山、蚌埠四市。以合肥为例，光伏企业共90户，其中规上企业24户，从业人员达1.4万人，世界级光伏产业集群已具雏形。其中，规上企业2018年实现营业收入351.28亿元，利税总额30.21亿元，较上年增长5.3％。安徽构建了以通威太阳能（电池片）、晶澳太阳能（组件）、阳光电源（逆变器）为龙头，其他重点企业为支撑的产业发展格局，形成从玻璃基板－电池片－组件－逆变器－储能电池－发电工程等较完整的产业链，集聚了海润光伏、彩虹新能源、中建材新能源、天合光能、乐叶光伏、三星SDI等重点光伏企业，培育了中南光电、睿晶科技、大恒能源、流明新能源、晶晨光伏、微纳电工、聚能新能源、合肥科威尔等一批本地企业。

（二）储能制造企业情况

目前，安徽已经集聚了不同规模等级的近50家储能企业，初步形成了主要由电池、电池管理系统、储能换流器、能量管理系统、配件（接口、线路、集装箱等）等组成的较为完善的储能产业链。部分骨干企业如国轩高科、阳光三星、中盐红四方、贵博新能源、科大国创、科威尔、沃工等已经拥有成熟产品和先进的研发能力，在国内储能领域处于领先水平。安徽已具备较扎实的产业基础，集聚了一批骨干龙头企业。

1. 锂离子电池生产制造工艺链初步形成

锂离子电池生产制造是储能产业的核心，也是安徽储能产业的基础，主要代表有国轩高科、中盐红四方等企业。国轩高科的核心产品有磷酸铁锂和三元锂电芯，2018年产能达12GWh，实现销售额60亿元。同时其有多种等级的电池产品，在安徽本地已有多种正极材料、负极材料的自供给能力。隔膜材料也是锂离子电池的重要组成部分，主要代表企业为合肥星源新能源材料有限公司，其年设计产能5亿平方米，一期项目总投资30亿元，一期产能8000万平方米，主要产品为高性能动力锂离子电池湿法隔膜。

2. 电池包系统集成、电能变换装置产业已具规模

阳光三星、华霆动力等企业已具有锂电池包集成的生产、研发能力。阳光三星拥有三元锂电池包和磷酸铁锂电池包的集成、生产能力，其产品及系统解决方案在电源侧、电网侧、用户侧等场景都有广泛应用，目前已累计参与全球重大储能项目720多个。在储能逆变器生产上，阳光电源已经成为全球性的领军企业。2018年全球新增投运的电化学储能项目中，装机规模排名第一的中国储能逆变器提供商为阳光电源。

（三）生物质能制造企业情况

1. 垃圾焚烧发电

安徽省根据垃圾处理量进行合理布局，目前共有垃圾焚烧发电项目39个（在建筹建项目23个），累计装机容量545.9MW，日处理能力2.8万吨，约占全省每日产生垃圾量的47％，接近《规划》中占比50％的目标，见表6-2。项目布局逐渐由地级市向县区延伸，承建企业主体多样化。

表6-2　安徽省垃圾焚烧发电项目一览表（单位吨/日）

市名	项目简称	处理量	建设进度	装机容量（MW）
合肥	肥东中节能	2000吨/日	在运	40
	长丰皖能	1000吨/日	在建	20
	肥西中节能	2000吨/日	在建	40
	庐江盛运	500吨/日	在建	9
淮北	淮北宇能环保	1200吨/日	在运	24
亳州	亳州洁能	600吨/日	在运	12

（续表）

市名	项目简称	处理量	建设进度	装机容量（MW）
宿州	砀山光大	400 吨/日	在运	6
	皖能宿州	600 吨/日	在建	12
	灵璧光大	400 吨/日	在运	9
	萧县光大	500 吨/日	在建	6
	深圳能源泗县	300 吨/日	在建	12
蚌埠	怀远光大	400 吨/日	前期工作中	15
	蚌埠绿色动力	1210 吨/日	在建	25
阜阳	皖能阜阳	700 吨/日	在运	12
	阜南东方环保	500 吨/日	在运	10
	中国天楹太和	600 吨/日	在建	12
	伟明环保界首	500 吨/日	在建	12
	皖能临泉	600 吨/日	在建	12
	皖能颍上	600 吨/日	在建	12
淮南	淮南皖能	1000 吨/日	在运	24
滁州	皖能滁州一期	700 吨/日	在运	12
	皖能定远	500 吨/日	在建	10
	光大凤阳	400 吨/日	在建	9
	皖能滁州二期	600 吨/日	在建	12
六安	三峰六安	600 吨/日	在运	12
	海创金寨	600 吨/日	在运	6
	海创霍邱	400 吨/日	在建	7.5
马鞍山	光大马鞍山	800 吨/日	在运	18
芜湖	绿洲环保	1050 吨/日	在运	12
	绿洲环保二期	1000 吨/日	在建	24
	芜湖中电	1200 吨/日	在建	24
宣城	盛运环保宣城	400 吨/日	在运	7.5
铜陵	皖能枞阳	500 吨/日	前期工作中	10
池州	皖能池州	400 吨/日	在建	7.5
安庆	皖能中科	1000 吨/日	在运	24
	皖能中科二期	600 吨/日	前期工作中	
	桐城盛运	500 吨/日	在运	15
	宿松海螺	400 吨/日	前期工作中	15
黄山	黄山泰达	900 吨/日	在建	18
合计		28160 吨/日		545.9

　　垃圾焚烧发电项目涉及多个领域，需集成垃圾焚烧、机械传动、尾气处理、渗滤液处理、热能发电等多项技术。要遵循安全、可靠、经济、环保原则，建立高标准的垃圾焚烧发电厂。要建立健全垃圾收储运体系建设，特别是农村地区的垃圾收储运体系建设。因地制宜建立"村收集、镇转运、县处理"的模式；并做好生活垃圾、建筑垃圾、工业垃圾等分类工作，实施垃圾源头减量。

2. 生物质能综合利用新技术、新模式

秸秆气化高值化综合利用企业。安徽着力发展秸秆固化生物质成型燃料，目前合肥共拥有秸秆固化燃料生产点 11 处。2018 年，合肥生物质发电、固化成型燃料及户用燃料等能源化利用秸秆 49.04 万吨，并涌现出德博能源公司为代表的秸秆气化高值化综合利用装备制造企业。德博能源公司利用生物质燃气为锅炉和工业窑炉提供燃料的企业，提出物质气化多联产技术并实现该技术的产业化。公司 2017 年总产值 8000 万元，年产出设备 20 台套，年销售收入 7200 万元，其中海外销售收入 800 万元，占销售收入的 11％，是安徽省为数不多"走出去"的秸秆综合利用企业之一。

（四）氢能制造企业情况

安徽省汽车产业、装备工业、钢铁和煤化工产业发达，这些产业与氢能产业发展关联度高，存在通过发展氢能实现产业升级、延展、协同和创新的需求和空间。尤其氢燃料电池汽车是国家新能源汽车产业的最新增长点。与江沪浙相比，安徽在上游制氢、中游储运与下游应用上均有一定的优势。

1. 安徽省氢能产业分布

安徽省有 16 个地级市，其中超过 10 个地级市有氢能项目，涉及产业链各个环节，但十分零散。目前，安徽省氢能产业分布涉及上游氢气制备、中游氢燃料电池系统，下游氢燃料电池汽车应用几个环节，见表 6-3。

表 6-3　安徽省主要氢能企业名单

地区	企业	产业链环节
合肥	江淮汽车	燃料电池系统
	安凯汽车	燃料电池系统
	阳光电源	燃料电池系统
	合肥科威尔	检测设备
	合肥吉世尔	制氢
芜湖	奇瑞汽车	氢能汽车
	芜湖国氢能源	燃料电池系统
	芜湖中鼎恒盛	加氢站设备
	中氢科技	燃料电池系统
	聚能重工	燃料电池系统
蚌埠	通威新能源	燃料电池系统
	宝碳新能源	材料
	澳大利亚全球氢能动力公司	燃料电池系统
滁州	全柴动力	燃料电池系统
	易智电	燃料电池系统
	国氢动力	燃料电池系统
	人本氢能科技	医疗应用
淮北	伯肯节能	加氢站、制氢
	中国能源集团	加氢站、制氢
	伯华氢能	氢能助力车
亳州	佳世龙机械	材料及零部件
阜阳	昊源化工	制氢
	颍昊工程	加氢站、氢储运

（续表）

地区	企业	产业链环节
六安	明天氢能	燃料电池系统
	中飞长江	燃料电池系统
铜陵	灵通集团	加氢站
	东方船舶	氢能船舶
	圣昊化工	制氢
	清泰科	零部件
	泰新汽车	零部件
安庆	曙光化工	制氢
马鞍山	晨马科技	制氢
	中国钢研	材料
	华菱星马	氢能卡车

2. 安徽省氢能产业重点企业

目前，安徽省拥有明天氢能、奇瑞汽车等一批基础好、有发展潜力的氢能重点企业。具体如下：

① 明天氢能：明天氢能是国内知名燃料电池企业，以中国科学院大连化物所的电堆、同济大学的系统控制与集成为企业核心技术，已建成燃料电池系统自动化生产线和加氢站一座。产品方面，明天氢能已经下线 60KW 燃料电池电堆产品，总体性能参数达到国内先进水平。项目方面，国网安徽综合能源服务公司与明天氢能签署协议，打造中国首个兆瓦级氢能源储能电站；中标两台六安市氢燃料电池公交项目。企业合作方面，明天氢能已与雪人股份、安凯客车、开沃新能源等企业达成合作关系。

② 奇瑞汽车：奇瑞汽车在氢燃料电池汽车上已经耕耘 10 年。早在 2010 年世博会，奇瑞就曾以东方之子汽车为平台，展出一辆产品型号为 SQR7000 的燃料电池轿车，并登上了上榜国家工信部《第 210 批车辆生产企业及产品公告》。一直以来奇瑞坚持燃料电池汽车的开发，目前，奇瑞的氢燃料电池汽车已经发展到第四代。同时，奇瑞也在同步开发燃料电池大巴，目前处于实车检验阶段。

③ 晨马氢能源：晨马氢能源科技是宝武集团马钢股份的子公司，是马钢股份煤制氢产业载体。目前项目占地约 40 亩，总投资约 2 亿元的 6000Nm³/h 焦炉煤气提氢项目已经启动。马钢股份作为国内钢铁巨头之一，能够提供大量的焦炉尾气进行制氢，并且有丰富的气体生产、运营的经验。若马钢股份基于晨马氢能源平台在制氢上大力投入，可以快速扩大安徽省制氢规模，建立完善的氢气储运网络和管理标准，并为三大省属煤炭企业提供煤炭清洁化应用范例。

④ 伯肯节能：2019 年 1 月，北京伯肯节能科技股份有限公司与濉溪县签署了投资建设氢能源产业链项目的正式协议书。北京伯肯将投资建设 3 座加氢站，一座制氢站及光伏发电厂，并提供 100 台燃料电池公交车，50 辆市政环卫车，50 台物流车在当地示范运营。2019 年 7 月，濉溪芜湖现代产业园区管委会、淮北伯肯氢能科技有限公司和中国能源工程集团有限公司三方签署了濉溪县氢能开发利用合作投资协议。加氢站的建设由淮北伯肯公司承担，制氢厂的建设则由中国能源负责。伯肯节能主营天然气/氢燃料电池汽车加气站设备、天然气/氢燃料电池汽车供气系统相关业务，是国内少数具备自主研发生产各类瓶阀及组合阀能力的企业之一，能够生产 70MPa 的供氢系统、加氢站设备及车载空压机等产品。美中不足的是伯肯节能是一家中游企业，在资金量上想撬动上游基础设施仍有一定难度，还需要另有资金雄厚的能源类企业支持。

3. 安徽省氢能产业发展保障条件

除了重点企业，科研院校为氢能产业发展提供技术支持和人才支持。安徽省正加强与中国科技大学、合肥工业大学、安徽理工大学等高校以及铜陵有色设计院、铜陵铜化设计院、芜湖元隽氢能源研究所等科研院校合作、搭建平台、培养行业人才、开展氢能产业关键技术研发、科技成果转化等。六安、铜陵两个城市已率先出台了市级氢能产业政策和发展思路的文件。铜陵市组建了氢产业发展联盟，但联盟内的企业实力和产业链的完整度还有待改善。

加氢站是发展氢能的基础设施，也是衡量地方氢能产业发展程度的关键指标之一。目前安徽仅在六安建成一座加氢站，有两辆安凯氢燃料电池客车示范运营，由于加氢站未能满负荷运营，暂时不能盈利。

（五）空气能、地热能、光热制造企业情况

1. 空气能产业

安徽空气能产业虽正处于起步期，但发展势头良好，已经涌现了一批以荣事达太阳能有限公司、科希曼电器有限公司、伽帝芙环境设备科技有限公司等为代表的空气能制造企业。2018 年，荣事达、科希曼和伽帝芙的营收分别为 2.0 亿元、3.6 亿元和 2.6 亿元，三家龙头企业的总营收为 8.2 亿元，比 2017 年 6.2 亿元的三家企业总营收大幅提高了 32.26%，表明了安徽空气能产业拥有广阔的发展前景，见表 6-4。

表 6-4 安徽部分空气能企业发展情况一览表

序号	企业名称	营业收入（亿元）
1	荣事达太阳能有限公司	2017 年营收 2.1 亿元
		2018 年营收 2.0 亿元
2.	科希曼电器公司	2017 年营业收入 2.0 亿
		2018 年营业收入 3.6 亿
3	伽帝芙环境设备科技有限公司	2017 年营收 2.1 亿元
		2018 年营收 2.6 亿元

2. 地热能制造企业

安徽省地热能相关制造企业主要包括中机意园工程科技公司、安徽地矿新能源开发有限责任公司、安徽煤田地源热泵空调公司、合肥供热集团、安徽郁金香新能源科技有限公司、华冶新能源科技有限公司、安徽科恩新能源、科希曼电器有限公司等一批地热能制造企业等，在地热能、空气能利用上拥有一批自主研发技术，积累了较丰富经验，为安徽地源热泵产业的发展和浅层地热能的利用奠定了较好基础。

3. 光热制造企业

由于前期的过快增长，2015 年安徽光热产业进入调整期，主要表现为优化产业结构和淘汰落后产能。安徽光热企业纷纷转型，如安徽郁金香新能源转型至"浅层地热能＋"的模式。现存光热企业主要有荣事达太阳能、鹏程太阳能、安徽日源集团、安徽恋日太阳能等。这些企业主要依靠外省企业贴牌生产，而且规模都偏小。以合肥鹏程公司为例，其太阳能热利用产品的真空管、吸热板等核心产品依靠外购，而且自身真正生产量非常小，主要是外省企业贴牌。

二、国内地位及特点

新能源产业是安徽省重点发展的战略性新兴产业之一，光伏产业和是安徽省战略性新兴产业中最具有优势的产业，全省形成以太阳能光伏、储能、生物质能、地热能、光热综合应用为主导及设备制造等协同并进的发展格局。

（一）光伏产业具有国际竞争力

近年来我国的光伏发电产业取得了令人瞩目的成就，成为世界光伏产业生产大国和光伏装机第一大国，培育一批全球领先光伏制造企业。安徽省也抓住了机遇，在全省上下共同努力下。光伏制造和应用从无到有，取得了长足的发展。目前，安徽省光伏产业已形成硅锭－硅片－电池片－光伏组件－逆变器－

储能电池—光伏辅材—系统集成—应用维护等较为完整的光伏产业链，集聚了大批国内外重点光伏企业。2017年底建成装机发电量888万kW，居全国第四，聚集了通威，协鑫等光伏知名企业，成为重要的光伏省份。安徽省推进光伏产业很多工作和做法前列，"光伏扶贫"率先推行，从而在全国探索扶贫的有效方式。通过省公开招标方式，配置普通光伏电站建设规模，营造了公开透明，公平公正环境。建设了光伏领跑基地，实施光伏发电财政补贴政策，推动光伏发电产业发展壮大。

（二）储能产业在国内形成较强竞争力

安徽储能产业发展具有两大明显的比较优势，即具有成熟的技术基础优势和本地应用迅速推广的需求优势。在技术基础优势上，以合肥工业大学、阳光电源、国轩高科等为代表的相关院校、企业在储能装备技术研发与生产方面做出了有益探索与实践。目前，安徽省已有全国排名前列的锂电池生产企业和正极材料生产企业，有大规模的储能设备生产装配能力，一定规模的电动汽车生产应用，还有光伏、风电、生物质等新能源产业等多元的应用领域，既与储能产业有一定的技术共性，又在一定程度上推动了储能装备应用的发展。在需求优势上，安徽新能源汽车推广应用排在全国前列，江淮大众新能源乘用车、长安汽车二期项目、安徽安凯和巢湖广通大型客车企业的纯电动大巴项目、安徽合力股份有限公司的纯电动叉车项目等重大项目给储能产业发展带来强劲的应用需求。

（三）形成分工合理、特色鲜明、功能互补的产业布局

安徽省抢抓机遇，通过招商引资、加强研发投入、促进科技成果创新转化等方式，加快推进新能源的开发利用。各地结合自身发展基础和条件，有针对性地发展新能源产业。合肥新能源产业通过引进龙头企业，积极打造全国重要的新能源产业基地，仅合肥高新区就聚集有光伏企业超过20家。滁州市将新能源产业列入工业发展行动计划，已形成以太阳能光伏制造、风能利用、新能源电池、绿色照明为主体的新能源产业集群。多家中国新能源百强企业也积极投资安徽，如赛维LDK、晶澳太阳能、海润光伏、升阳光电、龙源电力等，涉及光伏产业、风力发电及生物质能等新能源产业领域，形成了分工合理、特色鲜明、功能互补的产业布局。

第 3 章
安徽省新能源装备发展存在的不足

一、存在的不足

1. 产业发展布局不均衡化

安徽新能源装备产业发展体系中，存在着"一伏独大"和"一储两优"的显著特点，产业均衡化发展仍需优化布局。在光伏、光热、储能、生物质能、地热能五大关键领域中，安徽的光伏制造产业规模最大，储能产业则具有两大相对优势，二者相互促进，构成了安徽新能源装备产业的两大核心引擎。与光伏和储能产业相比，生物质能、光热和地热能的发展规模相对较小。生物质能产业发展势头虽然强劲，但竞争优势不显著；太阳能光热、地热能等尽管最先实现产业化，但行业地位低、影响力弱。如，安徽专门生产地热能装备的企业不多，同时由于缺乏行业标准、政府管理机制不健全、初期投资高、勘查风险高、投资回收期长等因素影响，导致部分企业对地热开发的认识不深，且投资积极性不高。此外，安徽空气能产业则处于产业发展的起步阶段，企业数量较少，未来发展具有广阔的提升空间。

2. 产业核心竞争力不足

安徽省已初步形成太阳能、风能、生物质能、地热能、智能电网等门类比较齐全的新能源产业发展体系，但新能源科技创新投入不足，自主创新技术薄弱，导致新能源装备制造产业发展层次不高、核心竞争力不强，制造关键核心新能源装备的龙头偏少，具有国际国内影响力的知名品牌不多，产业产品配套协作能力不强，以基地或集聚区建设为载体的发展格局尚未形成，新能源产业总体上全而不优，多而不强，发展不均衡，重点特色不明显。

3. 产业智能化水平不高

总体上看，安徽新能源装备产业的智能化水平不高，并且参差不齐，差异较大。在新能源装备产业发展的装备条件上，安徽省仍面临诸多问题，主要表现在制造的装备、传感器、专用控制器、控制软件、工业软件等软硬件基础能力相对较弱，核心技术缺失，共性技术不足，高端装备、关键部件和基础件大多依靠进口，或者通过引进、消化和吸收进行二次开发，造成设备运行匹配、难以联动的问题。具体表现为设备与设备的集成度较低，系统与系统的管理安全性、兼容性较差，尤其是国产设备在精密度、耐久性等领域与进口设备存在较大差距。同时，关键设计软件、数字化设计与仿真分析软件以及工业控制软件等核心软件水平较低。

此外，在新能源智造产业的人才培养上，安徽市仍需要加大培养引进力度。相关企业管理人员对于智能制造及其相关工艺过程了解不够透彻，数据的采集、调理、分析方面缺乏目标性和实用性，导致生产过程与信息化融合的程度不深、范围不广。同时，新能源装备一线企业科技人员力量不均，除阳光电源、通威太阳能、晶澳太阳能、国轩高科等上市或者规上企业以外，大部分企业在智能化转型的同时苦于人才培养难，工程人员技术单一，系统化思维能力不足，技术团队力量明显满足不了智能制造过程的实际需求。

二、原因分析

1. 产业规模化发展进展较慢

目前，新能源产业的规模仍相对较小，产业发展的规模效益仍不乐观。光伏产业虽然规模最大，但龙头骨干企业的数量仍较少，离规模化集群化发展仍有一定距离。储能产业中，虽然安徽具备了一定储能产业基础，已经成为储能装备生产的重要基地，但在规模化发展上仍存在一些问题。首先，创新发展的规模仍较弱，目前安徽在锂离子电池材料技术力量方面还没有形成强大的有特色的研发团队和基础创新平台，与国际顶尖水平尚有一定差距，龙头企业发展和中小企业发展之间存在断层并缺乏衔接。其次，在推广应用的规模上仍较小，尽管安徽在储能上具有本地应用迅速推广的需求优势，但现实是安徽储能产业的应用推广相对较低，体量不大，既滞后于安徽地区电网的实际需求，也滞后于周边其他地区，这与安徽发达且集中的储能装备生产力和强劲的需求优势形成不合情理的反差。最后，在企业规模上只有阳光三星和国轩高科两家企业规模较大，其余的储能企业，大都刚起步，且以系统集成企业为主，产品按照用户的不同需求进行系统化定制，难以上规模。

光热企业的单体规模都不大，主要是太阳能热水器行业，且大都集中于中低端市场，大部分生产厂商无力进行研发和技术突破，使得行业内中低端产品产能过剩，高端产品则不足，制约了产业的进一步发展。

安徽生物质企业虽然起步较早，但由于受区域位置、环境资源及相关政策的影响，发展较为缓慢，没有形成产业集聚，规模化发展的空间仍较大。

地热能制造企业相对最少，发展一度较慢，尽管在当前环保压力下，地热能发展有了加快态势，但地热能产业规模不大，产业链还有待完善。

作为一种新型的新能源产业，空气能产业虽然前景广阔，但目前安徽市的空气能产业规模仍较小，仅拥有荣事达太阳能有限公司、科希曼电器公司、伽帝芙环境设备科技有限公司等为数不多的企业，产业发展急需培育和完善。

2. 产业应用环境协调性不够

目前安徽省新能源发展规模控制及煤电灵活性改造难，储能、输百送及预测能力突破难、电网匹配新能源高速发展难及光伏产业本身向高端化装备突破难。

首先，我国电力市场建设尚处起步阶段，建成全国统一电力市场存很大挑战。从生产端来说，新能源发展规模控制在国家规划目标内难度大，煤电灵活性改造规模和进展推进缓慢；从消费端来说，鼓励新能源使用的绿政制度道效果尚未显现。随着新能源大规模并网，增加了常规火电机组调峰启停次数以及调峰频度和深度。目前，单台容量60万千瓦火电机组启停一次的成本近100万元。实践中还缺乏完善的新能源调峰辅助服务补偿机制，常规火电机组缺乏调峰的意愿。

其次，储能、输送及预测能力突破难。由于前期投资大，商业化运行容主靠峰谷价差，内部收益率低，回收周期长，运营不划算。这就造成了受新能源装机规模与电网传输、平谷调峰、电力消纳等市场不匹配的矛盾日益突出。

同时，由于和政府补贴资金难以及时全额到位等困难的影响，使本身处于阶段性"产能过剩"的新能源产业又面临弃风弃光风险和发电受限的损失，项目无网可并，批而未建的现象已经出现。一些企业抢占指标，占而不建，还有部分已建成或在建的项目业主手续办理不积极，等待观望，人为拖延进度，政府部门缺乏有效的监管手段，严重影响项目的统筹调度和依法管理。此外，由于新能源项目征地范围大，涉及的村户比较多，能征土地多为涉荒地等未利用地，普遍存在长期撂荒、地界不清等问题，一旦征用补偿，权属界定困难，无理阻工，缠访闹访现象普遍存在。而大多数开工项目因手续不全或不合规，无法通过法律渠道依法处理，影响了工程进度，增加了项目成本，也对投资环境造成恶劣影响。基于安徽省或者行业区域的新能源装备应用环境的协调性不够，对新能源装备的产业发展产生了很大的不利影响。

第 4 章
安徽省新能源装备发展战略思路和目标

一、发展战略思路

安徽发展新能源装备产业要坚持自己的定位，一定是基于现有产业特色的基础之上，围绕国家战略性新兴产业发展方向，走"差异化、特色化、高精尖"发展道路，努力为新能源装备产业企业建立良好的生态系统。在对全球新能源装备产业发展趋势和安徽新能源装备产业发展现状和特点等的调研和分析基础上，重点围绕目前安徽省新能源装备产业中"有基础、有体量、有特色、有前景"的光伏、储能、生物质能、氢能等高质量发展提出如下发展思路。

（一）思路协同

安徽要全面落实《安徽省实施长江三角洲区域一体化发展规划纲要行动计划》，以深度融入"一带一路"建设、助推长三角区域一体化为根本指导，以 G60 科创走廊建设为重要抓手，以中国国际进口博览会、世界制造业大会等高端展会为产业发展媒介，全面对标上海大都市圈，深化与江苏、浙江的产业交流与互动互补，加快推进上海—合肥双城合作战略实施，深度对接中国（上海）自由贸易试验区临港新片区，扬己所长，从产业协同和创新协同两大方面推动安徽新能源装备产业的高质量发展，将安徽打造成为长三角新能源先进制造业的创新高地，进而成为中国新能源装备产业发展格局中联通并带动中西部的重要枢纽。

（二）产业协同

立足长三角三省一市各自新能源装备产业的特点和基础，坚持以协同发展为引领，以提升效率为支点，以互动互补为抓手，联动发展产业集群和产业园区，尽快形成区域间新能源装备产业协同发展和上下游联动机制，建立优势互补、配套协调的产业分工体系。安徽新能源装备产业要重点从引进来、走出去、打造产业联盟体系等方面着手，由此实现产业的协同发展。（1）引进来。重点以皖江江北、江南新兴产业集中区为载体，大力承接江浙沪三地的相关新能源产业转移，打造安徽省对外开放合作的重要平台。（2）走出去。重点发挥光伏产业、储能产业的集群优势和体量优势，优先支持有条件的光伏企业、储能企业以及其他新能源企业大胆走出去。一方面要立足长三角区域，积极寻找合作机会，实现引进来和走出去的有机融合；另一方面要继续深入落实《安徽省参与建设丝绸之路经济带和 21 世纪海上丝绸之路实施方案》，加强与"一带一路"沿线国家在新能源产业发展上的合作，为实现将安徽建成"一带一路"重要腹地和枢纽的目标定位贡献安徽力量。（3）打造产业联盟体系。在引进来和走出去的基础上，安徽宜牵头成立长三角新能源装备产业联盟，全面吸引长三角区域的相关企业，构建集产业链上中下游为一体的联盟体系。

（三）创新协同

把创新作为引领长三角新能源装备产业发展的第一动力，加快实施创新驱动和技术跨越发展战略，促进创新资源加速集聚、合理配置、开放共享和高效利用，推动形成长三角区域新能源装备产业的协同创新体系，打造创新发展高地。

（1）推进创新资源共享共建。建设长三角新能源产业发展创新资源共享网络平台，推动相关领域的重点实验室、工程（技术）研究中心、工程实验室、企业技术中心、大型科学仪器设备等相互开放，推进科技成果、专利技术、技术人才库等基础性创新资源联网共享，共建新能源装备领域的知识产权服务平台和技术交易市场，促进长三角区域新能源产业发展创新要素优化配置和创新成果加速转化。

（2）共同培育企业创新主体。要强化企业创新主体地位和主导作用，激励企业加大科技投入，建立健全企业主导产业技术研发创新的体制机制。鼓励与长三角区域的高校、科研院所与企业共建国家级、省部级的实验室、工程技术研究中心，切实在新能源装备产业领域打造一批国际国内一流的研发平台，为区域产业协同发展提供丰富的创新技术。

（3）加强创新人才培养引进。长三角区域应共同创新人才资源开发与管理体制，通过搭建新能源产业发展的产学研用合作平台，促进人才在区域内自由流动。要联合实施重大人才工程，重点培养、引进和集聚产业科技领军人才、企业家人才和高技能人才队伍，为打造世界级的长三角新能源装备产业集群提供充足的人才支持。

二、发展目标

推进安徽省新能源装备产业发展实施"两步走"战略：

到 2025 年，新能源装备产业发展基础和支撑能力明显增强，重点领域基本实现数字化制造，重点新能源企业智能转型取得明显进展，科技创新和制度创新体系进一步完善。光伏产业要成为安徽省又一支柱产业，整体实力和并网规模要位居全国前列，建成世界一流的光伏制造基地和创新应用桥头堡；储能产业的集聚集群发展格局全面形成，光热、生物质能、地热能和空气能四个特色产业链条基本建立，产业协同发展的框架体系初步形成。产业规模。安徽光伏产业年总产值达到 1500 亿元．其中：

光伏规上企业实现营业收入 800 亿元，光伏智能制造产业增加值年均增长 10%，全面成为安徽省一大支柱产业。

储能产业集聚集群的发展格局全面形成，年总产值力争达到 500 亿元，其中，锂离子电池年总产值达到 200 亿元，规上企业实现营业收入 300 亿元，智能制造产业增加值年均增长 10%。

建成以创新引领、智能高效、龙头带动、特色发展为核心特征的生物质能、地热能、太阳能光热、空气能产业装备制造体系，形成一批国内领先的知名企业和品牌，产业规模不断壮大，到 2025 年产业总产值力争达到 800 亿元。

到 2035 年，新能源装备产业支撑体系全面建立，重点企业全面实现智能转型，安徽省成为中国新能源装备产业协同发展、集群发展先行区和创新发展新高地。

三、技术路线图

安徽省新能源装备产业到 2025 年，基本实现数字化制造，智能转型取得明显进展，科技创新和制度创新体系进一步完善。到 2035 年，新能源装备产业支撑体系全面建立，全面实现智能转型。技术路线图如图 6－6 所示。

（一）安徽省新能源装备发展条件基础

1. 光伏产业

安徽省目前已形成硅锭－硅片－电池片－光伏组件－逆变器－储能电池－光伏辅材－系统集成－应用维护等较为完整的光伏产业链，集聚了大批国内外重点光伏企业。安徽构建了以通威太阳能（电池片）、晶澳太阳能（组件）、阳光电源（逆变器）为龙头，其他重点企业为支撑的产业发展格局，形成从

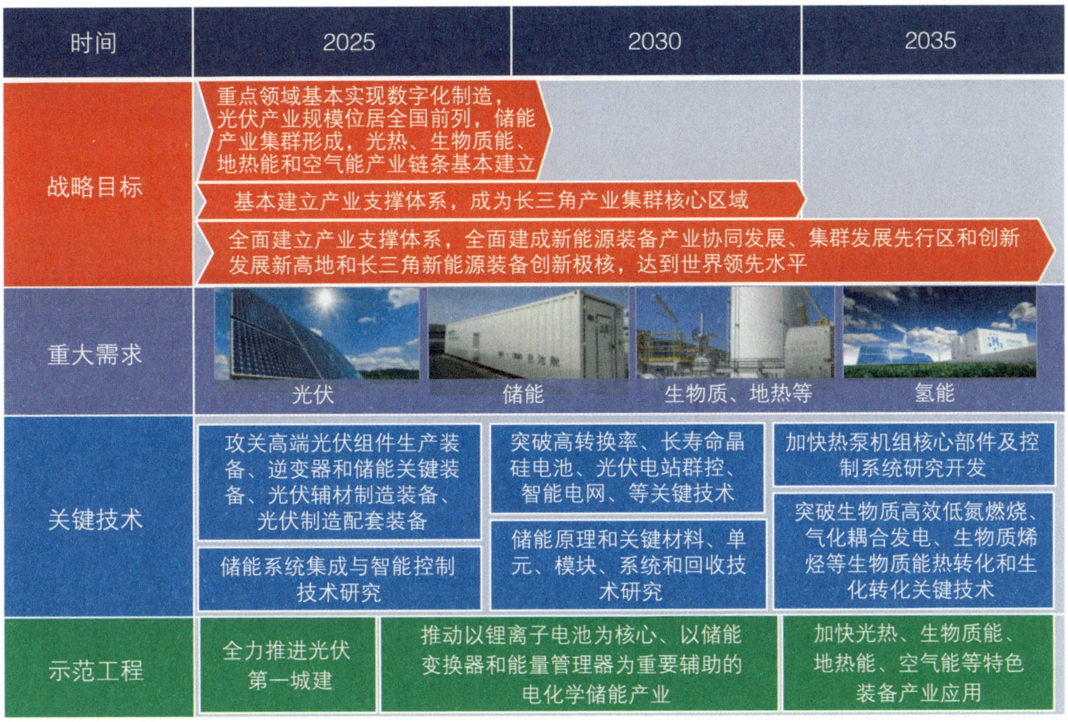

图 6-6　新能源装备领域中长期（2035）发展路线图

玻璃基板—电池片—组件—逆变器—储能电池—发电工程等较完整的产业链，集聚了海润光伏、彩虹新能源、中建材新能源、天合光能、乐叶光伏、三星 SDI 等重点光伏企业，培育了中南光电、睿晶科技、大恒能源、流明新能源、晶晨光伏、微纳电工、聚能新能源、合肥科威尔等一批本地企业。

2. 储能产业

目前，安徽已经集聚了不同规模等级的近 50 家储能企业，初步形成了主要由电池、电池管理系统、储能换流器、能量管理系统、配件（接口、线路、集装箱等）等组成的较为完善的储能产业链。部分骨干企业如国轩高科、阳光三星、中盐红四方、贵博新能源、科大国创、科威尔、沃工等已经拥有成熟产品和先进的研发能力，在国内储能领域处于领先水平。安徽已具备较扎实的产业基础，集聚了一批骨干龙头企业。

3. 生物质产业

安徽省根据垃圾处理量进行合理布局，目前共有垃圾焚烧发电项目 39 个（在建筹建项目 23 个），累计装机容量 545.9MW，日处理能力 2.8 万吨，约占安徽省每日产生垃圾量的 47%，接近《规划》中占比 50% 的目标。项目布局逐渐由地级市向县区延伸，承建企业主体多样化。秸秆气化高值化综合利用企业。安徽着力发展秸秆固化生物质成型燃料，目前合肥共拥有秸秆固化燃料生产点 11 处。

4. 氢能产业

安徽省有 16 个地级市，其中超过 10 个地级市有氢能项目，涉及产业链各个环节，但十分零散。目前，安徽省氢能产业分布涉及上游氢气制备、中游氢燃料电池系统，下游氢燃料电池汽车应用几个环节。目前，安徽省拥有明天氢能、奇瑞汽车等一批基础好、有发展潜力的氢能重点企业。

5. 空气能、地热能、光热产业

（1）空气能产业。安徽空气能产业虽正处于起步期，但发展势头良好，已经涌现了一批以荣事达太阳能有限公司、科希曼电器有限公司、伽帝芙环境设备科技有限公司等为代表的空气能制造企业。（2）地热能制造企业。主要包括中机意园工程科技公司、安徽地矿新能源开发有限责任公司、安徽煤田地源热泵空调公司、合肥供热集团、安徽郁金香新能源科技有限公司、华冶新能源科技有限公司、安徽科恩新能源、科希曼电器有限公司等一批地热能制造企业等，在地热能、空气能利用上拥有一批自主研发技术，积累了较丰富经验。（3）光热制造企业。现存光热企业主要有荣事达太阳能、鹏程太阳能、安徽日源集团、安徽恋日太阳能等。这些企业主要依靠外省企业贴牌生产，而且规模都偏小。

（二）安徽省新能源装备发展制约因素

1. 产业发展布局不均衡化

安徽新能源装备产业发展体系中，存在着"一伏独大"和"一储两优"的显著特点，产业均衡化发展仍需优化布局。在光伏、光热、储能、生物质能、地热能五大关键领域中，安徽的光伏制造产业规模最大，储能产业则具有两大相对优势，二者相互促进，构成了安徽新能源装备产业的两大核心引擎。与光伏和储能产业相比，生物质能、光热和地热能的发展规模相对较小。生物质能产业发展势头虽然强劲，但竞争优势不显著；太阳能光热、地热能等尽管最先实现产业化，但行业地位低、影响力弱。

2. 产业核心竞争力不足

安徽省已初步形成太阳能、风能、生物质能、地热能、智能电网等门类比较齐全的新能源产业发展体系，但新能源科技创新投入不足，自主创新技术薄弱，导致新能源装备制造产业发展层次不高、核心竞争力不强，制造关键核心新能源装备的龙头偏少，具有国际国内影响力的知名品牌不多，产业产品配套协作能力不强，以基地或集聚区建设为载体的发展格局尚未形成，新能源产业总体上全而不优，多而不强，发展不均衡，重点特色不明显。

3. 产业智能化水平不高

总体上看，安徽新能源装备产业的智能化水平不高，并且参差不齐，差异较大。在新能源装备产业发展的装备条件上，安徽市仍面临诸多问题，主要表现在制造的装备、传感器、专用控制器、控制软件、工业软件等软硬件基础能力相对较弱，核心技术缺失，共性技术不足，高端装备、关键部件和基础件大多依靠进口，或者通过引进、消化和吸收进行二次开发，造成设备运行匹配、难以联动的问题。

4. 在新能源智造产业的人才培养上，安徽省仍需要加大培养引进力度

相关企业管理人员对于智能制造及其相关工艺过程了解不够透彻，数据的采集、调理、分析方面缺乏目标性和实用性，导致生产过程与信息化融合的程度不深、范围不广。同时，新能源装备一线企业科技人员力量不均，除阳光电源、通威太阳能、晶澳太阳能、国轩高科等上市或者规上企业以外，大部分企业在智能化转型的同时苦于人才培养难，工程人员技术单一，系统化思维能力不足，技术团队力量明显满足不了智能制造过程的实际需求。

（三）安徽省新能源装备发展主攻方向

1. 优化提升光伏支柱产业

（1）夯实光伏产品制造产业体系。通过促进产业集聚、加大推广应用力度、实施创新驱动、优化产业布局等措施，全力推进光伏第一城建设。重点发展电池组件、逆变器及储能产品、光伏配套及核心装备等产业。加大产业链招商力度，完善产业横向配套环节，打造光伏产业集群，建设产业高地。在重点发展电池片、组件、逆变器等产品基础上，通过产业政策的有力扶持，采用招商引资和基地孵化两条腿走路的方式，着力引进和培育一批代表性龙头企业，在产业链各个环节分别形成相当程度的衔接，实现本地产业链优势。主攻方向包括：高端光伏组件生产装备、逆变器和储能关键装备、光伏辅材制造装备、光伏制造配套装备。（2）加快关键技术研发及产业化。鼓励光伏企业、高校和科研院所共建光伏技术创新平台，合作开发新产品，形成联动互补的整合发展和创新氛围，强化产业生态与创新扶持的助推作用，避免同质化竞争。推动企业成为光伏技术研发投入主体，鼓励企业自主投入开展光伏重大关键共性技术、装备和标准的研发攻关。

2. 着力发展储能集聚产业

（1）促进储能技术装备研发与应用示范。开展储能原理和关键材料、单元、模块、系统和回收技术研究，集中攻关具有关键核心意义的储能技术和材料。探索开展氢储能产业装备的研发培育工作。（2）加快储能系统集成与智能控制技术。大力发展储能系统集成与智能控制技术，实现储能与现代电力系统协调优化运行。（3）重点推动电化学储能装备产业全面发展以锂离子电池为核心、以储能变换器和能量管理器为重要辅助的电化学储能产业对储能产业的未来发展至关重要。因此，要重点推动电化学储能产业的全面发展，在发挥优势、补足短板的基础上，确保将锂离子电池产业做大做强，使其成为安徽储能产业全面发展的引领者和排头兵。

3. 加快布局其他特色装备产业

（1）光热产业。立足现有太阳能资源优势和产业基础，积极推进光热新技术应用。努力开发光热利用新领域，从太阳能热水单项应用向供暖制冷市场、农作物干燥市场渗透。大力研发推广高端、高质、高效技术产品和设备，鼓励配套企业、原料供应企业开展战略合作。（2）生物质能产业。发挥安徽生物质资源丰富的优势，多形式利用生物质能提高农作物秸秆能源化使用率，加快已在建的生物质直燃式发电厂建设进度；积极推广秸秆分质利用新技术，鼓励多产品联产，提升产业附加值。着力突破生物质高效低氮燃烧、气化耦合发电、纤维素乙醇、生物质航空煤油、生物质烯烃、生物质石墨烯等生物质能热转化和生化转化关键技术，重点推进生物质锅炉（窑炉）、成型燃料、发电设备、先进气化、碳化、生物发酵等领域关键装备的研发和产业化，形成系列化产品和规模化生产能力，培育一批生物质装备制造、高值化产品开发、综合服务等特色骨干企业。（3）地热能产业。因地制宜开发利用各种地热能资源，提高地热能在城镇和新农村建筑中用能比例，推广地源热泵系统、冷热联供等技术应用，扩大地热能和空气能利用。在城镇建筑供暖（制冷）领域因地制宜、规范有序合理开发各类地热能资源。（4）空气能产业。要紧抓国家推进清洁供暖重大机遇，发挥既有空气能热泵产业基础，加快热泵机组核心部件（高效压缩机、关键零部件）及控制系统研究开发，不断提升产品全寿命周期内的可靠性、稳定性和季节性能系数，大力打造智能工厂，建成全省最大、全国一流的空气能热泵生产基地。

第 5 章
安徽省新能源装备发展政策建议和重点任务

一、政策建议

（一）优化产业规划，加强产业协作，提升竞争能力

进一步优化安徽新能源产业规划，找准特色和突破口，以光伏产业、大规模储能等为发展重点，打造具有全国影响力的新能源产业链。要用政策引导企业间形成合理的新能源产业链关系，强化产业之间的关联度和协同发展框架，提升共性技术攻关和研发服务的能力，由此提升安徽新能源装备产业的整体竞争力。要选择重点突破口，加快科技创新，在强化研发能力的同时，加强产业部署，形成研发、工程化、商业化良性互动的局面。要通过实验性的示范工程建设来缩短新能源装备技术和设备的小试、中试周期，降低新能源技术的产业化成本和风险。

针对安徽太阳能、生物质能、地热能资源丰富的优势，鼓励和重点支持企业发展先进的光伏设备制造技术和大规模储能技术，科学规划建设生物质能电站。城市要强化建筑的太阳能利用，农村要加快实施新能源改造工程。要紧密跟踪市场需求，鼓励有条件的企业进行新能源关键技术的研发和创新，鼓励开展多能互补、能源存储和优化配置等技术的研发和示范，进而不断扩大新能源应用市场，提升安徽新能源装备产业的总体竞争力。

（二）构建科创平台，突破核心技术，提升创新能力

以太阳能、生物质能、地热能为重点，设立新能源技术研究重大科技专项资金，加快建设新能源技术研发中心、开发中心、实验检测平台、创新创业孵化平台等公共服务平台和科创平台，由此汇聚高端人才团队。要加快开发新一代光伏、大规模储能以及生物质能、地热能和太阳能光热等产业核心技术，推动新能源装备技术创新，形成较完备的技术及标准体系，以此增强安徽新能源产业的创新能力。

太阳能利用要以降低制造和发电成本而实现平价上网为目标，为此应加快研发更高效、更低成本的晶硅电池和薄膜电池产业化的关键技术、工艺及设备，实现光伏关键设备和辅材的国产化，推动研发异质结、钙钛矿等新一代新型高效太阳能电池，并大幅提高电池效率。要尽快掌握高参数太阳能热发电技术，突破太阳能热化学制备清洁燃料技术，开展大型太阳能热电联供系统的示范应用，进而实现太阳能的综合梯级利用。

生物质能要重点发展生物质资源的收运、成型、气化、发电及供热综合利用装置，突破先进生物质能源与化工技术，培育发展非粮生物质液体燃料多联产产品，推进先进生物质能综合利用产业化示范。

光热产业则要支持和鼓励企业与高校进行产学研结合，开发生产光热新型产品，如新型太阳能农作物干燥设备与系统、新型太阳能蒸馏器、新型太阳能农业大棚和温室、太阳能净化设备与系统、新型太阳房、太阳能温室、太阳能采暖的集热（蓄热）系统装置等。此外，还要大力推动互联网与新能源开发利用的深度融合，培育基于"互联网＋"的新能源产业发展新业态。

（三）完善体制机制，加快成果转化，培育创新企业

首先，安徽市要加快完善科技成果的转化机制，加快完善科技成果和知识产权归属、成果转移方式及利益分享机制，探索建立符合科技成果特点和转化规律的管理新模式，破除制约科技成果转化的制度性障碍，打通科技成果向现实生产力转化的通道。要健全科技成果转化体系，探索建立重大科技成果数据库，择优转化带动性强的科研成果。要在重点高校、科研机构建立专业化、市场化的科技成果转移转化机构。要通过产学研合作，组织重大科技成果对接行动，加快核心和关键技术成果的转移转化。

其次，要加强创新企业的培育。要围绕提升企业创新能力和竞争力这个关键环节，完善培育创新企业的配套政策措施，引导创新要素向企业集聚，加快培育国家高新技术企业、产业领军企业和骨干企业、专精特新中小创新型企业，培育形成规模较大、国际竞争力较强的光伏等新能源创新企业集群。要全面提升企业的创新能力，通过鼓励企业加大研发投入，建设研发机构，逐步实现大中型企业研发机构全覆盖，同时支持企业在新能源领域开展高水平项目研究和参与产业技术标准的制订与修订。

（四）推进应用示范，发挥政府导向，提升智能水平

针对安徽市新能源企业智能制造技术力量不足、智能生产基础条件不够、智能产业环境条件不稳等问题，支持企业全面提升智能制造能力，加大产品研究、设备更新和技术提升上的投入，力求取得实效。

一是大力推进新能源装备产品的示范应用。要制定新能源产业新技术、新产品的推广应用计划，组织实施光伏发电、大规模储能、生物质能、地热能、太阳能光热开发利用等重点示范应用工程。同时，要加强对创新产品政府采购的支持力度，加快首台（套）重大技术装备的推广应用。

二是积极发挥政府的指导作用，尤其要发挥政府的杠杆和导向作用，积极引导企业从传统制造模式向智能制造模式转变。政府要成为新能源装备产业发展的规划者，要根据安徽市新能源产业特点和企业发展情况（尤其是智能制造情况），进行科学合理的顶层设计。要在依据《中国制造2025安徽篇》等政策的基础上，着力深化、细化现有政策的专项实施方案和工作要点。要针对符合安徽新能源产业发展方向的企业出台具体的资金扶持、税收减免和低息贷款等政策，由此引导支持企业加快智能化发展，提升产业的整体智能水平。

（五）设立发展基金，探索市场支持，提供融资保障

综合运用政府投资基金和民间资本，探索市场化的支持方式，使市场在资源配置中起决定性作用，进而形成良好的产业发展融资保障体系。

首先，要发挥好财政资金的杠杆效应，引入银行、证券机构等社会资本，投资和扶持新能源领域的科技型企业和科技成果产业化。建议将各部门支持光伏等新能源产业发展的资金集中起来设立安徽市新能源产业发展基金，并建立跟投、子基金等由市场主导的投资机制，通过风险承担和政策让利，引导银行、证券机构等社会资本投入处于种子期、起步期的光伏等新能源科技型中小企业。

其次，要不断探索完善保险补偿、PPP、融资担保等市场化的支持方式，引导社会民间资本投向新能源产业重大项目，由此与政府支持形成政策合力，共同支持安徽新能源产业发展。

最后，应完善多层次的融资市场，要鼓励金融机构围绕新能源重点产业开发知识产权质押融资、科技股权质押贷款等适合创新型企业特点的金融产品，要发展壮大创业投资，培育多元创业投资主体，多渠道拓宽创业投资资金，重点发展风险投资和天使投资，为安徽新能源产业发展提供多元化的融资保障。

二、重点任务

（一）优化提升光伏支柱产业

1. 夯实光伏产品制造产业体系

通过促进产业集聚、加大推广应用力度、实施创新驱动、优化产业布局等措施，全力推进光伏第一城建设。重点发展电池组件、逆变器及储能产品、光伏配套及核心装备等产业。加大产业链招商力度，

完善产业横向配套环节，打造光伏产业集群，建设产业高地。在重点发展电池片、组件、逆变器等产品基础上，通过产业政策的有力扶持，采用招商引资和基地孵化两条腿走路的方式，着力引进和培育一批代表性龙头企业，在产业链各个环节分别形成相当程度的衔接，实现本地产业链优势。

（1）高端光伏组件生产装备。发展高转换率、长寿命晶硅电池，支持低反射率绒面制备、选择性发射极及后续的电极对准、等离子钝化、低温电极技术、全背结技术、适合光伏电池专用的吸杂工艺等技术的研究及应用。鼓励技术成熟的金属穿孔卷绕背接触技术（简称 MWT）、N 型双面（BiFi）吸光太阳能电池等高效晶硅电池规模化生产，促进多种新型高效电池共同发展。研制智能光伏组件，将智能电路内置于组件内，使其具备实时数据传输与监测能力、单体 MPPT 能力、交直流输出能力，提高光伏阵列的发电效率；同时具有电子标签和电子身份认证功能，也为未来能源互联网和众筹等商业模式奠定相关基础。针对光伏建筑一体化产品发展趋势以及柔性化应用的需求，重点引进高效薄膜电池、铜铟镓硒（CIGS）薄膜电池等技术和企业。密切跟踪国际国内先进技术产品发展动向，积极开展提高光电转换效率及降低发电成本的工艺技术研究，积极推广高效及新型电池在市政等公共建筑设施上率先示范应用，带动产业领先发展。

（2）逆变器和储能关键装备。发展安全、可靠、高效的光伏并网/离网/双向/微网逆变器、逆变控制一体机等产品。提高大规模专业化生产水平，鼓励开展 MOSFET、IGBT、GTO 等逆变控制器用关键元器件技术研发及产品化。推进新能源储能技术研发，围绕安全性、寿命、能积比、充放电次数、环境适应度等基本性能要求，重点发展用于新能源储能的三元锂电池、磷酸铁锂电池、液流电池等产品。实现锂电池循环寿命 10000 次以上，单体能量密度 200 瓦时/公斤以上。逆变控制系统方面：做大光伏发电装备优势领域，顺应能源互联网发展趋势，以高效、节能的光伏发电系统装备为核心，推动光伏产业链向下游系统集成领域延伸。以阳光电源为龙头，拓展新能源电源设备制造基地。

（3）光伏辅材制造装备。重点支持光伏玻璃、铝型材等量大、面广的配套材料发展；同时发展正面银浆、EVA 树脂、TCO 导电玻璃、PVF 膜、TPT 背板材料等上游配套产品。引导企业通过产学研合作等途径，围绕传统晶硅与新型薄膜电池及其组件的生产，加大对本地区光伏辅材企业的支持力度，鼓励和帮助企业通过多种融资渠道进行扩产和技术升级。引导企业通过产学研合作等途径，围绕传统晶硅与新型薄膜电池及其组件的生产，加大对本地区光伏辅材企业的支持力度，鼓励和帮助企业通过多种融资渠道进行扩产和技术升级。

（4）光伏制造配套装备。重点支持全自动大面积等离子增强化学气相沉积（PECVD）、多槽制绒清洗设备、激光刻蚀机、干法刻蚀机、离子注入机、高精度丝网印刷机、高温烧结炉等晶硅太阳能电池片生产线设备；大面积 TCO 导电玻璃镀膜设备、用于背电极制备的多靶位磁控溅射系统、大尺寸、超薄硅片多线切割机，自动分选机等硅片生产设备；以及各类高性能光伏电池与组件生产和检测测试仪器。鼓励具有国际先进水平的低能耗、高效率、智能化太阳能光伏重大装备产品制造及工艺技术研究，提升关键生产设备的性能和成套生产线的自动化程度。重点发展高效晶体硅太阳电池生产设备、薄膜太阳电池生产设备及光伏电池检验检测仪器设备等。

2. 加快关键技术研发及产业化

鼓励光伏企业、高校和科研院所共建光伏技术创新平台，合作开发新产品，形成联动互补的整合发展和创新氛围，强化产业生态与创新扶持的助推作用，避免同质化竞争。推动企业成为光伏技术研发投入主体，鼓励企业自主投入开展光伏重大关键共性技术、装备和标准的研发攻关。

依托安徽科技创新资源优势，加快核心技术和前沿技术的研发及成果转化，支持光伏产业新技术、新模式和新业态创新发展，形成以技术创新带动产业发展，以产业发展驱动技术创新的良性发展态势。集中突破高转换率、长寿命晶硅电池、光伏电站群控、智能电网、大规模储能、无功补偿等关键技术。结合 BIPV 发展趋势以及柔性化应用的需求，重点储备高效薄膜电池、铜铟镓硒（CIGS）薄膜电池大规模生产关键技术，支持低成本非真空铜铟镓硒薄膜电池制备技术开发及引进，支持磁控溅射、真空共蒸等电池制备技术开发引进。

（二）着力发展储能集聚产业

储能是解决智能电网、新能源汽车、分布式能源等行业发展的关键技术因素。根据国家要求，结合安徽储能产业发展现状，按照打造"中国储能产业集聚发展样本城，初步建成国内一流的储能产业集群和锂离子电池生产基地"的发展目标要求，重点从以下三个方面进行发展和建设。

1. 促进储能技术装备研发与应用示范

开展储能原理和关键材料、单元、模块、系统和回收技术研究，集中攻关具有关键核心意义的储能技术和材料。针对不同应用场景和需求，开发分别适用于长时间大容量、短时间大容量、分布式以及高功率等模式应用的储能技术装备，试验示范具有产业化潜力的储能技术和装备。加强引导和扶持，促进产学研用结合，加速技术转化，应用推广具有自主知识产权的储能技术和产品。

探索开展氢储能产业装备的研发培育工作。氢储能已被多个国家列为国家能源体系的重要组成部分，而我国在电解水制氢技术上的基础较好，包括零部件控制、集成等方面的相关产业链也在逐步形成，产业发展前景广阔。要按照适度超前、未雨绸缪的思路，积极开展氢储能技术、装备的研发工作，力争掌握储备一批关键技术与核心装备，并尽早启动示范试点工作，建设成为中国氢储能技术研发和产业应用的先行示范区。

2. 加快储能系统集成与智能控制技术

大力发展储能系统集成与智能控制技术，实现储能与现代电力系统协调优化运行。重点开展分布式储能、分布式光伏+储能等领域研究和应用，促进储能产业快速发展。加快推进压缩空气储能、钠硫电池、液流电池、石墨烯储能系统、大容量新型熔盐储热装置、超级电容储能等技术研发与应用。鼓励火电厂、风电场、光伏发电基地、工业园区等合理配置储能系统，实现多能互补，提高消纳能力。

3. 重点推动电化学储能装备产业全面发展

以锂离子电池为核心、以储能变换器和能量管理器为重要辅助的电化学储能产业对储能产业的未来发展至关重要。因此，要重点推动电化学储能产业的全面发展，在发挥优势、补足短板的基础上，确保将锂离子电池产业做大做强，使其成为安徽储能产业全面发展的引领者和排头兵。

（1）加强研发创新。理性面对电化学储能技术的两面性，从科技、经济、产业政策多方面进行电化学储能的研发、生产和应用创新，深入挖掘电化学储能技术大规模应用潜力，积极探究锂离子电池电化学储能的安全性、经济性和适用性。要重点开展磷酸铁锂、三元锂电芯、隔膜材料、电池包、电池管理系统的研发，力争培育一批锂离子电池研发的创新平台，突破一批关键与核心技术。

（2）紧抓主流环节。锂离子电池生产制造是储能产业的主流核心，要紧抓关键核心，在研发创新的基础上，以国轩高科、中盐红四方、星源新能源材料、阳光三星、华霆动力等企业为龙头，进一步做大做强锂离子电池生产制造产业的规模和水平，稳步提升锂离子电池生产制造的智能化水平。

（3）打造安全标准。要尽快打造锂离子电池的安全标准体系，在追求能量密度的同时，确保安全性。要积极主动推进储能电池阵列消防标准进步，引导企业研究圆形、方形、软包电池的各种工艺成型的电芯组包热失效的保障措施，确保其在失效、自然、自爆等情况下全系统的消防、隔离措施的有效性，尽快在储能系统安全性、能量密度、经济成本方面建立科学的标准体系。

（4）开展回收利用。以国家《新能源汽车动力蓄电池回收利用试点实施方案》为依据，以资源的节约循环利用为目标，鼓励电池全生命周期溯源系统的应用，规范推动退役电池的回收利用，促进建立回收再利用体制，形成退役车载动力电池梯次利用的示范性产业链。要探索车企、电池企业、检测机构梯次利用的商业合作新模式，稳步建立具有安徽特色的"回收—检测和分类—再利用—储能电站使用—回收"的体制和模式。

（三）加快布局其他特色装备产业

1. 光热产业

立足现有太阳能资源优势和产业基础，积极推进光热新技术应用。努力开发光热利用新领域，从太阳能热水单项应用向供暖制冷市场、农作物干燥市场渗透。大力研发推广高端、高质、高效技术产品和设备，鼓励配套企业、原料供应企业开展战略合作，协同创新，延伸产业链条，力争形成集上中下游于一体、各环节相互配合、契合度较高的完整产业链条，建立和完善相关工程设计、检测认证及质量管理等产业服务支撑体系，促进太阳能产业整体竞争力提升。

2. 生物质能产业

发挥安徽生物质资源丰富的优势，多形式利用生物质能提高农作物秸秆能源化使用率，加快已在建的生物质直燃式发电厂建设进度；积极推广秸秆分质利用新技术，鼓励多产品联产，提升产业附加值。着力突破生物质高效低氮燃烧、气化耦合发电、纤维素乙醇、生物质航空煤油、生物质烯烃、生物质石墨烯等生物质能热转化和生化转化关键技术，重点推进生物质锅炉（窑炉）、成型燃料、发电设备、先进气化、碳化、生物发酵等领域关键装备的研发和产业化，形成系列化产品和规模化生产能力，培育一批生物质装备制造、高值化产品开发、综合服务等特色骨干企业。

3. 地热能产业

因地制宜开发利用各种地热能资源，提高地热能在城镇和新农村建筑中用能比例，推广地源热泵系统、冷热联供等技术应用，扩大地热能和空气能利用。在城镇建筑供暖（制冷）领域因地制宜、规范有序合理开发各类地热能资源。

4. 空气能产业

要紧抓国家推进清洁供暖重大机遇，发挥既有空气能热泵产业基础，加快热泵机组核心部件（高效压缩机、关键零部件）及控制系统研究开发，不断提升产品全寿命周期内的可靠性、稳定性和季节性能系数，大力打造智能工厂，建成全省最大、全国一流的空气能热泵生产基地。

第 6 章
保 障 措 施

一、建立统筹机制

1. 成立领导机构

成立安徽省新能源装备产业发展工作领导小组，由省政府主要领导同志任组长，相关委、厅、办和各市、开发区负责同志为成员，负责统筹指导和推进新能源装备产业发展及推广应用工作，避免低同质同类产品的重复建设和盲目建设。成员单位之间既要相互配合，又要按照各自职责分工，认真做好本地区、本部门的相关工作。成立新能源装备产业专家咨询委员会，加强对新能源装备产业的技术指导和技术服务工作。

2. 提高管理效能

坚持以服务为核心，加快转变政府管理职能，转变政府作风，提高办事效率，推进效能建设，构建精简高效的管理体制。对于新能源装备产业的重大投资建设项目，要建立以项目为中心、以企业为主体的政府服务体系，着力实现项目审批的"保姆式"服务和"零障碍、低成本、高效率"的办事环境，营造"亲商、安商、扶商、富商"的管理氛围。

二、加大支持政策

1. 上级支持

以新能源装备产业创新发展和试点示范应用为核心，积极帮助企业申报国家、省智能制造专项，多渠道争取上级部门政策支持，要重点支持实施智能服务平台、智能装备首台套、智能工厂、智能车间、智能服务示范培育等奖补政策，加快安徽省新能源装备产业发展。

2. 财税支持

整合优化市级财政资金和引入社会资本等多种方式，设立安徽省新能源装备产业发展基金及细分产业子基金，重点支持光伏智能制造、储能智能制造向高端化发展，特别要注意加大对光热、生物质能和地热能的智能化升级改造，补齐产业发展短板。对符合条件的新能源企业，切实落实好企业所得税优惠政策和进口税收优惠。对符合行业技术发展要求的新能源产业智能化改造项目，应按整条生产线、整个车间、整个工厂分别给予设备投资一定比例的奖补。

3. 金融支持

设立政府创业引导资金，搭建政银企合作平台。充分运用市场机制，带动社会资金投向新能源装备产业初创企业，支持新能源制造业的数字化、智能化升级。支持和引导符合条件的新能源装备企业在境内外上市、发行债券以及再融资。

4. 用地支持

对符合国家产业用地政策，符合城市规划和全市各级土地利用总体规划的新能源装备项目用地，优先安排落实土地指标，加快项目的立项、规划、设计、施工、验收、投产等落地建设进程。

5. 招商支持

要突出政府的"招商、服务"两大职能，不断推进发展模式、经济管理、投资环境等方面的改革和创新，建立有利于发展的招商机制和服务机制。优化新能源装备发展环境，引进一批龙头性、总成式、整机型高端新能源装备项目，吸引新能源领域中的世界 500 强企业、中央企业在皖设立总部、研发中心、营销中心等功能性机构。

三、完善保障体系

1. 知识产权

建立新能源装备新技术、新模式等知识产权的创造、应用、管理、保护的体制机制，重点支持发明专利申请和国外专利申请，积极推动专利技术产业化，健全新能源装备产品标准体系。新能源规上大企业核心技术应拥有自主知识产权，成长型企业的主导产品应拥有自主知识产权。同时，落实知识产权的奖励激励政策，对新能源领域中获得国家级、省部级科技成果奖励的单位和个人给予奖励，对制定关于新能源的国家标准、行业标准和地方标准并得到实施的单位给予奖励。

2. 公共服务

完善新能源装备技术装备标准、检测、认证和质量监督机制，完善新能源装备领域中小微企业创业孵化等创新服务体系。探索设立新能源装备产业科技创新投资基金，支持新能源装备科技示范工程建设和企业技术改造，促进全市可开发利用资源的共享、协同创新、联动推进和推广应用工作。简化工作流程，在并网申请、备案核准、调试验收、电价结算等环节，实行"一站式"服务。

3. 合作交流

深化"政产学研"合作交流机制，与中国科学技术大学、合肥工业大学、中国科学院等高校、科研院所紧密合作，推广优势互补、风险共担、利益共享、共同发展的产学研联合模式。推动新能源企业与相关科研院所联合成立研发机构（研究院、技术中心、实验室等），开展联合攻关。

四、打造人才队伍

1. 人才引进

积极落实人才优惠政策，集聚安徽省新能源装备产业发展所需的高层次创新领军人才、复合型管理人才和中高级技能人才，力争使其占据全市人才引进的 10％以上。要为新能源装备产业发展的急需人才开辟绿色通道，确保市财政每年安排的人才专项资金至少有 10％用于新能源装备产业高层次和高技能人才的引进培养上。

2. 人才培养

联合中国科学技术大学、合肥工业大学、中国科学院等高等院校、科研院所，采取产学研密切合作的新型人才培养模式，为安徽省新能源装备产业发展源源不断输送多层次、多学科的技术和管理人才。大力加强新能源装备产业从业人员的职业技能培训，在技工培训的数量、质量方面上规模、上档次，全面提升从业人员素质，规划期末力争培训 20000 人次。推进筹建或联合相关高校建立光伏技师学院，并争创成为国家级高技能人才培训基地，为打造世界级光伏产业集群提供充足的一线技工人才。支持有条件的新能源装备企业积极申报国家级技能大师工作室，确保每个产业领域都拥有大师工作室，为全面提高生产率发挥引领示范作用。

3. 人才激励

要强化人才激励机制，完善科技成果知识产权归属和利益分享机制，建立健全人才技术入股、持股经营，鼓励用专利、技术等要素参与投资和分配，从而充分发挥科技人才投资创业的积极性。

五、加强督促检查

建立健全动态评估机制，对政府重点示范项目实施跟踪监测、科学评估和督促检查，定期对相关目标、计划执行等情况进行科学评估评价，及时协调解决实施过程中遇到的问题。对弄虚作假、骗取新能源装备产业专项扶持资金的，予以追回；失信信息列入市公共信用信息共享服务平台并予以公布；情节严重的，追究相关单位和人员责任。

六、大力营造氛围

加强舆论宣传，进一步提高全社会对推进新能源装备产业的认识和理解，形成推进合力。广泛开展新能源科普宣传教育活动，创造全民了解、学习、掌握新能源装备应用的氛围。结合典型案例和示范项目，面向社会开展新能源装备应用成果展示，由此普及新能源装备知识，宣传节能减排效果，推广先进新能源装备技术和产品，进而提高社会各界推广应用新能源装备技术的积极性和主动性。利用政府平台，积极宣传安徽省新能源装备产业投资环境和政策措施，营造良好的投资环境。

七、扩大对外交流

以长三角区域一体化国家战略为指导，牵头成立长三角新能源装备产业联盟，积极加强与江浙沪新能源产业的协同发展，在产业转移与承接、科技创新、成果转化、载体共建、资源共享、宣传推介等方面深度融合，推进安徽成为长三角新能源先进制造业的创新高地。要抓住"中国制造2025"和"一带一路"倡议等机遇，支持企业拓展国际国内两大市场，在产业新技术、新工艺、新模式、知识产权等方面广泛开展国际国内交流与合作，带动安徽省新能源智能装备与智能服务"走出去"。支持有条件的优势企业境外上市，提高企业国际化经营水平。支持企业举办国际交流合作论坛，积极参与新能源装备领域的国际会议和展会，开展多渠道、多层次的技术、标准、知识产权、检测认证等的国际交流与合作。

参考文献

[1] 张晓安. 安徽省新能源产业发展调研 [R]. 合肥：合肥工业大学，2018.
[2] 张晓安. 合肥市新能源智能制造产业发展调研报告 [R]. 合肥：合肥工业大学，2019.
[3] 张晓安. 合肥市新能源智能制造产业发展规划 [R]. 合肥：合肥工业大学，2019.
[4] 张晓安. 合肥市新能源智能制造产业发展政策建议 [R]. 合肥：合肥工业大学，2019.

第 7 篇

智慧城市与美好环境装备篇

第 1 章
智慧城市与美好环境装备国内外现状及趋势

一、概述

（一）智慧城市：未来城市的发展潮流方向

目前，我国正处于城镇化加速发展的时期，部分地区"城市病"问题日益严峻。日益严重的城市污染、城市快速扩张及环境恶化对城市的可持续发展带来挑战。为了实现城市可持续、和谐的发展，建设"智慧城市"逐渐成为世界城市的发展潮流和方向。世界各国正在积极运用现代信息技术进行前所未有的智慧城市建设。根据 Markets and Markets 的市场调研报告，全球智慧城市市场规模预计从 2017 年的 4246.8 亿美元增至 2022 年的 12016.9 亿美元，期间年复合增率达 23.1％。当前，各国对城市宜居、生态环境、社会服务等城市发展领域的关注日益加强，不断推动智慧城市建设从技术导向型向应用驱动型转变，信息化与城市化的进一步融合成为智慧城市建设推动经济转型升级、优化城市环境的发展趋势。

"智慧城市"是指运用物联网、云计算、大数据、空间地理信息集成等新一代信息技术，促进城市规划、建设、管理和服务智慧化的新理念和新模式。智慧城市的基础在于城市数字化信息的传感、收集、计算、传输和控制的网络化和数字化，并通过物联网实现城市各系统间的信息共享，继而将信息汇总至云计算中心进行存储、分析，最终形成智慧交通、智慧市政、智慧环境、智慧生活等领域方面的综合解决方案，智慧环境则是智慧城市的重要组成部分。

自 2009 年"智慧城市"概念兴起至今，根据住建部发布三批智慧城市试点名单，截止至 2020 年 4 月初，住建部公布的智慧城市试点数量已经达到 290 个。2016—2021 年中国智慧城市建设行业发展趋势与投资决策支持报告》显示，"十三五"期间我国推进了三个批次、共计 277 个智慧城市试点工作，并取得了较好效果。智慧城市建设市场规模 2019 年市场规模将突破 10 万亿元，预计在 2022 年达到 25 万亿元。伴随着新基建加速落地，2018 年至 2022 年的智慧城市市场规模年均复合增长率约为 33.38％。全国人大常委会委员、中科院科技战略咨询研究院副院长王毅指出，未来的科技革命必然包括绿色和智能，如何把这两点更好地结合在一起，将成为重要挑战。环保产业会因为智慧城市的建设不断延伸，智慧城市也会因为环保产业的发展而得到进一步增值。

（二）美好环境装备：智慧环保建设的核心组成

在环保融入智慧城市建设的过程中，智慧环保也开始崭露头角，并有望在智慧城市建设中发挥先导作用。

首先是传感器行业。在线监测设备和一些新的探测技术，使得环保设施能够真正连入到互联网当中，具备进行智慧运算的基础。目前环保装备领域总体创新能力不强，产品低端且同质化竞争严重，先进技术装备应用推广困难等问题依然突出，与当前智慧环保的装备发展要求仍有较大差距，必须加快推进环保装备制造业持续健康发展，实现先进环保装备的有效供给，完成固废大气、水环境监测网络。

第二是运维行业。智慧城市和智慧环保首先要解决的问题就是效率的提升。效率的提升有助于传统运维实现从建造、设计，到运维技术的提升。但是要通过传感器和物联网技术，把数据分析融入进去，使它真正成为一个智慧化的运维系统。这个部分是"软件＋经验"，对传统从业者来说，需要和软件行业或者信息技术行业融入。

第三是服务。智慧化的过程中面临的不仅是硬件的提升，还包括存量设施的数据化问题。比如管网的智慧化运维。很多地方拥有智慧平台，但是管网信息非常缺失。仅仅拥有智慧化的运维平台远远不够，必须实现原有设施的数据化。

环境监测智能化、运营模式灵活综合的实现，是完成智慧环保构架中的感知层与传输层。智慧环保最终目的是水、土壤、大气、固废、辐射、噪声等各领域做到陆海统筹、天地一体，整合统一到全国生态环境监测网络，进一步建立健全环境监测数据信息共享，构建大数据平台，积极培育环境监测市场，最终实现智慧环保运营。

二、国外现状与发展趋势

（一）发达国家环保产业市场及发展历程

20 世纪 60 年代中期以后，环保装备产业首先在工业发达国家蓬勃兴起。经过 40 多年的发展，环境保护由传统的事业形态过渡到产业形态，逐步成为发达国家的支柱产业之一，并且在国民经济中所占比重呈不断上升趋势。目前全球行业产值规模已形成了万亿美元规模的巨大市场，2019 年全球环保产业规模达到 11682 亿美元，同比增长 3.60％，预计 2022 年全球总规模达到 13886 亿美元。其中北美和欧洲凭借自身产业基础和技术创新能力，继续占据全球环保产业领先地位，产业规模分别达到 4386.9 亿美元和 3710 亿美元，分别占比 37.56％和 31.77％。日本成为亚太地区环保产业发展代表国家，2019 年产业规模达到 1893.3 亿美元，占据亚太地区产业总规模的 60％以上，位居世界第三位。

发达国家环保产业的发展主要可以分为三个阶段：

（1）环保产业发展的初级阶段。政府的环保目标基本以解决国内由于经济发展带来的严重环境污染问题，以污染治理为主要环保目标。通过制定相关的法律法规以及对污染行为的惩罚措施作为手段，严格执法，体现为"命令＋控制"的环保政策。

（2）环保产业发展的中期阶段。在污染治理过程中逐渐认识到仅靠污染治理无法解决根本问题。而随着科技进步和经济的发展，环境问题愈来愈严重。因此，政府的环保目标转为从源头上预防环境问题和实施资源保护，大力推进环保技术创新。通过制定更严格具体的法律法规，鼓励市场化的环保产业发展，通过经济手段鼓励企业采取环保措施，鼓励企业进行技术创新，体现为"预防＋控制＋引导市场"的环保政策。

（3）环保产业发展的高级阶段。随着经济快速发展，技术创新加快，资源短缺、环境污染等因素影响到国家的长期可持续发展，各国政府陆续提出可持续发展、循环社会、新能源战略、全面能源战略、绿色社会等国家战略性目标，把环境保护提高到国家发展战略高度。现阶段的法律法规主要从长期可持续发展考虑，针对性出台解决水、空气、土壤、资源等方面的具体法律法规，在长远性、可执行性等方面不断深入。同时，政府引导环保产业市场发展，突出企业在环保中的主体地位，政府与企业合作利用各种产业政策、经济手段、技术创新政策和环保产业发展相配合。另外，对国民进行环保教育，非政府性环保组织发展迅速。体现为"战略＋预防＋控制＋引导市场＋可持续发展"的环保政策。

通过对发达国家经济发展与环保目标的确定，以及环保产业发展政策的制定分析发现，环保产业与传统能源产业的发展规律高度相关，能源产业的发展也经历了三个阶段：自由化发展阶段、导向化发展阶段、精益化发展阶段。在粗放式的追求规模经济的时代，传统能源产业得到了空前发展，环保意识觉醒之后，给传统能源的发展制造了壁垒，迫使传统能源进行自我革新，从而带动能源消费的转型升级。但是，环保产业的发展对于传统能源产业的发展并非像舆论中普遍认为的那样带来了产业的繁荣，而是源于政策的强制性使得传统能源不得不做出改变，因此，在传统能源产业发展过程中，环保的作用其实更多的是掣肘，进而迫使传统能源行业革新。环保问题困惑的不仅是传统能源行业，还涉及包括服务、快消品等在内的众多行业，环保问题实际上和人类生活习惯的改变有着密不可分的关系。因此，环保产业的发展需要从人类生活观念的历史演变去思考。

2009 年"智慧地球"概念提出后，传统环保产业又迎来新一轮的挑战，多个国家和城市逐步开始推进智慧环保的建设，并取得了一定的成效，其建设内容各具特色。全球社会发展长期处于能源资源消耗高增长期和环境污染高风险期，环境问题越来越复杂，必须打破传统的环境监管模式。因此，人们开始关注在环保领域中如何利用各种信息通信技术，感知、分析、整合各类环保信息，使决策更加符合环境发展需要，"智慧环保"概念由此产生。在现有的环境信息化平台基础上，充分利用物联网、传感器、云计算、卫星遥感、全球定位、地理信息系统、虚拟现实等新一代信息技术，把感应器和装备嵌入到各种环境监控对象中，通过物联网整合人类社会与环境业务系统，以更加精细和动态的方式实现环境管理和决策的"智慧"，这已成为环境信息化发展的必然趋势。其中典型的智慧环保应用包括哈佛大学的"城市感官（City Sense）"计划、美国密歇根州的"回收奖励（Rewards for Recycling）"项目、美国大鸭岛生态环境监测系统、塞尔维亚河川水质污染管理与预警系统、法国巴黎穿戴式无线传感器检测系统等。

（二）固废处理与资源化推动产业迅速发展

1. 国家立法推动固废资源化利用

（1）德国立法提高固体废物循环利用率，推动发展循环经济

德国城市固体废物立法体系健全，规定严格，废物管理政策和规划的目标明确，措施得当，见表 7-1。废物综合治理不仅突出污染防治，而且突出废物资源回收利用和循环再生。通过执行循环经济政策，德国有效地降低生产和消费过程造成的污染物排放。同 20 世纪 90 年代时相比，德国废物管理业温室气体的排放量已经减少了超过三分之二，很大程度可以归功于循环利用力度的增强和对未经处理废物的填埋禁令。

表 7-1　德国主要垃圾处理法规

时间	法令	主要内容	社会地位
1972	《废弃物处理法》	关闭垃圾堆放厂，建立垃圾中心处理站，进行焚烧和填埋	第一部有关固废资源化处理的法规
1986	《废弃物处理法》再修订	首次试图解决垃圾的减量和再利用问题	首次向垃圾资源化的方向发展，开始了细化的法律布局
1996	《循环经济与废弃物管理法》	促进废物在经济圈中的循环以保护自然资源	固体废物管理指导性法律，循环经济统领性法规

德国出台的固废处理相关法律印证了德国法律制定逐步侧重精细化及循环经济，进一步产生了经济效益。德国的废物管理业已经成为极具规模且活力十足的经济部门，全国共有 15.5 万座各类循环利用和资源回收设施，可以提升资源的利用效率，而高达 65% 的城市固废循环利用率、60% 的商业废物循环利用率和 90% 的建筑废物循环利用率证明了德国在循环利用领域取得的成就。

（2）日本建立循环型社会法律体系，成功构筑循环型社会

为解决废弃物的排出量和垃圾填埋场用地不足等问题，日本修改了相关的法制法规政策，逐渐形成循环型社会的法律体系。1991 年《废弃物处理法》进一步修改以降低废弃物的排放量、促进垃圾分类以及资源再利用。同年颁布《再生资源有效利用促进法》，目的是确保可再生资源的有效利用。日本在城市固体废物处理方面拥有完善的法规体系、技术工艺先进、管理严格，使得其在城市固体废物处理领域处于世界领先水平（如图 7-1 所示）

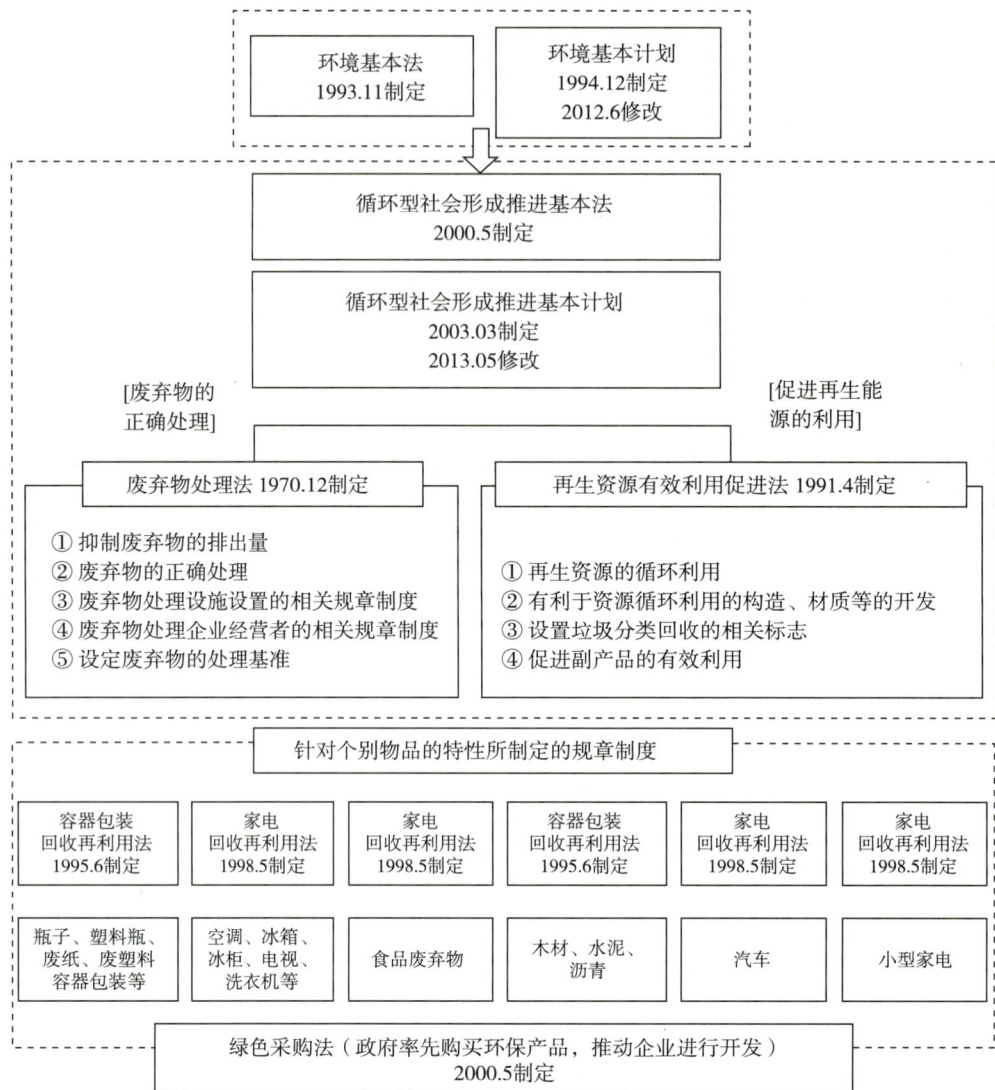

图 7-1　循环型社会的法律体系

（3）美国逐步完善固体废物管理法案，推动资源保护和利用

1965 年，美国国会颁布第一部有关固体废物管理的联邦立法《固体废物处置法案》，作为固废领域的指导性文件，该法案大幅提高了垃圾收集和处理行业的标准。1970 年通过的《资源回收法案》及 1976 年通过的《资源保护和回收法案》分别对《固体废物处置法案》进行了修正。美国《固体废物处置法案》制定和修正过程反映了固体废物管理基本方针从最初重视废物末端处置向强调减少废物和节约资源的转变。资源保护和回收的主要目标是采用环境安全方式实施危险废物的削减与管理，在促进健康与环境保护的同时，以保护基础的物质资源和能量资源为目标。《资源保护和回收法案》确定了美国固体废物管理的新思路，即废物预防（源头削减）、回收利用、焚烧和填埋处置。废物资源的回收利用是美国各州固体废物管理计划中不可缺少的内容，是获取联邦政府财政援助的必要条件。

固体废物处理行业的发展是逐渐完善其最大化利用产业链的过程。德国和日本作为目前领先的翘楚，发展模式已较为成熟，在综合管理及利用方面属国际领先水平。而因两国地理情况、文化差异等因素的不同，它们在利用方式上也存在明显不同。日本的主流处理方式是垃圾焚烧，焚烧处理率常年维持稳定，2016 年达 78％，而德国的主流处理方式是回收利用，回收利用率从 1993 年的不足 30％增长到 2016 年的 66％。两国在固体废物行业发展上有着共同的特点"去填埋化"。日本的填埋处理率持续降低，自 2008 年起已低于 2％，而德国在 2009 年基本实现垃圾零填埋。

2. 产业市场高度集中，规模维持上升趋势

发达国家的固废行业市场化程度普遍较高，相关企业在大力参与前端收集和转运业务同时，积极布局和参与后端处置及资源回收领域，以充分发挥协同和提升公司竞争优势。以美国为例，三大环卫公司2016年收集和转运业务的收入分别占内部抵消前总营业收入的63％、75％和94％，而后端处置分别为19％、19％和4％。其中，龙头企业美国废物管理公司市值已达400亿美元。

其他发达国家的市场规模也在持续攀升，期间复合增速高于同期人口和废物产量增速，利润率也在稳步提高，市场高度集中，龙头企业市场份额占比大。中小型公司依赖龙头企业终端设施进行最终处置，由此造成了高度集中和前后端打通的市场结构。因此，大型固体废物管理公司的竞争策略对中小型公司具有较大影响力。而中小型公司往往通过提高价格战略，进而抢占市场份额，并最终造成废物收集及处置价格的持续性上涨。因此，在市场高度集中及龙头公司打通产业链的市场结构下，废物收集及处置价格将持续温和性上涨，最终推动行业规模持续稳健上升。

3. 生活垃圾处理技术及设备发展

城市生活垃圾处理是指以居民家庭、生产经营单位以及企事业单位等制造的废弃物，在有效分类以及科学处理的基础上，对有价值部分实现重复使用，对无任何价值的部分进行无害化处理的全过程。城市生活垃圾处理行业包括收集清运、中转运输和终端处理环节，主要涉及的装备包括垃圾运输车、垃圾分选机、垃圾破碎机、压实装备、焚烧装备等。

（1）预处理设备：人工智能兴起，呈多样化发展趋势

垃圾处理首先第一步是分类和预处理阶段，目前，国外发达国家的垃圾分类工作如日本、德国和瑞典都相对处于比较成熟的阶段，国外关于预处理的环保设备也从传统的预处理方式逐渐向更加智能化的方向发展。固体废物预处理主要包括破碎、分选和压缩等。主流分选技术包括风选、筛分、磁选等，传统的分选设备效果差且耗时。随着技术发展和市场需求，国外通过对原有设备的改进以及创新，研发了一系列效率更高、性能更佳的设备，如能够适应工业化生产需求、非接触无损检测、毫秒级的快速检测的近红外光谱技术已经应用于垃圾分选领域。德国STEINERT公司采用偏心式磁辊系统设计，改进涡电流分选机，可有效地分选出铝、铜等有色金属和玻璃、塑胶，分选效果大幅提升。美国NRT公司生产的NIR分选机联合使用漫反射与透射技术采集光谱信息，并通过飞行探测技术检测喷射飞行中的物料，减少相关运动误差和传送带干扰，提高准确率和纯度。挪威TOMRA公司生产的NIR分选机不需外部光源的NIR扫描系统，可降低高达70％的能耗，且更易于维护。

国外多家环保设备公司也先后将近年兴起的人工智能应用于再生资源回收利用领域。美国NRT公司和法国MACHINEX公司最近相继发布了其新型分拣机器人Max-AITM和SamurAITM。其中，分拣机器人Max-AITM采用多层神经网络和视觉系统来查看和识别物体，而分拣机器人SamurAITM采用人工智能技术和四关节结构来识别和分拣材料，分拣速度可达70次/min。芬兰ZenRobotics是建筑垃圾分拣机器人领导企业，研制的建筑垃圾机器人分拣系统融入多种感传器，包括3D激光扫描仪、光谱仪、金属探测器、重量计、红外成像传感器等。系统分拣效率高达98％，分拣机械手开口范围为5~50厘米，单臂负荷30千克，平均分拣速度为3000次每小时。

国外生活垃圾压缩机起步早，技术已经十分成熟。美国LJB公司根据垃圾的水分情况和种类，分别研制了干湿垃圾压缩机、有机垃圾压缩机。新奥尔良州的River Parish Disposal公司研发了移动式和固定式垃圾的压缩机。压缩容量和压缩比较大的大型设备主要有荷兰环保集团的装箱式垃圾中转站、美国Marathon公司的TS-2000型预压型垃圾转运站和澳大利亚PLAN垃圾压缩转运系统。

（2）生物处理设备趋于成熟

生物处理是固体废物资源化的有效技术方法之一。主要利用微生物对有机固体废物的分解作用，将其无害化或转化为能源、食品、饲料和废料等。堆肥处理是其主要方式之一。堆肥设备是系统的主要组成部分，已经开发成熟的设备包括立式堆肥发酵塔、卧式堆肥发酵滚筒、筒仓式堆肥发酵仓和箱式堆肥发酵池，见表7-2。

表 7-2　国外几种主要堆肥发酵设备

发酵设备	主要应用企业	产品简介
Horstmann 隧道仓发酵系统	Eggersmann 堆肥厂（德国）	发酵过程中对物料进行倒仓，倒仓过程采用全自动化的进料、布料和出料系统进行操作，可控制仓内温度、水分等参数并保证舱内均匀的孔隙率。
Weser Engineering 的翻堆系统	Pohl'she Heide 堆肥厂（德国）	翻堆机适用于室内堆垛的翻堆，翻拌辊的高度和速度可以调节，整个车间内堆肥物料可以成片堆放，不需分成条堆。设备对发酵仓内的腐蚀环境有很强的抵抗能力。发酵车间为封闭式、全自动化操作。具有通风系统。
Masias 隧道仓式发酵	ECOPARE2 垃圾综合处理厂（巴塞罗那）	Masias 设备配有前期滚筒筛，提高生物处理效率，采用的进出料系统较 Horstmann 简单。
Eweson Digester（Eweson 滚筒式发酵器）	Edmonton 处理厂（加拿大）	采用可转动的滚筒式发酵设备，使发酵田间连续、稳定，滚筒内参数均匀，发酵时间缩短；微生物与物料的接触面积增加。
美国 RRT 公司的箱式堆肥技术	多处垃圾处理厂	堆肥箱可任意移动，每箱处理量为 50 吨，箱的内壁镀层可防止垃圾及渗滤液腐蚀，独特的控制系统使得箱内垃圾没有厌氧死区，封闭的堆肥箱可防止发酵时臭味的溢出，配套的计算机控制物料发酵过程的通风量、温度、湿度的调节。

　　相比好氧堆肥，厌氧堆肥虽然可以产生可回收的清洁能源，但其缺点也较多，不但分解速度慢、分解效率差，而且还会产生刺鼻的恶臭，工艺条件也更复杂。在堆肥技术和设备的基础上，还需要对臭气进行控制与处理。德国堆肥厂需要遵守《大气质量控制技术指导手册》中对于排放物削减的要求。

　　固废堆肥化处理历史悠长，但随着人造合成材料大量进入家庭生活，垃圾中不可生物降解物质成分的比例加大，混合垃圾有害物质种类和含量不断增加，垃圾中肥效成分有限，堆肥技术不能处理全部生活垃圾，应用范围不断萎缩。目前，堆肥处理的废物基本是庭院植物修剪废物、木材加工废物和食品蔬菜加工废物。

　　（3）热处理设备：企业注重研发，产品走向精细

　　固体废物的热处理主要是指在高温下使固体废物中可回收利用物质转化为能源的过程，其中最典型的为焚烧。发达国家城市垃圾处理发展历程及经验表明焚烧处理具有占地面积小、选址较容易、处理快速、减量化显著、无害化较彻底以及可回收余热等优点，在世界各国得到越来越广泛的应用。应该积极研发垃圾焚烧发电技术、开发新型高效焚烧炉、提高应用技术水平，从而有效处理生活垃圾。目前焚烧所用到的设备有炉排炉、回转窑、流化床，见表 7-3。

表 7-3　常见垃圾焚烧炉型的比较

焚烧炉类型	马丁炉	流化床	CAO 系统	回转窑
工艺特点	初步破碎和分选，垃圾尺寸可达几百厘米	破碎/分选、垃圾尺寸小于 20cm	先加热气化后燃烧	先加热气化后燃烧
垃圾发热量	发热量大于 3500kJ/kg	发热量较低的垃圾	发热量较低的垃圾	发热量较低的垃圾
燃烧稳定性	一般（投油助燃）	很好	较好	好
燃烧速度	较慢	较快	慢	较快
燃烬率	较低	高	较高	高

（续表）

焚烧炉类型	马丁炉	流化床	CAO 系统	回转窑
燃烧控制	较易	较难	难	容易
预处理费用	较低	高	低	低
适用规模	大型化	大型化	大中型	大中小型
初期投资	很大	较大	较大	少

垃圾焚烧技术的发展方向具有比较显著的特点，即自我完善、多功能方、资源化、智能化、高标准化。焚烧炉的改进是当前行业研究的热点，在原有焚烧炉的基础上加快处理速度、降低有害气体的排放。大型环保设备公司都有独立研发的焚烧炉设备，如德国诺尔—克尔茨公司的阶梯式顺推炉排，德国斯坦米勒公司的往复顺推式炉排，法国阿尔斯通公司的 CITY2000 倾斜往复式炉排，比利时西格斯公司的 SHA 多级炉排炉，瑞士 Vonroll 公司的 R–10540 型炉排炉等。

（三）市场热点智慧水务推动监测设备发展

1. 智能水网新概念和智慧水务产业市场

（1）美国智能水网：洪水资源化

美国智能水网概念的提出始于 2009 年 5 月，由名为水创新联盟创建的基金会率先提出。在初始发展阶段，引领者主要是由 IBM、西门子、苏伊士等一些涉水事务及信息化技术大型企业共同。IBM 公司将智能水网作为其"智能地球"概念的重要组成部分，并为智能水网提出了三个关键词：自动化、交互性和智能化。智能水网在美国的发展大致可分为四个主要方向：①基于先进的计量基础设施建立水管理系统；②基于水资源管理设施和智能电网的优化能源使用方案；③水质和水量的联合检测平台；④水资源高效管理系统的构建。在美国智能水网建设实践案例中，基于国家层面的智能水网项目和基于州政府层面的蒸散发网络项目是对其智能水网建设思路的典型反映。

国家智能水网工程带来的社会经济效益如下：减少中西部洪水；促进农业、娱乐产业、旅游业的发展；增强国家稳定性，提高交通、渔业和野生动物栖息地水平；通过增加碳汇来缓解局部气候变化和全球变暖；降低穿过美国—墨西哥边境的科罗拉多河的盐度；使墨西哥海湾的水体富营养化得到明显控制。同时国家智能水网的建设具有显著的经济效益：通过销售工程所输送的淡水，项目建设的资金成本在一次大型洪水事件中即能得到回收。

（2）IBM 公司：水信息智能感知网

世界正面临全球人口不断增长的问题，这将导致可用淡水的供应量有限，使得各个国家关注水资源的现存量、水质、产生故障的水资源基础设施以及总体水资源管理的复杂性。国际商业机器股份有限公司（International Business Machines Corporation，即 IBM 公司）提出通过智能水网项目建设智慧城市。智能水网项目采用和整合先进互联网技术提供众多与水资源管理相关的解决方案，改变当前低效且人工的处理流程和模式。智慧系统也可用于提高水资源和能源效率，从而实现更好的总体流域管理，并实施其他改进措施。智能水网工程需要解决的若干关键障碍包括缺乏利用先进互联网技术来提供帮助的意识，相关项目难以建立并证明投资回报的问题，由于缺乏充分的标准和参考架构，全面整合难以实现等问题。目前已实施的典型项目为哈德逊河生态保护计划、爱尔兰高威海湾项目和都柏林水资源管理卓越中心。

（3）通用公司：城市供水网络智能化

从 19 世纪 20 年代开始，美国通用电气公司（General Electric Company）就涉足水处理行业。拥有丰富多样的水处理技术和产品线，其下属企业 GE 水处理及工业过程处理集团也在积极布局其水业战略，智能水网是关键的一环。目前，GE 中国研发中心正致力于智能水网研究，特别是对城市供水网络的智能化管理，力图通过开发先进的算法实现远程管理、监控和优化供配水管网，实现智能化地管理水网。水处理技术也是智能水网建设必不可少的技术支撑。GE 中国研发中心拟通过研发先进的膜技术、电化学分离技术和水处理化学品、生化处理工艺以及浓盐水回收工艺，以及实时仿真与控制技术开发出领先的水处理系统解决方案，从而实现更高的水回收率、更低的能耗以及更加可靠的系统。

（4）日本日立公司：智能水系统

日本在水资源相关的基础设施方面处于世界先进水平，自来水管道、污水管道的普及率分别约为97％和70％，全国的自来水基本实现了可直接饮用。株式会社日立制作所（日立，HITACHI）作为日本水务领域的主要企业之一，利用自身在IT和社会基础设施领域的两大优势，在日本、中国及世界众多国家和地区积极推广智能城市业务。智能水系统为重要成长领域，涉及自来水、污水和中水三部分，涵盖技术、设备、工程、投资等水务产业链各环节，提供的产品包括自来水和污水的机械设备、水管理的监控系统、区域内的配水系统，特别是以膜处理及生物处理为主的先进水循环系统以及融合IT的综合解决方案能力，提供包含管理、运营在内的综合水务服务。智能水系统属于日立智能城市领域的一部分，是在常规的水处理/管理技术之上，借助其先进的信息、控制融合系统，对自来水、污水、中水等各种水处理设施的运行数据——即水环境信息进行一元化管理，从而改进城市整体的水循环经营效率。日立公司倡导的智能水系统主要包括造水和净水系统、输配水系统、下水处理系统和产业废水处理系统。

（5）法国施耐德公司：水处理自动控制系统

法国施耐德电气股份有限公司（Schneider Electric S. A.）是世界上规模最大的能源管理、优化解决方案的供应商之一，在能源与基础设施、工业过程控制、楼宇自动化和数据中心与网络等市场处于世界领先地位，主要产品包括断路器、传感器、控制器等电气设备。在水行业中，施耐德电气提供的解决方案是通过建立智能型的自动化控制系统，帮助水行业提高效率，增加系统的安全性和可靠性，其中典型案例是Micro PLC自动控制系统在污水处理行业的应用。以SBR工艺净化处理污水为例，Micro PLC自动控制系统通过TSX 3721001-CPU和TSXDEZ32D2（开关量输入模块）；TSXDEZ32R5和TSXDEZ08R5（开关量输出模块）；TSXAEZ802（模拟量输入模块）；TSXASZ200和TSXASZ401（模拟量输入模块），实现对该系统的控制。另外控制系统还采用了TSX ETZ510以太网模块，可以使自动控制对象的状态信号可通过以太网上传至厂区总控室进行监控，以实现全厂的自动化控制。

当前各国已开展的智能水务建设多集中于水资源调度、城市供水、水污染治理，水生态保护等单一业务系统智能化升级；面向具体的水问题，提供业务系统层级的信息化、智能化解决方案，尚未形成具有整体视野的系统性建设框架和顶层设计，尚未形成智能水网整体体系建设理论的成型科研成果。进行智能水网顶层设计，优化面向涉水事务一体化管理体系的智能水网建设框架方案，是全球领域内水务智慧化发展上亟待解决的纲领性战略问题，也是当前各国水务建设的主要研究方向。

2. 水质监测设备自动化和智能化需求推动技术革新

20世纪90年代末期，发达国家的环境状况大幅改善，水污染得到控制，空气质量大幅改善。环境保护工作开始以预防为重点，而污染治理源头控制为主。由此推动了水质监测技术革新和设备发展。具体体现为：

① 水质监测技术向规范化、标准化全面过渡。大型仪器快速发展。分析仪器向现代化，自动化，大型化方向发展。气相色谱法和原子吸收光谱法快速发展，离子色谱法、应用电化学技术和分光光度技术取得突破性进展。这些技术的应用保证了监测的高效性，精确性和及时性。

② 建立高效的水质自动监测网络。以美国为例，20世纪70年代中期建立了覆盖各大水系的上千个自动连续监测网点，可随时对水温、pH、浊度、化学需氧量、生化需氧量及总有机碳等水质指标进行在线监测。

③ 美国监测技术和设备市场的发展孕育了千亿美元市值的丹纳赫、赛默飞、安捷伦、哈希等行业龙头公司。以美国HACH水质分析仪器为代表，致力于为纯水/超纯水、饮用水、市政污水、工业废水、工业循环水、环境监测等提供优质的水质监测设备，拥有专利多达527项，覆盖130多个专利家族，见表7-4。

表 7 - 4　HACH 部分自动水质在线监测仪器

项目	设备名称	图例
溶解氧在线	Orbisphere 410/510 系列控制器	
	ORBISPHERE K1100 冷光法 DO 传感器	
	Orbisphere 51X 系列控制器	
污染源在线监测	Amtax CompactII 氨氮检测仪	
	CODmax II 重铬酸钾法 COD 分析仪	
	1720E 低量程在线浊度仪	
	UVAS sc 有机物分析仪	
	Surface Scatter 7sc 高量程浊度仪	

（续表）

项目	设备名称	图例
地表水自动监测	Hydrolab 多参数水质分析仪	
	SC1000 多参数通用控制器	

（四）空气污染防治科学转型推动建立高效精确监测体系

大气污染防治工作的加速推进将为大气监测行业带来新的需求与机遇。大气监测可以更好地为研究大气质量地变化规律、发展趋势和开展大气污染的预测预报工作提供依据。同时，大气监测也能更好地为政府部门执行有关环境保护法规、开展环境质量管理、环境科学研究以及修订大气环境质量标准提供基础材料。环境监测已成为大气治理领域的刚性需求。拥有高效精确的监测体系是大气污染科学防治的前提。

1. 政策引导构建质量监测网

国外发达国家经过几十年努力，建立了针对不同大气环境问题的区域、国家乃至大洲尺度的空气质量监测网络。自 20 世纪 70 年代以来，美国环保署逐步认识到将道路监测纳入合规性监测网络的必要性。美国国会 1970 年通过的《清洁空气法》首次强调了对交通污染源的排放控制。美国联邦政府环境保护局负责在纽约、芝加哥、洛杉矶和圣路易斯等城市已建立了比较精细的环境空气污染监测和数据遥测网，可以采用流动、卫星遥感等新的监测技术开展立体监测。1990 年美国交通部颁布法令要求各州和地方每年提交运输项目空气质量报告。1998 年美国开始建立全国中央空气质量监测网络，向管理部门和公众提供全国和重点区域逐时空气质量状况。美国发射了太阳同步轨道的极轨业务环境卫星和地球同步轨道的静止业务环境卫星，用于提供天气和环境状况全球观测的定量数据。

英国政府 1956 年推出了《清洁空气法案》，并于 1961 年率先建立了全球第一个国家空气污染监测网络。1993 年之后英国政府将监测重点逐步转向机动车排放污染物，包括 NO_2 和细颗粒物等。加拿大在大气环境监测方面投入了大量资金，尤其是对所有污染源进行定期监察，监察的频率因污染风险、污染源规模和污染物毒性的大小而不同，获取的信息通过空气质量电子公告向公众发布。日本 47 个都道府县都建立了自动化环境空气监测局，并建设了目标监测网和区域监测网，前者监测已知污染源，而后者监测某一区域周围的大气质量。

目前国际上大气成分观测的网络主要有：

（1）NOAA 组织的国际 NDACC 大气成分变化探测网络（Network for the Detection of Atmospheric Composition Change），由 70 多个高质量的地面观测站组成，主要评估大气成分变化对全球气候的影响。

（2）BREDOM 地基 DOAS 观测网络（Bremian DOAS Network for Atmospheric Measurements），主要用于卫星大气成分产品数据的校验，由 15 个站点组成，着重观测和研究中、低纬度以及极地内、外的大气成分动态过程。

（3）欧洲气溶胶雷达观测网（EARLINET），由 28 个坐落欧洲的地面遥感站组成，目的是在洲际大陆的尺度上，研究气溶胶水平、垂直和时间的分布变化特性，评估欧洲气溶胶分布特点，并通过后向轨迹法模型推算气溶胶来源及影响过程。

2. 适合市场经济发展规律的环保装备产业

美国政府重视大气污染防治以及空气监测装备的产业化进程，鼓励企业、科研院校和政府间的研发合作，将环保相关技术和产品的开发和商业化融为一体。20 世纪 90 年代，对环保技术的开发在技术示范、场地提供、申请许可的审批等方面给予支持。国家技术委员会制定了一系列加强政府与学术界、产业界的知识创新和技术开发的计划，由科技与创新构成美国产业结构的基础。欧美地区在节能、环保领域都有详尽的最佳可行性技术，对我国大气污染防治工作具有重要借鉴意义，对大城市未来的研究和发展方向具有指引作用。

发达国家已经建立了适应市场经济发展的国家技术标准体系并达到完善阶段，无形之中建立了一道坚固的绿色贸易壁垒。在完善的环保技术标准体系下，标准已深入发达国家社会生活的各个层面，为法律法规提供技术支撑，并成为环保产业市场准入、契约维护、贸易仲裁、合格评定、产品检验、质量体系认证等的基本依据。例如，近年迅速升温的 PM2.5 问题，美国早在 1997 年就率先提出监测 PM2.5 标准，美国和欧盟等主要发达国家已将 PM2.5 纳入空气质量标准进行强制性限制。

3. 大气环境监测技术及设备发展趋势

大气环境监测仪器主要包括大气环境质量监测仪器、污染源监测仪器及应急监测仪器。

（1）空气环境质量监测仪器

第一代空气质量监测仪器是利用反应液的湿法监测仪器，需要大量试剂，存在试剂调整和废液处理等问题，操作繁琐，故障率高，维护量大。第二代大气质量监测仪器是基于物理光学测量原理的干法监测仪器。干法使样品始终保持在气体状态，没有试剂的损耗，维护量较小。日本以湿法为主，但是自 1996 年起，日本在法定的测量方法中增加了干式测量法，湿法现已处于被淘汰阶段。欧美国家以干法为主，它代表了目前的发展趋势。

（2）空气质量自动监测系统

随着对大气监测质量的提高，对监测仪器也提出更高要求。简单地依靠手工监测的办法已经无法满足要求。于是出现了可连续 24 小时自动监测、实时性强、自动进行数据处理分析、可同时检测多种组分的空气质量监测系统。该系统一般由中心站、工作子站和监测中心组成。监测中心是空气质量监测系统的核心，通常由污染监测仪器、自动校准系统、数据采集系统、采样系统等几部分构成。中心站和工作子站通过线缆或无线进行数据传输、参数设置和仪器校准。该类型的仪器国外已经发展到比较成熟的阶段，在日常大气监测中广泛使用。

近年来，国外致力于发展基于激光光源的灵敏度更高的长光程吸收光谱仪。在大气污染探测方面，趋于发展测灵敏度很高的差分吸收激光雷达，用于城市大气环境和城市污染源的高时空分辨率探测。差分吸收激光雷达是最早应用于测量大气成分的仪器，它可以重复性测量大气痕量气体（CH_4、CO_2、NO_2、SO_2、O_3 等）。自 1975 年起，国外就开始使用这种仪器来探测大气成分，之后利用该类型激光雷达测量臭氧及其他痕量气体的技术在各个国家开始兴起。德国、美国、意大利和瑞典等国已分别研制成功车载式差分吸收激光雷达样机，建立了用于大气污染测量的激光雷达系统，并在环境监测中发挥重要作用。

日本已着手研制能观测三维大气中物质密度和组分的激光雷达，以测量都市上空的 NOx、SOx、O_3、甲烷等气体的三维立体分布。各国也在发展拉曼激光雷达技术。虽然拉曼激光雷达探测灵敏度较差，但其结构简单、造价较低、性能可靠，使用维护方便，很适于对城市大气污染源的流动监测，可以弥补常规光学监测手段对污染源监测能力的不足。

国外用于环境监测的激光雷达发展动态表现在：①在大气污染和环境监测工作中，地基固定式和车载激光雷达有布点成网趋势；机载激光雷达在发达国家开始部署；一系列空间激光雷达计划已开始执行。②测量对象以 SO_2、NOx、O_3、气溶胶、有机气体为主，探测方法以高灵敏度差分吸收（DIAL）和 Mie

后向散射方法为主。③激光雷达使用的激光以灯泵 YAG、准分子、染料激光器为主。发展趋势是使用半导体激光器泵浦的全固化激光器，使用掺钛宝石等新型可调谐固体激光器，利用非线性晶体使激光波长向紫外波激光雷达光源的最佳候选者。运行更可靠，操作维护更简便。典型代表为美国 DASIBI 公司的 1000 系列自动监测系统和瑞典 OPSIS 公司的 Opsis System 300 长光程测控统，见表 7-5。

表 7-5　Opsis System 300 与 DASIBI 1000 系列分析仪器性能指标对比

项目		Opsis System 300	DASIBI 1000
检测下限	SO_2	0.35 ppb	0.6 ppb
	O_3	0.4 6ppb	10 ppb
	NO_2	0.5 ppb	1 ppb
	NO	0.75 ppb	1 ppb
	BTX	1.0 ppb	—
	甲醛	1.5 ppb	—
	CO	0.05 ppb	0.1 ppm
零点漂移	SO_2	0.7 ppb（30d）	1 ppb/24h
	NO_2	1 ppb（30d）	1 ppb/24h
	O_3	0.92 ppb（30d）	5 ppb（30d）
	BTX	2 ppb（30d）	—
	甲醛	3 ppb（30d）	—
跨度漂移（7 天）	SO_2	0.10%	<0.5%
	NO_2	0.10%	2%
	O_3	0.10%	0.50%
	BTX	0.10%	—
	甲醛	0.10%	—
线性度	—	<1%	1%
反应时间	SO_2	<3 s	8
	NO_2	<3 s	90
	O_3	<3 s	10

三、国内现状与发展趋势

（一）智慧城市与美好环境装备

我国环保产业从 20 世纪 70 年代至今经历了四个发展时期：70—80 年代为初步发展阶段，从垃圾回收和环境监测开始进入水污染治理、清洁环保、固废治理等领域；90 年代为稳步发展阶段，主要进行大规模环境工程建设、城市生活污水治理和工业污染治理；21 世纪初的综合快速发展阶段，污染治理提档升级，环境服务业全面介入，开展污染治理与生态修复综合治理；目前正迈入超越发展阶段，运用大数据、云计算、网络信息、智能设备的高科技手段，进行环境治理、生态文明建设。目前处于大数据、信息化技术推动的全民环保、全过程综合的智慧环保时代，智慧化信息化是环保产业 4.0 时代的重要标志。

环保装备制造业是节能环保产业的重要组成部分，是保护环境的重要基础，是实现绿色发展的重要保障。近年来，环保装备制造业规模迅速扩大，发展模式不断创新，服务领域不断拓宽，技术水平大幅提升，部分装备达到国际领先水平。随着绿色发展理念深入人心，工业绿色转型步伐进一步加快，为环保装备制造业发展带来了巨大的市场空间、提出了新的更高要求。

从行业产值来看，2016 年，环保设备行业实现产值 6200 亿元，比 2011 年翻一番。2017 年，环保设备制造行业实现产值约为 6800 亿元，同比增长约为 9.68％，2018 年环保装备制造业平均利润率近 12％。环保设备行业总产值呈现逐年上升的情景。从细分行业产量来看，2019 年各类环保设备产量均稳步增长。2019 年固体废弃物处理设备产量为 8.38 万台，水质污染防治设备 36.36 万台，环境监测专用仪器仪表为 528.42 万台，大气污染防治设备为 43.89 万台，均较上年出现不同程度的增长。

随着我国经济的快速发展，我国环保产业得到了较快提升。我国为扩大内需，大规模加大基础设施建设，对环保产业的投资也进一步加大。随着行业发展，优势企业在获得稳定盈利的同时，可以享受行业规模扩大和份额提升带来的成长。根据《工业和信息化部关于加快推进环保装备制造业发展的指导意见》，到 2020 年，行业创新能力明显提升，关键核心技术取得新突破，创新驱动的行业发展体系基本建成。先进环保技术装备的有效供给能力显著提高，市场占有率大幅提升。主要技术装备基本达到国际先进水平，国际竞争力明显增强。产业结构不断优化，在每个重点领域支持一批具有示范引领作用的规范企业，培育十家百亿规模龙头企业，打造千家"专精特新"中小企业，形成若干个带动效应强、特色鲜明的产业集群。预计 2020 年，环保装备制造业市场规模将达到 10000 亿元，2025 年市场规模将达到 15028 亿元。

（二）垃圾分类政策推动固废资源化市场和设备发展

1. 国家政策频频出台，资源利用成趋势

固体废物处理行业作为保护生态平衡、实现可循环经济的重要推动力量，我国与之相关政策亦频频发布。2020 年 3 月 3 日，中共中央办公厅、国务院办公厅印发了《关于构建现代环境治理体系的指导意见》，重点提出要强化环保产业支撑，加强关键环保技术产品自主创新，推动环保首台重大技术装备示范应用，加快提高产业技术装备水平。2020 年 4 月 29 日，十三届全国人大常委会第十七次会议审议通过了修订后的固体废物污染环境防治法，自 2020 年 9 月 1 日起施行，相关政策汇总见表 7-6。

表 7-6 2018—2019 年固废处理行业相关政策汇总

发布时间	政策名称	发布部门
2020 年 3 月	《关于构建现代环境治理体系的指导意见》	中共中央办公厅、国务院办公厅
2019 年 10 月	《关于建立健全农村生活垃圾收集、转运和处置体系的指导意见》	住房城乡建设部，建村规〔2019〕8 号
2019 年 4 月	《关于在全国地级及以上城市全面开展生活垃圾分类工作的通知》	住房城乡建设部等，建城〔2019〕56 号
2019 年 1 月	《关于推进大宗固体废弃物综合利用产业聚集发展的通知》	发展改革委办公厅、工业和信息化部办公厅，发改办环资〔2019〕44 号
2018 年 12 月	《"无废城市"建设试点工作方案》	国务院办公厅，国办发〔2018〕128 号
2018 年 6 月	《关于全面加强生态环境保护 坚决打好污染防治攻坚战的意见》	中共中央国务院

目前，我国固废处理处于"无害化"向"资源化"过渡阶段，"资源化"的第一步就是垃圾分类。政策推动垃圾分类逐渐从局部示范向全国推广，2025 年全国地级及以上城市基本建成生活垃圾分类处理系统，预计分类服务市场空间达 364 亿元。垃圾分类将从源头重塑固废产业格局，但是低门槛决定传统垃圾分类服务业将长期分散，互联网类分类回收企业实现盈利仍需较长时间。

随着国家对环境保护重视程度的加大，固废处理作为环境治理的主要项目之一受到了越来越多的关注，国家层面持续出台政策，推动我国固废处理行业的发展，相关国家政策见表 7-7。

表7-7 生活垃圾分类处理相关国家政策

时间	政策文件	发布部门
2017年12月	《关于加快推进部分重点城市生活垃圾分类的工作通知》	住房城乡建设部
2017年10月	《关于推进资源循环利用基地建设的指导意见》	发展改革委
2017年6月	《关于推进党政机关等公共机构生活垃圾分类的通知》	国家机关事务管理局、住房城乡建设部、发展改革委、中宣部、中直管理局
2017年4月	《循环发展引领心动》	国家发展改革委等十四部委
2017年3月	《生活垃圾分类制度实施方案》	国家发展改革委、住房城乡建设部

2. 产业市场持续增长，集中度进一步上升

2018年1月，《中华人民共和国环境保护税法》中，尤其针对固体废物处理企业提出了减免和税收优惠政策；在《"十三五"生态环境保护规划》和《"十三五"全国城镇生活垃圾无害化处理设施建设规划》中分别针对工业和城市生活固体废物处理提出了指导意见，制定了发展目标。这些政策的出台，都将推动固体废物处理市场规模持续扩大。

发展固废资源化必然建立在科技进步的基础之上，环保设备智能化是大势所趋。2017年10月，工信部就发布了《关于加快推进环保装备制造业发展的指导意见》，提出了未来三年内的发展目标，从市场产值、行业体系、企业升级、装备技术等方面进行了具体的引导和设定。该文件发布之后，我国环保设备制造体系逐渐进入到了应用期之中。目前，随着"中国制造2025"发展规划的提出，环保设备制造业朝着智能化、全自动化方向升级前进。在推动环保设备产业转型升级的基础上，同时增加趋势性、前瞻性技术装备的储备，打造成熟的环保设备智能应用和生产体系。

近年来，我国环保设备制造业正在从高速增长向持续稳定增长进行过渡，传统领域市场趋于饱和，新兴领域市场逐步开拓，产品结构、供给水平和市场业态迎来了不同发展趋势，由此带来全新市场需求和巨大增长潜力。环保产业投资额不断提升，"十一五"期间环保总投资额与固废处理投资额分别为2.16万亿和0.21万亿，"十二五"分别达到3.40万亿和0.80万亿，市场规模急剧扩大，预计产业规模有望持续高速增长。其中固体废弃物处理行业投资占环保产业总投资比例将达到25.8%，年复合增长率约30%，是环保行业整体投资增速的两倍。2018年列入统计的固体废物处理处置与资源化企业数量和收入的空间分布较为集中，广东、浙江、江苏、安徽、北京五地以43%的数量占比贡献了逾7成的领域营收。江苏省企业数量多，营业收入相对较少，多以中小企业为主；北京企业数量少，营业收入相对较高，以大中型企业为主。

3. 技术发展：固废处理装备技术巨大提升，但瓶颈亟待突破

（1）生活垃圾预处理设备：传统仍是主流，向智能化迈进

垃圾分类逐渐得到社会认可，市场规模正在逐渐扩大，2015年市场渗透率仍较低，仅20%左右。但随着近年国家政策的支持，2020年预计仅环卫运营的市场空间就达1700亿元。我国的垃圾分选设备种类繁多，技术水平已经逐渐与世界领先水平并肩，在多种分选处理上均有改进和创新。在风选设备上，北京华通环保设备公司为将混合垃圾中的塑料分离出来，研发了ZBDS风选设备，效果显著；山东理工大学研制具有自主知识产权的城市生活垃圾塑料分选设备在塑料分选性能上已经具有国际先进水平；重庆沃地利生物机肥有限责任公司研制的"LJF"型垃圾分选机可以将垃圾中的膜、袋类分选出来。在磁选相关设备公司中，河南南洋环保机械有限公司生产的筒式垃圾磁选机可以分选450mm粒度下的物质。山东华飞重工科技有限公司研发涡电流分选机，实现了城市生活垃圾、电子废弃物、玻璃碎料等各类有色金属的回收以及环保行业的物料处理分选。潍坊晨硕机械设备有限公司还能提供不同种类的涡电流分选设备，达到垃圾资源化、分类处理的目的。腾重（上海）机械科技有限公司分选设备见表7-8。

随着科技的发展,垃圾分选设备逐渐融合了智能化和光学技术。例如腾重科技生产的高速分选设备、颜色分选系统和固废垃圾处理 RDF 光选设备(近红外光谱分选设备)已经应用于江苏太仓、上海浦东、江苏进贤县等垃圾处理项目。

表 7-8　腾重(上海)机械科技有限公司分选设备

设备名称	分选原理	技术应用	特征
高速分选设备	根据物质重量不同,在不同速度模块下分选	机器视觉、AI 算法、机器人控制、大数据分析、云计算等先进技术	垃圾识别率达到 20 余种,准确率可达 90% 以上;分选效率在 4500 次/小时;可适用于不同规格运输线;据有数据采集分析功能,后续可以通过云端大脑提升设备智能性
智能高速垃圾颜色分选系统	用光电比色和分选设备,利用物料间颜色、反光率差异,实现不同颜色物料的分类	人工智能图像技术和高端识别传感技术	实现对垃圾的高速归类识别和超高速分选;在极端恶劣的环境下(潮湿、大粉尘和强电磁感干扰环境下)支持物料的干选和湿选模式,且可以稳定工作;同一设备支持分选颗粒大小在 1~20cm 之间,可实现 200 吨/小时的处理量,处理效率极高
固废垃圾处理 RDF 光选设备	近红外光谱技术可实现适应工业化生产需求的非接触无损检测、毫秒级的快速检测	近红外光谱和 X 射线衍射技术	剔除的玻璃比例低于 1%;针对碎玻璃识别并分离速度快;不受湿度和污染物的影响;针对 8~60mm 的碎玻璃回收率高

近年来,我国部分企业也将目光放到了人工智能领域,将先进技术运用到垃圾分选机器人设备。其中国内比较典型的有安川首钢机器人有限公司和上海湃梭信息科技有限公司(SMARTSORT),这些设备可实现每秒上万次的垃圾扫描与分选,最高处理量可达 200 吨/小时,通过人工智能与高端传感技术的无缝结合,有效满足垃圾分类行业中大处理量、高精度、高灵活性的实际需求,见表 7-9。目前该机器人覆盖建筑垃圾、报废汽车、炉渣、混合城市垃圾、塑料、废纸、电子垃圾等废弃物的应用中。

表 7-9　国内部分人工智能分选设备

企业名称	研发设备	先进技术	产品简介
安川首钢机器人有限公司	机器人视觉高速搬运系统	系统中 MPP3H 是高速搬运的新型四轴并联机器人、搬运功能智能化	视觉系统对物品进行位置、姿态、颜色、外形尺寸等信息的辨识,按不同需求,进行物品分拣和抓取,使机器人具有一定的智能化搬运功能,最大工作节拍可达 230 次/分钟,具有速度快、负载高、范围大等优点,适合应用于分拣、搬运、装箱等工作
上海湃梭信息科技有限公司	高速喷射技术与靶向定位技术、人工智能图像技术与高端识别传感技术	MARS 火星系列(建筑垃圾超高速分选机器人)	高效地实现不同建筑垃圾的分离;可在极端条件下工作;支持物料的干选和湿选;业界所独有的大小物料同时分选功能;支持的颗粒大小从 1 至 20 厘米,最高可实现 200 吨/小时的处理量
		MERCURY 水星系列(生活垃圾超高速分选机器人)	可用于生活垃圾、塑料、玻璃、报废汽车、MSW 等垃圾的超高速分选;支持物料的干选和湿选模式,适应极端环境;颗粒大小可从 1 厘米至 20 厘米,最高可实现 200 吨/小时的处理量

国内垃圾压缩机技术发展较晚,很多技术都是从国外借鉴而来。国内代表企业中联重科、常州天制、宇通重工等环卫企业自主研究开发了多种形式的垃圾压缩机,部分压缩设备垃圾处理量大、致密性好,

自动化高，达到了国际领先水平。主要设备包括分体式固定垃圾压缩转运设备、移动联体式垃圾压缩转运站设备、水平压缩设备、垂直式垃圾压缩机等。

（2）生物处理设备：餐厨垃圾占主要，设备具有针对性

垃圾回收利用重要的低成本处理方式之一是生物处理。城市生活垃圾中的餐厨垃圾经生物处理后可以回收有用资源。例如，锦江集团将餐厨垃圾、地沟油收集、运输、处置以生产生物柴油、蝇蛆蛋白、生物塑料，典型案例为温岭静脉产业园的有机垃圾生物利用项目。北京嘉博文生物科技有限公司自主原创的生物腐殖酸肥料制造技术，能把低价值的餐厨废弃物等各类有机废物转化为高活性的生物腐殖酸肥料。嘉博文在上海市闵行区餐厨废弃物资源化处理项目开创了国内首例固态好氧制肥，液态厌氧产沼项目。嘉博文的有机垃圾生化处理机有三种类型，可将厨余垃圾、餐厨垃圾、污泥等城市有机垃圾通过高温好氧发酵，生产成生物腐殖酸，产品特点见表7-10。

表7-10　北京嘉博文生物科技有限公司有机垃圾处理机

产品型号	处理能力	适用地点	典型案例
BGB-SCZ-7500型 有机垃圾生化处理机	日处理能力30吨	适应有机垃圾资源化 处理的规模化要求	/
BGB-SCZ-560型 有机垃圾生化处理机	日处理能力1吨	适用于酒店、高校、 机关等就地处理	2008年奥运会北京奥运村 餐厨垃圾处理站
BGB-SCZ-3000型 有机垃圾生化处理机	日处理能力5吨	适用于相对集中型 和规模化处理站	北京朝阳高安屯和成都中心城区 餐厨废弃物资源化处理厂

（3）热处理设备：依赖进口设备，需要加大研发力度

与国内刚起步的状态不同，国外的垃圾焚烧技术已经是一种成熟的、主要的城市垃圾处理技术。目前，国内正在使用或开发的垃圾焚烧设备，多参考借鉴于国外的焚烧炉，或以其他工业燃煤锅炉、窑炉为参考，将燃烧技术或焚烧工艺引进、移植。目前，流化床式和层燃式焚烧技术仍在国内占据行业主导。我国的焚烧炉按照焚烧方式可以分为：机械炉排炉焚烧炉、流化床焚烧炉、回转式焚烧炉、CAO焚烧炉、脉冲式炉排焚烧炉等。各个炉型的特点见表7-11所列。

表7-11　我国现有焚烧炉类型及特点

炉型	机械炉排	流化床	回转式	CAO	脉冲抛式
示意图					
特点	材质要求和加工精度要求高，排与排之间的间隙小，机械结构复杂，损坏率高，维护大	燃烧充分，炉内燃烧控制较好，但烟气中灰尘量大，对燃料粒度均匀性要求较高，功率的大，设备磨损严重	利用率高，灰渣中含碳量低，过剩空气量低，有害气体排放量低。但燃烧不易控制，垃圾热值低时燃烧困难	可回收垃圾中的有用物质，处理时间长，烟气中二噁英的含量高	处理垃圾范围广，燃烧热效率高，排放物控制水平高，可使二噁英基本分解，有自清洁功能

我国目前能够生产的焚烧炉处理能力偏低，运行稳定性差，自动化程度低，不适合城市垃圾的大规模集中焚烧。若全部进口国外技术和设备，又会给地方政府带来建设投资大，运行成本高等问题。因此，开发适合我国垃圾特性，经济实用的国产大型垃圾焚烧装置，对改善垃圾污染现状和发展环保产业都具有重要积极意义。国内垃圾焚烧炉行业典型的公司有江苏大信环境科技有限公司、江苏雷沃克环保科技

有限公司、华瑞焚烧炉科技发展有限公司等。

(三) 智慧城市建设推动智慧水务和监测设备迅速发展

1. 国家法规体系逐步完善，产业市场发展迅速

国家明确提出了对城市供水企业在自动化、信息化技术的建设和应用要求，努力实现"以信息化带动工业化，以工业化促进信息化"的技术进步发展目标。国家住建部和发改委 2012 年 5 月印发的《全国城镇供水设施改造与建设"十二五"规划及 2020 年远景目标》指出应加大科技对城镇供水发展的支撑力度，增强科技创新能力，推进生产运行自动化、业务管理信息化，提升城镇供水行业的现代化水平。

住房城乡建设部办公厅《关于开展国家智慧城市试点工作的通知》建办科〔2012〕42 号提出建设智慧城市是贯彻党中央、国务院关于创新驱动发展、推动新型城镇化、全面建成小康社会的重要举措。各地要高度重视，抓住机遇，通过积极开展智慧城市建设，提升城市管理能力和服务水平，促进产业转型发展。

国务院印发《国家新型城镇化规划（2014—2020 年）》智慧城市建设方向第 3 条提出发展智能水务，构建覆盖供水全过程、保障供水质量安全智能供排水和污水处理系统。发展智能管网，实现城市地下空间、地下管网的信息化管理和运行监控智能化。

国家发改委、住建部等八部委印发《关于促进智慧城市健康发展的指导意见》发改高技〔2014〕1770 号：智慧城市是运用物联网、云计算、大数据、空间地理信息集成等新一代信息技术，促进城市规划、建设、管理和服务智慧化的新理念和新模式。建设智慧城市，对加快工业化、信息化、城镇化、农业现代化融合，提升城市可持续发展能力具有重要意义。

行业标准《城镇供水管网运行、维护及安全技术规程》（CJJ207—2013）提出要求：有条件的供水单位应开展管网优化调度工作，在保证城镇供水服务质量的前提下，应降低供水能耗。明确优化调度工作应包括：①建立水量预测系统；②建立调度指令系统；③建立管网数学模型；④建立调度预案库；⑤建立调度辅助决策系统。

2. 智慧水务市场硕大，良好开拓空间

我国水务公司规模不一，成立数量庞大，据不完全统计，截至 2020 年 6 月，我国新注册成立在业水务公司 37600 家，如图 7-2 所示，智慧水务的水务公司潜在客户市场大，未来有很大的开拓空间。随着我国信息技术水平的不断提高，信息技术引入水务建设行业是一种必然趋势。

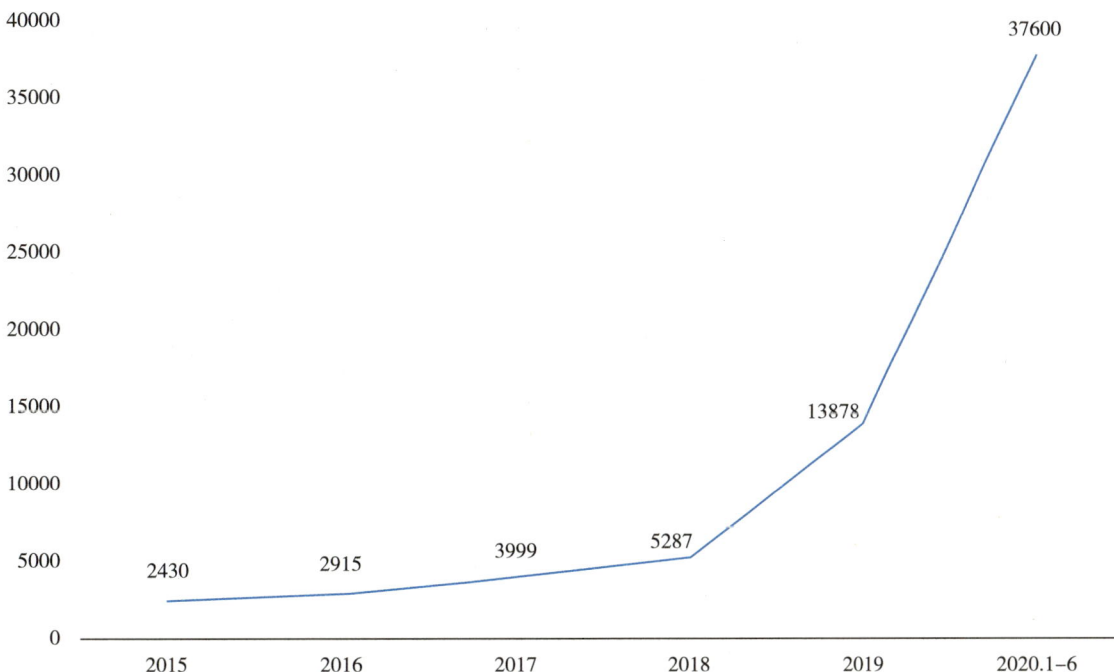

图 7-2　2015—2020 年 6 月中国新注册水务公司情况（单位：家）

我国智慧水务行业发展尚处于成长探索阶段，行业保持稳定增长势头。现存企业多为技术发展水平较高企业。截至 2020 年 6 月，我国处于存续、在业状态的智慧水务企业约有 840 家。在我国可提供相关智慧水务服务内容的企业属性分布广泛，可在一定程度反映智慧水务行业产业链发展情况。其中，企业所属制造业企业数量最多，达到 413 家；其次为信息传输、软件和信息技术服务业，企业数量达到 222 家，如图 7 - 3 所示。

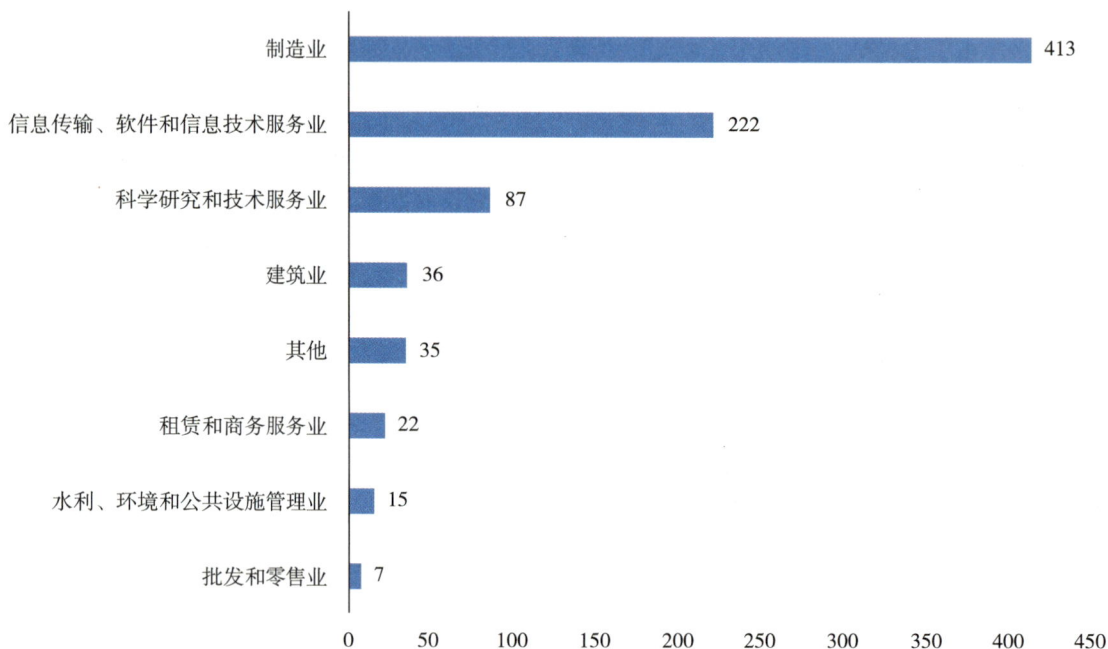

图 7 - 3　截至 2020 年 6 月中国智慧水务企业所属分布情况（单位：家）

国内大部分水务公司信息化技术的发展经历了从早期无纸化办公、局域网、OA 办公系统建设到后期信息化技术在运营管理业务应用的跨越。水系统信息化主要归纳成四个阶段历程：水系统信息化的基础建设、完善信息化数据建设、实现信息化业务应用系统模块和数据融合实现一体化信息调度平台。

智慧水务行业发展难点主要为物联网、互联网等产业在水务行业的应用及对企业管理模式的影响速度仍然存在较大不足。比如数据应用前的基础构建不完善导致的数据质量不高、各模块之间数据没有形成互联互通，同时，行业对物联网、互联网及大数据应用带来的企业管理模式这种理念的转变还存在不一致的看法等。2018 年 1 月 1 日修改后的《中华人民共和国水污染防治法》明确规定了实行排污许可管理的企业事业单位和其他生产经营者的职责及相应处罚措施，并且对保障监测数据的真实性、准确性做了针对性的规定。生态环境部、发展改革委、自然资源部等也联合出台了一系列政策并开展了专项行动。

推进水污染治理，关注水污染防治行动落实情况，水质监测数据是重要依据。在政策驱动和需求升级的作用下，水质监测行业得到迅速发展。在环境监测设备中，水质监测设备和烟尘烟气监测设备销量占比较大。其中，水质监测设备的销售量占环境监测设备总销量的 1/3，如图 7 - 4 所示。

2016 年我国水质监测设备销量有所下降，2017 年水质监测设备销量增长至 19345 台（套），同比增 86.3%，占全国环境监测产品销量的 34.2%，超过了其他环境监测产品种类。2018 年我国水质监测设备销量突破 2 万台（套），达到 20625 台（套），如图 7 - 5 所示。

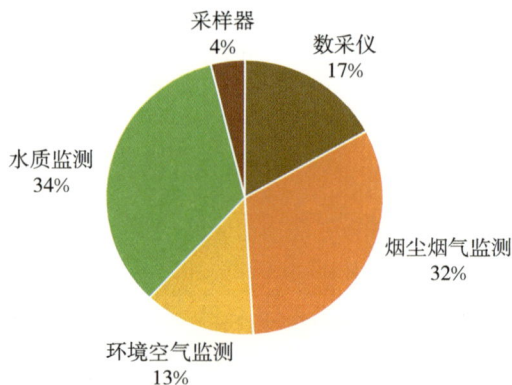

图 7 - 4　2017 年环境监测设备销量占比

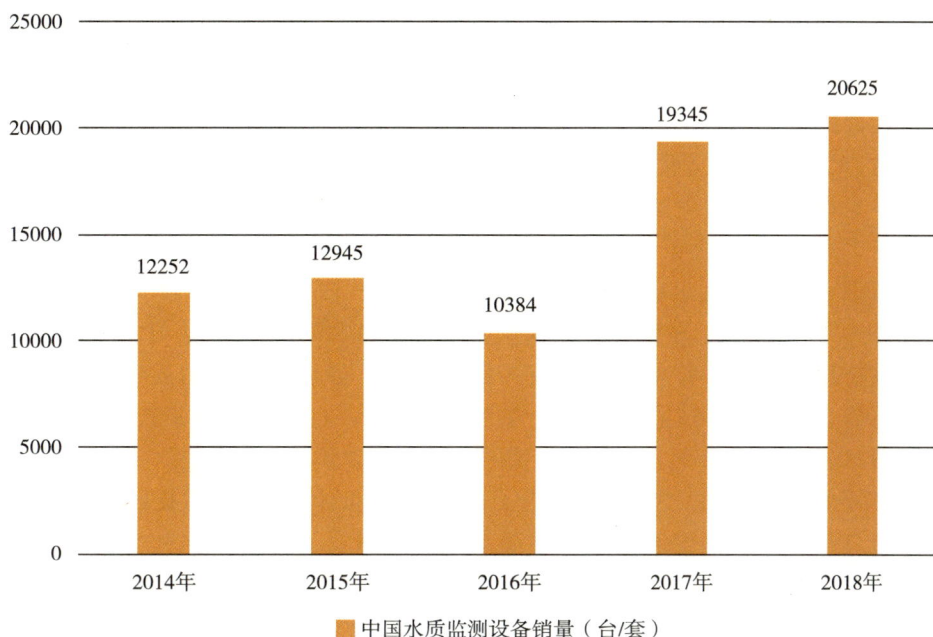

图 7 – 5　2014—2018 年中国水质监测设备销量

随着环境质量标准日益严苛以及水生态系统修复、黑臭水体治理需求的持续旺盛，我国水质监测设备存在巨大的市场潜力和发展空间。水质监测设备产业当前及未来一段时间将延续高速增长态势，成为整体环境监测经济的重要突破口。

3. 技术发展：设备发展专业化，监测设备国产化

水质监测设备市场行业经过多年的高速发展，尤其是近年来政策红利带来的爆发性增长后，市场竞争日益剧烈。无论是污染治理还是水质环境状况监测，都将给水质监测设备行业提供了新的发展机遇。但随着近年来大量参与者进入水质监测行业，行业竞争也趋向白热化。如何适应市场需求变化，提升产品竞争力是水质监测设备相关企业共同面临的课题。

（1）水质监测设备国产化

目前许多国产水质监测设备企业的产品种类重复度较高，技术含量相对国外还较低，而高端设备和市场规模较小的产品主要依靠进口。随着行业竞争加剧，从业企业正着力提高国产设备技术水平以提高产品竞争力，提升市场占有率。水质监测设备将从以进口设备为主，逐渐转向使用国产设备，推动水质监测设备国产化是企业持续发展的必然选择。

（2）水质监测设备多样化和专业化

近年来，环保攻坚战的不断深化和各行各业废水排放标准的编制或修订，指标调整频率和调整细分程度前所未有，具体表现为水质监测指标项增多、监测指标项中共有项与专有项并存。这也对监测设备市场提出了新要求，设备必须具备多指标项同步监测能力以及针对指定排放源的专门化监测能力。因此，水质监测设备将必然朝着多样化方向发展，专业化的监测设备前景可期。

（四）大气监测设备规模扩大，需求与机遇迸发

1. 国家加强大气污染防治，设备需求上涨

我国的大气污染防治起步于 1970 年，大气污染防治控制目标已经从总量控制转变为质量改善，控制对象从燃煤污染物扩展到多种污染物，控制手段从工业点源控制升级为多污染源综合控制。2015 年以来，国家注重环境监测数据的真实性，出台多项政策，要求加快监测事权上收，积极推进生态环境监测体制改革，实行省以下环境监测垂直管理，提高环境监测数据质量。

2016 年 11 月《"十三五"环境监测质量管理工作方案》等相关规定出台。国家环境保护管理部门开展了严格的数据有效性审核工作，提出加强内部质量控制、强化外部质量监督，有效规范环境监测活动，打击监测数据弄虚作假行为，保障环境监测数据的准确性和权威性，促进了环境监测设备行业的市场竞争逐步进入有序的轨道。2016 年 12 月为贯彻落实《中国制造 2025》，大力发展节能环保产业，促进大气治理装备制造业持续健康发展，制定了《环保装备制造行业（大气治理）规范条件》。

2017 年 5 月发布《2017 年全国生态环境监测工作要点》，加强生态环境监测网络建设，积极推进环境监测体制机制改革。为贯彻落实《中国制造 2025》和《"十三五"国家战略性新兴产业发展规划》，全面推进绿色制造，提升环保装备制造业水平，促进环保产业持续健康发展，工业和信息化部研究制定了 2017 年 8 月的《关于加快推进环保装备制造业发展的指导意见（征求意见稿）》将大气污染防治装备列为 9 大重点发展领域之一，到 2020 年环保装备制造业产值达到 10000 亿元，并要求重点研发水质监测、园区大气污染监测、网格化监测装备等多元化产品。由此来看，环境监测数据质量纳入政府考核和环保装备扩展相关政策，将催生新一轮环境监测设备销售的快速增长，行业发展前景较为广阔。《国家鼓励发展的重大环保技术装备目录（2017 年版）》也将大气污染防治列为重点。

2018 年 7 月，国务院正式印发《打赢蓝天保卫战三年行动计划》，明确提出完善环境监控网络的要求，强化重点污染源自动监控体系建设，加强移动源排放监管能力建设，强化监测数据质量控制；要求重点区域建设国家大气颗粒物组分监测网、大气光化学监测网以及大气环境天地空大型立体综合观测网等。随着政策加码，预计中国大气治理市场 2023 年将达到峰值 1100 亿元。随着国家对大气污染防治的重视，大气污染治理设备市场空间仍将呈上升趋势。中长期来看，该利好政策将大大有利于形成大气污染防治的长效机制；短期而言，则可以促进大气监测设备及系统、治理设备及设施的采购和建设需求释放。

2．大气产业市场行业加速发展，稳步上升

我国大气污染防治设备制造业是节能环保设备制造业中规模及占比最大的行业。从近些年的发展趋势看，2007—2009 年，受到"十一五"期间国家对脱硫、除尘行业大力支持，大气污染防治设备产量快速上升，其中，2008 年为迎接绿色奥运会的召开，国家加大各行业节能减排力度，直接拉动大气污染防治设备产量增速升至近五年来最高值，达到 42.6%；2010 年开始，受 2009 年高基数影响，增速开始出现下滑。2011 年，我国大气污染防治设备产量达到 8.60 万台（套），同比增长 757%，增速较上年提高了 22.37 个百分点。2011—2012 年监测行业营收出现爆发式增长，增长率约为 38%，主要原因是政府集中采购价格较高的大型监测站，监测设备销售量在这一年也大幅增长 41%。大气监测国控点数目稳定在 1436 个，监测行业营收整体保持稳定，监测设备销售量出现两次高速增长期。2013 年发布的"大气十条"和 2014 年陆续出台的大气治理环保政策（《2014—2015 年节能减排低碳发展行动方案》《国务院办公厅关于印发大气污染防治行动计划实施情况考核办法（试行）的通知》等）为大气环境监测带来较高增速。

随着环境监测行业的快速发展以及市场竞争的激烈，大型企业由于自身的技术优势、品牌影响力和成套的解决方案及服务多样化等原因，必将占领越来越多的环境监测产品市场份额。从监测设备的细分领域来看，2017 年监测设备销售量达到 56875 台，同比增长约 38%，环境空气在线监测设备 7162 台，同比增长 55%，均实现大幅增长。据国家环境监测总站的有关数据，从 2010 年—2016 年，我国环境监测行业的年复合增长率高达 22.8%。环境监测市场规模 2016 年时为 434 亿元，2017 年达到约 470 亿元，2018 年有望再上一个台阶，轻松突破 500 亿元。2018 年统计环境监测企业的数量和收入的空间分布较为集中。山东、广东、江苏、江西、浙江企业数量均超过 200 家，五省企业数量超过总数量的 2/5，营业规模超过行业收入总和的 1/2。其中，山东省企业数量相对最多，但营业收入总额相对并不是太高，企业可能以中小型企业为主；上海市和北京市企业数量较少但营业收入较高，以中大型企业为主。据相关数据显示，"十三五"期间空气质量监测设备销售总计 100.8 亿元，2021 年中国大气污染防治设备产量将达到 64.4 万台。预计中国大气监测市场将保持高速增长直至 2022 年，市场规模最高达到顶峰 197 亿。

3．技术发展：大气监测仪器换代，逐步自动化智能化

（1）政策支持推动监测设备逐步国产化

2008 年，我国正在运行的空气质量自动监测系统主要为干法仪器，安装形式有两类：固定站房式

和车载式。发布空气质量日报和预报的重点城市运行中的空气质量自动监测系统几乎都从国外进口。部分城市引进瑞典 OPSIS 公司、美国 TE 公司或法国 ESA 公司的基于差分光谱法原理的设备。国产的环境监测仪大多是中低档产品，产品功能单一，故障率高，附加值低，存在监测频次低、采样误差大、监测数据不准确等问题。因此，高质量的分析仪、专用监测仪器和自动监测系统多是国外引进的，国产仪器占的市场份额很小。据统计 2012 年我国空气监测仪器市场国外仪器份额达 80%，国产仪器占比仍然较低。

2013 年 9 月，国务院《大气污染防治计划》的发布，开启了我国空气监测仪器市场快速增长的大幕。2014 年，国内空气监测仪器制造厂商在国内市场的份额稳步上升，主要厂商为先河环保、聚光科技等上市公司。2020 年 3 月 23 日，国家税务总局发布《研发机构采购国产设备增值税退税管理办法》明确自 2019 年 1 月 1 日至 2020 年 12 月 31 日，继续对研发机构（包括内资研发机构和外资研发中心）采购国产设备全额退还增值税，并规定具体退税管理办法由税务总局会同财政部制定。生态环境部亦建议在同等条件下优先选择性价比高的仪器设备，按政府采购有关要求采购国产设备。这些政策也间接促进了我国国产监测设备行业的发展。

（2）大气监测转向智能化

我国生产的大气采样器由原先功能单一、稳定性差、手工操作逐渐向高质量、多功能、集成化、自动化、系统化和智能化的方面发展，基本满足了大气监测的仪器要求，保证了数据的准确可靠。随着自动化及信息技术的迅速发展，大气环境监测也由以人工采样和实验室分析为主，向自动化、智能化和网络化为主的监测方向发展；由较窄领域监测向全方位领域监测的方向发展。

随着工业化进程的加快，科技的不断进步，环境空气监测从传统的事后的大气污染调查监测，事中大气染源监督发展到对大气的实时监测。国内采用自动"测—控"系统的空气自动监测系统主要是 DOAS 大气环境质量监测系统，与第一代的湿法仪器和第二代的干法仪器相比，第三代的 DOAS 监测仪器的优点主要表现在传感器不直接接触空气、校零误差低、样品代表性更高。

（3）大气颗粒物自动监测，激光雷达崭露头角

近年来，激光雷达在环境监测方面的应用得到了迅速的发展，与传统的 PM10 测量方法比较，激光散射测量法在实现动态立体连续监测上具有明显的优势，并且能够测量更细小的气溶胶颗粒。目前对监测仪的研究致力于发展灵敏度更高的长光程吸收光谱仪，区别于 DOAS，这种仪器是基于激光光源进行监测，成为空气质量自动监测系统发展的新方向。

大气激光雷达是大气环境遥感监测领域重要的监测设备，在大气气溶胶、风速、温度和气体成分探测方面发挥着重要作用。国内安徽蓝盾、无锡中科光电及北京怡孚和融等公司均推出了商业化产品，如气溶胶激光雷达、臭氧激光雷达和拉曼水汽激光雷达等。但是设备价格较贵、体积较大、设计和维护成本居高不下，限制了大气环境监测领域的应用和推广。

相关政策的出台推动智能在线自动监测设备，将成为空气监测仪器市场未来的主要增长点。在环境监测系统信息一体化和第三方运维的大趋势下，考虑信息安全等因素，政府采购将向具有自主知识产权的国内产品倾斜，本土企业将迎来订单量和市场占有率同时上升的发展契机。

（4）空气自动监测系统，实时监测网格化

面对日益严峻的大气质量问题，传统"点对点"监测模式因缺乏全覆盖、精准的监测数据，已不能满足日前环境监管的新需求。国内许多地方对大气网格化监控做了有益尝试，借用先进的网格化在线监测系统，对环境污染以及污染物排放进行实时监测。

2018 年我国拥有建成的国家级空气自动监测站将由原有的 1436 个增至 2766 个，包括 2700 个空气质量自动监测站和 66 个超级站。网格化监控系统是在现有国控空气自动监测站点的基础上，大量应用成本较低的小型化、微型化的监测仪器，构建覆盖范围更广、响应时间更短的监控系统，可以准确查找污染源、实时掌握网络覆盖范围内的空气质量变化情况、提高执法人员工作效率、提供多维度数据供监管人员进行后台分析。

（5）尾气排放日趋严格，净化和监测技术升级

我国环境空气质量监测标准规范日趋完善，但由于交通监测工作开展相对落后，而交通环境空气质量监测站点又不同于区域环境监测站点，其所在道路环境空气质量受车流量、街道峡谷、交通工程、气象条件等众多因素的综合影响，具有更高的复杂性。机动车所排放的大量尾气严重污染了我国大气环境，甚至也对我国国民的身体健康带来了一些安全隐患。

从 2000 年至今，我国按照欧盟的汽车排放标准体系制定一系列中国的排放法规，完成了从国一到国五的跨越，见表 7-12。在国五标准实施情况以及国内机动车实际情况基础上，第六阶段轻型汽车以及重型柴油车污染物排放限值及测量方法分别于 2016 和 2018 年发布，标志着我国机动车尾气排放将进入第六阶段的排放标准。

表 7-12　机动车尾气排放标准发展历程

阶段	进程
第一阶段	我国于 1983 年发布首批机动车尾气污染控制排放标准，主要包括以下三个标准《汽油车怠速污染排放标准》、《柴油车自由加速烟度排放标准》、《汽车柴油机全负荷烟度排放标准》
第二阶段	我国于 1989 年和 1993 年分别制定了《轻型汽车排气污染物排放标准》与《车用汽油机气污染物排放标准》，至此我国已逐步形成了一个颇为完善的机动车尾气排放标准体系
第三阶段	北京市于 1998 年颁行更为严格的地方排放标准《轻型汽车排气污染物排放标准》，标志着我国机动车尾气排放新法规的实行。与此同时，上海、福建等省市也各自制定了《汽油车双怠速污染物排放标准》的地方性法律法规。机动车尾气排放标准初步等同于欧洲 1980 年的排放标准
第四阶段	2008 年 1 月 1 日，国 IV 燃油在北京上市，且对北京全市新增的机动车采取国 IV 排放标准。至 2011 年 7 月 1 日，汽油车第四阶段排放标准已在全国范围实施。原定于 2011 年 1 月 1 日实施的柴油车国 IV 排放标准经数度延期，于 2015 年 1 月 1 日起开始全面实施
第五阶段	2013 年 9 月 17 日，《轻型汽车污染物排放限值及测量方法（中国第五阶段）》发布。至 2018 年 1 月 1 日，轻型汽油车、轻型柴油车和重型柴油车国五标准全面实施
第六阶段	2016 年 12 月 23 日，《轻型汽车污染物排放限值及测最方法（中国第六阶段）》发布；2018 年 6 月 22 日，《重型柴油车污染物排放限值及测量方法（中国第六阶段）》发布，标志着我国机动车尾气排放即将进入第六阶段的排放标准

2021 年 7 月 1 日后所有车辆均需执行国六排放标准，国六标准是目前全球最严的汽车排放法规之一，对尾气处理技术提出了更高的要求。推行国六标准的主要目的是大幅降低污染物排放，减少油气挥发，比如轻型车在一氧化碳、总烃、非甲烷总烃、氮氧化物、颗粒物排放限值上加严了 30%～50% 左右。在国五标准下，柴油车主要采用 SCR 技术路线，根据排量大小加装相应的载体；而在国六标准下，柴油车不论车型大小，均需采用 DOC+DPF+SCR+ASC 技术路线。国五汽油车主要采用 TWC 技术路线，国六汽油车在 TWC 载体的基础上还需加装 GPF，汽车尾气处理关键装置见表 7-13。

表 7-13　汽车尾气处理关键装置

适用车型	技术装置名称	处理对象
汽油车	三元催化器（TWC）	CO、HC、NOx
	汽油机颗粒捕集器（GPF）	PM、PN
柴油车	柴油氧化催化器（DOC）	CO、HC
	选择性催化还原器（SCR）	NOx
	柴油机颗粒捕集器（DPF）	PM、PN
	氨泄漏催化器（ASC）	NH_3

　　机动车尾气遥测技术凭借其快速、灵便和监测面广等优点越来越受到市场的关注和信赖。该系统可对道路行驶的汽、柴油车辆进行尾气监测，在不影响车辆正常行驶的条件下快速地识别行驶中的高排放车辆。通过现代通信技术把监测数据与机动车车辆排放信息以及尾气年检数据有机连接起来，实现对车辆排放数据的综合管理。该体系的建立可以为机动车污染防治管理部门和机动车排放检测机构提供的一整套对道路尾气污染状况、超排车辆捕获以及特定车辆排放检测场检测数据进行综合管理提供系统支持。

　　机动车尾气遥测系统分为移动式和固定式两大类，固定式遥测系统安装在城市干路上，可对来往车辆进行不间断测量，其中包括水平固定式和垂直固定式（龙门架式）。而移动式遥测系统可灵活决定测量时间和测量地点，形成对固定点遥测测量的有效补充。机动车尾气遥测系统主要由遥测主机、高清测速仪、大气环境参数监测系统、LED 显示屏及机动车尾气遥感监测系统控制软件等组成。

第 2 章
安徽省智慧城市和美好环境装备发展现状及特点

一、安徽省智慧城市和美好环境装备发展现状

新形势下,社会经济发展和生态环境保护面临挑战和机遇。智慧环保是环保产业发展的新阶段、新水平、新标志,是环保技术转型升级的必然产物。对智能智创产业高度重视,为安徽省智慧环保发展提供良好环境氛围。安徽环保产业近年来在安徽省各级党委和政府的大力支持下,呈现快速发展势头,预计 2020 年将成为安徽省重要支柱产业之一。

(一) 城市管理智能化,制造业绿色改造加速

自 2007 年开始推广数字化城市管理模式以来,截至 2017 年底,安徽省各市、县已基本实现了数字城管的全覆盖。以划分万米单元网格、区分部件事件为基础,建立了监管分离的管理体制、科学的城市管理工作流程和绩效评价机制,构建了一批适应新体制、新机制的数字化城市管理信息平台,实现了城市管理从粗放到精细、从静态到动态、从单线到闭环、从分散到集中的转变,全面提高了城市管理水平。

2018 年 11 月,安徽省住房城乡建设厅特发布了《安徽省智慧城管建设导则》,开展省级智慧城市平台建设。依托政务外网,实现省市县三级信息互联互通,整合全省城市管理基础数据资源,建设安全稳定的全省智慧城管数据中心,统一开发"业务监管平台、执法监督平台、决策分析平台和信用监管平台"四大应用系统,实现对全省市容环卫、园林绿化、市政公用设施运行和城管执法等城市管理和运行情况进的态监管,全面提升分析、服务、预警、研判、决策水平,打造集信息汇聚、调度指挥、监督考核、辅助决策、监测预警功能为一体的省级智慧城市管理平台。

《安徽省智慧城管建设导则》制定了智慧市容环卫管理系统建设措施,智慧市容环卫管理系统的管理内容应当包括各类环卫设施、环卫作业车辆等。通过综合利用各类专业化监测监控手段,实现对道路、公共场所等的卫生状况和垃圾清扫、收集、运输、处理等过程的全面监管,实现对餐厨垃圾(厨余垃圾)产生、收集、运输、处置全过程精细化管理,以及对生活垃圾清运、中转、末端处理的全过程监控。通过对所辖区域环卫企业的考核监管,为环卫应急处置、设施规划等提供辅助决策。

环保在线监测管理主要对住建领域涉及的环境保护因素进行监管,通过监测仪器或者专项巡查等手段将搜集到的信息与环保部门的监测信息进行汇总,并根据国家的环保要求设定相应的报警阈值,对超出预警范围的污染源进行报警,并将报警信息传输至执法平台,实现前端监测与后期处罚的联动和信息共享。

2015 年《中国制造 2025 安徽篇》重点任务分工方案,以节能环保产业"五个一百"专项行动为基础,研发推广节能环保工艺技术装备,加快推进传统制造业绿色改造升级,积极引领新兴产业高起点绿色发展。2017 年《安徽省"十三五"工业绿色发展规划》鼓励使用节能和资源综合利用产品,形成节约资源和保护环境的生活方式和消费模式;加强资源节约型环境友好型企业建设,对先进企业进行表彰和奖励。2018 年《安徽省节能环保"五个一百"发展报告》指出安徽全省单位工业增加值能耗同比下降

6.4%，高于全年下降目标 2.9 个百分点，超额完成全年目标任务；全省规上工业综合能耗小幅增长，制造业综合能耗同比由增转降；安徽重点行业单耗水平提升，多数高耗能行业综合能耗保持下降。同时，名牌效应逐步显现。2019 年安徽省涌现一批骨干企业和名牌产品。安徽省 2 家企业入围国家重点用能行业能效"领跑者"，5 家企业 9 种产品入选国家"能效之星"产品目录，4 家企业获国家再生资源综合利用行业准入公告。

合肥、芜湖、马鞍山 3 市集中了全省规模较大的高效节能装备制造企业。合肥、蚌埠、马鞍山、淮北及安庆 5 市集中了全省 80% 以上的水污染和大气污染治理设备生产企业。

（二）固废加速起步，各市发展全面开花

为贯彻落实《安徽省国民经济和社会发展第十三个五年规划纲要》和《中共中央国务院关于加快推进生态文明建设的意见》，进一步加强安徽省城镇生活垃圾无害化处理设施建设，提高城镇生活垃圾无害化处理率、分类收集率和资源化利用率水平，切实有效解决生活垃圾收集及处理问题，着力改善城镇人居环境，省发展改革委会同省住房城乡建设厅编制了《"十三五"安徽省城镇生活垃圾无害化处理设施建设规划》。总目标是进一步推进生活垃圾分类收集和资源化利用，具体提及生活垃圾无害化处理率、焚烧比例、分类收集及资源化利用率等相关指标，规划期末建成经济可行的生活垃圾收运、处理系统和完善的监督管理体系，各项信息公开透明，面向全社会。

1. 产业市场：中小微企业为主，需要政策扶持

目前，安徽省尤为注重餐厨垃圾的处理，2011 年已出台《城市生活垃圾处理技术指导意见》指导各地开展餐厨垃圾无害化处理和资源化利用工作。省住建厅将餐厨垃圾处理设施建设完成情况，纳入省政府对省辖市政府年度目标管理绩效考核，考评结果加权计入省政府年度目标管理绩效考核总分。省内餐厨垃圾处理整体市场规模大，增长快，处于将要爆发式增长阶段。

安徽省内垃圾设备处理企业以中小微为主，其发展还需要加大政策扶持力度。下图为安徽省垃圾处理设备企业注册资本占比，省内的环保设备公司主要为 500 万～5000 万注册资本的企业占比为 52.38%，其次是注册资本为 500 万以下的企业占比为 33.3%，如图 7-6 所示。整体缺少行业龙头企业的带领和发展，中小微企业的竞争力不足，导致产业市场规模发展偏慢。

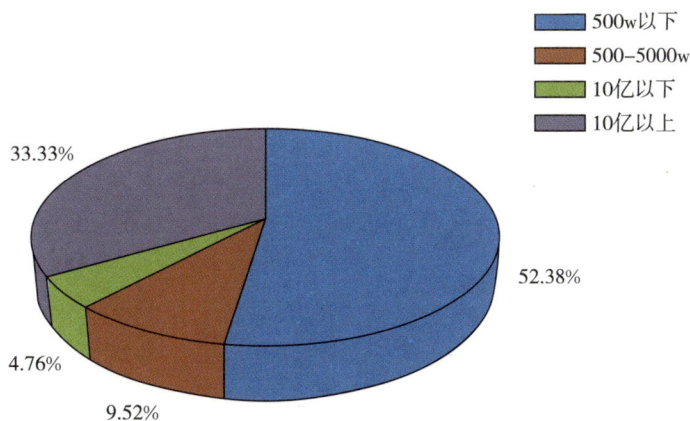

图 7-6　安徽省垃圾处理设备企业注册资本占比

为推进餐厨垃圾处理设施建设，安徽省按照城镇规划优先安排餐厨垃圾处置设施建设用地，统筹生活垃圾、建筑垃圾、餐厨垃圾等不同类型垃圾处理，协同处理各类城市固废，形成一体化项目群，降低选址难度和建设投入。省住建厅将鼓励各地在有条件的区域，建设餐厨垃圾就地处理设施，探索餐厨垃圾与污泥、粪便等协同联合处理。力争到 2021 年，所有区市建成或享有餐厨垃圾处理设施。同时，拓宽投融资渠道。加快餐厨垃圾处理产业化发展、社会化运作，鼓励采用政府购买服务、推广政府与社会资本合作模式等形式，充分吸引社会力量参与餐厨垃圾收运、处置和运营服务。

近年来，安徽省高度重视城镇生活垃圾处理设施建设，加快城镇生活垃圾焚烧发电建设步伐。截至2018年底，全省建成生活垃圾处理设施89座，日处理垃圾能力达42080吨。垃圾焚烧比例占生活垃圾无害化处理能力的53.1％，生活垃圾无害化处理水平有了较大提升。根据生活垃圾无害化处理设施建设标准规范，参考国内及安徽省相关工程经验，2019—2030年安徽省垃圾焚烧发电建设项目总投资234.5亿元。

2. 技术发展：重视自主研发，关键技术难突破

安徽省还将结合地级城市全面开展垃圾分类工作，强化餐厨垃圾收运管理。一方面，鼓励各地采用"互联网＋"智慧分类模式，倡导应用物联网、大数据、云计算等现代技术手段，优化垃圾分类流程和运行组织方式，提高垃圾分类管理效能，逐步建立垃圾分类信息化、网格化、精细化管理系统。同时，规范垃圾分类运输许可，推进餐厨垃圾运输车辆专车专用，加强餐厨垃圾运输车辆作业信息、行驶轨迹等实时监控。综合运用传统媒体和新媒体手段，普及餐厨垃圾分类收集的科学知识，大力宣传城镇生活垃圾分类处理的各项政策措施。目前，合肥市、铜陵市、淮北市、芜湖市、淮南市餐厨垃圾处理厂已建成并投入运营，新增城市餐厨垃圾日处理能力700吨；马鞍山市餐厨垃圾处理厂已试运行，亳州、安庆、阜阳、黄山等市正在积极建设中。

安徽省固废资源化设备从全面依赖进口到近些年各公司开始重视自主研发，争取设备国产化，整体进展良好，目前已有一些企业具备较为先进的技术。安徽省天健环保股份有限公司自主研发的餐饮油水分离设备、餐厨垃圾生化处理设备已经广泛应用于房地产、酒店、学校/企业食堂、地铁、机场等大型商业综合体。安徽聚璟环保拥有废塑料裂解燃油、垃圾自动分选、生物质气化发电、菌种降解、油水分离等技术发明专利20多项、专有技术3项。该公司自主研发生产的垃圾自动化分选设备，分选率在85％以上，其中塑料分选率在90％以上。除此之外，还有用于处理电子垃圾、医疗垃圾等高危垃圾的等离子体处理设备、生物质气化发电设备及塑料催化裂解燃油设备等。

目前，安徽省的固废处理技术虽在持续创新之中，但仍有许多值得提高的地方，固废处理不彻底、效率较低、处理过程不符合可持续发展战略的现象依然存在，在关键技术上还需加大研发力度，提高固废资源化利用。

（三）水务设备制造转型，研发能力亟待提高

1. 产业市场：落实中央部署，发展智慧水务

安徽省为贯彻落实党中央决策部署，强力推进长江经济带水质自动监测能力建设，在长江及重要支流建设水质自动监测站，客观评价长江流域水生态环境质量状况、制定长江流域生态环境管理决策、支撑长江保护修复工作。2019年6月安徽省正式启动了长江经济带水质自动监测能力建设项目。2020年1月进入建设实施阶段，主要包括站房主体招标施工、配套设施安装、内外环境布设、仪器设备联网调试、组织验收等。

通过探索环境智慧监管新模式，安徽省实施重点污染源自动监控设备安装、联网、监管"三个全覆盖"，截至2019年12月31日，已有2065家重点排污单位实现"三个全覆盖"，较2018年增长1.5倍。

2. 技术发展：水务设备制造转型，研发能力亟待提高

安徽省在智慧水务领域起步较晚，智能水务装备创新能力相对薄弱，尤其在人工智能，大数据，云计算、物联网等新技术不断融合的背景下，面临着与国内外品牌差距进一步拉大的严峻挑战。从国内智慧水务企业的创新情况看，安徽省智慧水务产业创新投入，产出差距都比较明显，企业创新研发投入仍不足。智慧水务设备企业"小、散、弱"问题突出，大部分企业仅从事简单加工组装，缺乏精密监测器、传感器、控制器等关键零部件技术的创新与突破以及共性关键技术创新研发能力，严重阻碍安徽省智慧水务产业的发展，因此亟待提高新一代水务设备关键技术的研发创新能力，为安徽省智慧水务产业提供创新技术支撑。

（四）大气监测技术水平提高，产业化取得进展

1. 产业市场：监测技术优势明显，部分龙头企业成功上市

安徽省大气监测设备产业发展良好，优势明显，部分龙头企业成功上市，如安徽皖仪科技股份有限公司、安徽艾可蓝环保股份有限公司、安徽蓝盾光电子股份有限公司等。

安徽皖仪科技股份有限公司：国内知名的专业环境监测产品供应商，跻身国内环境仪器行业前列。2019 年，公司销售收入达到 4.09 亿元，利润总额 7432.32 万元，总资产达 5.01 亿元。2020 年 7 月 3 日在上海证券交易所科创板上市，成为安徽省首家科创板上市企业。皖仪科技按照国际化标准组建了世界级产品研发平台，构建了高品质、高标准、持续创新、全球同步的产品研发体系。

安徽艾可蓝环保股份有限公司：尾气后处理领域的高新技术企业。艾可蓝于 2020 年 2 月在深圳创业板上市，专业从事汽油、柴油和天然气发动机尾气后处理产品的研发与产业化，并提供专业的排放检测与标定技术服务，在全国 20 个省、市、自治区设有服务网点。2019 年公司完成了符合国六排放标准的催化剂配方的全系开发和电控喷射系统开发，具备了国六标准柴油机尾气后处理系统供货能力和汽油机尾气后处理供货能力，同时还有小规模的 VOCs 废气治理设备。

安徽蓝盾光电子股份有限公司：自主研发的空气质量监测系列产品、激光雷达系列产品处于行业领先。公司在智慧交通、智慧环保、智慧气象等行业为用户提供高端分析测量仪器、应用解决方案和运维服务。LGH－01 型空气质量连续自动监测系统、PM2.5 自动监测仪等多项产品被科技部认定为国家重点新产品或国家自主创新产品。LGH－01 型空气质量连续自动监测系统连续三年被生态环境部列为单一来源采购。

2. 技术发展：推进智慧环保，构建自动监测网

为推动智慧监管、精准治污，安徽省着力构建包括大数据资源中心在内的智慧监管体系。推进重点污染源自动监控设备安装、联网和运维监管"三个全覆盖"，全面加强对重点污染源的科学、有效、精准监管。2017 年，安徽全省 17 个国控大气辐射环境自动站陆续建设完成并投入运行，实现对辐射环境的实时监测，并通过国家核安全局和省生态环境厅门户网站向社会发布。安徽省各市均建设 1 处自动站，该站由辐射环境监测、采样、控制、传输等设备及数据采集处理和基础设施等组成，投运后可对 γ 辐射空气吸收剂量率、沉降物与气溶胶中 γ 核素、空气中碘 131I 等 6 大项开展监测，其中 γ 辐射水平实现自动连续监测并实时传输省级数据中心，便于及时分析辐射环境质量状况和变化趋势，掌握省域内辐射环境变化与污染状况，为加强全省核与辐射安全监管、辐射事故应急处置提供技术支持。

2019 年，安徽省生态环境大数据资源中心已建成投运，实现全省环境监测网络的可视化和数据分析。通过智慧监管体系，全面、及时、真实地掌握污染企业情况，为精准治污和防范风险提供支撑。该中心还可以发挥大数据平台监控作用，实现全省大气、水、声环境以及固废、辐射等监测网络的可视化和数据分析；开发建设"生态红线""三线一单"等重点工作信息化系统，针对重点排污单位基本实现问题预警、现场巡查、督促整改和资料存档回访的闭环管理。

2020 年 5 月 24 日，安徽省合肥市政府第 31 次常务会议审议通过了《合肥市大气污染防治科技支撑实施方案（2019－2021 年)》（下简称为《实施方案》)。2021 年年底前，合肥将建成"天地空"一体化大气污染管控平台。结合第二次污染源普查数据，合肥将通过实地调查及宏观统计数据校核，编制合肥市大气污染源清单，并在此基础上编制大气环境质量限期达标规划，为政府确定大气环境功能区的划分、规划指标和目标，优化产业结构、推进产业转型升级、制定大气污染防治决策等提供数据支持。

2021 年年底前，合肥将构建"天、地、空"一体化大气污染管控平台，承接卫星遥感、公安天网、数字城管网络系统、大气标准监测站数据等。基于实时监测、监控数据的综合分析，建设并完善实时监控、数据综合分析等业务应用系统，实现空气质量综合分析研判及展示。在扬尘污染防控上，合肥将持续推进 5000 平方米以上建筑工地安装在线监测和视频监控。已开工建设的 5000 平米以上建筑工地，今年年底前全部完成安装、联网，并建立考核办法。《实施方案》还明确，合肥还将购买卫星遥感数据解析服

务，精准查找污染源。

机动车尾气是大气污染的重要原因之一。合肥将按照国家标准，完成环检远程监控提标升级及设备软件改造任务，将机动车排气污染监控平台和机动车遥感监测平台整合，完成国家、省、市三级联网，实现机动车排放大数据的互联互通和共享共管。同时，增建机动车遥感监测点，对路面行驶的车辆实时监测，超标车辆数据经核准后传至公安交警部门进行处罚，同时责令车辆限期整改。

二、国内地位及特点

（一）环保装备行业发展迅速增长快

在我国发展阶段变化、生态文明和美丽中国要求提升、体制改革深化推进、法律法规标准日益完善、执法监管趋严等因素带动下，城市进程和工业化进程的不断加速，环境污染日益严重，国家对环保装备产业越发重视。受益于国家政策引导，安徽省环保产业市场需求总体旺盛，产业供给能力稳步提升，产业将继续保持快速发展的态势，但安徽省环保装备技术含金量较低，缺乏市场竞争力，与江浙广等发达地区相比存在较大差距。

（二）不同环保装备行业发展的程度不平衡

安徽省固废以及水处理行业集中度偏低，技术装备落后，专业化水平低，难以形成规模效应；大气设备行业发展较好，部分装备达到国内领先水平。环保设备成套化、系列化、标准化水平低，常规产品相对过剩，一些急需的污染治理设备又严重短缺。

（三）市场分散，竞争激烈

安徽省企业数量众多，但以中小型企业为主，集中度不高，产品质量检测缺乏有力的监管，市场上鱼龙混杂，无法形成良性竞争，制约了环保产业的可持续发展。环保装备制造业创新能力不强核心竞争力有限。安徽省环保企业研发经费的来源主要有政府、金融机构和企业，但技术研发投入强度相对于产业投入总量并没有显著的提高，且在省内不同地区和细分行业研发经费结构上存在一定差异，技术研发投入水平不均衡。环保产业较为落后的城市研发经费主要来源于政府资金支持，这类环保企业尚未成为技术创新主体。

第 3 章
安徽省智慧城市与美好环境装备发展存在的不足

一、存在的不足

安徽省拥有包括中国科技大学、合肥工业大学、中国科学院合肥物质研究院、合肥水泥研究院、蚌埠玻璃研究院等一大批从事环保产业的科学与技术研究单位；拥有大气环境污染监测先进技术与装备国家工程实验室、金属矿产资源高效循环利用国家工程研究中心、国家瓦斯治理工程研究中心，汽车节能环保国家工程实验室等一批国家级和省级企业创新平台。研究开发出余热利用设备研究与制造、烟气除尘设备、环境监测仪器等多项具有国际、国内先进水平的环保技术与装备。

然而，从满足安徽省智慧城市与智慧环境的需求缺口来看，与周边省份相比，安徽省环保装备产业还存在较大的差距，面临极大的挑战。

（一）政策层面

1. 规划性政策众多，需精准发力

近年来，安徽省环保装备产业取得长足发展，为切实加快环保装备产业的发展，从 2009 年起安徽省人民政府以皖政〔2009〕119 号印发《关于加快新能源和节能环保产业发展的意见》，皖政办〔2013〕31号印发《安徽省节能环保产业发展规划》，皖政办〔2015〕60 号印发《安徽省人民政府办公厅关于加强节能标准化工作的实施意见》，皖政〔2015〕106 号印发《中国制造 2025 安徽篇》，皖政〔2016〕33 号《安徽省国民经济和社会发展第十三个五年规划纲要》等规划性政策，环保装备产业的基本原则都是政府推动的创新发展，推进产学研结合，促进环保产业规模化、产业化发展。新一轮科技革命和产业变革孕育兴起，先进信息技术与制造业融合渗透，网络化、绿色化、智能化、服务化制造模式逐渐普及，定制化、柔性化、专业化、个性化生产方式广泛兴起，科技创新、产业创新、市场创新、管理创新加速推进，为安徽省制造业跨越发展打开了"机会窗口"。环保装备产业等相关政策众多，但在细分领域不够详细规划，导致产业内发展不均衡，规模不足。

安徽省人民政府办公厅 2013 年下发的《安徽省节能环保产业发展规划》中要求，到2020 年，节能环保产业年产值突破 6500 亿元，增加值占国内生产总值的比重达到 5％以上，成为安徽省支柱产业之一，目前安徽省虽然已经发展出一些具有研究实力的企事业单位，但科技成果转化缺乏平台，现有环境设备产业规模较小，且产业结构不合理，集聚发展不够。缺乏一批拥有自主知识产权和核心竞争力、市场份额大、具有系统集成和承包能力的龙头企业。同时，众多中小企业专业化特色发展不突出，企业分布比较分散，尚未形成具备一定综合实力的环保设备产业聚集区，规模效益有待提高。

《安徽省国民经济和社会发展第十三个五年规划纲要》中要求培育壮大战略性新兴产业、推动传统产业优化升级、加大环境治理力度、深化长三角一体化发展、加快培育外贸竞争新优势等均涉及节能环保装备。但本省在细分环保装备领域发展程度存在较大差异和技术水平的不均衡。如安徽省合肥、芜湖两

市较大的高效节能装备制造企业生产的节能变压器、高压智能节点系统、节能电机、低温余热发电设备制造等行业在国内具有一定优势，产业化较为成熟，而水污染治理设备生产水平还存在较大的发展空间。

2. 金融普惠政策举措明确，需落实到位

2013 年以来，围绕制造强省建设，安徽省持续实施"专精特新"中小企业培育工程，培育了一批创新能力强、特色突出、在国内细分市场占有优势地位的省级"专精特新"中小企业。2018 年印发《中共安徽省委安徽省人民政府关于大力促进民营经济发展的若干意见》（皖发〔2018〕38 号），精准金融服务，小块头焕发大能量，小群体引领大创新，成为全省中小企业发展的示范标杆。但受市场冲击、国际金融市场持续震荡等多重不利因素的叠加影响，安徽省企业包括专精特新在内的广大中小微企业发展仍面临多方困境"夹击"。

安徽 1000 多家污染治理企业以民营企业居多，许多环保企业是轻资产公司，难以提供大量实物资产进行抵押，企业持续增长的订单和新厂区建设对部分企业资金提出很大挑战。而排污企业面临治理目标高、资金投入不足的现状，同样需要环保企业垫资，特别是环保行业下游客户都是大型企业，付款较慢，致使环保企业普遍存在项目周期长、资金回笼慢、现金流紧张等一系列问题，大大提高了环保企业资金成本，冲减了减税降费的效果，影响了环保产业的发展活力。

由于环保装备投资大，如果仅从直接经济效益考虑，环保装备的投入不会给环保装备的使用者"下游客户"带来任何经济回报，影响了下游客户投资环保装备的积极性，环保行业的景气度就会受到影响，同时传递到环保行业上游的资金压力，进而降低环保行业的发展活力。自 2019 年以来，受宏观经济环境的影响，地方政府对环保政策的执行力度出现宽松迹象，绝大多数非电行业排污企业持观望态度，环保治理的需求明显减弱，市场容量紧缩，环保企业的业务拓展压力骤然变大。

鉴于企业融资渠道太少，希望从安徽省战略角度，建立环保治理宏观调控体系，从财税、金融、质量等方面进行系统调控，对于优质环保企业，根据达标等级给予相应比例的税收优惠，使企业放下后顾之忧，专心抓住难得的良好机遇一心一意谋发展。

3. 市场竞争白热化，配套机制需完善

目前整个环保行业发展迅猛，但数量众多必然泥沙俱下良莠不齐，亟待行业自律规范。建立公开招投标平台和科学定价机制，取消投标保证金，减轻民营企业压力，杜绝低价中标和恶性竞争。同时着眼于打造良好的营商环境，切实落实国务院 2018 年出台关于扶持民营企业系列政策，建立公平竞争的参与准入机制，把少数无良企业拒之于门外，近期将加快出台节能环保相关地方标准，构建节能环保技术产品标准体系，鼓励有条件的企业参与制订国家、行业及地方节能环保标准和技术规范，充分发挥标准对产业发展的催生促进作用，推动传统产业升级改造，适时组建成立皖军环保产业联盟。联盟包括：以合作研究与开发为主的产学研技术创新联盟；产业链上下游联合的行业生产联盟；以设计公司、设备公司、工程公司、监测公司、金融公司、法律服务等为主体的市场开拓与发展联盟和第三方运营企业的污染设施运营联盟等四种形式，可使信息的交流在一种半内部化的状态下完成，解决目前环保产业无法高效获得自身稀缺技术资源的问题，又可在合作过程中创造出新动力，推进环保产业可持续发展。

4. 知识产权保护政策及措施力度不足

安徽省政府印发了《支持首台套重大技术装备首批次新材料首版次软件发展的若干政策》（皖政秘〔2020〕52 号）是鼓励和支持高端制造业创新和发展的重要政策。目前，安徽省初步形成了支持首台套重大技术装备研制、示范应用以及保险补偿的政策体系，在国内较早开展了新材料首批次应用保险补助工作，2019 启动首版次软件培育认定工作。这些工作极大地调动了企业研制新产品的积极性，缓解了新产品推广应用的难题，提升了用户首购首用的信心和保障，有力地促进了全省制造业高质量发展，受到各界广泛好评。

在全国环保装备品牌中，安徽省环保装备自主品牌相对较少。安徽省环境保护产业发展促进会发布的《2018 年安徽环保产业发展调查报告》显示，安徽省内环保上市公司仅有寥寥数家，每年七成的市场份额都被外地企业抢占。同时，产品市场准入制度不健全，产业门槛偏低，环保产业尚未建立完善的行业标准体系和有效的质量监管机制，不正当的市场竞争和一些地区地方保护主义较严重，给全行业带来潜在的隐患风险。

目前虽然整个环保行业发展迅猛，在环保装备产业发展和科技创新的鼓励政策上，对支持重点环保企业发展和环保装备产业主体的知识产权保护政策和监管措施不够具体，知识产权保护缺乏力度，行业亟待规范。一些高科技企业虽然采取了严格的技术保密措施，但由于追诉难、违法成本低等原因，剽窃技术成果、仿冒产品等现象时有发生，给企业造成的损失不可估量。

（二）技术层面

1. 技术创新能力不强

安徽省多数企业科研、技术开发投入不足，研发力量相对薄弱，技术含量及附加值低的单项、常规装备相对过剩，环境装备总体上仅达到发达国家 20 世纪 90 年代中后期水平，部分关键设备和核心零部件还受制于人，依赖进口。安徽省产学研用有机结合的技术创新体系建设进展相对迟缓，环保技术装备产业发展所必须的公用技术平台建设及应用需求之间还存在一定的差距，特别是一些低水平重复建设的平台利用率低，而高端的平台却难见踪影；科技中介服务的中低端服务与高端服务脱节，针对高端技术创新支持、资源链接，特别是国际化资源链接的服务内容非常缺乏。

2. 核心竞争力有限

安徽省的环保市场需求往往由政策驱动，市场潜力在相当短的时间内释放。企业往往需要快速切入一个领域，迅速形成优势并尽可能多地占有市场份额。因此，企业在研发方面不可避免地急功近利，将绝大部分精力和资源花在某技术参数的突破上。缺乏长期持续积累的基础研究，技术成熟需要的试错和迭代往往不足，对应产品的长期稳定性较差，产品运行过程中出问题的风险较高，只能在有限的竞争环境中取得短期优势。

3. 研发投入强度低

安徽省环保企业研发经费的来源主要有政府、金融机构和企业，但技术研发投入强度相对于产业投入总量并没有显著的提高，且在省内不同地区和细分行业研发经费结构上存在一定差异，技术研发投入水平不均衡。安徽省研发经费、人员投入和拥有专利证书较多的环保企业主要集中在合肥、芜湖、马鞍山等地，其自主创新机制已经初步形成，研发经费主要来源于企业自有资金。但环保产业较为落后的城市研发经费主要来源于政府资金支持，这类环保企业尚未成为技术创新主体。研发经费结构化差异对省内环保技术产业化发展有一定的影响。

二、原因分析

战略新兴技术产业开发和特色产业基地是构建培育环保装备产业集群的重要平台，但安徽省在新兴技术产业开发和特色产业基地发展存在诸多障碍。

（一）政策层面

环保装备产业发展所需的政策存在一定的偏差。首先，重大轻小，即重视对大型国有高新技术企业的政策支持，相对缺少对中小型企业特别是民营高新技术企业的合理的政策扶持和政府指导；其次，重过去轻未来，即偏重于对业已发展起来的前景比较明朗、风险比较小的企业支持，缺少对具有良好发展前景，但目前存在一定风险的创新技术企业的支持；再次，重成果轻培育，即对已具有一些成果的企业，政府各部门各方面积极支持，缺少对技术形成和创业发展的土壤、机制、制度的培育；最后，重有形资源，轻无形信息，即重视对企业的土地、设备、厂房、材料、资金等有形经济技术资源的投入，缺少对知识、信息、企业文化、品牌形象等无形资源的扶持。

（二）技术层面

安徽省内的新兴技术产业区主要通过税收、土地等优惠政策以及劳动力价格等优势吸引企业形成空间聚集，企业的主要动机是享受政府给予的优惠政策，而不是产业本身所产生的聚集效应。目前安徽省环保装备产业尚未形成关联和聚集效应。

安徽省环保装备产业形成新兴技术产业链必须具备优良的科技环境、金融环境、物流环境以及人文自认环境。目前，实现科技成果产业转化较为困难。而且，安徽省科技创新系统整合效率低，缺乏以企业为核心的产、学、研联合创新链。一方面，一些大学、研究机构和企业之间缺乏良好的合作机制和合作氛围；另一方面，大学和科研机构自我封闭，其科技研发与所在区域的经济社会发展脱节，与企业需求脱节，导致大学或科研机构并未较好地成为环保装备制造企业创新的重要外部来源和科技创新始发性资源的重要供应源。总体来说，整个环保装备产业缺乏集群性成长的良好公共关系网络。

第 4 章

安徽省智慧城市与美好环境装备发展战略思路和目标

安徽省大力推进节能减排，发展循环经济，促进节能环保产业发展，初步形成了覆盖环保产业四大类别的产业体系。在政策推动下，安徽省环保装备产业发展得到全面加速，目前处于全面发展期，市场需求巨大。随着环保事业的全面推进，市场需求已呈现出变化的趋势，具体表现在城镇环境基础设施建设初具规模、工业污染治理进入攻坚阶段、农村环境治理全面铺开等方面，环境修复需求逐步开启。如何在市场需求不断变化背景下积极应对且保持持续增长，对安徽省环保装备产业的发展是巨大的挑战和机遇。

一、发展战略思路

（一）发挥政府主导作用，推进全环保装备产业发展

安徽省仍处于污染集中治理的攻坚阶段，整个环保产业作为政策主导性产业的性质没有改变。因此，环保装备产业作为安徽省战略新兴产业的重要组成部分，政府发挥在机制设置、政策及标准制定、资金保障等方面的全面推动作用，将成为环保产业发展的重要动力。

（二）优化产业结构，培育龙头企业

安徽省环保产业发展初具规模，成为极具发展潜力的新兴产业。然而行业整体企业小而散、研发能力欠缺、龙头企业不足、产业集中度不高的问题凸显。当市场需求出现调整时，具备技术储备等综合竞争力优势、符合市场需求的优秀企业可立于不败之地。应积极推动企业技术研发与创新，培育真正具有市场竞争力的龙头企业，充分利用市场机制推进产业结构的调整与优化，加速中小企业的优胜劣汰。

（三）拓展新增长点，满足绿色要求

绿色发展是高质量实体经济的内在含义之一，环保装备的生产和使用更应该带头实施绿色化改造，为其他行业做表率。加速环境服务业的发展，通过政策推动为环境服务业类企业提供良好的发展空间。积极开展"城市矿山"等资源回收产业的发展，拓展新的增长点。推动绿色消费，倡导全社会积极购买绿色产品，带动各行各业绿色产品的开发，培育环保装备产业新的增长点。扶持省内环保企业走出去，针对外省环境治理市场的需求，对接安徽省的环境治理经验及环保技术与装备供给。

（四）加强内外合作，引进先进技术装备与管理经验

随着经济发达国家及地区污染治理需求市场的萎缩，国外企业也在积极拓展市场，其长年积累的管理模式、先进技术装备以及管理经验，将为安徽省的污染治理工作提供有益的帮助。在互利互惠的前提下，通过政府间、研究机构间、企业间等多种模式开展技术合作，加速推进安徽省环保装备产业的跨越式、可持续发展。

二、发展目标

随着经济发达国家及地区污染治理需求市场的萎缩，国外企业也在积极拓展市场，其长年积累的管理模式、先进技术装备以及管理经验，将为安徽省的污染治理工作提供有益的帮助。在互利互惠的前提下，通过政府间、

研究机构间、企业间等多种模式开展技术合作，加速推进安徽省环保装备产业的跨越式、可持续发展。

以高质量发展为导向，以战略性新兴产业为引领，立足全省，面向全国，结合智慧城市，将智慧环保技术装备产业打造成为促进安徽省经济转型升级和推进经济区协调科学发展的战略性新兴产业，形成新的经济增长点。到 2025 年，安徽省环保装备产业规模跃上新台阶，创新能力大幅提升，综合实力显著增强，产业组织结构进一步优化。到 2035 年，形成一批在国内具有较大影响的节能环保技术装备产业基地和骨干企业，构建高端、高质、高新为特色的实体经济、科技创新相互协同的现代环保装备产业体系，跻身全国节能环保技术装备产业大省行列。实现 2035 年建成与国家生态环境治理体系和治理能力相适应的生态环境监测体系与监测能力的目标。

（一）近期目标（2020—2025 年）

以夯实产业发展为目标，招商引资、科技创新、平台搭建、配套服务体系迈出坚实步伐，产业发展成效显著，经济总量迈上新台阶。到 2025 年，拥有一批自主知识产权的环保装备产业关键技术，大气监测、水质监测、固体废弃物处理处置等领域技术装备水平和服务能力达到国内先进水平。建设重大公共研发平台，引进高级人才，加快智能化信息管理平台建设和在线监测设备的创新研发，基本形成环保装备技术、制造、产品、服务的全产业链发展体系。建成 5 个百亿以上环保设备产业基地，全省环保装备及其相关服务产业产值突破 2200 亿元，拥有一批著名品牌的优势环保装备企业。环保装备产业占战略新兴产业比重达到 20%，产业年均增长率 15%。总体形成发展方向明确、产业布局合理、产业平台完备、服务配套完备的产业格局。

（二）远期目标（2026—2035 年）

产业规模进一步壮大，产业集聚带动作用凸显。到 2035 年，培育和引进 30 家左右产值过 50 亿元的骨干企业，建设 15 个百亿元级环境装备制造和服务综合园区，全省环保装备及其相关服务产业产值突破 7500 亿元，环保技术装备的标准化、系统化、国产化取得跨越式发展，基本建成长三角流域战略性新兴产业经济引领示范区。环保装备产业占战略新兴产业比重提升到 35%，拥有众多自主知识产权和国际品牌节能环保装备和产品，关键共性技术达到国际先进水平，成为环保核心产业，也是全省最富活力的经济增长极和产业集聚新高地。

三、技术路线图

安徽省智慧城市与美好环境装备发展技术路线图如图 7－7 所示。

时间	2025	2030	2035
战略目标	产值突破2200亿 建成5个百亿级以上环保产业基地	产值突破4400亿 培育20家产值过50亿的骨干企业	产值突破7500亿 培育和引进30家产值过100亿的骨干企业
重大需求	固废管理自动化	环卫管理智能化　大气监测智能化	天地空监测一体化
关键技术	环境质量在线监测智能化设备研发 满足多尺度监测的高精度自动化监测仪器设备研发 基于5G的通信网络标准化环境监测设备研发	完成网格化智能监测所需的无人载具设备的研发 固体废物绿色智能高效资源化设备研发 固体废物全过程管理监测设备研发	智能化监测设备的系统运行和管理设备研发 智慧环保大数据挖掘及应用技术装备研发 固体废物全过程管理运移处置监控平台研发
示范工程	智慧环卫巡查管理系统	"天地车人"大气监测一体化监测站　重点排污单位智慧监管平台	大数据智慧环保在线监控监管平台

图 7－7　智慧城市与美好环境装备发展技术路线图

第 5 章
安徽省智慧城市与美好环境装备发展政策建议和重点任务

一、政策建议

（一）制定并实施《安徽省环保装备制造业"十四五"发展规划》

围绕建设生态文明先行示范区的目标，把发展环保装备制造业作为安徽省培育先进装备制造业战略性新兴产业的首要任务，尽快制定《安徽省环保装备制造业"十四五"发展规划》。根据安徽省能源结构、产业结构、产业布局、污染类型和已有基础等，科学选择具有比较优势的环保装备制造业进行发展，要明确发展目标、发展重点和支持政策，实施环保装备制造业振兴行动计划。力争在"十四五"期间全省规模以上环保装备制造业产值占全省先进装备制造业比重的 30％以上，增加值年均增长 15％；在合肥、芜湖和马鞍山等市培育几家具有重大环保装备自主设计研发能力的重点企业研究院，形成一批具有自主知识产权的高端智能装备和知名品牌；在全省培育形成一批具有较强竞争力的环保装备集成制造龙头骨干企业；建设现代环保装备制造高新区，形成特色产品优势突出、具有一定规模、专业化协作分工合理的环保装备制造产业基地；构建创新能力强、市场占有率全国领先的环保装备制造重点产业链，推动全省环保装备制造业跨越式大发展。

（二）加快引进国际国内高端环保装备制造企业和项目

明确高端环保装备制造业的招商引资重点、方向，制定完善相应的鼓励政策，加强专业招商队伍建设，吸引全球环保装备制造业知名企业和跨国公司到安徽省投资创办高端环保装备制造企业，尤其要引进一批有助于弥补安徽省环保装备制造业短板、突破技术瓶颈、带动产业链整体升级的跨国强企。加强国际合作，积极探索和拓展利用外资的新形式，鼓励和引导外资进入环保装备产业领域，与安徽省企业合资合作发展高端装备制造业，支持央企和省属国有企业在安徽省投资环保装备制造业，加强央企及其技术研发机构、人才团队的引进工作。

（三）建立环保装备制造业高新技术研发中心和技术转化平台

（1）规划建设省级重点企业研究院。围绕形成环保装备产业链的整体优势，依托大型龙头骨干企业与装备工业设计、装备电子和软件、装备仪器仪表等科技型中小企业，培育一批省级重点企业研究院，按企业研发费用占主营业务收入比例，分档次给予每家一次性省级补助。

（2）实施环保装备制造产业技术攻关重大专项。围绕节能环保装备领域，组织实施目标具体明确的环保装备制造产业技术攻关重大专项，重点突破关键零部件、机电一体化芯片、系统智能控制软件等重大产业技术瓶颈。对承担上述技术攻关任务的省级重点企业研究院，每年优先安排省级攻关课题项目，并按研发费用占主营业务收入比重，分档次给予补助。

（3）实施环保装备制造业领域青年科学家培养计划。以创新平台和项目为依托，加大人才培养、选拔和引进的力度，汇聚一批环保装备领域具有国内领先水平的学科带头人和国内外优秀人才。引导企业建立和完善有利于优秀人才发展的收入分配制度，完善技术参股、入股等产权激励机制。支持高等院校加强环保装备相关学科建设，鼓励院校和企业共建教育实习基地，培养复合型节能环保人才。按照个人自愿、双向选择的原则，在省内高校、科研院所组织一批 35 岁左右的有培养前途的科技人才到省级重点企业研究院进行合作。鼓励支持环保装备制造业省级重点企业研究院积极引进海外工程师。

（4）实施最为优惠的科技管理政策，以最优质的政府公共服务环境，激发科技人员创新创造的动力，创造科技成果产业化的内生动力。

（四）健全和完善支持环保设备发展政策

（1）落实国家和安徽省对环保装备产业发展的财政支持政策，整合现有省级专项资金，每年从科技经费增量部分中安排一定的资金，加强财政资金引导，采用补助、贴息等方式，用于支持安徽省环保装备制造业的重点企业研究院建设、产业技术攻关重大专项和省级重点企业研究院引进海内外高端技术人才，支持环保装备技术进步、成果转化和产业发展。

（2）省战略性新兴产业专项资金每年安排资金支持装备制造业发展。研究制订促进环保装备产业发展的激励政策，完善环保产业发展奖励机制。支持企业实施兼并重组，对所发生的资产过户有关税收所形成的地方财政收入，各级财政可用于对企业的奖励，有关费用也可予以减免，落实税收优惠政策。

（3）对环保装备产品中的嵌入式软件，其增值税实际税负超过 3% 的部分实行即征即退政策，落实重大环保技术装备进口关键原材料和零部件免征进口关税和进口环节增值税等优惠政策。

（4）优先保障要素供给。各产业集聚园区的新增用地指标应优先保障环保装备制造业重大项目。

（5）建立加快重大环保装备项目开工达产的机制，对符合条件的环保装备制造业项目，优先纳入省重大产业项目库，由地方先行安排建设用地指标开工建设。

（6）加强政府引导，采取多种政策手段，支持形成多元化的社会投融资机制。构建投融资平台，引导各类创业投资、股权投资和民间投资加大对环保建设投入。加快设立多层次信用担保体系，落实特许经营权、收费权质押贷款。积极支持符合条件的骨干企业通过上市、发行企业债、中期票据和短期融资券等方式筹集资金。推动银企合作，创新金融产品，加大对环保装备制造企业的信贷支持，优先保障环保装备制造龙头企业用电、用能的合理需求。

（7）鼓励安徽省采购就地就便开展售后服务的先进环保装备，支持安徽省环保装备制造企业拓展市场，制订优先采购就地开展售后服务的成台（套）环保装备的激励政策，每年公布《安徽制造重点环保装备目录》，政府性投资及补助、省属国有企业投资和生态文明先行示范区建设投资的项目，同等条件下优先采购目录中的装备。

二、重点任务

近年来，污染治理领域需求萎缩，市场需求多元化。在这样的大背景下，环保装备产业的转型升级应全面加速，以应对市场需求的变化。结合大气、水和固废污染防治三大行动计划任务要求，优先实施重大环保专项技术产业化示范工程，推进创新型环境保护关键技术装备，以及物联网、云监测等环境信息产品研发与产业化，形成一批具有核心竞争力的智慧环保装备产品。

（一）环境质量在线监测智能化设备研发

子任务 1：在 2～3 年内针对市场需求，完成在线监测网点所需国产化智能化小型设备的研发。

子任务 2：环保装备发展需要借助互联网、大数据与智能化等技术实现升级换代。未来 3～5 年需要对单元设备的智能化设计、整体设备的智能化系统以及实时控制、远程监控系统进行研发，实现设备的智能一体化装配，以达到设备的最优运行和最低耗运行。

子任务 3：开发适应智慧城市建设和智慧环保要求的仪表设备，未来 5～10 年内完成 5G、人工智能、物联网、云计算、大数据等新技术同传统环境监测设备的有效融合，形成具有独立知识产权的智能化环境监测及在线管理平台设备。

（二）满足多尺度监测需求的高精度、小型化、自动化在线监测仪器设备研发

子任务 1：环境空气网格化监测设备

随着环境空气质量逐渐向好、污染物浓度逐渐降低，将对监测设备的最低检出限、精度、量程等性能指标提出更高要求。各地环境污染情况的不同可能促使环境空气监测从单指标向苯系物、氯化物、氟化物等多指标检测功能升级发展。未来 2～3 年内应组织高校及科研院所开发针对能够满足大气污染物低排放要求、多指标污染物的空气质量监测设备研发。

子任务 2：小型化水质自动监测设备

随着生态环境监测网络的发展和水质网格化监测的推广，水环境自动监测站需要进行更密集的布点，以满足污染溯源、水质预警、河长考核等大数据应用需求。未来 2～3 年内高校及企业研发部门应采用更加紧凑的仪器设备集成方案，开发小型或微型部件、微量化预处理和检测模块、高精度定量检测单元、试剂废液分流结构，在提高测量准确度的同时减少试剂消耗和废液排放，降低运维成本。

子任务 3：无人载具系统设备开发

采用无人机、无人船、水下机器人等载具系统，实现对大气、河流、水下的立体监测，有助于增加环境监测的细致度，提高监测工作效率。应组织高校及企业未来 3～5 年内合作开发能够搭载多种环境质量监测的无人载具系统设备，实现在线测定和实施传输。

（三）实现固体废物全过程管理的城市固体废物运移处置监控平台研发

固体废物在线监管系统是城市智慧环保体系的重要组成部分，通过对每份固废电子转移联单设置唯一电子编码，掌握固体废物的产生、运输、接收单位以及转移的数量、时间、路线等数据信息，结合视频监控、GPS 和重量监控等数据化技术，对固废转运全程进行无死角监控。耦合处置企业生产信息、固体废物电子台账和联单信息，全面排查企业固体废物处置信息，最终实现对固体废物从产生源头到处置末端的全过程跟踪监管。

未来 3～5 年内应研究开发城市固体废物智慧监管系统，开发建设固体废物全过程监控平台，以实时掌握固体废物的产生、贮存、转移、处置等动态数据，实现固体废物处理处置全过程在线监管。

（四）基于 5G 的通信网络标准化环境监测设备研发

基于 5G 速率更快、覆盖更广的优势，建设 5G 智慧环保监测平台，实时了解环境指标变化、精准进行溯源治理。环境监测设备存在多样性的特点，厂家不同设备不同，在通信协议及数据格式上存在很大程度差异。受此影响，连接不同监测传感设备的通信网络、通信效果、网络传输质量及传输效率等不能够满足智慧环保平台需求。

建议组织高校及企业未来 3～5 年内利用物联网技术，制定智慧环保统一标准，完成对所有种类的监测设备及通信网络的分析整合并配置相对应的驱动，实时监控信息传达全过程，确保信息获取的准确性以及信息传输的有效性等。

（五）智慧环保大数据挖掘及应用技术装备研发

智慧环保大数据挖掘是对采集的相关数据进行统计分析的过程，运用信息化手段挖掘大数据潜在规律和内在联系，通过统计分析、建立模型等方式，实现污染团的溯源分析、污染情况的预判分析、环境监管的管理分析等，也可有效解决传统工作模式中难以解决的问题。这主要由于智慧环保大数据主要是来自各种传感器设备，监测数据多为一组非线性统计相关的大数据信息组。环境质量检测数据准确度受到的约束因素较多，比如污染信息采集设备、环境及人为原因等，导致数据采集和分析的准确性不高，环保监测的有效性不好。因此，在发展监测设备及平台建设的装备的同时，需要开发相应的数据挖掘、分析及应用系统。

建议组织高校及科研院所未来 5～10 年研发建立基于智慧环保大数据的环境质量在线监测、预警、污染溯源技术，研发环境污染的源解析、预警、快速评价技术装备。

三、其他建议

安徽发展要突出区域特色。发挥安徽省已经形成规模的合肥、淮南、安庆等区域环保产业集聚优势，加强规划引导，重点发展市场需求大、技术含量高、产业化程度高的环保关键技术和产品，形成具有地区特色的优势产业。

参考文献

［1］工信部．关于加快推进环保装备制造业发展的指导意见［Z］．2017－10－25.

［2］国家发改委．关于促进智慧城市健康发展的指导意见［Z］．2014－08－27.

［3］前瞻产业研究院．2016－2021年中国智慧城市建设行业发展趋势与投资决策支持报告［R］．2016

［4］前瞻产业研究院．2018年智慧环保行业发展现状和市场格局分析［R］．2018

［5］中共中央办公厅，国务院办公厅．关于构建现代环境治理体系的指导意见［Z］．2020－03－03.

［6］住房城乡建设部．关于建立健全农村生活垃圾收集、转运和处置体系的指导意见［Z］．2019－10－19.

［7］住房城乡建设部．关于在全国地级及以上城市全面开展生活垃圾分类工作的通知［Z］．2019－04－26.

［8］国家发改委．关于推进大宗固体废弃物综合利用产业聚集发展的通知［Z］．2019－01－09.

［9］国务院办公厅．"无废城市"建设试点工作方案［Z］．2018－12－29.

［10］中共中央，国务院．关于全面加强生态环境保护坚决打好污染防治攻坚战的意见［Z］．2018－06－16.

［11］国家机关事务管理局．关于推进党政机关等公共机构生活垃圾分类的通知［Z］．2017－06－12.

［12］国家发展改革委，科技部，工信部，等．循环发展引领行动［Z］．2017－04－21.

［13］国家发展改革委．生活垃圾分类制度实施方案［Z］．2017－03－18.

［14］国务院．"十三五"生态环境保护规划［Z］．2016－11－24.

［15］国家发展改革委，住房城乡建设部．"十三五"全国城镇生活垃圾无害化处理设施建设规划［Z］．2016－12－31.

［16］住房城乡建设部．城市生活垃圾分类工作考核暂行办法［Z］．2018－06－14.

［17］住房城乡建设部．关于加快推进部分重点城市生活垃圾分类的工作通知［Z］．2017－12－20.

［18］国家发展改革委，财政部，住房城乡建设部．关于推进资源循环利用基地建设的指导意见［Z］．2017－10－29.

［19］环境保护部．"十三五"环境监测质量管理工作方案［Z］．2016－11－01.

［20］中华人民共和国国务院．中国制造2025［EB/OL］．http：//www.gov.cn/zhengce/content/2015－05/19/content _ 9784. htm＃，2015－05－08/2015－05－19.

［21］工业和信息化部．环保装备制造行业（大气治理）规范条件［Z］．2016－12－13.

［22］环境保护部．2017年全国生态环境监测工作要点［Z］．2017－05.

［23］国务院．"十三五"国家战略性新兴产业发展规划［Z］．2016－11－29。

［24］工信部，科技部．国家鼓励发展的重大环保技术装备目录（2017年版）［Z］．2017－12－27.

［25］国务院．打赢蓝天保卫战三年行动计划［Z］．2018－06－27.

［26］国家税务总局．研发机构采购国产设备增值税退税管理办法［Z］．2020－03－11.

［27］安徽省住房和城乡建设厅．安徽省智慧城管建设导则［Z］．2018－11－14.

［28］安徽省人民政府．中国制造2025安徽篇［EB/OL］．http：//www.gov.cn/zhuanti/2016－02/02/content _ 5038433. htm，2015－11－18/2016－02－02.

［29］安徽省经济和信息化委员会．安徽省"十三五"工业绿色发展规划［Z］.2017－01－13.

［30］安徽省经济和信息化厅．安徽省节能环保"五个一百"发展报告［Z］.

［31］安徽省人民政府．安徽省国民经济和社会发展第十三个五年规划纲要［Z］.2016－02－21.

［32］中共中央，国务院．关于加快推进生态文明建设的意见［Z］.2015－04－25.

［33］安徽省发展改革委．"十三五"安徽省城镇生活垃圾无害化处理设施建设规划［Z］.2017－09－20.

［34］合肥市人民政府．合肥市大气污染防治科技支撑实施方案（2019－2021年）［Z］.2019.

［35］安徽省人民政府．关于加强节能标准化工作的实施意见［Z］.2015－10－27.

［36］安徽省经信厅．关于大力促进民营经济发展的若干意见［Z］.2018－11.

［37］安徽省人民政府．支持首台套重大技术装备首批次新材料首版次软件发展的若干政策［Z］.2020－03－25.

［38］中国环境保护产业协会.2019中国环保产业发展状况报告［R］.北京：，2019.

第8篇

现代农机篇

摘　要

农业机械化是用机器装备代替人力、畜力进行工业生产的技术改造和经济发展的过程。农机是农业机械化的重要载体。现代农机相对传统农机，产品结构优化，作业条件改善，农机社会化服务领域拓展，使用效率和范围进一步提升。农业机械化和农机是转变农业发展方式、提高农村生产力的重要基础，是实施乡村振兴战略的重要支撑。

安徽作为农村改革的主要发源地，当前正处于从传统农业大省向现代生态农业强省跨越的关键阶段，做好"三农"工作意义重大、任务艰巨、要求迫切，必须久久为功、狠抓落实、务求实效。安徽是农业生产大省，也是农机使用大省。《安徽省"十三五"农业机械化发展规划》指出，农业现代化是全面建成小康社会的基础，农业机械化是农业现代化的根本支撑。只有加快研发与装备绿色高效安全节能的中高端现代农业机械，不断提升主要农作物生产全程机械化水平，加快发展农、林、牧、渔业等生产全面机械化，才能有效解放生产力，不断推进农业现代化。

安徽省农机化区域发展不平衡和领域发展不平衡，经济作物生产机械化还处于推进阶段，畜禽养殖设施设备不能满足标准化生产要求。同时，符合节能减排要求的新型农机研发和应用水平还比较低，复式作业、智能化、信息化等技术应用与国际先进水平相比还有较大差距。安徽在现代农机以及农机高端化方面大有可为。

当前，为推动城镇化和农业现代化快速发展，"十三五"期间国家布局和实施了"一带一路"战略、京津冀协同发展、长江经济带战略、打造沿海沿江沿线经济带为主的纵向横向经济轴带、中部崛起和皖江城市带承接产业转移示范区等一系列国家重大战略，为安徽省现代农机发展提供了全新的发展平台。安徽农机产业应以国家实施的"中国制造2025"、"一带一路"战略为契机，根据《全国农业机械化发展第十三个五年规划》和《安徽省农业现代化推进规划（2016－2020）》，结合安徽省农机化发展实际，重点发展高端农机、重点关键零部件和"互联网＋农机"，实现现代农机的持续稳定发展。

"十四五"期间，建议省委省政府在资金投入、政策引导、招商力度、人才聚集、产学研合作等方面继续大力加强安徽省现代农机发展，借助5G和智能制造新技术，支持乡村振兴，引进有品牌、有实力、有市场的农业产业化龙头企业，重点发展绿色农产品加工，以皖北小麦、皖南水稻、茶叶和草莓等典型农作物生产为引导，以土壤测定、精准播种、肥料配方、精准施肥、田间管理、无人施药、收割打捆、烘干仓储等一体化全过程为服务目标，建立现代农机开发、销售、补贴、使用、服务、租赁等"互联网＋"示范体系，形成安徽特色的现代农机发展新模式。

第 1 章
现代农机国内外发展现状及趋势

一、概述

党的十九大报告中提出"实施乡村振兴战略"是新时期做好"三农"工作的重要遵循；突出强调"要坚持农业农村优先发展""加快推进农业农村现代化"。习近平总书记指出，小康不小康，关键看老乡。脱贫质量怎么样、小康成色如何，很大程度上要看"三农"工作成效。要坚决打赢脱贫攻坚战，不获全胜决不收兵；要集中资源、强化保障、精准施策，加快补上"三农"领域短板；在 2019 年 12 月中央农村工作会议，提出针对农产品卖难、流通损耗大等现代农业的堵点，通过以奖代补、农机补贴、贷款贴息、落实优惠电价等措施，支持合作社、家庭农场、龙头企业投资，加大补短板力度。解决这两个问题，都离不开改变生产手段、生产方式，提高生产效率和生产能力，也就是离不开农业机械化和现代农业装备。在 2021 年全国脱贫攻坚总结表彰大会上，习近平总书记庄严宣告，经过全党全国各族人民共同努力，我国脱贫攻坚战取得了全面胜利。标志着我国从脱贫攻坚走向乡村振兴的转变。

农业机械化是用机器装备代替人力、畜力进行工业生产的技术改造和经济发展的过程。农机是农业机械化的重要载体。现代农机相对传统农机，产品结构优化，作业条件改善，农机社会化服务领域拓展，使用效率和范围进一步提升。

农机主要包括农用动力机械、农田建设机械、土壤耕作机械、种植和施肥机械、植物保护机械、农田排灌机械、作物收获机械、农产品加工机械、畜牧业机械和农业运输机械等。广义的农机还包括林业机械、渔业机械和桑蚕、养蜂、食用菌类培植等农村副业机械。

（一）农机分类及主要产品

根据农业农村部于 2008 年发布的行业标准《农业机械分类》，农业机械分为 14 个大类，57 个小类（不含"其他"）。农机产品应用于农业生产的各个方面。

（1）按产品用途

根据农业的特点和各项作业的特殊要求而专门设计制造的，如土壤耕作机械、种植和施肥机械以及农产品加工机械等；部分机械则与其他行业通用，可以根据农业的特点和需要直接选用，如农业动力机械、农田排灌机械等；根据农业的特点和需要把通用机械设计成农用变型装备，如农业运输机械中的农业汽车、挂车等，见表 8-1。

表 8-1 现代农机主要分类（产品用途）

农业机械分类	典型产品
收获机械	割晒机、薯类收获机、油菜收获机、秸秆粉碎还田机、棉花收获机、自走式玉米收割机、割草机等
耕整地机械	耕整机、开沟机、平地机、起垄机、筑埂机等

（续表）

农业机械分类	典型产品
种植施肥机械	条播机、插秧机、施肥机、营养体压制机等
田间管理机械	中耕机、除草机、修剪机、喷雾机等
收获后处理机械	脱粒机、摘果机、烘干机、脱壳机、清洗机等
农产品初加工机械	碾米机、榨油机、选果机、磨粉机、弹花机等
畜牧水产养殖机械	铡草机、青贮切碎机、挤奶机、增氧机、给料机、起网机等
动力运输机械	输送机、农用挂车、拖拉机、农用吊车、装载机、汽油机、柴油机等
排灌机械	喷灌系列、滴灌系列、水喷系列、过滤器、水泵等
基建设施农业设备	农用挖掘机、推土机、卷膜机、通风机、清淤机等
智慧新农业	植保无人机、农业物联网传感器、监控检测系统等

（2）按所用动力及其配套方式

按照用于农业机械的行走和移动进行分类，据此可以分为人力（手提、背负、胸挂和推拉）、畜力牵引、拖拉机牵引和动力自走式等类型；

按照用于农机工作部件的驱动进行分类，据此可以分为人力（手摇、脚踏等）、畜力驱动、机电动力驱动（利用内燃机、风力机、电动机等）和拖拉机驱动等。

按农机与拖拉机的配套方式，可分为牵引、悬挂和半悬挂等类型。

（3）按照作业方式

现代农机可分为行走作业和固定作业两大类。在行走作业的现代农机中，根据行进与作业过程中交替进行情况，又可以划分成连续行走式和的间歇行走式两类。在固定作业的现代农机中，可以分成在非作业状态下可以转移作业地点的可移动式，和作业地点始终固定的不可移动式两类。

（二）现代农机产品特点

在现代农业生产中，现代农机的应用极大地提高了生产率和工作效率，同时对改变农村劳动力结构、促进农村经济建设和发展有十分重要的作用。纵观农村对现代农机的需求和使用现状，现代农机产品主要呈现出差异性、层次性、注重实用性和功能性等特点。

1. 产品门类多、覆盖面宽

据统计，目前现代农机约有4000多个品类的农机，种植业机械产品一直是农业机械产品的发展重点。随着现代农业不断发展，各种新科技的不断涌现，农业机械化进程逐步加快。除种植业、畜牧业所使用的专用机械外，农产品加工业、林业、渔业机械，农业运输机械和可再生能源机械装备等农业各个领域的产品不断涌现，种类不断丰富。

2. 产品需求差异性大

首先是地区间购买力水平的差异，富裕地区、发展地区与欠发展地区在对农机产品需求的质和量方面表现出较大的差异。其次，地区间消费环境存在差异，除了基础设施状况不同外，更主要表现在平原、山区、丘陵、高原、草地、沙漠、江、河、湖、海等不同环境，造成不同地形的地区农机产品的需求存在差异；同一地区不同农作物使用的农机具也有差异。

3. 地域性和购买力的分散性较强

农村地域分布广、居住分散，难以形成像城市人口和需求的集中状况，农机销售和售前、售后服务的难度加大。此外，虽然农村居民购买力总体规模很大，但户均居民的购买力水平较低；同时，农村居民对农机产品品种消费的范围较广，涉及耕、种、收、施肥等各种农机具。

4. 售前售后服务要求高

农民获得的农机市场信息较为有限，同时消费观念落后，品牌认知度低，怎么买、买什么、如何使用等信息传播的主要方式是口头传播，农机产品消费的示范效应较强，售前咨询服务要求高。农业机械工作环境差，寿命短，更新换代迅速，维修成本高，农村交通条件差，通讯设施落后，对产品售中、售后服务要求高。

5. 产品使用具有季节性

不同季节需要不同作业来满足农作物生产的需要，各种专用的农用机械需要在不同的时间内完成各种农业作业，因此农机产品使用具有季节性，其消费购买和使用的时间相对集中。播种机械、收获机械的季节性尤其较为明显，这与当地的农作物品种、播种收割时间有关。迫于成本压力，农机生产企业无法在集中的时间内提供相应的服务，这就对农机企业服务能力调配提出了较高的要求。

6. 市场需求潜力大

《全球农业机械市场报告（2014—2018）》显示，全球农机市场 2013—2018 年的复合年增长率将达 7.97%。驱动市场发展的关键因素之一是全球人口的增长，市场中也将出现各种新兴的技术。同时，我国是一个农业大国，具有 15 亿亩的农业耕地，但农机设备使用比率相对发达国家来说还很低，因此中国农村对农机设备的需求潜力还很大。随着中国农村产业化进程推进，在今后农村使用农机设备方面还有巨大的发展潜力。

7. 智能化产品向农机精准作业控制领域发展

物联网、大数据、云计算和人工智能托最新技术应用，逐步成了各行各业现代化发展新的支撑和重要手段。农机产品逐渐进行深入的智能化、自动化、数字化、信息化变革，行业内近年来也越发重视智能制造，无人机、农业物联网传感器、监控检测系统等一系列智能产品，从之前单一的智能平台或者提高定位功能逐渐向农机精准作业控制领域发展，智能化农机从简单的概念正在变为现实。

（三）现代农机行业生产组织模式

一般产业的运作模式是从生产企业到经销商再到用户，而现代农机行业的运作模式则有一定区别（如图 8-1 所示）。由于农村居民获得的农机市场信息较为有限，品牌认知度低，农机产品消费的示范效应强，售前咨询、售后服务要求高，所以需要农机管理部门的引导、管理和支持。

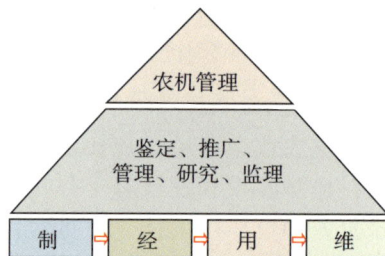

图 8-1　现代农机行业生产组织模式

二、国外现状

农业机械化是农业农村现代化先行条件，没有农业机械化就没有农业农村现代化。发达国家高度重视农业机械化建设，国际经验表明，通常基本实现农业机械化之后 10～15 年实现全面机械化，进而实现农业现代化。由于农业机械在农业生产中广泛应用，大幅度提高了农业劳动生产率，有力地保障了世界农业发展和食物安全。美国工程技术界曾经把"农业机械化"评为 20 世纪对人类社会进步起巨大推动作用的 20 项工程技术之一。

（一）世界农机产业发展主要特征

（1）市场竞争存在规模化和中小企业专业化并存特征

全球农业机械制造市场区域性需求特征明显。农机制造巨头市场占有率高，产品涵盖宽，其中约翰·迪尔公司、凯斯纽荷兰公司和爱科公司占据了全球农业机械三分之一左右的市场份额。日本以久保田株式会社为首的四大农机生产巨头，在全球建立了销售网络和生产基地。

（2）智慧农机逐渐发展

智慧农业是农业信息化发展的高级阶段，是全新的农业发展理念，是实现全要素、全链条、全产业、全区域的智能化，不仅贯穿农业生产过程，还包括农业经营、农业管理、农业服务等环节，内涵和外延更加宽泛，所涉及的理论、技术、系统和装备更加综合和复杂。

为适应智慧农业发展，农机开始向数字化、信息化、自动化和智能化方向快速发展。主要通过信息化技术提升农业机械的设计和制造水平、管理水平。包括各种智能控制技术、农业机械导航及自动作业技术，提高农业机械的作业性能和作业质量；农机作业的远程监控与调度，提高农业机械的利用效率和效益。

（3）农机开发和农艺相融合

世界各发达国家在本国农业机械化的进程中，都从本国实际需要出发，根据农业生产规模、农艺制度、农业资源等农业生产模式，以及经营主体、组织化程度、服务方式和作业规模等农业机械化经营模式的发展状况，发展适合本国农业生产特点的农业机械产品。

耕地较多的美国、加拿大、澳大利亚等国家走大规模机械化路线，主要发展大规模、集约化经营所需的大型、高效农业机械；英国、法国、德国等国家劳均耕地为 6～12 公顷，走中等规模集约机械化经营路线，以发展中等型号农业机械为主；人多地少的日本、韩国等国家，走小规模精细机械化路线，发展了育秧、机插、机收及干燥为主的全过程水稻种植收获的小型农业装备。

（4）国际资本对农机新技术研发投入持续增加

1837 年成立的约翰迪尔公司总共完成 21 起收购。2017 年 9 月以 3.05 亿美元收购 Blue River Technology 计算机视觉与机器人公司，开发的机器人 See&Spray，可利用计算机视觉监控棉花，使其免受杂草的侵害，精准喷洒能够防止对除草剂产生抗药性。可根据情况对每颗识别的植物进行管理，即依情况决定是否喷药。这一解决方案可减少普通喷洒模式下 80％的化学物质残留，降低 90％的除草剂费用，提高经济效益。

2017 年以 1.46 亿美元收购著名播种机厂家 Monosem，收购项目包括法国的 4 家工厂和美国的 2 家工厂，此次收购旨在加强约翰迪尔在精量播种技术方面的领先地位。精量播种机可一次性完成开沟、施肥、播种、覆土、施药、镇压等多道工序。更换不同播种盘，可播种玉米甜菜、豆类、谷物、油料等多种作物。

水稻机械行业的领导品牌之一的久保田于 2012 年完成收购全球最大的农机具生产商挪威格兰公司，并积极开拓中国旱田市场。

（5）配套件和产品服务逐步完善

约翰迪尔除了生产大型拖拉机等耕作机械，自身也研发了很多智能化的大型农业机械和配套应用。通过引入新技术开发出自动导航系统、能够大幅提高作业自动化率和精度、减少农业投入品的使用。通过"硬件＋软件＋服务"的方式开拓市场，提供不同等级的硬件投入和服务，差异化满足不同农户的需求。约翰迪尔的精准农业技术平台提供一系列产品和服务，如信号接收器、导航设备、田间监测设备、信号基站、水肥管理设备等。

（6）智能农机开发呈积极竞争态势

自 20 世纪 90 年代中期，美国将卫星导航系统安装在农业机械上，从而开启了农业机械智能化的先河。目前欧、美、日等发达国家农业不仅已经基本实现全面机械化，而且智能化农机应用也具有相当高的水平。

与传统功能性农机相比，智能农机拥有功能多样化、通用性强、作业效率高、安全可靠等优点。在主要应用方向上，包括了智能化收获机械、智能化喷药机械、智能化施肥机械、智能化灌溉机械、智能化播种机械、智能化设施农业装备、农业机器人等。GPS 和机器视觉是自动导航中应用最为广泛的技术，此外还有激光导航、地磁导航、惯性导航、动态路径规划和避障技术等。

（二）世界农机产品发展趋势

1. 大型化

针对欧美等发达国家的大型农场，国际知名农机企业都提供大型拖拉机、联合收获机、经济作物作业机械，以及与大型拖拉机配套的联合耕整地机械和精密播种机等产品。

凯斯纽荷兰工业集团生产的纽荷兰 CR10.90 型联合收割机搭载菲亚特 6 缸高压共轨蜗轮增压柴油机，功率最大达到 515kW，满足美国 Tier4B 排放标准。约翰迪尔公司的 9620RX 型全履带折腰转向拖拉机，额定功率达到 456kW，最大功率 492kW，配置高效动力换挡变速箱，可以同时满足手动操作的高效率和自动变速的舒适性，第 4 代指挥中心具有触摸屏显示器和刷卡功能，配置有智能化控制系统。

2. 专业化

与大公司生产全系列产品不同，国外的一些专业化公司只生产一种或几种机具，产品技术先进，形成了系列化。雷肯、马斯奇奥、格兰、库恩、阿玛松是专业生产各类农具的国际知名企业，德国格立莫、Holmer 公司是专业生产马铃薯、甜菜作业机械的国际领先企业，Dammann、Grim、Househan 等专业生产植保机械的企业；Rauch 是欧洲著名的施肥机械企业，科罗尼以牧草机械全球闻名，Kemper 是专业生产割台的公司。

产品普遍采用世界先进的计算机控制、GPS 系统实现自动化、精准化作业，在行业成为领导者，Kemper 公司的秸秆破碎机技术水平国际一流。

（三）多学科、多技术交叉

农机产品不再是单一机械产品，而是信息化和智能化等高、新、精、尖技术多学科、多技术融合的新时代产品。为适应精准农业的发展要求，预测模型、喷嘴滴灌技术、无人机技术、机器人技术、视觉检测技术等广泛应用，大型机具几乎都采用了 GPS 卫星定位系统，精确指导用户进行各种作业，产品科技含量逐步提升，性能单一的机具很难在市场上长期存在，机电一体化、专业化程度高的复式操作机械使用户操作更加简单、方便和舒适。

发达国家经过多年的发展，农机产品种类繁多、覆盖面广、技术水平先进，基本实现农业生产的全面机械化。我国虽然是农机制造大国和消费大国，但总体技术水平仍然具有较大差距，高端产品匮乏、低端产品过剩，智能化和信息化技术开发应用刚刚起步、关键核心部件和装置技术落后，产品技术水平和结构性矛盾突出，面临拓展领域、增加品种、完善功能、提升品质和可靠性等多重挑战。

三、国内现状

习近平总书记强调，大力推进农业机械化、智能化，给农业现代化插上科技的翅膀。农业机械是发展现代农业的重要物质基础，农业机械化是农业现代化的重要标志。当前，我国正处于从传统农业向现代农业转变的关键时期，加快推进农业机械化和农机工业发展，对于提高农业装备水平、改善农业生产条件、增强农业综合生产能力、拉动农村消费需求等具有重要意义。随着国家产业政策的支持、农民人均收入的增长以及农业生产方式的转变，我国农机行业发展总体态势良好。

2019 年，全国粮食播种面积 116064 千公顷，比 2018 年减少 975 千公顷，下降 0.8%。其中谷物播种面积 97847 千公顷，比 2018 年减少 1824 千公顷，下降 1.8%。全国粮食单位面积产量 5720 公斤/公顷，比 2018 年增加 98.4 公斤/公顷，增长 1.8%。全国粮食总产量 13277 亿斤，比 2018 年增加 5119 亿斤，连续 5 年站稳 1.3 万亿斤台阶，棉油糖、果菜茶等生产保持稳定，农业农村经济稳中向好，如图 8-2 所示。

图 8-2　2014—2019 年全国农作物耕种综合机械化率

　　2019 年，坚持农业农村优先发展，推动"藏粮于地、藏粮于技"落实落地，深入推进农业供给侧结构性改革，在保障粮食生产能力不降低的同时，稳步推进耕地轮作休耕试点工作。2019 年，全国农作物耕种收综合机械化率已达 70%，小麦水稻玉米三大主粮总体上已基本实现机械化，正加速向农业各产业全面机械化推进，机械化在我国农业农村现代化进程中发挥了重要作用，如图 8 - 3 所示。

图 8 - 3　2014—2019 年全国农作物耕种综合机械化率

（一）我国农业机械化现状

　　从 1949 年到现在，我国农机数量有了很大提高，质量也在不断增强，农机种类不断丰富，农田作业机械化水平显著提高，与国际间的农机技术交流与合作也得到了加强。但是相对其他国家和地区来说，我国农业机械化水平还比较落后，农机制造工业也存在较多问题，如部分地区农机产品结构性过剩、有效供给不足、发展不平衡、产品技术含量低、新技术和新设备不能得到很好的推广等，突出表现为大众产品产能过剩，高端产品不足；粮食作物机械相对过剩，经济作物和养殖业机械不足；耕种收机械相对过剩，收获后处理机械不足；平原机械相对过剩，山区丘陵机械不足，优质适用农业机械装备严重不足等。因此，中国农业机械还需要更长时间的发展，才能满足新型农业的需要。

　　我国农业机械化经历了从无到有、从有到多、从多到优的曲折艰辛过程，开创了一条中国特色农机化发展道路。相比传统农业生产方式而言，农机化生产是一种高投入的资源型、规模型生产，它能极大地提高劳动生产效率，促进粮食增产、农业增效、农民增收，实现农业现代化和社会主义新农村建设。近几年来，《中国制造 2025》《农机发展行动方案（2016—2025）》和《增强制造业核心竞争力三年行动计划（2018—2020 年）》等政策文件相继发布实施，我国农业机械化在众多利好政策引领下持续快速发展，整体呈现向上提升向好发展的趋势。

　　据农机工业协会数据显示，近年来，农机产业发展迅速，2016 年最高达到 4516 亿元。但 2018 年以来，下滑较大。2019 年，全国规模以上农机企业业务总收入为 2464.67 亿元，比上年同期下降了 4.43%，出现负数增长。2019 年超过 2000 万元/年收入的农机企业为 1892 家，比 2018 年的 2236 家减少了 334 家。2019 年行业利润为 103.39 亿元，比上一年下降了 0.25%。行业利润率为 4.76%。规模以上企业中亏损企业有 296 家，亏损面 15.58%。2019 年农机工业出口额 370.25 亿元，比 2018 年增长 14.82 个百分点。

　　农业机械化 2014—2019 年中国农机工业收入情况如图 8 - 4 所示。是转变农业发展方式、提高农村生产力的重要基础，是实施乡村振兴战略的重要支撑。没有农业机械化，就没有农业农村现代化。近年来，我国农机制造水平稳步提升，农机总量持续增长，农机作业水平快速提高，农业生产已从主要依靠人力畜力转向主要依靠机械动力，进入了机械化为主导的新阶段。

　　1. 农业机械装备水平持续提升

　　农业机械装备为粮食安全和农产品有效供给提供强有力的物质装备保障。在农村劳动力大量转移的

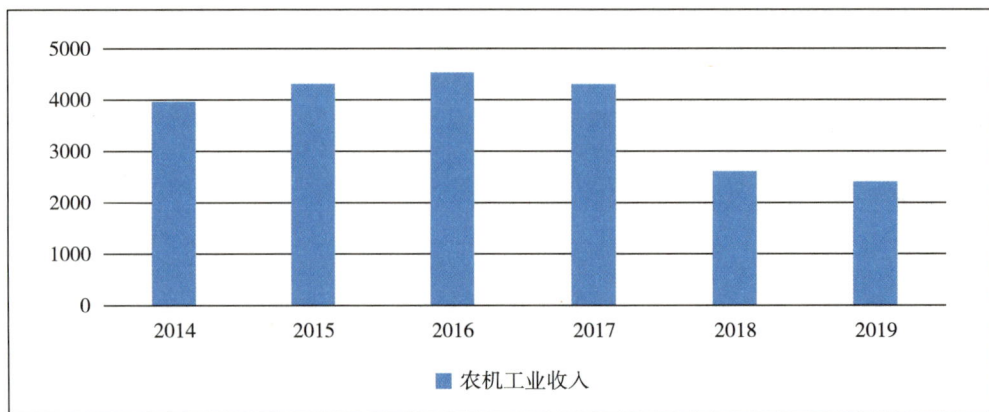

图 8－4　2014—2019 年中国农机工业收入情况

情况下，2019 年全国农作物耕种收综合机械化率达到 70％，粮食年总产量达到 13.28 千亿斤，我国人口增加到 14 亿人。如果没有农业机械化的发展，很难养活这么多人口。畜禽养殖、水产养殖、农产品初加工、设施农业、果菜茶等各产业机械化亦快速发展。

近年来，农业农村部紧紧围绕"缩范围、控定额、促敞开"改革方向和绿色生态导向，加大重点机具敞开补贴力度，着力提高生产急用机具的有效供给；启动农业机械新产品补贴试点，着力推动新产品新技术的应用；完善操作程序，强化信息公开、违规联查联动、绩效管理考核，着力促进政策高效规范廉洁实施。全年共使用中央财政补贴资金 228 亿元，补贴购置农业机械具 283 万台（套），受益农户数超过 246 万户，带动农户投入 500 多亿元。补贴政策实施工作在财政部组织的第三方绩效考核中，获得"政策实现度高"的最高等级评价。在政策和市场的带动下，全国农业机械装备总量持续增加，高性能机械及绿色环保机具增长迅速。2016 年农业机械总动力达 9.72 亿 kW，比上年（同口径）增长 7.77％。大中型拖拉机、联合收获机、插秧机、烘干机保有量增幅分别达到 6.87％、9.37％、6.25％、35.72％，新增秸秆还田离田、畜禽粪污处理、残膜回收等绿色环保机具 18 万台（套），装备结构持续优化。

但受农机产品需求多样、机具作业环境复杂等因素影响，农业机械化和农机产业发展不平衡不充分的问题比较突出，科技创新能力不强、部分农机有效供给不足、农机农艺结合不够紧密、农机作业基础设施建设滞后等问题亟待解决。

2．农业机械作业水平不断扩大

2018 年国务院印发了《关于加快推进农业机械化和农机产业转型升级的指导意见》（简称"国发 42 号文"）对农业机械化发展做出全面部署，要求推动农机产业向高质量发展转型，推动农业机械化向全程全面高质高效升级。

农业农村部深入开展主要农作物实施全程机械化推进行动，制定发布了全程机械化示范县评价指标体系，公布了首批 28 个示范县，在全国新布局 75 个创建县，成立推进行动专家指导组开展巡回指导，探索完善一批全程机械化生产模式。各省农业机械化主管部门将中心工作向全程机械化聚焦，开展了系列示范推进活动。江苏、吉林、浙江等省及一些地市以政府名义发布整体推进全程机械化的意见，全国主要农作物耕种收综合机械化率超过 65.19％；水稻种植和玉米、油菜、马铃薯、棉花收获机械化率增幅均超过 2 个百分点，主产区秸秆处理、高效植保、产地烘干能力明显增强。

农业机械作业水平提升有效带动了贫困地区产业发展，助力实现脱贫致富。农机行业积极投身脱贫攻坚工作，组织行业开展农机使用和专家指导，在国内部分贫困县，形成"土地集中管理与种植＋田间生产全程机械化＋产后处理→提升产品附加值＋品牌打造＋电商（线上线下销售网络）→促进产业发展"丘陵山区产业发展脱贫致富的典型模式，带动了当地贫困户和产业发展。

3．农业机械社会化服务水平显著提升

农业农村部制定发布了《全国农业机械深松整地作业实施规划》，围绕落实国务院《政府工作报告》

"增加深松土地 1.5 亿亩"的目标任务，及时制定工作方案，落实任务，明确责任，强化督导，抢抓农时，共完成深松整地面积 1.58 亿亩，整村整乡规模化推进和作业服务组织化程度明显提高，取得了政府满意、农户欢迎、机手增收等多重效果。

服务重要农时和抗灾复产，农业机械社会化服务水平逐步提升。农业机械化生产有力有序，2020 年春耕期间，各地克服疫情影响，积极组织农业机械投入抗疫复产，力保春耕生产不延误。全国有 7 万多个农机合作社投入春耕生产，通过"滴滴农机"的方式帮助农民足不出户就完成春耕，让小农户的春耕省心省力又省钱。预计合作社开展社会化服务面积将达到 2 亿亩，同比增加 6％。今年春耕投入的农机总量将达到 2200 万台（套），比去年增加 30 万台（套），能够充分满足春耕生产需求，植保无人飞机超过 3 万台，北斗导航、自动驾驶拖拉机和配套装备超过 2 万台（套），同比增长 15％左右。为减少春耕生产的人员聚集，有效防控疫情在农村扩散也发挥了重要作用。

4. 农业机械科技水平有了新的提升

农业农村部与工信部、发改委制定发布了《农业机械装备发展行动方案（2016—2025 年）》，明确了今后 10 年农业机械装备转型发展的重点方向和配套措施，描绘了建设农业机械制造强国的新蓝图。配合科技部启动了"十三五"国家重点研发计划"智能农业机械装备"重点专项的 36 个项目，农业机械研发实现由低层次向高水平转变。组织成立了谷物联合收获机械、饲草料生产机械和设施农业装备 3 个科技创新联盟，进一步构建了政府引导、以企业为主体的创新机制。增加现代农业产业体系农业机械岗位科学家近 1 倍，已启动 10 个农业机械化重点学科实验室、4 个科学实验站和 2 个科学试验基地建设，新规划布局建设 33 个，进一步壮大了创新人才队伍，改善了创新条件手段。加强新技术试验验证，开展"田间日"等参与式、体验式推广，创新了技术推广方式。适应新的发展需求，集中修订发布一批部级推广鉴定大纲，进一步强化部级推广鉴定能力建设。地方政府及骨干农业机械企业研发投入力度加大，创新驱动农业机械化发展正在成为行业共识。

新技术新机具应用力度加大。保护性耕作、玉米籽粒机收、油菜机直播等新技术示范应用步伐加快，"机收＋秸秆还田离田＋机种"等"一条龙"作业模式广泛应用，农业机械作业服务效率和作业质量明显提升。

信息化手段充分应用，"跨区直通车"手机 APP 等"互联网＋"农业机械服务方式开始普及，供需对接顺畅有效。

农业机械服务规模化、全程化、品牌化水平持续提高。以规范化建设为导向，全国新推出了 203 个农业机械合作社示范社，农业机械合作社数量超过 6 万个。农业机械社会化服务在保障农业生产进度、推动规模经营发展、促进农民增收中发挥了不可替代的重要作用。

国家高度重视农业机械化技术创新工作，农机化新技术推广不断取得新突破。"2019 年十大引领性农业技术"中，玉米籽粒低破碎机械化收获技术、油菜生产全程机械化技术、大豆免耕精量播种及高质低损机械化收获技术、北斗导航支持下的智慧麦作技术和棉花采摘及残膜回收机械化技术等新型农机技术被列入其中。其中玉米籽粒低破碎机械化收获技术是继 2018 年入选十大引领性农业技术后，2019 年再次入选。农机领域中，玉米密植高产全程机械化生产、黄淮海夏大豆免耕覆秸机械化生产、油菜机械化播栽与收获、花生机械化播种与收获、全程机械化植棉、茶园全程机械化管理、茎叶类蔬菜全程机械化、根茎类中药材机械化收获、农田残膜机械化回收、稻田冬绿肥全程机械化生产等 10 项技术列为全国农业主推技术。广适低损油菜分段/联合收获技术与装备、多垄多行花生播种联合作业装备、高效节能粮食干燥关键技术及成套设备、深施型液态施肥机等 11 项入选"2019 中国农业农村重大新技术、新产品和新装备"。

5. 农业机械安全生产形势持续好转

各地认真贯彻落实国务院免征农业机械牌证和安全检验等行政事业性收费的决定，协调抓好资金落实、政策宣传、制度完善等工作，创新安全监管机制，免征规费近 10 亿元，进一步密切了与农民群众的关系，提升了农业机械安全监管效果。举办农业机械事故应急处置演练，锻炼了队伍、检验了机制。深入开展安全生产大检查，加强安全隐患排查，组织安全生产月和安全生产咨询日活动，全面停止为"变型拖拉机"登记上牌，促进了全国农业机械安全生产形势平稳好转。完善质量安全标准，开展农业机械打假维权服务，组织插秧机等在用农业机械质量调查，切实维护机手合法权益，促进了农业机械化安全发展。

6. 农业机械化发展环境进一步优化

《全国农业现代化规划》对农业机械化提档升级作出了全面部署。国务院将耕种收综合机械化率纳入粮食安全省长责任制考核，2018 年发布《国务院关于加快推进农业机械化和农机产业转型升级的指导意见》（国发〔2018〕42 号）。农业农村部发布《全国农业机械化发展第十三个五年规划》，明确了今后一个时期农业机械化发展的行动纲领。《农业科技创新能力条件建设规划》《农业生产安全保障体系建设规划》等政策，对加大农业机械科研和农业机械安全生产基础设施建设投入进行有力的指导。农机具"场库棚"被列入高标准农田建设投资支持范围。各地积极研究和创设"利当前，管长远"的政策措施，江苏、湖南等省设立全程机械化示范县建设奖补资金，调动地方政府抓农业机械、促全程积极性。"互联网＋金融服务"在很多地方得到支持应用，农业机械化发展的政策体系日趋完善。

（二）我国农机制造工业现状

据统计，2019 年在国家农机鉴定部门申请鉴定登记的农机企业是 3320 家，享受补贴的农机企业是 2711 家，2019 年全国规模以上农机企业数量比同期减少了 340 多家。受企业规模、资金实力、技术积累等方面的限制，大多数企业还没有核心技术，仍处于一种品牌多而不强、杂乱无章的初级市场状态。2019 年农机市场处于饱和阶段，业务增长大幅放缓，我国农机行业正进入发展瓶颈期。需要完善农机产业的品牌建设，加强农机产品的核心竞争力，夯实农机产品营销渠道。

尽管我国的农业机械化成绩显著，但因限于农业机械制造能力和产业内部不平衡的现状，我国农业装备的高端制造与发达国家相比仍有一定差距，存在一些短板和薄弱环节亟待突破，主要表现在以下几个方面。

1. 产品结构单一，产品有效供给不足

在大力推进农业现代化的过程中，农机行业实现了跨越式的发展，尤其在 2004 年推出农机购置补贴的推动下，我国农机行业迎来了黄金十年。来自中国农机工业协会的数据显示，2004 年我国农机工业生产总值尚不足 800 亿元，2012 年首次突破了 3000 亿，成为"全球第一农机制造大国"，2014 年这一数据攀升到 3952.28 亿元，2016 年更是突破了 4500 亿元。然而，在农业装备市场规模迅速膨胀的背后，产业机构不合理等长期积累的矛盾显现，表现为"供不适需""有机难卖"，农机产能过剩与缺门断档并存。与部分创新产品、高质量产品畅销形成鲜明对照，传统、大宗、低端产品不同程度的"卖难"。

2019 年传统农机市场持续凸显疲软之势。拖拉机、粮食作物收获机、插秧机等均出现不同程度的下跌。大中拖市场缓慢复苏，小拖市场大幅度滑坡。全年销售各种拖拉机 59.32 万台，同比下滑 9.66%。销售各种联合收获机 24.94 万台，同比增长 1.3%。2019 年受深松、深翻作业补贴政策的拉动，耕整地机具出现增长，累计销售 69.26 万台。销售各种插秧机 5.81 万台；各种喷雾机 4.02 万台；畜牧机械 8.23 万余台；各种播种机 10.92 万余台，同比增长 83.76%；销售喷灌设备 4.13 万台，同比增长 48.81%。

与此同时，在一些领域一些环节还存在"无机可用""无好机用"的问题。丘陵山区、经济作物、畜牧养殖等很多领域的农机产品有诸多空白点，农业生产的很多关键环节缺乏适用机械。如甘蔗收获环节、牧草打捆转运环节、大葱、蒜、胡萝卜等作物的种植和收获环节等。中国每年种植蔬菜面积高达 3.2 亿亩，产量达 7 亿多吨。据有关数据统计，国内蔬菜种植机械化率却并未达到 20%。有些生产环节，如玉米收获等，国内市场过量供给问题十分突出，而规模化生产过程中急需的大型高效、多功能、自动与信息化智能装备的产能不足，如高端耕整机具、精量免耕播种机、大马力动力换挡拖拉机等仍然依赖进口。这与农业供给侧改革所需的农机化支撑要求有很大差距。

企业技术创新能力弱，主体地位没有真正确立，产学研推用结合不够紧密，研发和成果转化效率不

高；科技信用体系与权益保护机制作用发挥不够，科技人员的积极性创造性还没有得到充分发挥；农机产品创制"重设计制造，轻试验检测"，质量标准体系不配套，工程化验证缺乏等。

2. 制造技术和装备水平落后，产品质量和可靠度不高

我国坚持独立自主地发展农机制造产业已有60年，形成了一个较为完备的农机产业体系。但是由于起步晚，此前的发展主要以中低端整机组装为主，整个产业体系的分工程度还远远不够，能够带动的配套体系多集中于中低端。企业研发投入少，跟随战略成为主流。多数企业生产装备停留在20世纪七八十年代的水平，工艺技术落后，运营管理比较粗放，重数量轻质量少服务，先进制造手段不足。除少数企业产品在装备水平方面与国际公司接近外，较多农机产品相对落后，产品质量不高。表现在目前使用的农机具技术水平、操作性能、田间适应性和乘用舒适度较为落后，可靠性比国外机具差，在核心工艺材料、关键零部件、关键作业装置主要依赖进口，如大马力环保和节能型发动机、电液控制系统及控制软硬件、GPS导航系统、动力换挡传动系统、打捆机的打结器、采棉机的采棉指等关键零部件。

3. 产业集中度低，科研开发能力与国际水平差距大

受核心技术、关键零部件及制造能力的制约，国内200马力以上拖拉机、喂入量10公斤/秒以上谷物收割机、采棉机、甘蔗收获机等高端产品缺乏量产能力。大部分农机企业的研发费用占企业销售额不足2%，企业内研发主要集中在产品持续改进、改型上。农业装备领域的现代设计方法和室内模拟实验条件方法还不成熟，现代设计方法与试验检测条件滞后，三维模拟、工业设计等普遍尚未采用，产品开发周期是国际水平的2~3倍。这种状况下生产出的农机远远跟不上市场的需求，而国外进口机具又因价格等原因让用户望而却步。

与国外相比，国内农机行业竞争格局分散，产品同类生产企业多，中小企业多，产业集中度较低；国内的市场化体系建设仍不够完善，农机化领域的需求过于分散、季节性强，无法形成统一完备的巨量市场，单品细分市场规模不够，企业公关、管理、物流、服务成本过高。中国农机行业在包括信息系统、大数据服务、精准农业服务、人机结合服务等软硬件能力方面尚有欠缺，且受制于投入大，见效慢，人员能力不足等影响，企业层面缺乏提升动力和创新能力，并没有真正确立其主体地位。在行业科研方面，多数专业科研院所已转制科研型企业，生存压力导致基础研究动力不强。产学研推用结合不够紧密，缺少专业的成果转化机构和机制，对于民间科技成果缺少评估、扶持、孵化、转化机制，大量优秀创造停留在专利文件、样机阶段，技术转化率低，无法及时通过产业化供给社会。科技信用体系与权益保护机制作用发挥不够。

4. 农机制造工业供给侧结构性改革力度有待加强

农机具购置补贴政策的实施，对于农机企业和农户都具有相当大的普惠性，但是对农机制造产业的导向作用仍未充分发挥。新机具补贴政策尚未充分体现有效支持农机化发展，引导产品技术升级的作用。财政资金对农机企业技术创新的倾斜力度不足，尤其是在行业一些共性和基础技术研究方面缺乏必要的专项资金支持，产业化项目支持资金较少，建设周期较短。金融信贷对农民购机支持力度不够。

农机企业对外合作难，对外合作能力不足。近年来，各级政府为促进企业转型升级出台了较多的政策措施。综合评价这些政策措施，虽然起到了一定程度的引领作用，但总的来看政策精准度不强、效率不高、覆盖面不广。

农机产能过剩与缺门断档并存，中高端产品不多，机具适应性可靠性有待提高，环保压力大。在一些产业领域和一些生产环节还存在"无机可用""无好机用"的问题，薄弱环节、薄弱产业和薄弱区域机械化水平仍然不高。"供不适需"矛盾开始显现，传统、大宗农机产品产能过剩、需求下滑，不同程度的"卖难"；新兴、空白领域产品创制"供不足需"。

5. 农机农艺结合不够紧密

基础研究薄弱、机艺结合不紧密，原创性科技成果少，关键技术自给率较低，一些基础理论和关键共性技术研究尚处于工业化发展初期，受制于人的局面没有根本改变，还有很多短板和薄弱环节亟待突

破，高端、大型农机基本为外资品牌所占领。

全程全面高质高效农机产品不多，一些产业品种、栽培、农艺养殖技术、种养方式、产后加工、农田改造、配套设施等诸多方面都存在"宜机化"问题，即不仅种植业，养殖业也需要农机农艺结合；不仅是农田整治要实现"宜机化"，养殖规模、养殖方式、养殖品种等也需要"宜机化"。目前，现实生产中存在的品种、种养方式与机械化生产不协调，制约了农机研发、推广应用和作业效率与效益。集成配套的机械化生产体系和系统解决方案还不能满足实际生产的需要。

6. 农机作业需要的高标农田建设滞后

许多地方特别是丘陵山区，田块比较细碎，机耕道路缺乏，种植经营分散，导致农机"下田难""作业难"，存在"有机难用"的问题。已建设的部分高标农田建设并未达到"宜机化"要求，有的没有设计农机下田坡道，机耕道与田块之间高差在 60 厘米以上；有的排水设计不合理，排水沟高于田块，导致雨季时田中的水难以有效排出，影响作物种植。合作社农机库棚用地难以落实，农机具停放库棚设施缺乏，虽然国土资源部和农业农村部先后联合发布《关于完善设施农用地管理有关问题的通知》《关于进一步支持设施农业健康发展的通知》，明确兴建农业设施占用农用地，不需办理农用地转用审批手续；明确将粮食规模化生产所必需的粮食晾晒场、存储场、烘干塔、农机农资仓库等配套设施纳入设施农用地范围，但某些地方并未纳入农用地管理范畴。农机"存放难"和"保养难"问题比较突出。

第 2 章
安徽省现代农机发展现状及存在的不足

一、国内地位及发展现状

（一）国内地位

1. 安徽农业生产状况

安徽地处中国华东腹地，区位优势明显，农业资源丰富，农产品比重大。全省土地面积 13.96 万平方公里，其中耕地 8800 万亩、林地 5600 万亩、养殖水面 870 万亩。全省户籍人口约 7000 万人，常住人口约 6100 万人，其中乡村户籍人口约 5300 万人。农业气候条件适宜，年平均气温 14～17℃，年降雨 700～1700mm，年无霜期 200～250 天。农业品种资源丰富，有野生植物品种 3200 种，野生动物品种 500 多种。地形地貌复杂多样，长江、淮河分别流经安徽 416 公里和 430 公里，平原、丘陵、山地各占三分之一。安徽地处南北气候过渡带，洪涝、干旱、风雹、低温冷冻害等自然灾害发生频繁，对农业生产造成不利影响。

安徽是全国粮食主产省。常年农作物种植面积超过 1.3 亿亩，其中粮食作物面积占 75% 以上，总产量 3500 万吨，面积居全国第 4 位，总产量居全国第 6～8 位。粮食作物主要有小麦、稻谷、玉米、大豆、薯类和其他旱粮作物，其中小麦常年播种面积 3650 万亩，总产 1400 万吨；水稻面积 3450 万亩，总产 1450 万吨；玉米面积 1300 万亩，总产 500 万吨；大豆面积 1250 万亩，总产 130 万吨。大宗经济作物主要有油菜、棉花、蔬菜等，其中，油菜籽播种面积 700 万亩，总产 110 万吨；棉花面积 250 万亩，总产 16.5 万吨；蔬菜面积 1418 万亩，总产 2892 万吨，其他如茶叶、蚕茧、水果、中药材等都是重要的经济作物。丰富的农产品资源不仅满足省内需求，而且在国内和国外市场都占有一定的份额，一些特色农产品在国际市场上，受到消费者欢迎。

2. 安徽农机产品在国内地位

近年来，安徽省农机化工作以"提质增效转方式、稳粮增收可持续"为主线，通过着力引进人才、扩大投资，打造产业集群，安徽现代农机产业已经发生了显著变化，着力落实强农惠农富农政策，深入推进农机化供给侧结构性改革，加快促进农机农艺农信融合，农机化发展取得显著成效，为粮食增产、农业增效和农民增收提供了有力的装备科技支撑。

安徽农机装备总量逐年增长，高于全国平均水平。安徽省农业机械化水平不断提升，为现代农业发展提供了坚实支撑。2018 年农机总动力为 6542.7 万千瓦，主要农作物耕种收综合机械化率达 79.2%。2019 年农机总动力为 6650.5 万千瓦，主要农作物耕种收综合机械化率超过 80%。

由于安徽省农机购置补贴政策的稳定实施，2019 年在全国农机市场低迷的情况下，安徽的农机市场却逆势增长，扭转了连续两年下滑的态势，为安徽省的农业生产和农机化发展做出了贡献。2019 年度全省共补贴农机具 125060 台，比去年增长了 28359 台，增长率为 29.33%；全省共使用补贴资金 12.513 亿元，比 2018 年增长 4.48％，购机金额达到 44.94 亿元，其中拉动农民投入 32.422 亿元，补贴受益农户 88122 个，比 2018 年增长 28％。

安徽省的农机品牌企业深耕农机行业几十年，除了拥有深厚的技术积累，同时也建立起良好的口碑及品牌影响力，安徽省本土品牌现代农机产品在国内关注度和影响力持续提高。

中联重机股份有限公司产品覆盖小麦、水稻、玉米、油菜等主要农作物的土地耕整、种植、田间管理、收获、烘干、秸秆综合利用等农业生产全过程，产品已形成拖拉机、收获机、经济作物机械、烘干机、农机具等系列组合，并积极推动"互联网＋智能农机"的智慧农业发展，高起点跨入人工智能技术领域，是国内首家 AI 农业装备制造企业。在北美设有高端农机研发中心，在安徽、河南、浙江等地建有研发、生产制造基地，拥有完善的研发体系和国内外营销网络，制造能力和产品都具备很强竞争力。

合肥美亚光电技术股份有限公司公司被评为"国家规划布局内重点软件企业""国家火炬计划重点高新技术企业""国家创新型企业""安徽省纳税信用 A 级企业"。其产品荣获："国家重点新产品"、首批"国家自主创新产品""安徽省名牌产品"，并先后获得了安徽省科学技术奖一等奖、国家科学技术进步奖二等奖，旗下的"安科"商标被评为"安徽省著名商标"。

安徽中科光电色选机械有限公司专注于农产品智能光电分选设备研发二十年，坚持自主开发道路，完成了基于可见光、紫外光、红外光、X 射线的系列化产品开发，广泛应用于大米、杂粮、茶叶、蔬菜、水果、海产等加工领域，国内市场占有率 25％以上，远销欧美、东南亚、中东、非洲、南美等一百多个国家和地区。公司被评为"国家火炬计划重点高新技术企业""安徽省创新型企业""安徽省纳税信用 A 级企业""省级工业设计中心""省级企业技术中心""国家级博士后科研工作站""安徽省创新产业基地示范单位"。产品荣获："安徽省重点新产品""安徽省名牌产品"，并先后获得"国家粮油学会科技进步三等奖""省科技进步三等奖"，拥有"中国驰名商标""安徽省著名商标"等品牌。

（二）发展现状

1. 安徽省现代农机产业总体情况

安徽是农业大省，是国内唯一全部具有平原、丘陵、山区等耕地的内陆省份，大量需要各种农机。但新中国成立以后农机产业却一直是块"短板"。

近年来，安徽省委省政府高度重视农机产业，聚焦关键薄弱环节，着力推动农业机械化向"全程全面高质高效"升级，作业水平和服务能力稳步提升。以水稻、油菜机械化种植，花生、薯类机械化采收，加快灌排、植保、秸秆处理、烘干等全程环节农机开发，形成小麦等 7 种主要农作物生产全程机械化模式。安徽省同时根据国家政策要求对深耕深松、水稻机械化种植、高效植保和秸秆综合利用等机械化作业服务给予补助。2019 年安徽省农作物耕种收综合机械化水平见表 8－2。

表 8－2　2019 年安徽省农作物耕种收综合机械化水平表

序号	项目	单位	总体	小麦	水稻	玉米	大豆	油菜	马铃薯	花生	棉花
1	播种面积	千公顷	8778.76	2875.86	2544.76	1138.56	649.89	357.02	4.78	144.15	86.30
2	免耕面积	千公顷				431.40					
3	综合机械化水平	％	80.01	96.31	86.31	87.12	74.40	65.57	58.43	63.69	35.34
4	机耕面积	千公顷	7570.04	2825.38	2510.35	599.23	391.98	321.13	4.47	137.64	69.89
5	机耕水平	％	86.23	98.24	98.65	84.74	60.31	89.95	93.51	95.48	80.98
6	机播面积	千公顷	5970.52	2620.83	1476.79	1041.76	550.57	134.68	1.43	70.59	6.63
7	机播水平	％	68.01	91.13	58.03	91.50	84.72	37.72	29.92	48.97	7.68
8	机收面积	千公顷	7350.39	2844.28	2496.98	978.35	538.48	217.48	1.92	51.92	1.85
9	机收水平	％	83.73	98.90	98.12	85.93	82.86	60.92	40.17	36.02	2.14

2019 年，安徽省农机工业产值近 180 亿元，进入快速发展时期，现代农业机械产业规模逐渐扩大，全省从事农机产业规模以上企业 160 家，预计到 2025 年产值有望达 300 亿元，本省自产的农业机械可以覆盖本省整个农业生产全过程 90％以上领域，小麦收获机械已经占据了全国销量的半壁江山，形成了一批主要龙头企业和特色产品。

以中联重机为龙头，成立了芜湖三山现代农机产业集聚区，依托人才培养、公共研发、检测检验、投融资服务、示范应用推广、项目载体、政策支持等支撑平台，形成了完整的发展产业链。

以安徽辰宇机械科技有限公司、安徽谷王烘干机械有限公司等为龙头企业，逐步形成具有安徽特色的烘干机产业集群，企业数占全国烘干机企业 34％。

以合肥美亚光电技术股份有限公司、安徽中科光电色选机械有限公司等证券市场主板上市公司为龙头企业，已逐步形成具有全部自主开发技术的合肥智能分选产业集群，技术水平和欧美、日韩同类产品相当，占据国内 90％市场，并出口到"一带一路"沿线国家。

安徽省安庆、六安地区茶叶机械生产企业众多，逐渐形成了皖南皖西茶叶机械产业集群，相关技术呈竞争式发展，规模逐步扩大，相关产品主要覆盖安徽、江苏、湖北、河南和福建等省的绿茶生产。

安徽省阜阳、蚌埠地区拖拉机及配套农机具生产企业众多，逐渐形成了皖北拖拉机组装和配套农机局产业集群，主要生产旱地耕种用拖拉机产品销售和服务工作，产品受到东北、华北、西北等地农户好评。

中国电子科技集团公司第四十一研究所（41 所）开发的"依爱"系列电脑控制孵化机、模糊控制孵化机、智能汉显孵化机等产品均填补了国内空白，使我国的孵化设备技术水平达到国际领先地位。孵化设备生产能力国内第一，国内市场占有率始终保持在 70％以上，成为我国乃至世界上实力最强、规模最大、销量最多的现代化孵化设备研发生产基地。安徽省其他农机骨干企业基本情况见表 8 - 3。

表 8 - 3　安徽省其他农机骨干企业基本情况一览表

企业名称	地点	主要产品	资产总额（万）	2018 产值（万）
中联重机股份有限公司	芜湖市	耕种类、收获类、烘干类、秸秆装备等系列	572311.35	173326.20
安徽聚力粮机科技股份有限公司	阜阳市	扦样机系列、清选设备系列、扒粮系列、输送系列、烘干系列、智慧粮库系列	9010.94	6673.30
合肥三伍机械有限公司	合肥市	谷物干燥机	8017	3842.00
安徽艾格瑞智能装备有限公司	合肥市	智能秸秆捡拾打捆机械、智能植保机械、智能园林机械、烘干机械、耕作机械	2448	300.00
滁州奥岚格机械有限公司	滁州市	粮食烘干机械、果蔬烘干机械、仓储设备生产销售	2000	1703.00
联发凯迪（庐江）农业装备有限公司	合肥市	拖拉机、农机具、内燃机配件、塑料机械、纺织机械	7931	
安徽顺达农牧机械锻造有限公司	宣城市	农牧机械配件加工、锻造、销售	1031	2100.00
安徽省舒城县鸿大农机有限公司	六安市	拖拉机系列	2200	14875
安徽艾瑞德农业装备股份有限公司	芜湖市	指针式喷灌机、中心支轴式喷灌机、平移式喷灌机、卷盘式喷灌机等	4140.76	4232.54

2. 科技创新作用显现，产品门类基本齐全

近年来，安徽省产业生态不断完善，在农用机械研发领域等高端要素集聚和支撑能力不断增强，着力打造公共研发、检测检验、人才培养、投融资服务、示范应用推广、项目载体、政策支持七大平台，

不断完善农机产业生态。

科技创新作用逐渐显现，拥有安徽省现代农业装备产业技术研究院、安徽特种农业装备产业技术研究院、中机精密成形产业技术研究院、安徽中科智能感知大数据产业技术研究院、农业农村部南方主要农作物生产技术与装备重点实验室 5 个公共研发平台。其中，中联重机农业农村部南方主要农作物生产技术与装备重点实验室于 2018 年 1 月 10 日获得农业农村部批准为"十三五"企业重点实验室；机械研究总院北京机电研究所控股的中机精密成形产业技术研究院已批量试生产，并为长城主机厂提供新产品研发试制；安徽中科智能感知大数据产业技术研究院开展运营，与中联重科、皖南烟叶签订战略合作协议，入围北斗现代农业示范项目。

产品门类基本齐全，中联重机在芜湖工业园生产 4 大类共 11 款农机新品，涵盖农业生产全程机械化的拖拉机、收割机、烘干机、打捆机等高技术附加值产品，可以覆盖小麦、水稻、玉米、油菜、甘蔗等主要农作物育种、整地、播种、田管、收割等生产全过程。主要产品包括拖拉机、收获机、烘干机等 10 多个产品线、50 多个产品平台、750 多种产品资源的组合，是中国本土产品链最全的农业装备制造商。

3. 产业承载能力逐步提升，产业资源要素正在集聚

合芜滁三市交通优越，拥有以公路、铁路、水路、航空相结合的完善综合交通网络体系。要素成本优势明显，合肥具有承东启西、接连中原、贯通南北的重要区位优势，是全国性综合交通枢纽城市之一，衔接多种运输方式，是可以辐射一定区域的客、货转运中心。芜湖是皖电东送、皖煤东输的必经之地和"西气东输"、"川气东送"天然气接收城市，水、电、气供应充足。滁州毗邻长三角，是京沪之间重要通道，皖江城市带承接转移示范区重要一翼，长江北岸新型产业发展基地。三市拥有国家级开发区 5 个，省级开发区 24 个。地理区位优势明显，优秀人才逐步集聚，土地供应相对充足，用工成本相对较低，投资创业政策优惠，能为现代农机产业制造迅速发展提供较好的空间，可以聚集一大批为农机制造产业配套的零部件和基础装备制造企业。

合芜滁三市作为皖江城市带承接产业转移示范区的核心区，地域相连、交通便捷，同城化、一体化发展加速推进，各类要素资源的全面整合，不断激发地区经济活力，有利于充分发挥本地区材料、装备、工艺的比较优势，提高本地区农机制造的整体水平，促进不同类别农机产品的互补和对接，共同打造具有核心竞争力的农机制造产业集群，进一步辐射提升中部地区经济发展。

4. 安徽省现代农机重点发展区域

目前，安徽省农机企业主要集中在合肥、芜湖、滁州、六安、宣城等地，汇聚了安徽省 80％以上的农机企业，各自具有不同的发展特点，骨干企业也具有鲜明的特色。

(1) 合肥现代农机

近几年，合肥农机产业迅速发展壮大，其中色选设备研发、生产、销售极具特色，骨干企业在国内外具有显著知名度和影响力，发展速度较快。

安徽中科光电色选机械有限公司已形成年产 4000 台智能光电分选设备、年产值超 4 亿元的规模，自主开发的可见光、红外、紫外、X 射线光电分选设备广泛应用于粮食、蔬菜、水果、海产等加工领域，国内市场占有率达到 25％以上并持续扩大，产品远销欧美、东南亚、中东、非洲、南美等一百多个国家和地区。

合肥美亚光电技术股份有限公司位于安徽省合肥市高新区，是一家专业从事光电检测与分级专用设备及其应用软件研发、生产和销售的高新技术企业。经过多年的发展，公司已成为国内重要的光电检测与分级专用设备生产基地，已形成年产 3000 多台各类光电检测与分级专用设备的生产能力，处于国内同行业领先地位。其主要产品大米色选机、杂粮色选机、茶叶色选机和 X 射线检测机是食品安全的关键设备。公司始终保持较高盈利能力。2019 年公司毛利率 55.45％，同比增加 0.51 个百分点；净利率 36.29％，同比增加 0.17 个百分点。分产品看，公司主要产品毛利率保持稳定。公司持续加大研发投入，研发投入从 2015 年的 5537.39 万元增长至 2019 年的 9194.64 万元，期间研发投入全部费用化。截至 2019 年，公司拥有研发人员 457 名，同比增加 15.40％，占比 36.83％，同比增加 1.41 个百分点。

安徽信远包装科技有限公司成立于1997年，公司坐落于合肥市紫蓬工业区泗洲工业园，专业从事粉粒料电子定量包装秤、肥料包装机、全自动计量充填包装机、BB肥包装生产线设备、多种物料配料混合包装系统的研发与制造。公司计量包装设备在肥料行业中的应用，取得了飞跃性的发展，其中BB肥全自动配料、混合、包装生产线，以其先进的工艺技术、稳定的性能、独特的结构设计，赢得了肥料生产企业的广泛赞誉；该生产线技术成熟，集自动配肥、混合、定量包装于一体，电脑全自动控制，可以针对不同土壤实现目标配肥，产量大、自动化程度高、操作维护方便，具有极高的性能价格比。

劳弗尔视觉科技有限公司是总部设立在安徽合肥的一家专注于机器视觉与人工智能农产品分选设备研发、生产、销售和技术服务为一体的国际高科技企业。公司全力推进视觉工业与分选领域的开拓及创新，致力于研制更高效、更智慧的高端分选装备及解决方案，拥有可见光、红外线、X射线等分选技术，无论颜色、形状、材质以及成分都能实现全自动在线无损分选，为全球用户提供整体智能分选解决方案。

（2）芜湖现代农机

芜湖作为安徽省首批14个战略性新兴产业发展基地之一，芜湖现代农业机械产业集聚发展基地以创新为抓手，优化服务体系，瞄准建设国内一流农机基地的目标，引导企业着力推动产品结构调整和技术升级，形成了现代农业机械的完整产业生态，基地集聚发展势头加速呈现。基地现有农机企业100余家，拥有农业机械产品800余种，产业规模居全国第四位，产品种类居全国第一位，完成固定资产投资近120亿元。中联重科股份有限公司研发出大型拖拉机、大型高效联合收割机等高端农机、引领国内农机向高端迈进，向"智慧农业、精准农业"方向发展。

玉柴联合动力股份有限公司主导产品YC6K系列发动机，以世界最新发动机为基础自主开发，集成了当今世界最新技术成果，拥有30多项技术发明专利。独创性引入精确燃烧和电子控制技术，实现更少油耗和更低排放；发动机逆向横流冷却技术和高强度材料的成功创新运用，大幅度提高了发动机使用寿命，排放可满足欧Ⅵ标准，具有欧洲最新量产发动机技术水平。

安徽鲁班集团神牛机械有限公司是全省唯一生产系列水田耕整机企业。神牛牌1LB-4型系列水田单轮耕整机、SN-51型双轮耕整机、SN-81型手扶拖拉机，SNC18型园艺拖拉机先后获国家星火科技奖、国家级新产品、首届中国国际农业博览会名牌产品、安徽省名牌产品、安徽省质量信得过产品等殊荣。

（3）滁州现代农机

近年来，滁州农机产业发展也十分迅速，涌现出一批比较有代表性的企业。

滁州奥岚格机械有限公司是专业生产和销售粮食烘干机的厂家。拥有先进的数控加工装备，稳定的专业技术人才团队，完善的产品结构，积极的售后服务。开发出高品质、高性能的数字化烘干机产品平台，并根据市场特点自主研发的"称重粮食烘干机"，可以随时直观显示被烘谷物重量；"空气能粮食烘干机"低碳环保，低使用成本，长使用寿命长。自主开发的吸入式低温粮食烘干机，烘干均匀，热交换式热风炉，杜绝烟尘进入烘干仓防止致癌物质与粮食接触，同时防止火星进入烘干仓引起火灾。

全椒金竹机械制造有限公司自2003年开始从事粮食烘干机研发试验工作，是安徽省创立较早的专业粮食烘干机制造商之一，自主研制的金竹牌系列粮食烘干机，拥有完全自主知识产权，共获得23项专利授权，其中发明专利2项。获得农业农村部及安徽省农业机械推广鉴定证书共8项。已录入《国家支持推广的农业机械产品目录》，在主销省份均享有农业机械购置补贴。产品销售到安徽、江苏、江西、湖南、湖北、山东、河南、河北、东北等十余个省市，出口远销东南亚国家及南美、非洲等地区。

（4）六安现代农机

安徽辰宇机械科技有限公司是一家集粮食烘干机、热风炉研发、智造、销售和服务于一体的国家高新技术企业，注册资金1800万。现有1个总公司、3个子公司、1个实验中心、2个产学研基地。从事低温循环式谷物干燥机的研发制造，产品获得多项国家专利，并通过农业机械推广鉴定，列入农业农村部国家支持推广的农业机械产品目录和农机购置补贴产品目录。公司先后荣获"中国十佳粮机企业""中国谷物干燥机行业十大影响力品牌""中国高效节能优质产品"等多项荣誉。目前公司开发经营的主要产品有：5H系列低温谷物干燥机及CY5L系列热风炉产品。5H系列低温谷物干燥机广泛适用于稻谷、小麦、玉米、大豆等多种物料的商品粮及其种子的烘干，可保证粮食品质及种子发芽率，提高物料的商品价值。采用微电脑控制，具有自动报警，在线水分检测等功能，自动化程度高、操作简便、连续工作时间长、生产效率高、烘干成本低，确保粮食烘干精确安全。CY5L系列热风炉产品采用秸秆、稻壳、花生壳、豆秸、废柴等生物质能原料作为燃料，充分利用废弃资源、降低客户使用成本的同时还能有效降低能耗、节约能源、优化环境。

（5）宣城市现代农机

宣城市高度重视茶叶、山核桃等产品的田管、采收、加工等机械化产品的开发，加快山区机械化发展，引导茶农使用先进适用茶叶机械，加快"机器换人"步伐，助推山区特色产业提质增效，提升农机化在乡村振兴中的贡献率。

宣城市绿源机械制造有限公司专业从事各类茶叶机械研发制造，经过近二十多年的发展，获得"安徽省民营科技企业""国家高新技术企业""专利示范企业""安徽农民最满意的农机品牌""宣城市名牌产品""宣城市农机协会会长单位""市区两级龙头企业"等殊荣。

二、存在的不足

（一）农业机械装备结构不合理，农业机械化总体水平不高

目前，安徽省大中型农机具较少，小型农机具较多，大型农业机械占农机具总量比例低。农机具配套比例失调，主机多、配套农具少，一般技术水平的农机多、高性能的农机少。农机作业无法形成规模，导致工作效率受到限制，农业机械作业范围窄，使其整体功能发挥不尽合理。一家一户低层次重复购置率偏高，并且组织化程度、使用量、利用率均偏低。

农机农艺融合不够。一些产业品种、栽培、装备不配套，种养方式、产后加工与机械化生产不协调，制约了农机研发、推广应用和作业效率效益。集成配套的机械化生产体系和系统解决方案缺乏。

农机作业的基础设施建设滞后。许多地方特别是丘陵山区，田块比较细碎，机耕道路缺乏，加上种植经营分散，导致农机"下田难"、"作业难"。机具停放库棚设施缺乏，"存放难"和"保养难"，农机作业的基础设施建设滞后。

（二）总体产业规模有待进一步提升

产业集聚基地起步较晚，现代农业机械产业规模不大，没有形成积聚效应，产业链不完备，区域配套能力不强，制约了产业的快速集聚发展。

龙头企业面临转型阵痛和压力。受大环境影响，农机市场面临急剧转型，市场急需的高端农机产品尚在研发推进中，资金的投入和市场的推广都面临较大压力。

产品质量和可靠性不高，制造技术和装备水平落后，企业家面对惨淡的农机市场信心不足，缺少积极进取的良好心态。安徽省农机行业打造自主品牌迫在眉睫，品牌作为质量、性能、服务和企业文化的综合体现，已成为当今市场竞争的主要方式。

（三）高标准农田建设有待进一步加强

高标准农田建设是落实"藏粮于地、藏粮于技"战略的重要举措。安徽省高度重视高标准农田建设工作，省政府办公厅专门发布《安徽省人民政府办公厅关于切实加强高标准农田建设提升国家粮食安全保障能力的实施意见》，提出到2022年全省完成5470万亩高标准农田建设任务，同时加快改革步伐，构建统一高效农田建设管理体制。

安徽省是产粮大省，也是高标准农田建设任务较重省份。安徽省要改变过去"五牛下田"建设格局，全面理顺管理机制，建立健全政策制度体系，从源头上建立统一高效的管理体制。在目标任务方面，实施意见明确到2022年，全省建成5470万亩高标准农田，以此稳定保障547亿斤粮食基础产能，实现每年780亿斤粮食生产任务；到2035年，通过持续改造提升，全省高标准农田保有量进一步提高。

（四）农机服务组织化程度低

近年来，安徽省农机服务组织无论是在规模、数量还是规范化方面都获得了较快发展，但要满足服务于全省农机化发展大局和目标，还有很大差距。

一方面乡镇农机管理组织变动频繁，队伍不稳，推广管理服务跟不上。同时农机专业服务队、农机协会等农机合作服务组织还不够规范。另一方面农机维修管理关系不顺，农机社会化、专业化、市场化运行机制还处于发展初期。

（五）创新能力不足，缺乏产品核心竞争力

一些企业靠一套测绘图纸闯天下，有的企业没有正规技术人员。目前安徽烘干机生产企业有50多家，年产能大约3万—5万台，多数都是参照一张图纸模仿，产品几乎千篇一律，同质化非常严重。当市场行情好时，过日子无忧；当市场波动时，不得不低价恶性竞争，最终濒临倒闭破产。

基础研究薄弱，原创性科技成果少，关键技术自给率较低，还有很多短板和薄弱环节亟待突破；企业技术创新能力弱，主体地位没有真正确立，产学研推用结合不够紧密，研发和成果转化效率不高；科技人员的积极性创造性还没有得到充分发挥；农机产品创制"重设计制造，轻试验检测"，质量标准体系不配套。

（六）创新人才缺乏

农机化科技创新还不能完全适应农业现代化和农业农村经济发展的需要。高层次、高技能农机人才数量不足，培养渠道不畅。农机生产企业自主创新能力不强，原始创新匮乏，科技成果转化率低，科研投入少，核心技术竞争力不强。符合节能减排要求的新型农机研发和应用水平还比较低，复式作业、智能化、信息化等技术应用与国际先进水平相比还有较大差距。

三、原因分析

（一）市场信息不畅通导致农业机械化总体水平不高

虽然全省农业机械化事业得到较快发展，但农业机械、农业基础设置、农艺要求配置还有待提高。农业机械的技术水平不够先进，机具发展滞后于农业生产和农业产业化的进程，适合当地农业要求及紧跟产业结构调整的农机具非常紧缺。农业机械化水平在不同作物、不同生产环节上存在较大的差距。在农田作业各个环节中，收获机械是安徽省水平最低、需求最大的一类；玉米收获机械在一些地方才刚刚起步；棉花收获机械尚且处于空白，花生收获机械也比较少见，能够节水、节肥、节种的机械存在性能较低、数量较少的问题。由于农机产品既存在结构性短缺，又存在结构性过剩现象，制约了农业机械化水平的提高和农机效率与效益的提高。一家一户低层次重复购置率偏高，并且组织化程度、使用量、利用率均偏低。

（二）总体投入不足

总体投入不足，机耕道路、标准农田等基础设施建设不能适应农机化快速发展的需要，农机化技术推广、安全监理、质量监督、教育培训以及信息化等资金依然有限。国家农机购置补贴政策支持力度与农民实际需求还有一定差距，地方财政对农机化资金投入依然不足，吸引社会资本对农机社会化服务投入不明显，农机化投入不足的短板依然突出。

部分企业产品单一，产品属于低端粗加工层次，缺乏市场竞争力。缺乏品牌意识，产出的农机产品都是大众货，没有自己的特色品牌。低端产品产能大大过剩，而高端适应性产品匮乏。相当农机制造企业主看到的是国家对农机补贴政策，没有沉下心来做好农机产品的初衷。产品粗制滥造，有的甚至没有自己的产品图纸，许多农机企业设备相当落后，沿用老装备、老工艺，用传统作坊式生产，其产品可靠性差。除中联重科和中科光电产品外，几乎没有其他产品出口外销。全省大型拖拉机、收割机70％以上靠省外供给。除色选机、烘干机等少数产品和中联重科个别企业外，安徽省农机工业对全国范围辐射能

力小、影响小。

（三）高标准农田建设意识需要加强

安徽省是产粮大省，农民传统耕作模式和观念根深蒂固，在面对农业机械化需要的高标准农田建设方面的投入大、土地重新划分等困难存在畏难情绪。

农村土地综合整治等方面制度、标准、规范和实施细则尚未健全，对平原、丘陵的高标准农田建设标准差异化尚未重视，需要进一步明确田间道路、田块长度宽度与平整度等"宜机化"要求，加强建设监理和验收评价。统筹中央和地方各类相关资金及社会资本积极开展高标准农田建设，推动农田地块小并大、短并长、陡变平、弯变直和互联互通，切实改善农机通行和作业条件，提高农机适应性。

从管理上存在"五牛下田"建设格局，各行政部门都管、都不管的现象，需要进一步全面理顺管理机制，建立健全政策制度体系，从源头上建立统一高效的管理体制。

（四）农机服务制度需要进一步完善

对于计划经济形式的由财政拨款、行政主抓的推广手段来说，仅靠农机部门单独操作，工作范围和广度受限，农机推广不能满足当前农业机械现代化发展的需求，推广理念陈旧跟不上发展的步伐。安徽省乡镇级农技推广机构中，大部分机构没有充足的权力及完善的机制对机构进行管理，需要受到上级管理机构的严重限制，管理存在问题、机制不够灵活，严重影响基层农机化技术推广机构的正常工作。基层机构对于出现的任何问题都要求向上级反映，这会导致问题无法得到及时有效的解决，严重拖累安徽省农机化技术推广。

虽然从某方面来讲，机械化作业不仅极大地提高了农业的生产质量和生产效率，对于企业整体发展而言也奠定良好基础，但随着补贴政策实施，与之配套基础设施建设却跟不上步伐，售后服务网点不健全以及机械损坏无处修理等问题的存在，也对农民购机积极性造成了极为不利的影响。

（五）短期行为导致企业忽视产品创新

安徽省农机工业相当部分企业是在国家实行农机购置补贴政策后成立成长起来的，单纯的获利心态明显，短期行为突出，不重视技术研发、储备，企业发展后劲乏力。面对目前惨淡的农机市场，企业家普遍信心不足，仍有部分企业围绕农机补贴政策做产品，粗制滥造现象普遍存在，有的甚至没有自己产品，在图纸阶段就买其他厂家产品贴牌申报补贴。有的企业生产设备相当落后，有的还是20世纪90年代的老装备、老工艺，采用传统粗放作坊式生产模式，产品可靠性差。

企业发展缺乏战略定位。部分农机企业是在国家实行农机购置补贴政策后成立成长起来的，企业家素质不高。单纯的获利心态明显，短期行为突出，不重视技术研发、储备，企业发展后劲乏力。

（六）产学研合作需要进一步加强

农机科研机构、高等院校、推广部门、龙头企业是农机科技创新主体，但自身自主创新能力不强、核心技术缺乏，多数农机科研属于"跟踪式""模仿式"或"转化式"研究，原创性的东西不多；重成果研究、轻技术集成，导致单项成果多、集成工程产业链应用成果少；理论成果多，转化应用解决实际问题的成果少。目前，农机创新主体缺乏合理的人才资源市场化配置和科技创新评价和激励机制，各个科研创新主体的科技创新资源分配机制不完善，科研活动的组织、科技创新成果转化工作由各科研创新主体自主完成，缺少有效的成果孵化和转化机制，科技创新成果转化和推广应用率低。

第 3 章
安徽省现代农机发展战略思路和目标

一、发展战略思路

（一）战略思路

全面贯彻党的十九大和十九届二中、三中、四中全会精神，深入贯彻习近平总书记系列重要讲话精神，牢固树立创新、协调、绿色、开放、共享的发展理念，落实国务院《关于加快推进农业机械化和农机产业转型升级的实施意见》和《中国制造 2025 安徽篇》，坚持农业农村优先发展，完善农业支持保护制度，以推进供给侧结构性改革为主线，以适应农业发展方式转变、提质增效需求为导向，以推动农机产业转型升级、提高现代农业建设装备支撑能力为目标，以填空白、补弱项、提质量为着力点，从供给侧和需求侧两端发力，加强重点关键技术攻关，推动数字化、智能化等先进技术与农机制造技术的深度融合，农机与农艺技术有机融合，加快先进、适用、安全、可靠农机的研发生产和推广应用，促进我国由农机制造大国向制造强国转变，显著提高农机有效供给能力。

（二）发展原则

1. 坚持以市场需求为导向

推进农业供给侧结构性改革，要在确保国家粮食安全的基础上，紧紧围绕市场需求变化，以增加农民收入、保障有效供给为主要目标，以提高农业供给质量为主攻方向，以体制改革和机制创新为根本途径，优化农业产业体系、生产体系、经营体系，提高土地产出率、资源利用率、劳动生产率，促进农业农村发展由过度依赖资源消耗、主要满足量的需求，向追求绿色生态可持续、更加注重满足质的需求转变。加大自主研发力度，加强与国外先进技术设备机构的合作，培育和发展农业机械方面的人才以及领先的团队，开展精深加工技术和信息化、智能化、工程化装备研发工作以适应市场需求。

2. 坚持以技术创新为驱动

创新是推动企业发展的动力。企业要谋求更大发展，就必须扎实实施创新驱动。要实现产品研发的升级和产业结构的调整，必须以技术创新为载体，加速科技成果转化。聚焦感知、控制、决策、执行等核心关键环节，推进产学研用联合创新，攻克关键技术装备，提高质量和可靠性。研发智能制造相关的核心支撑软件，布局和积累一批核心知识产权，为实现制造装备和制造过程的智能化提供技术支持。研发安全可靠的信息安全软硬件产品，搭建面向智能制造的信息安全保障系统与试验验证平台，建立健全工业互联网信息安全风险评估、检查和信息共享机制，构筑工业互联网基础。突出技术融合，依托智能农机等现有重点专项推进智能农机研发、农机化薄弱环节技术创新，填空白补短板。把创新作为推动农机工业发展的首要动力，整合优势资源，完善以企业为主体的创新体系，提高创新能力，推动农机制造业优化升级。

3. 坚持以骨干企业为龙头

强化农业产业化龙头企业联农带农激励机制，带动农户发展适度规模经营，带动农民合作社、家庭农场开拓市场。引导有基础、有条件的中小企业推进生产线自动化改造，开展管理信息化和数字化升级试点应用。建立龙头企业引领带动中小企业推进自动化、信息化的发展机制，提升中小企业智能化水平。整合和利用现有制造资源，建设云制造平台和云服务平台，在线提供关键工业软件及各类模型库和制造能力外包服务，服务中小企业智能化发展。优化产业布局，以优势企业为龙头带动农机产业集聚、集约、集群发展，培育创建一批专业化特色突出的新型工业化产业示范基地。在基础条件好和需求迫切的重点地区、行业，选择骨干企业，围绕离散型智能制造、流程型智能制造、网络协同制造、大批量定制、远程运维服务、工业云平台、众包众创等方面，开展智能制造新模式试点示范，形成有效的经验和模式。围绕设计、研发、生产、物流、服务等全生命周期，遴选智能制造标杆企业，在相关行业进行移植、推广。

二、发展目标

到 2025 年，较好建成协调有效的农机工业自主创新平台，在众多重点领域、关键技术和重点产品取得重要突破。安徽省重点农机产品品牌优势进一步凸显，农机产业迈入高质量发展阶段；全省农机总动力超过 7200 万千瓦，农机结构基本合理，农机通行和作业条件显著改善，农机社会化服务实现乡镇全覆盖，农机使用效率显著提升，农业机械化进入全程全面高质高效发展阶段；全省农作物耕种收综合机械化率达到 83%，油菜等作物薄弱环节机械化和农产品初加工机械化取得显著进展。实现销售收入 500 亿元，充分带动农村人口就业，服务于乡村振兴任务。

到 2035 年，完善产业链建设，形成 1—3 个百亿级农机产业园区，形成国内 10 个左右知名品牌产品，色选机械达到国际领先技术水平。

（一）具体目标

增强自主研发和创新能力。大力推进农机工业创新，实施农机工业技术创新工程，围绕科研手段和条件改善，提升农机新产品开发和试验试制能力；围绕科研机制创新，支持重点企业技术进步，增强农机工业自主创新和核心竞争力，带动行业发展。大力发展大中型拖拉机、联合收割机、水田耕整机、机动插秧机、播种机、农田基本建设机械等农机产品。抓紧研究制定农机工业产业政策，整顿行业秩序，建立健全产、学、研、推相结合，部门合作与政策相协调的农机科研和生产联合协作机制。

（1）提高现代农机制造水平。利用后发优势，高点定位农机制造，大力发展用于粮食生产的多功能复合型耕作机械，重点发展节能环保农业、绿色循环农业、优势特色农业以及产后服务的多功能机械装备，不断推进农副产品储运、加工、包装等设备的生产。大力发展环保节能型柴油机，提升和改善单缸柴油机、小型拖拉机节能和使用性能。建立和完善产品质量标准体系、质量监督检查制度、售后服务体系。加强生产技术工人培训，提高工人使用现代化机械加工设备的能力和质量意识，提升企业制造水平和产品质量。

（2）加强农机工业的国内外合作。充分利用皖江城市带承接产业转移示范区建设平台，助推农机工业项目落地促进农机产业转型升级。加强国际经济技术交流与合作，精心选择一批有发展要求和潜力的农机制造企业，确定技术引进的重点项目，引导外商投资安徽省农机制造业。有选择地引进一批国内尚不能制造的高端农机新产品、新技术和管理经验，推进安徽省农机工业的技术创新、组织创新和制度创新。

（3）主机产品创新。针对目前中高端农机产品有效供给不足的问题，以发展高能效、高效率、低污染的"两高一低"农机产品为目标，以完善农机产品品种为重点，提高农机产品的信息感知、智能决策和精准作业能力。

（4）关键零部件发展。针对中高档零部件基本依赖进口的突出问题，加快关键零部件试验研究与生产制造过程质量监测检验系统等试验计量检测设施与设备的建设，为高水平、高精度、高质量零部件的研制与生产提供保障。

（5）产品可靠性质量提升。针对国产农机可靠性不高的突出问题，通过建立健全农机可靠性环境试验测试体系，推进试验验证技术在农机设计制造中的应用；加快质量技术基础平台建设，加强农机检测工作；建设智能工厂和数字化车间，提高农机生产效率和产品可靠性。

（6）推进高效节约技术推广应用。加快绿色农机化技术应用，围绕农机农艺农信融合，研究制定主要农作物生产全程机械化集成技术模式，大力推广玉米标准化机播和联合收获、水稻标准化育秧和机插秧，因地制宜推广水稻机直播技术，加快土壤深松、秸秆还田、精量播种、节水灌溉、化肥深施、高效植保、谷物烘干等绿色农机化技术普及应用。

（二）共性技术

1. 农业机械数字化设计实验验证技术

突破农业机械关键部件及整机数字化建模、虚拟设计、动态仿真验证等技术，解决创新设计与先进制造融合发展问题。

2. 农业机械可靠性技术

突破拖拉机、联合收割机等重点产品可靠性试验方法、检测控制等技术，实现服役环境主动可靠性设计技术应用。

3. 农业机械关键零部件标准验证技术

突破农业机械关键零部件标准化、系列化、通用化技术，推进农业机械产品组合化、模块化发展。

4. 农业机械传感与控制技术

突破土壤、植物、环境和水、肥、种、药，动物行为与环境，农业机械及其作业工况的传感、监测与控制及数据管理技术，实现机械化、自动化、信息化、智能化融合发展。

（三）发展重点产品

1. 畜牧产业相关农机

诸如青贮机、打捆机、青饲料收获机、青贮揉丝机械、饲料加工机械、饲养机械、畜禽饲养管理机械设备等。

2. 传统产品升级改造

诸如喂入量 8kg/s 及以上的轮式联合谷物收获机、性价比较高的标准马力大中拖、高速插秧机等传统产品的升级换代产品。再如农机产品核心部件如动力换挡传动系统、拖拉机同步器、免耕精播机的种夹、D 型打结器、悬浮底盘、CVT 无级变速器等研发及其产业化。

3. 特色经济作物生产机械化装备

诸如辣椒移栽机械、花生收获机械、山芋移栽机、马铃薯收获机械、蔬菜移栽与收获机械、葱姜蒜收获机械、辣椒去蒂设备、茶园生产机械、中草药种植与收获机械、林果采收机械等。

4. 农特产品产后初加工机械化

诸如农特产品产后分级处理、养殖产品初加工装备、林果产品初加工装备等。如各种粮食加工机械、色选设备、谷物干燥设备、油料加工机械、棉花加工机械、麻类剥制机具、茶叶初制机械、饲料加工机械、种子清选机械和种子处理设备等。此外，各种薯类洗涤切片和切丝机械，制淀粉和粉丝的成套设备，瓜果类洗涤、分级机械，各种豆制品加工机械，果品加工机械，烟草调制设备，发酵和酿造设备，以及乳制品加工机械等也是用途较广的农产品加工机械。

5. 节能、绿色与现代农业产品

诸如设施农业设备的大棚机械、生物质能和废弃物处理设备、秸秆肥化设备、秸秆干馏气化设备、滴灌设备等。

6. 新型农产品干燥装备

如符合环保、高效、低耗、经济、安全等要求的空气源热泵式粮食烘干设备、移动式烘干机、山区农特产品干燥设备、果蔬干燥设备等。

7. 农机产品生产与作业质量相关的检测设备

如农机生产检测评定设备、农业机械作业质量的检测评价设备、以科技创新为主攻方向的智能化技术和设备等等。

8. 新型农机具产品

可配套6—120马力拖拉机系列农机具，耕耙犁、铧式犁、旋耕机、旋耕施肥播种机、深松机、旋耕深松机、玉米施肥穴播机等。

9. 智能控制类新技术产品

结合播种、田间管理、授粉、农药喷洒、收获、销售、物流等多环节农艺需要，依托多旋翼无人机平台，积极利用5G和人工智能等技术，积极开展多资源、多信息、多渠道科技创新，对传统农机进行升级转型，实现以农艺、农时、农事定制农机产品，尽量替代人工，使用清洁能源，减少能源消耗。皖北地区已出现规模化无人机打药新服务模式；以阜阳文胜生物为代表的定制肥销售互联网＋模式已贯穿到土壤测定、自动施肥等农艺环节；以皖南多种加工工艺一体化为核心的茶叶加工机械组合一体化发展模式产生了新的利润增长点。

（四）发展模式

1. 龙头企业带动

近几年安徽省农机主营业务收入增速和利润总额增长幅度都大幅上升，行业发展态势良好。合芜滁是全省重要的现代农机生产基地，拥有中联重科、中科光电等知名农机品牌生产厂家及一系列配套企业。大农机、主流品牌在品牌建设、产能保证、市场、人才、物流、资金等方面为安徽省现代农机的发展奠定了一定的基础，应当发挥大品牌效应，推动农机行业迅速发展壮大。

大品牌带动作用在于产品品牌的声誉一旦树立起来，就会通过消费和流通领域的传播，迅速扩大产品的影响力，赢得越来越多的消费者的青睐。由于品牌产生的扩散、持续和放大效应机制，刺激市场需求，能给企业带来一连串的利益。当品牌被公众认可后，就成了一种载体，在此基础上，利用其品牌效应，将其做强做大，形成品牌企业和集群品牌，就形成了品牌经济。

当前，安徽省应当抓住机遇，利用好大品牌优势资源，发挥其带动作用发展安徽省农机行业。通过优化区域资源配置、形成区域竞争优势，实现安徽省农机行业快速增长。

2. 建立产学研合作平台

行业内大部分企业对于前沿领域研究投入不足和产学研相结合紧密度差，导致一些新技术没能真正应用于生产中。因此，需要整合行业资源通过申报重大专项课题，通过产学研相结合的方式来解决一批行业的共性关键技术问题，推进产学研用联合创新，攻克关键技术装备，提高质量和可靠性。针对品种、耕作制度、种植养殖技术不适应农机作业要求，农机物化农艺不足、适用性不强，种养标准化程度低等突出问题，强化需求引导，加强产学研推用联合攻关、多学科一体化技术集成示范，建立完善农机化生产技术体系，引导促进农机、农业技术融合发展。鼓励建立农科教产学研一体化农业技术推广联盟，支持农技推广人员与家庭农场、农民合作社、龙头企业开展技术合作。支持园区产学研合作建立各类研发机构、测试检测中心、院士专家工作站、技术交易机构等科研和服务平台。支持园区企业和科研机构结合区域实际，开展特色优势产业关键共性技术研发和推广。

3. 建立产业园区、完善产业链

围绕提高农业产业竞争力和引领现代农业产业发展的宗旨，立足"智能、高效、环保"，瞄准"关键

核心技术自主化，主导装备产品智能化，薄弱环节机械化"的目标，进行智能装备、精益制造、精细作业的产业链与基础研究、关键攻关、装备研制与示范应用创新链相结合的一体化科技创新设计，重点突破市场机制和企业无力解决的信息感知、决策智控、试验检测等基础和关键共性技术与重大产品智能化核心技术，实现自主化，破解完全依赖进口、受制于人的瓶颈；加大力度开发大型与专用拖拉机、田间作业及收获等主导产品智能技术与智能制造技术，创立自主的农业智能化装备技术体系；创制丘陵山区、设施生产及农产品产地处理等装备，支撑全程全面机械化发展。

4. 推进农村电商发展

促进新型农业经营主体、加工流通企业与电商企业全面对接融合，推动线上线下互动发展。加快建立健全适应农产品电商发展的标准体系。支持农产品电商平台和乡村电商服务站点建设。推动商贸、供销、邮政、电商互联互通，加强从村到乡镇的物流体系建设，实施快递下乡工程。深入实施电子商务进农村综合示范。鼓励地方规范发展电商产业园，聚集品牌推广、物流集散、人才培养、技术支持、质量安全等功能服务。全面实施信息进村入户工程，开展整省推进示范。完善安徽省农产品流通骨干网络，加快构建公益性农产品市场体系，加强农产品产地预冷等冷链物流基础设施网络建设，完善鲜活农产品直供直销体系。推进"互联网＋"现代农业行动。

（五）政策引导与扶持

安徽庞大的农业体量，决定着农机存量可观；未来农机增量主要表现在个性化、人性化、地域化，以及复式复合作业、智能数字化和绿色环保方面，未来农机工业一定会重新洗牌；没有人才、技术和资金支撑的企业，将逐步淘汰出局。随着市场竞争愈发激烈，比较效益趋高，高科技企业一定会进入农机工业领域。在政策方面要做到以下几点：

1. 完善市场竞争机制，营造优良外部环境

政府有关部门应切实加强调查研究，充分发挥行业协会上下联通优势，组织力量针对安徽农机工业发展方向、目标进行研究，科学规划布局，既不干预市场行为，也不能放任无序恶性竞争，优化农机补贴政策顶层设计，引导农机企业转型升级。

现有农机补贴政策一直按动力或外形尺寸分档，同类型产品，技术含量高、质量好的产品没有优势，低端产品容易扰乱市场，长期以来导致高端产品在竞争中处于劣势，不利于农机产品的升级和创新，需要通过差异化农机补贴政策，有效遏制农机市场的"劣币驱良币"现象。

2. 加大对现代农机技术创新扶持力度

虽然近几年农机市场下滑严重，但结构性供给不足的矛盾仍很突出。国产传统收割机与久保田、洋马等合资品牌比较，可靠性还存在相当差距；高速插秧机依然是合资品牌占据市场竞争优势，秸秆打捆机打结器基本靠进口；蔬菜种植机械化除耕作环节外其他基本空白；茶叶机械还停留在低档粗放状态；林果业机械化尚未起步。目前，市场上所有的农机产品都需要融入新技术、赋予新内涵。

需要引导企业逐步增强专利保护意识和力度，提高技术创新原动力。随着农机化向高质量发展，农机市场的矛盾不再是解决有没有的问题，而是要满足不同农户日益增长的新需求。新形势下，长期以来形成的"市场需求—行业兴起—模仿抄袭—高速增长—产能过剩"恶性循环模式必须逐步改善，强化专利保护意识和行为，推行创新创造机制。提振企业信心，加大装备技术研发投入。利用提质换代契机，淘汰落后产能，实现安徽省农机工业真正意义上的发展和振兴。

3. 帮助培养科技人才，推进企业技术进步

政策吸引和激励高端人才创业创新。随着技术革命步伐加快，许多高新技术融合到农机工业，促进了农机产品提质增效，为人才驱动战略提供了可能。

积极引入无人机、远程诊断、节能降耗、无人驾驶等新技术，开发开创新型农机产品，发挥产学研融合作用，把高校人才优势和龙头企业设备优势、市场优势激发出来，企业出课题需求、出设备、出经费，高校出人才、出技术，实现优势互补，深度融合。建议创立开放共享科研实验室，其他企业可以联合科研机构和高校，开展试验、检测、中试平台租用，提高专用设备利用率和经济效益。

4. 推进农机租售和配件销售电子商务战略

农机销售市场受季节性和农民购买力不足等因素影响较大，安徽省很多农户不想买、买不起大型农机，严重阻碍了我国农业机械化的进程。在一定区域内，以农机合作社为主要服务载体，构建基于互联网＋农机租赁运行模式，解决农户不想买、买不起的问题。逐步破解农业经营主体面临购置迫切、投资大与使用季节性强，自我积累购买力不足，以及融资难与融资贵并存的难题。

5. 推动适应于农机作业的高标准农田建设

为提高高标准农田建设质量，需要构建统一高效农田建设管理体制，实现规划布局、建设标准、组织实施、验收考核、上图入库等"五个统一"。结合农机使用条件和适应要求，创新农田建设管理机制，健全财政资金保障、探索引导社会资金投入、完善新增耕地指标调剂收益使用、创新项目建设示范引领、建立健全工程管护等五个机制。积极开展绿色农田建设示范试点和高标准农田建设示范区创建活动，促进耕地环境健康、质量提升。

三、技术路线图

安徽省现代农机发展技术规划如图8-5所示。

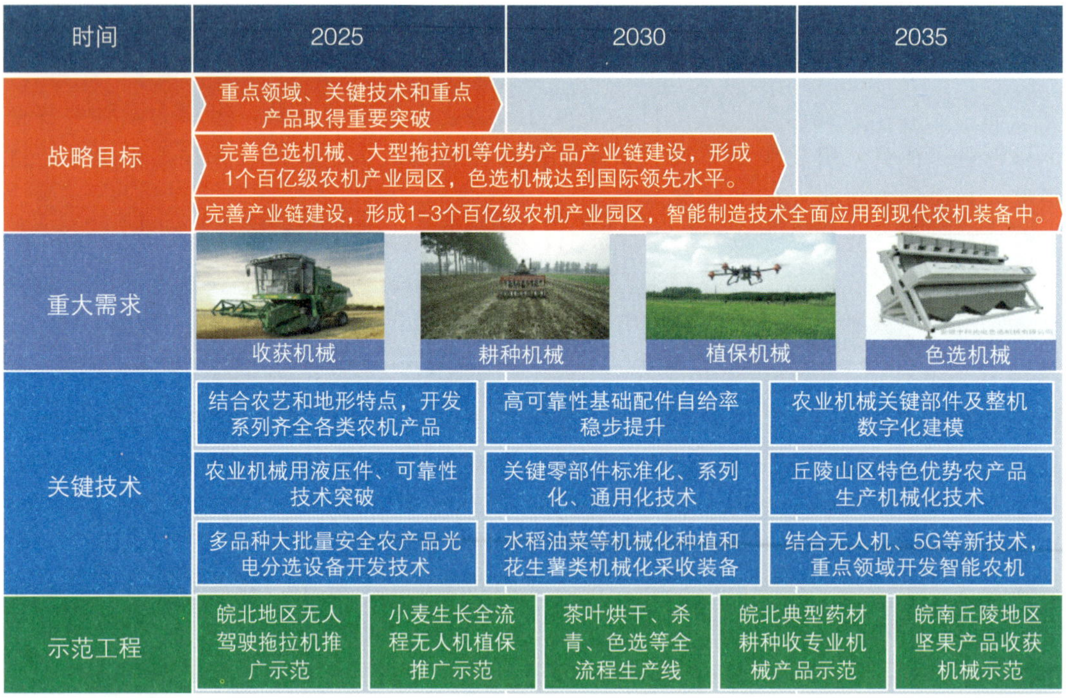

时间	2025	2030	2035
战略目标	重点领域、关键技术和重点产品取得重要突破		
	完善色选机械、大型拖拉机等优势产品产业链建设，形成1个百亿级农机产业园区，色选机械达到国际领先水平。		
	完善产业链建设，形成1~3个百亿级农机产业园区，智能制造技术全面应用到现代农机装备中。		
重大需求	收获机械	耕种机械　　植保机械	色选机械
关键技术	结合农艺和地形特点，开发系列齐全各类农机产品	高可靠性基础配件自给率稳步提升	农业机械关键部件及整机数字化建模
	农业机械用液压件、可靠性技术突破	关键零部件标准化、系列化、通用化技术	丘陵山区特色优势农产品生产机械化技术
	多品种大批量安全农产品光电分选设备开发技术	水稻油菜等机械化种植和花生薯类机械化采收装备	结合无人机、5G等新技术，重点领域开发智能农机
示范工程	皖北地区无人驾驶拖拉机推广示范	小麦生长全流程无人机植保推广示范	茶叶烘干、杀青、色选等全流程生产线	皖北典型药材耕种收专业机械产品示范	皖南丘陵地区坚果产品收获机械示范

图8-5　安徽现代农机发展技术路线图

第 4 章
安徽省现代农机发展政策建议和重点任务

一、政策建议

（一）适合农机作业的高标准农田基础设施建设需要加强

习近平总书记在对全国春季农业生产工作的重要指示中，特别指出"要加强高标准农田、农田水利、农业机械化等现代农业基础设施建设，提升农业科技创新水平并加快推广使用，增强粮食生产能力和防灾减灾能力"。2019 年 11 月 21 日，国务院办公厅印发《关于切实加强高标准农田建设提升国家粮食安全保障能力的意见》，发展高标准农田基础设施建设，为机械化创造良好的作业条件。

针对皖南丘陵山区农业机械化作业特点，补齐丘陵山区农业机械化基础条件薄弱的短板，建议由当地农业主管部门组织引导，在政策和资金上向农村专业合作社、种粮大户等倾斜，开展高标准农田建设，积极发展高效节水灌溉面积高标准农田，优先支持革命老区、产粮大县开展高标准农田建设，主动将农机作业条件和作业标准作为基本依据，提高农机作业便利程度，促进农业农村现代化。

（二）改善农机作业配套设施条件

结合乡村振兴任务，落实设施农用地、新型农业经营主体建设用地、农业生产用电等相关政策，支持农机合作社等农机服务组织生产条件建设。加强县级统筹规划，合理布局农机具存放和维修、农作物育秧育苗以及农产品产地烘干和初加工等农机作业服务配套设施，特别是加强丘陵山区省份在基础设施建设方面的支持力度。

（三）实施科学合理的农机购置补贴政策

2004 年实施农机购置补贴政策以来，对于提高农业机械化水平、引导农民购机用机发挥了积极作用，效果良好。建议针对先进适用农业机械继续稳定实施补贴政策，对购买国内外农机产品一视同仁，最大限度发挥政策效益；加大农机新产品补贴试点力度，支持大马力、高性能和特色、复式农机新装备示范推广。积极推进农机报废更新，加快淘汰老旧农机，促进新机具新技术推广应用。积极发展农用航空，规范和促进植保无人机推广应用。

进一步加大农机购置补贴创新力度，防止克服农机补贴保护落后技术弊端，积极开展 39 种农机创新产品补贴试点，在 20 个省份开展植保无人飞机规范应用试点，农业各产业对新型农机的需求得到进一步满足。完善农机购置补贴资金管理使用方式，开展购置补贴、贷款贴息、融资租赁承租补助、作业补贴、农业机械报废相衔接的试点，农民购机筹资能力进一步增强，补贴机具利用率持续提升。

（四）拓展财政支持农机化的领域与范围

基于农业机械化发展的迫切需要，建议进一步健全完善农业机械化投入稳定增长机制和长效机制的政策体系，拓展财政支持农机化的领域与范围。重点补贴包括农机深松整地、秸秆机械化还田、水稻机械化育插秧、马铃薯机械化种植与收获、油菜机械化种植与收获、甘蔗机械化收获、粮食产地烘干等关键作业环节。对农机关键作业环节进行补贴，是保障国家粮食安全，保护生态环境，促进农业可持续发展的重要手段。

（五）完善农机金融保险政策

鼓励金融机构针对权属清晰的大型农机开展抵押贷款，鼓励有条件地方探索对购买大型农机贷款进行贴息。落实农机服务金融支持政策，引导金融机构加大对农机企业和新型农机服务组织的信贷投放，灵活开发各类信贷产品和提供个性化融资方案；在合规审慎的前提下，按规定程序开展面向家庭农场、农机合作社、农业企业等新型农业经营主体的农机融资租赁业务和信贷担保服务。鼓励发展农机保险。农机融资租赁服务按规定适用增值税优惠政策，允许租赁农机等设备实际使用人按规定享受农机购置补贴。农业机械耕作服务按规定适用增值税免征政策。

（六）支持农机化科技创新与推广

推进我国农机产业转型升级，加强大宗农作物机械国产化水平，加大对经济作物、养殖业、丘陵山区农林机械及高端农机研发制造，以及基础材料、基础工艺、电子信息等"卡脖子"问题攻关的支持力度。完善农机创新体系，推进农机全产业链协同发展，优化农机产业结构布局，加强农机质量可靠性建设。支持绿色高效新机具新技术示范推广，加强薄弱环节农业机械化技术创新研究和农机的研发、推广与应用，攻克制约农业机械化全程全面高质高效发展的技术难题。支持智慧农业示范与推广。强化农业机械化技术推广机构的能力建设，加大新技术试验验证力度。

（七）推进组织现代农机战略联盟

安徽省农机工业协会是安徽省农机管理、使用者，农机生产、经营企业，农机科研和各类农机合作经营组织志愿组成的跨部门、综合性的地方性非营利性民间组织。协会承担着行业组织、指导、协调、服务、维权、监督等职责，是政府部门了解农业机械化行业发展动态的重要窗口和渠道，是广大会员反映利益、表达诉求、协调关系、化解矛盾、寻求共识、承担责任的有效平台。作为行业管理机构，安徽省农机工业协会以推动全省农机工业振兴为目标，充分发挥在协同创新、桥梁纽带、共享平台搭建等方面的优势，通过联盟创新、产业资源共享与互补、龙头企业带动安徽农机工业迈上新台阶。

要继续发挥行业协会熟悉行业、贴近企业优势，推广先进管理模式，加强行业自律，防止无序和恶性竞争。其他各相关行业协会要指导企业深化改革、苦练内功，抓好技术创新、人才培养，及时反映企业诉求，反馈政策落实情况，积极宣传和帮助企业用足用好各项政策。鼓励行业协会、产业联盟提升服务行业发展的能力，引导企业推进智能制造发展。

（八）拓宽融资渠道

1）进一步加大金融体系支农惠农力度

推进大型农机具抵押贷款和金融租赁，建立农业信贷担保体系，鼓励农机信息化服务商、信贷机构等，创新金融服务模式，切实解决农业机械经营者融资难、融资贵问题。进一步加强保险扶持，鼓励商业性保险机构创新保险品种，探索金融机构发放贷款、财政资金提供担保、农机销售企业购买商业保险的模式，推动财政对大型拖拉机、联合收获机交强险和商业保险实行保费补贴政策，多方分担、化解农业经营者购置、经营农业机械的风险。

2）支持符合条件的涉农企业上市融资、发行债券、兼并重组

在健全风险阻断机制前提下，完善财政与金融支农协作模式。鼓励金融机构发行"三农"专项金融债。扩大银行与保险公司合作，发展保证保险贷款产品。深入推进农产品期货、期权市场建设，积极引导涉农企业利用期货、期权管理市场风险，稳步扩大"保险＋期货"试点。严厉打击农村非法集资和金融诈骗。积极推动农村金融立法。

（九）积极培育重点龙头企业，构建产业支撑体系

重点扶持行业大型骨干企业、特色企业。引导促进产业资本与金融资本对农机的持续投入，建立包括产业资本、风险资本、金融资本、民营资本的多元化投融资渠道，优化产业布局，以优势企业为龙头

带动农机产业集聚集约集群发展，培育创建一批专业化特色突出的新型工业化产业示范基地。支持欠发展地区，大力开展乡村振兴，引进有品牌、有实力、有市场的农业产业化龙头企业，重点发展绿色农产品加工，以县为单元建设加工基地，以村（乡）为单元建设原料基地。以规模化种养基地为基础，依托农业产业化龙头企业带动，聚集现代生产要素，建设"生产＋加工＋科技"现代农业产业园，发挥技术集成、产业融合、创业平台、核心辐射等功能作用。

二、重点任务

根据现代农机行业发展特点，结合安徽省当前现代农机行业实际情况，应当编制相关现代农机行业发展规划，出台现代农机行业扶持政策，从宏观上加强产业规划和指导，将现代农机业作为优势产业、稳定的经济增长点列入十四五规划。具体项目方面，建议十四五期间可以考虑开展如下几个方面工作，推动安徽省现代农机业健康、快速发展。

（一）创新研究和设计中心建设项目

1. 设计中心能力建设

以龙头企业带动，成立专门的现代农机创新研究和设计中心，进行现代农机产品创新研究和设计。另外，鼓励已经取得省级工业设计中心的企业积极开展创新能力建设，在省经信委立项，并获取资金支持。

2. 共性关键技术的研究

（1）加快补齐全程全面机械化生产短板。聚焦关键薄弱环节，着力提升水稻、油菜机械化种植和花生、薯类机械化采收水平，加快灌排、植保、秸秆处理、烘干等环节装备和技术应用，形成小麦等7种主要农作物生产全程机械化技术模式。建议列入省科技厅科技重大专项计划，并争取列入科技部国家重点研发计划。

（2）按规定对开展深耕深松、水稻机械化种植、高效植保和秸秆综合利用等机械化作业服务给予补助。围绕农业结构调整，加快果菜茶、现代种业、畜牧水产、设施农业和农产品初加工等产业的农机和技术应用。建议列入省科技厅"卡脖子"科技重大专项计划，并申报国家科技部科技支撑计划。

（3）大力推进丘陵山区特色优势农产品生产机械化，打造以茶叶、山核桃为代表的多个山区特色农产品优势样板区，推进农业生产全面机械化。建议列入省科技厅"卡脖子"科技重大专项计划。

（4）加大新型农产品光电分选设备开发和补贴力度，开展光电分选技术基础研究及在农产品深加工环节的应用拓展，进一步加强安徽省在农产品智能光电分选领域的竞争优势，建议列入省科技厅"卡脖子"科技重大专项计划。

（5）建设现代农机推广示范体系。加强大宗农作物机械国产化水平，加大对经济作物、养殖业、丘陵山区农林机械及高端农机研发制造，以及基础材料、基础工艺、电子信息等"卡脖子"问题攻关的支持力度。完善农机创新体系，推进农机全产业链协同发展，优化农机产业结构布局，加强农机质量可靠性建设。支持绿色高效新机具新技术示范推广，加强薄弱环节农业机械化技术创新研究和农机的研发、推广与应用，攻克制约农业机械化全程全面高质高效发展的技术难题。支持智慧农业示范与推广，强化农业机械化技术推广机构的能力建设，加大新技术试验验证力度。

（6）加速发展皖北地区规模化无人机植保技术新服务模式。以阜阳文胜生物为代表的定制肥销售互联网＋模式已贯彻到土壤测定、自动施肥等农艺环节，推动皖南多种加工工艺一体化为核心的茶叶加工机械组合　体化示范生产等。建议列入省科技厅"卡脖子"科技重大专项计划。

（二）现代农机品牌战略建设项目

中联重科、美亚光电、中科光电等为代表的安徽本地知名企业品牌，应利用好现有品牌优势资源，带动作用发展安徽省现代农机行业。通过优化区域资源配置、形成区域竞争优势，实现安徽省现代农机产业快速增长。应加强产品质量监管，维护品牌形象、保持品牌的市场地位和品牌价值。

建议合肥市、芜湖市政府应立足中联重科、美亚光电、中科光电等安徽本地知名企业品牌基础，利用好现有品牌优势资源，带动安徽省现代农机行业发展。通过优化区域资源配置、形成区域竞争优势，实现安徽省现代农机产业快速增长。应加强中联重科等品牌的协调工作，积极实施品牌战略，在创新能力、产品质量、市场形象等方面投入足够的人力、财力，不断提升品牌的价值。建议各市大型现代农机制造企业实施品牌战略建设项目，列入各地商务局规划。

（三）打造现代农机制造集群

各级政府及主管部门应该高度重视现代农机龙头企业的招商引资工作，政策上给予倾斜，如土地、税收等方面在符合国家政策要求的前提下，优先考虑和安排，逐步引导配套企业入驻，建成完善产业链。

建议在美亚光电、中科光电等重点企业基础上建设农产品智能光电分选产业园，积极引入相关钣金、喷涂、气动、输送等配套企业落户，形成产业链协同优势，增强本地区系统竞争优势。

建议在安庆、黄山、六安建设现代茶叶机械生产基地，积极推动企业开展茶叶机械、农艺、制茶工艺相融合，积极引入和应用新技术、新能源，开发出多种适于茶叶规模化生产的新型低碳绿色制茶单机，高效智能茶机生产线，以及采茶机和茶园作业相关设备。

建议在阜阳、蚌埠建设现代拖拉机及多用途农机具生产基地，开发新型农机具，提高农机具的利用效率，有效改善当前拖拉机动力和机耕、机播、机收面积快速增加，但是农机具利用效率下降的现状，提升农机具利用效率，节约资源，推动农机化高效优质、可持续发展。

建议继续推进在芜湖三山经开区进行现代农机产业集聚发展基地的建设。围绕中联重科，打造大型拖拉机、小麦种植保机、水稻种植保机、水田耕整机、微耕机、履带式水稻收割机、玉米收获机、稻麦联合收割机等多样化农业机械生产制造基地。同时，促进相关大马力农用柴油机、拖拉机及其他农业机械驱动桥、电机等机械零部件制造企业，以及转向桥及其悬浮系统、农业机械导航及智能化控制作业装置、无级变速器等配套装置的集聚生产。形成专业化、规模化生产，促进现代农机行业的发展，提高安徽现代农机行业在全国农机行业的地位。建议安徽省政府和芜湖市政府在政策、土地、税收方面大力支持三山现代农机产业集聚基地的建设，在十四五期间，使三山现代农机产业集聚基地产值达到预期规模。

（四）鼓励搭建现代农机电子商务平台

1. 鼓励"政、商、农"三方联动，政府农机鉴定推广部门、制造商、经销商、农业经营主体强强联合，大力推进电子商务平台的普及应用。乡镇农机站、农机大户、农机制造商的全面合作支持，有效保证农机电子商务业务开展。形成从农机产品的生产到售后服务、培训、农机维修等全方位的农机专业化服务链。促进农机采供销、售后服务电子商务平台健康、持续、有成效发展。

2. 针对大型农机，依托龙头企业实现电子商务自建平台，解决农机的成套的解决方案，实现从农机到配件的全在线订单、支付、物流、评价、售后的完整交易功能，还要以用户需求为核心，打造定制化农机和农机配套业务，实现在产品基础上的一系列服务。

3. 针对中小型农机、茶机和中小型农机具等产品，依托行业搭建集群平台，从资金、原材料供应、农机配套销售、物流合作、售后维修，再把机主包含到整个平台当中，打造闭环的电子商务平台促进良性竞争。

4. 针对农机关键零部件和配件，可以借助第三方平台的帮助，通过天猫、淘宝、京东和阿里巴巴等已有的客户流量资源和品牌优势，为零部件企业创造更广泛的销售渠道。后期在将流量向自有平台引流，并开展更为全面、专业的服务。

5. 针对精准播种、施肥、施药等新农艺发展，通过文胜生物的订制肥互联网销售平台为基础，以皖北小麦、皖南水稻、茶叶和草莓等安徽典型作物生产为引导，以土壤测定、精准播种、肥料配方、精准施肥、田间管理、无人施药、收割打捆、烘干仓储等一体化全过程为服务目标，建立现代农机开发、销售、使用、服务、租赁等"互联网＋"示范体系，形成安徽特色的现代农机发展新模式。

第 5 章
保 障 措 施

改革开放以来，国家、安徽省委省政府高度重视农业农村农民工作，每年中央一号文件都是关于"三农"问题。国家自 2014 年以来连续多年在中央一号文件中将"农业现代化"列入重要标题。

一、农业机械是发展现代农业的重要物质基础

农业机械是发展现代农业的重要物质基础，农业机械化是农业现代化的重要标志。发达国家的经验表明，实现农业现代化，要以实现农业机械化为前提。我国历来高度重视发展农业机械化，特别是党的十六大以来，连续 13 个中央一号文件都强调加快推进农业机械化。值得注意的是，2016 年一号文件在提出加快高端农机发展的同时，还提出要发展农机关键核心零部件和提升主要农作物生产全程机械化水平。这为我国农业机械化发展指明了方向，提出了新的更高的要求。

二、注重大型农机具和深松整地机等相关农机市场

沿海省份在农业机械发展过程中不仅注重农机产量的增加，更注重"大农机"的布局，不仅在粮食生产上实现机械化，在经济作物和林业、牧业、渔业、农副产品加工等多方面也投入了机械化作业，促使农机行业结构更加合理，避免出现同质化竞争。

随着农业适度规模经营、专业化组织生产之后，对农机产品的要求将趋向于大型化、专业化、智能化。当然农业适度规模经营并非意味着向大型农场发展，中小型家庭农场势必将成为未来中国农业发展的主力。大型农机具的高价格对于中小型家庭农场负担过重，为此，一号文件提出支持开展代耕代种、联耕联种、土地托管等专业化规模化服务，这将推动针对中小型家庭农场的专业化农机合作社的发展。

大力实施农机深松整地是改善耕地质量，提高粮食综合生产能力，实现生产与生态双赢，促进农业可持续发展的重要举措。国务院总理李克强在第十二届全国人民代表大会第三次会议上的政府工作报告提出：实施耕地质量保护与提升行动，推进土地整治，2015 年增加深松土地 2 亿亩。在国家及地方政策红利的保驾护航下，2015 年深松土地任务基本完成。2016 年中央一号文件重点提出坚持最严格的耕地保护制度，坚守耕地红线，这也意味着政策红利将继续倾向深松整地机、秸秆还田机等相应耕地保护机械，促进市场增长。

持续推动农机农艺融合和机械化信息化融合。在农机农艺融合方面，强调品种、耕作方式、种植制度、养殖方式、加工等必须"宜机化"，应用适宜的农机技术推广模式，全程推进，全面发展，构建高效机械化生产体系。在机械化信息化融合方面，要将互联网、物联网、大数据、移动通信、智能控制、卫星定位等信息化技术应用于农机生产、服务与管理，全面提升农机制造、产品、服务、管理质量和水平。

三、持续优化农机购置补贴政策

从 1998 年开始，中央财政开始设立专项资金，用于农业机械购置补贴，截止到 2016 年前，农机购置补贴资金基本处于递进增长阶段。为了完善农机购置补贴政策，国家对农机购置补贴进行多次调整，其中 2016 年农机补贴政策主要围绕"缩范围、降定额、促敞开"的方向进行调整完善。农机补贴政策为中国的农机化快速发展起到的助推作用是毋庸置疑的。

近年来越来越多的地方农业银行、信用社、农商银行开展"三农业务"，其中农机购置贷款业务也在全国范围快速发展，并且越来越多的第三方金融机构开始进入农机金融租赁行业。

进一步健全完善农业机械化投入稳定增长机制和长效机制的政策体系，拓展财政支持农机化的领域与范围。重点补贴包括农机深松整地、秸秆机械化还田、茶叶采摘处理、水稻机械化育插秧、油菜机械化种植与收获、粮食产地烘干、粮食色选等关键作业环节。对农机关键作业环节进行补贴，是保障国家粮食安全，保护生态环境，促进农业可持续发展的重要手段。

四、农业信息化助推农机企业产业链升级

2015 年 3 月，李克强总理在政府工作报告中提出，制定"互联网＋"行动计划，包含推动移动互联网、云计算、大数据、物联网等与现代制造业结合，促进电子商务、工业互联网和互联网金融健康发展等。"互联网＋"行动计划在农机行业却被片面的解读成了"互联网＋农机"电商运动。当然，发展农机电商并不是不好，对于促进农机行业互联网化进程也有很大的推进作用。但是我们更多的应该去推动云计算、大数据、物联网等与现代制造业结合，推动农机工业互联网化，推动农机企业产业链改造升级，从而生产出更加符合当下用户所需的智能化、个性化、高可靠性的高端农机产品。

当前，我国农业生产已进入以机械化为主导的新阶段，但在全面、全程机械化方面仍有短板，低端产品过剩、高端供给不足等问题依然突出。

近年来，各级农机推广部门有效推动信息技术在农机化技术推广、机械化生产、农机教育与培训、安全监管、质量监督和购置补贴等领域得到广泛应用，并进一步推动了全省农机推广信息化，推广使用信息化、技术应用信息化、生产经营信息化、管理服务信息化、效益分析信息化、社会服务信息化，促进农机化与信息化的融合，为提高农机化装备水平、作业水平、服务水平、科技水平和安全水平，为促进农机化又好又快发展提供了强力支撑。

五、形成若干个农机产品生产集聚区

生产集聚区的形成，有利于生产资源的合理配置、专业化协作配套、降低物流成本，对促进农机行业的发展具有十分重要的作用。目前已经形成芜湖地区农用内燃机、拖拉机、拖内配件、水稻插秧和联合收割机的生产集聚区，阜阳地区旋耕机生产集聚区、合肥地区色选机械生产集聚区、滁州地区农用柴油发动机生产集聚区。

随着安徽省农机总量持续增长，装备结构不断改善，高性能、大马力、复式作业装备发展步伐显著加快，作业领域由耕种收向产前、产中、产后全程机械化延伸，由粮食生产环节向经济作物、养殖业、设施农业、农产品加工业拓展。全省农业机械化水平持续增长，机械化作业已成为全省现代农业发展的显著特征，全程全面机械化生产模式正在逐步显现。

六、以科技创新为原则，推动农业机械化持续发展

安徽省高度重视农机人才队伍建设，坚持以素质提升和能力创新为核心，以农机化管理人才、科技人才和实用人才三支队伍建设为重点，努力建设一支数量充足、结构合理、素质优良的农机人才队伍，

为促进农民增收、农业增效和推进乡村振兴发挥了重要作用。

安徽省重视农机新技术的创新以及新型农机具的开发、推广，政府对农机科研机构和院所提供大量的资金支持，鼓励更多新产品、新技术从实验室走向企业的生产线，为农机产品的优化、升级奠定良好的基础，形成了产学研相结合的农机科研体系。

七、推动农机服务向市场化、产业化方向拓展

安徽省通过整合和规范农机运输、作业、销售、维修四大农机市场服务体系，进一步发展壮大了农机服务业，使之成了服务于农业和农村发展的重要产业。各类农机服务组织的成立，有效解决了小农户与大型农机设备之间的矛盾，使农业生产成本大大降低，提高了农机作业效率。同时，这些举措完善了全省农机行业规范，农机向市场化、产业化方向发展的趋势日益明显。通过农机社会化服务既可实现零散土地集中式服务的规模经营、带动小农户的发展，也可为土地流转集中式规模经营提供大型高效农机服务。

要适应由传统的"以机适地"转为"以地适机"的发展转变，需加速制修订"宜机化"农田整治的有关制度、标准、规范和实施细则，明确田间道路、田块长度宽度与平整度等"宜机化"要求，切实改善农机通行和作业条件，提高农机适应性，重点支持丘陵山区农田宜机化改造。

参考文献

[1] 工信部. 智能制造装备产业"十二五"发展规划 [Z].2012－05－15.

[2] 中华人民共和国国务院. 中国制造 2025 [EB/OL].http：//www.gov.cn/zhengce/content/2015－05/19/content_9784.htm，2015－05－08/2015－05－19.

[3] NY/T1640－2008.农业机械分类 [S].

[4] 国务院. 关于加快推进农业机械化和农机产业转型升级的指导意见 [Z].2018－12－21.

[5] 国务院办公厅. 关于切实加强高标准农田建设提升国家粮食安全保障能力的意见 [Z].2019－11－13.

[6] 农业农村部. 丘陵山区农田宜机化改造工作指引（试行）[Z].2019－10－29.

[7] 农业农村部. 农业机械报废更新补贴实施指导意见 [Z].2020－02－19.

[8] 农业农村部. 主要农作物品种选育宜机化指引 [Z].2019－10－30.

[9] 农业农村部. 全国优势特色农产品机械化生产技术装备需求目录（2019）[Z].2019－10－30

[10] 安徽省人民政府. 关于加快推进农业机械化和农机产业转型升级的实施意见 [Z].2019－04－04.

[11] 安徽省人民政府. 安徽省 2020 年政府工作报告 [EB/OL] https：//www.ah.gov.cn/zwyw/jryw/8254291.html.2020－01－20/2020－01－20.

[12] 安徽省人民政府. 安徽省国民经济和社会发展第十三个五年规划纲要 [Z].2016－02－21.

[13] 安徽省经信委. 安徽省"十三五"装备制造业发展规划 [Z].2017－02－13.

[14] 关于印发《安徽省五大发展行动计划》的通知 [Z].

[15] 安徽省人民政府. 关于加快建设战略性新兴产业集聚发展基地的意见 [Z].2015－04－25.

[16] 安徽省人民政府. 中国制造 2025 安徽篇 [EB/OL].http：//www.gov.cn/zhuanti/2016－02/02/content_5038433.htm，2015－11－18/2016－02－02.

[17] 安徽省农机应用产业技术发展 2019 年度报告（蓝皮书）[R].合肥：安徽省农业科学院，2019.

[18] 中国农机化发展白皮书 [R].北京：中国农业机械化协会，2020.

第 9 篇

医疗器械篇

摘　　要

随着经济的发展、人口的增长、社会老龄化程提高以及人们保健意识的不断增强，全球医疗器械市场需求持续快速增长。医疗器械行业是当今世界发展最快的行业之一。欧美日等发达国家和地区的医疗器械产业发展时间早，对医疗器械产品的技术水平和质量要求较高，市场规模庞大。我国相关基础科学和制造工艺落后，国产医疗器械产品仍集中在中低端品种，高端医疗器械主要依赖进口，与欧美竞争对手之间仍存在巨大差距。

《中国制造2025》将生物医药及高性能医疗器械列入突破发展的重点领域，并提出提高重点发展影像设备、医用机器人等高性能诊疗设备，全降解血管支架等高值医用耗材，可穿戴、远程诊疗等移动医疗产品，逐步摆脱高端医疗器械依赖进口的局面。为贯彻落实中央加快实施创新驱动发展和《中国制造2025》战略部署，充分发挥战略性新兴产业的引领带动作用，安徽省政府加快建设战略性新兴产业集聚发展基地，在相对集中的区域，打造汇聚产业配套完备、创新优势突出、区域特色明显、规模效益显著的产业群体。截至2019年底，安徽省共有医疗器械生产企业1791家，基本建立了以合肥、滁州为中心的医疗器械产业生产基地。目前涌现了美亚光电、欧普康视、中科美菱、合肥科瑞达、德铭电子、合肥必欧瀚、合肥登特菲、亿维医疗、康宁实业等医疗器械骨干企业，可生产一次性耗材、低温冷藏设备、激光类、生物安全柜、核医学设备、医疗影像、体外诊断试剂等产品，助推安徽省医疗器械行业的发展和建设迈向一个新的台阶。

目前医疗器械行业整体较为分散，高值医用耗材市场规模呈现高速增长态势。2019年，中国医疗器械市场规模整近6259亿元，其中，高值医用耗材是中国医疗器械第二大细分市场。从行业趋势来看，随着"两票制"、"营改增"等政策的推行，高附加值、高技术含量的医用耗材企业有望受益于带量采购带来的行业集中度提升，国产高值医用耗材有望依靠自身性价比优势和国家创新政策的鼓励，加速进口替代。安徽作为全国治理高值医用耗材改革试点省，积极响应《关于治理高值医用耗材的改革方案》，发布《省属公立医疗机构高值医用耗材集中带量采购谈判议价（试点）实施方案》，以集中带量采购谈判议价方式成功破解了高值医用耗材价格虚高的难题，为整个医疗行业提供了可复制、可持续的解决方案。

多年来，在医疗器械领域，我们的技术水平并不占优势，并且高度依赖进口。但如今，在3D打印技术、智能机器人、超导材料、传感器、工业物联网、大数据等共性技术的应用上，经历了此次新冠疫情的"大练兵"后，智能影像诊断、远程问诊、远程医疗、无接触自动化系统等成熟运用，让中国积累了更多自己独有的经验。安徽省在合肥高新区、合肥经开区、滁州、芜湖、安庆等产业园区，合作开展高端医学影像设备、超导质子放射性治疗设备、植入介入产品、体外诊断等关键共性技术研发，从而加快高性能医疗器械产业链布局。

当前，全国上下正面临着十分艰难的新冠肺炎防控战。这场战役，推动着各方重新审视生物医药产业的战略价值，生物医药创新进一步受到国家层面的重视。在医疗器械方面，国家药监局开辟了药品医疗器械应急审批的绿色通道，并出台《关于紧急进口未在中国注册的医疗器械的意见》、《2020年国家医疗器械抽检产品检验方案的通知》等相关政策，在深化审评审批制度改革的同时，为医疗器械的品质监管保驾护航。疫情发生以来，安徽省通过了《支持现代医疗和医药产业发展若干政策》《医疗器械监督管理条例》《医疗器械生产质量管理规范》等一系列相关政策，进一步引导和推动现代医疗和医药产业高质量发展，推动实施健康安徽战略，培育经济发展新动能。

为了适应蓬勃兴起的新常态，加快用新型医疗代替传统医疗的需要，建立科学的医疗器械行业体系，加速智能化、数字化医疗器械产品及相应技术的开发及规划，为安徽省智慧医疗事业的发展铺平道路，合肥合锻智能制造股份有限公司、合肥工业大学、国家药监局医用数字成像设备重点实验室、安徽省药品审评查验中心基于开发安徽省智能化、数字化医疗器械制造技术和产品，推动安徽省智慧医疗事业快速发展的指导思想，组织编写了《安徽省高端装备制造业发展战略研究——医疗器械篇》。本战略研究以移动物联网驱动医疗器械创新为核心，结合安徽省实情，广泛采纳国内外医疗器械制造的先进经验和做法，保证规划的科学性、可行性。

第 1 章
医疗器械装备国内外发展现状及趋势

一、概述

（一）医疗器械定义

根据我国《医疗器械监督管理条例》的规定：医疗器械是指直接或者间接用于人体的仪器、设备、器具、体外诊断试剂及校准物、材料以及其他类似或者相关的物品；其目的是疾病的诊断、预防、监护、治疗或者缓解等。但这一概念较广泛，低门槛的定义使得医疗器械的研发、生产、管理等水平不高，因此有专家建议将医疗器械定义修订为：是指非药物作用于人体，发挥医疗或者辅助医疗作用，包括外用和植入的仪器、设备、器具、材料、软件等物品。在我国，"医疗器械"必须经过国家药品监督管理局的检测、审查、审批并注册，才能被称为"医疗器械"而进入市场。

（二）医疗器械分类及主要产品

医院医疗器械按功能具体分为诊断性和治疗性器械两大类。其中诊断性器械包括：物理诊断器具（体温计、血压表、显微镜、测听计、各种生理记录仪等）、影像类（X 光机、CT 扫描、磁共振、B 超等）、分析仪器（各种类型的计数仪、生化、免疫分析仪器等）、电生理类（如心电图机、脑电图机、肌电图机等）等；治疗性器械包括普通手术器械、光导手术器械（纤维内窥镜、激光治疗机等）、辅助手术器械（如各种麻醉机、呼吸机、体外循环等）、放射治疗机械（如深部 X 光治疗机、钴 60 治疗机、加速器、伽马刀、各种同位素治疗器）等，其他类如微波、高压氧等等。

医院医疗器械按风险等级可以分为三类，第一类是指通过常规管理足以保证其安全性、有效性的医疗器械；第二类是指对其安全性、有效性应当加以控制的医疗器械；第三类是指植入人体，用于支持、维持生命，对人体具有潜在危险，对其安全性、有效性必须严格控制的医疗器械。

（三）医疗器械产品特点

医疗器械关系到患者的切身安全，对安全性和有效性要求很高，行业具有典型的公益性特征。但医疗器械同时又是商品，公益性与市场性兼具是这个行业的特点，如同药品一样，与一般商品相比，医疗器械的特殊性不言而喻。

1. 品种繁多、种类差别较大、替代性较差

按照国家食品药品监督管理总局制定的《医疗器械分类目录》，医疗器械种类繁多，共 77 大类，每一大类又可细分为几十小类，每一小类又有成百上千个不同产家、不同型号的品种。根据国家食品药品监督管理总局的数据查询结果，我国医疗器械市场中，不同厂家、种类、规格型号的产品超过 10 万种，其中进口医疗器械超过 2 万种，国产医疗器械超过 8 万种。由于医疗器械极其复杂，医疗器械的多样性决定了产品标准的多样性，每一小类产品具有一个标准，目前整个医疗器械行业没有统一的标准。另外，医疗器械治疗可替代性较弱，与药品相比，特定的产品只能治疗特定的疾病，疾病治疗方式的多样性决定

了医疗器械产品的多样性。

2. 技术门槛高，产品更新速度快

医疗器械学科涵盖医学、生物学、化学、物理学、电子学，同时结合工程学等学科。多学科的交叉决定了该类产品应具备更高的技术性，产品技术创新投入高，开发产品周期较长。从开发到上市，一般需要3～5年的时间。因此，医疗器械行业是一个多学科交叉，知识密集、资金密集的高技术产业，进入门槛较高，对知识产权依赖性强。随着医疗技术日新月异的发展，医疗器械技术更新极快，产品生命周期一般为半年至一年，产品不断向精细化、智能化、高效化发展。

3. 进口医疗器械技术垄断特征明显

医疗器械产业在我国处于新兴产业。近年来，在市场需求和政府扶持双重拉动下，国产医疗器械生产企业不断加大创新投入，产品技术含量不断增强。然而，与发达国家相比，我国自主生产的高值医疗器械（尤其是高值医用耗材）技术水平与国外仍有较大差距，核心技术零件仍需依赖进口。从市场份额来看，高值医疗器械产品主要以进口为主，由于进口产品在我国极具技术垄断性，由此带来的市场垄断和价格垄断问题亦比较明显。

4. 医生对医疗器械的选择和使用具有直接决定权

由于医疗器械涉及多学科知识，对于大部分患者来说，目前医疗器械知识普及远没有药品普及程度深，患者对医疗器械治疗原理和知晓程度亦不高。医生是医疗器械产品使用的决定者；医生与患者之间信息不对称现象更广泛，患者对诊断类设备及植（介）入类器具和耗材选择几乎全部依赖于医生建议。而在临床治疗过程中，医生为规避治疗和手术风险，更倾向于使用技术含量高、价格较高的产品。同时，按照目前医疗器械收费政策规定，医疗器械在医疗机构主要分为打包收费（主要为大型医疗设备及医疗服务项目内涵耗材）及单独收费（主要为植（介）入类耗材），其中单独收费是在医院购进价基础上进行一定比例加价。医生作为医疗服务的提供者，对医疗器械选择具有绝对的主动权，医疗设备检查"乱收费"及过度使用高值耗材现象屡见不鲜。

5. 患者"买贵不买贱"的心理使得需求价格弹性较低

尽管在推荐治疗方案和医疗器械（大型医疗设备检查和植（介）入类耗材）前，医生会征求患者意见，但由于涉及生命安全，产品在被选择时丧失了价格弹性。医用设备检查费用较高、进口产品与国产产品价格相差较大，但患者出于健康考虑，仍会选择档次高价格高昂的产品，患者"买贵不买贱"的心理使得需求价格弹性较低。访谈支架植入患者表明，尽管进口药物缓释支架比国产产品高5000元左右，但为了维持生命及改善生存质量，一般会选择进口产品。在这种需求价格弹性与需求收入弹性相关性较差的背景下，医疗机构缺少了与供应商议价的积极性，生产企业也缺少生产"物美价廉"产品的动力。相反，医疗机构有选择较高价格产品的动机与可能性，医疗器械生产企业及供应商也有虚高价格供货的动机和可能性，这种特性使得患者的医疗器械费用占医疗总费用的比重逐年增加，给患者带来了沉重的负担。

（四）医疗器械行业组织模式

医疗器械行业属于与人类生命健康关系密切的行业，需求刚性较强，行业周期性特征和经济下滑趋势对行业的影响不明显，行业抗风险能力较强。医疗器械行业组织模式有产业园区的"产业集中＋规模化"的模式、高端高值医疗器械模式、"互联网＋社区O2O"模式、在价值链中做大模式等。

1. 产业园区"产业集中＋规模化"的模式

目前我国医疗器械行业集中度较低，且大部分企业规模较小，只能生产中低端产品。伴随我国医疗器械企业投资兼并重组速度的加快，许多规模小、没有竞争优势的企业将逐步退出市场，从而使得我国医疗器械行业集中度不断提高。很多地区根据自身特色建立不同类型的医疗器械工业园，通过"政府主导、市场运作"的医疗器械园管理与运作模式，以园区建设带动医疗器械产业发展，中国医疗器械产业园区分布见图9－1。

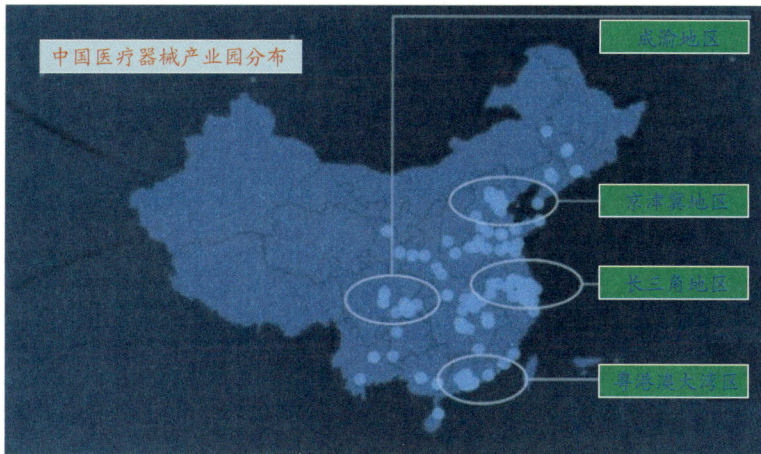

图 9-1 中国医疗器械产业园区分布图

2. 高端高值医疗器械模式

中国高值医疗器械产业链参与主体不断丰富，产业生态逐渐健壮。位于产业链中游的产业高值医疗器械去区别于其他高值医疗器械，由于其客户定位不同，核心服务对象是母公司，价值服务也更加关注如何为母公司带来价值，即提供何种机制和组织安排，协助母公司践行开放创新。作为创业团队与公司内部机构之间的缓冲区，产业创高值医疗器械不但可以降低彼此间的影响，更重要的是可以借此引入外部技术资源，加快技术商业化进程，降低企业创新成本。同时，也可以为内部闲置的创新成果提供外部商业化路径从而激发公司内部的"企业家精神"，并与外部资源方共同分担创新风险。正因如此，其中的大型高端企业对于产业创新高值医疗器械的发展具有决定性作用，在其细分产业链中具有绝对话语权，但也正是这部分大型企业不断驱动着现阶段的高值医疗器械行业的转型升级。

3. "互联网+社区 O2O"模式

2018 年国家出台"互联网+医疗"的相关文件，将促进以"互联网+"为依托的新模式出现（如图 9-2 所示）。"互联网+社区 O2O"模式双管齐下，线上打造"PC 商城+微信微店+APP+云平台+物联网"五屏系统，线下促进企业与医院的沟通与合作，建立实体服务点。这种模式将医械企业、医院和患者

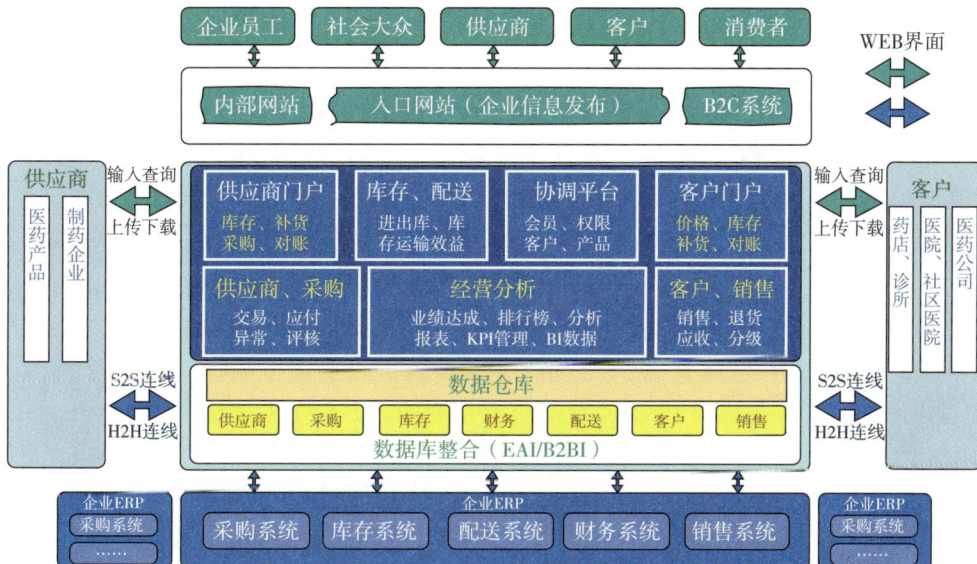

图 9-2 "互联网+社区 O2O"模式

有机的结合起来，只要掌握了消费者的实际情况，那么就能提高服务质量，从而与消费者建立信任关系。

4. 在价值链中做大的模式

少部分医疗器械行业的企业利用财力上的优势，发展成为"一站式"的医疗供应商。他们将重新构建价值链模式，实现完全控制价值链，提供全面的产品、服务和智能信息。这项构建工作可能会很复杂（可能会淘汰分销商），将通过在医院和居家环境中提供预防性和个人化的治疗来改善整个客户体验过程。

二、国外现状及发展趋势

随着全球人口自然增长，人口老龄化程度提高，发展中国家经济增长，医疗健康行业的消费需求持续提升，带动了全球医疗器械市场将持续保持增长的趋势。根据统计，2017 年全球医疗器械市场销售额为 4050 亿美元，同比增长 4.6%；至 2019 年，全球医疗器械市场规模已达 4519 亿美元，同比增长率 5.63%。预计 2020 年全球医疗器械销售额将达到 5945 亿美元。

从区域来看，美国、欧洲地区国家的医疗器械产业发展起步较早，知名企业较多，产品技术水平和质量高。数据显示，全球医疗器械最主要的市场和制造国是美国，约占据全球医疗器械市场份额的 45%；全球医疗器械第二大市场和制造地区是欧洲，占全球医疗器械市场份额的 30%；而亚洲以日本的医疗器械产业具有较大优势。从行业集中度来看，全球医疗器械市场集中度高，主要由跨国企业占领。据 Qmed 统计数据显示，2019 年美敦力销售收入位居第一，约 308.91 亿美元，市值 1595.45 亿美元。第二名为强生，销售收入 259.63 亿美元，市值 3839.1 亿美元；第三名为雅培，销售收入 199.52 亿美元，市值 1573.93 亿美元。

（一）医疗器械现状分析

1. 医疗电子产品

从全球范围来看，市场对医疗电子产品的需求越来越大，尤其是对计算机断层扫描仪、磁共振仪、高档超声波诊断仪器等高端产品需求的快速增长，有力带动了全球医疗电子市场规模的扩大。就目前全球医疗电子市场的区域结构而言，美国、欧洲和日本仍是医疗电子的主力市场，但随着这些地区医疗电子体系日趋完善和市场规模的持续扩大，其增长空间和潜力已十分有限，近几年欧美大型仪器采购量可能锐减；而中国、日本和印度的医疗器械市场销售额合计约占亚洲市场总销售额的 70%，其中中国市场仍有望保持 10% 以上的增长率。

（1）医学影像设备

目前，国际数字医学影像设备的市场需求在不断增长，世界各国对医疗保健的需求越来越大，市场前景广阔。不断增长的市场需求大大刺激了各国在此领域的投入，由于利润丰厚，市场竞争也日趋激烈。但因技术壁垒高，国际数字医学影像设备市场主要被美、日、德等少数国家垄断。

（2）医用监护产品

据统计，全球每年病员监护仪市场的容量大约为 20 亿美元。随着国民经济的发展，亚洲国家的监护仪需求迅猛。目前是全球监护仪产品的最大市场，美国是监护设备最主要的市场和制造国，占全球医疗器械市场约 40% 市场份额。高档监护仪知名生产企业主要有 GE、强生、SPACELAPS、飞利浦、惠普、科林、泰科、伟伦、安捷龙等。

（3）呼吸机、麻醉机

中低端的呼吸机、麻醉机由于技术门槛低，生产厂家众多，但高档机型基本上集中在少数几个大的企业，如呼吸机知名生产厂家有泰科、伟康、瑞斯迈、德百世、万曼和博雅等，麻醉机知名生产厂家有 Drager、百斯、美国自然基因、麦蒂、德恩——欧美达、伟康等。

2. 医用耗材

（1）一次性医用耗材市场

美国是世界上最大的一次性医疗器械市场，约占全球一次性医疗器械市场 40% 以上的份额。人口老龄化趋向和家庭保健需求的快速增长是推动一次性医疗器械市场快速发展的两大主要因素。欧洲则是世界第二大一次性医疗器械市场，约占世界一次性医疗器械市场 29% 的份额。日本、中国、印度及其他亚洲新兴工业国合计约占国际一次性医疗器械市场 17%~18% 的份额。

（2）心脑系统医疗器械和矫形器械耗材市场

心脑系统医疗器械是用于心脑系统（包括起搏器、冠状动脉支架、植入式除颤器、体外除颤器以及各种血管成形摄像产品等）的医疗器械占医疗器械市场的最大份额，大概占 20% 左右，随着微创介入技术的发展，此类医疗器械将会得到更加广泛的应用。

矫形器械产品销售额约占全球医疗器械市场总销售额的 10% 以上，包括各种人工关节（人工膝关节、人工股关节和人工髁关节等）、植入式脊柱矫正器械、以及义齿材料等数百种产品。其中，植入式脊柱矫形器械和人工关节是矫形器械市场上的两大类畅销产品。

心脑血管介入类和矫形器械等高值植入介入类耗材属于高技术、高风险和高收益的产品，在这一产品领域，市场准入门槛非常高，核心技术被少数跨国企业所垄断，如强生、美敦力、圣尤达、Guidant、史塞克、巴奥米特、Zimmer、Smith&Nephew、波士顿、施乐辉等企业几乎垄断了全球市场份额。

（3）血液净化类市场

血液净化产品包括肾透析系统和人工肝支持系统，是针对肾病和肝病这两大类慢性病。中国人口众多，也是肾病和肝病大国，约占全球的三分之一，但因治疗费用昂贵，限制了该类产品的应用，随着国民经济的发展，此类产品将会有广阔的市场空间。血液净化产品如图 9-3 所示。

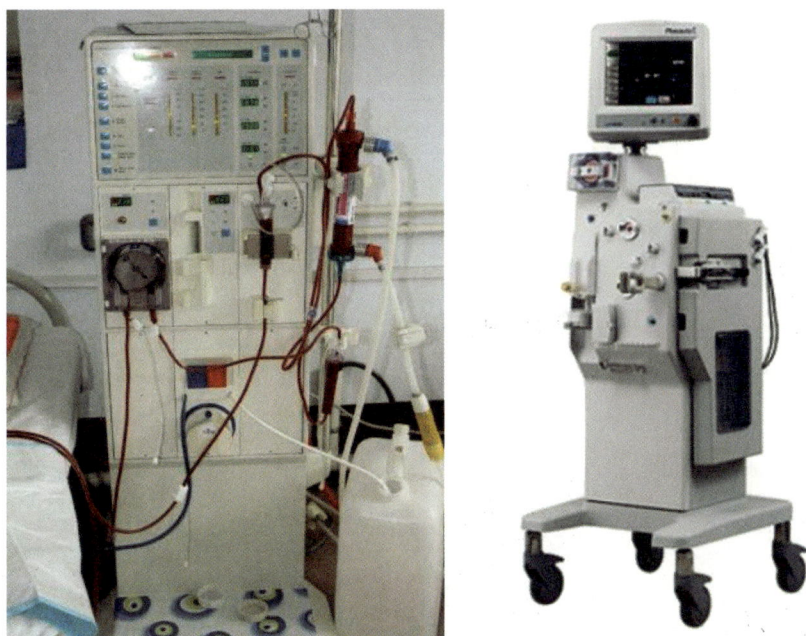

图 9-3　血液净化产品

① 肾透析系统

近 10 年来，国际肾透析类产品市场的年增长率平均达 5.5%。欧洲是目前全球最大的肾透析机市场，肾透析机年销售额达 37.5 亿美元，美国居第二，年销售额达 28.7 亿美元，亚洲及大洋洲国家位居第三，年销售额达 15 亿~16 亿美元，其他国家和地区的肾透析机市场销售额合计为 10 亿美元左右。目前生产血透产品的知名企业有百特、费森尤斯、金宝、贝朗和尼普洛等。

② 人工肝支持系统

据世界卫生组织（WHO）统计，目前全球有近4亿乙型肝炎病毒表面抗原携带者，中国为1.2亿，其中肝衰竭患者将近1200万。人工肝支持系统在治疗肝衰竭方面具有很大优势。根据人工肝的组成和性质主要分为三类：非生物型人工肝、组合生物型人工肝和生物型人工肝。目前临床使用的人工肝都是以解毒功能为主的非生物型人工肝，最为知名的当属德国 TERAKLIN.AG 公司生产的 MARS 人工肝支持系统。

（二）技术发展趋势

未来的医疗器械技术和产品都将与计算机技术、微电子技术、网络信息化技术、组织工程学技术、精加工技术、仿生技术、智能化技术等结合在一起，使得医疗器械使用更加便捷、精准。

1. 便携式产品

随着全球进入老龄化时代，必然会带来一系列老年性疾病的高发，这些疾病需要随时进行监控治疗，这就催生了医疗电子产品的便携化，如电子血压计、血糖仪、电子助听器、便携式多参数监护仪、便携式超声诊断仪、便携式心电图机等。

2. 家用设备

医疗研究和技术发展将更多集中于慢性疾病的诊断和治疗，从而减少医疗费用和提高慢性病患者的生活质量，这就要求设备小型适合家用。美敦力公司研发的人工胰脏用于治疗糖尿病，只有火柴盒大小，由微型血糖仪和微型胰岛素泵组成，由血糖仪对患者随时血糖监控，并根据情况注射胰岛素。

3. 微创手术

微创手术（如图9-4所示）能够有效降低患者痛苦，有利于降低手术风险和感染机会，同时术后疤痕很小，成为当今手术的发展趋势。由于微创手术巨大的市场需求，与此相关的手术导航系统和治疗设备发展迅速，如内窥镜系列、适用于心脏电生理治疗的三维标测系统。此外治疗设备由目前的主流的高频电刀逐渐发展为超声刀、激光刀等。

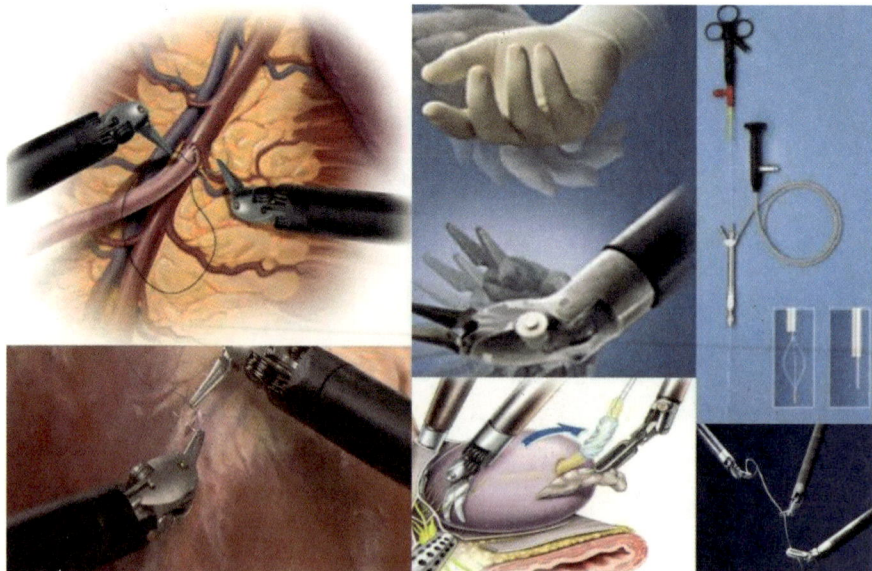

图9-4　微创手术

4. 医疗领域信息化

随着计算机和网络技术的发展，医疗领域的信息化和网络化是今后医疗治理的发展趋势，并引发对影像化、数字化等高、精、尖设备的需求增长。医院信息系统的普遍建立又使得医院有了进一步建立以医学影像存档与通信系统（PACS）为核心的临床信息系统的要求，占全部医疗信息90%以上的医疗影像信息的处理更是今后医院信息化的核心所在。

5. 远程监护功能

随着微电子技术和网络技术的发展，体积更小、能耗更低、同时具有可成像和远程监护功能的心脏辅助装置成为未来心脏起搏器的主流方向。目前，美敦力推出了这种具有远程监护功能的心脏起搏器。

三、国内现状及发展趋势

2018 年，我国医疗器械行业企业数量达 1.87 万家、市场规模达 5304 亿元。2020 年，根据其复合增长率 15％测算，考虑到医疗器械行业良好的发展前景，我国医疗器械行业市场规模或将突破 7000 亿元。同时我国医疗器械行业的标准体系进一步健全，截止 2019 年底，医疗器械现行有效标准共 1671 项，我国标准与国际标准一致性程度达到 90.4％。

（一）我国医疗器械行业发展概况

1. 医疗设备发展概况

随着国民可支配收入的增加、人口老龄化带来的医疗需求增加以及医保覆盖范围及深度的提升，我国对医疗设备需求将持续增加。同时，在政策端，鼓励医疗设备创新和技术升级，为国产创新医疗设备开辟了绿色通道，有望在多个领域打破国外产品的垄断局面，推动进口替代。需求端和政策端共同推动了国内医疗设备市场快速发展。2014—2018 年中国医疗设备市场保持高速增长态势。根据行业概况分析，2014 年我国医疗设备行业市场规模为 2556 亿元，2018 年底，我国医疗设备行业市场规模达到了 5300 亿元，预计 2022 年我国医疗设备行业市场规模将超 9000 亿元，如图 9-5 所示。

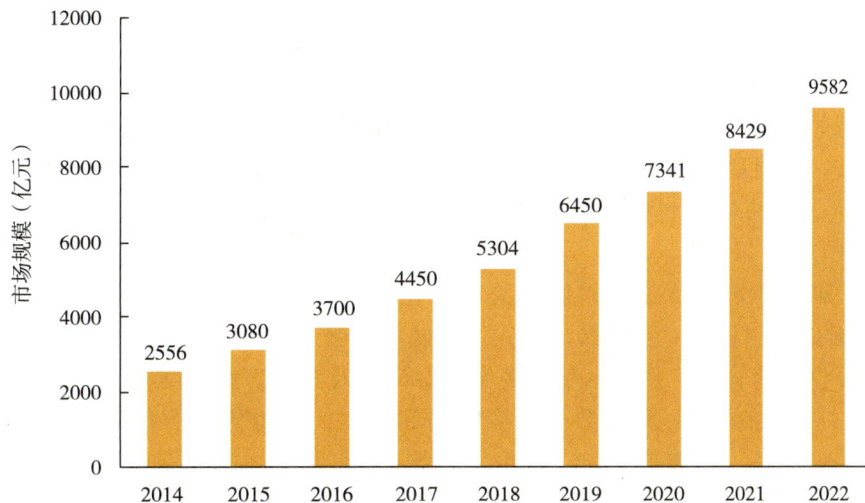

图 9-5　我国医疗设备行业市场规模变化

2. 医用耗材发展概况

随着我国医疗卫生事业的不断发展、人民生活水平不断提高，人们对医疗卫生事业提出了更高的要求，极大促进了我国医用耗材市场的快速增长，但受集中采购、进口替代等因素影响，高值医用耗材市场增速将逐年趋缓，相比高值医用耗材，低值医用耗材因应用广泛，将继续保持高速增长，2018 年高值医用耗材市场规模为 1046 亿元。低值医用耗材市场规模为 641 亿元，同比增长 19.81％，如图 9-6 所示。

3. 技术发展概况

我国将大力提升医疗器械的数字化、智能化、高精准化和网络化，积极推进人体传感器网络、云计算、物联网相结合的全民健康管理和促进等新型服务技术的发展和应用。

智能医疗有助于解决医疗资源分布不均的难题，医疗器械高端设备及前沿技术如云诊断等多由发达

2015—2018年我国低值医用耗材市场规模

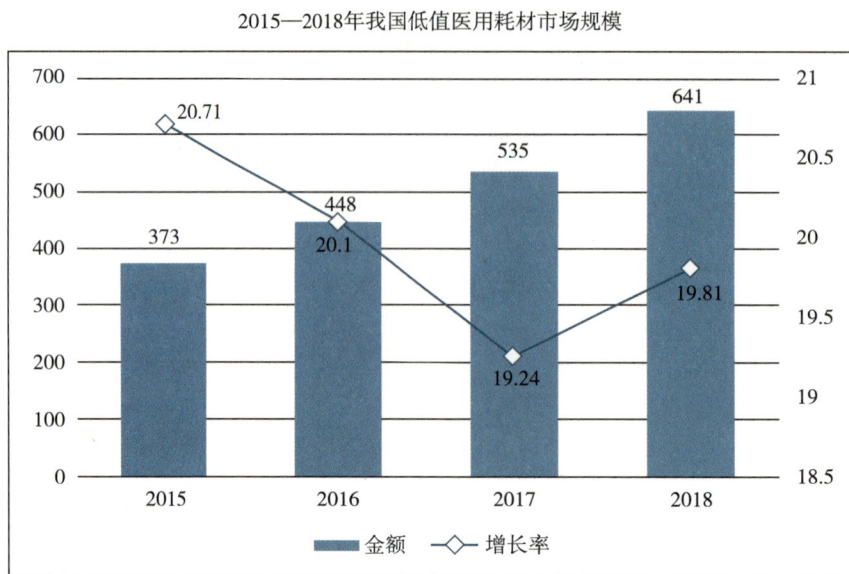

图 9-6 我国低值医用耗材市场变化

国家所掌握，需要整个行业发力健康信息智能检测微型化。医学影像设备的数字化和信息化借助互联网技术为远程医疗诊断和治疗提供可靠的帮助，借助手术机器人实施远程操作或通过现代通信方式指导前方术者操作。同时以人机工程学为背景进行医疗器械改进，改善医疗器械中的弊端，保证相关机械性效能更高更好，人机工程具有广阔的发展空间。

（二）我国医疗器械行业发展趋势

1. 产品智能化、信息化趋势

我国医疗器械行业未来发展趋势：行业并购整合且平台化，从器械产品向服务产品延伸，部分产品的单点创新实现突破，同时医疗器械智能互联网化。国产医疗器械如大型数字化影像设备、手术机器人、分子生物学诊断产品、个性化定制器械及家用医疗器械等一大批高性能医疗器械，将不断得到应用和上市。

2018 年 4 月 25 日，国务院办公厅印发《关于促进"互联网＋医疗健康"发展的意见》（国办发〔2018〕26 号），明确提出"推进'互联网＋'人工智能应用服务""研发基于人工智能的临床诊疗决策支持系统，开展智能医学影像识别、病理分型和多学科会诊以及多种医疗健康场景下的智能语音技术应用，提高医疗服务效率"，"加强临床、科研数据整合共享和应用，支持研发医疗健康相关的人工智能技术、医用机器人、大型医疗设备、应急救援医疗设备、生物三维打印技术和可穿戴设备等"。从政策层面为人工智能医疗的发展提供了保障。医疗器械领域的信息追溯机制、体系、编码等至今尚不够完善，为实现产品的信息可追溯，利用信息化手段对医疗器械生产、流通全过程进行监管是新政对医疗器械行业要求的重点；医疗器械的智能化发展趋势，对信息化的普及和提高同样提出了更高要求。

2. 同源产品整合趋势

目前国内的医疗器械厂家比较分散，规模上 5000 万的企业大概有 1800 多家，其余有 2 万家左右，平均产值大约为 100 多万。[①] 随着健康中国 2030、中国制造 2025 等国家战略全面推进，中国医疗器械行业的发展总体上呈良性态势。

总体来说，医疗器械行业整合并购是未来主要方向。根据医疗器械产业业态分析，器械公司单品种、技术不可延展性等特点，导致公司内生性发展容易出现瓶颈。未来突破这种瓶颈，搭建多品类的平台型

---

① 数据来源于 2019 年中国报告大厅发布的《医疗设备行业前景》。

公司，行业并购是快速突破的瓶颈的有效方式。

从目前产业上市公司的情况来看，我国医疗器械行业各方面产量虽然有所提高，但在国际市场仍处于竞争力弱、市场占有率低的地位。据统计，美国40家大型医疗器械企业的产值占了全球医疗器械市场的20%，而中国约1.4万家医疗器械企业的产值却仅占全球医疗器械市场的10%左右[①]。医疗器械产业具备多样化、创新快、跨界难的特性，通过企业自身力量形成规模化生产存在各种困难，并购是一种获得规模经济和范围经济比较快捷有效的方式。此外，医疗器械每个细分市场容量较小，但是专业壁垒极高，在研发、推广、售后服务等方面各领域间有较大难度，在高值耗材、诊疗设备、诊断试剂等领域，单靠内生性增长，医疗器械企业无法完成快速成长。目前，细分市场掌控和并购扩张成为国内医疗器械企业战略布局的主流思想，率先进行积极整合扩张的企业更有希望成为长期的赢家。迈瑞医疗、威高集团、鱼跃医疗、乐普医疗已经通过合资、并购走向多元化，成为整合的领跑者。微创医疗、新华医疗则成为细分领域的佼佼者。还有一部分企业拉开海外并购序幕，力图走国际化多元化道路。医疗器械企业利用产业基金、上市融资、引进外资等多种方式加快兼并重组步伐，不断提高行业组织化水平，实现规模化、集约化经营，将是未来产业发展的重要趋势。

3. 生产规模化、专一化趋势

未来，我国医疗器械产业发展充满着机遇和挑战。来自监管和资金方面的压力是产业面临的挑战，需求牵引和技术创新成为产业发展的推动力。政策和产业规划将引导医疗器械行业集中度提高。目前医疗器械行业整体较为分散，随着"两票制""营改增"等政策的推行，以及新版GSP对企业采购、验收、储存、配送等环节提出更高的要求，在未来2~3年，兼并、重组、整合将加剧，行业集中度快速提升[8]。

医疗器械标准体系建设、医疗器械检验机构配套发展等方面，正在加速与国际接轨。医疗器械的监管重点将呈现出从上市前审查向上市后监测、从产品质量检测向生产质量体系检查转移的趋势，将进一步规范医疗器械企业研发、生产、经营活动。

此外，医疗器械产业化，专业化的合理分工越来越明显。医疗器械注册人在上海等地区的实施，为医疗器械专业化合理分工打下坚实的基础。2020年以后实施的医用耗材两票制和提高集中配送度等政策迫使中小型代理商转型，专注做服务商。医学专家或技术专家专注做研发，并通过出售研发成果盈利，大商业集团公司专注于物流配送、融资租赁等，中小型代理商只做服务，外协加工厂专门做贴牌加工，生产企业主要精力放在品牌的打造和市场推广上，这样形成专业人做专业事、医疗器械轻资产运营正在逐步成为现实。

4. 技术研发竞争趋势

我国的医疗器械生产企业规模明显小于国外企业，存在巨大发展差距，尤其是高端医疗器械市场多为国外企业垄断。通过多年发展，我国已经在支架类产品上实现了突破，形成一定的产业规模和竞争力。

2016年11月颁布的"十三五"《医药工业发展规划指南》和《"十三五"医疗器械科技创新专项规划》，借鉴国际领先企业的研发方向，将我国企业的发展方向分为短期和长期两个发展方向，例如针对行业技术发展趋势为占据高端市场的国际领先企业现阶段有四大研发方向，见表9-1和表9-2。

表9-1　国际领先企业发展方向分析

方向	具体分析
对同类商品的更新换代	比如美敦力最新研发出了适应核磁共振的扫描的心脏起搏器，GE医疗的核磁共振仪每半年到一年左右会更新系统或推出新产品
企业扩充产品线	尤其是高附加值产品的趋势，这个趋势可以通过并购完成

① 数据来源于2019年中国报告大厅发布的《医疗器械行业发展趋势分析》。

（续表）

方向	具体分析
高科技创新产品开发	利用和综合最新的纳米技术、生物质能和机器人技术等高科技因素研发全新高科技产品
低端市场的本地化开发	针对发展中国家中、低端市场的本地化研发趋势，比如 GE 医疗针对我国农村市场开发出的"便携式超声仪"等

表 9-2　国际领先企业发展方向

方向	具体分析
短期发展方向	（1）通过合作、引进先进生产线和吸引人才等方式引进、学习国外的先进技术，不断改进技术、缩短与国外先进水平的差异 （2）企业扩充产品线，尤其是高附加值产品（这点和国际领先企业类似，同样可以通过并购来实现） （3）利用本地化优势（了解市场需求，低成本等），针对我国医改受惠的中、低端市场开发新产品
长期发展方向	（1）当企业技术有一定积累，拥有高质量的研发团队和较高研发预算的时候，可以直接跳过高端市场现有产品技术，研发一些更有前瞻性的产品（现有高端产品的升级版）占据市场先机

5. 多元化营销趋势（纵向、横向整合）

医疗器械市场一直风云变幻，多元化营销势在必得。对于医疗器械产业来说，开展品牌营销：重要的是立足于市场，在医疗器械市场占有一席之地。市场主要由品牌来主导产业开展相应的品牌营销，要有自主化的发展道路。我国医疗器械产业发展时间相对较短，独立研发能力尚不足，在整个市场中，国内医疗器械品牌较少要改善营销观念和格局，立足于市场，走民族化和个性化道路。医疗器械产业发展与营销管理创新是医疗事业的新趋势。随着社会经济的发展，我国医疗器械产业发展与营销管理创新不断完善。必将有利于未来医疗器械更好地发展。

6. 新品牌纷呈趋势

近年来，国家陆续出台对国产医疗器械的鼓励政策，国产自主创新医疗器械将不断涌现，良好的政策激励使国产医疗器械行业备受鼓舞。从 2018 年网络零售额来看，鱼跃以 5.7% 的市场占有率排在首位，其次是欧姆龙 5%、可孚 2.1%。从整体来看，前十网络零售占比为 20.1%。[①] 可以预见，未来 3～5 年，一定会有大批国产创新医疗器械产品问世，诸多医疗行为会因为新技术和新产品的出现而发生改变。

7. 重视品牌定位趋势

在新形势下，国外知名医疗器械生产企业和国药、华润、九州通等大型商业集团公司合作更加紧密，而中小型医疗器械代理商和生产企业生存会变得异常艰难。医疗器械行业未来发展趋势如何、行业新的机会、新的风口在哪里、如何在激烈的市场竞争中占据先机，由关系为王逐步转变为产品为王、品牌为王，品牌定位越显重要。2018 年医疗器械网络零售 TOP10 品牌见图 9-7 所示。

---

① 数据来源于欧特欧咨询和中商产业研究院发布的《2018 年中国医疗器械市场规模及竞争格局分析》。

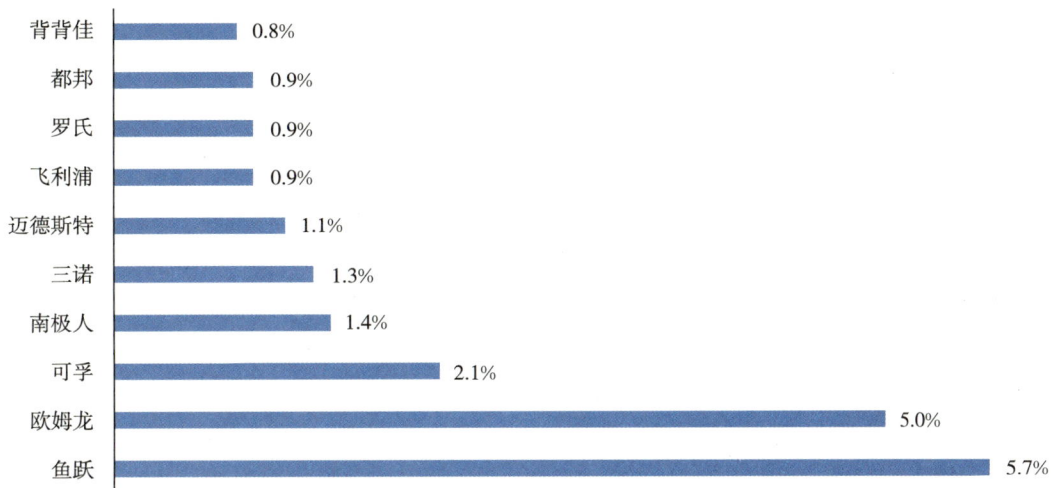

图 9-7　2018 年医疗器械网络零售 TOP10 品牌

医疗器械品牌都必须自己独特的定位，也就是品牌个性和身份识别。品牌定位首要的原则就是差异最大化。定位既是指市场区隔定位，也是顾客理性定位。顾客在选择品牌时，理性的因素越来越弱，感性的因素越来越强。定位决定了一个品牌所居层次，决定品牌所选择沟通和传播渠道，决定品牌未来发展前途和方向。

（三）行业竞争情况

医疗器械产品是多学科发展综合的体现，特别表现在其发展需依靠新材料、软件等行业的发展，对上游行业的依赖性相当高。此外医疗器械的高利润产品需要高投入的研究开发，同时市场竞争需要高成本的推广，这些决定了医疗器械行业的资金依赖性非常高。作为知识密集性行业，人才逐步成为行业竞争的资本。因此医疗器械行业核心竞争力主要表现为三方面即产品、资金和人才。

1. 高科技医疗器械产品的研发是保持核心竞争力首要条件

医疗器械行业是一个充满竞争的行业，众多产品的生命周期很短。因此，研发是行业的支柱。医疗器械公司技术的进步和创新是获得发展的关键。在医疗器械行业中，企业每年都要从收入中抽出较大的比例用于发展创新性技术。新产品是医疗器械行业活力的源泉，研发投入对于公司未来的销售和企业利润具有决定性作用。

2. 研发人才是医疗器械企业保持核心竞争力的保证

医疗器械是高精尖行业，具有综合的学科背景。企业间的竞争可以说就是人才的竞争。人才是企业最重要的核心能力。我国优秀研发人才不足，研发体制欠缺，对新医疗器械的创新研发、市场推广带去了很大的弊端。另一方面，由于我国医疗器械行业绝大部分企业是中小企业，管理机制相对灵活，可以创造一种有利于提升企业核心竞争力的环境氛围，制定有效的员工激励措施，形成持续的人力资源的竞争优势。

3. 高额的资金投入是医疗器械企业保持核心竞争力的基础

由于现代高科技医疗器械产品直接作用于人体，新产品从研制成功到临床试验，再到获得生产许可证，最后进行生产需较长的周期，故其开发研究必然需要大量的资金支持。我国医疗器械行业中绝大多数是中小企业，缺乏新品开发投入的资金。在国外，医疗器械新品开发投入的资金一般占其销售额的 10% 左右，而我国大多数企业自身的研究开发费投入和销售额之比最多不超 3%，因此有些国产医疗器械虽有先进的第一代产品，但苦于缺乏继续创新的资金，无法对产品进行更新换代，技术的优势随着时间的推移而逐渐丧失殆尽。

（四）国内政策实施情况

1. 早期出台的一些政策及其作用

2015 年 8 月 9 日，国务院出台《关于改革药品医疗器械审评审批制度的意见》，药品医疗器械审评审批改革大幕正式拉开。

2017 年 1 月 11 日，国务院医改办联合国家卫生计生委、食品药品监管总局、国家发展改革委、工业和信息化部、商务部、国家税务总局、国家中医药管理局八部委发布《关于在公立医疗机构药品采购中推行"两票制"的实施意见（试行）》，国家版药品两票制试行文件出台，要求在公立医疗机构药品采购中执行"两票制"，随后一年中各省份纷纷出台相应的药品两票制文件，截止到 2017 年年底，全国各省市均已出台药品两票制方案，药品"两票制"全面推开。

"两票制"是指药品、医用耗材生产企业到流通企业开一次发票，流通企业到医疗机构开一次发票。实行两票制主要是针对当前医药流通过程中存在的环节较多和难以追溯等突出问题而采取的措施，目的是压缩流通环节，使中间加价透明化，进一步降低医药虚高价格[9]。

2017 年 10 月 8 日，中共中央办公厅、国务院办公厅出台了《关于深化审评审批制度改革鼓励药品医疗器械创新的意见》，详细规定了医疗器械审评审批改革方面将开展的工作。为深入推进审评审批制度改革，鼓励医疗器械创新，激励产业创新高质量发展，国家药监局在多次调研的基础上，汇总多方意见，于 2018 年 11 月 2 日发布了新修订的《创新医疗器械特别审查程序》。

为鼓励医疗器械的研究与创新，2013 年 3 月，国家食品药品监管部门发布了《创新医疗器械特别审批程序》和《关于简化医疗器械重新注册申报资料的规定》，并表示未来将对创新医疗器械实行优先审批、开通绿色通道。其他相关政策见表 9-3。

对于创新医疗器械管理，各级食品药品监督管理部门及相关技术机构将按照早期介入、专人负责、科学审批的原则，在标准不降低、程序不减少的前提下进行审批，种种要求表明了我国推进医疗器械创新发展的信心。

表 9-3　医疗器械相关政策

医疗器行业相关政策

序号	时间	颁布部门	政策名称	政策主要内容
1	2019.10	国家药品监督管理局	《关于做好第一批实施医疗器械唯一标识工作有关事项的通告》	《通告》对第一批医疗器械唯一标识实施品种范围、进度安排、工作要求等进行了明确定。根据《通告》，2020 年 10 月 1 日起，生产列入首批实施目录的医疗器械，应当具有医疗器械唯一标试
2	2019.8	国家药品监督管理局	医疗器械检验工作规范	为加强医疗器械检验工作，提升医疗器械检验机构的检验能力和管理水平，提高医疗器械检验工作质量和效率等
3	2019.8	国家药品监督管理局	关于扩大医疗器械注册人制度试点工作的通知	探索建立医疗器械委托生产管理制度，优化资源配置；探索创新医疗器械监管方式，有效落实"监管工作一定要跟上"的要求，完善事中事后监管体系，理清跨区域监管责任，形成完善的跨区域协同监管机制，增强监管合力，提升监管效能等

（续表）

序号	时间	颁布部门	政策名称	政策主要内容
4	2019.7	国家药品监督管理局、国家卫生健康委员会	医疗器械唯一标识系统试点工作方案	建立医疗器械唯一标识系统框架。实现医疗器械唯一标识的创建、赋予以及数据上传下载和共享功能，形成试点品种的医疗器械唯一标识数据库，建立唯一标识数据平台。开展唯一标识在医疗器械生产、经营、流通和使用等各环节的试点应用，形成示范应用标准和规范。探索利用唯一标识实现医疗器械不良事件报告、产品召回及追踪追溯等实施应用。探索医疗器械唯一标识在卫生、医保等领域的衔接应用，实现注册审批、临床应用、医保结算等信息平台的数据共享
5	2018.12	国家药品监督管理局	创新医疗器械特别审查申请审查结果公示（2018 年第 15 号）	鼓励医疗器械研发创新，促进医疗器械新技术的推广和应用，推动医疗器械产业高质量发展
6	2018.12	国家药品监督管理局	关于 2019 年医疗器械行业标准制修订计划项目公示	国家药品监督管理局组织开展了 2019 年医疗器械行业标准制修订项目遴选工作，经公开征求意见和组织专家论证，确定了 2019 年 94 项医疗器械行业标准制修订计划项目
7	2018.11	国家药品监督管理局	《创新医疗器械特别审批程序》（新修订）	鼓励医疗器械创新，激励产业创新高质量发展
8	2018.11	国家药品监督管理局	关于发布创新医疗器械特别审查程序的公告 2018 年第 83 号）	鼓励医疗器械研发创新，促进医疗器械新技术的推广和应用，推动医疗器械产业高质量发展
9	2018.10	国家药品监督管理局	关于贯彻实施《医疗器械不良事件监测和再评价管理办法》有关事项的通知	以强化医疗器械不良事件监测、再评价等上市后监管手段为核心，以落实持有人不良事件报告主体责任和再评价主体责任为重点，贯彻风险管理的理念，在总结现行《办法》的实践经验并借鉴国际先进做法的基础上，以落实持有人主体责任、提高风险发现和评价能力、推动上市前上市后监管联动为目的，在制度层面推动医疗器械不良事件监测和再评价工作的健全完善
10	2018.10	国家药品监督管理局	关于发布用于罕见病防治医疗器械注册审查指导原则的通告（2018 年第 101 号）	为支持和鼓励罕见病防治相关医疗器的研发，满足临床所需，规范注册申请人及审查人员对用于罕见病防治医疗器械产品的注册申报和审评审批，以患者受益为中心，科学解决用于罕见病防治医疗器械的临床评价难点。合理减免床，以附带条件批准方式促进该类产品尽快用于临床
11	2018.9	国家药品监督管理局	关于公布新修订免于进行临床试验医疗器械目录的通告（2018 年第 94 号）	为进一步做好医疗器械注册管理工作，国家药品监督管理局组织遴选了新一批免于进行临床试验的医疗器械（含体外诊断试剂）目录。为配合实施新修订的《医疗器械分类目录》，组织对前期已发布的三批免于进行临床试验的医疗器械（含体外诊断试剂）目录进行了修订和汇总
12	2018.8	国务院	《深化医药卫生体制改革 2018 年下半年重点工作任务的通知》	推进医疗器械国产化．促进创新产品应用推广；制定医疗器械编码规则，探索实施高值医用耗材注册、采购、使用等环节规范编码的衔接应用

序号	时间	颁布部门	政策名称	政策主要内容
13	2018.8	国家药品监督管理局	关于印发 2018 年医疗器械行业标准制修订项目的通知	一、组织开展医疗器械行业标准制修订工作，加强制修订工作和经费管理，确保各项工作任务按要求完成； 二、在制修订过程中充分了解和掌握所涉及的主要产品情况，做好标准技术内容的验证工作，其中对于修订的标准项目，要明确标准变化的内容，并对标准实施时间和注册等环节提出实施意见建议； 三、各相关省（自治区、直辖市）食品药品监督管理局要高度重视，加强对本行政区域标准制修订项目承担单位的监督和管理，督促各相关单位按照标准制修订工作有关要求，完成标准起草、验证、征求意见、技术审查及报批工作
14	2018.8	国家药品监督管理局	《医疗器械不良事件监测和再评价管理办法》（国家市场监督管理总局令第 1 号）	以强化医疗器械不良事件监测、再评价等上市后监管手段为核心，以落实持有人不良事件报告主体责任和再评价主体责任为重点，贯彻风险管理的理念，在总结现行《办法》的实践经验并借鉴国际先进做法的基础上，以落实持有人主体责任、提高风险发现和评价能力、推动上市前上市后监管联动为目的，在制度层面推动医疗器械不良事件监测和再评价工作的健全完善
15	2016.10	国家药品监督管理局	《医疗器械优先审批程序》	对临床急需的、有重大创新的产品实行优先审批程序
16	2015.8	国务院	《国务院关于改革药品医疗器械审评审批制度的意见》	提高药品审批标准；推进仿制药质量一致性评价；加快创新药审评审批；开展药品上市许可持有人制度试点；落实申请人主体责任；及时发布药品供求和注册申请信息；改进药品临床试验审批；严肃查处注册申请弄虚作假行为；简化药品审批程序，完善药品再注册制度；改革医疗器械审批方式；健全审评质量控制体系；全面公开药品医疗器械审评审批信息

2. 针对疫情采取政策扶持

新型冠状病毒感染的肺炎疫情发生以后，国家卫生健康委采取印发多个方案及意见、开设新的定点医院、调集医疗资源，组建医疗、专家团队驰援等多个措施，集中各方资源，尽最大努力提高收治率和治愈率，降低感染率和病死率。

在医疗器械领域，国家卫生与健康委员会和国家食品药品监督管理总局相继发布了医疗器械政策。2020 年 1 月，国家药监局发布《关于紧急进口未在中国注册的医疗器械的意见》为进口医疗器械开了绿灯。2020 年 2 月，国家药监局紧急开辟了药品医疗器械应急审批的绿色通道，保障应急防控物资需要以及防疫所需的药品和医疗器械，并建立了有关审批工作机制，组建了药品医疗器械应急审批的特别专家组，科学有序地开展药品和医疗器械的应急审批。2020 年 5 月，国家药监局综合司发布《2020 年国家医疗器械抽检产品检验方案的通知》，在深化审评审批制度改革的同时，更加重视医疗器械上市后的监管，保障公众用械安全有效。

为加快推进安徽省现代医疗和医药产业高质量发展，推动实施健康安徽战略，培育经济发展新动能，建设现代化经济体系。2020 年 3 月，安徽省人民政府发布《支持现代医疗和医药产业发展若干政策》，通过"鼓励创新药械产品研发、支持产业创新发展基础能力建设、支持创新药械产品推广应用、支持中药材规范化种植和原料药保障能力建设、改善临床试验条件、支持开放发展、支持医疗技术创新与转化应用、支持发展新型医疗服务模式、加快人才队伍建设、支持企业做大做强"等十项措施，进一步明确规划布局、发展重点和路径，引导和推动现代医疗和医药产业高质量发展。4月，安徽省药品监督管理局印发通知，在全省部署加强疫情防控医疗器械出口质量监管工作，要求各级药品监管部门全面加强疫情防控出口医疗器械质量安全监管，严肃查处违法违规行为，坚决杜绝质量不合格产品流出国门，牢牢守住疫情防控出口医疗器械质量安全底线。通知要求，重点加强对出口呼吸机、医用防护服、医用口罩、新冠病毒检测试剂、红外体温计等医疗器械企业，特别是应急审批产品和生产企业的监督检查，监督企业严格按照《医疗器械监督管理条例》《医疗器械生产质量管理规范》要求依法依规生产，严格按照生产工艺、产品标准和技术要求组织生产，保证质量管理体系有效运行。

（五）重点省份及骨干企业发展特点

1. 国内医疗器械发展重点省份

（1）广东省

广东省医疗器械生产企业具有区域集中分布的特点，相关企业主要分布在珠江三角洲的广州、深圳、佛山、珠海等地区。其中，深圳市医疗器械产品种类比较齐全，几乎覆盖了临床医学的所有领域，主要集中在高技术医学影像诊断类、放射治疗类、医用电子仪器类、家用电子类、介入治疗类、口腔义齿类、体外诊断试剂类产品。深圳产业 50 强企业中，主要产品涉及体外诊断（含诊断设备、诊断试剂盒、诊断试剂）的生产企业 14 家，主要产品是含影像、超声诊断、心电系统、磁共振、X 线、手术导航等在内的高端设备生产企业 13 家，植介入产品生产企业 3 家，医院基础设备生产企业 3 家，医用耗材 4 家，零售中低端（含血压计、体温计、血糖仪等）生产企业 5 家，齿科 3 家，加工企业 5 家。近年来，地方政府对医疗器械产业的重视度逐步加强，通过建立医疗器械产业园，进一步促进医疗器械产业集中加规模化，为医疗器械产业发展打造了更为坚实的基础。较有代表性的医疗器械产业园有深圳市南山区和坪山区、广州市科学城、中山市国家健康科技产业基地、东莞市松山湖等聚集区。

（2）江苏省

近年来，江苏医疗器械产业规模持续扩大，产品逐步走向高端化、智能化，产业集中度明显提升，良好的投资环境和市场秩序也吸引了国内外厂商的众多投资。江苏省是医疗器械产业大省，目前已经形成了以一次性使用无菌医疗器械、骨科植入物、一次性手术器械医用卫生材料和敷料、医用电子产品和康复理疗器材为主的六大产业群，多个传统优势医疗器械品种如眼科手术器械、一次性医疗用品、骨科内植物、心电图机等在国内市场占有率排在前三位，相关企业主要分布在苏州、无锡、常州、南京、镇江、徐州等地。

苏州、无锡、常州 3 个市的医疗器械工业产值合计占到江苏全省医疗器械工业总产值的 60%。其中，苏州市现有医疗器械生产企业约占江苏省医疗器械生产企业总数的 1/4。苏州市医疗器械产业主要产品已经从一次性使用高分子制品、普通手术器械等科技含量较低的劳动密集型产品，转型升级为CT、核磁共振（MRI）、助听器、康复器械、X 线设备、骨科植入物、血管支架、诊断仪器和体外诊断试剂等高技术产品类型，并形成新的经济增长点。无锡市医疗器械产业涵盖从大型医用电子诊疗设备到体外诊断试剂的多个领域，其代表性高端产品有 B 超设备、麻醉机、骨密度仪、计算机断层扫描（CT）球管、脾胃饲管、安全注射器等，并且多数以上高端品种已出口至欧美发达国家和地区。常州依托其高新区生物医药产业园、常州国际医疗器械城等专业园区逐渐形成了具有特色的竞争优势，形成全国最大的骨科生产基地，此外还涉及体外诊断试剂、外科手术器具、卫生材料以及康复器材为代表的五大特色子产业群。

2. 国内医疗器械骨干企业

我国骨干医疗器械企业见表 9-4 所列[①]。

[①] 根据 2018 年度上市公司年报披露的营业收入选取 25 家医疗器械骨干企业。

表 9-4　我国骨干医疗器械企业表

公司名称	地点
深圳迈瑞生物医疗电子股份有限公司	深圳
山东新华医疗器械股份有限公司	淄博
山东威高集团医用高分子制品股份有限公司	威海
迪安诊断技术集团股份有限公司	杭州
乐普（北京）医疗器械股份有限公司	北京
上海润达医疗科技股份有限公司	上海
上海微创医疗器械（集团）有限公司	上海
江苏鱼跃医疗设备股份有限公司	镇江
美康生物科技股份有限公司	宁波
迈克生物股份有限公司	成都
蓝帆医疗股份有限公司	淄博
山东省药用玻璃股份有限公司	淄博
宜昌奥美医疗用品贸易有限公司	宜昌
上海科华生物工程股份有限公司	上海
郑州安图生物工程股份有限公司	郑州
上海东富龙科技股份有限公司	上海
英科医疗科技股份有限公司	淄博
广州万孚生物技术股份有限公司	广州
楚天科技股份有限公司	长沙
深圳市尚荣医疗股份有限公司	深圳
中山大学达安基因股份有限公司	中山
上海康德莱企业发展集团股份有限公司	上海
振德医疗用品股份有限公司	绍兴
合肥美亚光电技术股份有限公司	合肥
深圳开立生物医疗科技股份有限公司	深圳

（1）深圳迈瑞生物医疗电子股份有限公司

迈瑞生物成立于 1991 年，是中国领先的高科技医疗设备研发制造厂商，同时也是全球医用诊断设备的创新领导者之一。迈瑞公司致力于面向临床医疗设备的研发和制造，产品涵盖生命信息监护、临床检验及试剂、数字医学超声成像、临床麻醉系统四大领域。时至今日，迈瑞公司在全球范围内的销售已扩展至 190 多个国家和地区。2006 年 9 月迈瑞公司作为中国首家医疗设备企业在美国纽交所成功上市（现已回归中国主板上市）；2008 年 3 月完成对美国 Datascope 监护业务的收购，成为全球生命信息监护领域的第三大品牌；2019 年，全球医疗设备供应商排行榜位列 42。目前，迈瑞公司在深圳、北京、南京、美国西雅图、新泽西、瑞典斯德哥尔摩设立有研发中心，在中国 31 个主要城市设立了分公司，在美国、加拿大、英国等多个国家设立了海外子公司，在世界各地形成强大的分销和服务网络。

（2）山东威高集团医用高分子制品股份有限公司

威高集团有限公司始建 1988 年，以一次性医疗器械和药品为主导，发展了航天军工、房地产、证券投资等五大产业，占地面积 200 多万平方米，拥有总资产 100 多亿元，下辖 20 多个子公司，其中威高股份系上市公司。集团拥有 300 多种、30000 多个规格医疗器械和药品，主要有输注耗材、手术室系列、医用导管、心脏支架及心内耗材、留置针及各种异型针、血液净化设备及耗材、骨科材料、医疗设备、治疗型注射液及其他药品、生物诊断试剂、人造血浆、生物种植体、PVC 及非 PVC 原料等系列，成为品种齐全、安全可靠、值得信赖的中国最大医疗系统解决方案制造商之一，系国家 863 产业化基地、国家火炬计划重点高新技术企业，先后荣获了行业排头兵企业、卫生材料和医药制造行业排头兵企业、全国守合同重信用企业、中国大企业集团竞争力 500 强、全国医药工业百强（第六位）、中国企业信息化 500 强、全国民营企业 500 强、中国专利山东明星企业、中国最具投标实力医疗器械品牌供应商第一名、山东省产学研合作创新突出贡献奖、山东省百强企业、山东省最佳企业公民、山东省首批诚信示范企业等荣誉称号。

3. 国内发展医疗器械的经验

（1）推进注册人制度

上海、广东率先开展医疗器械注册人制度。自 2017 年上海自贸区率先开展试点以来，广州、天津医疗器械注册人制度也在 2018 年落地。该制度一铺开，对医疗器械注册与生产两大环节带来的"解绑"效应，为医疗器械行业技术创新带来颠覆性的变革。

医疗器械注册申请人可以是医疗器械生产企业（包括集团公司）、研发机构、科研人员、医生等。也就是说，申请人即使没有企业，也可以其名义进行产品注册申报，同时将生产流程委托给有生产资质和能力的生产企业完成，这便进一步提高了医疗器械的创新能力和产业化水平。尽管国产医疗器械行业近年发展迅速，但与发达国家差距依然很大。有数据显示，我国医疗器械市场主要集中在中低端医疗器械领域，高端医疗器械市场仅占比约 25%。

（2）产业集聚度高、产业链相对完整

随着我国医疗器械产业的发展，全国形成了以珠江三角洲、长江三角洲及京津环渤海湾三大区域为代表的医疗器械产业聚集区和制造业发展带。其中，以深圳为中心的珠江三角洲（包括珠海、广州等地）集群发展尤为迅猛，主要以研发生产综合型高科技医疗器械产品为主，例如监护设备、超声诊断、MRI 等医学影像设备，和伽马刀、X 刀等大型立体定向放疗设备、肿瘤热疗设备等，直接反映了现代医疗器械的新技术。上述医疗器械产业聚集区的形成，依赖于周边电子、计算机、通讯、机电一体化等产业的高速发展，综合利用上述产业的高新技术成果，进而产生集约化优势，辅以当地优惠政策、交通、市场等因素的激励，使医疗器械产业呈现显著集群化发展态势。

从我国医疗器械产业发展的轨迹来看，中国是国际医疗器械产业转移的主要承接区。医疗器械产业发展离不开电子、生物、机械、材料等上游产业。正如珠三角地区依靠电子制造业基础、长三角地区依靠机械制造业、材料制造业基础，产业承接能力不断加强，医疗器械产业链逐渐形成，这些最先发展地区已成为国内著名的医疗器械产业集群。

（3）强大的配套能力

深圳市作为我国最早的沿海开放城市，汇集了大批电子元器件、模具加工、精密机械加工等外商和本土企业，汇集了一批创业精神、市场意识、创新热情高昂的民营企业，从 20 个世纪 90 年代初开始逐步形成以小规模民营企业为主导的医疗器械产业群。深圳医疗器械经过近 20 年的发展，依托深圳及周边地区在中国，乃至在全球最具竞争力的电子元器件、计算机、精密加工等综合配套能力，依托沿海地区、紧邻香港的进出口贸易优势，在监护仪、B 超等医用电子领域，已成为全球最具竞争力的地区。

上海医疗器械产业历史最悠久，直到 21 世纪初，一直以国有企业为主导。上海依靠其传统的技术和制造优势，依靠其综合产业链宽度和深度优势，具备生产绝大多数医疗器械产品的配套能力，所生产的医疗器械种类最多，能够制造影像设备、手术急救设备、医用光学、医用耗材、生化仪器、监护仪等常规医疗器械。上海还是全世界制造医疗器械产品种类最全的地区，而且生产的产品质量和技术在国内具有明显竞争力。与深圳相比，尽管上海及周边的工业配套能力和产品研发环境更具综合优势，但是市场化程度与深圳有差距。未来若上海地区在市场创新和产业创新方面有所突破，与周边的江苏、浙江两省形成更广泛的产业链联合，上海很可能将成为全球最具竞争力的医疗器械产业地区。

（4）低成本优势

上海、广东等省医疗器械产品具有明显的成本优势。究其原因，首先在于上海、广东等省聚集了大量的优秀技术人员，且劳动力成本较低；其次民营资本正在发展壮大，医疗器械产业化以及《医疗器械生产质量管理规范》的推广实施都对产业发展有促进作用；此外，与医疗器械相关的上下游产业的技术发展，也使成熟的技术可以尽快转移到该产业，从而降低产品成本。

（5）市场拓展优势

我国人口基数大，人口自然增长迅速，而人口自然增长是促进医疗商品消费最基本的因素。随着中国老年人人口比例的快速增长，医疗卫生市场需求也会快速增长，对发展医疗器械产业有积极意义。老龄化这个社会问题牵动了很多产业，作为医疗产业中重要组成部分的医疗器械，也将迎来可持续发展的需求增长。上海、广东地区是国内人口流入地，且都是沿海城市，产品出口比重大，广东省医疗器械行业规模以上企业数量近 200 家，上海市医疗器械产品的出口比重已超过 50％。

经济发展是市场需求最根本的内在动力，以前由于我国经济水平较低，人们收入较少，能用于医疗的可支配收入将更少。对于医院来说，也没有足够的经济实力购置大量医疗器械。整个医疗器械产业的发展很难走上良性循环道路。随着经济的发展，国民收入有所提高，人们消费结构的变化很大程度上也影响着医疗器械产业的发展。近年来人民的生活水平获得显著提高，医疗消费在人们日常的消费中所占比重加大，但与发达国家还有明显差距，不过这也正是未来发展的空间所在。医疗相关支出的增加势必会带动医疗器械产品的消费，因此医疗器械市场的扩容和产业的快速发展也是可以预期的。

第 2 章
安徽省医疗器械发展现状及存在的不足

一、国内地位及发展现状

（一）国内地位

安徽省加快建设战略性新兴产业集聚发展基地，在相对集中的区域，打造汇聚产业配套完备、创新优势突出、区域特色明显、规模效益显著的产业群体。从区域来看，2017 年医疗器材销销售额居前 10 位的省市依次为：河南、安徽、山东、广东、北京、浙江、上海、江苏、湖北、陕西，见表 9-5。其中安徽排名第二，医疗器械销售额为 1063697 万元，占比 11.32％。①

表 9-5　2017 年医疗器材销销售额

序号	地区	医疗器材类销售总额（万元）	区域销售比重（％）
	全国合计	9397070	100.00
1	河南省	1162377	12.37
2	安徽省	1063697	11.32
3	山东省	834630	8.88
4	广东省	803137	8.55
5	北京市	639472	6.81
6	浙江省	551454	5.87
7	上海市	502659	5.35
8	江苏省	492055	5.24

2018 年，安徽省经济总量突破 3 万亿元，比上年增长 8.02％。据《药械白皮书》通报，截至 2018 年底，医疗器械生产企业 372 家，第三类医疗器械经营企业 4264 家，第二类医疗器械经营备案企业 5501 家（仅具有第二类医疗器械经营备案企业）。截至 2019 年底，安徽省共有医疗器械生产企业 1791 家。

目前，安徽省医药行业正在积极推进生物制药、化学制药、现代中药和医疗器械四大产业领域并重发展，基本建成起优势突出、结构合理、产业链完整的现代医药产业体系，产业综合实力和竞争力显著提高。

（二）发展现状

安徽省坚持把生命科学前沿、高新技术手段与传统医学优势结合起来，充分发挥安徽省在靶向治疗、

---

① 数字取自商务部发布的《2017 年药品流通行业运行统计分析报告》。

质子治疗、医疗影像方面的优势，突破创新，形成以创新药物研发和高端智能医疗设备制造为龙头的医药研发产业链。涌现出美亚光电、欧普康视、中科美菱、合肥科瑞达、德铭电子、合肥必欧瀚、合肥登特菲、亿维医疗、康宁实业等医疗器械骨干企业。可以生产一次性耗材、低温冷藏设备、激光类、生物安全柜、核医学设备、医疗影像、体外诊断试剂等产品，基本建立了以合肥、滁州为中心的医疗器械产业生产基地。

合肥依托中国科技大学、合肥工业大学、中科院合肥物质科学研究院重点创新发展医用激光仪器、核医学仪器、医学检测仪器、医疗影像设备、医用低温设备、体外诊断试剂等高新医疗器械产品。

滁州以生产一次性使用输液器、注射器、医用卫生材料及敷料、物理治疗仪等一次性医用耗材在全国乃至世界都占有重要的位置。2018 年，入驻合肥高新创业园的企业已形成完善的体外诊断试剂及配套仪器的研发、生产和销售的产业化。

合肥高新区、合肥经开区、滁州、芜湖等产业园区，通过合作开展高端医学影像设备、超导质子放射性治疗设备、植入介入产品、体外诊断等关键共性技术研发，加快高性能医疗器械产业链布局。

二、存在的不足

（一）政策扶持力度不足

在产业政策方面，国家将高端医疗设备列为重点发展目标。针对医疗器械产业发展的特点，安徽省对于取得产品注册许可的企业，以及安徽的一些优势项目配套政策的扶持力度上存在不足。

（二）基础性技术支撑平台不足

医学领域基础性技术研发主要表现在如何进行疾病防治、早期诊断、药物量化使用、微创处理、个体医疗、远程医学、生物系统内各单元之间的定量关系等方面，医疗器械恰恰是解决医学发展难题的动力。医疗器械企业需要与多个行业产业和有潜力的小型公司建立战略伙伴关系，将部分部件或产品研发工作外包，降低技术研发成本，分散研发风险，从而能持续地推出新产品上市，有效提高企业的创新能力，形成能覆盖新型医疗器械产品研发各个阶段的服务链。

（三）市场购买动力不足

尽管部分国产自主品牌的创新医疗器械和高端医疗器械已在技术层面与跨国公司产品无显著差异并在性价比上领先，但由于医疗行业对可靠性要求高、对价格相对不敏感的三甲医院更信赖传统国际巨头产品，国产医疗器械在三甲医院关键科室的市场份额仍然较小。

（四）医疗器械服务体系配套不足

安徽省缺少多类型的医疗器械基础性研发平台和重点实验室、医疗器械检测中心、临床应用评估中心、技术转化平台，未能形成医疗器械检测、临床评价、计量与评估、产业化共性技术共享等若干机制合理、运行高效、资源密集的医疗器械配套服务体系，不利于推进安徽省医疗器械共性技术服务性平台和区域创新平台的建设。

三、原因分析

（一）产业规模小

安徽省医疗器械产业近年来虽然进步明显，但与产业发达省份相比，规模差距较大，全国市场份额占比较小。从 2018 年产值规模看，安徽省医疗器械生产企业以中小企业为主，产值在亿元以上的企业仅 11 家，占比不足 3%。约有 6% 的企业年产值在 5000 万～1 亿元，其他均低于 5000 万元，甚至 60% 以上的企业产值低于 1000 万元，产业整体规模较小。

产品层次低。2019 年，安徽省现有第二、三类医疗器械生产企业 214 家，不到全国的 2%；注册产品

909 个，仅占全国注册产品总数的 1.1%。其中，全国独家和占据全国行业领先地位的产品仅 2 个，低水平、重复化程度高的产品高达 95% 以上。生产的产品最具优势的是耗材类，其次是市场规模小的低温设备、激光类、核医学设备、义齿加工等，缺乏市场规模及占有率较高的产品。口腔和眼科相关产品是安徽省在全国较有影响力的特色产品，在行业拥有较高知名度，逐步成了合肥在医疗器械领域的一张名片。

（二）产业配套落后

医疗器械是一个涉及生物、医学、工程、光、电、声、图、信息和人工智能等几十个学科和领域的行业，是一个知识密集型、科技含量高、多学科交叉的产业。医疗器械产业的发展离不开强大的化工、制造、电子及信息产业基础，必须借助相关产业的部分产业链，并反哺这些配套基础产业的发展。凡是医疗器械产业发展比较好的国家和地区，则相关的学科和行业都很发达，社会经济发展也较快。

安徽是轻工业大省，也具有比较雄厚的电子工业、机械装备制造业、化工工业等医疗器械支撑产业基础，具备开展技术协作和产品配套的能力，但这些优势没有转化为医疗器械产业发展动力，一些传统意义上的国有企业还没有按市场采用灵活机制，将发展方向转移到产业附加值高的医疗器械产业，民营企业实力积累不够雄厚，医疗器械孵化效应无法显现。

（三）市场化能力弱

安徽省医疗器械行业产品主要集中在体外诊断试剂、一次性无菌器械、定制式义齿、卫生材料敷料等低值耗材类产品上及少量的高端医疗器械产品，总体比较传统低端；高端医疗器械产品匮乏，行业影响力与市场占有率、竞争力不足。

安徽尤其是合肥，拥有众多的科研院所资源，在高端医疗器械方面有较多的创新成果。在成果转化及市场化过程中，医疗器械产品有别于其他产业，在资金投入、医疗行业专营人才、医疗市场准入、政府前期政策引导等方面有特殊需求，需要相互组合发力；培育期较其他产业要长，需要较长的积累过程。目前安徽多地建有各具特色的医疗器械产业园，园区要在以上几个方面加强配套能力，助力这些创新成果早日在市场上开花结果。

（四）高端人才匮乏

医疗器械是多学科综合汇集的产物，没有掌握多学科知识的高端研发技术人才不可能研发出高端创新的医疗器械。同时，优秀的注册人员同等重要，高端注册人要掌握法规、标准、专利，熟悉多学科专业技术，善于交流、沟通。高端研发技术人才和注册人才匮乏是安徽省也是全国医疗器械行业创新发展需要解决的一个问题。

安徽省本科院校中合肥工业大学和安徽医科大学分别于 2002 年和 2009 年开设生物医学工程专业，每年培养约 100 名生物医学工程人才，高职高专院校中有 3 所开设了医疗器械类的专业。但安徽省培养的医疗器械方面毕业生要么流向发达省份，要么从事医疗器械经营，很少有人沉下心来进行研发和生产改进工作，使得安徽省生产企业特别是缺乏与临床结合的研发人才和既懂技术又懂管理的高级医疗器械类人才。

第 3 章
安徽省医疗器械装备发展战略思路和目标

一、发展战略思路

随着我国经济的快速成长，医疗健康支出已成为继食品、教育之后的第三大消费支出领域，医疗器械产业和制药业是构成医疗健康体系的两大产业支柱。医疗器械产业具备多学科交叉、全球化和创新驱动等特征，具有战略性、带动性和成长性等特性，是促进医学发展的动力，是医疗安全的保障，也是地方经济发展的孵化器，以及衡量国家科技进步和国民经济现代化水平的重要标志。我国医疗器械产业起步于 20 世纪 80 年代并得到了快速发展，但与发达国家相比还有一定的差距。近年来，国家多部委相继出台了发展医疗器械产业的规划，明确将医疗器械产业作为国家战略性新兴产业来发展，医疗器械产业迎来了快速发展的最佳机遇期。安徽省是轻工业大省，又是医疗卫生体制改革试点省，所处的中部六省人口众多，医疗市场巨大，理应抓住机遇，发展医疗器械产业，为地方经济发展增加新亮点。

（一）坚持以政策支持为引导

医疗器械作为安徽产业的一个洼地，要在政策层面大力扶持。在产业培育、技术创新、专业人才培养与激励、省内医疗机构需求引导、高端品牌支持等方面出台一系列的扶持政策，积极支持相关企业做强做大。

（二）坚持以市场需求为导向

安徽省医疗器械产业总体水平远远低于安徽省市场需求。医疗卫生事业的发展，分级诊疗的推进，带动了医疗器械需求的大幅增加。随着人民生活日益富裕，在人口老龄化的、大健康时代背景下，家用保健器械消费量将大幅增长。医疗保险制度改革不断扩大医保人群范围，也将有力惠及医疗器械市场的发展。政策鼓励社会资本办医，民营医院扩张使医疗设备与耗材市场规模加大。多元化多层次的市场需求，必将推动安徽省医疗器械产业的蓬勃发展。

（三）坚持以技术创新为驱动

核心技术创新对于基础研究、共性关键技术、核心部件和重大产品的创新开发，予以重点投入支持。围绕疾病预防、促进健康、早期诊断、微创技术等技术发展趋势，重点研究微创诊疗设备、导航定位辅助、动态高分辨影像、生物医学材料、精密制造、神经信号检测与分析、特种环境适应性急救设备等一批核心关键技术，抢占未来医学发展前沿，提高医疗器械产品的性能及可靠性，打造具有自主知识产权的核心产品与品牌，改变安徽省新型产品发展缓慢的局面。

（四）坚持以骨干企业为龙头

加大省外龙头企业招引力度，支持省内龙头企业做大做强。坚持医工结合，协调产业园区发展。以龙头企业为主体，建立医疗器械产业联盟。围绕龙头企业配套，发展一批中小企业，形成大中小企业分工协作、互利共赢的产业组织结构。

二、发展目标

以习近平新时代中国特色社会主义思想为指导，全面贯彻党的十九大精神和习近平总书记视察安徽重要讲话精神，坚持稳中求进工作总基调，坚持以供给侧结构性改革为主线，以提高发展质量和效益为中心，以打造具有国内竞争力的产业集群为目标，以创新、特色、开放、共享为发展理念，立足优势，突出重点，聚焦精准医疗、生物医药和高端医疗器械等产业，依托产业基地和产业集群，引导高端项目、高能级要素有序集聚，构建现生物医药和高端医疗器械产业创新生态圈[12]。

（一）具体目标

2020 年，战略性新兴产业总产值翻番。其中，高端医疗器械产业产值达到 300 亿元。一是扩大产业规模。安徽省医疗器械产业规模持续增长，力争 2025 年医疗器械主营业务收入达到 800 亿元。二是增强自主创新能力。完善以企业为主体的技术创新体系，重点企业研发投入达到销售收入的 5% 以上。三是优化升级产品结构。进一步提高高端医疗器械在整个产业中的比重，"十四五"期间力争打造 15 个以上 1 亿级具有较强竞争力的高端医疗器械产品。

到 2035 年，安徽省创新能力大幅提升，高端医疗器械领域发展取得重大突破，整体竞争力明显增强，产业年均增长 15% 以上，主营业务收入突破 3000 亿元。一是加强高端医疗器械研制，快速形成产业化新板块。鼓励医疗器械企业向诊断、治疗、检验、剖析、康复、理疗、保健、强身等多功用方面延伸，加快研发生产家庭理疗保健器械、便携式医疗电子设备等。顺应人口老龄化趋势，加快推进老龄用品研发制造。二是按照智慧医疗基础体系、应用体系、产业体系建设步伐，积极推进健康医疗大数据产业化，重点发展以健康医疗大数据为支撑的临床诊疗辅助决策系统和智能医疗服务专家系统，不断拓展医疗器械、医疗耗材和可穿戴设备等产业[13]。三是提高产业集中度。围绕高端医疗器械这一重点领域，引导产业集聚发展。以合肥高新区、合肥经开区、滁州、芜湖、安庆等产业园区为载体，加快完善配套设施和产业链配套，提高产业集中度，在医疗器械产业领域建设一批集聚发展战略性新兴产业基地。

（二）发展重点产品

1. 高端新型医疗设备

着力突破计算机断层扫描、磁共振成像、质子加速器等大型诊疗装备整机及核心部件生产等技术难点。重点开发低成本、高性能的数字 X 射线机、彩色超声成像仪、口腔影像诊疗设备、质子治疗仪、生化分析仪、血液分析仪、心电监护系统、呼吸（麻醉）机、血液净化设备、消毒灭菌设备等产品。

2. 医用生物材料及高端耗材产品

重点开发可降解生物材料、体内植入材料、表面改性及生物功能化修饰技术、生物材料纳米制备技术等。加快开发介入栓塞材料、体表（体内）止血材料、手术防粘连材料、生物粘合剂、功能性敷料、生物活性骨修复（固定）材料、神经（组织）修复材料、可降解血管（腔道）支架、涂药支架、人工血管（组织、器官）、可降解缝合线等产品。形成技术和产品优势，赶超国际先进水平，大量取代进口产品。

3. 新型体外诊断产品（IVD）

新型体外诊断重点产品主要包括：1）继续发展分子诊断试剂已经使用的核酸扩增技术（PCR）产品，大力研究开发基因芯片、蛋白芯片类产品。2）POCT 诊断在血糖检测、心脏标志物、炎症感染检测等领域的深度应用。3）免疫诊断中的化学发光细分市场，大力发展磁微粒化学发光试剂，以及免疫诊断在新冠疫情检测上的应用。4）高端医疗影像设备核心技术的探索和掌握，研究不同疾病的新分子靶点，开发用于成像的复杂、多功能造影剂。

4. 3D 打印技术医疗器械产品

3D 打印即"增材制造"，重点产品如下：1）体外医疗器械制造。体外医疗器械包括医疗模型、医疗器械，如假肢、助听器、齿科手术模板等。2）个性化永久植入物。对人的身体部位的复制是高度定制化的产品，通过 3D 打印，这些部件可以与身体完全契合，与身体融为一体。3）细胞 3D 打印[14]。细胞打印基于微滴沉积的技术，一层热敏胶材料一层细胞逐层打印，热敏胶材料温度经过调控后降解，形成含有细胞的三维结构体。

（三）发展模式

1. 实施骨干企业培育工程

着力培育大型龙头企业，发挥龙头带动和资源整合作用，进一步提高产业集中度；以大品种为产业支撑，扩大市场规模。以市场为导向，以资本和品牌为纽带，通过联合、重组、合资等各种形式，鼓励医疗器械和装备、物联网和人工智能等，强强联合。培育一批自主创新能力强、掌握核心关键技术、对产业带动大的骨干企业，充分发挥骨干企业的引领带动作用和资源整合作用。

2. 发挥产业园区的作用、进一步完善产业链

园区建设的最大意义在于聚集企业、构建产业发展的生态链，促进不同要素的交叉联动，整合资金、技术和信息。针对各地已建立的不同类型医疗器械产业园，要建立并完善"政府主导、市场运作"的医疗器械园管理与运作模式，发挥园区在项目申报、政府对接、医疗注册、融投资、咨询、物流、培训、保险等一站式服务，促进园区的集聚发展。同时不断培育、引进相关配套企业，对接国内相关配套资源，形成良性的产业发展生态，构建完善的产业链。

3. 构建产学研医合作平台

医疗器械产业是大量应用高新科技的技术密集型产业。当代科技发展的最新成果，往往都被迅速引进到医疗器械领域，导致医疗器械的门类和品种不断扩展，性能、精度和智能化程度不断提高，更新换代的周期越来越短。我国医疗器械产业产值近年来一直以超过 10% 的速度增长。医疗器械专业人才必须是复合型的科技人才，需要具有当代工程学知识和必要的医学基础知识，以及广泛的科学技术知识和实践技能。医疗器械应用性专业人才的培养必须紧紧跟踪新产品新技术的发展，并得到产业、医院与医学院校的支持。建立一批产学研医合作平台，有利于加快技术创新、市场准入、市场开拓的进度，为医疗器械产业的快速发展提供有力支撑[15]。

三、技术路线图

安徽省医疗器械装备发展技术路线图如图 9-2 所示。

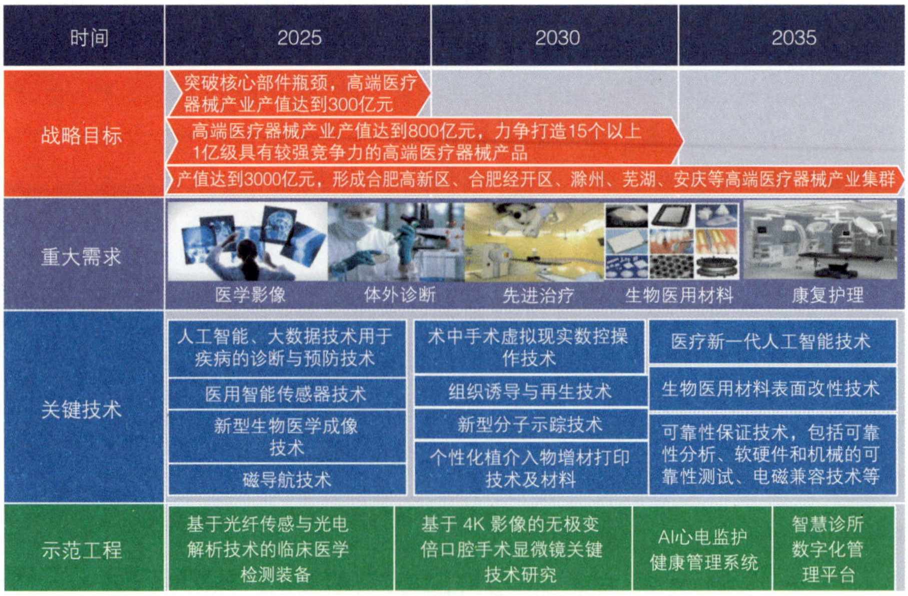

图 9-2　安徽省医疗器械装备发展技术路线图

第 4 章
安徽省医疗器械装备发展政策建议和重点任务

一、政策建议

（一）加大对医疗器械技术创新扶持力度

当今的医学基础性技术研发难题主要表现在如何进行疾病防治、早期诊断、药物量化使用、微创处理、个体医疗、远程医学、生物系统内各单元之间的定量关系等方面，医疗器械恰恰是解决医学发展难题的动力。

安徽省应通过体制机制创新，整合优质科技资源，推进生产企业、高等院校、科研院所和医疗机构的联合创新，在生物材料、组织力学、生物信号采集、影像处理、生物电子学等领域进行基础学科研究，大力发展医疗影像、智能化机器人、高敏化传感器、工程化生物活组织、物联网及人工智能信息化平台，促进理、工、医交叉，构建产、学、研、用、金一体的创新联盟，为安徽省医疗器械产业进一步发展提供技术支撑。

优化科技创新布局。以相关国家科技计划（专项、基金等）为依托，重点加大对安徽特色领域的扶持，如安徽的口腔影像、眼科医疗等。

鼓励省内医疗机构优先购买本省创新产品，在招投标、税收等环节予以支持。

（二）大力发展细分领域优势产业

安徽地区医疗器械行业发展起步晚，规模较小，应集中精力大力发展安徽特色医疗器械产业。在合肥、芜湖、阜阳、滁州等地，大力发展医疗器械企业的产业集聚发展基地，加强合作，提高效益。

随着国民生活水平的提升，口腔诊所呈现蓬勃发展的态势，国产口腔医疗器械也发展迅猛，打破了国外产品垄断的状态，国产医疗器械与诊所处于良性互动状态，本省的企业功不可没。目前，美亚光电自主研发的高端口腔医疗设备、中科美菱的低温制冷设备、欧普康视的硬性角膜接触镜类产品、登特菲的口腔诊疗影像设备等在行业内具有较好的口碑以及较强的竞争力。针对口腔领域这类既有一定资产规模、研发能力，同时具有良好发展前景的细分领域医疗器械企业，不仅要有财政的扶持，也要鼓励企业之间的收购兼并，或其他形式的合作，从而发挥集群效应。

（三）优化医疗器械监管及审评流程，加快创新产品上市进程

医疗器械涉及人身安全，其安全性及有效性一直是药监部门监管的重点。随着现代技术的飞速发展，医疗器械技术进步也日新月异，产品更新迭代加速，如何在确保安全性、有效性的基础上，加快新品上市进程是药监部门深化改革的一大方向。

优化并建立新的医疗器械审评审批途径，加快创新医疗器械进入市场；适时制定并发布有助于审评决策的应用工具和战略计划，合理分配监管部门内外资源，推进创新监管科学发展来促进行业创新；在政府有效监管、市场资源调配上入手，进一步优化相关流程，充分利用市场本身的资源配置能力，加快新品上市进程。加强安徽省医疗器械产品检测能力，更多地服务本地产品。

（四）推动公共检测平台和临床基地的建设

建设公共检测平台与临床基地，并不断丰富其功能，是医疗器械配套服务体系的重要内容之一，有利于企业减少资金、人力投入，营造企业快速发展的外部环境，也是安徽医疗器械快速发展的软实力。

加快建设合肥离子医学中心、肿瘤医学中心、区域细胞制备中心，支持建设关键共性技术研发、检验检测等公共服务平台及医药产业创新中心。

做好临床基地开展临床研究、转化应用和推广示范的条件保障工作，在经费配套、人员编制、平台建设等政策措施等方面给予支持，推进安徽省基地建设与发展[16]。

（五）帮助培养人才，推进企业技术进步

对于生产一线的技能型人才，可以通过大力发展医疗器械类专业的职业教育和培训来解决；对于需要具备一定技术的中级人才，应支持本土高校扩大生物医学工程和医疗器械类招生规模，同时积极吸引外地高校毕业生来安徽就业、创业；对本地的安徽医科大学应该加大扶持，致力于也能在本地培养一批优秀的学子，也可以与高校合作，形成产学研一体的合作工程；对于战略科学家、高级工程技术人才、学科带头人和中青年骨干等高级人才的培养和引进，可以通过项目实施、争取国家重点实验室及分中心建设来培养，可以制定优惠政策，通过高薪、股票、期权等形式来引进。科技扶持政策加大创新人才培养和引进力度，建立高水平的研发机构，设立产品标准研究基金，设立医疗器械科技重大专项、医疗器械临床研究专项；通过联盟搭建平台，推动联盟成员单位科技人才的联合培养和交流互动，使联盟成为培养高层次医疗器械人才的重要基地，成为吸引留学人才和海外医疗器械人才的重要基地，不断增强产业的持续创新能力。

（六）推进电子商务战略

通过"互联网＋"医疗的模式，对经营战略进行调整，以确保在竞争激烈的市场上继续立足或得到新的突破。整合行业上下游资源，打造线上线下整体解决方案及商务平台，进入电子商务模式，引导行业逐渐走向阳光化采购和管理，促进医疗器械产业向"数字化、网络化、智能化"发展。建立产品、厂家、经销商和终端数据库，抓住采购需求，实现精准营销，提升整个行业的交易率。

二、重点任务

安徽省在实施创新驱动发展战略中，将重点突破一批"牵鼻子"、"卡脖子"关键技术，通过引进重点项目补齐产业短板，整合要素资源支持企业创新，培育一批更有竞争力的新产业新业态、提供新产品新服务，推动制造业加快迈向全球价值链中高端。

（一）突破"卡脖子"的重大技术瓶颈，实现主要医疗器械的国产化

注重先导性引领性技术创新，着力加强新型成像前沿技术、质控和检验标准化技术等产业前瞻性技术研发和重大关键核心技术攻关，重点突破探测器、特种光源/球管、CAD自主创新与集成、图像处理核心算法等关键技术，加快形成一批具有自主知识产权的原创性和标志性技术成果。

（1）核心部件研发，包括集成电路、元器件、原材料等，加快提升安徽省高端医疗器械的自主创新能力和产品产业化应用。

（2）前沿与共性技术创新，包括新型医用人工智能前沿技术创新、新型电刺激疾病调控前沿技术创新、无创精准诊疗一体化前沿技术创新和医学软件系统性能测试共性技术研发。

（3）重大产品研发，包括新型肿瘤物理治疗技术及装备研发、专科医用机器人产品研发。

（4）医疗器械前沿创新产品研发，包括医用电子前沿创新产品研发、专科影像前沿创新产品研发、物理治疗前沿创新产品研发、其他前沿创新产品研发。

（5）应用解决方案研究，包括基于区块链技术的新服务模式解决方案。

（二）以"强特色、补短板、惠民生"为导向，加速基础研究成果向应用的转化

重点支持突破数字诊疗装备、医用光学设备、系统康复设备、生物医用材料及植（介）入器械、体

外诊断设备与试剂等领域制约行业创新发展的关键技术瓶颈，研制一批具有自主知识产权的设备与器械、核心部件、新型生物材料等，进一步强化安徽省在医疗器械领域的特色和优势，补齐补强医疗器械相关领域短板，增强健康医疗相关产品和服务的自主保障能力和国际竞争力，加快转变医疗器械产业发展模式。

（1）数字诊疗装备研发。重点开展新型快速断层成像与图像引导系统、医疗智能微创服务系统、智能手术导航定位系统、治疗肿瘤的精准医疗设备和专用系统、新型高端智能移动医疗装备研制，并加快标准体系建设，促进高端诊疗装备整体发展。

（2）生命科学仪器及体外诊断技术研发。重点开发新型分子诊断系统、细胞成像、医用多模态流式细胞仪、新型医用质谱仪、全自动微生物分析系统和设备，以及创新型配套体外诊断试剂研发。

（3）新型医用光学设备研发。重点开展新型慢病早期检测设备、肿瘤检测系统、新型激光手术设备以及其他创新型医用光学诊疗设备的研发。

（4）系统康复设备和高值医用耗材研发。围绕综合利用大数据平台和智能化设备，重点开展健康感知、康复机器人应用研究，推进高端康复设备研制。重点开发植入性材料、介入性材料等高值医用耗材的开发应用。

（三）增强制造业核心竞争力，推动制造业加快迈向全球价值链中高端

（1）鼓励安徽省医疗器械行业向科技创新发展，以"服务＋创新"的模式追赶国际水平。组织实施高端医疗器械产业化专项，提升中高端医疗器械供给能力，保障人民群众就医需求。

（2）支持医疗器械专业化咨询、研发、生产、应用示范服务平台建设，为行业提供关键技术开发、标准制订、质量检测和评价、临床研究、应用示范等公共服务。

（3）加快智能服务机器人推广应用，推动医疗康复机器人、特种服务机器人关键技术研发和产业化示范，加快公共服务机器人、个人服务机器人推广应用。

（4）加快智慧医疗关键技术研发。结合"宽带中国"开展基于5G新型网络架构的智慧医疗技术研发，建设5G智慧医疗示范网，利用云计算技术、大数据技术、物联网技术、移动互联网技术和人工智能技术等，研发适用于诊疗全过程、全生命周期健康管理过程的智能化产品及应用，开展协同服务平台关键技术研究，创新智慧医疗服务体系，构建智慧医疗云服务平台应用[18][19]。

三、保障措施

（一）积极培育重点龙头企业，构建产业支撑体系

2018年，安徽省规模以上企业不断增加并发展良好，其中年总销售额超亿元的生产企业有11家。支撑和引领安徽省医疗器械产业的发展。随着安徽省委省政府"四送一服"双千工程的深入开展，《支持现代医疗和医药产业发展若干政策》（皖政〔2018〕58号）的印发，各地市扶持产业发展政策的相继出台，国家税务部门和行业主管部门的减税降费政策的积极落实，以及各地市为打造医疗器械产业园等加强基础建设，为医疗器械企业创造了更加良好的营商环境。着力培育一批重点龙头企业，带动安徽医疗器械产业的快速发展，提升安徽医疗器械产业在全国的占比。

对接"长三角一体化"国家战略，积极引导总部在江、浙、沪的大企业，推动其生产基地、生产要素向安徽省流动，把它作为安徽省医疗器械发展战略重要组成部分。

（二）推进组织医疗器械战略联盟

当前医疗器械行业技术日趋复杂，国内外竞争日益激烈，重大关键技术基本依赖国外，而国内产学研用结合不紧密，研发和需求结合不紧密，产业发展和国家目标结合不紧密，未能有效发挥行业整体合力。需要组建以创新需求为纽带、以契约关系为保障的创新战略联盟，有效聚集产学研用等各方资源。加强战略研究、把握行业整体发展，加强技术创新、驱动产业跨越发展，加强标准制定、推进产业良性发展，加强共享服务、促进产业高效发展，不断增强缔约各方的自主创新能力和国际竞争力，更好地服

务国家目标、企业创新和产业发展。

（三）拓宽融资渠道

加大财税金融扶持力度。拓宽企业融资渠道，降低融资成本，鼓励发展医药创业投资基金和股权投资基金，落实和完善出口信贷及出口信用保险政策，支持符合条件的企业在境内外上市融资和发行各类债务融资工具。

利用"互联网＋"大背景下，开展医疗器械融资租赁行业创新模式研究，拓宽医疗器械融资租赁行业融资渠道，创新经营和发展，提升实体经济水平。

参考文献

[1] 孔繁圃.深化改革 创新发展 提升医疗器械审评科学化水平 [J].中国食品药品监管，2017 (4)：18—20.

[2] 房爱玲.医学工程学科在医院中的管理和发展 [C] // 中华医学会医学工程学分会第八次学术年会暨医疗设备信息创刊 20 周年庆祝会论文集.2006.

[3] 张志军.影响我国医疗器械行业竞争力制约因素及相应对策探讨 [J].中国医疗器械杂志，2012，V36 (004)：293—295.

[4] 王丽娜.我国医疗器械生产企业存在的问题及对策分析 [J].企业改革与管理，2016，000 (012)：194—194.

[5] 干文韬.基于"互联网＋"新形势下移动医疗产业发展的战略研究 [J].财经界（学术版），2018，498 (23)：98＋172—173.

[6] 卫东.我国医疗器械产业资本市场分析 [J].新材料产业，2019，302 (01)：53—58.

[7] 唐碧云.美国医疗器械市场现状与发展趋势 [J].临床医学工程，2007，000 (007)：41—42.

[8] 国晓磊.SZ 医药公司营销渠道管理存在的问题与对策研究 [D].2019.

[9] 周玉洁，邓月皓，唐单单，等.医改"两票制"实施的财税问题探析 [J].财讯，2018，000 (007)：P.142—143.

[10] 徐斌.安徽加快建设战略性新兴产业集聚发展基地 [J].铸造纵横，2015 (7)：21—22.

[11] 蒋长顺，乔忠.安徽省医疗器械产业发展问题及对策研究 [J].淮南师范学院学报，2012 (03)：59—61.

[12] 史丹，赵剑波，邓洲.推动高质量发展的变革机制与政策措施 [J].财经问题研究，2018，000 (009)：19—27.

[13] 胡静.互联网＋背景下如何推进智慧医疗途径的思考 [J].数码设计（上），2019，000 (003)：154.

[14] 周为，张诚，赵丹阳.细胞 3D 打印技术及应用 [J].生物化工，2019，5 (02)：150—154.

[15] 王丹.基于产学研合作的安徽省中医药信息资源共建共享模式初探 [J].科技情报开发与经济，2013，023 (016)：114—116，130.

[16] 屈昊.国际科技合作基地运行管理研究及对策——以安徽省为例 [J].科技管理研究，2019，39 (15).

[17] 吕云彤，朱雅魁，耿泉峰，等.消费驱动背景下流通产业的影响因素与发展趋势 [J].商业经济研究，2020 (6)：17—20.

[18] 盛煜，彭恒，冯毅.基于 5G 移动网络的智慧医疗应用 [J].邮电设计技术，2019 (7).

[19] 袁宁，屈高超，颜帅，等.基于 5G 网络的人工智能与物联网在智慧医疗领域的应用 [J].中国研究型医院，2019 (6).

第 10 篇

工程机械篇

摘　　要

工程机械产品目前已成为装备制造业重要板块之一，是国民经济的基础性和战略性产业，是传统产业升级和战略性新兴产业发展所需要的高技术高附加值装备类型之一。工程机械产业关联度高、市场需求大、资本技术密集，反映出一个国家或地区的科技水平、创新能力和经济实力。

工程机械制造业过去一直是安徽省的优势产业，是推进工业化、城镇化的重要载体，是促进产业结构优化升级、提升城市产业核心竞争力、承接产业转移的重要平台和经济发展重要增长极。随着经济形势的变化，工程机械行业发展重心已经由扩大生产规模转变为以特色制造、拉长产业链、发展高端产品为主。安徽省通过整合优势资源，发展工程机械制造业具有重要意义。

本篇重点针对安徽省有一定优势的液压挖掘机、装载机、重型装卸设备、汽车起重机、高端零部件等安徽工程机械行业发展情况展开技术与市场发展趋势研判。通过调研与数据分析，明晰了安徽省内企业的行业地位，梳理发展优势与不足，通过原因剖析提出了安徽省发展工程机械的基本思路、目标和路径；厘清了对行业发展重点，从重点实施发展特色优势产品，延长产业链条，做优关键零部件等任务的基础上，编制了发展路线图，提出了政策建议，明确了保障措施及要防控的风险。

第 1 章
工程机械国内外发展现状及发展趋势

一、概述

(一) 工程机械产品基本概念

1. 工程机械的定义

凡土方工程、石方工程、流动式起重装卸工程和各种建筑工程，综合机械化施工以及同上述工程相关的工业生产过程的机械化作业所必须的机械设备，统称为工程机械。在世界各国，对这个行业的称谓基本雷同，其中美国和英国称为建筑机械与设备，德国称为建筑机械与装置，俄罗斯称为建筑与筑路机械，日本称为建设机械。我国根据国务院在机械系统组建该行业的批文，统称为工程机械。

2. 工程机械的组成范围和分类

工程机械是装备工业的重要组成部分，与交通运输建设（公路、铁路、港口、机场、管道输送等），能源工业建设和生产（煤炭、石油、火电、水电、核电等）、农村水利建设（农田土壤改良、农村筑路、农田水利、农村建设和改造、林区筑路和维护、储木场建设、江河堤坝建设、河道清淤、防洪堵漏）、原材料工业建设和生产（黑色矿山、有色矿山、建设矿山、化工原料矿山等）、工业民用建设（各种工业建筑民用建筑、城市建设和改造、环境保护工程等）以及国防工程建设等息息相关。以上所属领域工程建设所用的建设机械均属工程机械范围。

2011 年 6 月 1 日，中国工程机械工业协会颁布《工程机械定义及类组划分》（GXB/TY 0001—2011）。当前，工程机械行业产品可划分为 20 大类，其中主机产品 19 大类（109 组、450 种型式、1090 多种系列产品）及工程机械配套件，见表 10 - 1。

表 10 - 1　工程机械定义与类组划分

序号	类别	组	型	种
1	挖掘机械	3	8	23
2	铲土运输机械	9	21	45
3	起重机械	4	7	31
4	工业车辆	3	11	26
5	压实机械	12	21	32
6	路面施工与养护机械	6	65	147
7	混凝土机械	17	48	73
8	掘进机械	4	6	12

（续表）

序号	类别	组	型	种
9	桩工机械	11	47	59
10	市政与环卫机械	6	34	106
11	混凝土制品机械	12	30	63
12	高空作业机械	3	13	29
13	装修机械	10	53	71
14	钢筋及预应力机械	7	29	56
15	凿岩机械	6	19	37
16	气动工具	4	38	56
17	军用工程机械	9	44	79
18	电梯及扶梯	4	15	29
19	工程机械配套件	10	60	133
20	其他专用工程机械	5	20	43

（二）工程机械制造业在国民经济中的地位和作用

世界主要发达国家基本是通过装备制造业的发展而实现工业化的。我国要走新型工业化道路，必须努力提升装备制造业整体水平。不尽快提升装备制造业的技术水平，不用先进的装备武装和改造传统产业，要实现工业现代化是不可能的。没有强大的装备制造业，就没有我国工业的现代化，也不可能保证我国国民经济和社会发展对装备制造业的需求。因此可以说，工程机械制造业是我国国民经济持续健康较快发展的基础。应用范围广，品种繁多，属于资本、劳动、技术密集型行业。

工程机械是国民经济战略性产业，是国民经济可持续发展的重要保障，高度发达的工程机械制造业是国家工业化的必备条件之一，是衡量国家国际竞争力的重要标志。因此，必须进一步提高对工程机械制造业现代化战略地位的认识。工程机械化水平的高低反映了一个国家科技水平的高低，也是人民生活质量水平的反映。

我国工程机械制造业是随着国民经济的发展而形成与发展的，承担着为国民经济建设提供技术装备的任务。我国工程机械制造业坚持走"引进、吸收、与自主创新相结合"的道路，努力提高国产工程机械的技术水平，开发了一批适合我国国民经济建设实际需要的工程机械技术装备，有力地促进了我国国民经济的发展。

二、国外现状及发展趋势

（一）现状

工程机械兴于欧洲，壮大于美国，规模生产成于日本。其主要生产企业也分布在美国、日本、德国、韩国、法国、英国、瑞典等发达国家。国外工程机械产销量总体呈上升趋势，市场需求一直保持较快增长。据英国工程机械杂志《Off High Way》的统计，目前全球主要工程机械产品年销售量近 300 万台，市场规模约 2500 亿美元。

（1）市场集中度高

全球工程机械市场主要集中分布在北美、欧洲、日本等发达国家和中国、印度、巴西为代表的新兴发展中国家及地区。

（2）产品集中度高

全球工程机械产品主要集中在土方机械（挖掘机械、铲土运输机械），占整个工程机械市场销量的三分之二左右。全球工程机械前 10 强企业，大多来自土方机械设备制造领域，其中 9 家以从事土方机械的制造为主。

（3）技术集中度高

主要企业注重基础材料、技术与新产品研发，例如排名第一的美国卡特彼勒公司，有超过 1 万名技术人员，350 多位博士科学家和技术专家，每年投入在研发上的资金近 30 亿美元（约占销售额 10％），几乎超过中国工程机械全行业。沃尔沃在产品技术上的投资也超过销售额 6％。多年的密集资金投入和人才聚集，保证了其产品核心技术的行业领先优势。

（4）企业集中度高

按中国工程机械工业协会发布的世界工程机械制造商 50 强排行榜，2019 年世界工程机械制造商中国企业异军突起，很多企业名次有很大的提升。世界工程机械制造企业 2019 年基本情况见表 10 - 2。

表 10 - 2　2019 全球工程机械制造商 50 强基本情况表

排名	公司名称	国别	销售额（亿美元）	备注
1	卡特彼勒	美国	335.07	※
2	小松制造所	日本	224.83	※
3	约翰迪尔	美国	101.6	※
4	日立建机	日本	95.22	※安徽合肥有基地
5	沃尔沃建筑设备	瑞典	94.97	※
6	徐工集团	中国	86.86	
7	三一重工	中国	81.16	
8	利勃海尔	德国	78.28	※
9	斗山 INFRACORE	韩国	64.64	※
10	特雷克斯	美国	51.25	※
11	JCB	英国	50.44	※
12	山特维克	瑞典	48.22	※
13	安百拓	瑞典	43.16	
14	中联重科	中国	42.72	安徽芜湖有基地
15	JLG	美国	37.77	※
16	神钢建机株式会社	日本	35.18	※
17	CNH 工业集团	意大利	30.21	
18	美卓	芬兰	28.1	
19	柳工集团	中国	27.75	安徽蚌埠有基地
20	住友建机株式会社	日本	26.48	※
21	久保田	日本	26.41	※
22	现代工程机械	韩国	24.86	※
23	曼尼通集团	法国	21.58	
24	威克诺森	德国	19.55	
25	法亚集团	法国	18.54	※

（续表）

排名	公司名称	国别	销售额（亿美元）	备注
26	马尼托瓦克	美国	18.47	※
27	多田野	日本	17.18	※
28	帕尔菲格	奥地利	16.03	
29	希尔博	芬兰	13.16	
30	海瑞克集团	德国	13.02	※
31	阿斯太克	美国	11.72	
32	铁建重工集团	中国	11.53	
33	龙工	中国	11.25	
34	山推股份	中国	10.06	
35	竹内制造所	日本	10.04	※
36	国机重工	中国	9.71	
37	Skyjack	加拿大	9.33	
38	宝峨机械	德国	8.04	※
39	加藤制造所	日本	7.78	※
40	山河智能	中国	6.5	安徽淮北有基地
41	Haulotte	法国	5.84	
42	爱知公司	日本	5.64	※
43	古河机械金属株式会社	日本	5.43	※
44	雷沃工程机械	中国	5.32	安徽安庆正建基地
45	贝尔设备公司	南非	5.24	
46	厦工机械	中国	4.13	
47	日工株式会社	日本	2.9	※
48	宝长年	美国	2.37	
49	酒井重工业株式会社	日本	2.26	※
50	北方股份	中国	1.74	

　　入榜企业共来自13个国家，其中，日本12家，中国12家，美国7家，德国4家，瑞典3家，法国3家，韩国2家，芬兰2家，英国、意大利、奥地利、加拿大、南非各1家。上述50强在过去一年中，整体实现销售额1910.09亿美元。

　　2020年5月18日，全球最具权威的工程机械信息提供商——英国KHL集团发布了2020年全球工程机械制造商50强排行榜。徐工由第六进入第四位，三一重机前进两位排名第五，中联重科前进四位第十，日立建机落后三位变成第七，如图10-1所示。50强中中国上榜企业总销售额近360亿美元，占比提升至17.7%。

　　近年来，全球尤其是中国的工程机械制造业发展持续提速。中国作为全球最大的工程机械市场，吸引了众多世界一流工程机械制造企业在此发展。50强排行榜中，一半以上外资企业在中国拥有生产工厂或制造基地（表10-2备注中带"※"者）。基本在华都有代理商。

　　与此同时，中国工程机械企业也在积极应对市场需求，转变发展模式，向世界一流企业迈进。

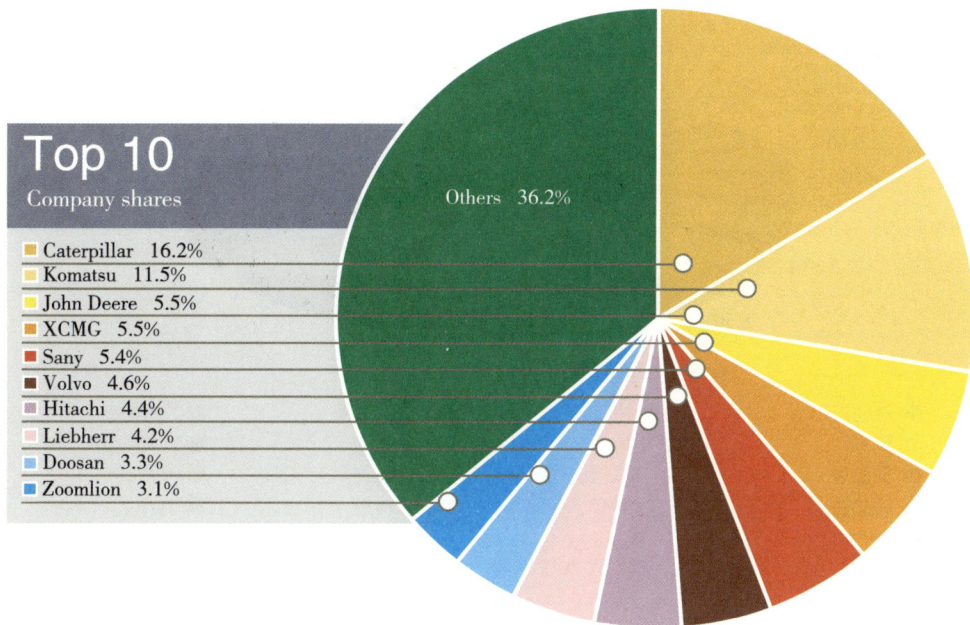

图 10 - 1　2020 年度全球工程机械头部企业及销售额度占比

（二）发展趋势

1. 市场

世界工程机械主要生产商均从事市场拓展多年，据英国工程机械咨询有限公司（Off－Highway Research）统计数据显示，前几年，在销售额最大的北美市场，美国 Caterpilar 市场份额高达 29.3％，其次是 Deere14.7％、Terex8.3％、小松 7.4％、CNH6.6％。前四强企业占 60％市场份额（图 10 - 2 所示）中国企业直到最近十年才开始介入并积极参与竞争，是市场的后入者。

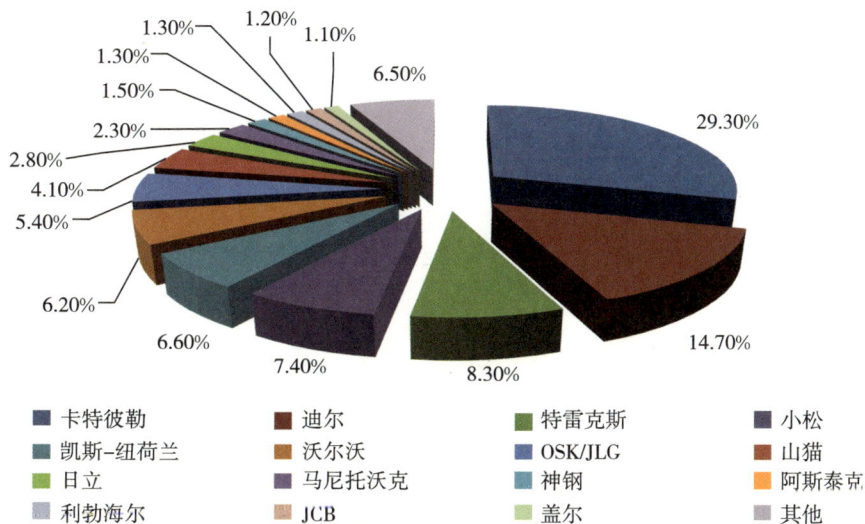

图 10 - 2　北美市场主要工程机械企业市场竞争格局

北美销量最大的产品为挖掘机 22％，高空作业平台 15％，推土机 12％。南美市场份额最大的是卡特彼勒和小松。南美销量最大的产品为挖掘机 17％，起重机 16％，平地机 16％和压路机 15％。欧洲市场也以欧美品牌为主，Liebherr12.4％，Caterpillar11.7％、Terex11.2％、VOLVO10.7％。欧洲销量最大的产品为履带式挖掘机 25％，轮式挖掘机 14％，轮式装载机 14％和起重机 10％（如图 10 - 3 所示）。

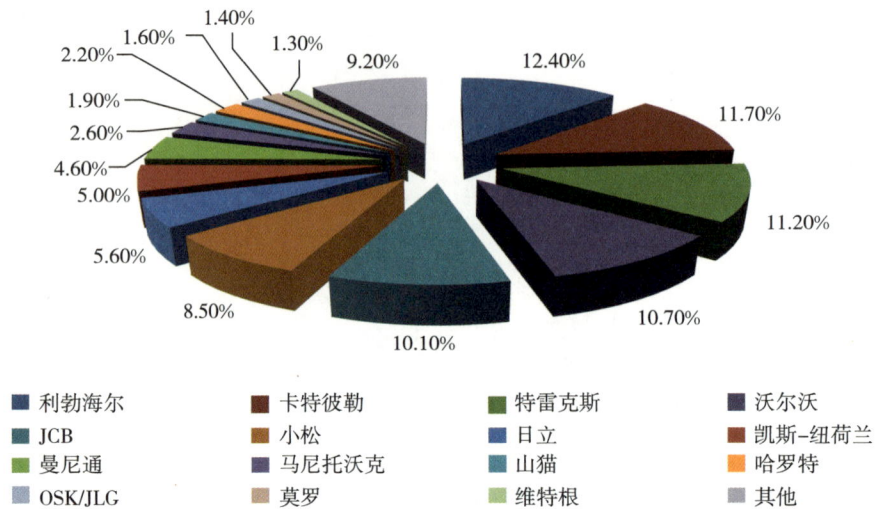

图 10-3　欧洲市场主要工程机械企业市场竞争格局

我国工程机械产品年出口约 150 亿美元，过去除个别产品外，在美国、西欧、日本发达地区市场占有率一直不高。近年积极配合国家"一带一路"战略，在沿线国家和地区进行市场布局，同时跟进项目建设总包工程，取得了一定成效。徐工、三一、中联、山推、柳工、合力等企业已经走出国门，除了在海外组建销售服务平台外，还接连并购（发达国家企业）、在第三世界国家新建了一些生产基地。在我国这个世界最大的工程机械市场，虽然主要的国际工程机械巨头多年前就都投入全力竞争市场，且刚开始阶段攻城略地、势头很猛，但经过中国工程机械全行业的努力，依靠产品持续技术创新，质量提升，多年后已经逐步收复了丢弃的市场，目前内外资企业形成了比较合理、稳定的市场份额。

以液压挖掘机产品为例，30 年前中国产品的年产能力只有 2000 余台，国外产品（含二手机）一度占到中国市场的 90% 以上，但到 2020 年 3 月，中国市场面对疫情逆势增长，当月销售了液压挖掘机 49408 台（未含当月出口市场销售 2798 台），其中自主品牌国内市场占比 69.91%，外资品牌中，欧美系、日系、韩系占比同比分别下降 0.84、4.44、3.21 个百分点，所有外资加在一起只占有市场的 30.09%，如图 10-4 所示。

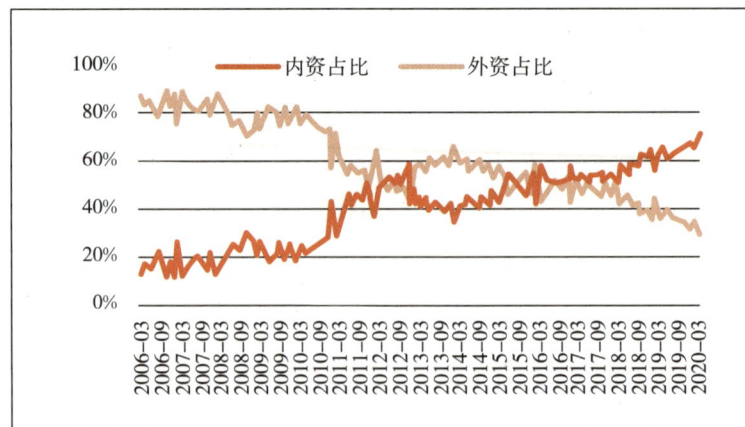

图 10-4　近 5 年中国市场液压挖掘机内外资品牌销售变化

2. 行业整合

全球工程机械企业兼并重组近年加剧，生产集中度进一步提高。在欧美工程机械行业日趋激烈的竞争中许多制造商实施外部交易型战略，通过收购或与共创的制造商合并，提高生产能力和扩大销售网络，实现经济资源的优化配置，提高规模经济效益，进一步控制国际市场份额。国际工程机械企业并购风起云涌，通过不断的重组并购来提高产业集中度。欧洲50家工程机械制造企业中，有45％的企业经过了联合、购并、重组，而且其购并的目的性十分明确，购并的两个公司之间产品都有相当高的关联度，体现了企业资源的互补性。

3. 产品技术

（1）整体设计理念

绿色化、宜人化、智能化是工程机械行业国际竞争的焦点之一，是进入国际高端工程机械市场的技术门槛。它包括节能、减排、减振、降噪、轻量化、减量化、智能化、安全性和舒适性等技术，以及产品易拆解性，以再制造为目标的绿色化设计，包括工程机械材料绿色化，制造工艺绿色化数字化，绿色包装与回收，产品制造和使用过程的能耗评价等方面。

（2）智能化技术广泛应用

为节约能源、降低排放污染、满足日益严格的环保要求、提高作业效率，工程机械广泛采用了智能化技术，如首先控制了燃油消耗，随后在其他系统也相应采用智能技术，使得设备操作更加精细化、简单化，同时更舒适安全，可靠性更高。根据工况要求，利用GPS、GIS和GSM技术，对作业机群进行智能化配置，通过施工现场地貌高精度测量、多目标采集数据的事后回放、显示记录等功能的应用，实现多窗口、多车辆、多屏幕的同时跟踪、远程监控管理及故障诊断服务，提高设备使用率和工效。

智能化技术目前已成为衡量工程机械性能的重要先进指标之一。美国、德国、日本等国家目前推出的新产品60％以上大类产品都充分利用了智能化及互联网技术，部分无人操作的概念产品已在一定范围试用，受到用户好评。

（3）产品的微型化、大型化和多功能

为减少人力费用和提高工作效率，各种小型、微型工程机械产品不断开发出来。世界上有雄厚资金和技术实力的著名企业，都把工程机械小型化、微型化和多功能作为产品结构调整的重要组成部分，促进了工程机械向小型化、微型化方面发展。

与小型化相对应的是随着社会经济体量增大，各种超级工程对大型和超大型工程机械产品需求的提升。为提高道路养护机械的使用率，降低公路养护成本，国外开发了多功能公路养护机械，新产品不断涌现。多功能养护机械主要有两种型式，一种是完成某一种养护作业程序的机械，另一种是可完成多种不同作业的机械。完成多种不同作业的多功能养护机械代表机种有德国的综合养护车，由德国奔驰公司生产，该产品有9种变型。俄罗斯的综合养护车以汽车底盘为基础设计，可以完成养护建筑、市政工程和林业等方面33个功能，一年四季均可作业。

（4）关键零部件及总成研发

目前，美、欧、日、韩企业在高强、复合材料、电液控制自动换挡、机电一体化控制、比例控制、伺服控制、负荷传感全功率控制技术、可编程控制、遥控与无人操作技术等方面仍处于全球领先地位，这些方面技术的应用我国相关领域研究才刚刚起步。

4. 后市场开拓与服务

现在的工程机械产业已经由制造为中心转向以工程全过程的生产服务为中心，制造业服务化的趋势比较明显，制造业对生产服务的依赖性越来越高，相互融合的程度越来越深。目前，制造业正从简单装配加工向产品的上下游延伸，工程机械制造商逐渐意识到服务的重要性，各个厂家及代理商纷纷对其投入大量的资金和精力。

再制造是传统制造技术与电子、信息、新材料、新能源、环境科学、系统工程、现代管理等高技术结合而形成的崭新技术。美国政府规定，销售北美的产品使用五年后要能够回收再制造，并返回旧机器剩余价值款，这已成为一项贸易壁垒。

三、国内现状及发展趋势

（一）产业整体情况

经过 60 多年的发展，我国工程机械行业已形成了具有相当规模和较强制造能力的生产体系。国内工程机械行业规模以上企业及科研单位有 2000 多家（纳入国家统计局统计的工程机械行业企业 932 家），其中在华合资、独资企业 169 家。可以生产挖掘机、铲土运输机械、工程起重机械、机动工业车辆、混凝土机械、路面机械和桩工机械等 18 大类约 5000 种规格型号的产品。我国已成为名副其实的世界工程机械生产大国，与美国、西欧、日本一起构成世界工程机械的主要市场。

我国工程机械行业市场规模在 2013—2016 年经历下降后，市场需求扩大，市场规模有所回升。《中国工程机械工业年鉴》数据显示，我国工程机械行业 2017 年起迎来了新的高速增长，全行业实现营业收入 5403 亿元，同比增长 70％以上。2018 年全行业实现营业收入 5964 亿元，同比增长 10.4％。2019 年，我国工程机械行业主营业务收入达到 6600 亿元（协会最新公布数据），如图 10-5 所示。

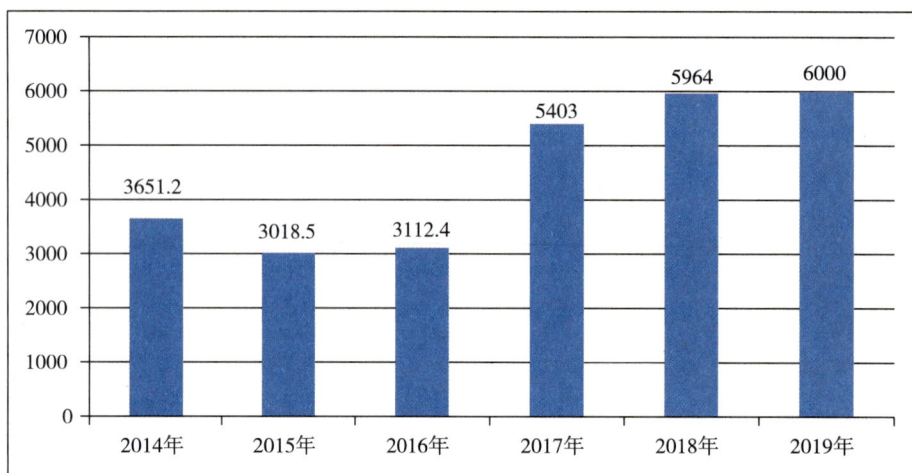

图 10-5　2014—2019 年中国工程机械行业主营业务收入（亿元）

工程机械行业规模的持续增长体现在其主要产品销售量的增长。我国工程机械产品目前销量最高的为挖掘机，2018 年液压挖掘机销量达到 19.62 万台；其次为装载机，销量达到 10.33 万台。2018 年我国工程机械主要产品销售总量为 45.06 万台，2019 年 1—10 月达到 43.87 万台。整体而言，我国工程机械产品销量呈上升趋势，如图 10-6 所示。

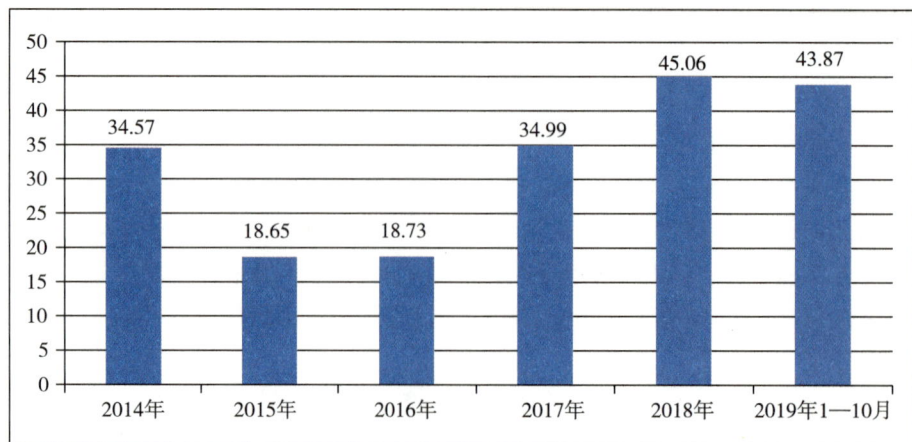

图 10-6　2014—2019 年中国工程机械主要产品销售总量（万台）

主要产品分类别统计参见表 10 - 3 及图 10 - 7 所示。

表 10 - 3　2014—2019 年中国主要工程机械产品销售数量

产品类别	2014 年	2015 年	2016 年	2017 年	2018 年	2019 年
混凝土机械（万台）	7.55	3.72	2.73	7.14	7.44	7.56
挖掘机（万台）	9.05	5.63	7.03	14.03	20.34	19.62
汽车起重机（万台）	1.41	0.93	0.89	2.04	3.23	3.61
压路机（万台）	1.42	1.04	1.2	1.74	1.84	1.44
装载机（万台）	14.04	6.5	6.09	8.95	10.8	10.33
随车起重机（万台）	1.1	0.83	0.79	1.09	1.41	1.31

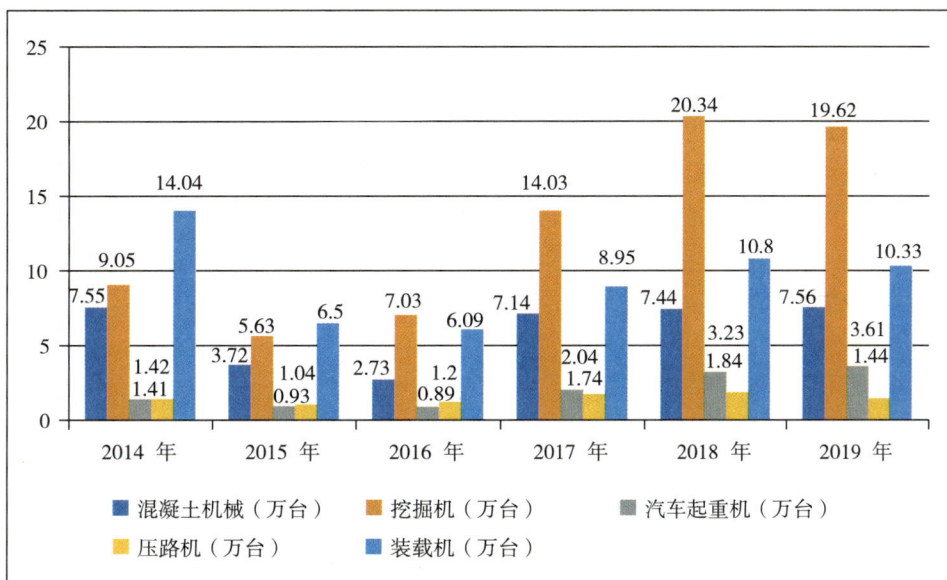

图 10 - 7　2014—2019 年中国主要工程机械产品销售量

（二）产业结构与产品市场

1. 多家民族企业进入全球工程机械行业 50 强

2003 年 Yellow Table 排行榜初次发布时，中国企业在全球 50 强中占据的销售额比例仅为 1.6%，通过 16 年高速发展，中国工程机械企业在全球 50 强中的销售额比例上升约 20 倍，已有 12 家企业进入世界 50 强，中国企业的快速突起已赢得世界瞩目。

我国工程机械企业大致可分为四个梯队。徐工（起重机第一）、三一（挖掘机第一）、中联重科（混凝土机械第一）、柳工（装载机第一）、山推（推土机第一）、合力（工业车辆第一）等营收规模在 100 亿以上，其产品除在某一关键子行业排名第一（生产规模、研发能力）外，还遍布各个细分领域，多项产品技术水平达到国际领先水平，是行业领军企业；第二梯队约有 30 家企业，营收规模在 40-100 亿之间，具有一定知名度，产品在某个细分领域具有一定领先优势，为我国工程机械行业的潜在力量，在智能制造背景下，产品智能化是这些企业的发展契机；第三梯队大多为营收规模在 10-40 亿的企业，此类企业一般规模偏小，产品研发投入较低，有些是关键零部件供应商，有特点，在某个特定的细分领域有较高的知名度；第四梯队为众多中小企业，产品同质化严重，技术含量一般，主要靠价格优势抢占中低端产品市场。

我国工程机械行业企业国际化视野不断扩展，积极拓展海外业务建立全球营销网络，业务覆盖达170多个国家和地区。我国企业已成长为全球工程机械市场主要供应商之一。

在海外开展并购、建厂、建立研发中心是我国工程机械行业国际化的亮点。徐工集团在欧洲成立了欧洲研发中心，在德国、荷兰建立了零部件生产基地，在巴西、德国、波兰和伊朗组建主机制造基地。中联重科在阿联酋、澳大利亚、俄罗斯、印度、越南等10余个国家成立子公司，在德国、荷兰等国开展国际化并购与技术合作。三一重工在印度、美国、德国、巴西相继投资建设工程机械研发制造基地。柳工、山推、合力集团等均在海外建立了生产、研发和服务机构。三一、中联、徐工完成了对国际混凝土机械三巨头——德国普茨迈斯特、意大利西法、德国施维英的并购，使我国在混凝土机械领域进入强国之列。行业骨干企业继续完善全球售前售后服务体系、物流网络和零配件供应体系，推进海外融资租赁业务，提升了我国工程机械在国际市场的信誉度和竞争优势。

2. 市场竞争格局基本形成

（1）行业龙头公司竞争优势突出

在工程机械的主要产品挖掘机、装载机、推土机、起重机、混凝土机械、工业车辆等行业中，均出现了市场份额逐步向龙头公司集中的发展趋势，同时弱势企业的市场份额不断被压缩。行业龙头的竞争力更强，产业集中度提高有利于发挥规模经济优势。

（2）产品线延伸扩展成长空间

近年来，行业内的主要公司在原有产品已成为细分行业龙头的背景下，通过进入其他细分市场，延伸产品线，增加新的业绩增长点。基于零部件与关键技术的通用性，以及管理模式的移植，工程机械产品相关多元化的发展有利于实现规模经济与范围经济。不同细分行业的相互渗透，既加剧了行业竞争，也使优势企业能获取更多的市场份额。综合竞争力强的行业龙头公司将最终胜出，最大限度的分享行业快速成长所带来的收益。

（3）关键零部件配套体系逐步完善

我国工程机械关键零部件如液压元器件、传动系统、发动机等大多依赖进口，工程机械主机中关键零部件进口成本占制造成本的40%以上，行业接近70%的利润被进口零部件占据。

如高端液压件广泛用于各类工程机械主机产品和技术装备。由于我国液压技术起步较晚，技术积累相对薄弱，与国内外企业存在一定差距，全球的高端液压市场几乎被博世、力士乐、川崎油工等少数液压生产企业所垄断，客观上造成了国内中高端液压元件长期依赖进口的局面。

长期以来，核心零部件依赖进口成为制约中国工程机械行业发展的瓶颈。随着中国工程机械行业发展的日趋成熟，这一瓶颈有望逐步得到改善。一些行业龙头企业开始涉足核心零部件的研发与生产。国家近年也将核心零部件体系的建设放在了重要位置。

3. 主要产品及市场

（1）挖掘机

90年代开始，在市场驱动和中国政府对外引资政策的引导下，一批国际知名挖掘机制造商如美国卡特彼勒、日本小松、日立建机和神户制钢、韩国现代及大宇（现名斗山）、德国雪孚等等纷纷进入中国。洋人带来了洋品牌，同时也带来了较为先进的产品设计方法、规模生产组织技术及先进管理理念，整合或组织了完善的供应链与销售体制。外资企业（初期大都合资）充分享受了中国政府的优惠政策及各地给予的超国民待遇，以中国急需的资金、技术换取了庞大市场资源和优质人才资源，取得了不俗的经营业绩，促进了行业技术进步。同时也冲击和挤压了国内原有挖掘机企业的发展空间。2000年，中国关税区内液压挖掘机的生产突破了10000台大关（当年全球液压挖掘机产量约25万台）。

新世纪我国经济持续增长，基本建设和房地产项目大量实施，土石方工程机械需求持续增长。国外原先未进入中国设厂的名牌企业如沃尔沃、特雷克斯、利勃海尔、住友等也纷纷探讨进入中国生产的路径。柳工、三一、徐工、临工等国内企业通过学习创新，积聚力量，借鉴国际先进技术，奋起直追，促进了行业技术进步与发展繁荣。

2010 年 3 月份，曾出现月销 30065 台的纪录（其中 11 家外资独资及合资企业占市场 74％）。中国市场销售领先的是四家日资企业：小松（济宁、常州）、斗山（烟台）、日立（合肥）、神钢（成都），这些企业占据了中国市场份额的 50.9％，如图 10-8 所示。

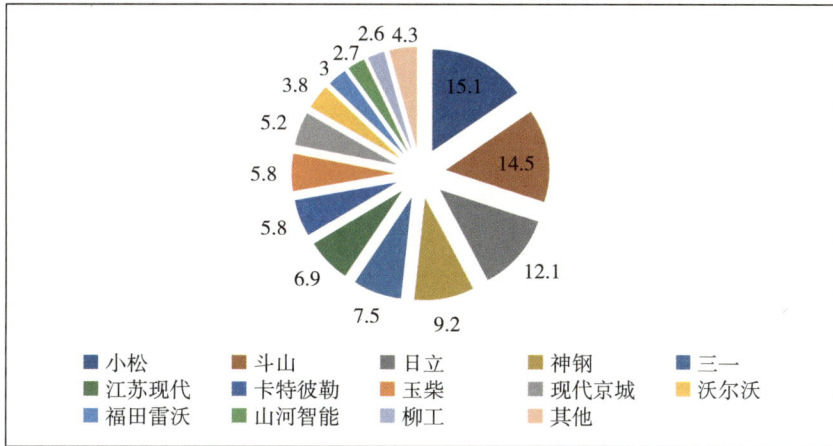

图 10-8　主要挖掘机生产企业 2010 年 3 月市场份额

整整 10 年之后，2020 年 3 月，中国市场格局发生了天翻地覆的变化，市场集中度进一步提升，约 69％的市场份额被 5 家公司占有，有意思的是，市场主角已由外企变为中国企业，4 家中国企业三一、徐工、临工、柳工占据约 60％。如图 10-9 所示。

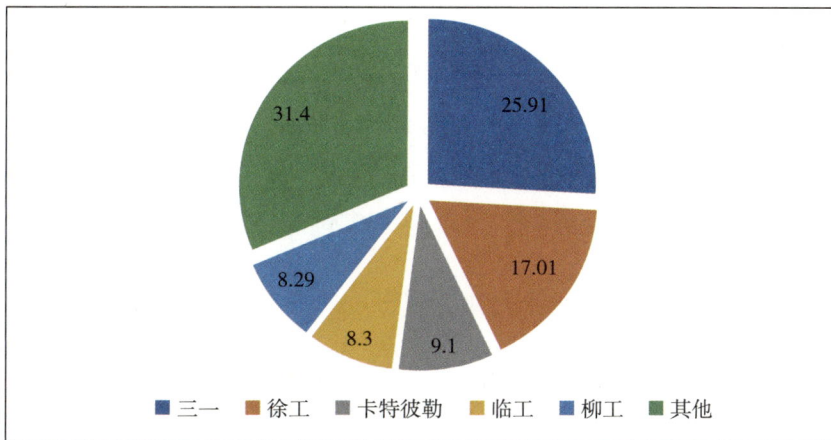

图 10-9　主要挖掘机生产企业 2020 年 3 月市场份额

2020 年，受新冠疫情、中美经贸冲突等因素影响，市场变化更加剧烈。2020 年 7 月，中国工程机械工业协会公布了国内主要挖掘机生产企业生产、销售的基本数据。

表 10-4 统计出了国内十大挖机品牌。三一、徐工、卡特彼勒、临工、柳工、斗山、小松、沃尔沃、日立、现代从 2016 年到 2020 年 6 月在我国的销量（含出口）及市占率的整体数据。由此分析国内挖掘机各品牌近 5 年的市占率变化情况，可分为三类。

（1）增长型：三一、徐工、临工、柳工等。其中，三一、徐工和临工的增长属于快速增长；而柳工的增长速度相对而言较为缓慢，属于稳步增长。

（2）下滑型：卡特彼勒、小松、日立等。外资市占率下滑不难理解。中国工程机械行业是后发，之前的市场一直是被这些外资企业所垄断。国产品牌一旦开始崛起，首当其冲的便是这些曾经市占率较高的外资品牌。

（3）摆动型：斗山、沃尔沃、现代。遂代表企业的市场份额处于被动状况。

表 10－4　主要挖掘机企业近年销售（含出口）与市占率统计

	CR4	CR8	合计	三一	徐挖	柳工	临工	斗山	现代	小松	日立	卡特	沃尔沃
7月销量预测			≥19000										
7月增速预测			＞50.0％										
2020.6 销量	14859	19514	24625	6246	3455	1760	2397	1342	610	610	445	2761	834
2020.6 市占率	60.34％	79.24％	100.00％	25.36％	14.03％	7.15％	9.73％	5.45％	2.48％	2.48％	1.81％	11.21％	3.39％
2019 年市占率	59.60％	80.30％	100％	25.80％	14.10％	7.30％	7.10％	6.90％	3.10％	3.70％	2.90％	12.40％	2.50％
2018 年市占率	55.50％	78.30％	100％	23.00％	11.40％	7.00％	6.50％	7.80％	3.60％	51％	4.40％	13.20％	3.20％
2017 年市占率	53.10％	76.40％	100％	22.20％	9.90％	5.80％	5.00％	7.80％	2.90％	6.70％	5.70％	13.20％	3.40％
2016 年市占率	48.30％	70.40％	100％	20.00％	7.50％	5.00％	3.80％	6.60％	1.70％	7.00％	6.20％	14.20％	2.70％

单独分析企业看，从 2016 年，三一便坐稳了国内挖机市占率第一的宝座，市占率从整体市场的五分之一增长到四分之一（据 2020 年 7 月快报，已经占到约 31％），而其他企业近 5 年内市占率均没超过 15％。徐工从 2016 年 7.5％的市占率增长至目前的 14.03％，增长近一倍；卡特彼勒从 14.2％下滑到目前的 11.21％，只降了 3 个百分点，属于外资品牌中表现较好的；临工从 3.8％一路增长到 9.73％，表现十分优秀，是国产品牌中增长最快的一家；柳工从 5％增长到目前的 7.15％，增长力度不大；小松和日立是外资品牌中下滑最为严重的，制造基地位于安徽合肥的日立建机中国公司，市场占有率从 2016 年的 6.2％下滑到 2019 年的 2.7％（2020 年 6 月下探到 1.81％），其液压挖掘机的年产量已不足三一公司的月产量。

（2）混凝土机械

混凝土机械一般包括混凝土泵车、布料机、混凝土搅拌站、混凝土搅拌机等。混凝土泵车是利用压力将混凝土沿管道连续输送的机械，由泵体和输送管组成，按结构形式分为活塞式、挤压式、水压隔膜式。泵体装在载重汽车底盘上，在底盘上安装有运动和动力传动装置、泵送和搅拌装置、布料装置以及其他一些辅助装置。混凝土泵车的动力通过动力分动箱将发动机的动力传送给液压泵组或者后桥，液压泵推动活塞带动混凝土泵工作。然后利用泵车上的布料杆和输送管，将混凝土输送到一定的高度和距离。

中国混凝土泵车市场集中度较高，主要有中联重科、三一重工、辽宁海诺、安徽星马、上海普斯迈斯特等企业生产，五家的产量占全行业的 95％。其中，中联重科、三一重工是这个行业里的垄断者，目前，这两公司的国内市场占有率约为 80％，呈现出双寡头垄断格局。

这种竞争格局不稳定，原因是：（1）行业发展的历史仅 20 年，远远短于国外 50 多年的发展史，还不成熟；（2）内需市场长期还有较大的增长，出口市场尚处在开启阶段，内外需都表明行业还有很大的发展空间；（3）中联重科通过并购意大利 CIFA 成为全球混凝土机械老大，三一也在并购，行业可能会继续出现国内或者跨国并购，从而影响国内甚至国际竞争格局，

目前规模不大的泵车企业仍有充足的发展空间，有实力的企业还可以通过并购等资本手段实现跨越式发展，获得更高的泵车市场份额。

（3）起重机械

汽车起重机是装在普通汽车底盘或特制底盘（可发展为全路面）上的一种起重机，其行驶驾驶室与起重操纵室分开设置。这种起重机的优点是机动性好，转移迅速。缺点是工作时须支腿，不能负荷行驶，也不适合在松软或泥泞的场地上工作。汽车起重机底盘性能符合公路车辆的技术要求，可在各类公路上通行无阻。此种起重机起重量范围从 8 吨～1600 吨，底盘轴数 2～10 根，是产量最大，使用最广泛的起重机类型。

汽车起重机主要由起升、变幅、回转、起重臂和底盘组成。由于近年液压、电子技术，高强度钢材和汽车工业的发展，促进了汽车起重机的发展。机械式汽车起重机已被先进的液压式汽车起重机所代替。液压汽车起重机的液压系统采用液压泵、定量或变量马达实现起重机起升回转、变幅、起重臂伸缩及支腿伸缩或组合动作。马达采用过热保护，并有防止错误操作的安全装置。大吨位的液压汽车起重机选用多联齿轮泵，合流时还可实现上述各动作的加速。在液压系统中设有自动超负荷安全阀、缓冲阀及液压锁等，以防止起重机作业时过载或失速及油管突然破裂引起的意外事故发生。汽车起重机装有幅度指示器和高度限位器，防止超载或超伸距，卷筒和滑轮设有防钢丝绳跳槽的装置。

我国汽车式起重机诞生于上世纪 50 年代末，经过了近 60 多年发展，有过 3 次主要的技术改进，分别是 60 年代引进苏联技术，80 年代引进日本技术，90 年代引进德国技术。总体来说，中国的产业有着自己清晰的发展脉络，尤其是近几年，中国的汽车式起重机产业取得了长足进步，与国外差距在逐渐缩小。90 年代以来行业有两个发展阶段。第一个阶段是 90 年代的行业洗牌，市场参与者锐减至几十家，触发因素是行业销量经历了 1993—1998 年的一路下滑；第二个阶段是本世纪初的行业整合（包括国内和国内外企业间整合），市场参与者进一步缩减，如国内企业中联重科收购浦沅、柳工收购蚌起，国外企业马尼托瓦克、特雷克斯、多田野分别入主泰起、四川长起、北起。至此，行业集中度完成了两次提升。2010 年以来，小吨位汽车起重机销量占所有汽车起重机销量比重逐渐降低，于 2015 年达到阶段性底部 69%，并始终保持在 80% 以下。大吨位汽车起重机在 2017 年实现了销量触底反弹，大于 60 吨的汽车起重机占总体汽车起重机销量达到 22%，大吨位起重机占比增加的趋势强化了企业的盈利能力。随着国产起重机在百吨级别上的跨越，国内龙头企业逐渐打破了大型汽车起重机行业被国外企业独占鳌头的局势。数据显示，2017 年，我国龙头企业 60 吨及以上汽车起重机销量已经达到 2093 台，同比增长 78%。作为行业中的重要组成部分，大吨位起重机为我国起重机行业的发展注入了长久驱动力。如图 10-10 所示。

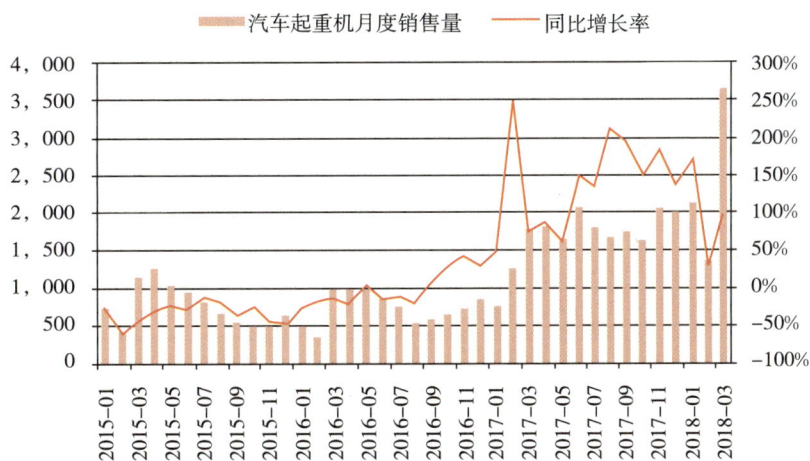

图 10-10　2015—2018 年我国汽车起重机月度销售量变化

未来行业市场份额会进一步向大企业集聚，一是起重机一个重要指标就是安全性能，安全性（行业许可证）直接阻碍新企业进入行业；二是起重机产品不断升级换代，大企业更有实力占领引导行业方向的高端领域。起重机行业的技术壁垒较高，近年来国内的徐工、中联（浦沅）在技术上不断突破，快速发展，不但在汽车起重机领域占据了市场主导地位，在履带起重机的市场份额也持续增长。汽车起重机市场目前被徐工和中联（长沙）、三一（宁乡、上海临港）三家占据了 91% 左右的份额（2008 年不到80%），马尼托瓦克、特雷克斯、多田野、柳工（蚌埠）等企业也是行业的参与者。履带式起重机的主要生产企业有三一、徐工、中联、抚挖等。销售额前 4 家企业的市场占有率达到 90% 以上。

从目前政策导向看，最近国家在积极推动建基础设施项目（新基建、重大项目建设与储备、新农村建设等）建设，起重机械作为基建工程的关键装备有望继续保持高速增长。2018 年汽车起重机的销量达到 32000 台，同比增速在 56% 左右，2019 年销量增速约为 33000 台。对 2018 年汽车起重机销量分析表明，徐工汽车起重机销量排名第一，达到 14681 台，其次是中联重科，达到 7435 台，排名第三位的三一汽车，达到 7181 台，如图 10 - 11 所示。其余品牌销量较少，均不超过 1500 台。

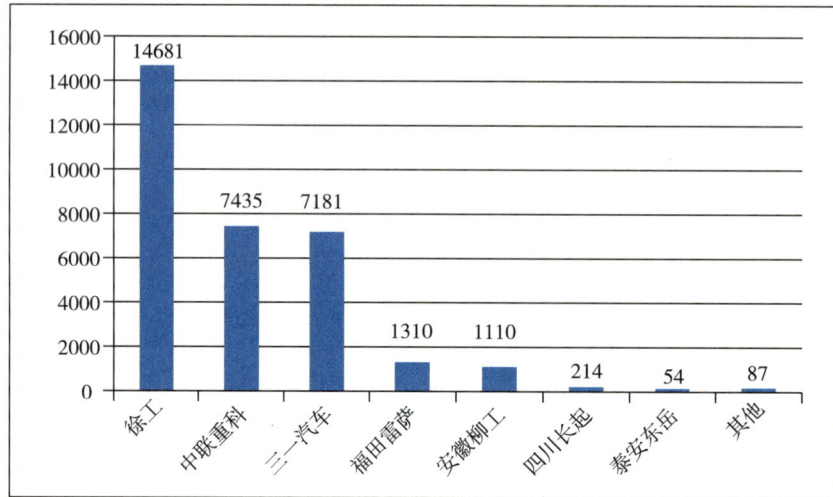

图 10 - 11　2018 年主要汽车起重机企业销量统计

从产品吨位分类看，25 吨以下汽车起重机销量最大，达到 25448 台，占比 79.35%；其次是 30—50 吨汽车起重机，销量达到 3154 台，占比为 9.83%。按全国有 300 个城市计算，每个城市平均约增加 25 吨以下汽车起重机 80 台左右。经分析测算，我国汽车起重机行业 2019—2021 年需求结构表 10 - 5（2019 年全国工程起重机实际销售 32072 台）。

表 10 - 5　我国汽车起重机行业 2019—2021 年需求结构模型

年份	2019	2020	2021
国内保有量（台）	233557	242899	252615
保有增量（台）	8983	9342	9716
更新换代量（台）	11237	10191	9789
国内销量（台）	20220	19533	19505
国内销售增长率（%）	−2.21	−3.4	−0.14
出口销量（台）	4915	6291	8053
总销量（台）	25135	25825	27558

（4）装载机

装载机是土方机械的一种，广泛用于公路、铁路、建筑、水电、港口、矿山等建设工程的土石方施工机械，它主要用于铲装土壤、砂石、石灰、煤炭等散状物料，也可对矿石、硬土等作轻度铲挖作业。

我国近三十年一直是世界上最大的装载机生产国之一，主要在中低端产品市场上发展，近年由于挖掘机生产规模大幅度增长，挤压了装载机的原有市场和用户，使得其发展相对平缓。国内装载机市场格局已基本稳固，以柳工、龙工、徐工、临工、厦工、卡特彼勒为代表的龙头企业已经占据了超过 80% 的市场份额。

（5）推土机

由于推土机的技术含量较高，在国际市场，从事推土机生产的主要厂家总共有十几家。其中卡特彼勒、小松、山推、约翰迪尔、纽荷兰等五家为主要推土机制造商。目前，由于约翰迪尔、纽荷兰等其他品牌的推土机销售网络相对有限，只是在局部市场占有一定的优势。因此，国际市场的竞争主要为卡特、小松、山推的竞争。在需求总量保持相对稳定的情况下，各品牌之间的竞争将会更加激烈。从国内看，目前推土机在中国工程机械领域是相对成熟的产品，经过近几年的充分竞争，国内已形成以山推（济宁，大马力）、河北钢铁（宣化）、中国一拖（中小马力）、上海彭浦（中大马力）为主体的竞争格局，且市场有向优势企业逐步倾斜的局势，行业集中度趋于提高。但随着国内的一些工程机械制造商对推土机市场的强力介入，行业竞争格局将会发生变化。山推依然占据着推土机市场的龙头老大地位，产量在全球市场排在前列。

（6）路面机械

路面机械一般包括压路机、铣刨机、摊铺机、沥青搅拌站、稳定土拌和站、稳定土拌和机、水泥摊铺机、稳定土摊铺机、水泥撒布机、沥青混合料热再生设备等。

我国路面机械生产行业产品历史悠久，1960 年开始生产 10t 蒸汽压路机，1962 年生产出 ZY8/10 内燃压路机，1969 年试制成功 30t/h 的强制间歇式沥青混合料搅拌设备，1978 年研发出 25t/h 滚筒式沥青混合料拌和机，1987 年引进了沥青混凝土摊铺机技术，1992 年引进了高等级路面成套装备技术。但一般产品的可靠性差，核心竞争力不强，多数生产企业规模偏小，盈利能力偏低，产品同质化等问题都亟待解决。

目前压路机的主要生产企业是徐工、国机重工、一拖、柳工、山推、厦工、龙工等。近年徐工的市场占有率保持领先。随着国家对"铁公基"投资建设的加大，路面机械如沥青及混凝土摊铺机、路面铣刨机、再生拌合装备、综合养护装备、稀浆封层装备的需求增加，相应拉动了产品档次和生产规模的提升。徐工、南方路机、陕建、镇江、国机重工等企业在此方面市场占有率较高。

（7）掘进机械（盾构）

我国是世界上隧道及地下工程规模最大、数量最多、地质条件和结构形式最复杂、修建技术发展速度最快的国家。随着城市轨道交通、市政工程、高速铁路、公路隧道工程近年大量上马，掘进机械市场形成了暴发增长。

工程机械中的隧道掘进是一种使用盾构法的掘进机械，业内一般称为盾构机。它区别于敞开式施工法，施工是在掘进的同时构建（铺设）隧道之"盾"（指支撑性管片）。在国际上，广义盾构机也可以用于岩石地层，而在我国，习惯上将用于软土地层的隧道掘进机称为盾构机，将用于岩石地层的称为 TBM。盾构机根据工作原理一般分为挤压式盾构，半机械式盾构（局部气压、全局气压），机械式盾构（开胸式切削盾构，气压式盾构，泥水加压盾构，土压平衡盾构，混合型盾构，异型盾构）。

21 世纪初，我国大约有 85% 的盾构掘进机依赖进口，欧洲和日本等公司的盾构机在中国市场上占主导地位。其中，以产量 1670 台居世界首位的三菱重工、占据欧洲大半市场份额的海瑞克、以及拥有多个品牌的德国维尔特的表现最为抢眼，德国海瑞克一家就占据国内盾构机市场的 70% 以上。除了外资品牌，国内还有一批企业要与德国海瑞克、维尔特、美国罗宾斯等外资合资、合作生产。为尽快改变被动局面，国家出台了盾构机国产化的相关政策，国内制造企业纷纷通过与国外制造商合作、合资、自主研发或并购国外公司，进入盾构机制造领域，我国盾构机产品开始在市场上显现。随着国内市场需求量的增大，根据目前在建产能和计划投资情况，预计我国盾构机的产量将大幅度提升，将进入一个国产化的高速发展通道。

目前，我国已基本掌握了盾构机的核心制造技术，出现了以中国铁建重工集团有限公司（长沙）、中铁隧道装备制造有限公司（郑州）、上海隧道工程有限公司、成都南车隧道装备有限公司、中交天和机械设备制造有限公司为代表的一批拥有自主知识产权国内盾构生产企业，知名企业还有广州的海瑞克、北方重工、中信重工、湖北天地重工等。

近几年，国内盾构机企业技术水平不断提高，国产盾构机替代进口速度加快，我国盾构机市场平均价格整体呈现下降态势，行业均价从 2012 年的 3000 万元/台下降到 2018 年的 2262 万元/台。随着城市基础建设的进一步规划和技术的进步，市场还将进一步扩大，如图 10 - 12 所示。2017 年我国盾构机产量为 475 台，2018 年我国盾构机产量达到了 483 台。初步测算，未来 5～10 年，我国的各类盾构机潜在市场会超过 200 亿元，如图 10 - 13 所示。

图 10 - 12   2012—2018 年中国盾构装备市场需求情况

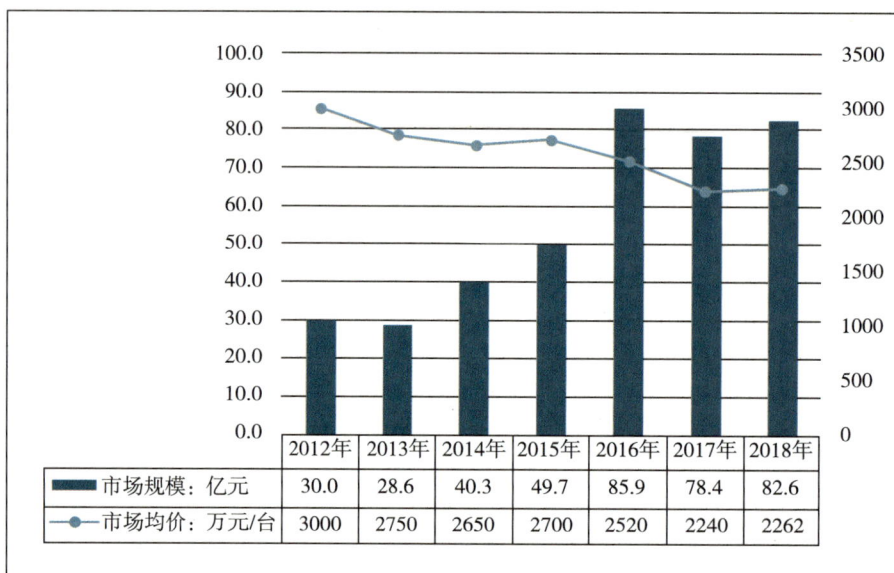

图 10 - 13   2012—2018 年中国盾构装备市场规模及产品均价走势

随着我国"一带一路"战略布局，盾构装备出口形势良好，国内盾构装备将以产品质量稳定、性价比好的特点逐渐占领国际市场，见表 10 - 6。

表 10 - 6   2013—2018 年中国自推进隧道掘进机进出口情况

年份	商品名称	单位	出口量	出口金额/千美元	进口数量	进口金额/千美元
2013	自推进的隧道掘进机	台	90	386，889	30	84，356
2014	自推进的隧道掘进机	台	59	219，423	13	51，131
2015	自推进的隧道掘进机	台	58	303，898	11	38，522
2016	自推进的隧道掘进机	台	55	244，659	4	13，420
2017	自推进的隧道掘进机	台	130	280，171	5	1，804
2018	自推进的隧道掘进机	台	127	368，738	9	20，810

目前，国内已有近 30 家企业进入或准备进入盾构装备行业。按照企业结构分析有三类形态：一是原先的装备制造企业，即在原有装备制造链基础上形成的企业，基础良好；二是施工企业转型升级后新成立的装备公司，这类企业原本拥有市场，占有国内市场比较迅速，发展前景较好；三是外资控股的合资和独资企业，合资企业大多有技术而没有市场，所以在选择进入中国时采用了跟地方政府合作的形式，其特点是外国控股、中国提供市场，核心技术仍在外国人手中，如德国海瑞克、日本三菱重工等。目前总的发展趋势是：国内企业在竞争中发展比较快，市场份额不断增长。

市场和行业的高速发展的同时，速度和质量发展的不协调性也会暴露，国内盾构装备市场也存在一些问题：

第一，国内企业产品设计和制造领域有待提升。盾构装备与国外的差距主要在设计技术集成的掌握，归根到底是在设计人才的差距。国内企业普遍缺乏优秀的设计人才，大多公司为国外公司贴牌制造生产，来图制造，缺乏自有的核心自主创新技术能力。

第二，关键零部件制造工艺技术差距明显，很多关键零部件如主驱动部件等需进口，为长远发展留下潜在隐患。

第三，产品大多靠地方政府的保护性采购来发展，尚需提高盾构机国产化的软环境，加强对市场的监管和服务体系建设。

第四，盾构装备制造业发展存在一些无序和不规范，产业结构不尽合理，企业趋多，总体上多而不强，大而不精。

（三）主要的工程机械企业集群

从地域分布情况来看，我国的工程机械 90％集中在东部地区。最大的工程机械产业集群是湖南长沙产业集群，中联重科、三一集团和山河智能都在这一产业集群中。其次是山东工程机械产业集群，主要企业有山推、小松、临工、斗山等，分别分布在山东的济宁、青州、临沂地区。除此以外还有长三角工程机械产业集群，代表企业有三一、日立建机、安徽合力、小松、现代和龙工等企业。十余年来，很多西部的大型企业，如三一、柳工、玉柴纷纷到长三角地区兼并企业或建立生产基地，扩大了长三角地区建筑机械产业集群的规模。此外还有一些相对独立的产业集群，如徐州工程机械产业集群，四川成都、新津、泸州产业集群，厦门、晋江、泉州产业集群，广西柳州产业集群，也是国内工程机械行业的主流力量。

1. 徐州市及徐工集团

徐州市工程机械企业主要是徐州工程机械集团有限公司（即徐工集团），是国家大型一类企业。此外还有世界最大的工程机械制造商——美国卡特彼勒在华最大的独资工厂以及世界排名第三的美国约翰·迪尔公司并购的徐州挖掘机工厂，徐工集团由徐州重型机械厂（中国最早建设的汽车起重机生产厂之一）、徐州工程机械科技股份公司（徐州工程机械制造厂、徐州装载机厂）、徐州工程机械研究所和一批相关的基础零部件专业厂组成。成立于 1989 年 3 月，集工程机械开发、制造和出口于一体，有着"中国工程机械行业排头兵"的称号，是中国 500 强企业。徐工集团提出了"卓越品质，追求一流"的价值观，目前公司产品已达 16 大类 80 个系列 400 多个品种，其中 20％产品达到当代国际先进水平，70％产品为国内领先水平。特别是主机产品汽车起重机、混凝土泵车、压路机、摊铺机、装载机、平地机、旋挖钻机、拌和机、高空平台消防车、随车起重机、挖掘机、重型汽车等产品，零部件液压油缸、驱动桥、回转支承、变速箱、驾驶室等产品获得了前所未有的发展。

徐工集团把销售收入的 5％投入到科研开发领域，重点投资建设了国内机械行业首个企业试验研究中心。从产品结构来看，徐工集团的产品结构更加多元化。2019 年，徐工集团的主要产品有起重机械、铲运机械、压实机械、路面机械、桩工机械、消防机械、环卫机械、其他工程机械及工程机械备件，其中起重机械业务占比最大，为 35.46％，其次是工程机械备件及其他，占比 20.04％。徐工集团 2019 年营业收入 591.76 亿元，实现利润 36.21 亿元。

2. 长沙市及中联重科、三一集团和山河智能

长沙市是国内工程机械比较集中的城市，拥有中联重工科技发展有限公司（即中联重科）、三一重工股份有限公司（即三一重工）、山河智能机械有限公司（即山河智能）、江麓机械有限公司等工程机械企业，其中中联重工、三一重工、山河智能三家是工程机械行业的上市公司，中联重科和三一重工均是全国 500 强企业、工程机械前 10 强企业。近年来，长沙市工程机械行业加大技术创新力度，拥有至少 2 个国家级技术中心，3 个省级企业中心，3 个博士后工作站，一个城市有这么多同一领域的上市公司，这么多专利技术和技术中心，在我国和世界工程机械行业极为罕见。

2020 年 1 月，湖南省政府在工作报告中明确要培育工程机械、轨道交通装备、中小航空发动机三大世界级产业集群（包括建设号称 10000 亩的中联重科新产业园），无疑会进一步提升长沙工程机械集群的全球竞争力。

（1）中联重科

中联重科是由原建设部长沙建设机械研究所改制而成立的，新世纪兼并了浦沅工程机械厂（我国最早建设的汽车起重机骨干生产厂之一），是国内工程机械行业上市公司之一。主要研发生产汽车起重机、履带起重机、混凝土拖泵、泵车、混凝土搅拌车、非开挖设备、路面施工机械垃圾清扫车、推土机、挖掘机（陕西）、农业机械（安徽）等产品。中联重科无论是生产的工程机械品种，还是销售收入，在工程机械行业中都是发展速度最快的企业之一。近年在做好国内市场的同时，积极开拓国际市场，有针对性地兼并了国外两家企业，利用国外的营销网络和技术稳扎稳打地实现企业发展目标。中联重科股份有限公司 2019 年营业收入 443.07 亿元，实现利润 43.71 亿元。

（2）三一集团

三一集团有限公司始创于 1989 年。集团秉持"创建一流企业，造就一流人才，做出一流贡献"的企业愿景，打造了业内知名的"三一"品牌。目前，三一是全球装备制造业的领先企业之一。集团核心企业三一重工于 2003 年 7 月上市，是中国股权分置改革首家成功并实现全流通的企业，并于 2011 年 7 月入围 FT 全球市值 500 强，成为唯一上榜的中国工程机械企业。三一集团是以工程机械为主体的装备制造业，主导产品为混凝土机械、筑路机械、挖掘机械、桩工机械、起重机械、风电设备、港口机械、石油装备、精密机床等，其中混凝土机械、挖掘机械、桩工机械、履带起重机械、移动港口机械、路面机械为中国第一品牌，混凝土泵车全面取代进口，且连续多年产销量居全球第一；挖掘机械一举打破外资品牌长期垄断的格局，实现中国市场占有率第一。2012 年，三一重工并购混凝土机械全球第一品牌德国普茨迈斯特，改变了行业竞争格局。

三一每年将销售收入的 5%－7% 用于研发，致力于将产品升级换代至世界一流水准。目前，集团拥有国家级企业技术中心、国家级博士后科研工作站。凭借技术创新实力，三一于 2005 年、2010 年和 2013 年三次荣获"国家科技进步二等奖"，2012 年、2014 年荣获"国家技术发明奖二等奖"，成为新中国成立以来工程机械行业获得的国家级最高荣誉。凭借自主创新，三一成功研制的 66 米泵车、72 米泵车、86 米泵车三次刷新长臂架泵车世界纪录，并成功研制出世界第一台全液压平地机、世界第一台三级配混凝土输送泵、世界第一台无泡沥青砂浆车、亚洲首台 1000 吨级全路面起重机，全球最大 3600 吨级履带起重机，中国首台混合动力挖掘机、全球首款移动成套设备 A8 砂浆大师等，不断推动"中国制造"走向世界一流。

在国内，三一建有北京、长沙、上海、沈阳、昆山、乌鲁木齐六大产业基地。在海外建有印度、美国、德国、巴西等四大研发和制造基地。目前，业务已覆盖全球 100 多个国家和地区。三一还连续获评为《福布斯》"全球最具创新力的 100 家公司"、《财富》"最具创新力中国公司"、中国企业 500 强、中国最具竞争力品牌、中国工程机械行业标志性品牌、亚洲品牌 50 强。三一集团在机械制造、自动化控制、液压技术、金属结构、数值仿真等专业和领域拥有多项创新技术，其中液压闭式提升技术、超起装置的应用与控制属国内首创达国际先进水平。三一重工股份有限公司 2019 年营业收入 756.66 亿元，实现利润 112.07 亿元。是工程机械行业最赚钱的公司，其中挖掘机械销售收入 276.24 亿元，同比增长 43.52%，

国内市场连续九年蝉联销量冠军，年销量突破 6 万台；混凝土机械实现销售收入 232.00 亿元，同比增长 36.76%，成为全球第一品牌，市场地位持续巩固；起重机械销售收入达 139.79 亿元，同比增长 49.55%，销售创历史新高，市场地位显著提升，其中履带式起重机居行业第一；桩工机械销售收入 48.09 亿元，同比增长 2.54%，是中国第一品牌。

（3）山河智能公司

湖南山河智能机械股份有限公司成立于 1999 年 7 月，由中南大学何清华教授领衔创办，是一家产、学、研相结合的工程机械制造企业。在深交所上市。公司以技术为基础，拥有一批博士、硕士生导师以及由导师培养、不断更替的多学科博士、硕士群体，逐步建立起由原始创新、集成创新、开放创新、持续创新组成的技术创新体系，4 次承担国家"863"重大计划项目。

公司产品涵盖桩工机械、小型工程机械、现代凿岩设备三大领域，并且均处于国内一线品牌位置。其中液压静力压桩机已发展为国内最大生产规模；旋挖钻机自主创新特征非常突出；以小型挖掘机、滑移式装载机为代表的小型工程机械，技术水平处于国际先进，实现了批量出口，并且具有"自主知识产权、自有品牌、整机出口发达国家"三个特征；一体化潜孔钻机填补国内空白，可替代进口产品。其他如军事工程机械、航空器等高科技项目也正在研发之中。公司正在为创建产、学、研一体化标志性企业而努力。同时，山河智能公司还在安徽淮北建设了生产基地，主要生产煤机。

3. 山东省及山工集团

山东省的工程机械行业的领军企业是山东工程机械集团有限公司（即山工集团，中国 500 强企业，现在已与潍柴集团重组为山东重工集团）。新的潍柴动力股份有限公司 2019 年营业收入 1743.61 亿元，实现利润 91.05 亿元。

山工集团总部位于济宁，主要由山推股份、临工股份（已被沃尔沃公司并购）、山东工程机械厂（已成为美国卡特彼勒公司全资子公司）、泰安起重机厂、烟台工程机械厂及合资企业小松山推等企业组成。拥有 2 家上市公司，即山推工程股份公司和山东临沂工程股份公司，是全国 500 强企业。主要产品有履带推土机、挖掘机、装载机、道路机械、汽车起重机等产品。其中，中大功率推土机和装载机市场销量居全国第一，挖掘机销量也名列前茅。

山工集团近年集中建设山推工程机械国际事业园，占地 2000 余亩，云集了世界一批著名的专业生产履带、驾驶室、油缸、斗杆、铲斗等结构件、铸锻件制造厂商。使济宁成为中国工程机械中心城市，临沂、泰安、青州等地也成为中国工程机械行业发展的主要集聚地。

4. 柳州市及柳工集团

柳州市主要的工程机械企业是广西柳工机械股份有限公司（柳工），柳工是我国最早建设的装载机生产厂之一，中国 500 强企业。1989 年柳工集团以柳州工程机械股份有限公司为核心企业进行运作。其下属企业主要有柳工铸造公司、柳工配件公司、柳工附件公司、柳工康达公司、柳工齿轮公司。其后兼并了柳州钢圈厂、柳州炼胶厂等。进入 21 世纪后，柳工集团推行东进战略，先后实施了江苏江阴道路机械有限公司实施资产重组，成立江阴柳工道路机械有限公司，接着整体收购上海叉车有限公司，在扬州市组建了扬州柳工建设机械有限公司，立足于混凝土搅拌设备、混凝土输送泵（拖泵）、混凝土砌块机、混凝土搅拌运输车等建筑机械的生产和经营。

柳工集团于 2008 年出资 8000 余万元并购了蚌埠安利公司（原蚌埠起重机厂），组建了安徽柳工，实现了进入汽车起重机行业的目标。目前柳工集团已拥有控股、参股及合资企业约 30 个，并制定了把集团建设成一个"开放的国际化"企业的长远发展目标。

柳工 2007 年全年实现工业总 94 产值亿元，同比增长 47.7%；实现销售（营业）收入 117.2 亿元，同比增长 41%；利润 6.47 亿元，同比增长 41.3%；全年实现出口创汇 1.3 亿美元，同比增长 101%。公司继续荣获集团、中国机械百强、广西十佳企业、柳州强优工业企业称号。2019 年营业收入达到 191.77 亿元，实现利润 10.17 亿元。

5. 常州市及国机重工常林集团

常州市主要的工程机械企业是常林工程机械集团公司（即常林集团）。常林集团2002年12月成立，其主要企业分别为常林股份和常林参股的常州现代、小松常州公司等。该集团不同于别的企业，实行理事会治理结构，而非有限公司，理事会中包含中日韩三家企业的总经理，这种强强联合的形式为常林集团将来的发展埋下伏笔。目前该集团已经重组进入国机重工集团。

常林集团涉及工程机械行业大部分产品系列，目前拥有装载机、挖掘机、平地机、压路机、手动液压搬运车等工程机械主机以及铸锻件、结构件、传动部件、液压电器件等工程机械配套件。以常林、现代及小松为龙头的常州地区工程机械产业群已成为国内重要工程机械制造基地。

6. 厦门市及厦工集团

厦门市主要工程机械企业是厦门工程机械股份有限公司（即厦工集团），1995年底，厦工集团挂牌运作，主要成员企业有：厦门工程机械股份有限公司、三明重型机器有限公司、厦门叉车厂、厦门齿轮厂、厦门银华机械厂、厦工新宇机械有限公司、厦门锻压机床有限公司、厦门铸锻公司等企业。主要产品有装载机、压路机、叉车、电子产品、油缸、城市建设钢结构等。

为继续增强在行业中的竞争优势，拓展公司发展空间，厦工集团加大投入，2002年起全面建设厦工工业园。园区建成后已从整体上提升厦工集团的核心竞争力。厦工集团2006年新建了三明基地（包括道路机械主机与铸锻件基地），2007年建成了河南焦作基地（以生产装载机等主机为主），生产结构趋于合理，能力大幅度提。

（四）产品水平

1. 产品水平

我国工程机械产品从功能上已经可以基本满足国民经济各部门对工程建设的需求，且有部分已进入普通百姓的日常生活。虽在重型、小微型、智能型、满足特殊环境要求的产品方面，与国际一流产品有一定差距，但主流产品基本处于国际中高端产品技术水平。2020年新冠肺炎临时医院快速建设过程中，全国人民通过网络围观施工过程，实际上是对中国工程机械水平的一次全民知识科普及正面评价。

2. 高技术化

现代工程机械产品广泛采用微电子技术、计算机技术、数字信息技术、激光技术、传感技术、机电液一体化技术、自动化控制技术等。这些高新技术集成到工程机械产品上，使产品高技术化呈现出以下特点：

（1）机群智能化

利用计算机技术、无线通信技术以及卫星定位技术对工程机械的运作状态、位置及施工进行现场监测；采用微机控制技术，实现各种工况下自动判断；依靠电子及传感元件反馈的信号，实现工程机械工作过程的在线状态监测和故障诊断分析，是工程机械机群智能化的集中体现。

（2）多用途和微型化

工程机械主机作业功能进一步扩大，单一功能向多功能转化，扩大了工程机械的应用领域。快速可更换联接装置的诞生，使得更换附属作业装置的工作在司机室通过操纵手柄即可快速完成，实现了工程机械产品的多用途、小型和微型化。

（3）产品系列化、特大型化

国外著名公司逐步实现其产品系列化进程，形成了从微型到特大型不同规格的产品。与此同时，产品更新换代的周期明显缩短。所谓特大型工程机械，是指其装备的发动机额定功率超过1000hp，主要用于大型露天矿山或大型水电工程工地，如中国核电工业建设集团公司向美国特雷克斯订购的CC8800-1双臂履带式起重机，最大起重量达到了3200t。

（4）零件标准化、部件通用化

工程机械产品的模块化设计与制造技术的推广应用，提高了产品零部件标准化、通用化程度，优化了零部件制造水平，最大限度地简化了零部件更换及维修工作，从而降低了生产成本以及用户的作业成本，提高了产品的经济性。

3. 节能、环保和再制造

降低发动机排放、提高液压系统效率、减振、降噪以及产品所用材料的再循环利用等都能提高产品的节能效果。为了适应国际市场竞争的需要，我国已开发研制绿色工程机械，即符合环保要求和生态学要求的新型工程机械。这种绿色工程机械在作业时的特点是无污染、零排放、低噪声和零泄漏。要达到这个要求，我们先进行工程机械的绿色设计，在制造、生产过程中使用能耗低、噪声小、无毒性并对环境无害的绿色材料。此外，还要考虑一些其他因素，如工程机械所用柴油机应选择新的清洁能源以实现零排放等。

（五）质量与效益等

1. 质量

工程机械质量主要的问题过去集中在使用可靠性、使用寿命等方面，近年出现在智能化等方面。而产品可靠性又集中在发动机、液压系统、传动部件、光电信息系统四个环节上。最近十年，行业骨干企业与企业技术中心、试验平台重点对四大系统进行了可靠性研究与技术难点攻关。目前主要主机产品平均无故障间隔时间（MTBF）由2000年前后的400小时提高到1000小时。

2. 劳动生产率

全员劳动生产率是指根据产品的价值量指标计算的平均每一个从业人员在单位时间内的产品生产量（工业增加值）。是考核企业经济活动的重要指标，是企业生产技术水平、经营管理水平、职工技术熟练程度和劳动积极性的综合表现。

我国工程机械行业从业人数以及劳动生产率逐年均基本呈上升趋势。2000年为0.11%，2010年的劳动生产率达到0.3%，2019年，行业全员劳动生产率估算约0.4%。

3. 销售利润率

我国工程机械行业销售利润总额基本呈上升趋势，2010年的销售利润率为10.78%，目前行业利润率约12%，行业全年利润总额约为1200亿元。其中效益最好的三一重工，在2020年报中披露，2019年度营收为756.66亿元，净利润为112.07亿元。

4. 研发投入

近年来，国家级企业技术中心普遍建设了工程试验中心，企业从销售收入提取的研发经费用于技术中心的业务开展，先进骨干企业提取的新技术研发费用已占销售总额的5%以上。这些条件和措施成为行业高端产品研发的坚实基础。部分企业在境外发达地区设立了产品研发中心，利用熟悉当地文化和市场环境的技术人才组成境外技术中心，把开拓市场和新产品研发紧密结合。如三一重工在海外建有印度、美国、德国、巴西等四大研发和制造基地，业务已覆盖全球100多个国家和地区。

据估算，我国工程机械行业近年每年科技投入额约200亿元。

工程机械研发人员总数逐年增加，占比亦呈上升趋势。目前全行业估算约有80000人。

近年行业主要企业更注重保护知识产权，积极申请专利。例如三一重工至2019年6月底，已经累计申请专利8923项，授权专利7289项，申请及授权数居国内行业第一。徐工集团则累计拥有国内有效授权专利5300余件，其中发明专利1300余件，PCT国际授权专利40余件，计算机软著作权320余件。

5. 产业能耗

在国家政策支持下，我国工程机械节能坏保方面得到了显著改善，各项节能环保措施与新技术、新工艺得到了快速推广，全行业年能耗约为50万吨标煤，单位行业增加值能耗约为0.4。

6. 市场营销

工程机械行业主要企业大多实行了销售代理制，有些组建了4S销售服务体系，部分产品实现了网络销售。例如徐工集团积极实施"走出去"战略,产品销售网络覆盖183个国家及地区,在巴西、俄罗斯、印度、印度尼西亚、哈萨克斯坦、美国、土耳其、肯尼亚、刚果金、几内亚等重点国家成立分子公司,开展直营业务,打造经直并重的渠道网络。

骨干企业的产品后台远程运维体系已经基本建立,对大型工程机械产品生命周期全过程服务的模式开始试用。从海外业务收入数据看,2015年三一重工海外营收占比一度高达44.24%,但近年来一直走低,至2019年上半年,该比例下降至16.53%。而徐工机械近年来却略有抬头,截至2019年上半年,该指标已逼近三一。

7. 产品租赁

目前中国工程工程机械设备租赁占整个工程机械市场需求的比例约足10%,而海外发达国家则达到80%以上。中国现有的租赁公司年营业额在1亿元以上的企业仅占5%左右,在中国的近2000亿元建筑工程机械消费规模中租赁份额约30亿元。

如以发达国家租赁率作为参照的话,则目前存在的租赁缺口还很大,并且随着国外建筑工程机械租赁行业的健康快速发展,此租赁缺口将会以不低于20%的增长速度持续放大。在全球范围内工程机械租赁是发展的必然趋势。

(六) 有关产业政策

近年我国工程机械行业快速发展,中低端产能过剩的势头逐步显现,控制发展速度、转变发展方式、推动产业升级逐渐成为产业政策的主基调。

1. 推动产业结构调整,鼓励高端引进与自主创新

《产业结构调整指导目录》要求瞄准薄弱领域,鼓励大型施工机械的发展,如30吨以上液压挖掘机、6米及以上全断面掘进机、320马力及以上履带推土机、6吨以上装载机、600吨以上架桥设备等高端短缺产品,提高中高端大型工程机械的竞争力。同时,国家鼓励进口高端工程机械产品和技术,提高重大装备自主创新能力。

《鼓励进口技术和产品目录》鼓励引进国内尚未掌握的先进装备设计制造技术,进口国内尚不能自行研发制造的重要装备,如一定规模和技术标准以上的大型全断面隧道掘进机、履带式起重机、全路面起重机、混凝土泵车、沥青混凝土再生成套设备、液压挖掘机、旋挖钻机、压路机(液压传动)等。

《重大技术装备自主创新指导目录》要求提高大马力推土机、大吨位汽车起重机、大吨位装载机、大型全断面隧道掘进机(含盾构机和TBM)、大型智能全液压履带式钻车等五种重大装备自主创新水平。

2. 提高基础件配套水平,突破行业共性技术

《产业结构调整指导目录》鼓励关键零部件的发展,如动力换挡变速箱、湿式驱动桥、回转支承、液力变矩器、压力25兆帕以上液压马达、泵、控制阀等。

《工业转型升级规划》要求着力提升关键基础零部件、基础工艺、基础材料、基础制造装备研发和系统集成水平。

3. 推进工程机械再制造,培育新的增长点

工程机械再制造是指将废旧工程机械进行专业化修复的批量化生产过程,是循环经济"再利用"的高级形式。《工业绿色发展规划(2016—2020年)》和《绿色制造工程实施指南(2016—2020年)》,鼓励加快发展高端再制造、智能再制造,进一步提升机电产品再制造技术管理水平和产业发展质量,推动形成绿色发展方式,实现绿色增长。

《再制造产品目录(第一批)》《关于深化再制造试点工作的通知》包含工程机械零部件、矿山机械零部件等五大类产品。《再制造产品目录(第二批)》涉及4大类35种产品,工程机械及其零部件再次入选。

《"十三五"机械工业发展总体规划》《绿色制造科技发展"十三五"专项规划》《高端装备制造业"十三五"发展规划》等相关指导性规划明确,未来几年我国工程机械行业政策趋势是:重点支持行业提升自主创新能力,推进产品结构升级,加快高端和大型工程机械产品的研制和生产;加大对关键基础件

的研发和投入力度；推进企业兼并重组，鼓励海外并购，培育世界级大型企业集团；转变行业增长方式，推进工程机械再制造，推动绿色制造。

（七）产业发展趋势

1. 产业资本和产业技术的集聚与扩张

（1）企业兼并重组加剧，生产集中度进一步提高。目前，世界工程机械制造商前10家的销售额占世界流通总量约70%，即使只是生产一种零部件的企业，尽管总体规模并不大，但在行业内知名度和市场占有率均占有重要的位置。在欧美工程机械行业日趋激烈的竞争中，许多制造商实施外部交易型战略，通过收购或与其他的制造商合并，提高生产能力和扩大销售网络，降低产品开发成本，实现经济资源的优化配置，提高规模经济效益，进一步控制国际市场份额的发展战略。国际工程机械企业并购风起云涌，通过不断的重组并购来提高产业集中度。近十年，欧洲50家工程机械制造企业中，有45%的企业经过了联合、购并、重组，而且其购并的目的性十分明确，购并的两个公司之间产品都有相当高的关联度，体现了企业资源的互补性。

（2）国内企业向集团化、规模化方向发展。工程机械行业发展的最大障碍之一就是长期形不成经济规模，企业数量众多，但真正形成规模经济，并具有一定技术水平的企业很少，这种状况极大地制约了行业的总体发展。根据我国现状，解决这一问题最有效的办法就是组建集团化的大型企业，通过联合、重组，鼓励强强联合，形成明显具有特色的集群产业。如柳工在江苏、上海和安徽的并购；中联重科重组起重机生产巨头——浦沅集团，均产生了巨大的规模效益。

（3）零部件的专业化程度不断提高。经济学家预测，现代工程机械产业的竞争力主要将取决于设计开发、营销和产品零部件的组织配套能力。为降低生产成本，越来越多的企业正在不断降低产品零部件自制率，逐步发展成为产品组装厂。随着现代工程机械产品系列化和零部件高度标准化，产品专业化生产水平和能力不断提高。国外关键零部件基本上是定点专业化生产企业生产，如发动机、传动系统、液压系统等。

2. 制造业与服务业的一体化发展

现在的工程机械产业制造业已经由制造为中心转向以生产服务为中心，制造业服务化的趋势比较明显，制造业对生产服务的依赖性会越来越高，相互融合的程度越来越深。

（1）全球制造业向服务业渗透。从世界工程机械行业今后的发展趋势来看，制造商能否提供"一揽子服务"的能力越来越重要。这些能力包括能否将产品的生产全套化，能否提供购机方面的支持，因为很多机器的销售将通过贷款实现，还包括各项服务。工程机械制造商逐渐意识到服务的重要性，对其投入大量的资金和精力，各个厂家及代理商纷纷推出4S、5S甚至6S概念。

（2）服务业与制造业良性互动。制造商和代理商根据企业发展目标和用户实际需求，规划用户服务体系，将服务流程标准化、透明化；设立服务呼叫中心，确保用户在需要的时候能够及时找到最合适的人；建立租赁、替换等应急措施，尽量保证在机械维修期间，用户有可供替代的零部件或者其他替代机械，来使得生产保持连续性。工程机械制造商及其派生出的、与其有紧密关系的独立专业服务机构，通过对原有核心业务的延伸，为客户提供以知识密集、附加值高为特征的服务，在保留了高质量的制造业的同时，又大力发展高水平的现代制造服务业。

（3）产品管理现代化。工程机械逐步实现自动化、电子化，是不可抗拒的技术潮流，必须依据科学管理的客观实际，应用先进科技成果，制定一套完善的现代化管理制度，充分发挥工程机械的最大潜能，提高工作效率，创造最佳经济效益。

（八）薄弱环节

1. 规模与出口

以销售收入计算，2019年我国工程机械行业总体出口占比约为28%。而韩国工程机械总体出口量占到了韩国工程机械总产量的70%以上，日本2011上半年出口销售额大幅下降后，占比依然接近60%，可见国内工程机械行业的出口有巨大提升空间。

目前，我国工程机械出口以亚非拉等发展中国家为主，出口产品多为轮式装载机、推土机和起重机等与基础设施建设相关度高的产品。随着亚非拉经济的持续快速增长，亚非拉国家也制定了大规模的基础设施投资规划，这将有效拉动我国工程机械相关产品的出口增长。

2. 产业结构

（1）核心配套件

核心配套件是工程机械行业发展的基础、支撑和制约瓶颈。中国工程机械核心配套件处于依赖进口、"受制于人"的尴尬局面，高端液压件、传动件和控制原件的核心技术都掌握在国外企业手中，核心配套件受制于国外产品，即使是国内知名的工程机械制造企业，国外核心配套件仍然是优先之选。主要体现在：

液压产品：目前国货大多只能满足中低档配套产品的需求，高端产品依赖进口且价格昂贵。

发动机：目前产品配套的发动机有潍柴、上柴、康明斯、道依茨、珀金斯、五十铃、洋马等。高端产品、出口设备、大吨位设备以及挖掘机等几乎全部依赖国外品牌。

"双变系统"：行星式回转减速器、驱动桥及悬挂系统、回转支承、"四轮一带"等，我们的研发水平、研发手段与国际先进水平相比落后 10 年，且国内能承担工况载荷谱加载封闭式试验手段的企业也屈指可数，传动齿轮精度和性能与国际先进水平差距也相当大。

（2）产能

工程机械行业存在着低端产能过剩、中高端产品竞争力不足的情况。我国劳动力成本的不断提升和人民币汇率的持续走高也使得低端工程机械产品的出口利润空间不断萎缩，通过技术升级增加产品附加值将成为大势所趋。

目前我国工程机械的低端产品，如轮式装载机、中马力推土机等，基本都处于产能过剩状态。由于技术门槛较低，产品附加值不高，产品的毛利率普遍较低，市场竞争激烈；而且，这些产品的市场扩展性有限，有些有被取代和淘汰的趋势。单纯通过扩大规模无法维持公司以及整个行业的健康持续发展。预计未来几年工程机械行业的产业结构调整将加快，由此带来的结构性增长将成为拉动工程机械行业发展的重要力量。

（3）自主产品竞争能力

我国具有完全自主知识产权的核心技术不多，"克隆"产品占较大比重。由于研发资金有限，目前只有少数几个企业集团技术开发水平接近发达国家，行业产品总体技术水平仍有较大差距，尤其是大型施工成套设备国产化比率很低。如大型土石方施工机械、工程用大型架桥机、高等级公路大型沥青混凝土再生成套设备等领域，主要依靠国外直接进口或与利用国外先进技术合作生产。

同时，国内企业对引进技术的消化吸收程度参差不齐，不少引进产品由于关键零部件需进口等原因，生产上未形成较大批量，供应市场的大部分产品还靠参照国外样机设计并经部分改进。根据 1000h 可靠性试验和三包期内的统计资料表明，目前我国工程机械产品不采用进口发动机的大修期寿命只有 4000－5000h，而国际水平达到 8000－10000h，功率超过 200kW 大型产品达到近 20000h。产品可靠性低和大修期寿命短，影响着国际竞争力。

3. 质量效益

（1）劳动生产率水平

我国工程机械企业平均人均营业收入、人均利润、人均资产分别只有同年世界企业的 30％、50％和 5％左右。

（2）盈利水平

我国工程机械企业平均盈利水平约为世界工程机械企业平均盈利水平的 25％～30％。

（3）产品质量水平

虽经多年的技术引进、合资和合作生产，贯彻 ISO 质量管理体系标准等工作，全行业总体的产品质量水平有所提升，但我国工程机械产品质量水平依然不能令人满意，在国际市场上大部分处于二流产品地位。国产工程机械的使用方普遍认为我国的工程机械使用周期短、液压件容易漏油，发动机动力不足，部分元件易损。

在质量效益方面的主要问题是产能增速过快，恶性竞争加剧，企业盈利能力降低。行业内近年产能增速过快，加上一些销售手段或过度营销也透支了部分市场需求，致使竞争秩序混乱，甚至不正当经营的现象屡屡发生。重奖销售、零首付、低首付、账期过长、融资租赁比例过大、对二手设备缺乏管理等，扰乱了市场秩序，增加了企业的经营风险。

4. 持续发展能力

（1）技术创新能力

大多数企业的关键技术开发和应用水平与国际同行相比有很大的差距，创新机制没有建立或未有效运行。缺乏行之有效的创新机制、体系和创新政策引导。

（2）研发能力

大多数工程机械企业的研发力度和强度与国际同行相比有很大的差距，研发人员比例偏低，研发费用偏少。

第 2 章
安徽省工程机械行业发展现状及特点

一、安徽省工程机械发展现状

（一）历史沿革

安徽省生产工程机械产品历史悠久。五十年代就成立了合肥矿山机器厂（国内最早生产挖掘机的工厂之一），1958 年开始建设矿机新厂，即后来的合肥重机厂（安徽叉车集团前身），2005 年，安徽叉车生产基地搬迁到合肥经济技术开发区。七十年代组建了蚌埠起重运输机械公司（国内最早生产汽车起重机的八个企业之一），九十年代引进日立建机（合资）设立了合肥日立挖掘机有限公司，一度是国内液压挖掘机产量第一，工程机械行业效益最佳的企业。

随后安徽一度崛起过一批工程机械制造商，如合肥振宇、蚌埠装载机、合肥二宫、安徽 TCM、安徽好运搬、江淮重工、合叉叉车、奇瑞叉车（现为中联安徽公司）、华菱星马、合肥永安绿地、宿州矿山、合肥合矿、安徽熔安等主机生产企业，还出现了方圆支承（国产回转支承）、长源液压件、惊天液压、博一流体、永升机械、蚌埠液力、安庆车桥、凤阳散热器、安鑫货叉、合肥铸锻等一批特色关键零部件制造企业以及一批再制造企业。在 21 世纪初，随着一大批企业的快速成长，带动了行业以每年两位数的速度快速发展。

2010 年前后，安徽工程机械行业已经拥有规模以上企业约 80 家，其中大型企业 7 家（安徽叉车、日立挖掘机、江淮重工、熔安重工、柳工蚌埠、奇瑞重工、华菱星马），中小企业 70 余家，行业总资产近200 亿元，从业人员约 4 万人。可以生产 7 个大类，100 多个小类，约 300 个品种的产品。主营业收入约300 亿元，利润约 30 亿元。

（二）行业现状

工程机械"十二五"规划编制期间，中国工程机械工业协会研究产业布局，曾经重点分析了年销售收入过百亿的工程机械产业大省及其代表企业，如江苏（包含徐州、常州、卡特、现代、小松等企业）、山东（包含小松、卡特、沃尔沃、斗山、泰安、济宁山推等企业）、湖南（长沙、湘潭、常德等地企业）、广西（柳工、玉柴等地企业）、福建（厦门、龙岩、三明等地企业）、安徽（包含合肥日立、安徽叉车、柳工起重机等企业）等，安徽省当时是中国工程机械六大产业基地之一。

近年随着湖南、江苏、山东等地的快速发展，安徽地位相对下滑。据估算，2019 年行业销售额不到500 亿元人民币，占全国同行业总量的 8% 左右。

2020 年新冠疫情以后，有些省外工程机械集团看到了安徽市场的发展空间，考虑在皖设置区域总部或生产基地。2020 年 8 月，全球工程机械 50 强的雷沃重工集团（福田）已经明确在安庆市建设雷萨系列的高端工程机械的生产基地，计划年产数万台工程起重机和混凝土泵车产品，建成后可能会改变安徽工程机械的市场格局。

二、国内地位及特点

（一）主要企业及地位

安徽省目前在行业具有影响力的企业主要有安徽合力股份有限公司、日立建机（中国）有限公司、安徽柳工起重机有限公司等。

（1）安徽合力股份有限公司

该公司系安徽叉车集团有限责任公司的核心控股子公司。1958 年建厂，1996 年在上海证券交易所上市，是我国叉车行业较早的上市公司，注册资本 7.402 亿元。集团员工约 7000 人。合力叉车在创新能力、产销规模、产业链布局和综合实力等方面持续发力，产品赢得用户欢迎。

公司拥有行业内最全面的产业链条，包括安庆车桥、联动属具、蚌埠液力、安鑫货叉、宝鸡叉车、衡阳基地、盘锦基地、宁波基地等控股公司。主导产品是 "HELI" 牌系列叉车及正面吊、装载机等工程机械产品，在线生产的 1700 多种型号、512 类产品全部具有自主知识产权，产品综合性能处于国内领先、国际先进水平。在国内拥有自主营销网络，建立了 24 个省级营销网络和 400 多家二级代理销售服务网点，拥有完善、健全的服务体系。目前公司具有 512 类产品的自主知识产权，在全球有 400 多家二级代理销售服务网点，国内有 24 个省级营销网络，在海外 80 个国家和地区建立了海外代理网络，产品销往世界 150 多个国家和地区；并在法国、泰国、美国分别设立了 "合力欧洲中心" 与 "合力东南亚中心"，"合力美国中心"，在 "一带一路" 沿线国家布局优势显著。2019 年完成整机产销超 15 万台，营业收入超百亿元，其中国际市场实现主营业务收入超 16 亿元。

合力秉持 "世界五强、百年合力" 的企业愿景，以 "变革、创新、开放、合作" 为动力，以 "合理运营管理系统（HOS）" 为支撑，加快 "产品、市场、产业" 三大结构调整。据中国工程机械协会工业车辆行业分会数据，自 1991 年以来，合力主要经济指标已经连续 29 年位居中国工业车辆行业前列，2016 年开始跻身世界工业车辆行业七强。是安徽省制造业在全世界同行中排名中最高的企业。合力的重装事业部主要生产集装箱起重机、重型正面吊等产品，目前在全国领先。但大型装载机产品在分行业的排位不高。

（2）日立建机（中国）有限公司

前身为合肥日立挖掘机有限公司，成立于 1995 年 3 月，系与合肥矿山机器厂中外合资，目前由日本国日立建机株式会社、日本国三菱商事株式会社、香港暨永实业有限公司三方合资，2005 年 4 月更名。公司占地 40 万平方米，厂房建筑面积约 19 万平方米。公司注册资本为 4.24 亿人民币，现有正式职工 2160 人。

公司专业化生产具有世界先进水平高品质的液压挖掘机。拥有从挖掘机结构件的加工到整机组装的全套生产流水线。公司凭借 HITACHI 原创设计和技术，生产并销售携有日立独创电子液压系统、符合人机工程学的低噪、高效、节能的，能适应各种复杂工矿的 EX/ZX 系列 5.5－45 吨级液压挖掘机，以及超长臂、延长式斗杆、滑伸式斗杆、液压破碎锤（钳）、岩石铲斗、冻土铲斗、高空拆除装置等多种特殊工作装置。2005 年推出了轮胎式挖掘机（ZAXIS130W）和特种机型（K 型）。并根据中国市场的需求拓展了起重机事业，增加了 UCX300 轮式起重机。

自 1995 年建厂以来到目前为止，日立建机（中国）累计生产和销售了超过 13 万台液压挖掘机。多个产品获得行业技术创新金奖、金口碑奖。2019 年主营业务收入约 41 亿元，利税约 6 亿人民币。公司先后获中国机械工程销售收入百强企业，中华人民共和国合肥海关 A 级企业等荣誉称号。产业链及参控股的主要企业有东海橡塑（合肥）公司、科振实业、合肥蓝力、安徽 TCM 叉车有限公司、鑫力机械、合肥永升机械、合肥日建机工、合肥日建物流、合肥明和重工、TCM 中国有限公司等。在挖掘机市场竞争非常激烈的情况下，公司在 2010 年前最高年实际生产量超过 10000 台，销售收入超过 100 亿元人民币，利润超过 10 亿人民币，成为日立集团在全球效益最好的企业。也是中国挖掘机分行业产量最大且效益最好的企业。近年中国市场被三一等民族品牌及美国卡特彼勒超过，行业排名下降。

2019年9月21日，日立建机（中国）有限公司入围安徽省"2018年度制造业综合实力50强企业"榜单。近三年企业产销数据与市场变化情况见表10-7。

年份	产量（台）	销售量（台）	国内市场占有率	国内行业排位
2017	7878	7467	5.7%	6
2018	9042	7845	4.4%	8
2019	4093	5408	2.9%	10

2005年11月，日立建机与浙江大学设立了联合实验室，重点研究流体动力学在产品中的应用。目前，日立建机在研发双臂工作机械——为了顺应处理危险物、救灾等复杂且细腻的施工作业要求，具有2个前端工作装置，可以实现"抓紧目标的同时对目标实施切割""支撑的同时可以拖拽对象物""弯曲长型对象物"等更加复杂的作业。同时在研发电动挖掘机——此液压挖掘机以蓄电池为驱动源，其回转和行走都以电动驱动。此外，通过电力再生（制动器工作时可发电）可以减少动能的浪费，从而可以实现减少排放 CO_2 50%以上。

（3）安徽柳工起重机有限公司

该公司是原蚌埠市振冲安利工程机械有限公司被柳工集团并购后新建的企业。前身为蚌埠起重机厂（蚌埠起重运输机械公司），历史悠久，七十年代末即是原国家第一机械工业部最早定点生产汽车起重机的行业骨干厂家之一（具备起重机生产资质），多年来为我国的基本建设提供大量起重机产品。由于种种历史原因企业发展缓慢。

2008年被柳工收购后，成为柳工集团唯一的工程起重机生产板块。为加速拓展起重机业务，形成市场优势，柳工投资在蚌埠高新区新建了年产工程起重机5000台的综合生产基地，计划实现销售收入40亿，利润总额6亿。品牌为柳工牌，生产的产品类型有：汽车起重机、随车起重运输车、高空作业车、履带起重机等。主力产品为25-40吨级汽车起重机。

广西柳工机械股份有限公司，始建于1958年，1993年11月改组成我国工程机械行业第一家上市公司，国家大型一类企业，多年在装载机分行业排名第一，经济效益在工程机械行业名列前茅。经过60余年的艰苦创业和发展，现拥有多家全资子公司、控股子公司，目前有装载机、挖掘机、起重机、摊铺机、平地机、铣刨机、滑移装载机、挖掘装载机、叉车等系列产品。

据统计，2019年度全国工程起重机销售32072台，安徽柳工市场排名第五，为1110台，占3.46%，相对于行业标杆徐工（徐州重型机械厂，14681台，45.77%），在行业内的影响力已经很低。安徽柳工的产业链基本在全国布局，在安徽的不多。

（4）华菱星马汽车（集团）股份有限公司

最早是七十年代的马鞍山市建筑材料机械厂。1979年生产出第一台散装水泥车，1986年成为散装水泥车全国定点生产企业。1994年更名为马鞍山专用车制造厂。1996年开发出第一台混凝土搅拌车。1997年改制为马鞍山星马专用汽车有限公司，2003年与日本三菱合作签署为期10年的技术合作协议，研发生产华菱重卡。2003年4月1日上市，2011年与安徽华菱汽车有限公司完成资产重组上市，2012年3月改为现名。

华菱星马是全国重要的重型卡车、重型专用车及零部件生产研发基地，国家重点支持企业，首批"国家汽车整车出口基地企业"，第四批国家科技部科技创新型试点企业，国家倡导发展自主品牌、坚持自主创新的典范。目前总资产80亿，员工5000人，工程技术人员1500人，企业占地面积5000亩，建筑面积40余万平方米，形成了年产10万辆重型卡车、5万台大功率发动机和5万辆重型专用车的生产能力。拥有国家级企业技术中心和博士后科研工作站，与国际一流研发机构有密切的技术合作关系，与国内很多知名高校建立了长期的产学研合作关系，具有很强的产品开发能力。

主导产品为重型汽车底盘及整车、发动机、重型专用车、客车、汽车零部件等系列产品，其中华菱重型卡车是替代进口的主流品牌，并出口到东欧、北非、东南亚、南美等地的六十多个国家和地区。有50000辆重卡、70000 套车桥、5 万台高端发动机等制造能力。2000 年开发出第一台混凝土泵车，进入工程机械行业，年产量最高仅几百台。2019 年混凝土泵车在全国前五位置，但由于至少 80% 的市场份额都被中联与三一占据，核心部件高压混凝土输送泵等的研发均不在自己控制范围内等因素的存在，华菱星马在混凝土泵车行业的影响力不大。2020 年，华菱星马集团坚持走高质量发展的道路，定下了 3 万～3.5 万辆的年度销售总目标，其中牵引车 1～1.2 万辆，搅拌车 1.2～1.5 万辆，自卸及渣土车 6000－8000 辆，载货车 2000 辆。

（5）安徽江淮银联重型工程机械有限公司

该公司是安徽江淮汽车集团有限公司下属的控股子公司，专业从事叉式装卸车、挖掘机等工程机械开发和生产。公司的前身——合肥矿山机器厂，具有四十多年工程机械研发和制造的历史，被誉为"中国工程机械的摇篮"。2004 年被江淮汽车集团并购，在合肥经开区建设产业园。公司现有员工 600 多人，占地面积 13.3 万平方米。技术实力雄厚，检测手段齐全，拥有生产、检测设备 550 台套。

公司成立以来，在原有设备、人员基础上，引进了先进的技术和管理方法，以"制造更好的产品，创造更美好的社会"为企业愿景，坚持走质量效益型道路。自主研制开发的系列工业车辆品种齐全、动力强劲、性能卓越。已经开发并生产了 10 个系列、200 多个品种的叉车产品，囊括了 1－10 吨内燃叉车、1－3 吨电瓶叉车、1.6－2 吨三支点电动叉车、1－2 吨电动牵引车、堆垛车、平台搬运车；在整合欧美、日韩及国内知名企业在小型液压挖掘机研制开发上的成功经验，曾经开发出具有自主知识产权、达到国际先进水平的 CVX16、CVX60、CVX80 型液压挖掘机。

公司利用江汽集团的零部件产业链优势，变速箱、车桥、发动机等关键零部件均实现了自主研发和生产。是国内唯一一家拥有自主高品质发动机的工业车辆主机制造商。公司已在国内建立了 100 多家一级代理经销商，营销服务网络全面覆盖国内市场，产品批量出口国际市场，成为具有成长优势的工程机械强势品牌和叉车研发及出口基地之一。江淮银联重工 2019 年产销各类叉车超过 10000 台，占市场份额约 1.7%，在国内同行业排名 15 位，是安徽省除合力（市场份额 25.5%）之外排名最靠前的企业。在主导产品以外，公司还充分发挥结构件生产的优势，承接了美国哈兰、日本小松、日本日立公司等长期协作加工业务。

（6）中联重科安徽工业车辆有限公司

该公司隶属于中联重科工程机械板块，位于芜湖，起步于 2010 年，原为奇瑞集团组建的工业车辆产业部，占地面积近 300 亩，具备年产 3 万台的工业车辆生产能力，是集研发、制造、销售、租赁、服务于一体的现代化物流装备制造企业。

公司定位为打造高端定位、经济环保、安全舒适的产品，多达数百种，满足各种物流搬运、仓储作业及细分市场工况的特殊需求，如冷链物流、防爆、超高起升、冶金、纺织等行业；可根据客户需求进行产品定制，如锂电池产品、AGV 产品。公司具备自主研发能力，多款产品通过省级新产品和省级高新技术产品认定，出口产品均获欧盟 CE 认证。

公司在国内建立了百余家销售服务网点，运用呼叫中心、互联网、远程协助等现代化的方式为广大用户提供全方位售后服务，同时远销欧盟、俄罗斯、美国、巴西等近 60 个国家，实现海内外两个市场的同步增长。另提供"融资、租赁"等灵活多样的销售解决方案，重视客户在购买、使用、维护、保养、更新等各个阶段不同的需求，通过贴心服务不断提高客户的产品使用体验，为客户带来经济利益的增值。

（7）合肥长源液压股份有限公司

前身为合肥液压件总厂，始建于 1966 年，系专业从事各类液压元件的研发、生产和销售业务的国家高新技术企业。主要产品包括液压泵、液压马达、液压阀、液压油缸和液压系统及控制等五大类，涵盖了液压系统的动力、控制和执行三个环节。公司产品共 200 多个系列、4500 余种规格，具有较强的综合配套供应和服务能力，是国内少数具有完整液压系统元件研发生产能力的企业之一。产品广泛应用于工程机械、叉车、专用车辆、现代农业机械及其他非移动领域等。

凭借过硬的产品质量和良好的市场口碑，目前已与合力集团、杭叉集团、徐工集团、中联重科、三一集团、柳工集团等国内知名主机制造商建立了长期稳定的合作关系，并连续多年被上述客户评为优秀供应商，同时与卡特彼勒、维特根、日本古河等外资知名品牌主机企业建立了长期供货关系。多年来一直在道路机械配套液压元件中占据着举足轻重的市场地位：齿轮泵、齿轮马达及液压阀均已应用于平地机、压路机、铣刨机、摊铺机中，获得用户高度赞扬。在液压油缸配套中，长源已成为国内平地机、压路机和铣刨机的核心供方，市场总占有率达到60％以上。

公司自主研发形成了一系列居于国内领先水平的核心技术和成果，自2006年以来先后获得国家专利207项，获得国家质量奖、安徽省"专、精、特、新"中小企业、安徽省质量管理奖、安徽省绿色工厂等。获中国工程机械工业协会液压件及附件最具影响力品牌、优质供应商、优秀配套件供应商。获中国液压气动密封件工业协会行业技术创新先进单位及全国用户满意企业、优秀供应商奖、行业技术创新先进单位等荣誉称号。2017年被工信部授予"中国制造单项冠军培育企业"称号。

（8）安徽博一流体传动股份有限公司

该公司是由合肥三星挖掘机有限公司与合肥蜀山高科园区发展有限公司于2008年元月共同投资成立的股份制公司。公司占地52亩，建筑面积38231平方米。公司经营液压元件、传感器和液压系统的设计、咨询、生产和销售。

公司立足于工程机械关键（高压）液压件，特别是挖掘机用液压系统（高压泵、多路阀）及元件的设计开发、加工生产及售后维修与再制造等。目前建设了年产10000套高压液压件研发生产基地，近年年销售收入约5亿元，利润约5000万元。

（二）技术特点

（1）数字化、智能化制造

据调查，安徽工程机械行业主要企业近年都增加了数控设备的投入，骨干企业的数控设备、加工中心和工业机器人等高端设备占比达到70％－80％。

通过实施"互联网＋"行动计划，把云计算、大数据、物联网应用与工程机械行业信息化建设推向新高度，骨干企业基本形成了从产品研发、制造、销售、服务、再制造的产品全生命周期的信息化管理体系；品牌产品智能化接近国际先进水平。已经建成一批数字化、智能化制造示范工程：如合力的工业车辆传动系统和定制化整机智能制造项目工程等。

安徽工程机械数字化智能化设计、制造、管理已初具规模。主要企业搭建了以ERP为核心的企业资源规划系统，形成了采购、计划、制造、财务、销售、仓储一体化管控平台。在产品研发设计方面开展三维数字化协同设计、基于有限元的CAE强度分析和性能仿真分析，PDM协同平台建设，重点企业应用率为90％以上。广泛应用了CAPP/MES计算机辅助工艺过程设计和制造执行系统。

骨干企业建立了覆盖生产、研发、办公等工作场所的集团网络，建有城域网，形成以集团为主，异地和国外为辅的多个数据中心，采用专线保证国内异地和国外研发中心、制造中心的互联互动。与此同时骨干企业在CRM、DMS、SRM、MES以及全面预算信息化系统（EPM）、商业智能分析系统（BI）、全球人力资源系统等方面进行了尝试，取得了多项阶段性成果，带动企业向着精细化、网络化、智能化的方向发展。

（2）产品升级

智能化产品的开发与应用取得较大进展，已从核心软硬件全部依赖进口，逐步向软硬件自主研发现代化手段开发/测试主机控制系统的阶段过度，并向智能化技术应用的深度、广度发展，产品的可靠性和环境适应性等明显改善。

通过调结构、转方式，推进转型升级，持续创新驱动和加快国际化步伐，使我国工程机械产业规模、品质、品牌影响力、企业管理水平、价值链的综合能力以及承担社会责任等诸多方面取得了显著成效。行业科技创新取得突出业绩，合力、惊天等企业近年获得多项省部级科技进步奖。

（3）标准制定

建立行业较完整的标准化体系，重点夯实基础标准，更新提升产品与服务标准化水平，初步实现环境与宜人化标准与国际标准同步，省内企业在工程机械标准领域发挥较大作用，牵头制定行业基础标准10余项，产品、方法、安全等标准40余项，为工程机械产业发展提供了多元化智力支撑。

第 3 章
安徽省工程机械发展存在的不足

一、存在的不足

（一）结构性

1. 产能过剩

工程机械产品市场需求持续旺盛，很多工程机械企业都大力扩大产业规模，并引导了部分其他行业企业也进入工程机械行业。导致一些通用型工程机械产品产能迅速扩大，碰到投资增幅下滑情况，产需矛盾凸显，或者由于行业是资金密集型，资金链断裂，就会出现部分产品的结构性产能过剩或者企业倒闭，典型的如安徽熔安重工，实际市场接纳的产品规模与投资人的预想差异过大。

工程机械行业结构性产能过剩的风险在不断攀升，同质化日趋严峻，加剧了市场竞争，部分较弱的企业只能退出，如近年的合肥振宇、蚌埠装载机厂、安徽熔安等。要进一步加强行业的产业集中度，逐步有序淘汰落后产能。

2. 大型与超大型土方机械产品竞争力不足

大型超大型土方机械历来就是国家综合国力和制造强国的重要标志，是工程机械综合技术水平的集中体现。目前，我国大型超大型土方机械与国际发达国家相比差距明显，仍是短板之一。

徐工 4000 吨级履带起重机为全球最大起重能力履带式起重机；中联重科 101m 碳纤维臂架混凝土泵车为全球最长臂架泵车，5200t－m 塔式起重机为全球最大上回转塔式起重机；三一研制的 66m 泵车、72m 泵车、86m 泵车三次刷新长臂架泵车世界纪录，并成功研制出世界第一台全液压大型平地机、世界第一台无泡沥青砂浆车、亚洲首台 1000 吨级全路面起重机、中国首台混合动力挖掘机等；北方股份 360 吨级电动矿车是世界最大级别之一；山推 900 马力（708kW，推土铲容量 28m³，机重 106t）推土机也为全球之最。

安徽有安徽合力 46t 重装叉车为全球最大吨位叉车，在大型、新能源工业车辆方面还有不少薄弱环节；但安徽其他企业和地区生产的大型产品目前乏善可陈。

安徽作为长三角一体化的重要成员，是能源、电力等资源唯一输出省，也是钢铁等原材料强省，水陆交通方便，靠近国家经济发展核心应用市场，应该在大型工程机械成套装备（如高速铁路、道桥施工机械等）方面发力。

3. 绿色、宜人、智能化产品缺乏

绿色化、宜人化、智能化是工程机械行业国内外竞争的焦点之一，是进入高端工程机械市场的技术门槛，包括节能、减排、减振、降噪、轻量化、减量化、智能化、安全性和舒适性以及产品易拆解性等技术要求，绿色化设计以再制造为目标，涉及工程机械绿色化材料，制造工艺绿色化数字化，绿色包装与回收，产品制造和使用过程的能耗评价等。

互联网、大数据、智能制造等新一代信息技术成为工程机械行业发展赋能力量，服务化转型成为制

造业发展的重要方向。目前，美、欧等企业在产品智能控制、电液控制自动换挡技术、机电一体化控制技术、比例控制技术、伺服控制技术、负荷传感全功率控制技术、可编程控制、遥控与无人操作技术等方面基本处于领先地位。根据工况要求，利用 GPS、GIS 和 GSM 技术，对作业机群进行智能化配置、管理，实现施工现场地貌高精度测量、多目标采集数据的事后回放、显示记录等功能的应用。实现多窗口、多车辆、多屏幕的同时跟踪、远程监控管理、数据模拟及故障诊断服务，提高设备使用率和工效。而这些方面技术的应用，部分企业进行了深入研发和应用，部分企业开始追赶，还有不少企业尚无头绪。

（二）原创机制和创新能力弱

安徽的工程机械大多在全球产业链中总体上处于中、末端位置，关键在于核心技术缺乏，产品附加值低，原始创新供给不足，具有自主知识产权的产品比重较低，国际竞争乏力。

以企业为创新主体的创新体制机制尚需完善，对自主创新的支撑作用有待加强，还需有效的创新机制、体系和创新政策引导。高端研发人才短缺，研发投入偏少。安徽工程机械行业主要产品，急需在可靠性、耐久性、技术性能、安全性能、舒适性、外观质量及智能化技术等方面开展研究和创新，在节能、环保、排放、振动、噪声等方面的研发与创新亟待加强。

（三）产品可靠性耐久性有差距

工程机械产品可靠性一直是工程机械行业扩大市场份额和走向中高端的瓶颈。国外品牌产品平均无故障工作时间是：挖掘机约 1000h。装载机为 800～1000h。内燃叉车约 1200h。工程起重机约 800h。安徽工程机械产品第一个大修期与国外同类产品相比仍有差距。除合力、日立外的工程机械产品，耐久性约为国外 50～70%。

美国、日本等发达国家已应用 CAX 集成平台技术，开展材料结构与产品功能一体化设计，在工程机械动态可靠性设计方面已达到应用阶段。安徽省工程机械行业保质设计技术研究尚未深入开展，在产品静动态设计方面仅局限在结构分析层面，可靠性也仅在设计的安全余度方面进行类比。省内企业普遍未进行有限寿命设计，工程机械主要机种的寿命尚没有清楚的表达。

（四）关键核心零部件短缺

工程机械关键核心配套件主要包括高端液压元件、传动元件、控制系统和动力系统等。相比国外，安徽工程机械配套件起步较晚，博一等公司虽然在高端高压柱塞型液压马达、液压泵、整体式多路阀部件有所突破，但大规模稳定生产诸方面与江浙企业仍有一定差距；动力换挡变速箱、重型驱动桥等工程机械关键部件制造技术有待突破；动力系统虽有全柴、华菱等供应者，但扭矩高、大马力工程机械专用发动机还要靠进口或康明斯、潍柴等提供；履带产品的关键件四轮一带主要靠外省供应；高端密封件的也主要依赖国内外配套。关键核心配套件及系统与国外先进水平相比，研发周期是国外同类产品的 2～3倍，耐久性是国外同类产品的 30%～50%，大部分一流主机的关键配套件仍然靠省外采购。

（五）制造＋服务模式待完善

工程机械行业已由制造为中心转向以生产服务为中心，拉长产业链并拓展到开发设计、品牌营销、供应链管理、售后服务、金融租赁等后市场服务领域，进一步提高产品附加值和赢利水平。安徽各企业已经形成共识，把工程机械后市场建设作为工程机械竞争力、企业品牌、美誉度、信誉度的重要标志。

安徽省工程机械社会保有量逐年增加，但二手装备缺乏退出机制，市场流通尚需规范，二手机的评估与定价体系缺失，存在交易税费等相关法规不健全以及服务体系建设不完善等方面问题。合肥市启动了工程机械再制造项目，但实施起来缺乏系统支撑，成效不够明显。

二、原因分析

（一）竞争要素升级

1. 三要素在变

提升安徽工程机械行业在国内外的市场竞争能力至少要考虑资源禀赋、产业能力、优势领域三个方面要素。

资源禀赋是生产要素的集合。早期主要是自然资源、气候、地理位置、非技术与半技术劳动力等天然形成或只需少量投资就能获得。随着生产力水平的提高与分制造的细化，生产要素的范围扩大到高素质人力资本、大学与科研机构、现代化基础设施、完善的产业配套体系、高水平的管理、丰富的数据等更广泛方面。这些生产要素需要大量资本与人力资源投入才能获得。

产业能力是指提供产品和服务的能力。长三角一体化等政策促进了生产要素的流动，但生产要素有根植性，劳动力的移动、技术、数据的流动受到各种限制。

优势领域是产业能力的外在反映。过去安徽工程机械产品主要是劳动密集型或高技术的劳动密集加制造组装环节。企业产品结构不尽合理，产品雷同，核心竞争力不强，缺乏系统集成能力和总成配套能力，对资本密集型产业、研发设计、零部件制造等技术密集型环节以及品牌营销等价值链高附加值环节，重视不够。

对于安徽工程机械企业而言，一方面会受到由于人口结构变化使劳动力成本提升、西部更低成本地区的同行出现等因素挤压，另一方面会受到国外与省外先进技术企业的技术环境挤压，原先的生产要素优势会逐渐被削弱。如果不能很快发展起基于高一级生产要素的竞争优势，就很可能会掉入"中等收入陷阱"，即全社会的名义 GDP "脱实向虚"逐年提升，行业的制造能力"空心化"和市场竞争能力逐步下降。

2. 资金与人力的支撑

工程机械产品的高一级生产要素就是要通过大量的资金、人力投入形成，依托智能制造和信息化技术，体现为人的能力、技能以及对相关知识（理论）、技术诀窍（制造工艺）、方法（软件）、专利等的掌握，形成高端产品的供给能力。

如能够集中资金、人力投入，就会更快地形成这类生产要素和新产业能力，其中人才是关键要素。三一集团在挖掘机板块的快速崛起，与安徽培养的一大批业内精英有直接关系。目前主要的行政与技术、生产负责人，几乎都是由安徽流出。

另外值得注意的是，国内工程机械产业发展较快、产业集聚的地区，并不是北京、上海等一线特大城市，恰恰是徐州、长沙、柳州、厦门、济宁这一类中等规模的城市。这些城市踏实做实体经济，产业结构合理，经济体系运行的韧性较强。安徽一些地区与这些城市的整体规模、社会资源分布、产业技术基础等相似点非常多，而区位优势又强过其中部分城市，应该深入研究别人的发展路径，明确自身定位。相信政策对路，取长补短，能后来居上。

（二）发展方向调整

1. 规模与成本

安徽的工程机械行业，早期发展时抓住了几个关键节点：七十年代末期的汽车起重机，借助了国家统一设计的图纸和当时徐州重型机械厂的技术支持；八十年代中期的工业车辆，借助了国家伊始布局的机会和日本 TCM 的技术合作；九十年代前期的液压挖掘机，先有国家引进利勃海尔技术的统一图纸、人力、技术积累和生产体系支撑，后有国际巨头携带产品、制造技术与资金的注入。都是在国内市场紧缺，行业战略调整机遇期，寻找机会进入，借助外力（先进产品技术与工艺），快速形成规模优势。

在企业发展过程中，随着社会进步、基础设施持续改善、大学与科研机构加盟以及政府扶持的深入，行业的资金、技术、人力资本不断积累，各种所有制企业不断涌现，各细分行业的分制造能力不断深化，产业配套体系逐步完善，这些新要素的逐步形成反过来又促进了成本优势的发挥。

随着产业配套体系的完善、技术创新能力的增强和人力资源的不断积累，新的产品快速推出和规模化生产扩大并在生产过程中不断改进、持续降低成本的优势逐步形成。

2. 中高端价值链

经过调查表明，安徽现有的中小工程机械企业大多规模小，融资能力较差，科研经费投入不足，自主知识产权的产品较少，严重制约企业的发展。而且整个工程机械制造业的投入比重近年有所下降，这可能是国民经济结构优化的表现，也可能会加速产业结构"早熟"。

要继续发展工程机械制造业，需要调整产业方向，向更高水平迈进。目前，省内外很多核心企业都处于大致相同的起跑线，既是实现"换道超车"的历史契机，也是利用新技术改造提升已有产业的"机会窗口"。湖南、江苏、浙江等地都有较大动作。安徽企业与政府也应顺应趋势，在工程机械产业前沿技术以及绿色化、智能化、服务化等方面加紧抢跑，加大投入，尽力掌控价值链的关键环节，实现制造向创造转变、速度向质量转变、产品向品牌转变，迈向全球价值链的中高端。

（三）产业布局优化

1. 领军企业

安徽工程机械行业除了安徽叉车和日立建机、安徽柳工、中联安徽等几家外，大多数企业总量偏小，缺少三一、徐工集团、山推集团之类的"航母型"大企业集团，缺乏带动作用和品牌效应，同时配套企业加工能力也较弱，技术水平偏低。

大企业中，合力为省属企业，其他多为外来企业在皖发展基地，而其依托或兼并的原企业（如合矿、蚌起、奇瑞重工等）都曾是省骨干企业，如何汲取企业发展过程中的经验教训，值得深思。

2. 系统规划

工程机械行业布局目前缺乏全省统一规划，主管厅局精简后，企业群龙无首，工程机械制造企业在不同的地区分散交错布点，造成在一定程度上争项目、争政策、争资源，不利于产业链和产业集群的形成。行业缺乏信息交流和共性技术研发的平台。大多数地方工程机械企业埋头生产，信息流不畅，技术水平不高，产业分工和专业化不明显，现有的一些特定产品优势不能充分发挥。

一些企业特别是中小企业没有编制发展战略，缺乏清晰的发展目标和产品升级换代的安排。有的企业甚至存有小富即安的想法，缺乏争创高端产品，占领市场制高点的意识，企业发展还停留在低水平外延扩展状态，企业发展后劲明显不足。

第 4 章
安徽省工程机械发展战略思路和目标

一、发展战略思路

抢抓发展机遇，破解发展难题，创新发展模式，加快发展步伐，提高发展质量，依托现有工程机械骨干企业，招商引资，壮大产业规模，形成以具有较强竞争力的骨干企业为龙头、中小配套企业聚集的产业体系。

重点发展重型工程机械装备、液压挖掘机、工程起重机和混凝土装备及其核心关键零部件等产品。加强产学研结合，增强以企业为主体的开放式自主创新能力，通过实施一批重大项目，力争突破部分重大工程机械制造的核心技术和关键技术，推动工程机械制造业实现高起点、高标准、跨越式发展。争取用 5 至 10 年时间，把安徽工程机械业打造成国际有较大影响力，国内先进的工程机械制造强省。

二、发展目标

（一）工程机械强省评价指标体系

工程机械制造强省的评价指标体系见表 10 - 8。

表 10 - 8　工程机械制造强省评价指标体系

一级指标	二级指标	选取维度
规模发展	行业工业产值占全国工程机械行业产值比重	规模总量
	行业出口占全国工程机械行业出口总额比重	规模竞争力
结构优化	关键零部件国产化率	产业结构优化
	全国工程机械行业 30 强中的营业收入占比	
	标志性产业的产业集中度（混凝土机械、起重机械、土方机械、混凝土机械等）	
	服务利润占利润总额的比重	
质量效益	工程机械行业质量水平指数	产品质量水平
	在工程机械行业拥有品牌数量（品牌价值占比）	
	工程机械行业工业增加值率	产业效率
	工程机械行业全员劳动生产率	
	销售利润率	产业效益

（续表）

一级指标	二级指标	选取维度
持续发展	单位工程机械工业增加值的发明专利授权量	创新能力
	研发投入强度及投向 （产品开发、关键技术、基础零部件）	
	工程机械行业研发人员占行业从业人员比重	
	单位工程机械工业增加值能耗	绿色发展
	废旧产品循环利用率 （再制造产品产值占总产值的比重）	
	企业两化融合水平 （产品研发、生产制造与管理、采购销售、财务、决策支持）	信息化水平

（二）具体指标

1. 产业规模雄厚

产业规模居全国前列，在全国工程机械工业产值中占相当比重。2025—2030年，工程机械制造业形成工业总产值800—1000亿元，占全国的比重约10—12%。具有成熟健全的现代产业体系，行业中具有若干在国际上知名、国内领先，各具特色和权威的产业集群区、制造中心和技术中心。重型工业车辆全球领先，液压挖掘机、工程起重机进入全国第一集群，路面机械、混凝土机械成为行业有力竞争者，关键零部件进入国内外主要工程机械企业核心配套体系。

2. 产业结构优化

大幅度提高配套的中小企业综合素质和核心竞争力，培养一批具有"专、精、特、新"特色的配套企业，并形成产业集聚效应。关键零部件自制率位于较高水平区间，主要产品达到70%以上，国产化率达到90%以上。在我国工程机械制造企业30强中营业收入占有相当比重，排行榜上占有3～5个名额。服务利润占利润总额的比重超过15%，重点骨干企业达到20%以上。

3. 质量效益良好

制订具有国家先进水平的技术标准和法规体系，并在一些重要技术领域引领制定或修改国内外的行业标准。新创国家级工程机械重大装备工程研究中心2个，省级企业技术中心5—10个，高新技术产值率达到50%，大中型企业研发费用占当年销售收入比例平均达到5%。产品质量水平达到国内一流水平，具有较强的高技术产品贸易竞争优势，行业中国际知名品牌拥有量达到一定数额。开发适销对路的新产品200个以上，重大新产品80项，创国际著名品牌2个，创中国驰名商标5个、省级名牌产品10个，科技进步贡献率达60%。行业工业增加值率、全员劳动生产率与销售利润率等效益指标达到国内领先水平。

4. 发展潜力巨大

具有强大的工程机械产品的自主开发能力和技术创新能力，拥有大批具有知识产权的重要产品和国内外领先的制造技术。完善人才机制，加快引进和培养工程机械制造业发展所需人才。强化企业家队伍建设，积极推进培育创新意识人才和高级技能人才战略，造就一批熟悉国际国内市场、具有现代化管理知识和能力的企业家队伍。行业节能环保及绿色化水平达到国内一流水平，智能制造、信息化水平居行业前列。

三、技术路线图

经过调研分析，考虑安徽省需要突破的工业基础、需要突破的关键技术和前沿技术、需要开发和产业化的重大产品、需要支持的重大创新工程、需要安排的重大应用示范工程等因素，安徽实现工程机械强省的技术路线图，如图 10-14 所示。

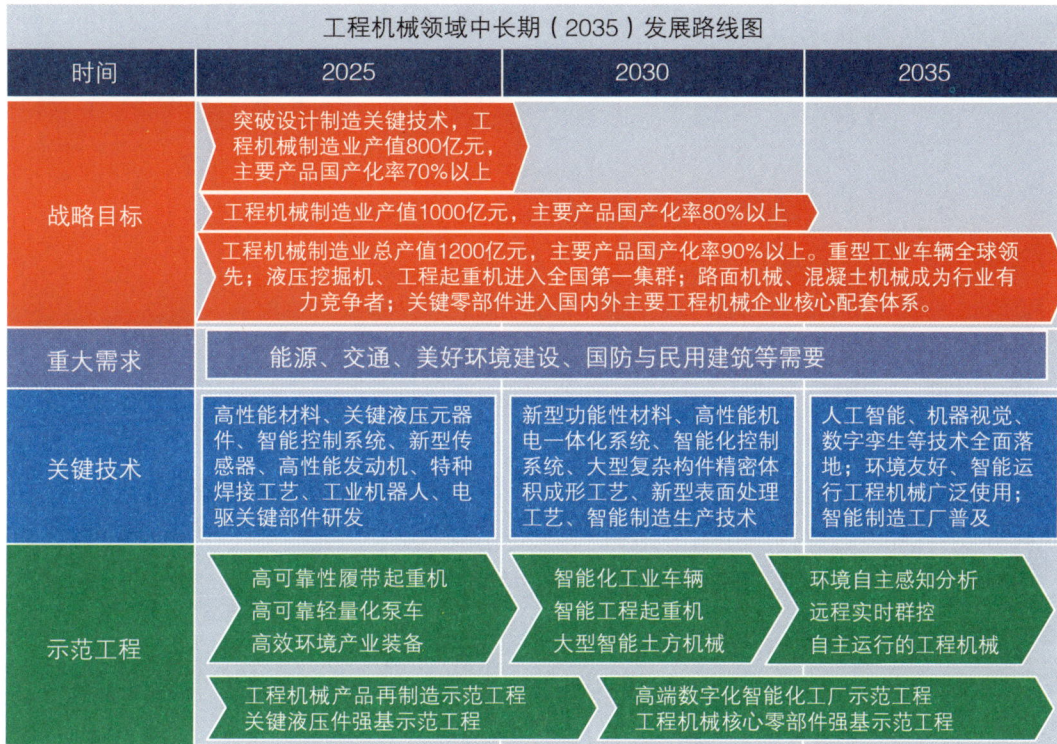

工程机械领域中长期（2035）发展路线图			
时间	2025	2030	2035
战略目标	突破设计制造关键技术，工程机械制造业产值800亿元，主要产品国产化率70%以上		
	工程机械制造业产值1000亿元，主要产品国产化率80%以上		
	工程机械制造业总产值1200亿元，主要产品国产化率90%以上。重型工业车辆全球领先；液压挖掘机、工程起重机进入全国第一集群；路面机械、混凝土机械成为行业有力竞争者；关键零部件进入国内外主要工程机械企业核心配套体系。		
重大需求	能源、交通、美好环境建设、国防与民用建筑等需要		
关键技术	高性能材料、关键液压元器件、智能控制系统、新型传感器、高性能发动机、特种焊接工艺、工业机器人、电驱关键部件研发	新型功能性材料、高性能机电一体化系统、智能化控制系统、大型复杂构件精密体积成形工艺、新型表面处理工艺、智能制造生产技术	人工智能、机器视觉、数字孪生等技术全面落地；环境友好、智能运行工程机械广泛使用；智能制造工厂普及
示范工程	高可靠性履带起重机 高可靠轻量化泵车 高效环境产业装备	智能化工业车辆 智能工程起重机 大型智能土方机械	环境自主感知分析 远程实时群控 自主运行的工程机械
	工程机械产品再制造示范工程 关键液压件强基示范工程	高端数字化智能化工厂示范工程 工程机械核心零部件强基示范工程	

图 10-14　安徽省工程机械发展技术路线图

第 5 章
安徽省工程机械发展政策建议和重点任务

一、政策建议

（一）依靠创新驱动

1. 创新管理模式

采用现代信息技术手段，建立先进生产体系，降低生产成本、提高盈利能力、加快资源流动，使企业的运转流畅、高效，使供应商、代理商、客户同时受益，相关方良性互动，利益共享。

2. 完善战略计划

保证企业能够及时应对外部市场的变化，推动平稳发展。

3. 转变研发观念

持续科研投入，重视基础共性技术，采用现代设计技术方法，以提升客户满意度为中心，提升产品品质，降低客户运营成本，强化产品验证。

4. 加强创新基础设施建设

支持工程机械企业建设国家重点实验室、国家工程中心等。

5. 加强人才引进，重视人才培育

重视技术及管理领军人才、高技能制造人才培养，考虑引进工程机械海外高端人才计划，通过支持政策。

6. 建设创新群体

鼓励产业链上下游企业、相关科研院所技术人员组成的围绕专业方向上进行研究的组织。

（二）保证质量为先

1. 建立产品可靠性体系

推广先进技术手段和现代质量管理理念方法，构建可靠性设计、制造可靠性、可靠性试验、可靠性维修与保养、可靠性管理等组成的工程机械可靠性技术体系。

2. 支持质量技术创新

采用先进工艺技术与装备，建立完备的质量检测和试验条件及质量追溯系统。

3. 推行数字化和智能化制造

鼓励企业提升数字化制造水平，推广应用智能制造装备及柔性生产线。

4. 提升质量人员素质

完善质量专业技术人员培养、认证考试、继续教育等成长体系；加强对一线工人的工艺规程和操作技术培训。

（三）鼓励绿色发展

1. 推广再制造工程

鼓励主机生产企业开展再制造业务，支持建立再制造回收的逆向物流体系，促进再制造企业规模化发展。

2. 提高产品全寿命周期的节能减排水平

通过优化设计等手段，实现装备产品使用过程中的节能、延长使用寿命，鼓励采用新能源的工程机械装备。

3. 推进生产过程的绿色化

采用新型绿色高效加工制造工艺，如高效焊接技术、精密成型技术等。工程机械产品与零部件运输、使用过程中强化绿色包装设计、包装材料和包装废弃物的回收处理。

（四）实现结构优化

1. 夯实产业基础

持续支持关键零部件、基础工艺、先进材料的研发。

2. 加快国际化运营

以全球化思维运营，鼓励企业走出去、走进去。对外资企业如日立，要保持持续对接，鼓励立足安徽，面对全球；对在海外开设生产、销售基地的合力等企业，予以实质支持。

3. 强化并购整合

支持安徽企业在国内外寻找值得收购的目标，成功收购后迅速整合资源，特别是针对安徽省目前行业短板的关键零部件。

4. 优化供应链管理

以供应链管理优化为重点，鼓励产品量大面广、配套关系复杂、配套量较大的整机企业，按照精益生产的原则优化流程，实现物流最优化，降低成本，提高效率。积极整合链上资源（院所、客户、配套件等）。

5. 推行融资租赁

考虑以融资租赁促进产品销售，提高用户固定资产投资效率。

6. 挖掘增值服务

关注"后市场"服务增值，支持骨干企业设立远程运维服务平台，向服务型制造业转变。

二、重点任务

（一）产品

1. 强链工程

（1）现有产品发挥优势

重型工业搬运车辆方面，依托安徽叉车集团、安徽江淮银联、中联安徽公司等企业，壮大产业链，重点发展具有自主知识产权的重装叉车、集装箱堆高机、正面吊车以及机场牵引车等专用的工程机械。同时发展国内外领先的电动叉车、内燃叉车、大吨位叉车，扩大规模，扩大市场份额。

挖掘机械方面，依托日立建机（中国）有限公司、合肥合矿公司等企业，重点发展0.5－800吨各种型号的液压挖掘机，研发小吨位的液压挖掘机，满足市场需求。

起重机械方面，依托安徽柳工、安庆雷萨、合肥中宝机械等企业，重点发展工程起重机、塔式起重机等产品，增加品种规格，同时开发履带起重机等大型高端产品。

筑路机械与路面机械方面，依托安徽叉车重装事业部、合肥永安绿地公司、安徽劲旅等企业，发展高端系列的装载机、压路机，形成批量生产，扩大市场份额，同时，建议研发垂直振荡压路机、高端智能道路养护机械等市政工程机械产品，投放市场。

混凝土机械方面，支持安庆雷萨、华菱星马发展高空混凝土泵送装备及其他混凝土输送用工程机械，形成批量生产，提升安徽产品的市场份额。

以上发挥现有优势产品，提升技术，形成经济规模，预计到2025年，实现销售收入500－550亿元。

（2）引进产品与技术

重型工程机械方面。我国重型（超大型）工程机械（一般指机重百吨到千吨级别的装备）近十年随着中国国力增强、工程规模庞大而得到了快速发展，目前主要生产基地大多在中部京广铁路沿线一代，华东地区仅有徐工涉猎了3000吨以上的重型起重装备，合力研发过46吨级的集装箱吊运装备。建议安徽省优化产业结构，加强招商引资，例如，考虑利用马鞍山郑蒲港5万吨级码头等沿江水陆交通运输便利的产业开发区，引进国内外重装企业，形成如隧道掘进装备、复杂道桥千吨级工程施工成套装备、大型矿山成套装备等产品的一定研发与生产能力。

新农村建设工程机械方面。农村建设（农田土壤改良、农村筑路、农田水利、村貌建设和改造、林区筑路和维护、江河堤坝建设、河道清淤、防洪堵漏）装备一般归属土方机械，但有一些特定的要求和特定的市场，安徽省是农业大省，农村水利、国土资源整治工程量很大，目前芜湖（中联重工）、合肥（合矿机械）有一些产品，建议考虑在皖北布局或引进生产企业进行研发量产，形成业链布局。

智能、灵巧、新能源驱动、多功能工程机械方面。工程机械市场一种发展要求是产品的小型化、灵巧化、智能化，例如挖掘机，近年小型机的销量暴增，建议考虑在合肥、芜湖、蚌埠、滁州等地布局或引进研发智能、灵巧、新能源驱动、多功能工程机械的企业。

以上引进新产品与新技术，形成产业能力，初步估计，2025年可实现销售收入80－110亿元。

2．补链工程

（1）档次升级与经济规模

柱塞型液压马达、液压泵方面：柱塞型液压马达、液压泵部件是工程机械产品作业系统的关键传动部件。该产品国内制造技术一直不过关，现在大部分主机配套进行国际（主要是日本川崎油工、美国力士乐等）采购。已经严重制约了我国高压液压工程机械如液压挖掘机、混凝土搅拌运输车、混凝土泵车、拖式混凝土泵等产品的发展，亟待解决。关键技术主要包括：设计研发技术、铸造技术、加工工艺技术及测试技术等。合肥长源液压、博一流体等在柱塞式通轴泵、斜轴泵、液压马达总成和转子总成等精密高压液压件上有多年试生产和研发的技术积累，部分技术指标已达到国际先进水平。如果有可能，应该往电液一体的控制－液压部件研发方向发展。重点研发，稳定质量，形成规模生产，可先在中小型挖掘机成套液压系统上率先突破。

整体式多路液压阀方面：是土石方工程机械、道路机械作业操纵的关键基础元件，现在国内生产的多路阀大部分是分片式组装型结构，体积大、寿命短、密封性差，使整机产品缺乏竞争力。该产品的关键技术主要是工艺制造技术，包括毛坯铸造与清理技术、加工制造技术、装配技术等。目前合肥长源液压、博一流体等有研发和试产，应该鼓励创新，尽快形成新产品，满足市场要求。

工程机械专用柴油机方面：目前，安徽省除全柴外，缺乏生产工程机械专用的柴油发动机，尤其是大马力大扭矩柴油机的企业，建议注意招商引资，也可以选择条件好的现有企业开发研制工程机械用柴油发动机，或者引进省外或国外专业柴油发动机生产厂家来安徽投资建厂。

以上提升现有产品档次，形成经济规模，2025年，估算可实现销售收入约40－60亿元。

（2）延长产业链条

专用工程机械方面：惊天液压公司等企业把机器人技术与工程机械对接，研发了适用于特殊场合

（如救灾抢险、矿山、军事）的工程机器人，是具有特色的产品。安徽环宇开发了用于高铁维修的轨道专用工程机械，市场反应非常好。应该鼓励这样的一批企业，开展交叉学科研发，服务特定行业，实现产业化。

回转支撑方面：是液压挖掘机、轮式起重机、塔式起重机、履带式起重机和港口起重机等产品的关键部件。国内市场主要为世界名牌罗特艾德（徐州）等占据。目前省内有马鞍山方圆等专业厂生产，有钢坯优势，部分总成部件进口德国、日本、韩国，合肥也有个别企业进行过试生产，但是满足不了市场需求，本地回转支承用的钢材、锻造技术、热处理技术均满足不了产品技术性能指标。鼓励企业引进技术，装备升级，实现技术突破，与安徽现有资源（如日本精工的轴承）供应链整合，尽快满足国产高端工程机械需求。

依靠延长产业链条，安徽工程机械到 2025 年，预计可增加销售收入 40－60 亿元。

3. 强基工程

（1）现有优势变强

密封件方面：安徽在中低端橡塑密封件的生产研发方面有国内领先的中鼎密封（宁国），必须在高端密封方面继续发力。同时，在柔性密封、机械密封材料、技术与产品上进行产业化布局。

大功率液力变矩器方面：是大吨位工业车辆、大型装载机的核心动力零部件。蚌埠液力机械厂曾经引进日本大金公司技术，实现了规模生产，重点供应工业车辆使用。未来要突破大功率动力传递技术，实现智能制造，力争成为国内第一品牌。

四轮一带方面：四轮一带产品包括支重轮、驱动轮、拖带轮、导向轮和行走履带等，是履带式行走工程机械的配套部件。其中支重轮、驱动轮、履带是关键，产品技术涉及到设计开发、材料和工艺制造技术。国内工程机械企业目前进口韩国、意大利、日本较多，国内山东等地引进技术或者合资企业生产能力较大。但市场仍然有一定缺口。

高压及数字油缸方面：油缸是起重、挖掘等液压工程机械中主要的做功部件，目前，省内生产工程机械专用油缸的企业分布在蚌埠、安庆等地，主机需要大量长行程、高压、抗冲击、不泄露的油缸。还对数字化控制提出了要求。要支持省内企业在高端油缸产品方面发展。

"专精特新"配套企业方面：重点扶持一批配套件企业和为工程机械制造服务的机械基础件、基础工艺企业，是安徽工程机械制造业不可缺少的部分。"专精特新"企业要实现"以大带小、以小保大"的合理产业结构，以基础件和基础工艺为突破口，积极采用新工艺、新技术、新材料，提高工艺生产专业化和自动化程度，提高技术水平，形成若干各具特色、重点的产业链，满足工程机械制造业基地建设的需要。如安徽万通的摊铺机、搅拌机配件，合肥波林新材料的工程机械专用粉末冶金零部件，安庆的专业属具，马鞍山等地的专用模具等。

通过以上基础件强化工程，预计 2025 年，可实现销售收入约 50－70 亿元。

基础工艺方面：铸造领域支持江汽铸造、合力铸造、安徽神剑、安东铸造和应流等铸造企业，为工程机械配套关键铸铁、铸钢件和特种铸件。锻压领域支持常青机械、安徽淮海、合肥汽车锻件公司、瑞杰锻造等企业，为工程机械制造业配套各类锻件和冲压件。热处理领域支持三杰热处理有限公司、安徽东风机械厂等热处理企业，创造条件搭建热处理工业园区，为工程机械配套各类热处理件的加工。电镀领域积极支持中电 38 所特种电镀厂、合肥红光等电镀企业，为工程机械制造企业配套各类工件电镀协作。

（2）重点突破

动力换挡变速器：动力换挡变速器是工程机械动力传递的核心部件，为了提高主要产品技术水平，动力换挡变速器设计制造技术亟待攻关提高。动力换挡变速器设计制造技术包括研发手段、电液控制技术、工艺制造技术、试验技术、材料处理技术，是一个系统化的综合集成技术。目前国内工程机械企业基本是美国进口（或合资），建议安徽企业通过技术引进和自主创新相结合研发此关键技术。

湿式制动驱动桥：湿式制动驱动桥是工程机械产品的行走部件，它具有免维护、传动效率高、寿命长、大大降低主机的使用维护费用的特点。关键技术在于研发设计软件、测试手段、桥壳的材质与铸造技术、鼓形伞齿轮的位移技术以及湿式摩擦片的材料与制造技术。建议安徽企业通过技术引进和自主创新相结合，研发此关键技术。

突破新技术，预计会为安徽工程机械制造业带来30～50亿元的新增收入。

4. 再制造工程

（1）理念推广

再制造有明确的定义，即指将废旧产品进行专业化修正的批量化出产过程，再制造产品到达与原新品相同的质量和性能，是循环经济"再使用"的形式。随着我国对节能环保、建造美丽中国的注重，有关部门加大了再制造推广的力度，工程机械是再制造的要点范畴之一。国家发改委曾组织专家测算过，再制造与制造新品相比，可节能60％，节材70％，节省成本50％，基本不产生固体废物，大气污染物排放量降低80％以上，这种"资源－产品－废旧产品－再制造产品"的循环经济形式能创造可观的经济效益、生态效益和环境效益，同时解决部分就业问题。华东地区是中国工程机械销量最大的地区，约占全国40％保有量，近来新机保有量不断攀升，租赁市场竞争加剧，新机回报周期已经从3～4年上升到6年以上，工程机械保有量中每年约有10％～15％达到或超过使用寿命，给再制造提供了广阔的市场空间。

安徽近十年一直处在中国工程机械销量前列，中国2019年工程机械销售收入约6600亿元，华东地区至少占2500亿元。华东地区每年有6～8万台挖掘机进入二手市场，目前大都通过私下交易完成，存在各种弊端，也蕴含大量商机。未来3～5年，旧机抢占新机的市场将成为必然，并会逐步发展成新机和旧机同台竞争的格局，这也是世界发达国家现有的产业竞争格局。

安徽是工程机械生产大省之一，也具有很好的再制造产业配套基础，完善的工程机械核心部件供应链，可提供充裕的二次配套件和产品测试技术，为部件置换再制造提供资源保障。建议建设集整机、结构件、液压元件、发动机和其智能升级为一体的工程机械再制造产业链集群；以交易带动产业集聚，成为二手工程机械及零部件集散地；打造工程机械再制造关键技术与装备、人才培养和教育的示范基地。2025年实现年节约金属6万吨，节电1.5亿度，减少二氧化碳排放1万吨的减排目标。再制造作为新生事物，大众不了解，二手机收回和产品出售有难度，短时间内很难成气候。应该在政策等方面继续支持。

（2）再制造实例

蚌埠行星公司已经进行了日本生产盾构机中工作装置用关键液压件总成的再制造，产生了很好的经济与社会效益。合肥湘源、泰源等公司在二手液压挖掘机再制造方面努力探索，取得了不俗的成绩，产生了很好的经济与社会效益。在高压泵、阀的再制造方面，不少企业进行了很多探索，形成了产业化能力。合肥再制造平台已经获得了国家发改委的政策支持。再制造工程的实施，预计会为安徽工程机械行业增加收入60－100亿元。同时，取得很好的社会效益。

（二）关键技术

1. 共性技术

（1）重型装备关键部件

重型工程机械装备，包括现有国产20t以上的大部分主机，其核心配套件，如发动机、变速箱、驱动桥、泵阀等液压件主要依赖进口，国产化进程非常缓慢，需要逐步作出突破。

（2）氢能源及燃气动力驱动技术

目前国内电动工程机械大多使用铅酸蓄电池作为动力源，连续作业时间受到很大限制。国内外现在正在积极研究氢燃料技术，希望在氢气提取、储存技术能够有所突破并控制合理成本，适合电动工程机械批量应用，潜在市场空间较大。燃气动力主要分为液化石油气和液化天然气，燃气属于清洁能源，具有低排放、低噪音、低振动、燃料经济好、安全可靠等方面的显著优点。

（3）能量回收技术

能量回收主要包括工作装置运动能量回收和行驶动能回收。可以通过设计液压调节回路，运动装置下降时，将势能转化为液压油动能，推动马达旋转，而马达又带动发电机给工程机械充电（或将液压油充到蓄能器中备用），达到能量回收目的。行驶动能回收主要为减速和制动能量回收技术，在减速或制动过程中，电机转子速度超过同步速度，此时转子以比同步磁通矢量速度高的速度运行并且电机相当于发电机，将机械能转换成电能，给蓄电池或超级电容充电。

（4）湿式制动技术

近年来，国外轮式工程机械制动系统已经普遍采用湿式多盘制动器，如韩国的 DOOSAN、美国的 CLARK、CATERPILLAR 公司、瑞典的 VOLVO 公司、德国的 KESSLER 公司。多种工况作业条件使用证明，湿式多盘制动器具有制动力矩大、使用寿命长、抗衰退及抗污染能力强、免维修等诸多特点，从而赢得了用户的广泛青睐。随着工程机械向大型化、高性能和自动化方向发展，对制动控制装置的操纵性、稳定性、可靠性和经济性要求也越来越高，湿式多盘制动器取代其他形式制动器已成必然趋势。

2. 待开发和产业化的重大装备技术

（1）大吨位电动工程装备

随着技术的发展，电动工程机械已突破只能用于小吨位作业的局限性。在德国、意大利等一些西欧国家，电动产品比例高达 70%。在国外早已有一些厂商在销售 6 吨以上电动工业车辆，如凯傲集团的 Still 和 OM 两大品牌、BT 集团成员 CESAB、意大利 CARER、意大利 RANIERO 和美国 Hoist 等厂商。目前意大利 RANIERO 品牌已研制出 18 吨电动工业车辆。大吨位电动工业车辆适用于一些大型模具、大型发动机、大型减速器、船舶厂、风电和汽车等制造类企业及港口等场合。安徽合力在国内率先突破此技术，已于 2020 年形成产品。此外，还可以开发全系列油电混合动力工程机械，有效降低整车能耗和排放。

（2）智能工程机械

智能工程机械结合条码技术、无线局域网技术和数据采集技术，形成现场作业系统；将企业管理系统延伸到作业人员的手掌中或产品上，使其工作更方便、系统更智能；将无线车载终端装备到工程机械上，由信息引导作业，这就是智能工程机械的概念。

随着 Internet、广域和局域无线网络、移动信息设备的迅猛发展、北斗导航系统的完善，移动计算（Mobile Computing）技术已经成为信息技术发展的方向，"Mobilizing" —— "M" 化已经成为企业竞争力的核心。作业场地分散、流动的信息化特征和移动计算技术可谓珠联璧合，智能工程机械技术将企业信息系统扩展到每台产品上。这种自动化操作将会使众多的生产环节受益匪浅。

（3）重装 LNG（液化天然气）工程机械

目前，国内的燃气发动机技术在重型高端装备上使用 LNG（液化天然气，清洁能源）尚无规模应用。而重型装备都是超级耗油大户，能耗高、排放量大是其显著特点；据测算、在相同的作业工况下，使用 LNG 的成本仅是柴油的大约 70%，实现双赢。

（4）清洁能源产品

大力发展清洁能源工程机械，如采用混合动力技术，使用清洁能源的 LNG（液化天然气）技术，洁净环保，几乎不含硫、粉尘和其他有害物质，尾气中 HC 混合物排放可减少 70% 以上，CO 减少 90%，SO_x、Pb 降为零，能从根本上改善环境质量；燃料系统采用闭环控制系统，实时监控尾气中氧气的含量，确保空燃比始终处于理想状态，使燃料充分燃烧。

（三）制造体系提升

1. 黑灯工程愿景

随着工业 4.0 的推进，中国制造业实现智能工厂和智能车间试点项目逐渐实施与推广，工程机械行业进行智能化改造的愿景逐渐清晰，行业标杆企业已进行了有益探索，正在设计建设"黑灯（无人）工厂"，以精益生产方式为基础，通过自动化、智能化升级，基本实现自适应生产场景。

少人化或无人化：下料、备料、组对、焊接、机加工艺、喷涂基本实现无人化，装配少人化，物流少人化，数字化控制，智能化调度。

产线标准化：生产线基于智能制造的共性标准建立，考虑通用、安全、可靠性、检测、评价五个方面。

设备自动化：考虑智能传感器、自动识别系统、工业机器人以及数控机床等智能装备的应用。

布局整体化：实现各智能化产品、物流系统、检测系统、工业软件、工业云平台之间数据共享和互通互联。

系统模型参如图 10－15 所示。

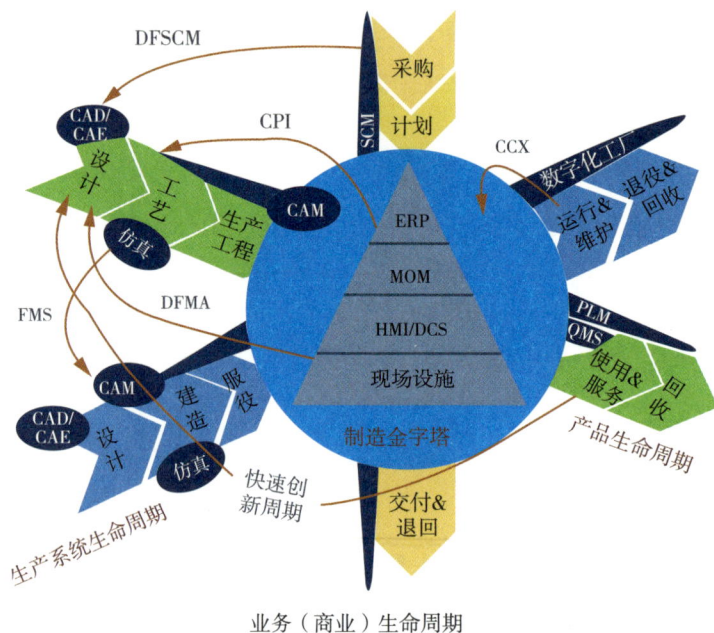

图 10－15　工程机械行业黑灯工厂模型

2. 制造基础强化

（1）绿色制造

绿色制造涉及到产品生命周期全过程，绿色设计将是绿色制造中的关键技术。以集成的、并行的方式设计产品及其生命周期全过程，力求使产品开发人员在设计一开始就考虑到产品整个生命周期中从概念形成到产品报废处理的所有因素，包括质量、成本、进度计划、用户要求、环境影响、资源消耗状况等。

（2）应用虚拟制造技术

虚拟制造技术可以在产品设计阶段就模拟出该产品的整个生命周期，从而更有效，更经济、更灵活的组织生产，实现产品开发周期最短，产品成本最低，产品质量最优，生产效率最高。

（3）采用优质材料

使用超高强度（抗拉强度 900MPa 以上）钢材，通过精炼与超塑性技术使材料缺陷大幅度降低，采用精密近净成形，3D 模型控制技术等形成优质毛坯。

3. 先进制造工艺体系整合

（1）制造体系在工业发展阶段的判断

据调研，安徽工程机械行业目前关键零部件制造全部实现了机械化，约 60%～65% 达到了数字化制造，个别骨干企业数字化制造达到了 90%～95%，实现了生产过程自动化，具备了实施智能制造基础条件。合力、日立建机等已建立了智能化生产车间。

智能制造技术不局限于制造工艺，同时覆盖了市场分析、生产管理、加工和装配、销售、维修、服务，以及回收再生的全过程。实施全流程智能化改造，与现有企业信息化技术融合，实现现场数据采集、过程监控、设备运行与自诊断、产品跟踪追溯、优化排产与在线智能调度。按统一数据平台，提供实时生产信息，生产绩效的实时跟踪分析，设备实时运行状态监测和相关结合数据分析，及时、全面、准确的了解信息，为科学决策提供依据。同时，对销售、业主授权产品的运行提供远程系统服务支持。

总体看，安徽的工程机械制造行业部分处在工业 2.0～3.0 区间，正向着工业 3.0～4.0 区间的目标前进。

（2）备料工艺

随着钢材供应链完善，取消了前处理；钢材下料大量采用电磁吸盘吊运，生产效率提高，操作工人减少；气割采用数控等离子、激光等装备，提高了断面质量和效率；同时大量采用数控可控冲压成形等手段。

（3）薄板件制造

企业规模大时，配备集上料、开卷、矫平、纵横剪、自动码垛功能于一身的数控开卷生产线。大型压力机采用机械手自动上下料、数控冲床、激光切割、数控冲浅拉延等技术成型，机械手焊接，流水线清理、磷化、电泳进行表面处理。

（4）结构件制造

一般把"部件焊接＋总成拼焊＋机械加工＋检验＋清理涂漆工序"称为一个生产单元。为提高机械化程度，采用机器人、双头自动焊、富氩等特种气体保护和自动焊接技术，焊接采用变位机，批量大的结构件焊后机加工采用专机提高加工效率；关键件焊后探伤方面。引入焊接仿真技术，从焊接温度场、残余应力、变形等方面进行焊接仿真，得到合理的焊接工艺基础数据；机械加工采用 FMS 柔性制造系统、车铣复合加工中心、高效先进刀具。

（5）表面处理

表面清理以机械抛丸清理为主，清理后工件表面在喷漆生产线上涂漆，采用机器人自动喷漆，仿形喷涂，低温烘干设备，智能化涂装线。大量采用了不排放有害气体，能防止大气污染，并改善了工人的劳动条件的粉末喷涂工艺。

（6）装配

智能物流配送组织，采用精细化零件分检系统 SPS（Set Parts Supply），大量采用 AGV、RGV、数字化工具工装，实现生态绿色指标；产品批量大时采用整机总装线或柔性装配线，整机装配上线前一般设预装工位，装配在线检测系统。

（7）检测试验

整机作业试验完成后一般对液压系统油温及泄漏进行测量，有问题产品返修，相应配废气排放收集器。出厂试验根据试验大纲要求设作业试验区、试车跑道、爬坡台、测力区、洗车台等。履带式产品铺钢板地面。未来原则在室内完成，主要测试液压与电控质量，状态检测全部实现数字化、自动化。

（8）仓储与物流技术

结合管理技术提升，应用 JIT 概念，生产线一般由 PLC 集中控制。对 AGVS（自动导向车系统）和立体输送提出了较高要求，生产组织作为利润增长点，基本建立零部件配膳送线概念。

（9）生产环境的优化

采用物料和能源消耗少、废弃物少、噪声低、对环境影响小的工艺方案和工艺路线，分别从减少生产过程中消耗的能量、减少原材料的消耗和减少生产过程中的其他消耗方面着手研究。

减少生产过程中的污染，包括减少生产过程的废料、减少有毒有害物质、噪声和振动等。研究能源消耗优化技术、能源控制过程优化技术等以达到节约能源、减少污染的目的。如倡导采用干式切削工艺，研究最合适的干式切削刀具、工件和机床及其参数的最佳配合方式，对铸造、焊接、塑性加工件推广精密成形或净成形、少无切削制造，可以大大减少原材料和能源消耗。

（10）拆解与再制造技术

已有企业研发可回收、可拆卸成套技术，建立再制造示范点。充分运用现代先进制造工艺技术、信息技术、数控及自动化技术等高新技术对废旧工程机械进行可再制造性评估、拆卸以及创新再设计、再制造、再装配。

三、风险防控

（一）知识产权风险

安徽工程机械产业发展，走的是一条自主创新和引进消化吸收再创新相结合的技术创新之路。随着产品走向国际市场，出口量逐年上升并形成竞争优势，必然会引起世界工程机械制造商对产品知识侵权的争议，甚至引起国际专利侵权的法律纠纷。中国出口产品已频繁在美国联邦地方法院遭受知识产权侵权指控等现象就是一个信号。

工程机械产品出口已成为消化国内产能过剩和提高竞争力的主要措施之一，而知识产权已成为产品出口的主要障碍，应引起安徽省制造企业的高度重视。为化解知识侵权风险，工程机械制造企业在产品出口战略实施过程中，应加强专利知识保护意识，加大产品技术专利的搜索和查新。在加强国外技术引进消化基础上，通过再创新并快速形成自主知识产权的专利技术，特别是对出口产品的技术来源是否有侵权行为进行认真研讨。对核心部件和系统，一是直接配套选用，二是坚持自主开发，规避侵权风险。

（二）宏观经济波动风险

工程机械产业是投资驱动型产业，受国内外投资结构和投资方向调整的影响较大，产业发展存在宏观经济波动风险。目前美元贬值、人民币升值引起产品出口压力加大，全球疫情暴发引发的金融风波和石油、粮食价格剧烈变化，导致世界经济衰退或经济增长趋缓，对工程机械产业将带来一定风险。此外，对于在安徽处于行业领先的外资企业，如何保证和促进其稳定发展，提升创新能力与市场竞争力，值得有关部门深入研究。

为应对经济波动风险，企业一方面必须加速产品技术创新，加快调整产品结构，积极开发国内急需、市场紧缺、进口量大的工程机械产品以满足国内基本建设项目和重点工程项目的需求，积极拓展工程机械产品市场新领域，如国家新基建工程、环保基地建设、港口工程建设、铁路交通设施建设和军事工程应用等领域；另一方面，在自主知识产权保护的前提下，以有竞争力的性价比，瞄准发展中国家基础设施建设市场，重点跟踪"一路一带"，进一步扩大产品出口，提高国际市场份额，确保现有产能的有效发挥。

（三）"扩张陷阱"潜在风险

为快速扩大产业规模，省内工程机械骨干企业正在实施"外部交易型发展战略"，希望通过产业资本和金融资本的结合，实现产业扩展。国内低成本扩张的案例中可以发现"单纯追求投资领域的多元化经营"的资本扩张存在较大风险。

为防止低成本扩展风险，企业应按照长期发展战略，把核心能力、核心产品和市场发展融为一体，强调通过外部交易型发展战略来吸纳外部资源、发展核心能力。通过优选资产重组的对象，实现资源的优势互补和核心竞争力的拓展，避免盲目追求单纯规模扩展；在企业兼并重组过程中，应该坚持产业技术和产业资本一体化推进，实现被兼并重组企业的产品创新、技术创新和管理体制的创新，使被兼并重组的产业资源尽快产生经济效益，形成新的经济增长点。

（四）生产要素价格上涨风险

在工程机械产业快速发展中，上游生产要素，包括原材料、零部件、水电油气和劳动力成本等价格的上升，对产业经济效益产生极大风险。为应对生产要素价格风险，鼓励行业企业实施"成本创新战略"，通过节约、挖潜和技术创新相结合等措施，一方面优化产品结构，提高单位产品的附加值，实现产品高端化，另一方面通过设计、工艺、技术管理和产品改进等创新活动，提高生产效率，实现节约型生产方式的推广应用。

（五）基础零部件国外采购风险

基础零部件如高端液压元器件、专用柴油发动机、超高强度钢板、核心控制元器件等已经成为制约中国和安徽工程机械产业发展的关键瓶颈。在国际市场竞争中确保交货期和产品高性价比，也存在的较大的采购和汇率风险。为应对基础零部件国际采购风险，省内应该注重产业基础零部件的技术攻关和研制开发并实现产业化，优先在省内形成比较完整的产业链，实现产业整体技术提升。

参考文献

［1］中共中央，国务院．长江三角洲区域一体化发展规划纲要［Z］．2019－12.

［2］中华人民共和国国务院．中国制造 2025［EB/OL］．http：//www.gov.cn/zhengce/content/2015－05/19/content_9784.htm#，2015－05－08/2015－05－19.

［3］国家发展改革委员会．产业结构调整指导目录（2019 年本）［Z］．2019.

［4］国家统计局．战略性新兴产业分类（2018）［Z］．2018－11－07.

［5］安徽省人民政府．关于加快我省装备制造业发展的若干意见［Z］．2007－07－07.

［6］安徽省推进制造强省建设领导小组，安徽经济和信息化委员会．实施制造强省和中国制造 2025 安徽篇工作要点［Z］．2018－04－18.

［7］安徽省"四送一服"双千工程领导小组办公室．安徽省支持实体经济发展政策清单［Z］．2019－10.

［8］安徽省经信委．安徽省"十三五"装备制造业发展规划［Z］．2017－02－13.

［9］安徽省机械行业联合会．2019 年度安徽机械工业 50 强企业通报［Z］．2019－11－05.

［10］中国工程机械工业协会．中国工程机械行业"十三五"发展规划［Z］．2015.

［11］中国工程机械工业协会．工程机械智能制造路线图［Z］．2016.

［12］屈贤明，制造强国建设与共享制造［R］．北京：中国工程院，2019－01.

［13］苗圩．大力推动制造业高质量发展［J］．求是，2019，06.

［14］陈斌．机械工业经济运行回顾与展望［R］．北京：中国机械工业联合会四届四次会员大会，2017－02－16.

［15］美国清洁能源智能制造创新研究院（CESMII）．美国智能制造路线图［Z］．2017－11.

［16］日本经济产业省、厚生劳动省、文部科学省．日本制造基础白皮书（2019 版）［Z］．2019.

［17］麦肯锡行业报告研究院．中国与世界［R］．2019－12－09.

［18］安格斯·麦迪森．中国经济的长期表现：公元 960－2030 年［M］．上海：上海人民出版社，2008.

［19］乔根·兰德斯（Jorgen Randers）．2052：未来四十年的中国与世界 2052：a Global Forecast for the Next Forty Years［M］．罗马：罗马俱乐部，2013.

［20］英国 KHL 集团．2020 年全球工程机械制造商 50 强排行榜［Z］．2020－05－18.

［21］金碚．中国工业的转型升级［J］．中国经济学人，2019，05（18）．

［22］吕铁，刘丹．我国制造业高质量发展的基本思路与举措［N］．经济日报，2019－04－18.

［23］蒋明玮．国内外智能工厂发展现状及成功之道．帝米信息两化融合平台，2019－01－11.

［24］中国工程院战略咨询中心．全球工程前沿 2019［R］．北京：高等教育出版社，2019－12－10.

［25］华略智库，姚荣伟．大尺度大视野编制"十四五"规划［Z］．2019－08.

［26］亿欧智库．2019－2020 中国制造业转型趋势研究［Z］．2019－11.

［27］深圳中商情大数据股份公司．中国智能制造产业实力水平［Z］．2019－09－17.

［28］中国机械工业年鉴编辑委．中国工程机械年鉴（2019）［M］．北京：机械工业出版社，2019.

［29］安徽省机械工业协会．全省机械工业发展情况［Z］．2018－12－06.

第 11 篇

石化通用机械装备篇

摘　　要

石化工业在国民经济发展中具有重要作用，是我国主要的能源供应和重要支柱产业部门。石化通用机械是应用于石油、化工及上下游相关领域的重要能源动力装备，具有通用性强、用途广泛的特点，涵盖了压力容器、泵、风机、压缩机、阀门、气体分离设备、分离机械等设备类型。目前，欧美、日本等的通用机械制造业比较发达，在压力容器、压缩机、风机等各子行业中市场占有率和集中度较高，尤其在中高端领域有较大优势。随着产业结构调整和技术攻关深入，我国石化工业已拥有世界先进水平的石油化工主体技术，在材料开发、设计制造、检验检测、运行维护、标准体系等方面取得了丰硕成果和发展优势；我国通用机械行业在技术水平上与发达国家的差距逐步缩小，但市场构成呈现出低端供给过剩和高端供给不足。等两极分化现象。

国内外石化通用机械发展水平差异表现为：（1）我国压力容器制造在结构设计、新材料研发、焊接、无损检测等方面具有一定优势，但关键装备、先进材料、系统工艺包等方面落后于国外。（2）我国压缩机制造门类齐全、具有相当规模和水平，但高端市场由国外把持。（3）我国风机行业相对于国外，中高端产品并行与领跑共存；高端产品以跟跑为主，关键基础件、驱动机及高精度加工测试设备等对国外依赖度高。（4）欧美等发达国家在泵设计制造方面拥有自主数据库和设计模型，其泵产品的性能、可靠性、低噪声及控制水平较高，而国内泵行业同质化竞争严重，重大工程及装备的高参数泵依赖进口。（5）在阀门领域，我国产品技术、加工质量和效率、检测手段、标准体系等方面已较成熟和完善；但在高端阀门方面与发达国家相比还有差距。（6）我国过滤与分离机械技术与国外先进水平差距逐渐缩小，但在高参数、新型机型方面仍有欠缺。（7）我国密封产业品种规格齐全，以中低端产品为主，基本满足国内需求；高端产品不能满足发展需求，部分重大领域和特殊用途的关键机械密封产品完全依赖进口。

安徽省石化通用机械产业发展现状及存在问题主要体现为：（1）安徽省石化通用机械行业的整体研发和制造实力与江苏、浙江、山东等省份相比尚存在一定差距，在政策支持、研发投入、产业布局等方面仍需要持续推进和优化；（2）与东北、陕西等区域的老牌大型国企、以及北京、上海等城市的压缩机企业相比，安徽省内的压缩机企业，在企业规模、核心技术竞争力等方面尚有一定差距；（3）安徽省风机行业在研发方面具有一定研究基础，但在制造方面落后于沈鼓集团、陕鼓集团等国内其他制造企业；（4）泵行业技术短板主要体现在无法满足高端产品、极端环境条件或高参数工况以及高可靠性的要求；（5）安徽省阀门行业整体规模处于国内中下游水平，与苏州纽威阀门、吴忠仪表有限公司等国内领先企业相比企业不突出；（6）安徽省从事过滤与分离机械生产制造的企业大多为中小型企业，技术力量较为薄弱，产品竞争力不强，整个行业规模占全国约 $3\% \sim 5\%$；（7）机械密封件及密封材料制造企业以中小企业为主，部分规模较大企业的产品主要与汽车产业相关，应用于石化领域极端环境的产品较少。

影响当前石化通用机械装备发展的主要原因包括：（1）发展石化工业基础缺少顶层设计：由于缺少顶层设计，石化工业基础研究重视不足，产业链发展不协调，整机、系统、成套设备与工业基础发展严重脱节。（2）产业共性技术研究不够、科技与经济融合不足：技术创新过程的中间阶段被弱化，导致出现"死亡之谷"，基础研究成果"胎死腹中"，进而出现科技经济"两张皮"现象；（3）企业技术创新能力不强、尚未成为技术创新主体：企业技术创新能力先天不足、企业技术创新动力后天失调、国有企业考核评价体系弊端制约技术创新、企业核心技术与知识产权保护欠缺、企业技术人员待遇偏低难以聚集高层次人才。针对影响石化通用装备发展的主要原因，提出发展战略思路和目标，并提供了相应的政策建议：（1）政府引导和市场主导相结合；（2）当前急需与长远发展兼顾；（3）独立自主和开放合作相协调；（4）重视创新人才队伍建设；（5）加强知识产权保护；（6）加强对中小企业的支持。

　　在提高能源利用率、开发新工艺和降低成本等需求下，石化工业向装置大型化、介质苛刻化、长周期运行等方向发展，导致石化通用装备面临高温高压、低温深冷、复杂腐蚀、超大直径、超大壁厚、超长超高等极端条件考验；同时在信息技术推动和绿色低碳理念引领下，将促使石化工业实现全流程集成和协同运行、强化石化生产过程的清洁化和绿色化。针对我国压力容器、流体机械等相关行业中的基础件研制、高端装备产品国产化等方面存在的关键基础科学问题开展攻关，实现从跟跑到并跑的提升；同时对目前领跑的长板继续加大投入、保持技术领先优势。通过持续创新和技术突破，攻克一批石化通用机械关键设计制造及成套技术，形成在大型化、高参数化等条件下石化机械研发领域技术创新体系。基于装备高端化、绿色化和智能化的需求，从重大科学问题、高端装备与技术、绿色装备工艺及技术、智能制造技术四个方面提出需要布局的重点任务；建议重点关注重大科学问题研究、炼油装备、乙烯及深加工装备、芳烃装备、煤化工装备、油气储运装备等关键装备研制、共性技术开发以及创新体系和人才队伍建设等关键问题和任务。充分汇聚国内的创新资源，采取市场化手段、探索新型创新体制机制，高效推进石化工业通用机械主要研究方向和重点专项的开展和完成，以支撑我国建设创新型国家。

第 1 章
石化通用机械装备国内外发展现状及发展趋势

一、概述

石油化工是以石油和天然气为原料，生产石油产品和石油化工产品的加工工业，在国民经济发展中具有重要作用，是我国主要的能源供应和重要支柱产业部门。通用机械制造业是我国装备制造业的重要组成部分，其产品具有通用性强、量大面广的特点，涵盖压力容器、泵、风机、压缩机、阀门、气体分离设备、分离机械等 12 个门类，其性能与质量直接关系着装置系统的长周期服役安全和能效水平。石化通用机械包括石油钻采机械、炼油机械、泵、风机、气体压缩机、阀门、制冷空调、造纸机械、印刷机械、塑料加工机械、制药机械等。从设备技术管理角度，一般分为静设备和动设备，静设备如锅炉、压力容器、压力管道、阀门等，动设备如压缩机、风机、泵、分离机械等。

通用机械设备在石油化工领域生产装置中处于核心地位，是很多工艺流程的"心脏装备"为保障工艺流程稳定运行发挥了重要作用。例如，直径 6400mm、壁厚 360mm、重达 1450t 的大型加氢反应器、3000m³ 低温乙烯球罐、16 万 m³ 深冷液化天然气储罐、煤化工装置原料气冷却系统中大型缠绕管式反应器、超大固定管板式环氧乙烷反应器（直径 6760mm）、20 万 m³ 大型原油储罐、X80 高强度长输管线、大推力往复式新氢压缩机、大功率乙烯三机、聚乙烯/及聚丙烯迷宫密封压缩机、大型加氢进料泵及液力透平机械、10 万 m³/h 等级空分用空压机及增压机、20MW 级天然气离心压缩机、低温 BOG 迷宫压缩机、LNG 增压泵、大口径高压全焊接球阀等设备应用于千万吨炼油、百万吨乙烯、西气东输等重大工程中的关键通用装备。

二、国外现状及发展趋势

目前，西欧、美国、日本等国的通用机械制造业比较发达，在各子行业中市场占有率和集中度较高。全球制造产业结构进入深度调整期，发达国家纷纷实施"再工业化"和"制造业回归"战略以加快制造业高端化、绿色化和智能化转型，以美国为首的欧美制造强国出台一系列出口控制政策，并不断挑起贸易摩擦，其对我国的战略遏制将常态化。印度、越南等发展中国家也加快布局先进制造领域，纷纷制定制造业振兴的战略，谋求国际竞争有利位置。在此国际环境下，我国通用机械制造业面临着"双向挤压"的严峻挑战。

（一）压力容器

压力容器是承受一定内压或外压、包容化学介质的压力边界的特种设备，具有潜在泄漏和爆炸危险，是石油化工及相关工业领域中的核心装备。金属压力容器市场需求集中在以中东、俄罗斯、非洲、南美洲以及中美洲地区等为代表的能源出口国和美国、欧洲、中国及其他亚太国家等为代表的能源进口国。由于压力容器是特种安全设备制造领域的关键设备，国际市场用户对于设备的选购设置了较高准入标准。美国 ASME 锅炉及压力容器规范是目前全球范围内技术内容最为完整、应用最为广泛的压力容器标准，ASME 持证分布情况在一定程度上反映了压力容器产业的分布情况。目前，北美国家持证厂商数量占比约 50％；亚洲地区占比呈稳定上升态势，中国、韩国和印度的持证厂商数量占比超过 20％。国外发达国家的压力容器行业在整体装置工艺包、先进原材料、先进生产耗材、关键加工装备等方面占据先进地位。

压力容器的主要产品包括加氢反应器、环氧乙烷反应器、低温乙烯球罐、LNG 储罐、换热器等。各主要产品制造业的国外发展现状具体如下。

1. 加氢反应器

炼油厂加氢装置是采用加氢工艺技术改善油品质量、使重质油变成轻质油以及使煤变成油的工艺设施，可分为加氢精制、加氢裂化、加氢处理、煤液化等。加氢反应器是以上各类加氢装置的核心设备，通常在高温、高压和临氢环境下服役（典型的加氢裂化反应器设计温度 454℃、设计压力 15～19MPa，典型的煤液化反应器设计温度 482℃、设计压力 20MPa 以上）。工业发达国家在加氢反应器开发方面起步较早，已形成了较为完善的设计、制造、检验体系，并将相关通用技术规范化、标准化，设计、制造企业则将自身研究、开发的技术归纳，形成了企业标准以保证产品质量。国外加氢反应器生产公司主要有日本的制钢所（JSW）、神户制钢所（KOBELCO）、森松工业株式会社等，意大利的 Belleli、ATB、Breda、Dalmine 等公司，美国的通用电气（GE），韩国的斗山重工、NK 等公司、印度 L&T 拿丁集团（L&T）。

2. 环氧乙烷反应器

环氧乙烷（EO）反应器是环氧乙烷-乙二醇装置最危险、最关键的设备之一。环氧乙烷反应器是化工生产中最大的反应器，具有结构复杂、技术及安全系数要求极高、工艺难度大等特点。国外发达国家制造厂商对环氧乙烷反应器的设计制造曾经具有垄断地位，直到 2015 年我国首台环氧乙烷反应器研制成功而被打破。国外生产公司主要有日本石川岛播磨（IHI），印度的 L&T 生产，美国陶氏化学（Dow）、SD、通用电气（GE）等。

3. 大型低温乙烯球罐

乙烯工业是石化工业的龙头，乙烯球罐是乙烯裂解装置中关键的存储设备，在使用过程中安全性要求高，需设置可靠的保冷装置。乙烯球罐在设计、选材、制造、施工等方面存在诸多技术难题，被公认为世界上制造难度最大的球罐之一。国外球罐市场根据地域的不同，发展和需求也不一样。欧美发达国家已不再大规模兴建大型的球罐罐区，目前市场需求比较大的地域为中东地区、东南亚地区以及非洲和南美的一些地方，球罐的生产企业主要在欧洲的法国、亚洲的日本和韩国等。国外关于高性能低温压力容器用钢及其在压力容器尤其是大型球罐上的应用研究就已经达到了较高水平，美国的 SA516 和 SA537 系列、日本的低裂纹敏感性（CF）钢及低温高强钢系列、德国的 BH 和 FG 系列，均为高性能低温压力容器用钢的代表。在设计技术方面，国外应力分析设计技术应用较早；在制造和施工技术方面，国外也较早掌握了大板片制造精度控制技术、施工技术以及低温高强度钢的焊接和热处理技术。

4. 大型深冷 LNG 储罐

很多国外公司具有建造大、中型常压 LNG 储罐的能力和技术，较知名的生产企业包括美国的 CB&I 公司、Hope Gas 公司、Ohio Valley Gas 公司、Chicago Bridge&Iron 公司，日本的石川岛播磨（IHI）、东京瓦斯（Tokyo Gas）、北海道瓦斯、福山瓦斯等，德国的林德，法国的索菲，西班牙的 TR 公司等。目前，日本是世界上建造大型 LNG 储罐最多的国家，据统计，日本拥有 27 座大型 LNG 接收终端站，其中双壁绝热平底 LNG 地面储罐最大容积超过 20 万 m³。在 LNG 大型储罐建造中，针对 -162℃ 低温断裂问题，国外已普遍采用 9％Ni 钢作为内罐材料，能够提供 9％Ni 钢的公司主要有美国的 International Nickel 公司、Arcelor Mittal USA 公司，日本的制钢所（Japan Steel Works）、欧洲的 Thyssen Krupp 公司和德国的 Dillinger Hütte 公司、奥地利的 Voestalpine 公司等。国外发达国家的大型 LNG 储罐技术已比较成熟，并持续在结构形式、容量方面取得技术进步，日本的 Tokyo Gas 与韩国的 KOGAS 等公司在全球多个国家有工程业绩，涉及的罐容量多为 $20\sim27$ 万 m^3。

5. 高效节能换热设备

换热器（热交换器）是工业生产过程中实现不同温度介质热量交换而达到能量利用目的的装置，是一类应用广泛的通用设备，主要包括管壳式换热器、板壳式换热器、缠绕管式换热器以及高端紧凑式换热器等。世界换热器产业高端产品主要集中在瑞典、美国、德国、英国、法国、日本等发达国家。优秀的国外换热器技术供应商有瑞典 Alfa Laval（世界上最大的换热器生产企业），美国 Tranter（板式换热器），英国 Heatric（印刷电路板式换热器）、德国 Linde（缠绕管式换热器）、美国 HTRI（全类型换热器设计）、日本神户制钢所（汽化器）等，这些企业基于专利和专门技术在特定领域拥有世界领先的换热器研发能力和产品技术解决方案供给水平。

对于缠绕管式换热器，国外在特定换热结构的热力与机械协同设计技术、特定材料的高精度制造工艺技术、高可靠性制造工艺技术、集成建造与检测评价技术等方面较为领先。例如，德国 Linde 是目前绕管换热器工业应用成套领域实力最强的公司，产品直径可达 5m，长度可达 60m，换热面积可达 $35000m^2$（铝制），设计温度范围 $-269℃\sim+650℃$，壳程设计压力可达 30MPa、管程设计压力可达 140MPa。美国 APCI 是 LNG 绕管换热器成套领域实力最强的公司之一；2015 年我国投产的具有单线 200 万 m^3/天处理能力的杨凌 LNG 大型工厂，全套采用了美国 APCI 公司 SMR 流程 50 万吨/年 LNG 工艺及装置。进口这样一台设备（设计温度 $-176℃$、设计压力 7.5MPa、直径约 3 米、干重约 120 吨）费用极其高昂，但其 LNG 处理量仅对应 1970 年 APCI 在利比亚 LNG 工厂水平，与之对应的是 2008 年卡塔尔 LNG 工厂的处理设计能力已高达 780 万吨/年。

在大型管壳式换热器领域，日本石川岛播磨（IHI）、日本制钢所（JSW）室兰工厂、日立造船（Hitachi Zosen）、韩国斗山（Doosan）、印度拿丁集团（Larsen&Toubro）和意大利的 FBM 公司等都具有很强的国际竞争力。在板壳式换热器领域，瑞典 Alfa Laval、法国 Packinox、英国 APV/美国 SPX、瑞典舒瑞普、德国基伊埃、德国风凯、美国传特、意大利斯普莱力、日本日阪、韩国 LHE 都是世界上处于行业领先水平，其中，瑞典 Alfa Laval 公司开发的 Packinox 板壳式换热器的传热板束采用爆炸成型方式，单台设备最大换热面积可达 $35000m^2$（如图 11-1 所示），其设计制造能力世界领先。

图 11-1　Packinox 板壳式换热器（换热面积达到 $35000m^2$）

在高端换热产品方面，英国 Heatric 公司垄断印刷电路板换热器（PCHE）的设计、制造、维护成套技术近 30 年。在油气平台、天然气液化、气化装置等应用领域，其设计温度范围－200℃～980℃，设计压力最大至 95MPa，板片材料包括 316/316L、304/304L、双相不锈钢 2205、Ta2 等。Alloy59、SS310、Alloy617 等材料在特殊环境应用的研究工作正在进行。如图 11－2 所示，近些年，日本神户制钢、瑞典 Alfa Laval 公司、美国桑迪亚研究中心联合真空扩散焊公司 VPE 等陆续推出 PCHE 产品，但业绩极少且新生代公司 PCHE 板片材料仅限于 316/316L、304/304L。日本神户制钢 PCHE 产品的应用领域主要为 70MPa 加氢站预冷器，已有近百个加氢站采用了 PCHE 型式预冷器。

图 11－2　英国 Heatric 公司设计的印刷电路板换热器 PCHE

美欧日等国通过开展灵敏数字应用基础研究，在换热器设计方法、规范、检测等方面引领了行业发展。针对传热与流动过程进行数值模拟的商业软件在最近 20 年发展迅速，出现了 PHOENICS、STAR－CD、CFX、ANSYS 等通用的流动与传热计算软件，其中 ANSYS 软件几乎垄断了涵盖各种流体与结构分析应用领域，成为相关学科基础研究的通用手段。用于全焊接板式换热器焊接工艺的高端焊机主要依靠进口，微通道换热器中的微通道扁管技术含量高、生产难度大，如超高挤压比、超高尺寸精度、高气密性要求、表面喷锌难度大等，世界上仅德国、日本和韩国等国的少数厂家掌握。

（二）压缩机

压缩机是用来提高气体压力和输送气体的通用机械，可分为容积式和动力式，容积式又分为往复式（活塞式、隔膜式等）、回转式（螺杆式、涡旋式、滑片式等），动力式又分为透平式（离心式和轴流式）和引射式。国外压缩机制造公司主要有美国英格索兰、美国寿力、瑞典阿特拉斯·科普柯、美国 GE（如图 11－3）、德国凯撒、英国康普艾、瑞士布卡、日本神钢等。

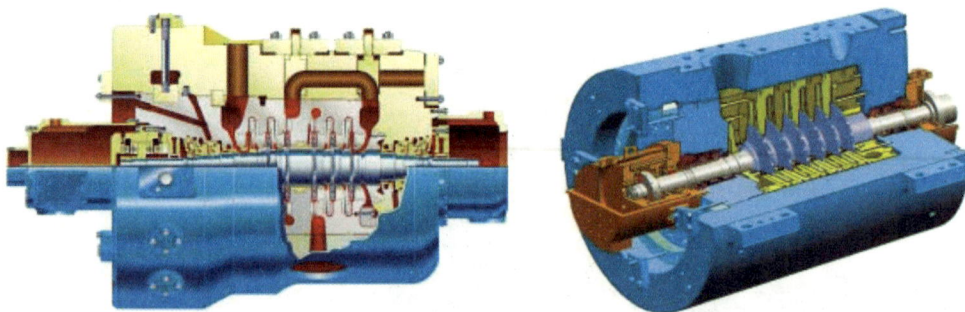

图 11－3　美国 GE 设计的高压系列离心式压缩机

从市场产品结构看，高端压缩机市场主要由国外厂商把持，如 LPDE、EVA 行业用大型超高压压缩机（包括一次机和二次机）全部依赖进口，主要生产厂商有美国 GE 和瑞士布卡；油气开采行业大功率高速压缩机主要依赖进口，主机生产商均在美国，主要有 ARIEL、库伯等；制冷压缩机还有不少依赖进口，如跨临界 CO_2 压缩机几乎全靠日资、欧资、美资的企业进口。无油空气压缩机的主要制造商有阿特拉斯·科普柯、英格索兰、寿力尔、凯撒、加德纳丹佛、复盛、日立、神钢、博格等，其中前五名销售市场份额约为 77.11%，欧洲和美国制造商有着绝对优势。高端领域应用的压缩机核心零件加工设备、高精度检测设备、设计软件、滚动轴承、密封件、高精度齿轮、仪表、控制元器件，也被国外企业把持。对于轴承、齿轮、传动和驱动部件制造行业，其国际产业集中度很高，瑞典、德国、日本、美国的八大公司（瑞典 SKF、德国舍弗勒、日本精工、美国铁姆肯、日本 NTN、日本捷太格特、日本美蓓亚、日本不二越）市场占有率达 80%，几乎占据了全部轴承市场，特别是高端市场。

（三）风机

风机是利用旋转叶片与气体的相互作用进行压缩与输送气体的机械，是通风机（出口压力≤0.015MPa）、透平鼓风机（出口压力≥0.115～0.35MPa）和透平压缩机（出口压力≥0.35MPa）的总称。按产品结构划分，风机主要有离心式通风机、轴流式通风机、离心式鼓风机、罗茨鼓风机、叶式鼓风机、离心式压缩机、轴流式压缩机及部分特殊用途风机。

国外风机及透平压缩机制造公司主要有美国英格索兰、美国 GE、德国曼透平、德国 SIEMENS、瑞士苏尔寿、日本荏原 EBARA 等。在透平压缩机产品方面，国外发达国家已经实现先进离心式金属叶轮与转子 3D 打印，通过完善的自主产品设计计算体系可快速适应个性化需求。大功率高速电机及磁轴承一体化技术及产品成熟，单级高压比（7—11）超音速压缩机及激波转子已工业应用，实现了基于机组监测大数据实现系统流程优化及智能运维。

（四）泵

泵是输送液体介质的通用机械设备，其作用是将原动机机械能转换成被输送液体介质的动能和势能、以实现液体介质输送或增压。按作用原理，可分为叶片式泵、容积式泵和其他特殊用途泵。其中，叶片式泵可分为离心泵、轴流泵、混流泵及旋涡泵等，容积式泵可分为容积式往复泵（如柱塞泵、活塞泵及隔膜泵等）和容积式转子泵（如齿轮泵、螺杆泵及旋片泵等），其他特殊用途泵包括射流泵等。近年来全球泵产业市场规模，超过 700 亿美元并呈现一定波动性，其中亚太地区泵市场规模占 50%，欧洲地区和北美地区各占约 20%。国际上著名的泵制造企业主要有日本荏原（EBARA）、德国 KSB、美国福斯（Flowserve）如图 11-4 所示、美国劳伦斯（Lawrence）、瑞士苏尔寿（Sulzer）、德国威乐（WILO）、日机装等。美国福斯 Flowserve 公司代表产品为反应器循环泵、加氢塔循环泵、1000 万吨/年炼油焦化装置辐射炉进料泵等，美国劳伦斯 Lawrence 公司代表产品包括煤制油项目催化剂油煤浆罐底泵、油煤浆混合罐底泵、常减压塔底泵等；日本荏原 Ebara 公司的代表产品包括 LNG 领域低温液化气泵等。

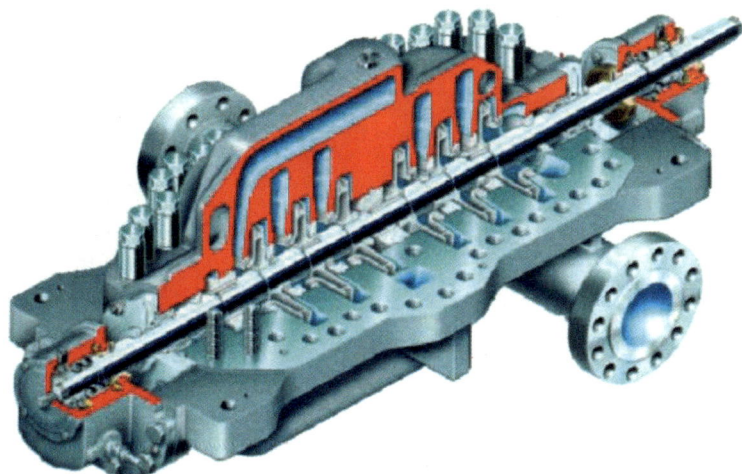

图 11-4　美国 Flowserve 的 DMX 多级离心泵

欧美等发达国家的泵制造企业大多拥有自主知识产权的水力模型，在泵设计制造方面具有丰富经验，经过多年积累，建有各自的数据库形成了大量数据支持。对泵的性能、可靠性、低噪声以及控制水平较高，主要体现在：①实施计算机辅助设计（CAD）、计算机辅助分析（CAE）到计算机辅助制造（CAM）的柔性制造系统模式；②在完善性能设计基础上，具备优异低噪声设计能力；③产品的高可靠性；④自动化程度高，同时发展在线监测控制技术，监测转速、温度等关键参数，并且具备故障声光报警、自动启停、预防性维修提醒等功能；⑤发展服务技术，如应用"泵选用专家系统"、"泵使用周期全价格评估系统"、"泵的质量和可靠性评价系统"软件等扩大服务领域。

（五）阀门

阀门是通用机械中必不可少的重要产品，功能包括接通或截断介质、防止介质逆流、调节介质压力和流量等参数、改变介质流动方向、进行介质分流或对管道和设备进行超压保护等。阀门按作用和结构原理分为闸阀、截止阀、止回阀、球阀、蝶阀、旋塞阀、隔膜阀、安全阀、调节阀、节流阀、减压阀和疏水阀等。另外，还有超高压阀、真空阀门等专用阀门。阀门参数范围很广，公称尺寸从 DN1 到 DN9750，公称压力从 1×10^{-10} mmHg 到 PN14600，工作温度从 -269℃ 到 1200℃ 等。

美国、日本、德国的阀门产品占据全球阀门市场的中高端位置。德国阀门企业有 170 多家，产值超过 22 亿欧元、出口率约为 50%；美国是世界上最大的阀门生产国，美国阀门协会登记有超过 110 家企业，年产值超过 40 亿美元、占世界阀门总产值的 30%；日本的阀门市场集中度较高，700 多家企业中的前 15 家占据 70% 市场份额，控制阀是其主要出口产品。国际知名的阀门制造商主要有美国费希尔（Fisher）、美国梅索尼兰（Masoneilan）、美国控件有限公司（CCI）（如图 11-5 所示）、日本北泽阀门（Kitz）、德国汉克阀门（HANK）、法国 OTTO 阀门、德国 KSB 阀门、德国莱克阀门（LIK）等。欧美发达国家在高性能阀门、高端调节阀等方面具有领先地位。代表性产品如减压阀、先导式安全阀、主蒸汽隔离闸阀和安全切断阀；海底管线阀；成品油迷宫式调节阀，耐强腐蚀和高温高压大口径阀门、压缩机防喘阀、大口径（公称尺寸≥DN400）工作调压阀、气动/气液联动安全切断阀等阀门。

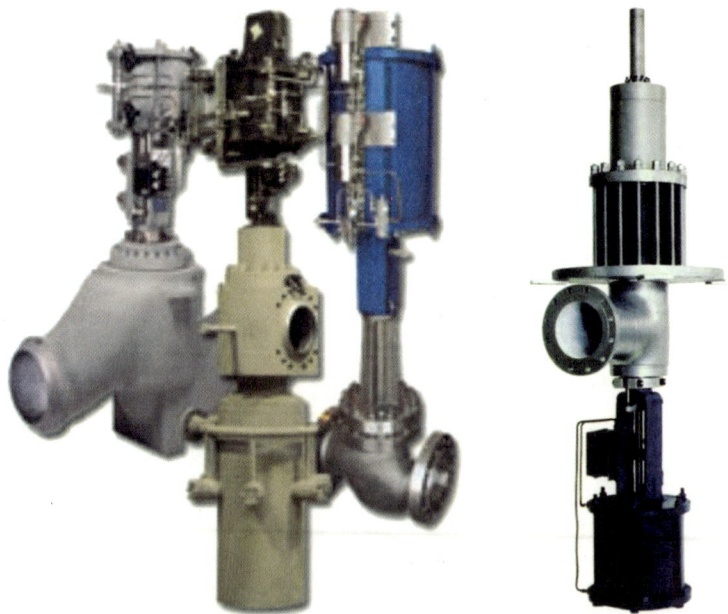

图 11-5　美国 CCI 的恶劣工况调节阀

（六）过滤与分离机械

过滤与分离机械是将液体与液体、液体与固体或者液一液一固等混合物进行分离的设备，主要分为离心机、过滤机、离心萃取机、过滤介质和元器件等几大类；其中离心机分为离心沉降和离心过滤两种，过滤机分为重力过滤器、真空过滤机和加压过滤机三类，离心萃取机分为单级和多级离心萃取机，过滤介质和元器件按材质分为金属和非金属两类。气体分离设备包括空气分离设备、稀有气体提取设备、天然气分离设备、石化气体分离设备、天然气液化设备、氦液化设备及氢液化设备等，其中最主要的是空气分离设备，简称空分设备（俗称制氧机）。在石油化工方面，空分设备既为重油裂解、合成氨等各种化工生产提供原料气，也为各种化工生产工艺过程提供置换气、保护气、以及石油采注置换气；在煤化工领域，空分设备为煤制油、煤制天然气、煤制甲醇、煤制烯烃等提供大量的汽化用氧和保护用氮等。

国外代表性产品主要包括 PVC（聚氯乙烯）、HDPE（高密度聚乙烯）分离需要的大直径高参数的卧螺离心机、PTA（精对苯二甲酸）生产需要的密闭防爆立式螺旋离心机、生物制药生产需要符合 GMP 规范的翻袋式离心机、连续加压过滤的旋转式过滤机、聚酯装置生产需要的高温高压高粘度熔体连续过滤机等分离机械。国外分离机械企业对物料和工艺研究、制造加工工艺更新较快，对产品的质量与可靠性要求普遍较高，在（分离物料粘度大、物料精度细难分离时或高温、高压易燃易爆高危场合）大规格高参数等方面具有先进水平。代表性公司如瑞典阿法拉伐（Alfa‑laval）、美国道尔·奥利弗（Dorr Oliver）、美国圣骑士（Centrisys）、德国威斯特伐利亚（Westfalia）、日本月岛机械（株）式会社等公司。其中，瑞典阿法拉伐（Alfa‑laval）公司是世界上特大的分离机械制造公司，十分重视老产品改进与新产品开发，技术投入不断加大；美国圣骑士（Centrisys）离心机公司的卧螺离心机技术和性能代表了同行业的世界领先水平。德国 Westfalia 公司首次在卧螺离心机中融合了蝶式分离机技术，有效地减少了沉降面积，从而降低了空间需求与设备成本。

（七）机械密封件及密封材料

机械密封件作为回转设备关键基础件作用在于防止工艺介质或润滑油等泄漏、节约能源、安全生产及控制环境污染的，在石化领域的泵、压缩机、风机、反应釜等旋转式流体机械中应用广泛。机械密封主要产品类型有弹簧式机械密封、金属波纹管机械密封、釜用机械密封、旋转接头和干气密封。国际密封著名生产厂商有美国约翰克兰公司（John Crane）、德国伊格尔‑博格曼工业公司（Eagle Burgmann）、美国福斯公司（Flowserve）、美国赤士盾公司、美国西屋公司（Westinghouse）等。

对于石化领域关键机械密封产品、摩擦副材料，核主泵密封装置长期被美国西屋公司、法国 AREVA、德国 KSB、奥地利 Andritz 等著名公司垄断；大型石化装备领域的高参数（20MPa 以上、线速度 200m/s 以上）压缩机用干气密封，主要生产厂商为美国约翰克兰、美国福斯、德国伊格尔‑博格曼等；海洋装备高压油气混输泵密封，主要国外厂商有美国福斯、美国约翰克兰、德国伊格尔‑博格曼；中高端乘用车水封主要品牌有日本 EKK、德国 KACO、意大利 MTU 等；应用于高参数领域及极端工况条件下的机械密封摩擦副材料，如碳石墨材料主要厂商有美国 Morgan、德国 Schunk、日本东洋碳素、德国 SGL；另外，欧美发达国家在超低温（−196℃）工况管道垫片、阀门阀座密封和填料、符合 TA‑Luft、API、ISO 15848 低逸散性能要求的填料静密封、能同时承受高温（800℃以上）、高压介质的非金属垫片、改性低蠕变填充 PTFE 密封垫片、深海石油钻探开采输油管道快速接口密封件、填料静密封用高性能功能性纤维（碳纤维、芳纶纤维、酚醛纤维）等方面也占有主导地位。

三、国内现状及发展趋势

我国通用机械制造业经过多年发展，市场规模已经排在世界前列已开通产业规模大、门类齐全、基础坚实等特点，是全球通用机械制造大国。在"十二五"至"十三五"期间，通用机械行业在市场需求导向下，通过自主创新攻关、引进消化吸收再创新等方式，研发出一大批拥有自主知识产权的高端产品，形成了较完整的配套制造体系。随着制造技术和工艺日趋成熟，我国通用机械制造业竞争格局开始清晰：一部分国有企业通过机制体制改革成功转型，适应了市场经济的竞争环境，凭借原有的长期技术积累，成为中国通用机械制造业的骨干力量，例如沈阳鼓风机集团、陕西鼓风机集团、杭州制氧机集团、上海鼓风机公司等；民营企业随市场经济而生，其中的一部分通过高速发展和长期的研发投入，具备了较高技术水平和较强制造能力，成为中国通用机械制造业的重要力量，例如浙江开山集团、上海凯泉泵业等；世界著名的通用机械制造公司，开始向我国投资或输进技术，例如德国凯士比（KSB）、英格索兰、阿特拉斯·科普柯、丹麦格兰富、日本荏原（Ebara）、德国威乐（WILO）等，通过以技术换市场，纷纷成立合资或独资企业。

近年来，在国内固定资产投资乏力以及国际市场需求疲软的双重压力下引进增长速度有所放缓，但 2018 年行业经济运行仍然稳中有升，主要指标取得较好的成绩。目前我国在役压力容器数量正在稳步增长，从 2010 年的 233.6 万台增至 2018 年的 394.6 万台，复合增速为 6.8％；由于应用于特定领域的非标压力容器受到外界冲击的影响，2018 年我国非标压力容器市场规模降至 712.9 亿元，同比下滑 10.3％。我国有压力容器制造企业 4500 家左右，非标压力容器行业集中度较低。据国家统计局统计，截至 2018 年末，我国压缩机、泵、风机、阀门、气体分离及液化、减速器 6 类通用机械制造业规模以上企业有 5339 余家，全行业拥有总资产 7836.96 亿元，从业人员达百万人，其中：泵及真空设备生产企业 1249 家，风机生产企业 519 家，压缩机生产企业 522 家，阀门生产企业 1702 家，气体分离及液化设备生产企业 500 家，其他通用机械生产企业 847 家；全年实现主营业务收入 7989.73 亿元，同比增长 10.7％，实现利润总额 553.68 亿元，同比增长 15.1％。2018 年通用机械行业 6 类主要产品产量均实现增长，其中：泵产量 11524.14 万台，同比增长 3.07％；风机产量 3441.27 万台，同比增长 8.79％；压缩机产量 40590.88 万台，同比增长 6.00％；阀门产量 486.34 万台，同比增长 8.52％；气体分离及液化设备产量 4.60 万台，同比增长 7.23％；减速机产量 563.03 万台，同比增长 1.39％。据海关统计数据显示，2018 年通用机械行业主要产品完成出口交货值 1114.62 亿元，同比增长 9.11％，较上年回落 2.4 个百分点。

从我国通用机械制造业企业格局来看，行业集中度很强，投资及市场资源及份额愈加向大企业转移，中国石油和石油化工装备协会发布的 2018 年石油石化装备制造行业 50 强企业，其产值利润率占行业很大比重，重点工程的重大装备基本均由此类企业制造。总的来说，国内通用机械制造企业随着产业结构调整和技术攻关的深入，在技术水平上与发达国家的差距正逐步缩小，但总体上国内的通用机械市场构成还是呈现出两极分化现象，即低端供给过剩、高端供给不足，全球压缩机、泵、阀门、换热器等主要通用制造企业基本完成了在中国的投资布局，部分企业在华建立了多个生产基地，占据了一定的中高端市场。

（一）压力容器

伴随我国石油化工行业的飞速发展我国压力容器制造行业，在容器结构设计、新材料研发、焊接技术、无损检测等领域取得长足进步，此外，压力容器在役维护技术的进步，有效保障了石化等重要行业的生产装置长周期安全运行。目前我国已跻身于世界压力容器制造强国之列。

（1）压力容器技术标准体系基本建立。从自身国情出发，我国制定了从法律（《特种设备安全法》等）、法规、规章（管理规定、办法）、综合技术法规至技术标准的完整体系，并在全行业共同努力下不断充实和完善，有效促进和规范了行业技术进步。

（2）率先进入压力容器基于风险与寿命设计制造的新时期。在国际上首次提出基于风险与寿命的设计制造理念，建立了基于全寿命周期风险控制的设计制造技术方法，开发出专业分析软件和数据库。该方法已被 TSG R0004/TSG－21《固定式压力容器安全技术监察规程》、GB 150—201《压力容器》等压力容器强制性标准规范采纳，并指导了 20 多种反应、换热、储存、分离压力容器的设计制造，极大提升了我国压力容器设计制造整体水平，标志着我国率先迈入了以全寿命风险识别、预测与控制为基准进行设计制造的新时期。

（3）深入推进压力容器的"绿色设计"与"绿色制造"。为响应国家绿色发展战略，实现可持续发展，我国已在压力容器行业稳步推进"绿色设计"与"绿色制造"。"十二五"期间，合肥通用机械研究院、中国一重、中石化洛阳工程公司、浙江大学、中国特检院等单位通过产学研用联合攻关，建立了一整套重型压力容器轻量化设计制造共性技术方法，研制出了大型加钒钢加氢反应器、超大型丁辛醇换热器、大型高参数低温乙烯球罐、奥氏体不锈钢深冷储运容器等典型轻量化重大装备，推动了我国压力容器轻量化绿色制造技术进步。

（4）关键技术突破确保承压设备安全维护。2003 年以来，合肥通用机械研究院与中国特种设备检测院等单位借助于国际合作，率先在国内在石化企业的成套装置上进行了 RBI 技术的研究和工程应用，解决了国外技术与我国装置设备相适应的难题，提出了成套装置基于风险的检验工程技术方法，成果在石化、电力、燃气、国防军工等领域广泛应用，实现了我国检维修理念和方式的根本变革，使得我国炼油装置检维修周期由原来的 1 年延长至目前的 3～4 年、乙烯装置由原来的 2 年延长至目前的 4～6 年，万台事故率由 21 世纪初 2.5 下降至目前 0.30，企业年检维修费用降低了 15%～35%。

总的来说，凭借持续提升的技术水平、可靠的产品质量、完善的配套供应链体系以及比较价格优势，我国已成为全球金属压力容器设备重要的供应国，但在整体装置工艺包、先进原材料、先进生产耗材、关键加工装备等方面与国外存在一定差距。

1. 加氢反应器

目前，我国大型加氢反应器在设计、制造、运输和安装等各个方面，都达到世界先进水平。国内具有代表性的加氢反应器制造单位包括中国一重集团等（锻焊式）、二重、兰石集团、南京大化机、金重等（板焊式）。中国一重集团经多年研发已成为国内外知名的锻焊式加氢反应器供应商，可供 Cr-Mo、Cr-Mo-V 钢制锻焊式加氢反应器，已制造出世界最大重量约 2400t、长度约 70m、直径约 5m、厚度超 300mm，如图 11-1 所示，锻焊式加氢反应器，同时具备制造厚 400mm 的锻焊式加氢反应器能力，除高温长时性能（持久、蠕变性能）外，产品质量与国外先进水平相当。兰石集团从事板焊式加氢反应器制造，可供 Cr-Mo、Cr-Mo-V 钢制板焊式加氢反应器，具备制造厚 150～200mm 的板焊式加氢反应器能力，采用进口 Cr-Mo、Cr-Mo-V 钢板制造的板焊式加氢反应器产品质量与国外先进水平相当。国内需进一步开发高质量 Cr-Mo、Cr-Mo-V 厚钢板及其配套焊接材料，提高 Cr-Mo、Cr-Mo-V 锻件高温长时性能。

图 11-6　镇海炼化沸腾床渣油锻焊加氢反应器（2400t、φ5800×352mm）

2. 环氧乙烷反应器

我国环氧乙烷反应器经历了从整体引进、部件引进＋国内组焊、到全部实现国产化的过程。2008 年底，以扬子 18 万吨/年 EO 反应器国产化为依托，中国石化、合肥通用院、华东理工大学等单位通过数年不间断的调查研究和技术攻关，采用低合金钢代替进口高强钢，在避免国外产品应力腐蚀开裂不足的同时，攻克了超厚锻件（20MnMoNb，厚 390mm）和超厚筒体（13MnNiMoR，厚 110mm）焊接变形控制和残余应力消减难题。2011 年由中石化南化公司化工机械厂承制的全国首台 18 万吨/年环氧乙烷反应器顺利竣工（反应器参数：φ6760×δ110mm），如图 11-7 所示，结束了我国石化行业环氧乙烷反应器长期依赖进口的历史，为实现国家重大装备国产化做出了重要的贡献。

目前国产环氧乙烷反应器优于国外同类产品，主要体现在：①选材合理有效地控制了应力腐蚀开裂，环氧乙烷反应器主要国外设计承包商美国 SD 公司设计制造的环氧乙烷反应器出现泄漏问题严重，国内经过研究选用了国产 13MnNiMoR 系列材料，大幅度降低了壳体的应力腐蚀开裂敏感性；②综合采用多项控制焊接变形措施，降低焊接残余应力，为消除应力腐蚀开裂创造了良好的条件。

图 11-7　南化机承制的大型环氧乙烷反应器

3. 大型低温乙烯球罐

低温乙烯球罐由于运行压力高、温度低和介质易燃易爆，其建造技术难度较大，代表了一个国家的球罐建造水平。2007 年以前，我国大型炼油、乙烯项目的乙烯球罐主要采用如日本钢板 JFE-HITEN610U2L、N-TUF490 等，进口材料建造。2007 年，在日本钢厂供货无法保证项目进度情况下，中国石化工程建设有限公司、合肥通用院采用 07MnNiMoVDR、15MnNiNbDR 钢板建造乙烯、丙烯球罐，成功实现了国产化，并在茂名乙烯、惠州石化、天津乙烯、镇海乙烯、武汉乙烯、靖边 DCC 制乙烯等装置中成功应用。2011 年开始，中石化洛阳工程公司、合肥通用院、兰石所、哈焊所和中石化第五建设公司、石化第四建设公司、沈阳球罐安装公司等单位，在青海盐湖 DMTO 项目和蒲城清洁能源 DMTO 项目中，合作开发建造了球壳材料为 09MnNiDR、焊条采用哈焊所研制的 W707DRQ、最低设计金属温度（MDMT）-67℃的 2000m³ 和 3000m³ 的乙烯球罐，进一步提升了我国乙烯球罐的设计制造水平，如图 11-8 所示。随着高参数大型化球罐技发展，我国的乙烯球罐产品质量已经达到国际先进水平。

图 11-8　合肥通用院参与研制的 2000m³ 低温乙烯球罐

4. 大型深冷 LNG 储罐

我国的大型 LNG 储罐相关技术起步较晚，现阶段我国大型 LNG 储罐的设计均参考美英的标准规范进行，仍然缺乏相关的专门性标准，但我国已经完全具备 LNG 储罐的自主设计能力，通过计算机数值模拟在常规全容储罐方面取得许多研究成果，相关的研究与设计单位已经掌握了 27 万 m^3 以内的全容储罐的核心技术，随时可实现工程化。自 2007 年太原钢铁首次攻克 9％Ni 钢生产技术以来，南钢、鞍钢、宝钢等企业陆续取得 9％Ni 钢生产资质，但是钢材的适用性仍有待在实际工程中接受检验。迄今为止，国内大型 LNG 储罐已经达到 40 多个，目前在建的 LNG 储罐有 6 座，主力罐容为 16 万 m^3。国内首座 20 万 m^3 LNG 储罐-江苏 LNG 项目二期工程 T－1204 储罐已于 2016 年 11 月成功投产，该储罐为全容式混凝土储罐，是由我国自主设计建造的最大 LNG 储罐。

5. 高效节能换热设备

我国换热器产业市场竞争主要集中在板式换热器、管壳式换热器、空冷式换热器、板翅式换热器等四大产品领域。大型管壳式、缠绕管式、板壳式等换热器在我国许多工业领域的应用日益增长。大型管壳式换热器传热流动特性与结构设计的协同性研究、超长换热管材料的技术要求、大型管板的设计与制造技术等方面都取得了显著的进展。大型多股流缠绕管式换热器、低焊接残余应力镍基合金对接焊接接头的高压缠绕管式换热器、组合结构的低温甲醇洗装置原料气冷却器等大型缠绕管式换热器产品的研制相继取得成功。兼顾流体分布与传热性能的换热板片、整板分次步进模压成型工艺、氩弧焊/电阻焊焊接工艺、新型进料喷雾分布器等关键技术为超大型板壳式换热器的国产化提供了保证。随着重大换热设备国产化步伐的提速，国产换热品牌顽强崛起，由国外高端换热产品主导的差序化格局正在被逐渐改变。

合肥通用机械研究院是我国长期致力换热器技术研究和推动重要换热装备国产化的研发重镇，先后研制成功我国第一台波纹管换热器、第一台防腐涂层换热器，完成的《固定管板换热器型式与基本参数》《立式热虹吸式重沸器型式与基本参数》和《管壳式换热器制造技术条件》三项标准对我国早期石化装置设备的选型起到了重要的指导意义。

在板式换热器领域，四平巨元瀚洋、兰石换热设备公司、四平维克斯是我国板式换热器领域内资企业中的龙头企业；在管壳式换热器领域，我国生产企业众多，且规模都较小，其中抚顺机械设备制造有限公司、兰石集团炼化设备公司、中石化南京化工机械是我国内资管壳式换热器企业的翘楚；在空冷式换热器领域，哈空调是我国最大的空冷式换热器生产企业，江苏双良股份、四川简阳空冷器、蓝科高新（原兰石所）企业也具有一定的竞争力；在板翅式换热器领域，杭州杭氧集团和开封空分集团是我国石油化工领域著名的板翅式换热器企业。

对于缠绕管式换热器，20 年来由合肥通用机械研究院与镇海石化建安工程有限公司联合研发的绕管换热器不断替代进口产品，应用遍及全国炼油、化工、空分、天然气、钢铁、航空动力、太阳能等领域，目前制造的绕管换热器直径达到 5m、总高度 25m，设计压力 20MPa，设计温度达到 750℃，其中世界上首套的大型加氢裂化装置高压加氢绕管换热器，应用了新型加氢裂化工艺流程、缠绕管式换热器设计制造、进料分布器设计等成套技术，应用于镇海炼化 150 万吨/年加氢裂化装置上，大型煤化工装置多股流绕管换热器、特大型芳烃异构化绕管换热器等，均处于国际先进水平。目前 LNG 大型绕管换热器尚没有国产化，中石油西南院 800 万吨/年 LNG 液化工厂的项目可行性研究正在推进中，将有利于促进该装置的国有化。

目前，国内在高端紧凑式换热器方面，如印刷电路板式换热器 PCHE 产品，仍处于研发阶段，无实际工程应用案例，技术差距主要体现在异形截面微通道的热力与机械协同设计技术、特种材料的高精度蚀刻工艺技术、大型化扩散焊设备及高可靠性扩散焊工艺技术、扩散焊换热器集成建造与检测评价技术等方面。

（二）压缩机

我国压缩机行业经过多年发展，自主创新能力不断增强，已经形成了门类齐全、具有相当规模和水平的装备制造业体系。目前，我国能够设计、制造各类压缩机，包括国民经济重点项目所需的一些超高压压缩机和特殊气体用压缩机等，涵盖约 500 多种不同规格、近 20 种结构形式、30 多种压缩气体介质。目前国内全行业生产厂家约 500 余家，拥有资产总额 1700 亿元以上。国内各类压缩机装备制造企业主要有沈阳气体压缩机（并入沈鼓集团）、无锡压缩机、上海大隆机器、浙江开山压缩机、红五环集团、上海汉钟精机等。

近年来，我国压缩机制造业依托千万吨炼油、百万吨乙烯、西气东输等国家重点工程，带动重点产品技术创新不断取得突破。在炼油和煤化工用压缩机方面，成功研制出石化炼厂加氢装置用大型往复活塞压缩机机组。沈鼓集团作为我国少数能够生产 1250kN、1500kN 活塞力的往复活塞氢气压缩机企业之一，满足了我国石化、煤化工等行业装置大型化发展需要，打破了国外公司垄断。在天然气液化与接收成套设备方面，大型迷宫密封活塞压缩机是往复压缩机的高端产品；我国已研制出了具有自主知识产权的低温 BOG 迷宫密封往复活塞压缩机，着重解决了材料、结构、密封、工艺及试验等技术难点，满足了我国天然气接收站和液化工厂的需求，标志着该类产品已达到国际先进水平。2019 年，我国顺利完成了作为国家"十三五"重点建设工程"文 23 储气库项目"核心部件的包含 12 台大型压缩机的 4500kW 压缩机组安装，投入使用后注气能力将达到 $1800 \times 10^4 Nm^3/d$、采输气处理能力 $3600 \times 10^4 Nm^3/d$，能有效保障华北市场安全平稳供气，如图 11 - 9 所示。

图 11 - 9 "文 23 储气库项目"大型压缩机组

总体上，国产压缩机产品系列已基本实现了应用范围的全覆盖，比如动力用活塞压缩机、喷油/干式螺杆压缩机，工艺流程用活塞压缩机、迷宫活塞压缩机、喷油/喷水螺杆压缩机，军用高压活塞压缩机等，国内产品和国外产品相比在性能指标上并不逊色，但在可靠性、寿命、整机配置、外观等方面还存在一定差距。

（三）风机

我国风机行业按照透平压缩机按照压力形成原理归为风机一类，如通风机、鼓风机、透平压缩机等。我国风机工业已形成完整的工业体系，实现了一大批重大技术装备和重点产品的国产化及产业化，成为全球产品种类最全的少数国家之一。国内制造企业主要有沈鼓集团（如图 11 - 10 所示）、陕鼓集团、上海电气鼓风机厂、重庆通用工业集团、江苏金通灵流体机械科技公司等，国内研究机构有合肥通用机械研究院、西安交大、上海交大、中科院工热所等。

就风机行业产业技术现状而言，我国风机行业的中高端产品与国外先进水平并行与领跑共存，高端产品以跟跑为主，但风机关键基础件、驱动机及高精度加工测试设备、仪器仪表类等对国外依赖度高，包括高端干气密封、大功率磁轴承、动力燃气轮机、大功率高速电机、五轴数控加工中心、齿轮磨削加工中心、大型龙门镗铣床、三坐标测量中心、高速动平衡机、振动探头及传感器、防喘阀等。在石油化工的乙烯工业中，主要有处于乙烯生产源头位置的乙烯压缩机组、丙烯压缩机组及裂解气压缩机组（乙烯三机），而国产百万吨级乙烯三机已成功投入工业应用。大型 PTA（精对苯二甲酸）装置用工艺压缩机机组（空气压缩机、尾气膨胀机等）是 PTA 生产工艺的核心设备，具有反应余热能量回收利用和提供 PTA 工艺空气两大功能。在石油天然气输送用压缩机方面，管线压缩机组（透平式）是天然气长输管线加压站的关键设备，在我国西气东输工程中已装备了国产电驱和燃驱天然气长输管线压缩机组。除了大型天然气管线压缩机、大型乙烯三机、PTA 装置离心鼓风机等重点产品，还有石化工业的大型往复式新氢压缩机、空分领域的 6 万～10 万 m^3/h 等级大型空分装置离心及轴流空气压缩机等。

国内在 3D 打印金属叶轮及转子方面也有应用，但个别产品适应个性化需求、单自主数据库有限，缺乏大功率高速电机及磁轴承配套能力，在单级高压比超音速压缩机及激波转子、在线预警监测及运行管理等方面存在一定的差距；在通风机产品方面，国内仍需在外观质量与可靠性、低噪声低振动风机的设计与制造等方面进一步加强；在离心鼓风机产品方面，国内缺少中型以上高速电机技术、重载高速气浮轴承技术及大功率高速磁浮轴承等，研发能力同时还需要进一步提升机电一体化水平并贯彻机电一体化能耗理念。

图 11-10　沈鼓研制的百万吨乙烯压缩机组

（四）泵

国内泵制造企业目前可生产近百个系列、约 2000 多个品种的石化用泵产品，主要有加氢裂化反应进料泵、加氢裂化用高压多级泵、柴油加氢反应注水泵、高温塔底泵、航煤加氢高压冲洗水泵、盘油泵、急冷油泵、急冷水泵、低温乙烯泵、高温灰水泵、贫甲醇泵、贫液泵、高压甲胺泵、高压液氨泵、硫磺回收液流泵、隔膜泵、高压往复式柱塞泵、高精度计量泵、双螺杆泵以及能量回收液力透平、水环真空泵等产品，这些产品在炼油、化肥、煤化工等领域广泛应用。此外，主要的泵产品还包括石油天然气输送方面的管道输油泵如图 11-11 所示、液化天然气方面的 LNG 潜液泵、海水循环泵，矿山开采方面的主排水泵，国防军工领域的舰艇用泵，等等。我国泵行业约有 1300 多家注册企业，主要制造企业有沈阳水泵厂（并入沈鼓集团）、重庆水泵厂有限公司、上海凯泉泵业、上海东方泵业等。从行业整体技术来看，国内泵行业技术总体处于世界同行业中等，国产泵仍集中在中低端水平。

国内泵行业同质化竞争严重，重大工程项目及装备的高端、极端环境条件或工况参数泵仍依赖进口，主要包括：①煤制油项目催化剂油煤浆罐底泵、油煤浆混合罐底泵、常减压塔底泵引进美国劳伦斯 Lawrence 公司产品，反应器循环泵、加氢塔循环泵等引进美国福斯 Flowserve 产品；②煤气化用高压煤浆泵引进荷兰奇好 Geho 或德国菲鲁瓦 Feluwa 产品，NHD 法脱硫脱碳装置液力透平引进美国斯 Flowserve 旗下 Worthington 产品；③1000 万吨/年炼油焦化装置辐射炉进料泵为 Flowserve 公司 Niigata Worthington 的产品，加氢进料泵、催化裂化油浆泵、大功率高压液力透平、百万吨乙烯中急冷油泵、急冷水泵等也需进口；④在 LNG 领域低温液化气泵引进日本荏原 Ebara、法国 cryostar 或美国 ACD 产品；⑤太阳能热发电熔盐泵引进福斯 Flowserve 或苏尔寿 sulzer 产品。这些产品在可靠性、安全性、维修性、寿命等方面具有技术优势。

图 11-11　管道输油泵

（五）阀门

目前，国内各种规模类型的阀门生产厂家已达到 2 万余家，行业规模处于国际前列，主要的阀门制造商有苏州纽威阀门、江苏苏盐阀门、吴忠仪表有限公司、中核苏阀、合肥通用机械研究院等。

在传统阀门领域，我国阀门产品技术成熟，加工中心、机器人、数控机床等智能控制加工设备大量使用，产品加工质量和效率较高，产品及过程控制检测手段比较完备，标准体系配套也很完善，如关断阀类（闸阀、止阀、蝶阀、球阀、隔膜阀等）已具备国际水平，基本满足国民经济各领域和基础设施建设需要。此外，小口径（公称尺寸≤300）的工作调压阀、监控调压阀和安全切断阀等天然气长输管道上使用的阀门在 2016 年已完成国产化工业性试验，目前国产和进口阀门并行使用，对国外产品的依存度已明显降低，并将逐步实现取代国外进口产品，进口品牌主要是德国 RMG 和美国 EMERSON 公司产品。管道阀门方面，目前我国出口产品较多，进口阀门量相对比较少，国内基本实现产品替代。

在石油化工关键阀门方面，主要产品有钛合金控制阀、钛合金柱塞阀、碳石墨侧装式和上装式球阀、钛合金多通道熔体阀等化纤、PTA 装置专用阀门，24 通旋转阀，汽油催化吸附脱硫装置球阀，连续重整装置用催化剂金属密封球阀，加氢装置轨道球阀等。在煤化工准用阀门方面，主要产品有煤粉三通阀、氧气切断阀、氧气调节阀、氧气放空阀、锁渣阀、煤浆切断阀、黑水调节阀、黑灰水闪蒸调节阀、分子筛切断阀等金属密封球阀。

在石油天然气长输管线阀门方面，在国家西气东输工程项目的驱动下，国内制造企业先后实现了 NPS40、NPS48、Class600、Class900，NPS56、Class900 等规格和压力等级全焊接管线球阀的国产化如图 11-2 所示，并在中俄天然气管线和西气东输管线上成功应用，实现了全焊接大口径管线球阀的全面国产化。除此之外，主要产品还有轨道式强制密封阀、轴流式止回阀、压力平衡式旋塞阀等。

在高性能阀门、高端调节阀等方面，与欧美等发达国家相比还有一定的差距。如减压阀、先导式安全阀、主蒸汽隔离闸阀和安全切断阀；海底管线阀；成品油迷宫式调节阀；还有一些耐强腐蚀和高温高压大口径的阀门产品无法生产。尤其是天然气长输管道上使用的压缩机防喘阀、大口径（公称尺寸≥DN400）工作调压阀、气动/气液联动安全切断阀等阀门现在依然依赖进口，进口品牌主要是荷兰莫克威尔德（Mokveld）公司产品。目前从美国进口的阀门数量约占进口总数 1/3 左右，中国石油天然气股份有限公司已启动压缩机防喘阀、大口径工作调压阀、气动/气液联运安全切断阀等关键设备国产化项目，将在中俄管线长岭站上进行工业性试验。

（六）过滤与分离机械

我国过滤与分离机械行业经过多年发展，产品技术水平与国外先进水平的差距大大缩小。在产品技

图 11-12 大直径全焊接球阀

术水平上，一些常规产品的质量与可靠性均有较大提高；在产品设计方面，部分企业和设计单位都采用了计算机辅助设计技术；在新技术应用方面，部分产品采用了新技术，如新型过滤介质和新型结构材料的应用有较大提高，关键零部件的数控加工技术、成型技术、整机全速动平衡技术、离心铸造转子、零件表面喷涂硬质合金提高和防腐处理技术提高材料耐磨、耐蚀和强度，采用变频技术和 PLC（可编程控制器）控制以提高自动化程度等。"十二五"期间国内过滤与分离机械行业在一些重点产品开发方面取得了积极进展。研制的 LWFl000-N 型和 LWFl050-N 型离心机已分别用于 7～10 万吨/年高密度聚乙烯装置的悬浮液的分离，研制的 LWl200x1980 型离心机用于 22.5 万吨/年 PTA 浆液的脱水，离心机转鼓直径达到 φ1200mm；研制的 EYCCL100-N 大面积立式加压叶滤机成功应用于国内首套芳纶装置；单台面积最大 HD-ZP 160m² 过滤机在云南磷复肥基地成功使用。10 多年来随着我国众多产业对空分设备大型化需求的日益增加，空分设备的保有量迅速增大，空分设备的规格朝着大型、特大型方向发展，2000 年以来，我国新增空分设备制氧能力单台容量从 1 万～2 万 m³/h，发展到目前的 10～12 万 m³/h，国内涌现出杭氧、沈鼓集团等一批空分设备重点企业。长期以来，合肥通用机械研究院分离机械专业在基础研究方面做了大量的工作，如螺旋卸料离心机机头可靠性研究、离心机、分离机减振降噪技术、国产过滤介质的性能研究、分离机械计算机辅助设计系统开发等，研制出多种分离机械设备产品，如柱锥活塞推料离心机、三相分离螺旋卸料离心机、大规格自动厢式压滤机、立式密闭螺旋卸料离心机、带式压榨过滤机、带式浓缩一体化机、密闭加压过滤机、CTL 系列离心萃取机、多功能三合一过滤机等分离机械设备，

图 11-13　沈鼓研制的 10 万 m³/h 空分装置（压缩机组）

在国内处于领先水平。

在部分重点机型方面，我国分离机械技术与国外先进水平相比存在较大差距，主要表现在：一些产品的大规格高参数品种、规格少与国外有差距，不能完全满足国内生产需要；一些新型机型特别是分离物料粘度大、精度细的难分离的物料的机型，或者高温、高压易燃易爆高危场合的分离机械如大直径高参数的卧螺离心机、密闭防爆立式螺旋离心机、生物制药生产需要符合 GMP 规范的翻袋式离心机、连续加压过滤的旋转式过滤机、聚酯装置生产需要的高温高压高粘度熔体连续过滤机等国内处于研发阶段，大多数依赖进口；整个行业企业对于物料和工艺研究落后，新产品开发速度慢，制造加工工艺更新慢，生产效率不高，产品的质量与可靠性不稳定。

（七）机械密封件及密封材料

我国密封产业经过几十年发展，品种规格相对齐全，基本满足我国装备需求，并具有一定国际竞争力的产业。目前，我国从事机械密封及密封件的研究、生产和应用的企事业单位超过 1000 家，国内从事密封研发的机构有合肥通用机械研究院、清华大学、北京化工大学、中国石油大学、浙江工业大学等，主要的制造商有四川日机密封件股份有限公司、丹东克隆集团有限责任公司等。我国机械密封产品的国内市场占有率以中低端产品为主达 80％，国内一般用途的常规密封件产品的技术水平已经与国外跟跑、甚至有些产品达到并跑或接近领跑水平。但是，我国高端产品仍然不能满足主机行业的发展需求，市场占有率较低，部分重大领域的关键机械密封产品完全依赖进口，例如，超高低温、耐强腐蚀相关的特殊用途密封件产品与美国和欧盟仍有差距、进口产品占比较大，目前，我国在积极推进相关项目的国产化，如大乙烯装置乙烯三机干气密封、兰石重装研制的高压换热器"复合密封"均已实现国产化（如图 11-14 所示）。

图 11-14 兰石重装"复合密封高压换热器"专用模板完成 Ω 密封环

第 2 章
安徽省石化通用机械发展现状及存在的不足

一、国内地位及发展现状

安徽省石化通用机械行业的整体研发和制造实力与江苏、浙江、山东等省份相比存在一定差距，在政策支持、研发投入、产业布局等方面仍需要持续推进和优化；但也不乏优秀的研发和制造企业，如合肥通用机械研究院有限公司、东华工程科技股份有限公司、蚌埠压缩机总厂、安徽安风风机有限公司、安徽铜都流体科技股份有限公司、安徽普源分离机械制造有限公司，这些企业为安徽省石化通用机械制造产业的提升打下了坚固基础。

（一）压力容器

目前，安徽省从事与石化领域压力容器相关的设计制造单位数量较少，安徽省在压力容器研发制造的机构主要有合肥通用机械研究院有限公司、合肥通用特种材料设备有限公司、东华工程科技股份有限公司、合肥宽信机电有限公司、合肥四通换热器厂、合肥海川石化设备有限公司、安徽德尼克热能环保技术有限公司、安庆石化机械厂、郎溪弘盛装备科技有限公司等，涉及压力容器种类主要有：加氢反应器、环氧乙烷反应器、低温乙烯储罐、螺旋管式换热器、印刷电路板式换热器、管壳式换热器、板式换热器等。在高端热交换器研发方面，合肥通用机械研究院有限公司、中科院合肥物质科学研究院等单位具有较强的研发实力。

合肥通用机械研究院有限公司是原机械部直属的国家一类研究所，1999 年改制为科技型企业，是国家创新型企业、国家技术创新示范企业、国家企业技术中心，拥有国家压力容器与管道安全工程技术研究中心、国家国际科技合作基地（国际联合研究中心）、国家质量监督检验中心等国家级科平台。具有石化工程设计及品种类别最为齐全的压力容器、压力管道设计资质，始终致力于极端条件承压设备设计和特种材料设备设计领域的理论研究和工程应用。利用分析设计方法设计了多种类球罐：2000m³ 氮（氧）气球罐、3000m³ 低温乙烯球罐、4000m³ 丙烯球罐、6000m³ 液氨球罐、6000m³ 丙烷球罐、10000m³ 碳四球罐、10000m³ 天然气球罐、3000m³ 不锈钢高真空球罐、10000m³ 低真空球罐、2500m³ LNG 低压球罐，还设计了 5000～30000m³ LNG 常压储罐。设计了系列高压容器：天然气储气井、酒精萃取釜、CO₂ 萃取釜、高压氮气球罐、LDPE 高压换热器、加氢裂化用换热器等。设计了系列移动容器：LNG 罐箱、液化石油气槽车、CO₂ 槽车、丙烯槽车等。自主研发国内第一套新型余热脱硫回收装置用新型高效废热锅炉，设计了塔顶大型矩形换热器，设计了双相钢换热器、特种材料设备如钛、锆、镍－钼－铬合金、镍钼合金制换热器、特种耐腐蚀材料塔器、反应器等。在球罐、高参数压力容器设计和特种材料设备的设计方面，处于国内领先水平。在特种材料、特殊结构、特别用途设备技术领域，合肥通用院主要从事镍及镍基合金、钛及钛合金、铜镍合金、锆、钽、高级不锈钢及其复合材料的压力容器与化工装备的设计、制造、技术开发、服务以及工程承包。致力于新型压力容器、换热器的研发和国产化、重型压力容器轻量化设计制造，先后完成了"大型多股流缠绕管式换热器""真空注油干燥系统成套装置""废热锅炉关键技术及应用""特种材料重大装备制造关键技术研究""丁辛醇装置超大型换热器"等装备和技术的研制，拥有 A1、A2、A3、C2、C3、SAD 压力容器设计资质，拥有生产车间一万四千四百平方米，其中洁净厂房三千平方米，各类先进的生产工装和检验检测设备齐全。在高端换热设备技术与产品开发方面，合肥通用院已形成缠绕管式换热器工艺技术、特种换热器结构分析与设计、紧凑高效换热器产品、传热试验与检测成套装置四个主导方向，并开展换热器产品性能检测，换热器相关标准制修订技术服务等工作。近年来研发了我国首台大型多股流缠绕管式换热器、首座 LNG 电厂水浴式气化器、世界上首台加氢裂化装置高压缠绕管换热器、大型丁辛醇装置醇醛转化器、LDPE 高压循环气冷却器、高效紧凑式空气液体热交换器、大型 LNG 接收站中间流体型气化器、海洋浮式平台海水混合冷剂换热器、印刷电路板式换热器等产品，为煤化工、炼油等行业四百余台、近二十亿元的缠绕管式换热器提供了工艺技术，为国家热交换产品质量监督检验中心、国家节能换热设备检测中心提供了全部成套检测装置。在重大承压设备开发的代表性业绩如图 11-15 所示。

（a）2500m³双球结构LNG球罐　　　　　　　　　　（b）锆制换热器

（c）搭顶矩形冷凝器　　　　　　　　　　　　（d）多股流缠绕管式焕热器

图 11-15　合肥通用院研制的部分重大录压设备

2011 年 9 月，合肥通用机械研究院与中石化南京大化机厂等单位合作成功实现了环氧乙烷反应器的国产化，具体参数为：材质 13MnNiMoR，直径 6760mm，长 22000mm，壁厚 110mm，重达 820 吨，设计压力 6.6MPa。其间，攻克了 390mm 超厚管板拼焊（后续热处理）变形、残余应力控制等技术难题，成功替代了进口设备。21 世纪以来，合肥通用机械研究院联合武钢、宝钢等国内多家冶金企业，联合开发出 15MnNiNbDR、09MnNiDR、07MnNiVDR、07MnNiMoDR 等正火/调质态低合金高强钢，攻克了低合金高强钢焊接冷裂纹与再热裂纹控制难题，全面掌握了钢板及配套锻件开发、结构设计、大长球壳板成型及精度控制、焊接和热处理工艺筛选等一整套大型低温乙烯球罐设计制造技术，成功实现了大型（2000～3000m³）低温（-45～-70℃）乙烯球罐的国产化，并持续研发和改进。2011 年开始，合肥通用院与中石化洛阳工程公司、兰石所、哈焊所等单位合作，在青海盐湖 DMTO 项目和蒲城清洁能源

DMTO 项目中，合作开发建造了球壳材料为 09MnNiDR、焊条采用哈焊所研制的 W707DRQ、最低设计金属温度（MDMT）－67℃的 2000m³ 和 3000m³ 的乙烯球罐，进一步提升了我国乙烯球罐的设计制造水平。20 多年来，由合肥通用机械研究院与镇海石化建安工程有限公司联合研发的绕管换热器不断替代进口产品，应用遍及全国炼油、化工、空分、天然气、钢铁、航空动力、太阳能等领域，目前制造的绕管换热器直径达到 5m、总高度 25m，设计压力 20MPa，设计温度达到 750℃，其中世界上首套的大型加氢裂化装置高压加氢绕管换热器，应用了新型加氢裂化工艺流程、缠绕管式换热器设计制造、进料分布器设计等成套技术，应用于镇海炼化 150 万吨/年加氢裂化装置上，大型煤化工装置多股流绕管换热器、特大型芳烃异构化绕管换热器等，均处于国际先进水平。

东华工程科技股份有限公司隶属于中国化学工程集团有限公司，源于 1963 年成立的原化工部第三设计院，专业从事化工、石油化工、医药、市政、建筑、环保等多领域工程建设的工艺研发、咨询、设计、采购、施工管理、开车指导、工程监理、工程总承包、运营等全过程服务；在乙二醇、甲醇、合成氨、尿素等大型煤化工装置的设计和建设市场，长期处于领先地位；在天然气化工、焦炉气化工、甲乙酮、钛白、磷酸、硫酸、磷复肥、三聚氰胺、LNG 等装置设计和建设市场，占有主导性的竞争优势；在化工新材料聚碳酸酯、碳酸二甲酯等装置设计和建设市场，已崭露头角，其建立的 10 万吨/年二甲醚成套装置如图 11－16 所示。合肥通用特种材料设备有限公司是具有较大规模的压力容器制造单位，依托合肥通用机械研究院有限公司在双相钢、超级不锈钢、镍基合金、锆、钽、复合板设备等方面具有成熟的设计、制造、检验技术和丰硕的科研成果，致力于不锈钢、双相钢、超级不锈钢、钛、哈氏合金、锆、复合板等特种材料设备的制造、设计、技术开发和技术服务。

图 11－16　东华科技建立的 10 万吨/年二甲醚成套装置

总体来说，安徽省在压力容器设计制造方面与江苏、山东、浙江等相比尚有较大差距。近年来，安徽省高端换热设备开发持续进步，如合肥通用机械研究院有限公司开发的大型多股流缠绕管式换热器、高比面紧凑式印刷电路板式换热器（如图 11－17 所示），生产工艺成熟先进，质量可靠，在国内石化、发电、新能源等行业占据了相当的规模。另外，中科院核能安全技术研究所开发的四代核电铅铋快堆用高端换热器也具备了一定的水平。

（二）压缩机

安徽压缩机产业的发展起步较早，经过多年的发展，压缩机企业或从事压缩机相关业务的企业已经

图 11-17　合肥通用院设计的印刷版式换热器（PCHE）

有 100 余家。如蚌埠压缩机总厂，是国家机械工业部骨干企业，国家二级企业，500 家的机械工业企业之一，已有 50 余年生产各类压缩机历史。一九九八年通过 ISO9001 认证，一九九九年通过 ISO9001 补军认证。是国家动力、军工、油田、天然气压缩机定点生产厂。蚌埠压缩机总厂破产后，在原有基础上，产生了一大批压缩机企业，如安瑞科（蚌埠）压缩机有限公司、蚌埠鸿申压缩机有限公司、蚌埠新奥压缩机有限公司等。在传统压缩机方面，以蚌埠一批压缩机厂家为代表，形成了压缩机产业集群，具有种类齐、规格全等特点，有压缩空气、液化石油气、天然气、煤气、氯气、二氧化碳、氢气、氨气等各类规格型号的压缩机整机和配件，如图 11-18 所示。产品现已广泛应用于城市建设、石油化工、煤炭地质、医药、电力、纺织、玻璃、冶金、液化气站、油气码头、加气站等行业。此外，作为全球产销规模最大的压缩机生产企业，中日合资美芝（GMCC）公司 2008 年以来已在安徽省建立三大压缩机生产基地，其中芜湖空调压缩机基地总投资 30 亿元人民币，分三期建设，年产量可达 2200 万台。在氢能源领域，中鼎恒盛气体设备（芜湖）有限公司等企业在高压隔膜压缩机等类型的高端压缩机上取得了一定的成绩。

图 11-18　二氧化碳压缩机（左）和螺杆活塞串联高压空气压缩机（右）

压缩机科研院所以合肥通用机械研究院有限公司为代表。合肥通用院拥有压缩机技术国家重点实验室、国家国际科技合作基地（国际联合研究中心）压缩机、泵阀及密封件国家质量监督检验中心等国家级科研与检测平台，建成了一批颇具特色、国内领先的试验平台，具备从材料、结构强度与疲劳、力学性能、噪声振动、环境模拟等基础研究到关键零部件再到整机和系统的科研研究和试验检测能力。在军用压缩机领域，合肥通用机械研究院军品生产部研制开发了水面高压、中压压缩机系列，水下二氧化碳压缩机系列，螺杆活塞串联高压压缩机，车载高压压缩机，雷达干燥空气充气机及压缩空气干燥过滤装置等多个系列、规格军工产品，广泛应用于海、陆、空各军兵种。此外，解放军某某厂等一些军工企业也向军方提供各种类型的压缩机产品。

目前国内压缩机企业除东北、陕西等地的老牌大型国企外，在北京、上海、南京、无锡等经济较为发达城市也得到了快速的发展。安徽省内的压缩机企业，在企业规模、核心技术竞争力等方面尚有一定差距。

（三）风机

安徽省的风机研发和制造企业数量较少，在全国占有的市场份额较低，主要包括合肥通用机械研究院有限公司、安徽安风风机有限公司、安徽应达风机有限公司、安徽芜湖通用风机制造有限公司、安徽庐风风机有限公司等单位。

合肥通用机械研究院有限公司主要从事各类气体叶轮机械的技术研究、产品开发及节能技术工程，产品涵盖通风机、鼓风机、特殊用途离心压缩机及超高负荷膨胀机。先后成功开发了百万吨 PTA 装置干燥气体循环、RPF 系统用离心鼓风机系列产品，40 万吨闪速铜冶炼高温烟气、环集、蒸汽干燥、冰铜磨排烟、动力波、制氧装置用风机系列产品，140 万吨煤焦化焦炉煤气、干熄焦风机，氨氮废水处理机械再压缩 10～40 吨/小时水蒸气热泵风机，三百兆瓦核电站消氢旋涡鼓风机，超临界氢气压缩机，超音速饱和水蒸气膨胀机，舰船用高速直驱低振动噪声风机产品等。在高效气动设计与在役再制造、面向流程的机泵群能效监测与评估、低品位能源提质与利用、产品监测技术与专业软件设计开发等方面提供技术服务与单元成套。相关鼓风机如图 11－19 所示。

图 11－19　大型 PTA 装置用离心鼓风机（左）和焦炉煤气鼓风机（右）

安徽安风风机有限公司是由原安徽省风机厂经改制后组建的新型股份制企业，是中国通用机械风机行业协会会员厂、全国风机联营集团骨干厂，全国风机行业重点企业，安徽省规模大、品种全、技术含量雄厚的风机龙头企业。主要产品包括烧结鼓风机、离心、轴流式通风机、锅炉送引风机、高温煤粉风机、离心风机等。自行研制的 AGY 系列风机荣获国家经贸委、科委"春笋杯""金箭"奖；GY4－1 工业锅炉引风机被评定为安徽省产品。独立开发的 VML 系列低噪声立式轴流风机，把我国轴流风机产品的技术等级提高一个档次，被安徽省科委评定为高新技术产品。相关产品如图 11－20 所示。

总体上，安徽省风机行业在研发方面具有一定研究基础，但在制造方面落后于沈鼓集团、陕鼓集团、上海电气鼓风机厂、重庆通用工业集团、江苏金通灵流体机械科技公司等。等国内风机制造头部企业。

（四）泵

安徽省石化用泵研发制造的机构主要有合肥通用机械研究院有限公司（如图 11－21 所示）、安徽中泵科技有限公司、安徽三联泵业股份有限公司、安徽易威奇化工泵阀有限公司、安徽东方龙机械有限公司等单位。在石化用泵方面，合肥通用机械研究院有限公司凭借雄厚的技术研发实力，联合生产条件齐备

图 11 - 20　安风研制的烧结鼓风机（左）和锅炉送引风机（右）

的泵制造企业，先后研制出小流量高扬程化工流程离心泵、高扬程高耐磨性煤化工用高压灰水泵、炼油装置用高温塔底油泵等产品；并为多家离心泵、容积泵生产企业研制产品试验检测装置。合肥通用院拥有国家泵阀产品质量监督检验中心、泵试验室，包含有往复式（超）高压泵、高精度计量泵、叶片泵、转子泵等试验平台，能进行性能、汽蚀等常规试验、高温、系统高压等特殊试验、摇摆、倾斜等环境试验；但缺少低温（深冷）、抗震、大流量、大功率等试验能力。安徽三联泵业股份有限公司隶属于的三联泵业集团公司目前为国内最大的泵类产品研发与制造企业之一，拥有安徽省的"特种泵工程技术研究中心"，是安徽省最大的水泵生产厂家，产品广泛用于冶金、矿山、电力、石化、环保等领域。

（a）化工流程离心泵　　　　　　　　　　　　　　　（b）泵试验检测装置

（c）高扬程离心泵　　　　　　　　　　　　　　　（d）微型高速磁力泵

图 11 - 21　合肥通用泵研制的部分泵类产品和装置

围绕特种泵的研发技术着重点，安徽省部分泵设计制造单位建设成主导技术和产品开发实验室、实验基地和产品研制中心。例如，合肥通用机械研究院有限公司的"离心泵性能试验博士后工作站"主要进行特种离心泵的试验研究；建立的"动设备远程运行维护平台"，可对各类流体机械装置中运行的设备进行在线监测。这些研发平台促进了国内泵技术水平的发展和提高。

（五）阀门

安徽省与石化领域相关的阀门研发制造机构主要包括合肥通用机械研究院有限公司、安徽铜都流体科技股份有限公司、芜湖市金贸流体科技股份有限公司、铜陵天海流体控制股份有限公司、合肥华升泵阀股份有限公司、安徽省白湖阀门厂等单位。根据 2018 年中国阀门制造业公司销售收入排名 40 强排行榜，安徽铜都流体科技、芜湖市金贸流体科技、铜陵天海流体控制、合肥华升泵阀四个单位排名分别为10、23、31、35 位；从上榜企业的数量和体量来看，相对江浙一带的阀门企业的差距较大，在全国范围处于中下游水平。2018 年中国阀门公司销售收入排名 40 强见表 11 - 1。

表 11 - 1　2018 年中国阀门公司销售收入排名 40 强

排名	公司名称	销售额（亿元）
1	重庆川仪自动化股份有限公司	35.5703
2	苏州纽威阀门股份有限公司	27.8089
3	中核苏阀科技实业股份有限公司	12.2631
4	江苏神通阀门股份有限公司	10.8746
5	永和流体智控股份有限公司	6.4437
6	深圳万讯自控股份有限公司	5.9400
7	浙江春晖智能控制股份有限公司	5.8100
8	吴忠仪表有限责任公司	5.8010
9	浙江力诺流体控制科技股份有限公司	4.5593
10	安徽铜都流体科技股份有限公司	4.0848
11	浙江三方控制阀股份有限公司	3.7958
12	无锡智能自控工程股份有限公司	3.7605
13	青岛伟隆阀门股份有限公司	3.4670
14	无锡市圣汉斯控制系统有限公司	3.0600
15	浙江永盛科技股份有限公司	3.0297
16	徐州阿卡控制阀门有限公司	2.6512
17	浙江中德自控科技股份有限公司	2.4233
18	宁波市佳音机电科技有限公司	2.3864
19	五洲阀门股份有限公司	2.3638
20	常州电站辅机股份有限公司	2.2104
21	上海电气阀门有限公司	2.0256
22	博纳斯威阀门股份有限公司	2.0132
23	芜湖市金贸流体科技股份有限公司	1.8711
24	浙江中控流体技术有限公司	1.8596
25	浙江贝尔控制阀有限公司	1.8436
26	天津精通控制仪表技术有限公司	1.5989
27	大连亨利测控仪表工程有限公司	1.5680
28	广东明珠集团广州阀门有限公司	1.4212
29	成都中寰流体控制设备股份有限公司	1.3478

（续表）

排名	公司名称	销售额（亿元）
30	上海凯工阀门股份有限公司	1.3177
31	铜陵天海流体控制股份有限公司	1.2788
32	株洲南方阀门股份有限公司	1.2537
33	上海弘盛特种阀门制造股份有限公司	1.2332
34	苏州道森阀门有限公司	1.1647
35	合肥华升泵阀股份有限公司	1.0467
36	四川长仪油气集输设备股份有限公司	1.0462
37	鞍山拜尔自控仪表有限公司	1.0197
38	福建菲达阀门科技股份有限公司	1.0046
39	上海自动化仪表七厂有限公司	0.9536
40	苏州澎瀚机械股份有限公司	0.8137

在阀门专业技术领域，合肥通用机械研究院有限公司主要从事阀门行业的新产品设计和开发、阀门驱动装置的研究、基础件攻关、各种基础性研究和标准化、阀门产品检测、国家重点工程技术服务以及大型项目阀门总成套等，是我国阀门行业的技术归口单位。作为全国阀门标准化技术委员会、全国安全泄压装置标准化技术委员会及全国阀门标准化技术委员会阀门驱动装置分技术委员会秘书处单位，组织制修订了200多项国家和行业标准。先后组织了全国性的铸钢、锻钢等阀门产品的行业联合设计。在阀门密封面配对、擦伤性能、填料技术、密封比压、流量流阻、安全阀排量、静压寿命、耐火性能、低温深冷等方面开展了大量基础性研究和试验工作。结合"西气东输"等国家重点工程研发了油气长输管线高压大口径球阀、LNG低温上装式球阀等技术。在石化领域成功研制旋转分配阀、煤粉三通换向阀、煤粉流量调节阀等非标产品。安徽铜都流体科技股份有限公司从事的研发和生产工作包含了各类高中低压闸阀、蝶阀、止回阀、截止阀、球阀、调流调压阀、水力控制阀等，是目前国内能同时生产超大口径DN2200的闸阀、刀闸阀、DN2200偏心半球阀、DN2000流量调节阀、DN4000蝶阀和6m×6m铸铁闸门的厂家，开发的阀门产品广泛应用于给排水、石油、化工、海洋工程、轨道交通、冶金、电力、水利、建筑、矿山等领域。相关产品如图11-22所示。

图 11-22 低温阀门深冷试验装置

总体上，安徽省阀门行业整体规模处于国内中下游水平，相关的制造企业落后于苏州纽威阀门、江苏苏盐阀门、吴忠仪表有限公司、中核苏阀等国内领先企业。

（六）过滤与分离机械

安徽省从事过滤与分离机械生产制造的企业有 20 多家，主要企业如表 11-2 所示。主要集中在合肥、蚌埠、安庆、马鞍山等地。这些大多为中小型企业，年产值几千万的规模，企业总年产值 20 亿元左右。主要优势产品有合肥通用机械研究院有限公司的离心萃取机和过滤洗涤干燥一体机，安徽普源分离机械制造有限公司的立式刮刀卸料离心机和卧式螺旋卸料沉降离心机，安徽赛尔特离心机有限公司的碟式分离机，安徽菲利特过滤系统股份有限公司的自清洗过滤器，合肥世杰膜工程有限责任公司的陶瓷膜过滤元件以及安徽久元化工滤材有限公司的工业滤布等。

安徽省从事过滤与分离机械研究开发的企业主要为合肥通用机械研究院有限公司的过滤与分离机械研究所。该单位是全国分离机械标准化技术委员会和机械工程学会流体工程分会分离机械专业委员会秘书处挂靠单位，一直致力于过滤分离设备的理论基础研究、技术创新研发以及高新产品生产制造，在诸如螺旋卸料离心机机头可靠性的研究、离心机、分离机减振降噪技术、国产过滤介质的性能研究、分离机械计算机辅助设计系统开发等方面都取得了很多成果，推动了行业技术进步，在国内处于领先地位。40 多年来，合肥通用机械研究院先后承接了近百项环境保护和过滤与分离技术领域的重大科研课题，在消化吸收国外先进技术的同时，研制出多种分离机械设备产品，如柱锥活塞推料离心机、三相分离螺旋卸料离心机、大规格自动厢式压滤机、立式密闭螺旋卸料离心机、带式压榨过滤机、带式浓缩一体化机、CT 系列离心萃取机、翻袋离心机、石膏离心机、过滤洗涤干燥一体机、密闭加压过滤机、高浓稀释机、二氧化碳回收机等分离机械设备，并取得了多项省部级科技奖励。主要定型产品有：新型高效离心萃取机及成套装置、无基础立式刮刀卸料自动离心机、翻袋式自动离心机、多功能过滤洗涤干燥一体机、密闭加压叶滤机、旋转加压过滤机、精密过滤器等近百个规格，应用范围覆盖化工、石油、医药、生物、植物提取、电厂、新材料、湿法冶金、稀贵金属提取、食品、环保、核能等行业领域。研制的部分产品如图 11-23 和图 11-24 所示。

图 11-23　合肥通用院研制的离心萃取机

安徽普源分离机械制造有限公司现为国家高新技术企业，省级创新型示范企业，中国分离机械标准化技术委员会委员单位，GB 19815《离心机安全要求》标准联合起草单位，主导产品有：卧螺离心机、全自动下卸料自清洁型离心机、吊袋离心机、全密闭洁净型离心机、卧式刮刀离心机、全自动下卸料洁净型味精机。其中，PGZ 系列全自动离心机在 2013 年被科技部纳入"国家火炬计划产业化示范项目"；

图 11-24　合肥通用院研制的过滤洗涤干燥机（左）和翻袋式自动离心机（右）

LW 系列新型特高速卧螺离心机综合性能及造型设计处于国内领先、国际先进水平。该 LW 系列新型特高速卧螺离心机是深度融合工业设计思路立项开发、具备完全自主知识产权的专利产品，现已在动植物蛋白、菌丝酵液以及国家大型河道环保工程等高端应用领域实现国产替代进口。

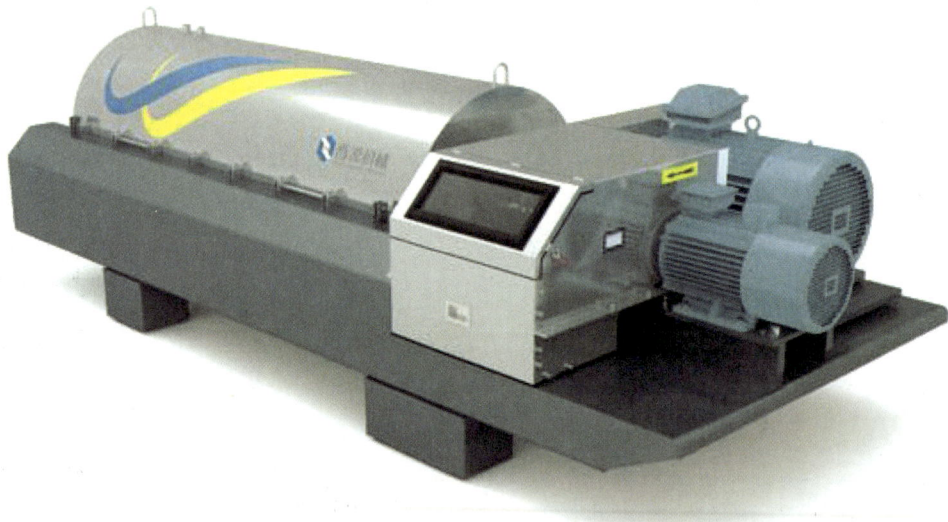

图 11-25　安徽普源分离机械研制的卧式螺旋卸料沉降离心机

安徽菲利特过滤系统股份有限公司，集研发、生产、服务为一体的现代化高新技术企业，是国内专业生产水过滤系统的设备制造商和国内水处理环保装备行业的龙头企业，公司产品主要有自清洗过滤器、手动过滤器、水力驱动式过滤器、叠片过滤器、塑料过滤器、浅层过滤器、陶瓷膜过滤器、中高速过滤器、无阀过滤器、钢带刮油机、加药系统、污泥脱水机等二十余款产品，广泛应用于石油、化工、煤化工、冶金、制药、食品、市政、海水淡化、农业灌溉等行业中的源水、循环水、冷却水的中水回用。

总体上，安徽省从事过滤与分离机械生产制造的企业大多为中小型企业，企业规模不大，技术力量较为薄弱，产品竞争力不强，整个行业规模只占全国的 3%～5% 左右。安徽省主要过滤与分离机械研发、生产企业见表 11-2。

表 11－2　安徽省主要过滤与分离机械研发、生产企业

	离心机、离心萃取机	分离机	过滤机、过滤器	过滤介质
研究开发单位	合肥通用机械研究院有限公司	安庆中船柴油机有限公司 安徽赛尔特离心机有限公司	合肥通用机械研究院有限公司 安徽国祯环保节能科技股份有限公司	合肥世杰膜工程有限责任公司
生产制造单位	合肥通用环境控制技术有限责任公司 安徽普源分离机械制造有限公司 蚌埠谷雨分离机械制造有限公司 蚌埠市兴利离心机制造有限公司 蚌埠德莱离心机制造有限责任公司 蚌埠市华阳机械装备制造有限公司	安庆中船柴油机有限公司 安徽赛尔特离心机有限公司	合肥通用环境控制技术有限责任公司 安徽国祯环保节能科技股份有限公司 安徽双发华德环保科技有限公司 安徽菲利特过滤系统股份有限公司 安徽楚水环保工程有限公司 安徽铜陵杰达机械设备有限公司 合肥精都机电仪表有限公司	合肥世杰膜工程有限责任公司 合肥禹王膜工程科技有限公司 安徽久元化工滤材有限公司

（七）机械密封件及密封材料

安徽省机械密封件及密封材料研发制造企业主要包括合肥通用机械研究院有限公司、安徽亨达机械密封制造有限公司、安徽奥密机械密封件有限公司、安徽安封机械密封有限公司、安徽省定远县机械密封件厂、安徽美安密封件股份有限公司、斯凯孚密封系统（芜湖）有限公司、德特威勒密封技术（安徽）有限公司、宁国市瑞普密封件有限公司等，其中大部分为中小企业，在国内机械密封件及密封材料行业占有率较低。

在机械密封、非金属材料密封技术领域，合肥通用机械研究院有限公司主要从事机械密封和非金属材料密封的研究、开发、制造，是国内最早进行机械密封研究的科研院所，先后研制开发了抗振动、抗偏摆的舰船泵用集装式机械密封系列，适用于各类化工介质（腐蚀、颗粒、超粘稠等）的集装式机械密封系列如图 11－26 所示、超短型机械密封系列、干运转密封系列以及干气密封系列产品，各类型泵用、釜用等机械密封辅助系统以及机械密封试验装置，煤化工领域煤气化炉除积碳敲击器及相关部件。开发出以特种工程塑料为基体的新型工程复合材料（耐高低温 196～350℃、耐磨损、自润滑、耐腐蚀）及其制品，如全无油压缩机活塞环、填料密封环，LNG 阀门阀座，泵用滑动轴承、耐磨件，高压容器用密封垫片等。研制的产品及科研成果广泛应用于化工、炼油、核电、航空、军工、通用机械、工程机械等行业。安向中鼎密封体股份有限公司主导产品"鼎湖"牌橡胶密封件和特种橡胶制品广泛应用于汽车、工程机械、石油化工、船舶铁路、航天军事等行业领域。安徽美安密封件股份有限公司（原安徽欧凯密封件有限公司）拥有研发中心、模具厂和密封件生产制造基地，主要产品领域为汽车零部件，目前年橡胶密封件生产能力达 6 亿件以上。斯凯孚密封系统（芜湖）有限公司主要从事是密封件的制造和贸易，其油封产品包括火花塞油封、发动机油封、减震器油封、轮毂油封等，应用于多种行业。德特威勒密封技术（安徽）有限公司专业生产汽车制动系统用各类橡胶制品，是国内汽车制动系统橡胶制品行业规模最大、技术水平最高、最具竞争力的生产企业，现隶属于综合性跨国百年企业—瑞士德特威勒集团。宁国市瑞普密封件有限公司依托知名橡胶塑料研究设计院校的橡胶配方及工艺研发能力和试验检测方面的能力，在十年内迅速占领了密封件中高端产品的大量市场份额，2018 年完成年销售额达到 15000 万元。

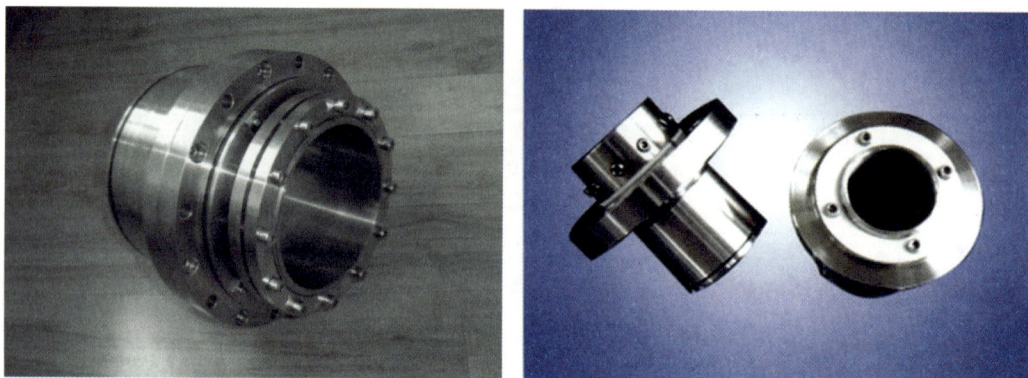

图 11-26　合肥通用院研制的集装式机械密封

总体上，安徽省机械密封件及密封材料研发制造企业以中小企业为主，部分规模较大企业的产品主要与汽车产业相关，应用于石化领域极端环境的产品较少。

二、存在的不足

（一）压力容器

长期以来，安徽省的石油化工、煤化工产业规模不大，对压力容器、换热器的需求较低，造成安徽省的石化通用机械产业空间布局较小；另外，安徽省对压力容器行业的研发投入、重视程度仍然不够。以合肥通用机械研究院有限公司为代表的研发企业可加强对压力容器材料基础性能数据积累、先进焊接材料、高端装备及工具开发，以进一步推进安徽省及国内压力容器的技术水平。

1. 先进原材料

当前，部分先进原材料（如镍基材料、超级奥氏体不锈钢、超级双相不锈钢、高温耐热钢、耐磨材料、特种材料管材等）基本上由国外生产商主导，其中部分材料国内不能生产，也有部分国产材料的质量（韧性等指标、性能均匀性、稳定性、表面质量等）与国外有一定差距。此外，我国的材料基础性能数据（尤其是长时数据）较为匮乏，包括高温持久、蠕变、疲劳、蠕变疲劳、腐蚀、腐蚀疲劳、环境疲劳等数据。

2. 先进焊接材料

国内焊材与母材性能的匹配度、焊材纯净度、稳定性、工艺稳健性等方面仍需要提高，而安徽省在先进焊接材料方面更显薄弱。石化加氢装置压力容器焊材仍大多采用日本神户制钢、伯乐焊接集团（原德国蒂森）和法国萨福等产品，国内哈焊所、北钢院等研发的焊材虽能达到 NB/T 47014 的要求，但存在性能稳定性差、力学性能尤其韧性储备低等问题。镍基合金焊材、双相钢焊材、带极堆焊焊材工艺稳定性差，都需要进一步提高。

3. 高端装备产品

与工艺密切相关的部分高端装备与技术仍依赖进口，部分重要设备受到"卡脖子"封锁。如低密度聚乙烯装置成套装备中的超高压管式和釜式反应器和循环气冷却器（工艺与装备融合问题）、氢能源汽车用 70MPa 级及以上复合材料气瓶、特殊合金高效紧凑型印刷电路板式换热器（工艺与装备融合问题）、大型 LNG 主低温换热器（工艺与装备融合问题）、直径 7m 以上的超大型高压容器、烷基化装置中部分设备（SA516-GR 钢制反应器、酸沉降罐、PFA/GLASS/316L 制玻璃管换热器、316Ti 制管束换热器等）、乙烯裂解气急冷器等。

4. 设计制造工具和装备

目前，我国压力容器整个行业的应力分析用有限元软件（Ansys、Abaqus 等）均为国外产品，安徽省应考虑在该方面进行突破。部分压力容器生产用装备（多轴镗铣床、深孔钻床等）、关键检测设备（光谱分析仪、快速铁素体检测仪、高能加速器探伤机等）在国内仍缺乏。此外，焊接设备及重要的高效先进焊接设备核心部件如焊接电源等长期依赖国外，国产焊机在控制数字化、工艺控制智能化、自动化、机器人焊接装备技术方面与国外存在差距。

（二）压缩机

虽然安徽省压缩机产业起步较早，但对于传统制造业，"吃老本"现象普遍存在，核心技术升级慢，产品更新换代周期长，核心竞争力不强。传统压缩机产业技术门槛较低，同质化竞争激烈，利润被进一步压缩，行业受经济形势和市场行情的影响大。安徽省的压缩机生产基地以中低端产品为主，在新兴产业领域、大型高参数压缩机领域布局相对较少，影响行业收入和利润等主要指标的提升。

1. 压缩机设计

压缩机设计计算软件自主化程度不高，目前主流 CAD 和 CAE 软件主要为国外品牌（Pro E、UG、Solidworks、Bentely Puls、Bentely AutoPipe 等）；超高压、高速压缩机的设计、加工制造技术比较落后，主要依赖进口；超高压隔膜式压缩机设计制造技术水平较低，主要体现在膜片寿命方面与国际先进水平差距较大。

2. 压缩机基础件

压缩机基础件，如高参数压缩机气阀、填料、活塞环等依赖进口；相较国外技术水平，隔膜压缩机膜腔油腔的设计与匹配技术较差，高压密封及金属膜片的使用寿命较短；压缩机用仪表控制精度低于国外产品参数，关键传感器（振动、位移、压力、温度等）、压缩机控制器主要依赖进口（注：压缩机振动传感器一般采用加速度式，参数要求满足灵敏度 100mV/g、适用范围 0～120℃、测试范围 ±10g；位移传感器采用非接触式涡流传感器，参数要求满足探头直径 8mm、灵敏度 8V/mm、线性误差≤±1%、分辨率 0.1μm；压力传感器采用连续动态采集模式，参数要求灵敏度 1mA/bar、测试范围 0～16bar、适用范围 -40～125℃；温度传感器采用 PT100 铂电阻三线制和磁吸式，参数要求测试范围 -50～200℃、精度 ±0.15℃、屏蔽耐高温≥1m）。

3. 部分高端压缩机

对于高端压缩机，如用于拖动高速压缩机的燃气发动机，两个主要生产商沃克夏和卡特彼勒均在美国，目前国内仍没有替代品；用于高效洁净压空气循环系统核心部件的空气压缩机需要满足低成本、低噪音和耐久性目标，但由于国内缺乏为压缩机关键部件开发具有低成本、稳定摩擦性能以及耐磨的涂层和材料，导致行业内缺少效率高且清洁无油气体的空压机；另外，用于储氢系统的高压超高压氢气压缩机，国内还缺乏完善的设计理论与方法。低密度聚乙烯生产工艺流程中核心设备大型超高压压缩机（供气压力 300MPa）全部依赖进口。

4. 压缩机监测诊断与智能控制技术

美国是开展机械状态监测和故障诊断技术研究最早的国家，GE 等代表公司，已开发的 3500 个系列机械保护系统应用广泛；欧洲国家在诊断技术某些方面具有特色如瑞典的轴承监测技术，丹麦的振动和声发射技术等。我国设备故障诊断技术研究工作起步较晚，在监测诊断的准确性等方面与先进水平之间存在一定差距。目前，压缩机智能化控制技术和可靠性水平还有待提高，具体如下：压缩机普遍缺乏联锁停机控制模式，一旦出现预警信号，很难通过连锁控制系统实现停机；轴位移报警系统需要完善，实现轴位移信号的故障特征提取，现有的手段大都是在机组已经出现较严重故障的情况下才出发报警停车信号；压缩机在密封可靠性方面需要开展测试技术研究，并开发泄漏探测传感器的优化布局方案；目前成套设备的能耗缺乏评定标准，不同机组的能效评定方式存在较大差异，需要分类规范统一；压缩机故障和配套解决方案需要完善，应朝着设备机组自愈化和智能化的角度发展。综上所述，压缩机智能化控制技术以及设备能效可靠性等技术是目前压缩机领域亟待解决的短板问题。

（三）风机

1. 风机设计

在风机设计方面，与国内压缩机、泵等流体机械一样存在研发工具短板，如气动设计、转子动力学、结构强度及振动噪声等方面相关计算软件均来自国外，且大部分来自美国，如三维设计软件 UG、PRO/E 等、工艺流程模拟工具 Aspen Plus、K－Spice 等。专业的流体产品开发工具，如 Concepts NREC、CF Turbo 叶轮机械敏捷设计软件包等来自国外，国内目前没有商业化软件。

2. 风机基础研究及高端产品

在基础研究方面，需要在单级大压比超音速压缩机及激波转子、3D 打印风机金属离心叶轮及转子等方面开展深入研究。此外，风机高强度、耐磨损、耐高温、复合轻型等特殊要求材料部分需进口，高压高转速干气密封技术、大功率高速电机技术、大功率高速磁轴承技术、系统保护与运维测控技术、驱动用燃机技术等对国外仍有一定依赖。

（四）泵

1. 泵设计及基础研究

泵设计涉及的气动设计、转子动力学等相关计算软件均来自国外。随着运行工况苛刻化，对泵的可靠性和使用寿命有了更高要求，需要从设计和材料两个方面进一步深入研究。另外，目前针对无堵塞潜污泵、低比转速离心泵、渣浆泵、纸浆泵等的优化设计方法，只对具体泵的设计有指导意义，需要进一步开展各种类型泵的设计方法和基础研究。

2. 高参数泵设备

我国泵行业技术领域的短板主要在高端产品、极端环境条件或高参数工况的泵产品。安徽省应考虑实现自主制造的泵设备，具体可包括：

（1）石化加氢裂化装置的高温塔底泵；

（2）超高压液相泵（1L/h 以下的微量泵）是色谱仪的重要设备，目前完全依赖进口，主要为美国安捷伦（Agilent）和沃特斯（Waters）；

（3）－200℃ 以下的低温泵，尤其是低温潜液泵尚不能国产；

（4）污水处理与矿山等用于高含固量污泥、膏体矿渣输送的液压柱塞泵，尚未完全国产，以进口德国萨克斯隆特（Saxlund）和施维英（Schwing）等为主；

（5）煤制油项目高压煤油浆进料泵（700kW），进口德国乌拉卡 URACA；

（6）用于射流工程作业的超高压大流量（150MPa、200L/mim 以上）泵机组尚无可靠的自主制造产品。

3. 高质量性能泵设备

国内部分设备虽然已实现自主制造，但与进口产品的质量差距较大。安徽省泵相关的制造企业应考虑提升相关泵设备的性能，以替代以下进口产品情形。

（1）原油长输管线干线泵引进德国鲁尔 Ruhr 和美国福斯 Flowserve、苏尔寿 Sulzer 公司产品；

（2）煤制油项目催化剂油煤浆罐底泵、油煤浆混合罐底泵、常减压塔底泵引进美国劳伦斯 Lawrence 公司产品，反应器循环泵、加氢塔循环泵等引进美国福斯 Flowserve 产品；

（3）煤气化用高压煤浆泵引进荷兰奇好 Geho 或德国菲鲁瓦 Feluwa 产品，NHD 法脱硫脱碳装置的液力透平引进美国福斯 Flowserve 公司的 Worthington 产品；

（4）1000 万吨/年炼油焦化装置辐射炉进料泵 Flowserve 公司 Niigata Worthington 的产品，加氢进料泵、催化裂化油浆泵、大功率高压液力透平等引进国外产品，百万吨乙烯中急冷油泵、急冷水泵等也在进口；

（5）LNG 低温液化气泵引进日本荏原 Ebara、法国 Cryostar 或美国 ACD 产品。

（五）阀门

1. 阀门原材料质量

原材料质量跟不上设计要求。以铸件为例，国内高等级材料的大型、薄壁铸件无法以壳体形式供货，往往需先提供实心铸件再加工为壳体，增加材料成本和加工成本（如汽轮机主汽阀）。模锻技术方面，国外先进企业多向模锻尺寸已经做到 20 多寸，国内模锻才刚起步，同时由于价格原因，也未进行较好推广。

2. 阀门自动化程度

国内整体的阀门自动化程度低。国内阀门厂家主要专注阀门的机械结构及单一阀门的制造，对阀门与现场 DCS 系统集成方面欠缺经验；以阀门为主的 SIS 产品仍以控制系统厂家为主导进行成套，而控制系统厂家多以美、日、德厂家为主。

3. 阀门执行机构及附件技术

国内阀门执行机构、阀门附件厂家的技术薄弱。某些大型项目国内业主也习惯使用国外配套产品，国内厂家市场较为局限，无法进一步提升技术水平。比如化工企业大量使用的气动调节阀，其电气定位器业主一般指定美国费希尔、德国萨姆僧、西门子等，阀门限位开关指定 Topworks、Westlock 等，电磁阀等其他气动附件指定美国 ASCO、日本 SMC、英国 NORGREN。

4. 高端阀门产品研究基础技术及规范

由于阀门产品研究基础技术及规范欠缺，国内产品国际竞争力弱。国内阀门企业大多生产全系列产品，由于型号、品种规格多，导致产品不能精、高、特。由于企业规模、研发投入、自主创新等不足，产品无法在国际上形成优势。高性能阀门、高端调节阀等阀门理论研究深度不足，未见制造单位的系统设计软件和系列化产品说明；同时，制造经验积累不足，缺少用户经验反馈；缺少高温高压蒸汽介质的模拟工况试验回路，在试验单位及试验回路的管理上，规范要求模糊。

（六）过滤与分离机械

安徽省从事过滤与分离机械生产制造的企业大多为中小型企业，技术力量较为薄弱，产品竞争力不强，整个行业规模较小。由于原有的国有企业不多，主要是安庆中船柴油机有限公司和蚌埠轻工药化机械厂，而且产品单一，在激烈的市场竞争中处于弱势，市场份额逐步萎缩。安徽省过滤与分离机械生产制造的企业可选择我国部分重点分离机械技术进行重点突破，开发有先进性的技术与装备。

与国外先进水平相比，我国在若干重点分离机械技术领域存在较大差距的。新型机型特别是分离物料粘度大、精度细而难分离的物料机型，或高温、高压易燃易爆高危场合的大直径高参数卧螺离心机（如分离 PVC、HDPE）、PTA 生产需要的密闭防爆立式螺旋离心机、连续加压过滤的旋转式过滤机、聚酯装置生产需要的高温高压高粘度熔体连续过滤机等国内还处于研发阶段，大多数依赖进口；整个行业对于物料和工艺研究落后，新产品开发速度慢；制造加工工艺更新慢，生产效率不高，产品的质量与可靠性不稳定。许多行业装置的重安离心设备依赖进口，如石化行业 PTA 和煤化工 PVC 产品的大型螺旋卸料离心机，化纤行业如高温高压的聚酯熔体能长期使用的过滤元件和装置，农产品深加工大型淀粉分离机，大型舰船用油水分离机，生物工程急需的无需停机自动排渣的高速沉降离心机，制药和精细化工领域翻袋式离心机和多级高效的离心萃取机，新能源、新材料等工业领域集反应、过滤、洗涤、干燥功能为一体的多功能过滤机等。另外，膜技术应用特别是高效的动态纳滤应用，核原料元件生产过程中核燃料芯棒磨削液全自动回收净化系统等技术也需要依赖国外。

（七）机械密封件及密封材料

1. 大型石化装置用超高压压缩机干气密封

超高压、超高速干气密封与国外相比存在很大的差距。国产密封的最高压力为 20MPa、线速度达 180m/s，国外的最高压力达 60MPa、线速度达 250m/s。进口密封主要应用在超高压（如渣油加氢，加氢裂化装置的循环氢压缩机等）、大轴径（如大乙烯项目裂解气、丙烯压缩机，MTO/PDH 项目产品气压缩机等）以及超高速（多轴式压缩机等）领域，主要厂商为美国约翰克兰、美国福斯、德国伊格尔－博格曼等。

2. 高性能碳石墨摩擦副材料

国内生产高强度细颗粒机械密封用碳石墨材料的关键设备，不能满足破碎、磨粉、搅拌、造粒、烧结等产品精度及环保要求，产品在自润滑性、强度、浸渍均匀度等方面与国外相比有很大差距。压缩机用干气密封及高参数泵用机械密封，不论是国产件还是进口件，碳石墨环均采用进口材料，绝大部分来源于美国、欧盟和日本。如果进口受到限制，对核主泵密封、高压干气密封等产品的自主制造将产生严重影响。碳石墨材料主要厂商有美国 Morgan、德国 Schunk、日本东洋碳素、德国 SGL 等。关于高强度细颗粒机械密封用碳石墨材料的研发，由于需求量小且参数要求很高，相关机构投入研究的意愿不高，找不到承接单位或投入研发资金较少，导致国内该材料处于中低端水平。

3. 填料与静密封

我国填料与静密封行业存在较多短板，用于填料静密封制造的专用设备自动化和智能化不足；能同时承受高温（800℃以上）、高压介质的非金属垫片无法国产，满足 VOCs 无组织排放控制要求的低逸散密封件试验装置和产品认证能力欠缺，密封件应用技术和可靠性较低等。

第 3 章
安徽省石化通用机械发展问题的原因分析

一、缺少顶层设计、基础研究重视不足

安徽省在石化通用机械产业领域缺少顶层设计，相关的工业基础研究重视不足，产业链发展不协调，整机、系统、成套设备与工业基础发展严重脱节；对于传统制造业的政策扶持相对较少。在我国工业化前期阶段，选择了依靠整机组装、生产为主的发展路径，导致政府和市场"重显轻潜""重主机、轻配套"，没有重视工业基础；长期以来形成的"重主机、轻配套"的思想影响，对基础件的投入力度不足；工艺和工艺装备水平不高，原材料质量差，不能保证产品质量的一致性，阻碍技术装备升级。"重主机、轻配套"的现象，进一步导致国内企业主动放弃高端基础件市场，形成了国内基础件严重落后主机的现状，并依赖于国外。

二、产业共性技术研究不够、科技与经济融合不足

原有行业科研院所转制后，为了生存发展和应付保值增值要求，无暇顾及关键共性技术研究，科技界与产业界无法有效衔接，研发过程落入"死亡之谷"，科技与经济"两张皮"现象凸显；创新环节的缺失与弱化，导致难以突破技术创新与产品应用之间的"鸿沟"。全世界技术领域的创新活动一般遵循基础研究与发明、转化应用研究、进入市场三个阶段；一旦中间阶段被弱化，就会出现"死亡之谷"，基础研究成果就会"胎死腹中"，科技经济"两张皮"现象就会出现。在改革开放前，我国装备制造业不是市场经济占主导、效率不高，政府负担较重；改革开放后，我国企业缺乏技术积累、自身研发实力不强，无法效仿美日等发达国家进行自我研发。随着国外"封锁"和"垄断"加剧，我国装备制造业暴露出众多"短板"和"卡脖子"问题。安徽省装备制造业企业同样存在产业共性技术研究不够的问题。

三、企业技术创新能力不强、尚未成为技术创新主体

安徽省在国内及全世界工业基础领域具有国际竞争力的大型和骨干企业数量少，生产研发弱势企业多，低端重复建设严重，陷入低层次竞争。大多数企业专业化程度低，装备水平不高，质量可靠性差，形不成规模，经济效益差，工业基础领域陷入低层次竞争。在中低端领域技术已经较为成熟，技术革新的动力不强；且技术复杂程度低、附加值低的产品较多，各企业主要产品雷同，没有差异化。在高端领域，如超高压压缩机等，需要大量的研发投入和长期的技术积淀，大多数企业无法负担如此高昂的经济和时间成本。高端压缩机的很多关键材料、工艺流程等核心技术同样欠缺，这也制约了安徽省高端压缩机的进一步发展。

近年安徽省制造业专利申请数量显著增加，但发明专利所占比重较小，即制造行业自主知识产权不足。加之因新产品资金回收时间较长、所需资金量较大等因素被企业长期忽略。企业产权开发、产权应

用等发展较为落后，大部分企业并未将自身所拥有的知识产权合理应用到产品生产、设计中，未将知识产权商品化，且品牌塑造等层面欠缺规范管理。不少装备制造工业企业技术创新能力建设滞后，缺乏自主创新的内在动力和物质技术手段。许多重要产品技术来源依靠国外，有自主知识产权的产品技术不多，高新技术产业化水平低，国际知名企业已普遍采用的先进管理方法，先进制造技术及工艺不能很好地应用，整体制造技术及装备水平与国际先进水平相比还有较大的差距。

四、自主研发的装备缺少技术和市场迭代机会

国内企业研发石化通用机械的高端产品基本没有市场迭代机会，使通用机械产品及产业难以升级。部分装备产品和零部件质量与国外差距较大，导致用户采购意愿不足。进入 WTO 之后，部分机械零部件、电子元器件关税降低，甚至零关税。政府对进口重要原材料和关键零部件给予补贴，国外企业迅速占领市场，本土企业竞争处于劣势，缺乏市场应用机会。首台套保险和国产化的风险免责机制尚未有效建立，企业为规避使用风险不愿采购国产首台套产品，招投标中通过歧视性条款或"潜规则"方式将国产装备排除在外，未给予国产装备市场迭代机会。

五、企业创新体制不完善，核心技术人才缺失

企业考核评价体系与技术创新的激励机制不适应，制约技术创新；国有企业受工资总额限制，企业技术人员待遇偏低，难以吸引和聚集高端技术人才。我国通用机械行业人才需求体现在国际化人才、综合型人才、人才队伍及梯队三个方面：一是对国际化人才的需求大，随着我国通用机械行业加快国际合作的步伐，行业内越来越需要具备国际视野的专业人才，但国际化人才的紧缺制约了行业的"走出去"战略发展；二是综合型人才的培养需求，通用机械产品涉及材料、焊接、机械制造、化工流程、工业自动化等多学科，因而行业急需培养具有多学科综合技术驾驭能力的复合型人才，成为推动技术创新和实现科技成果转化的重要力量；三是人才队伍和加强人才梯队建设需求，许多石化通用机械行业企业互相挖人现象很普遍，被挖的人员将自己所掌握的技术到处兜售，造成技术、产品雷同，另外，国内石化通用机械制造业利润太低导致人才待遇较低，造成高校毕业生不愿意到制造企业去工作，造成人才梯队建设工作出现困难。

第 4 章
安徽省石化通用机械发展战略思路和目标

一、发展战略思路

《中国制造 2025》提出到 2035 年，我国制造业整体达到世界制造强国阵营中等水平。创新能力大幅提升，重点领域发展取得重大突破，整体竞争力明显增强，优势行业形成全球创新引领能力，全面实现工业化。在《中国制造 2025》提出后，安徽省相继提出《中国制造 2025 安徽篇》《安徽省"十三五"装备制造业发展规划》《支持制造强省建设若干政策》《安徽省制造强省建设实施方案（2017—2021）》《大规模实施新一轮技术改造推进方案》《安徽省智能制造工程实施方案（2017—2020 年）》《安徽省智能工厂和数字化车间认定管理暂行办法》《安徽省委　安徽省人民政府　关于促进经济高质量发展的若干意见》等系列政策文件，对装备制造业进行了具体规划：

《中国制造 2025 安徽篇》提出要实施工业强基，强化核心基础零部件、先进基础工艺、关键基础材料和产业技术基础等"四基"能力建设。积极开发大型精密高速数控机床轴承、自动变速箱、高精度智能传感器、高端液压元件等核心基础零部件。《安徽省"十三五"装备制造业发展规划》明确提出，要增强基础配套能力。装备制造业所需的关键配套系统与设备、关键零部件与基础件制造能力显著提高，其性能和质量达到国内先进水平，智能技术及核心装置得到普遍推广应用，高端装备重点产业智能化率超过 30％。《支持制造强省建设若干政策》《安徽省制造强省建设实施方案（2017—2021）》系列政策文件，通过 5 条发展路径推动制造强省建设，重点在高端、智能、绿色、精品和服务型"五大制造"等 10 个方面给予支持。《大规模实施新一轮技术改造推进方案》《安徽省智能制造工程实施方案（2017—2020 年）》《安徽省智能工厂和数字化车间认定管理暂行办法》推进大规模实施新一轮技术改造，着力培育高端制造业，改造提升传统优势产业，加快推进制造业向高端化、智能化、绿色化和服务化方向转型升级。《安徽省委 \ 安徽省人民政府关于促进经济高质量发展的若干意见》提出，要坚持推进"三重一创"，支持 24 个重大新兴产业基地建设。制定系统性的发展装备制造业的战略和计划，发展高端制造、智能制造、精品制造、绿色制造、服务型制造等先进制造业，促进量子及前沿技术等科技成果转化和产业化。

贯彻落实《中国制造 2025》《中国制造 2025 安徽篇》《安徽省"十三五"装备制造业发展规划》《支持制造强省建设若干政策》等政策，借助于安徽省石化通用机械装备已具有的工业和技术基础，同时考虑新时期通用机械产业的发展需求，重点围绕石化通用机械高端化、绿色化、智能化发展三个方面开展工作：（1）加强基础研究投入、提升科技转化能力，突破制约发展的关键共性技术，实现核心装备与系统的自主研发，全面促进技术装备水平向高端化发展。以超高压聚乙烯压缩机为例，目前国际上仅布克哈德和 GE 两家企业具有成熟的设计生产经验，国内所有石化企业在役的此类压缩机都是进口产品。发展高参数大型压缩机，一是可以解决关键技术和设备被"卡脖子"的困境，二是通过将省内压缩机企业、研究结构的技术基础整合起来，发展高端压缩机，提升压缩机产业的收入和利润。（2）大力推进新装备、新材料、新技术的研发应用，促进装备绿色化。绿色制造既是响应生态文明建设的需要，也是促进石化工业转型升级、可持续发展的需要。如何改进工艺装备技术，生产兼具安全、节能、环保的高品质产品，是石化通用机械装备绿色发展需要解决的问题。（3）大力推进传统技术与现代传感、工业物联网、大数据、云计算、人工智能等新一代信息技术的深度融合，推进实现制造过程的装备智能化，推动石化工业智能化发展，提升安徽省石化通用机械产业的核心竞争力。

二、发展目标

围绕安徽省制造强省、科技强省战略，瞄准高端制造、绿色制造、智能制造方向，开展安徽省石化通用机械的高端装备与技术、绿色装备工艺与技术、智能制造技术等重点任务。

（1）高端装备创新。开发更高参数的极端承压设备，打破国外"卡脖子"技术封锁，满足安徽省石化产业发展对高端装备的迫切需求。在极端条件、高参数大型石化通用机械上寻求技术突破，解决关键技术和装备的"卡脖子"问题，提升企业的创新能力、以及收入与利润。

（2）绿色化发展。开展重要压力容器节能节材降耗绿色制造关键技术研究，支撑安徽省石化产业装备制造业绿色发展。提升传统石化通用机械的核心竞争力，在成本、节能、环保和可靠性上加大研发力度，巩固现有优势，加快技术升级。

（3）智能制造技术和系统创新。深度融合现代信息化、智能化技术，在材料基因组与增材制造、网络协同制造与智能工厂、基于特征安全参量的智能远程运维等方向实现突破，预期成果达国际先进水平。

三、技术路线图

安徽省石化通用机械装备发展技术路线图如图 11-27 所示。

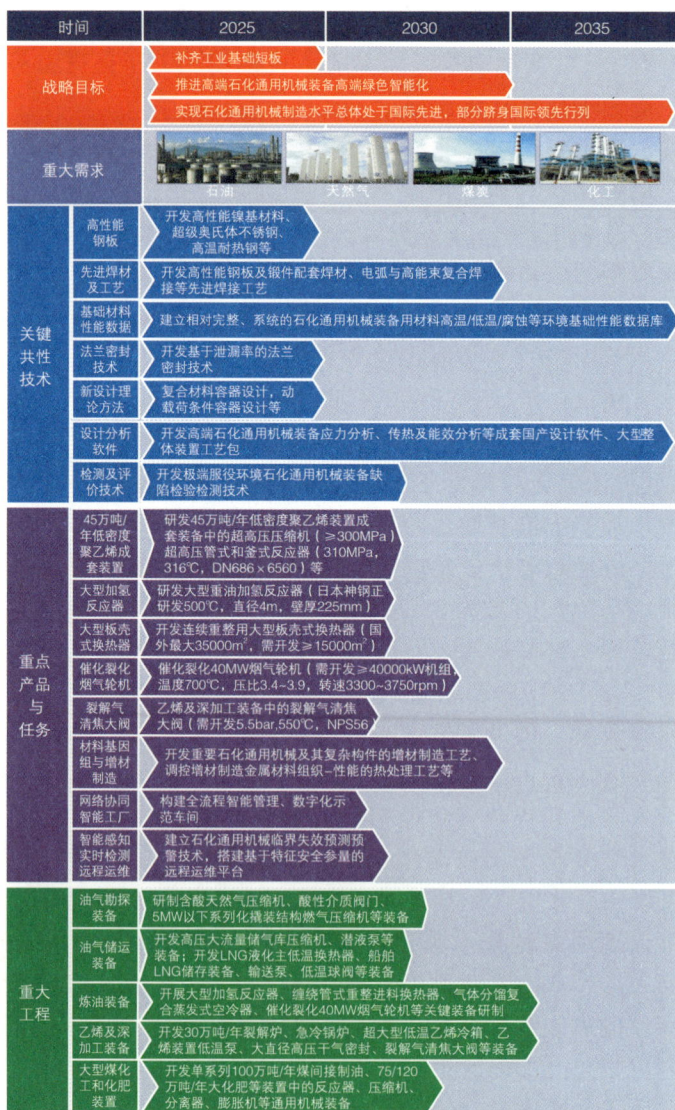

图 11-27　安徽省石化通用机械装备发展技术路线图

第 5 章
安徽省石化通用机械发展政策建议和重点任务

一、政策建议

（一）政府引导和市场主导相结合

发挥政府引导作用，加强石化通用机械领域顶层设计，引导行业技术资源整合，构建重大技术装备中长期发展规划，对关键核心问题、共性问题共同攻关研发，支持成果共享，提升研发效率，促进石化通用机械装备短板问题的解决。建立完善的市场机制，尊重工业基础领域企业发展的自身规律，以市场为导向，推动工业基础领域企业的技术进步和产品迭代。建设和完善以企业为主体、政府为主导的"产学研金政"深度融合的产业技术能力创新体系。畅通石化领域的产业链、创新链、资金链和人才链，构筑有利于石化通用装备的产业生态体系，推进石化工业基础产业进步。营造良好的市场发展环境，打破行业垄断、进入壁垒和地方保护，构建市场机制下的优胜劣汰，引导高质量产品产出高溢价附加值。从需求侧入手，加快发挥检测检验、认证认可、标准等手段，支持企业获得国内专业第三方认证认可，构建市场门槛。同时，不能盲目绝对讲市场起决定性作用，要发挥政府的作用，通过有形之手，使用政府财政资金和部分使用政府财政资金的项目，在招标或采购过程中，给予安徽省内石化领域的相关生产企业优先地位。

（二）当前急需与长远发展兼顾

按照"总体规划、分步实施、重点突破、全面推进"的要求，强调应用牵引、问题导向，明确战略目标、任务和实施的重点，突出工程重点，分类组织实施。抓住一批短板及"卡脖子"问题，统一规划安徽省财政资金，构建省会与地方的联动机制，集中力量进行攻关，促进工艺与装备设计的融合，补齐石化通用机械产业链的缺失环节和薄弱环节。同时，兼顾长远，推进可持续"链式创新"，全面部署、有计划有组织的推进相关政策；立足长远发展的策略，走可持续创新发展道路，坚定不移扎扎实实地持续推进政策实施，构建全面提升的良性循环机制，以实现产业基础能力高端化和现代化的目标。

（三）独立自主和开放合作相协调

攻关石化通用机械领域短板装备，必须坚持自主创新，把核心技术和关键技术牢牢掌握在自己手中，建设自主可控的技术创新体系和具有世界先进水平的基础产业体系；在此同时，坚持更高水平的开放。在新的历史征程上，以更加开放的心态，实施更加开放的政策，努力营造全球创新共同体，融合全球的创新资源、创新要素、创新人才，在开放合作中形成更强创新力、更高附加值的石化领域产业链，建设安徽省的先进石化产业基础创新体系和产业体系。

（四）重视创新人才队伍建设

在行业内继续研究发现人才、培养人才、人才流动等创新机制，从国际化人才、领军人才、技能型人才、后备人才等几个层面有针对性地制定长期稳定的支持机制，不断地为行业培养创新人才，为行业可持续创新发展提供人才支撑。基于我国工业领域"走出去"发展战略,加快国际合作的步伐,培养国际化人才;加强具有多学科综合技术驾驭能力的综合型人才培养,以形成推动技术创新和实现科技成果转化的重要力量;稳定人才队伍和加强人才梯队建设,以减少技术、产品雷同化。重视人才引进工作,要形成完善的人才引进工作机制,确保人才能够进得来、留得住;政策应该严格落实,不流于形式;拓宽引进人才的领域,面向全球引进高层次人才。

(五) 加强知识产权保护

知识产权保护的立法和实施力度不够,导致知识产权保护的缺失,严重影响着企业参与产业共性技术创新的积极性。技术创新需要利益机制的刺激,而对技术创新活动既有效又有约束的利益机制形式正是产权制度。在知识产权得不到市场有效保护的情况下,企业要么承受昂贵的知识产权自我保护,要么放弃技术创新,宁愿在同一水平大打"价格战"。因此,急需完善石化通用机械领域知识产权保护相关法律、知识产权审判工作机制以及商业秘密保护法律制度,健全知识产权侵权查处机制。加大知识产权保护的执法力度,完善知识产权服务体系;大力推进知识产权创造、防御及获取的战略谋划布局,引导和支持重点领域形成基础性专利,建立能够维护安徽省重点产业技术创新目标实现的专利池和知识产权支撑系统,进一步完善国内重大产业技术创新成果扩散转移机制。

(六) 加强对中小企业的支持

针对中小企业经营发展中遇到的困难,坚持完善公平竞争市场环境、解决中小企业融资难融资贵问题,提高中小企业专业化能力和水平、提升中小企业服务实效。加强对中小企业的宏观管理,推动扶持中小企业发展的各项政策措施落到实处,切实减轻企业负担。进一步加大对中小企业帮扶的力度,完善中小企业服务体系。建立完善中小企业发展的专项基金,对好的生产建设项目予以补贴。落实税收优惠政策,清理和废除制约中小企业发展的各种不合理规定,切实减轻中小企业负担。

二、重点任务

基于目前我国及安徽省石化通用机械的领域优势、存在的技术短板以及发展需求,重点针对当前重点项目中依赖进口、急需开展国产化攻关的重大装备和关键部件,提出以下技术瓶颈和亟待解决的关键技术:

(一) 重大科学问题研究

1. 新兴工艺复杂环境下承压设备失效模式、损伤机理及失效防控理论

开展新兴工艺及复杂服役环境下石化承压装备失效模式、损伤机理及失效预防与控制理论研究。研究复杂服役环境下关键装备失效模式与故障机理、材料服役性能与失效行为、典型失效模式、损伤机理与时间的关联规律、多种失效机制间交互作用规律等内容。

2. 高紧凑度、复杂结构等特殊条件下的高效换热原理、强化传热设计理论

开展高紧凑度、复杂结构、极高换热速率等特殊条件下高效换热原理、强化传热设计理论研究。研究微通道内非共沸混合工质、超临界工质的流动换热规律,建立流动与传热计算关联式、流体传热与流动规律;研究非对称型微通道结构的热力与机械协同设计原理等内容。

3. 超高压往复压缩机气流脉动机理及气固液多场耦合压缩热力学动力学特性

开展超高压往复压缩机气流脉动与管道振动机理、气固液多场耦合超高压氢压缩过程热力学及动力学特性研究。研究气柱固有频率、压力脉动、结构振动、复杂管系固有频率的计算和动力效应、油气压力"伴随"特性及影响、启停过程对瞬态特性的影响、"无膜片"离子液体压缩机理等内容。

(二) 高端装备与技术

由于流程工艺与装备设计融合不够,与工艺密切相关的石油化工装备中部分高端装备与技术仍依赖

进口，如超高压聚乙烯装备、合成氨装置、换热器、分离机等装备。装备与工艺的融合问题是攻关短板装备的核心问题，是实现设计、工艺以及制造一体化的关键所在，亟需开展系列高端装备与技术研究。

1. 油气勘探装备研制

开发深海油气勘探领域的深海空间站及深海无人探测器用超高压外压容器（压力等级为－100MPa），目前国内外均没有深入研究。开发成套技术井口及集气站、含酸天然气压缩机、酸性介质阀门、5MW以下系列化撬装结构燃气压缩机以及页岩油气和煤层气开发用成套钻机等装备。

2. 炼油装备开发

针对单系列2000万吨/年常减压、600万吨/年催化裂化、400万吨/年加氢裂化、300万吨/年连续重整等大型炼油装置，开展加氢裂化、渣油加氢大型加氢反应器、连续重整15000平方米及以上板壳式换热器、20000m²缠绕管式重整进料换热器、气体分馏复合蒸发式空冷器、催化裂化40MW烟气轮机（温度700℃、压比3.4～3.9、转速3300～3750rpm）等关键装备研制。

3. 乙烯及深加工装备开发

主要开发30万吨/年裂解炉、急冷锅炉、超大型低温乙烯冷箱（高压板翅式换热器，最高压力10MPa），45万吨/年低密度聚乙烯装置成套装备（100～350MPa超高压管式和≥310MPa釜式反应器、循环气冷却器、≥300MPa超高压压缩机等），35万吨/年挤压造粒机组、乙烯装置低温泵、大直径高压干气密封、裂解气清焦大阀（NPS56）等装备；以及下游生产装置的30万吨/年聚丙烯轴流泵、苯乙烯尾气压缩机等。

4. 芳烃装备开发

主要开发超大型板壳式换热器、超大型缠绕管式换热器、大型二甲苯塔、大流量二甲苯塔底泵、吸附塔循环泵、程控阀门、大型高通量管换热器等装备。

5. 煤化工装备开发

主要开发大型甲醇反应器（180～220吨）、煤制合成天然气反应器、大型循环气压缩机、甲烷化废热锅炉、膨胀机、大流量甲醇泵及液力透平、两相流泵、进料泵、煤制油特大型煤浆往复泵机组、耐温耐磨泵阀和管道（CLASS900，DN500；CLASS1500，DN400）、大口径高压氧阀（CLASS1500、DN200）、合成气切断与调节阀（CLASS900，DN800）、高温自动切换阀（600℃）、高压差减压阀（压差≥17MPa，≥400℃，DN50－350，寿命≥3个月）等。

6. 油气储运装备开发

主要开发高压大流量储气库压缩机、大型地下储油库潜液泵、轴流式止回阀、水击泄压阀、旋塞阀、SCADA系统、10MW级支线燃气轮机驱动压缩机组、20MW级5700－600rpm左右的高速电机和压缩机等装备；针对LNG，主要开发LNG液化主低温换热器（35000m²）、潜液泵、高压外输泵、罐内低压输送泵、BOG压缩机、16″—20″大型卸船臂及气相返回臂、大口径低温球阀、安全阀等装备。

7. 制氢储氢装备开发

开展氢能产业链关键装备研究，主要开发大容积、超高压储氢压力容器（合肥通用院已研制0.3m³、140MPa储氢容器，但该压力容器寿命可靠性还有待进一步验证和提升）、70MPa级及以上复合材料气瓶（III型瓶、IV型瓶）、液氢杜瓦瓶、超高压氢气压缩机、氢气再循环泵，加氢站75MPa注氢泵机组、低温液氢泵、智能瓶口组合阀、液氢阀等重大装备，以及燃气管道氢气混输技术与装备。

8. 高参数材料及焊接热处理工艺开发

主要开发高性能金属锻件及铸件、高纯度及高均匀性钢板和管材、高强度全结合双金属复合板、易加工高耐磨与高强高塑煤机用钢、复杂环境及复合载荷油气（页岩气）钻采储运用钢等新型材料以及配套焊接材料、9%Ni钢焊材等，并研究相关焊接热处理工艺。

9. 高端通用机械设计分析及成套设计软件开发

主要开发针对不同服役条件下的高端压力容器、高参数流体机械等关键装备的结构设计、应力分析、传热及能效分析等成套设计软件；开发具有自主知识产权的大型整体装置工艺包。

10. 极端压力容器缺陷检测及评价技术开发

开发高温、超高压、深冷、复杂腐蚀等极端条件下压力容器缺陷临界失效预测与失效早期预警技术、系统工程风险评估技术、以及超期服役、长周期运行中的结构完整性评价关键技术。

（三）绿色装备、工艺与技术

1. 重型压力容器轻量化技术

开发高强度低成本的承压设备用钢及配套焊条、复合材料高压容器、高效紧凑型热交换器等装备的节材设计技术。

2. 余热综合利用、能效评估与系统匹配等节能技术

开发高效与新型余热综合利用和能量回收技术、换热器/风机/泵/压缩机等高能耗设备能效评估与系统匹配技术、超音速气液两相透平、分布式能源用 ORC 超音速膨胀机等技术。

3. 密封技术及高效洁净排放技术

开发石化装备基于泄漏率控制的密封技术、高压储氢系统关键设备及部件静密封技术、VOC 及烟气高效处理和超洁净排放技术、高效低成本石油石化污水处理技术等。

（四）智能制造技术

1. 材料基因组与增材制造

模拟典型材料的合金相种类、成分与组分等显微组织关键特征，以及长周期服役的显微组织演变规律；通过机器学习模型沟通材料显微组织与力学性能之间的相互关系；并利用高通量实验方法对关键实验点进行快速高效的补充验证。开发重要承压设备及其构件的电弧熔丝、激光熔粉等增材制造工艺、调控增材制造金属材料组织－性能的热处理工艺、增材制造重要承压设备及其构件的设计技术。

2. 智能感知、实时检测与远程运维技术

针对复杂条件、多种机制、工艺易波动工况下承压设备的长周期安全保障难题，融合工业互联网、云计算、大数据、人工智能等现代信息技术，攻克特征安全参量的传感与在线测量技术，开发高精度监测技术与装备，实现承压设备特征安全参量的远程在线监测；建立承压设备临界失效预测与失效早期预警技术，开展承压设备动态风险分析与合于使用评估技术应用；搭建基于特征安全参量的承压设备智能化远程运维平台。

3. 基于新一代人工智能的智能化平台

借助于物联网、大数据、人工智能等先进技术，建立适用于承压设备运维的数据收集机制，形成失效模式、设备性能监测、主导失效判断及金相分析大数据；围绕智能运维目标筛选相应的无监督聚类分析、回归分析等、智能分类器等大数据分析及人工智能算法；研究基于断裂力学、塑性极限理论等机理模型和基于大数据分析等数理模型相结合的设备性能自优化人工智能算法；开发基于新一代人工智能的自学习进化技术、自适应调整技术及自优化运行技术。

4. 承压设备网络协同制造与智能工厂关键技术

开发底层物联网系统、焊接过程在线传感传输与质量评价技术、焊接工艺智能设计、焊接生产智能管控、焊接质量与数字化试验测试及生产过程模拟仿真及软件，研制激光视觉管板智能化焊接单元、安放式接管焊接机器人智能化单元、90°弯管堆焊成型智能化焊接单元、激光视觉曲面板测量划线、坡口数控切割智能单元等智能化单元及装备，构建全流程智能管理、数字化示范车间，在线实时动态感知推动车间全面数字化。

参考文献

[1] 习近平．在中国科学院第十九次院士大会、中国工程院第十四次院士大会上的讲话［EB/OL］．http：//www.gov.cn/xinwen/2018－05/28/content_5294322.htm，2018－5－28/2018－05－28．

[2] 习近平．在中央财经委员会第五次会议上的讲话［EB/OL］．http：//www.gov.cn/xinwen/2019－08/26/content_5424679.htm，2019－08－26/2019－08－26．

[3] 科技部．中国石化"十三五"科技进步规划［Z］．2014－05．

[4] 科技部．中国石化重大技术装备国产化"十四五"研制规划（草稿）［Z］．2019－12．

[5] 中国通用机械工业协会．中国通用机械工业发展史［M］．北京：机械工业出版社，2018．

[6] 中国机械工业年鉴编辑委，中国通用机械工业协会．中国通用机械工业年鉴（2019）［M］．北京：机械工业出版社．2019．

[7] 智宗合．国家重大技术装备三十五年：大型石油化工装置Ⅰ［Z］．北京：智慧中国，：69－73．

[8] 智宗合．国家重大技术装备三十五年：大型石油化工装置Ⅱ［Z］．北京：智慧中国：75－81．

[9] 高金吉等．我国高端能源动力机械健康与能效监控智能化发展战略研究报告［R］．北京：中国工程院，2014－12．

[10] 高金吉，王玉明，陈学东等．流程工业绿色智能装备科技发展战略咨询研究报告［R］．北京：中国工程院，2016．

[11] 中国工程院战略咨询中心．中国工程院重大战略咨询课题研究报告"产业基础能力再造"［R］．北京：中国工程院，2019．

[12] 国家制造强国建设战略咨询委员会，中国工程院战略咨询中心．中国制造2025系列丛书：工业强基［M］．北京：电子工业出版社，2016．

[13] 中国工程院工业强基战略研究项目组．工业强基战略研究（卷Ⅰ）［M］．北京：电子工业出版社，2017.8．

[14] 中国工程院工业强基战略研究项目组．工业强基战略研究（卷Ⅱ）［M］．北京：电子工业出版社，2017.8．

[15] 中国工程院工业强基战略研究项目组．工业强基战略研究（卷Ⅲ）［M］．北京：电子工业出版社，2017.8．

[16] 张晓仑．稳中求进·奋发有为·高质量推进改革发展迈上新台阶［R］．北京：国机集团2020年工作会．2019－12－30．

[17] 张晓仑．聚焦问题精准发力·紧扣战略狠抓落实·奋力开创国机集团高质量发展新局面［R］．北京：国机集团2019年工作会．2019－01－18．

[18] Subcommittee on Advanced Manufacturing Committee on Technology of the National Science & Technology Council. Strategy for American Leadership in Advanced Manufacturing［Z］. 2018－10．

[19] Horizon 2020. The EU Framework Programme for Research and Innovation［EB/OL］. http：//ec.europa.eu/programmes/horizon2020/en．

[20] 陈学东，范志超等．关于转制科研院所发展的思考［R］．合肥：国机集团转制院所发展座谈会报告，2016－05－17．

[21] 陈学东，范志超．过控专业学科建设若干建议［R］．武汉：第十五届全国过控专业教学与科研校际交流会大会报告，2017－8－19．

[22] 陈学东，艾志斌，范志超等．我国承压设备事故调查分析及其基于风险的设计制造与维护．第七届全国压力容器学术会议大会报告［M］．北京：化学工业出版社，2009：65－73．

[23] 陈学东，崔军，章小浒等．我国压力容器设计、制造和维护十年回顾与展望［J］．压力容器，2012，29（12）：1－23．

[24] 陈学东，范志超，陈永东等. 我国压力容器设计制造与维护的绿色化与智能化 [J]. 压力容器，2017，34（11）：11—27.

[25] 陈学东. 智能制造与流程工业装备智能化远程运维 [R]. 合肥：2018 中国国际徽商论坛与2018 世界制造业大会特邀报告，2018—05—25.

[26] 陈学东，范志超，崔军等. 极端条件重大承压设备的设计、制造与维护 [J]. 机械工程学报，2013，49（22）：66—75.

[27] 李多英. 2018 年通用机械行业经济运行情况 [J]. 通用机械，2019（05）：13—16.

[28] 钱家祥，刘海芬. 我国压缩机行业所取得的成绩及未来发展方向 [J]. 通用机械，2016（11）：16—19.

[29] 葛丽玲，史金龙. 沈鼓集团离心压缩机技术进步介绍 [J]. 通用机械，2017（03）：19—21.

[30] 钱伯章，李秀红. 机泵节能技术综述 [J]. 化工装备技术，2015，36（03）：60—66.

[31] 孙电锋，孙见君，於秋萍等. 非接触式机械密封动力学研究进展 [J]. 化工进展，2019，38（12）：5238—5246.

[32] 邓强国，宋鹏云，许恒杰等. 干气密封动力学研究新进展 [J]. 润滑与密封，2018，43（06）：118—127＋148.

[33] 钱锋，杜文莉，钟伟民等. 石油和化工行业智能优化制造若干问题及挑战 [J]. 自动化学报，2017，43（06）：893—901.

[34] 涂善东，于新海，张健. 严苛条件下承压系统安全阀技术 [J]. 化工进展，2019，38（01）：145—154.

[35] 温建锋，轩福贞，涂善东. 高温构件蠕变损伤与裂纹扩展预测研究新进展 [J]. 压力容器，2019，36（02）：38—50.

[36] Chen XD, Cui J, Fan ZC et. al. Design, manufacture and maintenance of high-parameter pressure vessels in china [R]. Anaheim：ASME PVP 2014 Conference，2014—07.

[37] Chen XD, Cui J, Lv YR et. al. Structural Design, Manufacturing and Maintenance Technology of Flange Seal for Pressure Equipment Based on Leak Rate Control [R]. Boston：ASME PVP 2015 Conference，2015—07.

[38] Chen XD, Yang TC, Fan ZC et. al. On-line monitoring and warning of important in-service pressure equipment based on characteristic safety parameters [R]. Hawaii：ASME PVP2017 Conference，2017—07.

[39] Chen XD, Fan ZC, Chen YD et. al. Development of Lightweight Design and Manufacture of Heavy-duty Pressure Vessels in China [R]. Czech Republic：ASME PVP 2018 Conference，2018—07.

[40] Chen XD, Fan ZC, Chen T et. al. Thinking on intelligent design, manufacture and maintenance of pressure equipment in China [R]. San Antonio：ASME PVP2019 Conference，2019—07.

[41] 殷忠勇. 论科技创新新型举国体制的构建——时代背景、理论基础和制度体系 [J]. 人民论坛·学术前沿，2017（13）：80—83.

[42] 黄涛. 构建新型科技创新举国体制应把握好三个均衡 [N]. 学习时报，2018—10—31（1）.

[43] 任平. 新型举国体制助力重大科技创新 [N]. 人民日报，2016—01—26.

[44] 陈学东. 关于企业技术创新和工匠精神的思考. 合肥科学家企业家论坛，合肥：2018.12.9.

[45] 陈学东，王冰，范志超. 科技与经济融合促进企业技术创新能力提升的思考 [J]. 安徽科技，2019，12：5—10.

[46] 陈学东. 石化工业承压设备智能化远程运维 [R]. 太原：第十三届压力管道安全保障关键技术研讨会大会报告，2019.8.15.

[47] 陈学东，范志超. 新工科建设对提升企业技术创新能力的思考 [R]. 合肥：第 18 届全国机械

学院院长/系主任联席会议大会报告，2019－08－17.

[48] 陈学东. 提升企业技术创新能力促进工业强基［R］. 上海：浦东干部管理学院报告，2019－09－01.

[49] 陈学东. 全寿命周期风险识别控制、促压力容器质量提升［R］. 合肥：2019 世界制造业大会质量品牌建设论坛报告，2018－09－20.

[50] 陈学东. 推动工业强基工程、实现制造业高质量发展［R］. 合肥：2019 世界制造业大会制造强国建设专家论坛报告，2018－09－21.

[51] 陈学东. 关于强化质量技术基础、加快制造强国建设的思考［R］. 合肥：安徽省质量文化进高校活动特邀报告，2019－11－20.

[52] 陈学东，范志超. 面向可靠性的极端压力容器设计制造技术［R］. 北京：第 671 次香山科学会议中心议题评述报告，2019－12－10.

[53] 郑津洋，马凯，周伟明等. 加氢站用高压储氢容器［J］. 压力容器，2018，35（09）：35－42＋54.

[54] 王赓，郑津洋，蒋利军等. 中国氢能发展的思考［J］. 科技导报，2017，35（22）：105－110.

[55] 国家发展改革委，科技部，工业和信息化部，等. 关于促进首台（套）重大技术装备示范应用的意见［Z］. 2018－04－17.

[56] 中国机械工业集团有限公司. 国家重大技术装备创新研究院组建方案［Z］. 2019.

第 12 篇

电工电器装备篇

摘　　要

　　电工电器是中国机械工业联合会划定的 13 个行业之一。电工电器是电能产生、转换、输送的装备，是国民经济和人民生活不可或缺的产品。

　　2018 年，我国电工电器主营收入 49519.87 亿元，约占全国机械工业的五分之一。在中国机械工业100 强中，电工电器企业有 22 个，占比约五分之一。2019 年，安徽电工电器和器材制造业主营业务收入2921.1 亿元，居全国第七位，约占全省机械工业的四分之一。

　　安徽电工电器行业的特点是：以专精特新中小企业为主，部分产品质量较好，并已形成产业集群；但与全国发达省份相比，还存在一定差距，即总体规模偏小，产品品种不全，"缺大少重"，新兴能源（如风电、核电等）装备仍属空白。

　　加快发展安徽电工电器，要树立新发展理念，大力发展节能绿色产品，抓好传统产品的升级改造和更新，积极承接大规模、大容量产品的产业转移，不断提高产品质量和水平，着力发展风电、核电等新兴能源装备，省政府及有关部门要注重电工电器的发展。

第 1 章
电工电器装备国内外发展现状及发展趋势

一、概述

电工电器是电能产生、转换、输送的装备，是国民经济和人民生活不可或缺的产品。基本建设离不开电工电器，工业、农业生产、农田水利建设、农副产品加工，交通运输、各种建筑都需要电力装备。最近，我国又提出发展新基建，包括 5G、特高压、高铁城轨、新能源汽车充电桩、大数据中心、人工智能、互联网，都与电工电器密切相关。2020 年伊始，安徽省启动了一大批"六稳"重大工程。工程未动、电力先行，电工电器特别是电力装备必须跟上。

随着人民生活水平的提高，对电工电器的需求不断增多。据统计，在我国的用电总量中，第三产业和城乡居民用电占 50% 以上，而且随着人民生活水平的提高，其占比不断提高。2019 年，我国第三产业用户达 1.19 万亿千瓦时，比上年增长 9.5%。安徽是家电生产大省，家电的大量普及会使用电增加，电工电器装备也必然增多。今年 4 月 29 日，安徽省政府宣布 31 个贫困县全部脱贫，3000 个贫困村出列。人民生活水平的提高，必然带来用电的增加和电工电器的增多。

节能环保要求多个领域"以电代油"。实践证明，传统的燃油发动机不仅成本高，而且易造成环境污染。现在，新能源车越来越受到业界重视和用户欢迎，销售量逐步增加，为其配套的储能设备锂电池销量也日益增长。传统的燃油动力叉车、搬运机械已不能在清洁车间、实验室使用，发展储能设备如锂电池配套的机械可以避免燃油发动机造成的尾气、噪声污染，储能设备前景越来越好。现在，汽油摩托车逐步被人工电动车代替，人工电动车越来越普及，国家有关部门已对人工电动车实行持证管理。电力和电工电器的需要显著增多。

我国对电工电器发展高度重视。《中国制造 2025》把电力装备列为十大重点突破的领域之一，提出"推动大型高效超净排放煤电机组产业化和示范应用，进一步提高超大容量水电机组、核电机组、重型燃气轮机制造水平。推进新能源和可再生能源装备、先进储能装置、智能电网输变电及用户端设备发展。突破大功率电力电子器件、高温超导材料等关键元器件和材料的制造及应用技术，形成产业化能力"。安徽省制定的《中国制造 2025 安徽篇》提出重点突破的十二个高端制造业领域，"电力装备等高端制造业"是其中之一。综上所述，发展安徽省装备制造业，必须大力发展电工电器。

根据中国机械工业联合会界定，电工电器主要包括：汽轮机、水轮机、风机原动设备、风动及电动工具、发电机及发电机组、电动机、变压器及整流器、电感器、配电开关控制设备、电线电缆、光伏设备及元器件、锅炉及辅机。近年来又增加了核电装备。

二、国外现状及发展趋势

（一）国外电工电器现状

国外电工电器比较先进，最典型的企业是 ABB、西门子、施耐德、GE 公司等企业。

ABB 集团公司 2018 年销售收入 276.62 亿美元，保持全球第一第二的位置。主要产品有变压器、开关柜等。产品不仅销往世界各地，还在多个国家设立公司，就地生产，就地销售。2019 年，ABB 中标张北高压直流电网——目前世界最大最先进的柔性高压直流工程。ABB 还推出全球首台集成数字化解决方案的电力变压器，即 ABBAbility 数字化变压器，可实现智能监测和控制。由于产品先进，2019 年 7 月，ABB 的全球首台液浸式变压器在英国成功实现机器人检测，获英国顶尖杂志《电器评论》2019 年度最佳电力产品奖。ABB 将干式变压器做得精致轻巧，进入风电、核电、半导体、光伏多个领域，最近又研发出 145 千伏电压的干式变压器，居世界领先水平。除变压器外，公司推出的 500 毫米 Unigear 中压智能开关柜、MNS 低压开关柜、Emax2 空气断路器，都达到世界领先水平。2019 年，ABB 又收购了 GE 公司（生产燃气轮机），进一步巩固了 ABB 在全球的优势地位。

西门子股份有限公司也是世界著名的电气企业。其生产的燃气轮机居世界首位，其中 SGT－800 型燃气轮机在全球超过 350 台，2019 年为协鑫昆山蓝天项目提供。2019 年 3 月，中国国家电力投资公司与西门子签订战略合作协议，开发以天然气代替煤炭项目。目前，西门子也在大力开发，提供数字化软件，促进智能电器的发展与应用。2019 年 2 月，西门子在上海成立面向智能制造的 mindsphere 数字化应用中心加快智能电气在中国的开发与应用。2019 年 3 月 26 日，国家电网投资集团公司与西门子达成协议，就电厂数字化、分布式能源智慧管理、以及燃气轮机技术进行合作研发、应用。

施耐德公司是世界生产电器设备著名企业，主要产品是电气开关柜。2020 年 3 月 18 日，施耐德与我国联想集团签署"合作推出绿色智能制造创赢计划"，联合推出环保型气体绝缘开关 GMA 技术，该项目运用数字化手段，实现气体压力可视、容量进一步提升、且外形更加美观大方，并能减少二次接线，帮助用户主动运维和远程运维。近些年来，施耐德电气公司以其先进的智能技术帮助中国的伊利、宝钢、神龙汽车等进行智慧工厂升级，形成了"朋友圈"；2020 年初又在北京成立独立的智能技术服务公司，开展智能技术服务业务。

GE 公司是世界生产燃气轮机最多的企业，到 2019 年已累计生产燃气轮机 7000 多台，运行时间超过 2 亿小时。公司的产品水平不断提高，目前已能做到 6B 机组；公司升级的 6B0 燃气轮机，具世界领先水平，该机型可将燃气轮机的出力提升 35%，将效率提升 5 个百分点，使单台机组每年可节约燃料费 300 万美元，使热通道检修期由原来的 24000 小时延长至 32000 小时，大修间隔由 48000 小时延长至 64000 小时。

此外，日本的富士电机、英国 JDR 公司的铅芯电缆、德国的风电设备、美国的光伏设备等，也都具有了很高水平，在世界占有优势地位。

（二）国外电工电器发展趋势

2020 年 3 月 29 日，全球新能源互联网发展合作组织（会员 860 家，覆盖 115 个国家）召开成立四周年研讨会，提出以清洁能源为主导，以电能为中心，以智能电网＋特高压电网＋清洁能源，为人类可秩序发展提供解决方案，集中反映了国外电工电器产业发展趋势。

1. 高端化

高端化如世界未来的中压开关，将来用干燥空气作为绝缘气体，结合真空灭弧技术，用户使用更安全，并能有效地控制碳排放和成本效益。又如，英国制造商 JDR2019 年 7 月为丹麦提供的铝芯电缆，长达 170 公里，在英国组装，2021 年完工交货；此电缆用于丹麦最大的海上风电场，能为丹麦 6 多万户家庭（占全部家庭的 23%）提供能源。晶澳太阳能研制的双面双玻组件具有双面发电优势，在全球光伏产品中居于领先水平。

2. 智能化

智能化是国际上知名电气企业的普通做法。他们设计制造产品，都十分重视运用大数据，实行智能化管理生产，并延伸到其他领域。如 ABB 公司对江苏省电力公司包括变压器在内的资产进行评估，通过对数据进行分析，预测设备维护与更新的要求。

3．清洁化

为实现行业可持续发展，国外先进企业都大力发展清洁能源及装备，主要是风电、光伏、核电及其装备。据介绍，全球已有 90 多个国家开展了风电商业化业务，其中 9 个国家的幅度装备超过 10 兆瓦。德国 Aquiacapital 公司风电能力强，2019 年 8 月，与中国广核集团签订瑞典一个 81.3 万千瓦的风电项目股权认购协议。2019 年美国新增光伏装机 15.8 兆瓦，光伏发电占新增发电量的 29％，并且未来 5 年还要增长 1 倍以上。

4．可再生

目前，国外越来越多的企业着力发展再生能源，对电池、电机等进行回收利用。《BP 世界能源展望》2019 指出，再生能源将从当前的 4％上升到 2040 年 15％左右，在电力行业将占到 30％左右。国外电工电器产业市场规模，持续增长。到 2025 年，ABB 主营收入可达 400 亿美元，西门子、施耐德、GE 公司可保持每年 5％的增长，其中 GE 公司的燃气轮机累计可突破 10000 台。国外电工电器技术水平将更加先进，主要体现在自动化程度更高、可视性更好以及节能环保效果更加显著。

三、国内现状及发展趋势

（一）国内电工电器现状

近年来，在新型城镇化建设、农网改造的带动下，我国电器工业发展较快。据中国电器工业协会数据显示，2018 年，我国电工电器工业主营业务收入 49519.87 亿元，约占我国机械工业主营业务收入的五分之一，比上年增长 6.36％，实现利润 2836.82 亿元，同比增长 5.52％。主要产品产量不断增加，目前，我国电工电器行业的发电设备、输变电设备、配电设备、用电设备以及电工器材居世界前茅，我国成为名副其实的电工电器制造大国。

我国电工电器主要重点企业在中国机械工业占有重要位置，在中国机械工业联合会发布的 2018 年中国机械工业 100 强中，电工电器企业有 22 个，占五分之一强，其排位也比较靠前，见表 12-1。

表 12-1　2018 年电工电器企业进入中国机械工业百强企业名单

排名	企业名称	营业收入（万元）
2	上海电气（集团）总公司	11452758
6	新疆特变电工集团有限公司	5372779
9	卧龙控股集团有限公司	3653562
11	正泰集团股份有限公司	3573240
12	白云电气集团有限公司	3451106
13	中国东方电气集团有限公司	3232450
16	哈尔滨电气集团有限公司	2905845
21	江苏上上电缆集团有限公司	2087615
24	中国西电集团有限公司	1742136
26	许继集团有限公司	1470572
27	德力西集团有限公司	1310499
37	平高集团有限公司	992991
38	安徽天康（集团）股份有限公司	981833
46	天津金桥焊材集团有限公司	803064
61	杭州电缆股份有限公司	437898

（续表）

排名	企业名称	营业收入（万元）
62	天津大桥焊材集团有限公司	432353
65	山东电力设备有限公司	390970
68	江苏华鹏变压器有限公司	361256
85	常熟开关制造有限公司（常熟开关厂）	212890
86	北京电力设备总厂有限公司	211136
92	人民电器（集团）有限公司	179201
98	广东电缆厂有限公司	143792

在重点产品方面，我国电工电器主要有以下十大类别。

1. 发电设备

2018 年，我国发电设备装机容量达到 19 亿千瓦。水电、风电、太阳能发电装机分别达到 3.3 亿、1.8 亿和 1.7 亿千瓦，均属世界第一；哈电、东电、上电三大集团生产的发电设备占到全国总产量的 70%。

哈电集团承担了三峡左岸 8 台水轮发电机组、右岸 6 台 70 万千瓦水电机组，从左岸机组合同签订到地下电站最后一台机组交付，历时 14 年，开启了我国自主研发的新时代，荣获国家科技进步特等奖，为三峡工程作出了巨大贡献。哈电集团作为我国发电设备的长子，在海洋能开发方面也有重大建树。2020 年 1 月，哈电集团的 600KW 海底式潮流发电整机通过验收，该项目是对大容量潮流能机组研制的有益探索。并建造了海洋能试验平台，该平台属双船体，长 45 米、宽 20 米，设计排水量超 400 吨，是国内最大的海洋能单位试验平台。这对解决我国乃至全球偏远海岛的能源供应、海洋水下监测仪器供电及潮流能的市场化应用具有重大意义。

在发电设备方面，东方电气、西电集团、上海电气、南京燃气轮机、杭州燃气轮机等企业也研制出一系列高水平的产品，特别是燃气轮机为发电行业作出了重要贡献。

2. 变压器

我国变压器行业重点企业有新疆特变电工、天威保变、国内 ABB 公司等。天威保变 2019 年 11 月为国家电网张北—雄安特高压交流输变电工程张北站提供 7 台 1000 千伏交流变压器，试验结果表明，该产品性能指标完全满足工程要求，绝缘耐受能力和局部放电、温升及噪音等关键指标均达到国际同类产品领先水平。

新疆特变电工研制成国内首台套百万千瓦机组配套的 800kV 三相整体运输升压变压器，用于甘肃酒泉至湖南±800kV 特高压直流输电工程，具国内领先水平。新变电工衡阳公司针对浸油式变压器使用矿物油因泄漏易造成环境污染的问题，自主研制天然脂植物油变压器（SWF211－6300/1100），具有过载能力强、绿色环保、低损耗、高安全性能等特点，受到市场欢迎。

今年 3 月 21 日，汉缆股份公司顺利完成国家电网新源敦蓄电站超长 500kV 电缆出厂试验，该工程使用的 500kV 交联聚乙烯电力电缆单根长度为 1.546KM，共 6 根，总长度 9.276KM，在单根制造长度、电压等级等多方面创下国内之最。

3. 电动机

全国主要电机企业有浙江卧龙电气、江苏大中、西安西玛、湖南湘潭电机、甘肃兰州电机、中车永济电机等。这些电机企业生产的大型高效节能电机，广泛为各行各业提供装备。最近，哈电集团为航空工业配套的 FL－62 风洞压缩机电机获得成功。该电机功率 80MW，重量 300 吨，是航空工业 FL－6 风洞压缩机的关键部件，达到国际先进水平，该电机研制成功，代表我国电机发展进入新阶段。中车株洲电机公司研制的 TQ－800 永磁同步牵引电机成功下线，标志着我国高铁动力首次搭建起时速 400 公里的电机获得成功。东方电气集团东方电机公司研制的国内首台 24MW 级 6000Y/mm 管线压缩机防爆无刷励磁同步电机通过鉴定，主要指标达到国际先进水平，未来可在天然气长输管道等领域推广应用。卧龙电气专业从事电机和控制产品生产，是全球知名的电机制造商，中国 500 强企业，被工信部列为第四批制造业单项冠军。

4. 电线电缆

电线电缆是量大面广的产品。我国电线电缆有 10000 多家，2018 年主营业务收入 1.6 亿元，产量达 1.1 亿千米。全国电线电缆有四大基地，即安徽的无为市、江苏的宜兴市、河北的宁晋市、广东的佛山市。电线电缆产品主要有电力电缆、通讯电缆、光缆、数据电缆等。主要生产企业有江苏上上电缆、浙江宝胜电缆等。2019 年，江苏上上电缆 2018 年销售收入达 230 亿元，成为我国电缆生产规模最大的企业，公司能够生产 220V 至 500V 的全系列产品，包括新能源汽车电缆、港式机械卷筒电缆、柔性防火电缆等等。

5. 电池

电池包括铅蓄电池和锂电池。据工信部数据，2019 年，全国电池制造业主要产品出货量为，锂离子电池 137.2 亿只、比上年增长 4.0%，铅酸蓄电池 20248.6 万千伏安时、比上年增长 4.0%，原电池及原电池组（非扣式）产量 400.6 亿只、比上年增长 3.7%。2019 年，全国规模以上电池制造企业营业收入 8165.3 亿元、比上年增长 13.6%，实现利润 344.1 亿元、比上年增长 27.3%。电池行业的主要企业中，天能动力 2018 年主营业务收入 345.52 亿元，名列第一；宁德时代新能源主营业务收入 296.11 亿元，名列第二；超感动力，主营业务收入 269.48 亿元，名列第三。

6. 组合开关

组合开关包括断路器、换流阀等，是电力输送的重要产品。主要生产企业有河南平高集团、许继集团等。河南平高集团是我国电工电器的支柱企业。该集团生产全封闭组合电器、罐式断路器，规格最高达到 800 千伏，技术水平在国际领先。曾经为青海至河南特高压直流输电工程提供装备，反映良好。集团研制的 LW10B－1100/Y4000－63 型 SF6 断路器能满足工程需求的 ±1100kV 切滤波器断路器，技术水平国际领先，占领了国内外电力装备制造技术的制高点。许继集团生产的光控换流阀填补了国内空白，先后为 30 多条高压、特高压工程和柔性直流输电工程提供核心设备，直流输电技术创造多个世界第一，集团先后获国家科技进步特等奖和一等奖、中国工业大奖、中国质量奖提名奖等称号。还有，浙江德力西集团生产的断路器水平高，品种多，已经广泛用于航天航空、雷达及民生领域电器。

7. 电动工具

电动工具包括手电钻、电锤等。据统计，2019 年我国电动工具出口 2.64 亿台，出口金额 82.42 亿美元。因电动工具属于手工和劳动密集型产业，全球电动工具产业正在向中国转移。

8. 锅炉

我国锅炉重点企业有东方锅炉、哈电集团哈尔滨锅炉厂。近年来，东方锅炉对冲锅炉创新技术，在燃烧设备优化、预热改造、负荷脱硝等方面不断进行改造创新，产品性能达到国内外先进水平。2019 年 11 月，企业自主研发生产的 660MW 超超临界褐煤对冲燃烧锅炉获得成功，这是国内首次采用Π型锅炉配中速磨一次风蒸汽加热系统的褐煤炉解决方案，突破了传统塔式褐煤塔式褐煤配风扇磨的模式，开创了中高水分褐煤燃烧的新途径。哈电集团哈尔滨锅炉厂生产能力强，技术水平先进，能生产多规格重开锅炉。2020 年 3 月，企业中标国内最大的天然气锅炉项目—中石油广东石化公司 4 台 450t/h 燃气锅炉。据悉，中石油广东石化 2000 万吨炼化一体化项目位于广东省揭阳市，总投资 650 亿元，项目建成后将成为国内加工高硫、含酸、重质原油的世界级炼化基地。

9. 焊机焊材

我国相关产业基础较好。天津金桥焊材公司广泛为桥梁、压力容器等行业服务，曾成功焊接港珠澳大桥，代表了我国焊材水平。

10. 风机

根据国家统计局数据，2018年，我国风机行业规模以上企业生产各类风机3441.3万台，同比增长8.8%；行业工业增加值同比增长10.6%，主营业务收入同比增长13.9%，利润总额同比增长3.7%。国内风电新增装机超20兆瓦。

最近几年以来，我国海上风机也发展很快。到2019年底，我国海上风机累计并网510万千瓦，完成"十三五"规划的77%。福建、广东、天津的海上风电项目已成功并网运行，浙江、辽宁、河北三省正在开工，江苏、广东、福建的并网发电已占到总量的32%、25%、24%。风电设备水平不断提高。由哈电集团制造的国内首个1300吨自升自航式风电安装船"铁建风电01"交付使用。由华电机械院自主设计、研制的FZQ1650型高塔架风电塔机已经完成，该塔机采用自升式、全自立，无附着式，具有起升度高、起重量大、拆装快捷、转场方便等特点，能够满足2—4MW、180m高度的风机安装。

11. 光伏

我国光伏发电发展很快，2019年，新增光伏装机40GW。一些省市还正在发展光伏产业，光伏装备也同步跟进。2019年12月25日，中广核在安徽当涂的26万千瓦平价光伏项目顺利实现全容量并网。

12. 核电

到2019年6月底，我国在建核电机组11台，总装机容量1147.9万千瓦，已经多年保持世界第一。2019年，中国机械工业联合会完成了35台套在建三代核电关键设备的验收。目前，华龙一号核电成套装备、CAP1400核电成套装备等正在抓紧建设、加快发展，将在2020年投入运行。

在产品发展的同时，关键零部件也有较快的发展。如大型电机的转子、定子，发电机组的内燃机及其曲轴、活塞、活塞环、进排气门等，变压器的散热片，电线电缆的铜芯、铝合金芯，组合开关等各种元器件，其质量和水平都有很大提高。

共性关键技术提高很大，行业标准工作取得新成就。由中国电器工业协会发布的六项电器工业团体标准入选工信部科技司的2018年团体标准应用示范项目。其中，《核电站主氦风机用高压立式变频调速三相异步电动机技术条件》被评选为优秀团体标准项目。《储能技术标准化工作实施方案（征求意见稿）》，支撑了能源互联网建设。高压开关设备数字化车间运行模型、用户端电器工艺仿真和集成等重点标准研制，有效推进智能制造应用标准化。锅炉的焊接技术不断提高，一些锅炉企业已采用内壁堆焊镍合金技术。铅蓄电池采用小密动力电池技术、拉（冲）网成套化极板制造为主。电动工具、低压电器、电器附件等绿色设计产品评价标准研制，支撑了电工产品绿色品牌建设。

电工电器行业运用"互联网＋"思维，推行数字化、智能化发展，取得了很大进展。据统计，我国电工电器工业实施智能制造专项的总数已达60多个，这些项目涉及的领域既有发电设备也有输变电设备，既有高压设备也有中低压产品；既有一次设备也有二次设备，实现了对电工电器产业的全覆盖。正泰集团利用云端的大数据分析能力与产业链上下游实现横向集成，建立可追溯的数字化质量管理系统；常熟开关将信息技术、工业技术与智能技术深度融合，全面实施了面向智能制造用户端电器制造的新模式，促成了新一代智能化断路器与物联网的融合；卧龙集团建立了拥有自主知识产权的，集多个关键工艺为一体的新能源汽车电机制造数字化车间，实现产品全生命周期管理。

我国电工电器工业科技成果丰硕的，千兆瓦级柔性直流背靠背系统装备研发及其应用、海上风力发电及输电用高端电缆关键技术及应用、1000MW级超（超）临界二次再热汽轮机及锅炉研制等8个项目荣获中国机械工业科学技术一等奖，超、特高压变压器/电抗器出线装置关键技术及工程应用、我国首座大型海上电场关键技术及示范应用等项目荣获国家科技进步奖。

电工电器出口不断扩大。在国家"走出去"战略和"一带一路"建设倡议下，我国电器工业海外市场开拓经历了从产品输出到服务输出，再到投资并购的升级迭代，企业积极布局海外市场，不断提升全球竞争力。在电站设备方面，哈电集团、上海电气、东方电气已经参与诸多海外大型水电、火电站的建设，哈电集团为迪拜哈斯彦清洁燃煤电站项目和土耳其泽塔斯 660MW 超临界火电项目提供核心装备。输配电方面，依托特高压项目，输配电设备板块已经形成以工程总包为主、设备销售为辅的出口态势，西电集团、特变电工等已经为电网公司海外项目提供了成套产品。电机方面，中东永济电机公司的电机多次打入俄罗斯市场，并与俄罗斯运输机械集团签订牵引电机项目，用于轨道交通牵引，合同金额 1.5 亿元。核电方面，三代核电技术"华龙一号"在设计、设备生产制造、燃料和运行维护保养方面具备多个自主知识产权，70 万千瓦 CANDU－6 型重水堆核电机组在阿根廷开工建设。巴西美丽山二期特高压输电项目采用中国技术和标准，英国欣克利角 C 核电项目采用"华龙一号"技术，中东首个清洁燃煤电站－阿联酋迪拜哈斯彦 4 台 60 万千瓦清洁煤电站由哈电集团提供。埃及 6 台 110 万千瓦清洁煤燃烧项目总承包合同由东方电气和上海电气获得。后者为现今全球最大的清洁煤电项目，也是中国企业首次将拥有自主知识产权的超超临界清洁燃煤技术推向世界；新能源方面，仅 2019 年，中国就向海外出口光伏组件产品高达 40.8GW。

（二）国内电工电器发展趋势

1. 发展高规格、大容量电工电器产品

变压器要多发展 1000kV 以上规格；电机以大功率为主，突破一批关键技术，更好地满足国民经济特别是重点工程建设的需要。

2. 发展智能装备

电工电器智能化，能进一步做到可视可控，提高效率，降低消耗。更好地实现节能、环保，提高经济效益。

3. 发展清洁能源

发展风电、核电装备。减少传统电产品造成的污染，做好环境保护。目前，我国一些省市在风电、核电方面发展很快，风电、核电装备需要量增多，产品水平也在提高，如发电机性能更好、风机叶片加长、可靠、耐用。

4. 做好电工电器的回收利用

对部分使用过的电工电器实行回收利用，不仅能创造新的经济效益，还有利于环境保护。一些企业做得较好，如安徽皖南电机股份有限公司成立了再制造中心，对使用过的电机进行回收改造。安徽省界首市田营开发区对铅蓄电池等产品进行回收利用，也取得很好效果。

5. 扩大电工电器的出口

我国电工电器量大面广，产品质量和水平也有很大提高，一些技术密集型和劳动密集型产品有广阔的国际市场。一方面要组织大型产品如发电设备、输变电设备随我国对外承包重大工程、高铁出口，另一方面，组织劳动密集性产品为电机、电动工具加大出口，满足国际市场方面。

（三）国内电工电器产业市场和技术发展研制

随着基本建设的不断发展，人民生活水平提高用电的增多以及家用电器的普及、提升，电工电器需要量会增多。按每年 6% 的速度增长，到 2025 年，全国电工电器销售收入可达 70000 亿元，到 2035 年，可达 87500 亿元。

随着我国技术进步和高质量发展的要求，国内电工电器技术水平会不断提升，主要体现在自动化程度高、重点产品高端化、轻量化，产品功能更多，并且更加节能环保。

第 2 章
安徽省电工电器装备发展现状及特点

一、安徽省电工电器装备发展现状

电工电器是安徽机械工业十一个分行业之一，主要包括发电机组、电机、变压器、电线电缆、电力开关、电池、锅炉、焊材等，部分产品在全国电工电器行业中具有优势特色。2019 年，全省电工电器和器材制造业实现主营业务收入 2921.1 亿元，属仅次于汽车工业的第二大产业，在全国居第七位，前六位是江苏、山东、浙江、广东、河南、江西。

2019 年，安徽省机械行业联合会评出安徽省机械工业 50 强企业，电工电器有 7 个企业名列其中，占 14%，见表 12-2。

表 12-2 2019 年安徽机械工业 50 强企业（电工电器部分）

排名	企业名称	所属行业	所属城市
6	安徽天康（集团）股份有限公司	仪表电缆	滁州
11	徽宁电器仪表集团有限公司	电缆	滁州
17	安徽皖南电机股份有限公司	电机	宣城
18	新亚特电缆集团有限公司	电线	芜湖
20	六安江淮电机有限公司	电机	六安
33	合肥神马科技集团有限公司	电工装备	合肥
35	天威保变（合肥）变压器有限公司	变压器	合肥

二、主要产品分类

（一）发电机组

安徽没有大型火力、水力、核电发电机组生产能力，仅能生产移动式柴油发电机组和节能型余热发电机组。

移动式柴油机发电机组供应商主要为全柴集团。全柴集团生产的多缸柴油机，品种多，质量好，以六缸机为主，装上发电机以后，即可进行发电。全柴集团是我国柴油机重点骨干企业，被排为全国内燃机行业排头兵企业。较早采用国六标准，产品属国内先进水平。柴油机发电机组也具有国内先进水平。近年来，玉柴联合动力落户芜湖市三山区，用玉柴的柴油机生产发电机组。一些单位自行装配发电机组供本单位使用，农村偏远地区，可以用发电机组发电进行农业作业，如抽水灌溉、抗旱排涝，也可用作电力备用。在城乡医院、重点实验室、食堂，配备发电机组，在供电中断情况下可以用发电机组代替，避免造成医疗事故，防止因电造成的实验及连续作业损失。

今后，安徽将依托拥有多缸柴油机特别是全柴集团、玉柴动力的优势，发展柴油机发电机组，更好地满足用户的需要。

（二）电动机

电动机是安徽电工电器的重点产品。安徽的电机基础较好，比较发达，重点电机企业在全国占据较高位置。

皖南电机股份有限公司创办于1958年，经过60多年的发展，已具有年产800万千瓦生产能力，主要产品有"南华牌"Y系列、Y2系列、Y3系列及派生的多种系列中小型和中型高压、直流等系列三相异步电机。产品有60多个系列1200多个品种规格。近年来成立威能电机有限公司开发出大型节能电机。最大电机中心高度达1250mm，最大功率达20000千瓦。2018年又成功开发动车牵引电机。南华牌电机已通过国家ISO9001质量管理体系认证、ISO14001环境管理体系认证、OHSAS18001职业健康安全管理体系认证以及欧盟CE认证、美国NEMA高效电机认证，注册商标"南华"、"WNM"为安徽省著名商标，主导产品获"安徽省名牌产品""中国名牌产品"称号，企业获"安徽机械工业50强""中国机械工业100强""中国电机工业20强""全国重合同守信用单位""全国用户满意服务企业"等荣誉。近年来又评为安徽省政府质量奖、全国机械工业先进单位。产品除畅销国内外，还出口美国、加拿大、日本、澳大利亚、俄罗斯、韩国、欧盟等国家和地区。从2016年起，每年实现销售收入13亿元以上，利润1亿元左右。

六安江淮电机有限公司前身六安江淮电机总厂成立于1970年，2000年将六安江淮电机总厂与六安电机厂合并，改制为六安江淮电机有限公司，改制后的总资产为3.74亿元，员工1300多人。公司建立了以ERP、SCM、TCM、PEM等信息化管理体系，通过了ISO9001、ISO14001、OHSAS18001认证，拥有各类加工设备400余台套，建立了15条生产线，基本实现了加工数控化、检测智能化、装配自动化。主导产品有：Y、Y2、Y3系列三相异步电动机、YB2隔爆型电机、YVF变频调速电机、YD变极多速电机，企业主持或参与大功率变频调速电机、YX3高效电机等产品标准制定工作。产品获"安徽省名牌产品""安徽省著名商标""国家产品质量免检证书"，企业获"安徽省质量奖""安徽省先进集体""安徽省优秀中小企业""安徽机械工业50强""中国机械工业500强"等荣誉。企业综合实力位于全国同行业前列。

安徽皖新电机有限公司于2017年成立于合肥经济开发区，主要生产中小型电机。2019年电动叉车开关磁阻电机、大吨位叉车一体化驱动电机获安徽省新产品。

在微型电机方面，2000年原来的芜湖微型电机厂停产以后，企业部分分流人员在芜湖成立微型（微特）电机生产企业，如芜湖微特电机有限公司，主要从事生产微型、专用电机，为纺织、服装提供装备。

总体上看，安徽电机行业水平较高，皖南电机获中国名牌产品，六安江淮电机也属全国先进水平。安徽电机行业应大力发展高效节能电机、稀土永磁电机，更好地适应节能环保的需要。

（三）变压器

安徽省的变压器行业原来有十多家企业。经过调整目前主要有以下企业。

天威保变（合肥）变压器有限公司由天威保变集团利用原合肥双环变压器有限公司的基础在合肥共建的，是该集团在中国南方设立的唯一大型电力变压器生产基地，是天威保变电气股份有限公司的全资子公司。成立于2004年8月，公司占地面积440亩，固定资产6亿元，主要生产110－800kV电压等级的电力变压器。为适应生产需要，公司投入10多亿元，在庐阳经济开发区建设了现代化厂房，购置了数控火焰切割机、大型起重机、大型油压机等关键设备，引进了德国海沃、美国莱姆和奥地利泰迪斯的试验测量设备，能够进行35kV－750kV电力变压器的制造和全部试验，公司首次生产500kV大型变压器获得成功。2008年，顺利通过国家电网对该公司500kV级电力变压器供应能力的认证，填补安徽省高电压大容量变压器的空白，成为国家电网的合格供应商。以后又成功生产换流变压器。产品遍及国家电网、南方电网、五大发电公司，并中标合肥轨道交通变压器。公司成为安徽省高新技术企业，列入安徽861行动计划，获安徽省质量奖。2015年被国家人力资源和社会保障部、中国机械工业联合会评为全国机械工业先进单位。企业经济实力逐步提高，最高经济指标达到年产值10亿元，利税8000万元。公司提出加快发展，将110kV、220kV打造精品，高电压大容量产品向800kV迈进，把企业做大做强，形成天威保变、天威秦变、天威合变三足鼎立的局面。

合肥ABB公司。是ABB公司布点合肥的变压器企业，20个世纪90年代开始生产。经过多年的技术改造和产品更新，研发能力和制造水平不断提高，能够生产大型、节能型变压器，产品畅销全国并出口国外。

安庆变压器有限公司前身是安庆变压器厂，创办于1969年。拥有300多台套生产及检测设备，包括150立方米的立式真空干燥罐、大型液压剪板机、大型热压机、数控机床、1200kV冲击电压发生器。主要产品有浸油式变压器、干式变压器、箱式成套变电站、避雷器、熔断器、隔离开关。公司有厂房区面积5万平方米，建筑面积2万平方米。以后又在安庆经济开发区建立新厂房。产品通过权威机构认证，列入全国城乡电网建设所需设备的推荐目录。企业被中石化评定为"中国石化物资资源市场成员"，被中国企业信用协会评为"中国产品质量放心用户满意十佳诚信企业"。

芜湖金牛变压器有限公司。成立上世纪九十年代，主要生产中小型变压器，包括浸油式变压器、干式变压器。适合城乡特别是农村电网改造。企业重视产品质量管理，深入农村做好用户服务，因而能保持比较稳定的市场。

安徽的变压器许多产品在全国也属先进水平，尤其是天威保变（合肥）的大型节能变压器，已成为天威保变的南方基地，发展态势看好。今后，安徽变压器行业要进一步抓好技术改造，多发展节能、环保型变压器，提高大型变压器生产能力和技术水平，更好地满足各行各业特别是重大需要。

（四）电线电缆

安徽电线电缆比较发达，全省电线电缆企业约有800多家，年销售收入1000多亿元。安徽电线电缆产业主要集中在无为市和天长市，其中无为市高沟镇是全国四大电缆基地之一，有电线电缆企业300多家，主要产品有电力电缆、特种电缆，年销售收入200多亿元，被评为"全国乡镇企业示范区"、"安徽省民营科技园"、"国家火炬计划无为特种电缆产业基地"。重点企业有江淮电缆集团、华菱电缆集团、华星电缆集团等企业，这些企业年销售收入一般都10多亿元。2019年11月被安徽省政府列入27个县城特色产业集群基地之一。

天长市电线电缆产业也起步较早。20世纪70年代，天康集团的前身天长仪表厂在生产仪表后不久即开发电线电缆，天康集团的电缆业务已形成较大规模。随后天长市又相继成立了安徽电缆、蓝德集团等一大批电线电缆企业，电线电缆成为天长市的支柱产业。部分企业发展很快，规模不断扩大，天康集团、蓝德集团多次入选"中国机械工业100强""安徽机械工业50强"。

除无为、天长外，全省其他市县如合肥、淮南、淮北等市也有电线电缆企业，如合肥的安徽绿宝电缆集团、合肥虹达电缆有限公司、合肥星辰电缆有限公司、淮北相山电缆厂等。其中安徽绿宝电缆集团年销售收入达30多亿元，其他的企业一般在1亿元到几亿元。

线缆装备也是安徽一大特色。合肥神马科技集团专业从事线缆装备的研发、生产和销售，主要产品有各种成缆机、绞线机。2014年又成功研发32米大直径海缆转盘和25米船用柔性管收放转盘，并在"海顺5号"工程敷设18km长海洋石油输送软管顺利作业，为解决我国海洋和陆地油气管道成套设备作出积极贡献。

安徽的电线电缆比较发达，多数产品居全国先进水平。今后，安徽电缆行业要进一步发展特种电缆、节能电缆，提高产品水平，满足各行各业需要。

（五）电力开关

安徽的开关企业主要有合肥高压开关有限公司、合肥开关有限公司、淮北市龙波电气有限公司等。

合肥高压开关有限公司始建于1956年，系原机械部、电力部定点生产35kV开关以及电器元件。生产的产品有GG－40.5kV、XGN－12kV、35kV等高压开关和GCS、MNS、GHT、GGD等低压开关，还有真空断路器为主导系列的高压电器元件、XL-21、PZ30等型号的开关箱、电表箱，产品广泛应用于冶金、矿山、铁路、机械、化工、轻工、建筑等领域。尤其是中压35kV开关、真空断路器占据优势，成为安徽电网的首选品牌。

合肥开关有限公司前身是合肥开关厂，2000年原企业关闭停产后在庐阳工业园建立新厂，主要生产有低压开关，也有少量高压开关。

安徽龙波电气有限公司是淮北市第一家引进世界500强企业ABB公司先进技术，与波兰ABB公司、波兰KOPEX公司合资的企业，主要生产断路器、箱式变电站、高压开关柜等产品。主要产品有景观式变电站YMB22-10/10.4，高压开关柜KYN28A-12、KYN44A-12，真空断路器WVT-12、WV5-12、WVRA-12、WVK-40.5等。公司拥有德国威德曼多工位转塔冲床、日本数控折弯机、剪板机、德国KOCOS2000检测仪等国际先进设备，通过了"CCC"认证和ISO9001质量体系认证，实行了ERP、CAD、CIM管理，主要产品被评为安徽省新产品、安徽省高新技术产品，产品水平达到国际先进、国内领先。真空断路器畅销全国，迅速扩大到东北、西北、中南等地区的市场。新产品贡献率达到70%以上。年销售收入在2亿元以上。

安徽鑫龙电器股份有限公司成立于20世纪90年代末，主要产品有普通型及智能型电器成套装置、箱式变电站、直流电源装置、环保型干式及油浸式变压器、高低压电器元件。公司采用日本、芬兰等国家的先进设备和检测仪器，先后通过了ISO9001质量体系认证、ISO14001环境体系认证和28001-2001职业健康安全体系认证。为更好地服务于国家重点工程，公司还投资兴建了年产3万台（套）智能型高低压成套电器设备自动化生产线。企业"鑫龙牌"商标获安徽省著名商标，鑫龙牌高低压开关柜评为安徽省名牌产品，智能化电力供配电微机综合保护装置获国家级火炬计划项目。产品广泛用于机械、汽车、冶金、化工、医药等行业，并为北京地铁、上海地铁、广州地铁、北京2008奥运场馆、北京国防会展中心、中央电视台新址等大型重点工程提供配套。具有很高的知名度和影响力。产品还出口巴基斯坦、缅甸、莫桑比克、越南等国家。

安徽的电气开关在全国不具备优势，今后要加大技术改造，引进先进技术，增加品种规格，提高水平，更多地为各行各业提供配套需要。

（六）蓄电池

安徽的蓄电池企业主要有安徽迅启蓄电池有限公司、安徽新能电源科技有限公司、天能电池集团（安徽）有限公司、安徽电能电源有限公司等8家企业入选工信部目录。安徽迅启蓄电池有限公司生产多种型号的蓄电池，迅启电池被认定为"国家重点新产品""安徽省高新技术产品""安徽名牌产品""安徽省著名商标"，产品为江汽、安凯、华菱、南汽、长安以及合力叉车、杭州叉车、大连叉车等企业配套，并出口国外。现因环保建设原因，公司已在蚌埠建厂从事生产。

地处界首市田营科技园的安徽天能集团是全国单体最大的电动车动力电池生产企业，参与制定《铅酸蓄电池用极板国家标准》。公司于2009年投资1.38亿元实施技术改造，上马连铸连轧连涂生产工艺，技术水平和生产能力在全国领先。界首市田营科技园还有南都华宇公司也生产铅酸蓄电池。2019年，该园区蓄电池产值达131.3亿元，年产蓄电池1亿台。成为全国最大的铅酸蓄电池园区。

安徽的蓄电池发展不够全面，整体水平也有待提高。

（七）锅炉

安徽锅炉企业以芜湖金鼎锅炉股份有限公司为代表。公司前身是芜湖锅炉厂，原为国有企业，2004年12月改制成为安徽金鼎锅炉股份有限公司，主要产品有工业锅炉、电站锅炉、余热锅炉、垃圾焚烧炉，产品容量有1-240T/H，额定压力有0.4-10.00mpa，热水锅炉额定供热量有1.4-29MW，额定压力有0.7-1.6mpa，形成了DZL、SZL、DHL、SHF、WNS、WHG、CFB等多种系列130多种产品，公司通过技术改造，采用先进设备如大型油压机、卷板机、退火炉、管屏焊机，提高了制造能力和产品水平，产品广泛应用于发电、化工、矿山、冶金、石化、印染、造纸、食品等多个领域。近年来，为适应环境保护需要，开发了垃圾焚烧炉、循环流化床、余热锅炉、尾气锅炉，开拓了新的市场。公司产品入编《全国电力行业设备选型采购产品推荐总目录》，获"中国电力设备管理协会推荐品牌"。产品还畅销国内外，出口 20 多个国家和地区。此外，宣城锅炉有限公司也有一定生产能力。

目前，安徽的锅炉还不具备优势。今后要进一步加大技术改造和科技创新，提升智能化水平，提高锅炉的热效率，改进环保效能，发展大型循环流化床、煤粉电站锅炉和电站锅炉，满足我国各行各业发展需要。

（八）电焊机和焊材

安徽的电焊机和焊材有一定基础。电焊机生产企业主要是安徽易特流焊割发展有限公司（前身是合肥三宇电器有限公司），是安徽省高新技术企业，年销售收入 1 亿多元，主要生产手提式电焊机、机器组焊设备。手提式电焊机获安徽省名牌产品。焊材主要有合肥、铜陵、安庆等市的有关企业生产，每年产量约 200 多吨。

（九）清洁能源装备

太阳能、风能、储能被称为清洁能源。发展清洁能源装备是装备制造业的新兴领域。合肥阳光电源有限公司成立于 1997 年，一直专注于太阳能、风能、储能设备的研发、生产、销售和服务。公司的核心产品光伏逆变器先后通过 TUV、UL、CSA 等多家国际权威认证机构的测试与认证，产品畅销全国，位于全国市场占有率第一，并出口德国、美国、日本、印度等 60 多个国家。至 2019 年，公司在全球市场已累计实现逆变设备装机超过 100GW。在第九届中国国际储能大会上获"最佳系统集成解决方案供应商奖"和"最具影响力企业奖"。并已成功又签约美国马萨诸塞州 15MW/32MWh 储能大单。

三、安徽省电工电器装备的特点

（一）安徽电工电器企业和产品以中小型为主

我国社会主义建设初期，国家没有在安徽布点一个大项目，安徽机械工业包括电工电器都是自力更生、自我发展起来，还有少数企业如电线电缆企业是从上海搬迁而来的。因此，企业规模不大，只能生产中小型产品。企业通过技术改造、运用科技创新成果。逐渐能够开发出较大规格、较高水平的产品

（二）部分产品质量好、水平高

如皖南电机公司的南华牌电机，2006 年获得中国名牌产品。天威保变（合肥）变压器公司的大型换流变压器具有国内领先水平。天康集团开发的锂电池投放市场早，用户反映好。

（三）专精特新中小企业较多

安徽电工电器企业基本都是中小企业，多数企业凭借一定特色，已被省经信厅认定为专精特新中小企业。

（四）部分行业已形成产业集群基地

无为的电线电缆，列为全国四大电缆产业基地、安徽省县域特色产业集群基地。天长的电线电缆也正在形成产业集群基地。

第 3 章
安徽省电工电器装备发展存在的不足

一、存在的不足

（一）规模偏小

全省电工电器及器材制造业 2019 年主营业务收入达 2900 多万元，只占全国的 5％就企业来说，规模较大的年主营业务收入只有十多亿元，一般只有几亿元、1 亿多元甚至几千万元。

（二）多数产品知名度不高

产品质量仅属合格，但由于生产规模不大，市场覆盖率低，在全国的知名度不高。

（三）企业后劲不足

安徽省电工电器都属中小企业，除个别企业外，多数企业经济效益不高，难以进行大的技术改造和产品开发，发展后劲不足。

总体来看，安徽电工电器装备在全国影响不大，位置不突出。2019 年 1 月国家电网设备管理部提出高压电缆专用水平提升三年（2019—2012）提升计划，其目标包括建立高压电缆精益化管理综合水平，打造 5 个国际一流（北京、上海、天津、南京、杭州）、10 个国内一流（重庆、济南、武汉成都、西安、青岛、苏州无锡、宁波、沈阳），没有安徽城市入列。

二、原因分析

（一）政策层面

（1）政府及有关部门对电工电器不够熟悉，不像对汽车、工业机器人那样重视，很少召开过电工电器方面的专题会议，几乎没有发过重视、支持安徽省电工电器行业的文件；

（2）生产企业各自为战，封闭自守。因为没有专业的行业组织牵头、组织，企业与企业之间互不来往，甚至存在"同行是冤家"的思想，心存戒备，很少交流。

（3）电力装备是电工电器的主要部分，其发展离不开使用部门即安徽省电力部门的支持。但是安徽省电力部门对本省电工电器企业支持仍不够。地方也缺乏相应的机构组织协调。

（4）电工电器的更新改造特别是采用新产品对用户的节能、环保关系极大。近年来安徽省没有下发有关要求用户更新改造老旧电工电器、采取新产品的文件，对使用节能、环保电工电器也缺乏奖励政策。

（二）技术层面

1. 电工电器企业技术人才不足

安徽电工电器企业都是自力更生自我发展起来的，专业技术人才不足。而且由于大多数的中小企业，工资待遇不高，难吸引高端技术人才。

2. 省内没有电工电器方面的专业研究机构

生产企业除从国内电科所等机构获得有关技术信息外，在省内无从获取。除少数企业专业技术方面的"有心人"注意收集技术信息为我所用外，全省电工电器行业没有相应的机构和行业组织从事这方面的信息发布和交流工作。致使有的企业搞"几十年、十几年一贯制"，产品没有更新，技术得不到提高。

3. 缺乏风电、核电技术的研究

个别企业如宿州新东方矿机公司曾与浙江大学联合研制风机叶片，但由于技术人员不足，研制搁浅。

第 4 章

安徽省电工电器装备发展战略思路和目标

一、发展战略思路

（一）贯彻新发展理念，大力发展节能减排、智能化产品

传统的电工电器一般都存在耗能高、效率低、易造成环境污染等问题。安徽的电工电器要占领市场，提高竞争能力，就要大力发展节能减排智能化产品。电工电器企业要积极参加工信部开展的"效能之星"评选活动，争取更多的产品进入工信部推荐名录。为制造节能减排、智能化产品，要认真贯彻产业政策，抓好产品开发；从设计做起，实施精品工程；要加强企业管理，推行精益生产。使每台电工电器做到节能环保，优质高效。

（二）认真解决电工电器制造中的技术难题

围绕提高产品质量和产品水平，解决电工电器在制造过程中的"卡脖子"技术难题，如电机的钳线技术、变压器的浸油技术、电线电缆的铜线、铝合金加工技术，电力开关的绝缘技术，锅炉的燃烧及试验技术，努力赶超世界先进水平。同时大力采用新技术新工艺，促进电工电器产品的转型升级。

表 12 - 3　传统电工电器改造工程

围绕节能、环保、提高效能目标，对传统电工电器进行技术改造；
重点改造老型号电机、变压器，电气开关、电线电缆等，积极采用国家颁布的新系列、新标准；
电机产品做到轻量化、节能，努力创造工信部颁布的"节能之星"；
电线电缆通过逐步改造，部分产品改铜芯为铝合金芯，降低成本，实现轻量化；
电气开关推行环保型气体绝缘开关，并实行智能化，气体压力可视、容量提升；
锅炉，改造传统燃烧方式，提高效能，促进环保

（三）积极承接产业转移，推动大规格、大容量产品落户安徽

由于历史原因，我国大规格、大容量的电工电器生产企业大多在东北、西部地区。安徽属于中国东部，安徽的电工电器又缺"大"少"重"，承接电工电器产业特别是大规格、大容量电工电器非常必要。安徽要利用长三角一体化、资源优势较强的条件，积极承接东北、西部电工电器的产业转移，或加盟国内大企业（企业集团），发展大规格、大容量电工电器的生产，既能满足华东、中部地区的需求，又能提高安徽电工电器的生产能力和制造水平。

（四）与安徽电力部门结成产业联盟

经过多年的发展，安徽电工电器已具有较好基础，一些产品如变压器、电机、电线电缆具有较高水平。安徽电力部门就地就近采用本省的电工电器产品，能够降低物流成本，方便维修服务。安徽的电工电器生产企业可与本省电力部门结成产业联盟，以需求对接，实现优势互补。

（五）大力发展新兴产业

安徽的光伏产业发展较好，要因势利导，进一步做大做强储能装备如锂电池安徽已有部分企业生产，提高质量和技术水平，逐步扩大生产能力。安徽地处华东中部，有山脉、有丘陵，发展风电也有有利条件。安徽目前使用的风电设备都是从外省、外国购进，安徽可以组织相关企业自主生产风机设备。

（六）努力扩大产品出口

安徽的电工电器以中小型为主，适合国际市场特别是发展中国家的市场，一些企业如皖南电机公司、天威保变（合肥）变压器公司的产品已经出口多个国家。要抓住"一带一路"的机遇，组织更多的产品出口。一是组织企业单机出口，销往发展中国家。二是与我国对外承包工程配套，实行随机成套出口。三是选择有条件的国家和地区办厂，就地生产，就地销售。四是应对国际市场特别是美国的改革变化。据统计，2019年我国中小型电机、电动工具、低压电器、电线电缆出口中，有20%销往美国市场，总额近90亿美元，一旦美方增加25%关税，将对我出口及发展产生极大影响。要研究、实施正确的对策，促进出口。

二、发展目标

到2025年，安徽电工电器工业总产值达到4000亿元，到2035年，达到6000亿元，均占全省机械工业的五分之一。

产品发展方面：力求具有特色优势的产品继续保持增长，大规格、大容量的产品有所增加，新兴产业中的锂电池形成较大规模，风电、核电设备试制成功并小批量投放市场。见表12-4。

表 12-4　安徽省电工电器发展目标

时间划分 核心内容	2020—2025 年	2025—2030 年
目标	1. 火力、水力发电机组研发进行调研、启动 2. 风电、核电进行调研 3. 部分传统电工电器产品机械改造	1. 火力、水力发电机组研制成功 2. 风电、核电研制成功 3. 全部传统电工电器产品完成改造
关键技术攻关	1. 火力、水力发电机组技术研究、初步掌握 2. 风电、核电技术的学习、研究 3. 大规模、大容量电工电器技术初步掌握 4. 以电带油、以新介质代替原介质研究并初步掌握	1. 火力、水力发电机组技术熟悉、运用 2. 风电、核电技术基本掌握 3. 大规模、大容量电工电器技术熟悉、运用 4. 以电带油、以新介质代替原介质技术熟悉、运用
人才队伍建设	1. 成立安徽省电工电器专家咨询委员会 2. 加快企业专业技术人才学习、培训 3. 引进部分专业技术人才	1. 专家咨询委员会工作卓有成效 2. 企业专业技术人才能够满足发展需要 3. 专业技术专家委建立
平台建设	1. 形成专业技术人员培训中心，并经常开展培训活动 2. 建立技术研发基地，每年完成2～3项关键技术研究	1. 建成安徽省电工电器工程技术中心1个 2. 建成安徽省电工电器产品检测中心2～3个 3. 建立安徽省电工电器智能化示范工程1个

（续表）

时间划分 核心内容	2020—2025 年	2025—2030 年
新产品产业化	1. 火力、水力发电机组试制成功并通过鉴定 2. 部分改造的传统电工电器产品投入批量生产	1. 火力、水力发电机组投入批量生产 2. 风电、核电投入小批量生产 3. 全部改造过的传统电工电器产品投入批量生产
主要经济技术指标	1. 到 2025 年全行业主营业务收入达 4000 亿元比 2020 年增长 38%，实现利润相应增长 2. 主要产品质量和技术水平普遍提高一个档次	1. 到 2035 年全行业主营业务收入达 6000 亿元，比 2020 年增长 1.06 倍，实现利润相应增长 2. 主要产品质量技术水平达到当时国内同行业先进水平

三、技术路线图

安徽省电工电器装备发展技术路线图如图 12-1 所示。

时间	2025	2030	2035
战略目标	1.火力、水力发电机组研发进行调研、启动 2.风电、核电进行调研 3.部分传统电工电器产品机械改造	1.火力、水力发电机组研制成功 2.风电、核电研制成功 3.全部传统电工电器产品完成改造	1.火力、水力发电机组批量生产 2.风电、装备批量生产，核电装备小批量生产 3.传统电工电器全部升级
关键技术	1.火力、水力发电机组技术研究、初步掌握 2.风电、核电技术研究 3.大规模、大容量电工电器技术初步掌握 4.以电带油、以新介质代替原介质研究并初步掌握	1.火力、水力发电机组技术熟悉、运用 2.风电、核电技术基本掌握 3.大规模、大容量电工电器技术熟悉、运用 4.以电带油、以新介质代替原介质技术熟悉、运用	1.火力、水力发电机组技术达国内外先进水平 2.风电、核电技术基本掌握 3.大规模、大容量电工电器技术熟悉、运用 4.以电带油、以新介质代替原介质技术熟悉、运用
平台建设	1.形成专业技术人员培训中心，并经常开展培训活动 2.建立技术研发基地，每年完成2-3项关键技术研	1.建成安徽省电工电器工程技术中心1个 2.建成安徽省电工电器产品检测中心2-3个 3.建立安徽省电工电器智能化示范工程1个	专业检测机构、实验室满足行业需求
新产品产业化	1.火力、水力发电机组试制成功并通过鉴定 2.部分改造的传统电工电器产品投入批量生产	1.火力、水力发电机组投入批量生产 2.风电、核电小批量生产 3.全部改造过的传统电工电器产品投入批量生产	1.火力、水力发电机组水平提高、市场占有率扩大 2.新型电工电器占有市场
主要经济技术指标	1.到2025年全行业主营业务收入达4000亿元比2020年增长38% 2.主要产品质量和技术水平普遍提高一个档次	1.2030年全行业主营业务收入达6000亿元比2020年增长68% 2.主要产品质量技术水平达到当时国内同行业先进水平	1.2030年全行业主营业务收入达8000亿元 2.主要产品质量技术水平达到国内同行业先进水平

图 12-1　安徽省电工电器装备发展技术路线图

第 5 章
安徽省电工电器装备发展政策建议和重点任务

一、政策建议

（一）加强领导，专人负责

主管部门要加强对电工电器产业的领导，像抓汽车、工业机器人那样抓电工电器的工作。相关处室要确定专人负责安徽省电工电器行业发展，掌握全省电工电器行业发展情况，做好全行业的发展规划，协调解决行业发展中存在的问题，尤其是做好与电力部门的工作，支持电力部门使用本省电工电器产品。指导行业健康、有序、高质量发展。作用行业组织要切实发挥的，配合主管部门做好安徽省电工电器行业的行业指导和服务工作。

（二）设立电工电器节能奖励资金

电工电器是节能降耗的主要产品，企业生产节能电工电器对用户降低成本、高质量发展关系很大。安徽省可建立节能奖励资金，对生产电工电器产品如变压器、电机、电线电缆、锅炉等节能降耗达到一定标准的产品给予奖励。

（三）鼓励省内电力部门在同等情况优先采用本省电工电器

安徽省曾出台《关于促进全省经济稳步健康发展的意见》，提出"在同等情况下省内用户要优先采用本省的产品"。这一规定同样适用于电工电器，建议像合肥市、芜湖市采用本地产汽车作出租车公交车的做法，本省电力部门积极采用本省电力装备。同时，省有关部门还可以建立政策引导：有关用户特别是电力部门要优先使用本省电工电器，对使用本省电工电器较多、做得较好的电力部门，有关部门进行考核，给予通报表彰或适当奖励。

（四）加快电工电器专业人才的培养

加快安徽电工电器产业发展，人才是第一资源。目前，全省电工电器企业专业人才比较缺乏，一些企业从事这项工作的是普通机制专业人员，专业从事电工电器专业学习和研究的人员不多。安徽省要加快电工电器发展，必须大力培育专业人才。有关大学要增设电工电器专业，增加这方面的课程；企业也要加强电工电器专业知识的培训；实行积极有效的政策，引进电工电器专业的高级人才。

（五）发展产学研联合

安徽省大专院校、科研院所较多，是电工电器企业的联合力量。可以由行业组织牵头，开展产学研联合，包括建立产学研联盟，实行联合研发、联合攻关、互利互赢的工作机制。通过联合攻关解决产业发展中的技术难题，加快新产品开发，加快新兴产业发展。

二、其他建议

（一）营造鼓励创新的政策环境

为加快安徽电工电器发展，省有关部门在省级新产品评审、专精特新中小企业认定、技术改造、资金投入等方面对电工电器企业予以倾斜。

（二）积极承接东北、西部大型电工电器的产业转型

经过多发展，安徽电工电器产业已具备较好的基础，相对我国东北、西部，安徽又有地理位置优势的有利条件。要引导安徽电工电器企业主动走出去，争取承接东北、西部电工电器产业转移，在安徽发展大型电工电器生产。

（三）加强精神文明建设，弘扬艰苦奋斗作风

电工电器是重要的装备行业，也是安全要求高的行业，安装调试还经常到野外作业，尤其需要员工爱岗敬业、重视安全生产和发扬艰苦奋斗作风。生产企业要在发展生产的同时，要加强精神文明建设，弘扬企业文化，艰苦创业，积极奋斗，对做出突出贡献的人员要予以鼓励和奖励，保护企业创新创业积极性和员工干高创新业趋势。

三、重点任务

（一）抓好传统电工电器的更新改造

安徽省有的企业如皖南电机股份有限公司、安庆变压器有限公司等，已有 60 多年历史。一些企业的产品生产历史悠久，但也存在产品更新不快、能耗高、效率低等问题，这与当前国家的产业政策不符合。要围绕节能、降耗、绿色、高效的要求，抓好安徽省电工电器的更新改造，要优化设计，实现产品轻量化；更新设备，改进技术和工艺，采用新技术、新工艺；建立智慧工厂和数字化车间，提高生产和工作效率，推行精益生产，实现高质量发展。见表 12-5。

（二）发展大规格、大容量的电工电器

针对安徽电工电器缺"大"少"重"的情况，安徽电工电器行业要大力发展大规格、大容量的产品，如电机 60 千瓦以上，变压器 800kV 以上，电缆 500kV、锅炉 10 蒸吨以上。企业要要加强研发能力建设，提高开发、试制、试验能力，还要善于"借脑袋"，组织联合开发、联合试制。

（三）大力发展水电、火电设备

安徽在水电、火电方面有较好基础，水力、火力（煤炭）资源比较丰富。安徽又有水利电力职业学院等人培养院校，要加大投入，发展水力、火力发电机组生产，更好满足日益增长的电力需要。

（四）着力发展风电、核电设备，促进清洁能源生产

安徽在风电、核电领域大有作为，要通过深入调查研究，确定重点地带和生产企业，加大投入，进行风电、核电的研发、生产。

表 12-5　新兴能源装备工程

以合肥阳光电源公司为重点发展光伏设备，满足日益发展的光伏产业需要。

选择有条件的企业（如新东方矿机公司，生产过风叶）与国内有关单位联合开发风电装备，

利用安徽山区、丘陵俱多的优势，从事风能发电。

总结推广界首市的成功经验，调查市场需求发展再生能源装备。

（五）实施"三品"战略，提高产品质量

安徽的电工电器企业要围绕"提品质、创品牌、造精品"，切实加强企业管理，要重视发挥管理人员和技术人员作用，深入推行全面质量管理、六西格玛和卓越绩效管理，促进产品质量的提高；要发扬工匠精神，发挥技术工人作用，积极开展 QC 活动，开展合理化建议，群策群力进行质量攻关；要实行领导、技术管理人员、工人三结合，齐抓共管，推动产品质量不断上台阶。

（六）强化"四基"工作，为转型升级夯实基础

无论是发展大规格、大容量的电工电器，或是实施"三品"战略，四基工作是基础。要贯彻国家提

出的强化"四基"方针，切实抓好基础技术、基础工艺、基础材料、基础零部件。电工电器的材料特别是钢材、铜材要求严格，技术、工艺标准较高，一定要严格执行如焊接、热处理都是电工电器等关键技术、工艺标准。强化整机产品及基础零部件严格检测，确保每台产品合格达标见表 12-3。

表 12-6　强化四基工程

围绕节能、环保、耐用、轻量化目标，加强基础原材料、基础工艺管理，积极应用新技术、新材料、新工艺。
电机产品：优化设计，改变机壳肥头大耳，努力实现轻量化；提高绕线、装配技术，提高产品质量。
变压器，采用优质材料，逐步改变浸油品种，提高产品性能和环保水平。
电线电缆，发展以铝代铜、铝合金代铜。提高护套材料质量，提高绝缘鞋，做到轻量化。

（七）培育更多的专精特新中小企业

安徽电工电器以中小企业居多，一些企业在产品、技术等方面很有特色。成为专精特新中小企业，能够享受相关的鼓励政策，有利于企业更好更快发展。有关市、县要对现有的电工电器企业摸底排队，对符合专精特新的要主动申报，对基础较好、有培育前途的进行培育。充分发挥电工电器中小企业的特色优势，加快电工电器产业发展。

（八）发展产业集群

产业集群是安徽制造业一大特色。2019 年 11 月，安徽省人民政府认定了 27 个县域特色产业集群，包括无为市电线电缆产业集群。形成产业集群，可以实现资源共享、配套方便，销售互补，有利于降低企业成本，提高经济效益。安徽电工电器要进一步发展，已有的产业集群要完善壮大，有基础的产业聚集要努力培养。例如，天长的电线电缆产业集群进一步完善提高，泾县的电机、芜湖的微型电机具有一定基础，争取建成产业集群。

（九）实行线上线下销售，扩大两个市场

我国电工电器生产分布不均，多数集中在东北、西部地区。安徽电工电器生产也主要集中在合肥、芜湖、无为、天长等市县。生产企业要占领市场，提高经济效益，就必须面向全国全省加强销售工作。企业要建立销售网点，覆盖全国全省，实行线上线下销售相结合，全方位销售产品。新冠肺炎疫情发生以后，许多企业通过线上销售取得了很好收效。今后，线上销售要成为常态。安徽电工电器企业要做到线上销售与线下销售并举，扩大国内国际两个市场，还要做好售前、售中、售后服务，以服务赢得用户。

表 12-7　推进信息化工程

全省电工电器企业普遍推行 ERP 管理。
实行公司与分厂、车间联网。
变压器、电线电缆、电气开关与电力部门联网，随时沟通供货及使用情况。
电机、锅炉等电工电器生产企业与用户联网，随时掌握使用情况及用户需求。

第 13 篇

装备制造"四基"产业篇

摘　　要

装备制造业为国民经济各行各业发展提供所需的必要装备，它是国家现代化工业发展的基础，而坚实的工业基础是支撑装备制造业发展的必要条件。工业基础是工业领域中以核心基础零部件（元器件）、先进基础工艺、关键基础材料和产业技术基础（简称"四基"）等方面组成的综合能力。

随着我国国民经济的快速发展，我国工业基础能力取得了较大的进步，工业基础体系基本建立，自主创新能力和关键技术突破能力得到增强，基本能满足装备制造业的一般性需求。但是，与经济发达国家相比，我国工业基础"四基"能力不足非常突出，尤其是我国经济发展进入新常态，"四基"产业的高端产品和服务仍然大量依赖进口，严重制约了装备制造业产业转型、向高端发展的战略目标。随着中国制造2025规划的实施，为了解决工业基础关键困扰点，促进国民经济发展，国家实施了工业强基计划，投入了大量的人力和物力，努力解决"四基"行业共性技术难题，推动工业基础能力迈上新台阶，实现创新驱动发展战略。

安徽省机械行业2018年完成工业总产值10845.3亿元，主营收入9231.4亿元，出口交货值584.4亿元，列全国同行业11位，已形成较完整的机械工业生产体系。但从整体上看仍然存在着总体实力弱、企业规模小、高端技术产品偏少等不足，特别是"四基"产业与经济发达省份比，差距较为明显。但是在大力发展"四基"产业时，应依据安徽省装备制造产业实际状况和国内外发展态势，充分利用现有部分产业技术优势和良好的区域环境，坚持有所为和有所不为原则，大力推进技术创新，将信息技术和传统"四基"产业高度融合，重点推进优势和重点产业的"四基"技术升级和快速发展。强化领先、壮大先进、培育新苗、提升技术，促进全行业转型升级。

安徽省"四基"产业领军企业少，核心企业号召力和集聚力不强，因此建议：一是重点支持"四基"产业在国内外同行业技术水平高、有竞争优势的企业，使其保持行业领先，引领产业发展；二是重点扶持"四基"产业在国内同行业有一定比较优势的省内骨干企业，扶持其做大做强，进入领先行列；三是政策引导"四基"产业园建设，产业集聚和建设完整产业链同步走，增强产业园的凝聚力和持续发展能力，全产业链多企业集聚协同发展。通过全省各相关单位的全方位合作，力争到2025年，轨道交通装备、工程机械及农业装备、新能源汽车（含节能汽车及轻量化）和装备、数控机床、工业机器人、电工电器、海洋工程装备及船舶等产业70%的急需的核心基础零部件（元器件）和关键基础材料实现自主保障、80种标志性的先进制造工艺得到推广应用。努力建成较为完善的产业技术基础服务体系，逐步形成装备制造业整机引领和基础支撑协调互动的产业创新发展格局。

第 1 章
装备制造"四基"产业国内外发展现状及发展趋势

一、概述

（一）定义

装备制造业为国民经济各行各业发展提供所需的必要装备，是国家工业发展的脊梁。工业基础是支撑和推动装备制造业发展的支撑条件，是体现装备制造业核心竞争力的制高点和根本保证。随着我国国民经济快速发展，以及工业转型升级和中国制造 2025 规划实施，必须进一步提升工业基础能力因此工信部实施了工业强基工程专项行动，进一步加强工业强基有序发展，促进了产业结构调整和转型升级，加快工业向中高端迈进，实现经济可持续健康发展。

提升工业基础能力即工业强基，就是围绕装备制造、电子信息等重点领域，以发展核心基础零部件（元器件）、先进基础工艺、关键基础材料和产业技术基础（简称"四基"）等能力为目标，集中力量实施一批工程化、产业化和公共服务平台示范项目，组织企业、科研院所开展'一条龙'攻关，努力解决行业共性技术研发难题，推动工业基础能力迈上新台阶，实现创新驱动发展战略。

（二）装备制造"四基"产业范畴

装备制造"四基"是装备制造产业发展的基础能力，包括围绕装备制造产业生产产品所必须的基础零部件（元器件）、基础工艺、基础材料和产业技术基础等能力：

基础零部件（元器件）指装备制造业生产中所需的精密齿轮、机器人伺服电机及减速机、泵、阀门、气动液动元器件、模具、高压大行程液压缸、高压液压泵及马达、高端轴承、密封件、标准紧固件、轨道交通关键零部件等部件。

基础材料包括以铁为基础的各类钢材等铁基材料，是以铜为基础的铜基合金和以铝镁为基础的铝镁合金等有色金属材料，多种材料为基础制成的复合材料等。

基础工艺指砂型铸造、融模铸造、压铸成形、金属构件增材制造（3D 打印）、锻造、冲压（金属成形）、焊接、热处理、表面处理、机械切削加工、特殊切削加工等基础操作。

产业技术基础指产品和工艺设计技术创新平台、检验检测平台、安全验证平台、协同创新技术平台、智能绿色制造平台、技术基础公共服务平台、共性基础技术研发与应用平台、工业"四基"大数据平台、极限检验检测平台等质量基础设施。

二、国外现状及发展趋势

（一）现状

全球经济发达国家的装备制造"四基"产业都很发达，虽然单个国家内部"四基"产业发展不平衡，但各国均有各自的世界顶尖强项，并且每年持续不断投入大量人力和资金研发新技术及新产品，抢占装备制造产业发展的这一战略制高点。

1. 核心基础零部件（元器件）

全球高端基础件（元器件）产品和技术全球市场多年来一直由德国、日本、美国等工业经济发达国家把持着，尤其是高端加工中心控制系统、高端汽车电子产品、高端发动机电子控制系统、高端工业机器人核心零部件、工程机械的高压大排量柱塞液压泵和马达、高端电磁阀、高端精密轴承、高性能动态密封件、高精测控传感器、大型核电压力容器、重型燃气轮机高温部件、高铁列车的车轮车轴和轮对等高端基础零部件产品和技术领先较大。

2. 先进基础工艺

随着装备制造业全球化发展，工业经济发达国家越发注重高端工艺技术研究，工艺装备及技术先进，为了保持领先态势，同时又加强了技术保密和封锁，限制生产航空发动机、核电站等高端铸件这类高端铸件装备出口。超大型锻件制造和超精密冲压、搅拌摩擦焊、高精度激光焊、复合材料焊接、大型构件热处理、激光金属表面处理、超高精密机械加工、复合材料加工、激光、电火花等特殊加工技术较普遍使用，工艺装备技术快速提升，保证了先进制造工艺的实现。

3. 关键基础材料

新材料产业是当今现代工业和国防军事工业竞争的焦点，高技术水平的装备制造业产品往往体现在新材料应用上。国际上新材料产业发展水平很高，新材料品种层出不穷，每一代高新技术产品中都使用了新研发的材料。全球经济发达国家装备制造业都普遍使用了极硬、极软、极耐高温、极耐低温、极耐磨、极耐腐蚀、极抗磁、极导热、极隔热等极端材料和复合材料，同时研制新材料的装备技术水平也很高。

4. 产业技术基础

经济发达国家都经过长时间的工业化发展过程，技术发展积累厚重扎实，产业技术基础多样且系统化，尤其在高端产业技术基础上最突出，已经形成了从基础研究到应用研究、从材料研发到零部件和整机研发、从产品再到使用一条完整的产业技术基础服务体系，包括研发、检测、计量测试、试验、技术验证等技术平台，形成了协调互动的发展格局，对产业发展提供有力支撑。

（二）发展趋势

当今世界，科技革命迅猛发展，新产品、新材料、新工艺和新技术日新月异，基础零部件向电子化、智能化、一体化、高可靠性、长寿命发展。基础材料趋势为向特种金属功能材料，高强度、抗腐蚀和耐高温等性能的高端金属结构材料，具有独特物理化学性能的先进高分子材料，高性能复合材料，航天、海洋、光电等前沿新材料发展。基础工艺向极限制造方向发展，极大极小—铸锻件大的几十吨或上百吨，小的十几克，极高极低—部件耐高温要 $1000-1500℃$ 以上，耐低温要 $-50-60℃$ 以下，极硬极精—部件硬度超高，加工精度超高。总之，技术引导产品向难度高、专用性、创新性强等特性发展趋势。

近年来，全球工业经济强国持续在高端装备制造业"四基"产业中加大了投入，不断研发出高新技术和产品，始终保持着全球领先的态势，但技术保护主义在全球泛滥，使得工业经济强国有形无形的实施对外只销售产品、不转让核心技术的模式，已形成一种阻碍全球技术创新发展的态势。

三、国内现状及发展趋势

我国是装备制造业大国，多年来总产值位于全球第一。2018 年全国机械行业主营收入 21.38 万亿元，占全国工业五分之一以上，连续 10 年列全球第一。

（一）现状

随着我国国民经济的快速发展，国内工业基础能力取得了较大的进步和成就，自主创新能力和关键技术突破能力增强，工业技术基础体系基本建立，基本满足装备制造业的一般性需求。但是，与经济发达国家相比，我国装备制造业"四基"薄弱问题依然严峻，尤其是当今经济发展进入新常态以后，"四基"产业的高端产品和服务仍然大量依赖进口，严重制约了装备制造业产业转型、迈向高端健康发展。

1. 核心基础零部件（元器件）

我国是机械制造大国也是基础零部件制造大国，但核心基础零部件（元器件）产业中的高端产品相对落后，中低档产品占了绝大多数。目前，我国高端加工中心控制系统90％以上、高端汽车电子产品75％以上、高端发动机电子控制系统90％以上、高端工业机器人核心零部件90％以上、工程机械的高压大排量柱塞液压泵等关键部件90％以上、高铁列车的车轮车轴和轮对95％以上、高端精密轴承90％以上等装备制造业急需的高端基础零部件产品仍要大量进口。

我国一直高度注重发展重大装备，称之为大国重器，已制造出很多国际上具有领先水平的重大装备，但其中关键基础件仍需进口，如大型核电压力容器、大型转子、冷却主泵、蒸汽发生器、重型燃气轮机高温部件、高电压大电流及耐高温输变电装备部件等。

我国工程机械和农业装备是制造业这几年发展最快行业之一，工程机械规模和产销量均处在世界前列，但关键基础件如高压大排量轴向柱塞液压泵、重型湿式离合器、低速大扭矩轮边马达、电磁比例阀、专用测控传感器、智能作业装置等也需进口。

我国海洋工程装备及船舶领域年总下水量规模处在世界第一，技术水平也排在前列，相比较处在落后地位的大型推进装置、大型燃气轮机零件、高压共轨燃油喷射系统、大直径耐磨耐腐蚀轴承、高性能动态密封件等急待上一个台阶。

我国汽车及新能源汽车产销量多年位于全球第一，自主品牌汽车技术质量基本已与全球汽车产业同步，但在高端汽车及先进汽车关键基础零部件方面还有差距，尤其高端汽车电子基础零部件差距较大，约90％以上高端汽车电子芯片和控制系统需要进口，要么依靠外资在华独资企业或控股合资企业供给。

我国的精密轴承、液压密封件、高压液压缸、高压液压泵、气动液动元器件（包括多路阀、电磁阀等）等高端基础件产品技术水平与国际上发达国家比还存在着较大差距。

2. 先进基础工艺

当今世界上普遍认为铸件制造水平已成为衡量一个国家装备制造业水平的重要标志。中国各类铸件总产量约占全球45％，多年全球第一，我国铸件产量高，普通铸件工艺装备与国际技术基本同步，但高端铸件少及高端铸件生产设备需进口，如航空发动机、核电站等高端铸件要进口，而生产这些高端铸件所必须的装备也要进口，近年来经济发达国家严控这类装备出口，我国研发能力滞后，制约了我国高端铸件发展。

我国锻造/冲压行业在汽车产业快速发展为全球第一的强力拉动下，工艺技术和装备水平也以惊人的速度提升到接近世界先进行列，数控锻压/冲压技术普遍应用，仅在超大型锻件制造和超精密冲压上存有一定的差距。

随着我国装备工业的发展，焊接行业作为装备制造业的基础工艺在技术和装备方面也得到较快的发展，气体保护焊、激光焊、熔融焊、摩擦焊等得到广泛使用，自主研发制造的焊接装备已与世界先进水平差不多，仅在搅拌摩擦焊、高精度激光焊、复合材料焊接等超精密焊接上有一定的差距。

近几年来，我国热处理和金属表面防腐处理行业技术发展较快，渗氮、等离子渗等新型热处理技术已达世界先进水平。金属表面防腐处理一直是世界性难题，各种防腐技术层出不穷，我国技术发展较快，基本与国际技术同步，但在大型构件热处理、激光金属表面处理等方面有一定的差距。

十几年来，我国装备制造行业的机械加工技术取得巨大进步，数控数显设备和加工中心得到广泛应用，多轴同步高速精密切削、磨削、研磨等机加工技术已接近世界先进水平，但在超高精密机械加工、激光、电火花、复合材料等特殊加工工艺方面有较大差距。

3. 关键基础材料

经过几十年奋斗，我国新材料产业从无到有，不断发展壮大，在体系建设、产业规模、技术进步等方面取得明显成就，为国民经济和国防建设做出了重大贡献，具备了良好发展基础。新材料产业体系初步形成。我国新材料研发和应用发端于国防科技工业领域，经过多年发展，新材料在国民经济各领域的应用不断扩大，初步形成了包括研发、设计、生产和应用，品种门类较为齐全的产业体系。新材料产业规模不断壮大。21世纪以来，我国新材料产业发展迅速，与2005年相比年均增长约20%。其中，稀土功能材料、先进储能材料、光伏材料、有机硅、超硬材料、特种不锈钢、玻璃纤维及其复合材料等产能居世界前列。部分关键技术取得重大突破。我国自主开发的钽铌铍合金、非晶合金、高磁感取向硅钢、二苯基甲烷二异氰酸酯（MDI）、超硬材料、间位芳纶和超导材料等生产技术已达到或接近国际水平。新材料品种不断增加，高端金属结构材料、新型无机非金属材料和高性能复合材料保障能力明显增强，先进高分子材料和特种金属功能材料自给水平逐步提高。但是，我国新材料产业总体发展水平仍与发达国家有较大差距，产业发展面临一些亟待解决的问题，主要表现在：新材料自主开发能力薄弱，大型材料企业创新动力不强，关键新材料保障能力不足；产学研用相互脱节，产业链条短，新材料推广应用困难，产业发展模式不完善；新材料产业缺乏统筹规划和政策引导，研发投入少且分散，基础管理工作比较薄弱。

4. 产业技术基础

我国产业技术基础与经济发达国家相比差距很大，产业技术基础高端落后、中低端发达，从整机到零部件没有形成完整的产业技术基础服务体系。企业普遍注重生产、轻视研发和检测试验，产业技术基础不扎实，不能对产业发展提供有力的后劲和基础支撑，难以形成协调互动的产业创新发展格局。

（二）发展趋势

改革开放以来，我国在高端基础件上财力人力投入很大，虽然也取得了较大进步，但由于多年来装备制造产业技术研发的断档空缺，造成我国高端装备制造产业"四基"与工业经济发达国家相比，还有较大的差距，产品及技术没能实现完全自主化，严重制约了我国工业转型升级发展。针对这一现象，《中国制造2025》将工业强基工程列为五大工程之一，明确指出建立奖励和风险补偿机制，支持核心基础零部件（元器件）、先进基础工艺、关键基础材料的首批次或跨领域应用。组织重点突破，针对重大工程和重点装备的关键技术和产品急需，支持优势企业开展政产学研用联合攻关，突破关键基础材料、核心基础零部件的工程化、产业化瓶颈。强化平台支撑，布局和组建一批"四基"研究中心，创建一批公共服务平台，完善重点产业技术基础体系。到2020年，40%的核心基础零部件、关键基础材料实现自主保障，受制于人的局面逐步缓解，航天装备、通信装备、发电与输变电设备、工程机械、轨道交通装备、家用电器等产业急需的核心基础零部件（元器件）和关键基础材料的先进制造工艺得到推广应用。到2025年，70%的核心基础零部件、关键基础材料实现自主保障，80种标志性先进工艺得到推广应用，部分达到国际领先水平，建成较为完善的产业技术基础服务体系，逐步形成整机牵引和基础支撑协调互动的产业创新发展格局。"

随着我国大力推动工业转型升级，对关键基础材料、核心基础零部件（元器件）、先进基础工艺和产业技术基础等装备制造业中基础领域的重视和投入逐步加大，装备制造"四基"产业发展基本跟上全球发展趋势，"四基"产业技术有效促进引导产品向难度高、专用性、创新性强等特升级。

第 2 章
安徽省装备制造"四基"产业发展现状及特点

一、安徽省装备制造"四基"产业发展现状

安徽省机械行业 2018 年完成工业总产值 10845.3 亿元，主营收入 9231.4 亿元，出口交货值 584.4 亿元，列全国同行业 11 位，已形成较完整的机械工业生产体系。但整体上"四基"产业与经济发达省份比，仍然存在着总体实力弱、企业规模小、高端技术产品偏少等不足，差距较为明显。

（一）核心基础零部件（元器件）

安徽省核心基础零部件（元器件）产业有 1000 多家企业，全年总产值约 1000 亿元，普遍是中小企业，龙头大企业少，整体实力弱，存在研发能力弱、高技术产品少、各行业品牌产品更少等不足，很多关键零部件需从外省购入或进口配套。

（二）先进基础工艺

在合力叉车公司、江淮集团公司、奇瑞公司、应流集团和马钢公司等企业快速发展带动下，近年来技术提升较快，国际上的一些新技术和新装备得到充分应用，铸造、锻造、机加工和表面处理均能满足省内装备制造业发展的一般性需求，但在复合材料制造加工、超大锻件和加工、超精加工和模具等方面较落后。

（三）关键基础材料

安徽省装备制造业基础材料产业分布包括马鞍山马钢集团为主的铁基材料、以铜陵有色集团为主的铜基材料、以淮北铝材基地为主的铝镁基材料，基本满足装备制造业发展一般性需求，而高端装备用的高品质金属材料相对落后，高端复合材料刚刚起步，与其他省份相比有很大差距。

（四）产业技术基础

安徽省装备制造业国家级工程中心、技术平台和检验检测中心仅 5 家，省级平台也偏少，国家级企业技术中心 12 家。汽车及汽车电子、工程机械、输变电装备、齿轮、轴承、液压件、高效节能电机、电子控制器件、特种材料及复合材料等方面缺少产业技术基础支撑，都是亟待解决的短板。

二、国内地位及特点

（一）核心基础零部件（元器件）

安徽省基础零部件总体技术水平处全国偏下，高端基础零部件落后，部分小行业有亮点。安徽省自主品牌汽车（包括新能源汽车）一直处在国内前列，但在新能源汽车及新型节能汽车关键基础零部件（含轻量化）领域处在国内中低端水平，特别在动力电池系统及电堆、氢循环系统、驱动电池系统（含电池管理器）、驱动电机、电机电子控制系统、混合动力变速系统、机电耦合装置、混合动力系统核心控制

器、电控喷油系统、高精度天然气喷嘴、动力总成电子控制、动机专用电控单元 ECU、缸内直喷系统、发动机控制系统控制器、自动变速器液力变速箱、整车制动能量回馈系统、大容量轻量化储氢瓶等方面差距更大。

（1）工业机器人关键零部件。安徽省埃夫特机器人公司和欣益华科技公司生产的工业机器人技术水平和销售量在国产工业机器人中领先，但高端工业机器人国产化率很低，主要核心零部件如伺服电机、减速器、精密齿轮还需进口。

（2）重大装备领域。安徽省重大装备产业落后，在关键基础件方面发展更加滞后，目前重大装备产业基础件只有应流集团的核电压力容器、合肥皖化电机技术开发有限责任公司的超临界火电站炉水泵和电缆企业的专用电缆等产品。

（3）工程机械和农业装备。安徽省是工程机械和农业机械制造大省，叉车和挖掘机、大中型农业收获种植机械和仓储装备是优势产业，在全国具有相对优势，但先进动力系统、重型变速箱齿轮、湿式离合器、高压大排量柱塞泵、液压大扭矩马达、电磁比例阀及控制机构、农机专用测控传感器、智能控制作业装置、智能化喷药和栽植控制系统等主要零部件均不能生产或存在发展滞后问题，整个行业进一步发展严重受阻。

（4）高端机床核心部件。安徽省机床行业以生产大型数控锻压机床、大型数控镗铣床、加工中心、数控车床、剪板折弯机床、家用机床等为主，但高端机床所需的数控系统、高精度主轴、精密数控转台、高精度传感器、多轴联动装置、大行程液压缸、高精伺服电机、高端齿轮和轴承等不能生产，导致机床行业发展缺乏后劲。

（5）模具行业。安徽省模具产业亮点在以汽车部件冲压模具、挤塑模具和冰箱等家电类模具处全国较先进行列，具有一定的优势，基本能解决自主研发和生产之需，尤其是冰箱发泡模具在国内市场占有率达 60%。但精密电子产品冲压模具、精密型腔压铸模和注塑模却非常落后。

（6）轨道交通部件。马钢集团是我国轨道交通装备产业的知名企业之一，是我国最大的铁路车轮生产基地和动车组车轮研发生产基地。拥有先进的铁基材料生产工艺和技术，形成了"材、轮、轴、架"及关键零部件产品体系；研制出高速动车车轮国产化产品，车轮产品及技术世界先进，车轴、轮对工艺技术迅速发展，铁路和城市轨道交通车轮市场占有率国内第一并拥有完整的轨道交通用铁基材料技术创新平台和体系。

（7）安徽省海洋工程装备及船舶行业比较落后，全省有融安动力公司生产船用主机动力和中船安庆公司生产船用辅机动力，安庆川崎公司生产船舶重油供油系统，规模都不大。相关的海洋工程装备及船舶关键基础件发展更是落后，穿省而过的长江水道优势没能充分利用。

（8）基础功能零部件。安徽省橡胶密封件技术水平国内领先、国际先进，国内市场占有率第一，并大批量出口国际市场，但在高压密封件和机械密封件方面却非常落后。在精密轴承、精密齿轮、高压液压缸、高压液压泵、高压液压马达、气动液动元器件（包括多路阀、电磁阀等）等高端基础件产品技术水平与国内经济发达省份比还存在着较大差距。

（二）先进基础工艺

1. 铸造

安徽省铸造基础工艺水平总体在全国处于中部位置，近几年在应流集团、合力叉车公司、江淮集团公司、奇瑞公司、环新集团等企业带动下，黑色铸造发展较快，已部分进入全国先进行列，特别是应流集团的核电铸件和航空发动机叶片铸件、环新集团的发动机铝包融缸套和粉末冶金气门座圈已达到世界级水平，产销量和市场占有率国内第一。

在江淮集团公司、奇瑞公司发展的带动下，安徽省汽车铝镁基合金压铸零部件水平有了很大进步，但与经济发达省份相比，差距还较大。

安徽省金属构件增材制造（3D 打印）发展较快，以繁昌 3D 打印产业园为领头羊带动全省 3D 行业稳步发展，3D 打印应用技术基本处在国内先进行列。

2. 锻造/冲压

安徽省锻造/冲压以汽车零部件的中小锻件和板材管材冲压涨挤成形零部件为主，主要有马钢机车车轮及车轴锻造、合肥汽车锻件有限公司车桥锻件、安庆汽车板簧公司转向节锻件、安庆轧钢厂、安徽省瑞杰锻造有限责任公司、芜湖三联锻件有限公司、池州昌利锻造汽车零部件公司和保隆（安徽）汽车配件有限公司等。短板是大型整体锻件和精密齿轮锻件、复合材料构件成形技术，发展相对滞后。

3. 焊接

安徽省焊接行业技术水平在全国处中上地位，目前已普遍使用气体保护焊、激光焊、摩擦焊、机器人自动焊接等技术，但高端焊接技术还有一定的差距。现在正研发使用搅拌摩擦焊、铝镁合金焊接等技术和装备。

4. 热处理

安徽省热处理行业相对弱小，近几年热处理装备和工艺发展较快，连续热处理装备和工艺、真空热处理技术、可控式渗氮渗碳热处理技术、金属等离子渗淬、激光表面淬火、复杂结构零件可控热处理技术、大型结构件及大型零件热处理工艺等技术得到普遍应用。但由于安徽省高端产品不多，影响了一些先进热处理装备和工艺应用。

5. 表面处理

近年来，安徽省金属表面处理产业发展较快，主要是表面处理行业，受越来越严格的环保排放标准制约，经济发达地区金属表面处理产业及工艺外协业务向中西部转移，其工艺技术主要是金属表面发黑发蓝处理、电镀金属表层等普通技术，一些金属表面改性防腐处理、复合防腐处理等先进技术应用不足。

6. 金属机械加工

安徽省金属机械加工技术在全国处中上等水平，但存在着数字数显加工和高效加工装备率不高、极限（超大、超小、超硬）部件切削加工和超精密机加工工艺落后等问题，极大影响了安徽省高端装备制造产业高质量发展。

（三）关键基础材料

安徽省基础材料规模及技术水平总体在全国处于中低位置，特别是复合材料方面较为落后铁基材料以马鞍山马钢集团为龙头，基本解决轨道交通的车轮车轴等材料需求，六安霍邱、芜湖含山、池州、宣城等地有小批量生产普通钢材，高端特种钢材和型材有很大差距。

铜基材料以铜陵有色集团为龙头，只能生产电线电缆、电工电器、仪器仪表、基础件等所需的铜线、铜箔铜基合金材料，但高端机械电子部件、汽车零部件、电子元器件急需的高端铜基合金材料不能满足需求。

铝镁基材料淮北铝材基地为龙头，只能生产铝箔和建筑铝材，合肥、芜湖、六安、界首等地有小批量生产普通铝材，而电工电器、输变电、电子通信、汽车轻量化等方面急需的高端铝材和铝型材，目前还不能有效高品质的生产。

复合材料刚刚起步，高端、高品质装备制造业用复合材料相比有很大的差距。

（四）产业技术基础

安徽省装备制造业产业技术基础总体水平处全国偏下，国家级工程中心、技术平台和检验检测中心和企业技术中心很少，仅有合肥通用研究院工程研究中心、安凯新能源客车整车研究中心、马钢轨道交通钢材研究中心、奇瑞新型节能汽车研究中心、国轩新能源汽车动力电池检测平台。

另一方面，相对优势的行业缺少产业技术基础支撑，如农机关键零部件检测测试技术平台、机器人及关键零部件可靠性试验验证技术平台、工程机械高端液压元件测试验证平台、机床齿轮传动技术研发及可靠性试验测试平台、新能源汽车及关键基础件能耗试验验证技术平台、汽车轻量化设计试验验证技术平台、电机高效节能设计制造试验验证技术平台、生产过程中的在线检测、无损测量和快速测量技术、极端条件下测量检测技术等都是亟待完善建立。

第 3 章
安徽省装备制造"四基"产业发展存在的不足

一、存在的不足

(一) 政策层面

(1) 全省没有制定较为全面的装备制造"四基"产业发展战略规划，也没有一个统一负责的组织领导机构，看上去都在支持，实际中各司其　没有重点，不能有效解决安徽装备制造业的短板，也不能再全国形成优势。

(2) 没有制定针对装备制造"四基"产业的扶持发展政策，包括财税、土地、资金和金融等优惠政策，没能充分发挥出政策作用引导鼓励和多方位支持装备制造"四基"产业快速发展的作用。

(3) 政策上强化建立和完善"四基"产业人力资源支撑体系扶持力度不够，难以有效引进和培养出高层次"四基"产业创新型人才、技术技能与复合型人才，优化"四基"产业人才结构难度大。

(4) 缺少优化装备制造"四基"产业发展环境的有效政策，没能建立科学和切实可行的扶持"四基"产业创新发展体系，"四基"产业兼并重组和创新创业开展难度大，产业创新发展严重滞后。

(二) 技术层面

1. 核心基础零部件 (元器件)

安徽省基础零部件 (元器件) 行业实力弱、龙头企业少、高端基础零部件落后：

(1) 高端机床核心数控系统、高精度主轴、精密数控转台、高精度传感器、多轴联动装置、大行程液压缸、高精伺服电机、高端齿轮和轴承等均不能生产。

(2) 重大装备产业落后，在关键基础件方面发展更加滞后，目前只有压力容器、火电站炉水泵和专用电缆等几种产品。

(3) 工程机械和农业装备急需的先进动力系统、重型变速箱及齿轮、湿式离合器、高压大排量柱塞泵、液压大扭矩马达、电磁比例阀及控制机构、农机专用测控传感器、智能控制作业装置、智能化喷药和栽植控制系统等主要零部件均不能生产或存在发展滞后问题。

(4) 工业机器人所需的关键核心零部件伺服电机、减速器、精密齿轮还需进口，高端工业机器人国产化率很低。

(5) 新能源汽车及新型节能汽车在动力电池系统及电堆、驱动电池系统 (含电池管理器)、电机电子控制系统、混合动力变速系统、机电耦合装置、混合动力系统核心控制器、电控喷油系统、高精度天然气喷嘴、动力总成电子控制、动机专用电控单元 ECU、缸内直喷系统、发动机控制系统控制器、整车制动能量回馈系统、大容量轻量化储氢瓶等方面差距更大。

(6) 海洋工程装备及船舶行业比较落后，关键基础件仅有船舶船用动力、船舶重油供油系统，且生产规模都不大，穿省而过的长江水道优势没能充分利用。

（7）模具产业在精密电子产品冲压模具、精密型腔压铸模和注塑模却非常落后，影响了相关行业的发展。

（8）基础功能零部件在高压密封件和机械密封件、精密轴承、精密齿轮、高压液压缸、高压液压泵、高压液压马达、气动液动元器件（包括多路阀、电磁阀等）、标准件等高端基础件产品技术水平与发达省份比还存在着较大差距。

2. 先进基础工艺

（1）安徽省锻造/冲压短板是大型整体锻件和精密齿轮锻件、复合材料构件成形技术等方面，大型铸件、高端铸铁件、铝镁基合金铸件铸造基础工艺水平不高。

（2）高端金属材料焊接、复合材料焊接等方面技术水平还有一定的差距。

（3）安徽省热处理是个弱势小行业，工艺技术水平不高，一些先进热处理装备没有得到应用。

（4）安徽省金属表面处理工艺应用主要集中在金属表面发黑发蓝处理、电镀金属表层等普通技术，一些金属表面改性防腐处理、复合防腐处理等先进技术没有得到研发和应用。

（5）安徽省金属机械加工领域数字数显加工和高效加工装备率不高，极限（超大、超小、超硬）部件切削加工和超精密机加工工艺落后，极大影响了安徽省高端装备制造产业的技术提升和发展。

3. 关键基础材料

（1）铁基材料基本满足装备制造业基础材料需求，高端特种钢材和电磁材料、高端型材开发不足。

（2）铜基材料基本满足装备制造业一般性所需，但高端机械电子部件、汽车零部件、电子元器件急需的高端铜基合金材料相对缺乏。

（3）电工电器、输变电、电子通信、汽车轻量化等方面急需的高端铝镁基材料和型材，目前还不能实现高品质生产。

（4）复合材料刚刚起步，材料规模及技术水平方面较为落后，高端、高品质装备制造业用复合材料有很大的差距。

4. 产业技术基础

安徽省装备制造业"四基"产业技术基础规模小、技术水平落后，国家级工程中心、技术平台和检验检测中心很少，国家级企业技术中心和省级企业技术中心也不多。相对优势的行业也缺少产业技术基础，都是亟待解决的短板。

二、原因分析

（1）安徽省没有成立一个针对装备制造业"四基"产业发展的统一组织领导部门，各部门及企业多头发展，形成不了合力，也不能充分起到促进装备制造业快速发展的作用。

（2）装备制造业"四基"产业不引人注意、轰动效应小，导致相关部门缺乏关注，扶持力度小。

（3）扶持装备制造业"四基"产业发展的资金少，扶持检测实验研发平台建设力度弱，"四基"产业技术改造投入少，购置检测试验设备投入不足，设备更新、产业升级速度缓慢。

（4）安徽省装备制造业"四基"产业企业绝大部分是小企业，资金和技术实力较弱，只能将生产放在第一位，研发排在后面，基础性研究更难开展，产业转型升级进展缓慢。

第 4 章

安徽省装备制造"四基"产业发展战略思路和目标

一、发展战略思路

大力推进技术创新和规模化发展，充分利用高新技术发展的成果，将信息技术和传统"四基"产业高度融合，重点推进高端数控机床、工业机器人及智能装备、新能源汽车关键零部件、汽车节能技术和轻量化设计制造、高端汽车电子零部件、节能环保型内燃机及零部件、新型农业装备、智能工程机械、高端电工电器装备、节能环保装备、先进医疗设备、高端石油化工设备、轨道交通装备等产业的"四基"技术升级和快速发展。

（一）科学把握"四基"产业定位

依据安徽省装备制造产业实际状况和国内外发展态势，充分利用现有部分产业技术优势和良好的区域环境，坚持有所为和有所不为原则，强化领先、壮大先进、培育新苗、提升技术，促进全行业转型升级。

（二）合理设定"四基"产业发展范围

由于安徽省"四基"产业实力弱，总体水平相对落后，因此在培育发展安徽省"四基"产业时，不能完全依照全球及国内"四基"产业技术水平和产品目录来制定安徽省"四基"产业发展方向和范围，应定位安徽省在国内具有一定优势的"四基"产业和瞄准能够有效地促进安徽省装备制造业快速发展"四基"短板项目，将其列入安徽省重点扶持发展的"四基"产业范畴，加速实现装备制造业强省的目标。

（三）"四基"产业发展方向和路径

（1）重点支持关键基础零部件和基础材料生产企业投资技术改造，提高生产装备和检测试验设备技术水平，为提升自主创新能力和规模化生产打下坚实基础。

（2）大力支持检测实验平台建设，开展基础零部件强化实验、可靠性和寿命测试试验、产品质量检测检验、材料性能检验，确保产品、技术、工艺和质量同步提升。

（3）政策鼓励企业积极参与国家基础零部件标准制订，加强基础零部件地方标准制订，完善基础零部件系列标准体系，促进产品质量达标。

（4）依托科研院所、高等院校和检测机构等现有资源，建成一批"四基"产业研发平台，开展基础技术研究，为装备制造业持续发展提供技术支撑。

（5）推进兼并重组和创新创业，采取集群式和产业集聚基地发展，提高"四基"产业集中度，重点培育"单打冠军"和"龙头"企业，以此拉动并形成多头共进新局面。

二、发展目标

通过全省各相关单位、大专院校、科研机构、行业协会和企业的全方位合作，力争到 2025 年，数控机床、工程机械、农业装备、新能源汽车、工业机器人、电工电器等产业 70% 的基础零部件（元器件）和关键基础材料实现自主保障、80 种标志性的先进制造工艺得到推广应用，建成较完善的产业技术基础服务体系。

表 13 - 1　安徽省工业四基 2025 发展目标

"四基"名称	2023 年	2025 年
核心基础零部件（元器件）及关键基础材料	数控机床、工程机械及农业装备、新能源汽车（含节能汽车及轻量化）和装备、工业机器人、电工电器、轨道交通装备、海洋工程装备及船舶等产业急需的核心基础零部件（元器件）和关键基础材料 45% 实现自主保障	通过各方共同努力力争将装备制造产业急需的核心基础零部件（元器件）和关键基础材料 70% 实现自主保障
先进制造工艺	40 种标志性的先进制造工艺得到推广应用	80 种标志性的先进制造工艺得到推广应用
产业技术基础	全面建设产业技术基础服务体系，努力在 50% 产业建成较为完善的技术基础服务体系	努力建成较为完善的产业技术基础服务体系

三、技术路线图

安徽省工业四基发展技术路线图如图 13 - 1 所示。

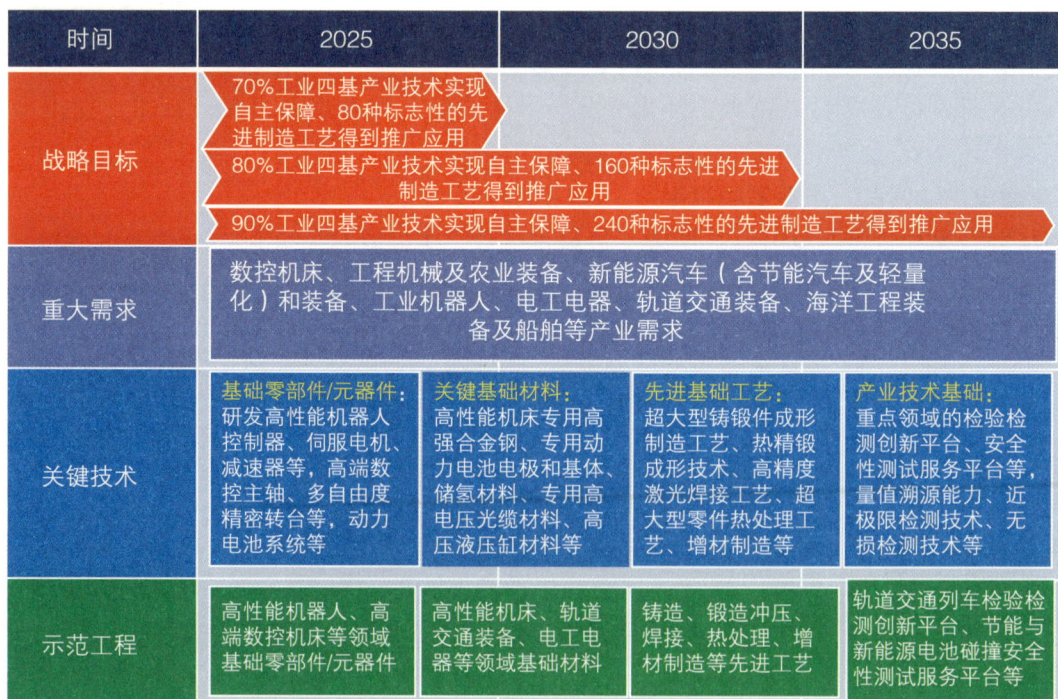

图 13 - 1　安徽省工业四基发展技术路线图

第 5 章

安徽省装备制造"四基"产业发展政策建议和重点任务

一、政策建议

（一）科学制定装备制造业"四基"发展战略

发展"四基"首先必须做到立足现状、科学定位。要依据安徽省装备制造产业实际状况，结合国内外"四基"产业发展现状和趋势，坚持有所为和有所不为原则，充分利用安徽省现有部分"四基"产业优势和区域环境优势，强化领先、壮大先进、培育新苗、提升技术，促进装备制造业全行业转型升级。

（二）强化组织领导和政策导向

建议成立推进装备制造业"四基"发展战略领导小组，协调装备制造产业"四基"发展建设中的战略规划、扶持政策、重大专项安排和实施，协调解决"四基"产业发展重点间如何平衡等重大问题，推进落实重大项目，定期对"四基"产业发展过程中的重大问题，进行阶段性效果评估，结合国家部委出台的相关产业政策与经济运行动态，落实有关"工业强基工程"的相关政策，适时合理调整目标任务和优惠政策，引导"四基"产业健康、快速发展，为安徽省"四基"建设提供支持。

（三）加大财税优惠和资金扶持力度

建议多方统筹资金设立安徽省"四基"发展引导基金，用于支持装备制造产业"四基"发展，主要扶持"四基"产业基地建设、重大技术创新研发和成果产业化、"四基"产业技术平台建设、人才引进与培养等导向作用。

建议在技术改造财政资金中设立"四基"发展专项，用于支持"四基"产业领域，全面落实技改贴息补助、设备补助、购买诊断服务、研发费用加计扣除、固定资产加速折旧、进口设备免税和减免所得税等财税优惠政策，引导社会资本参与"四基"产业重大项目建设。

建议实施"四基"产业长期优惠政策。因为装备制造产业"四基"是基础中的基础，体现了装备制造产业隐形实力和支撑力，不能短时间发力；所以针对"四基"重大投资项目，需要从项目建设到完工连续几年内享受优惠财税政策。

（四）加大金融支持力度

出台优惠政策鼓励融资租赁、商业保理、互联网金融、要素交易平台等新兴金融行业投资安徽省"四基"产业；支持地方政府融资平台、中小企业融资、金融机构再融资等投资安徽省"四基"产业；扶持私募股权投资、风险投资基金、创业基金等投向安徽省"四基"产业项目建设。

（五）鼓励多层次资本投资"四基"产业

建议在地方政府债券规模中统筹安排一定额度，支持"四基"产业共性技术研发创新平台项目等建设。大力扶持"四基"产业企业在境内外上市或新三板新四板挂牌、发行各类融资债券。建立"四基"

产业融资租赁风险补偿机制，助推"四基"产业设备融资租赁。支持金融机构开发适合"四基"产业的保险产品和服务。加强政策性融资担保体系建设，引导银行扩大贷款规模，提高"四基"产业贷款审批效率。支持上市"四基"产业公司再融资和并购重组，发展区域性股权交易市场、供应链金融和互联网金融，加快债券发行和创新。

（六）扶优扶强，完善产业链

安徽省"四基"产业在国内排头兵企业少、产业领军企业少，核心企业号召力和集聚力不强，要在以下层面针对性发力。一是重点支持"四基"产业在国内外同行业技术水平高、有竞争优势的企业，使其保持行业领先，引领产业发展；二是重点扶持"四基"产业在国内同行业有一定比较优势的省内骨干企业，扶持其做大做强，进入领先行列；三是政策引导"四基"产业园建设，引导产业集聚和建设完整产业链同步走，增强产业园的凝聚力和持续发展能力，促进全产业链多企业集聚协同发展。

二、重点任务

（一）核心基础零部件（元器件）

1. 轨道交通装备领域

目前，产业市场竞争激烈，轨道整车制造能力过剩，铁基关键零部件如车轮、轮对及关键零部件等发展滞后，国产化率低。充分发挥马鞍山有马钢公司、马钢轨道、双益机械等轨道交通产业相关企业30多家（产值达140亿元）的优势围绕材料、车轮、车轴、转向架四部分，对标龙头企业，引进关键零部件项目，培育轴箱、齿轮箱、构架及悬挂等、轴承、制动系统、空气弹簧等关键零部件集成，补齐壮大车辆行走系统产业链。马钢集团是我国最大的铁路车轮生产基地和动车组车轮研发生产基地，拥有先进的铁基材料生产技术、技术创新平台和体系，已形成"材、轮、轴、架"及关键零部件产品体系，研制出高速动车车轮国产化产品，车轮产品及技术世界先进，车轴、轮对工艺技术迅速发展，铁路和城市轨道交通车轮市场占有率国内第一。

2. 机器人领域

围绕工业机器人关键零部件重点发展高性能机器人控制器、伺服驱动器、高精度传感器、高精度机器人专用伺服电机、高精度专用减速器、精密齿轮、专用焊接电源等。

3. 数控机床领域

包括以大型多轴联动加工中心、精密高速数控机床、大型高速数控锻压设备重点研发高端数控回转工作台、多自由度精密转台、多轴联动装置、高精度电动主轴、高精度谐波减速机、高精度全自动对刀仪、高精度传感器、多模式送料机构装备、大行程伺服液压缸、高端专用轴承等。

4. 新能源汽车领域

以纯电动汽车、混合动力及氢燃料电池为方向，重点发展高效驱动电机、新型稀土永磁电机、电机电子控制系统、动力电池系统（含电池管理器）、氢燃料电池电堆、氢循环系统、储氢瓶、机电耦合装置、混合动力变速系统、能量再生制动系统、整车制动能量回馈系统、双向DC/DC变换器、混合动力系统关键控制系统核心控制器等关键零部件。

5. 新型节能汽车关键零部件（含轻量化）领域

围绕节能汽车和轻量化，重点发展电控喷油系统、缸内直喷系统、发动机系统控制器、动力总成电子控制、电控附件系统、自动变速器液力变速箱、高精度天然气喷嘴、天然气电控减压（调压）器、大容量轻量化复合气瓶等关键零部件。

6. 电力装备领域

以输变电设备、核电设备和发电设备为重点，主要研发重型燃气轮机关键耐高温部件、大型核电压力容器、蒸汽发生器、冷却剂主泵、核燃料在线监测装置、大容量发电机保护断路器、高电压大电流真空灭弧室、耐高温、高绝缘性能冲击电容器、直流侧电容器、高能量密度、低内阻超级电容器、电容管理系统、高压大电流高频开断真空灭弧室、直流断路器控制保护系统、直流转换开关用开断装置等关键部件。

7. 工程机械及农业装备领域

以叉车、挖掘机、汽车吊、大型收获和种植农业机械为方向，重点发展先进动力系统、转向驱动桥、大载重量静液压底盘、重型变速箱、湿式离合器、换挡离合器电磁比例阀及控制机构、电液悬挂系统、空气减震弹簧、高压大排量柱塞泵、液压大扭矩马达、大行程高压液压油缸、密封系统、液压阀、液压电子控制器、农机导航与智能控制作业装置、农机专用测控传感器、大喂入量脱粒滚筒部件、大排量药泵及喷嘴、智能化取苗、顶苗、导苗、输送、栽植控制系统等。

8. 海洋工程装备及船舶领域

以大型船用动力和特种运输船舶为发展方向，重点研发大型及新型推进装置、船舶专用齿轮、燃气轮机关键零件、船舶动力高压共轨燃油喷射系统、高性能动态密封件、大直径耐磨耐腐蚀轴承、液压提链器、水下阀门、海洋工程及船舶专用电缆、水下声学定位装备、深海海水提升泵、LNG 输送泵及低温部件、高压天然气输送管、船用柴油机尾气处理装置。

9. 其他领域

对于基础功能部件，重点发展以中鼎公司、亚新科公司等为龙头的橡塑密封件和金属密封圈；以合肥精工轴承有限公司、合肥金昌轴承有限公司、淮南万向轴承公司等企业为主的精密轴承，高端汽车轴承、轴承密封系统；以皖南电机股份公司、江淮电机股份公司等企业为主的高效节能电动机、家电用直流永磁无刷电机；以合肥仪器仪表产业园、天康集团、合肥精大仪表公司等为骨干高精度仪器仪表、数字化量仪、高精度计量泵；以长源液压、博一流体等企业为主的高压大流量液压泵、液压马达、电磁阀和精密多路阀；以滁州市经济开发区模具产业基地为主的冰箱等家电类模具；以芜湖鸿鹄汽车部件制造有限公司、合肥、宣城为主的高性能模具、大型精密型腔模具、精密冲压模具、铝制及碳纤维等轻量化模具、高档模具标准件；以合肥、六安、池州、宣城等地为主的中高档传感器、衡器行业用新型光纤称重传感器、高强度紧固件，气动元件等。

（二）关键基础材料

必须下大力气大投入研发高性能材料，安徽省应依托理大专学校与研究院所、钢铁、铜及铝产业基地。抢占新材料制高点。

（1）高性能机床专用高强合金钢、机床滚珠丝杠和直线导轨专用钢、高性能轴承钢、高温合金新钢种、超硬刀具材料；

（2）轨道交通装备专用车轴车轮钢、高碳铬轴承钢、高性能齿轮渗碳钢、铁道车辆车体用耐蚀钢、高铁地铁用轨道交通复合材料；

（3）新能源汽车及车身轻量化专用动力电池电极和基体、储氢材料、电机用硅钢和永磁材料、高强度钢、高端弹簧钢、高应力弹簧钢、高性能铝合金材料、高性能镁合金材料、高强度大尺寸中空铝合金型材、轻量化车身复合材料/混合材料、轻型耐高温高可靠性工程塑料、密封材料、膜电容器高温膜材料；

（4）电工电器电力专用高电压光缆材料、高导电率材料、高强度铸铝合金材料、储能模块用铝合金材料、核电用合金钢及型材、耐高温隔热材料、耐高温绝缘材料、电力专用复合材料；高柔性电缆材料、耐油材料、高压大容量陶瓷电容器材料、新型精细陶瓷粉体、陶瓷基复合材料、特高压电网工程用绝缘材料；

（5）海洋工程专用高性能海工钢及配套焊接材料、耐腐蚀钢焊接材料、水下焊接材料、低温材料、高性能耐蚀合金、深水平台专用钢材、船舶用钢、LNG 船储罐用殷瓦钢、双金属复合材料、高性能密封材料；

　　（6）工程机械专用的高压柱塞泵/马达壳体、高压整体式多路阀体、高压液压缸材料、大功率液力偶合器泵轮及壳体铸件用球墨铸铁、蠕墨铸铁、高性能熔覆用金属与合金粉末材料、冶金制备齿轮钢所需的合金成分材料、冶金锻造齿轮材料、耐磨材料、离合器活塞材料、湿式离合器摩擦材料、油气开采用复合材料；

　　（7）通用高性能材料：轴承专用钢、自润滑免维护轴承材料、高性能齿轮用钢、高强度紧固件用钢、超高强度结构钢、大型耐蚀模具钢、大型铝镁合金轻金属压铸模具钢；高可靠性密封材料、高抗水解聚醚聚氨脂液压用密封材料、高性能柔性石墨密封材料；高强高韧焊接材料、耐低温焊接材料、无毒绿色钎焊材料及焊剂；变形高温合金、高端粉末冶金材料、高强钛合金材料、高性能铝合金镁合金材料、高品质工模具钢、3D打印材料、重型燃机关键高温材料、汽轮机叶片用钛合金材料、新型耐高温活塞材料等。

（三）先进基础工艺

　　安徽省装备制造业基础工艺在全国处在中低位，亟需振兴装备制造业必须夯实基础工艺，提升工艺技术，增强行业发展韧性和后劲。

1．铸造

　　汽车铸件约占铸件总量的1/3，大力发展汽车铸件十分必要。发展定向凝固铸造技术和单晶铸造工艺，目标产品是大功率重型燃气轮机及航空发动机用定向结晶高温合金叶片；开发金属型压力铸造技术，铝及镁合金压力下铸造成形工艺（低压、半固态、高真空压铸），促进新能源汽车及轻量化发展；攻克钛合金、高强合金钢、高强铝合金的精密高效成形制造工艺、超大型铸锻件成形制造工艺、高端粉末冶金工艺、无模化铸造成型技术，以及高效、连续、质量稳定、节能降耗的铸造熔炼工艺技术和高紧实度粘土砂自动造型技术。

2．锻造冲压

　　攻克热精锻成形技术、精密制坯技术、自动润滑技术、生产线自动化技术实现汽车前后桥锻件、螺杆锻件世形。复合材料构件成形制造工艺与模具技术；铝及镁合金液压、冷弯等精密塑性成形工艺与模具技术；开发超高强度钢塑性成形工艺与模具技术、板材管材精密成形工艺与模具技术，将材料扩展到钛合金、高温合金、轻合金、高强钢等，目标为汽车车身覆盖件及车桥壳排气管等零部件。面向超临界、超超临界火电、第三代核电用的耐高压大口径厚壁无缝钢管。解决大口径厚壁无缝钢管成形工艺难题目。利用冷/温精密成形及长寿命模具技术技术，完成高效、节能、高质制造汽车零部件攻关。为空航天发动机部件，攻克针对大型复杂结构件精密体积成形技术，大锻件内部缺陷形成机制与组织控制技术，大锻件模拟技术。

3．焊接

　　面向航空航天、高铁铝合金结构件解决高精度激光焊接工艺、机器人/自动化焊接工艺和搅拌摩擦焊接工艺和技术标准。积极攻克轻量化材料焊接工艺、发电装备、海洋工程等焊接工艺、超大型结构件焊接工艺、航空高可靠性焊接技术、碳纤维等复合材料成形及连接工艺与模具技术、激光及激光电弧复合焊接技术和超厚钢板精密焊接技术。

4．热处理

　　攻克超大型零件热处理工艺、双频感应热处理技术、绿色高效真空热处理技术、清洁热处理表层硬化工艺；金属材料表面强韧化处理工艺、等离子喷涂及注入技术、激光及电子束表面改性技术、轻量化材料接头腐蚀控制和表面防腐处理技术、复杂结构零件性能及变形精密可控热处理技术，可控式渗氮、渗碳、金属等离子渗淬难题，实现使精密模具、齿轮和轴承等内在质量和表面性能提高、无变形和脱皮。开发铝、镁合金件表面微弧氧化处理与强化技术，精密控制铝、镁合金制品表面氧化膜层，提高耐磨损、耐腐蚀性能。研究纳米颗粒复合电刷镀技术，修复磨损失效的零件，改善零件表面性能，大幅度提高零件硬度。

5. 增材制造工艺

包括 3D 打印工艺、高性能大型关键金属构件高效增材制造工艺、高能束流增材制造工艺、精密电弧增材工艺、激光粉末烧结成形工艺、增材制造用高性能金属粉末制备工艺等。

6. 高端精密加工工艺

包括精密及超精密加工（切削、磨削、研磨、抛光）工艺、激光、电子束、离子束、等离子弧等高能束加工工艺、精密电火花加工工艺、高效及复合加工工艺、高效磨削加工工艺、超大型（超小型）零件切削加工工艺、复合材料构件制造工艺、复合材料切削加工工艺、碳纤维等复合材料成形及连接工艺等。

（四）产业技术基础

利用产学研用相结合，构建产业技术基础性平台，包括轨道交通列车检验检测创新平台、节能与新能源电池碰撞安全性测试服务平台、节能与新能源关键材料和零部件计量测试创新服务平台、节能与新能源汽车混合动力技术创新平台、汽车气动－声学性能开发和试验检测技术基础公共服务平台、超（超）临界火电机组、CAP1400 核电机组用安全阀试验服务平台、大功率可变转速发电电动机基础技术平台、农机专用测控传感器等关键零部件计量测试创新服务平台、生产过程中的现场测量、在线测量、无损测量和快速测量的量值溯源能力、极端条件下测量的量值溯源能力、近极限检测技术、在线检测和无损检测技术、机器人可靠性试验验证及综合分析服务平台、有害物质的高效检测技术、工程机械高端液压元件和系统协同工作平台、工业"四基"大数据平台、计算机及信息系统信息与系统安全技术验证平台、齿轮传动共性基础技术研发与应用平台、齿轮产品可靠性试验测试服务平台等。

三、其他建议

（一）完善"四基"产业人力资源支撑体系

（1）着力引进"四基"产业及相关领域发展紧缺急需的高层次人才来安徽省创业。加强"四基"产业人才培养和创新团队建设，大力发展职业教育和技术培训，加强"四基"产业发展急需的高技能人才培养基地建设，培养一批高层次创新型人才、技术技能与复合型人才，优化产业人才结构。

（2）加强对"四基"产业人才培养的统筹规划和分类指导，健全各类人才信息库，完善人才培养、引进、使用、流动机制。建立"四基"产业全球招才引智体系，加大住房、医疗、子女就学及其他社会福利和生活性服务等支持力度。

（3）建议政策和资金支持企业"四基"产业创新团队建设，每年评选产业创新团队和团队带头人，强化"产学研用"合作、科技攻关、新产品研发和科技成果转化工作，形成一批高水平研发成果，提升自主创新能力和整体技术水平。

（二）扶持"四基"产业创新发展体系

（1）以满足市场需求为目标，由中科大先研院、合工大智能院、合肥通用院等大专院校和科研院所、"四基"产业骨干企业组建联合体，研发"四基"产业装备和基础研究，为安徽省装备制造业持续发展提供基础技术支撑。

（2）政策鼓励高层次科技人才和团队到"四基"产业创业，加大"四基"产业企业科研人员股权和分红激励力度，提高"四基"产业科研人员科技成果转化的收益比例，全方位调动"四基"产业人员主动性和积极性。

（三）优化"四基"产业发展环境

（1）大力营造以人才为本、开放合作的创新环境。严格规范权力清单和责任清单制度，建立行政审批事项、程序、时限的动态优化机制。深化市场准入制度改革，实施行业准入负面清单管理和涉企收费清单制度。实施"四基"产业生产要素价格市场化，重大项目建设用地在省级预留用地指标中优先安排解决。

（2）加强省内"四基"产业科技创新企业培育和协同发展，加大企业兼并重组力度，大力发展民营经济和混合所有制经济，推进各类所有制企业融合发展。

参考文献

［1］习近平．在中国科学院第十九次院士大会、中国工程院第十四次院士大会上的讲话［EB/OL］．http：//www．gov．cn/xinwen/2018—05/28/content_5294322．htm，2018—5—28/2018—05—28．

［2］国家统计局．中华人民共和国 2018 年国民经济和社会发展统计公报［Z］．2019—02—28．

［3］国家科技部．2018 年中国科技进步贡献率达 58.5％［N］．新华网，2019—03—11．

［4］人民日报调查百家实体企业：制造业升级莫成"洋装备"盛宴［N］．澎湃新闻，2017—07—03．

［5］工信部：130 多种关键材料 32％在中国为空白，52％靠进口，2018 国家制造强国建设专家论坛［N］．环球时报，2018—07—15．

［6］前瞻产业研究院．2018 传感器行业现状分析与发展前景预测［R］．北京：前瞻网，2018—03—07．

［7］中国科学技术信息研究所．我国与主要创新型国家基础研究投入比较研究［J］．中国科技统计，2019，02，20

［8］德国弗兰霍夫生产设备及设计技术研究所（IPK）．"制造业创新发展专题研究班"培训资料［Z］．2018—09—19．

［9］工信部，工业强基工程实施指南（2016—2020 年）［Z］．2016—08—25